砚园学术

西江文化与迁岭文人研究

XIJIANG WENHUA YU QIANLING WENREN YANJIU

丁楹 著

中山大學出版社
SUN YAT-SEN UNIVERSITY PRESS
·广州·

图书在版编目（CIP）数据

西江文化与迁岭文人研究/丁楹著. —广州：中山大学出版社，2023. 12
ISBN 978-7-306-07949-7

Ⅰ. ①西…　Ⅱ. ①丁…　Ⅲ. ①文人—文化生活—研究—广东—南宋
②西江—流域—文化史—研究—南宋　Ⅳ. ①K820. 44　②K296. 5

中国国家版本馆 CIP 数据核字（2023）第 223586 号

出 版 人：王天琪
策划编辑：嵇春霞　王　睿
责任编辑：王　睿
封面设计：曾　斌
责任校对：刘　婷
责任技编：靳晓虹
出版发行：中山大学出版社
电　　话：编辑部 020-84110283，84113349，84111997，84110779，84110776
　　　　　发行部 020-84111998，84111981，84111160
地　　址：广州市新港西路 135 号
邮　　编：510275　　传　　真：020-84036565
网　　址：http：//www. zsup. com. cn　E-mail：zdcbs@ mail. sysu. edu. cn
印 刷 者：广州方迪数字印刷有限公司
规　　格：787mm×1092mm　1/16　30. 75 印张　552 千字
版次印次：2023 年 12 月第 1 版　2023 年 12 月第 1 次印刷
定　　价：88. 00 元

教育部人文社会科学研究规划基金项目——“西江流域社会变迁与历代迁岭文人研究”（18YJA751010）最终成果

广东省哲学社会科学“十三五”规划基金项目——“西江流域社会变迁与南宋迁岭文人研究”（GD16XZW08）最终成果

肇庆学院学术著作出版基金资助

目　录

绪　论

西江是华南地区最长的河流，为中国第三大河流，发源于云南，流经广西，在广东佛山三水与北江交汇。它的主要流域在广西境内。西江流域是岭南的主要组成部分，在岭南具有十分重要的地位。西江流域的源头是云南省曲靖的马雄山，西江流经云南、贵州、广西、广东，从珠海市的磨刀门水道注入南海，其流域主要包括今天的昆明、贵阳、南宁、曲靖、兴义、河池、柳州、桂林、贵港、梧州、云浮、肇庆、佛山、江门等重要城市及其周边的广大区域。我们研究的西江流域，主要指西江水系的西江段，大致自广西玉林、柳州、桂林、梧州、贺州到广东肇庆、云浮、佛山、广州、江门等岭南及其周边地区。西江是珠江干流，东南流至象州县石龙附近纳柳江后称黔江，与郁江汇合，到桂平市后称浔江，到梧州纳桂江始称西江，向东入广东境内。西江出高要羚羊峡进入珠江三角洲，在三水与北江相通。三水以下水流分散，主流由磨刀门入海。西江流布两广（广东、广西），西江流域文化实为两广文化，同属岭南文化范畴。

自然环境是社会变迁与文化发展的基础。英国约克大学教授休·霍顿曾分析了河流与英语诗歌的联系，这对认识西江文化与迁岭文人诗歌创作的关系颇有启发，故引如下：

> 河流连接着城市与乡村，诗人写景状物的同时也吸引读者对地方产生关注。概括来说，河流增加了诗意的流动性并强化了文化的连续性。……在许多文化中，人们对海并不了解，但河流却是非常普遍的地理特征，几乎遍及所有文化。河流不仅承载着水，还蕴含着文化价值。如今，河流更引发了人类去思考环境生存、污染、文化变迁、地域认同、人与自然关系等重大问题。①

---

① 张哲：《河流之韵：诗意的流动性与文化的连续性——英学者探讨河流在诗歌中的作用》，载《中国社会科学报》2013 年 6 月 17 日。

河流既然与诗歌有这么密切的联系，而中国又是诗的国度，迁岭文人大多是诗人，“诗人写景状物的同时也吸引读者对地方产生关注”，根据霍顿教授的论述，可以深入分析、认真思考与探索西江流域中所蕴含着的文化价值及其与“文化变迁、地域认同、人与自然关系等重大问题”。

西江流域社会变迁与文化发展，源远流长，影响深远。著名史学家汪荣祖在《历史生态学试论》一文中指出：

有一个事实：中国人从黄河流域向南方拓殖，甚至缓慢。公元前600年黄河流域已经开发，但到汉末才有较具规模的南向移民，再经五六百年，才有大批中国北方移民定居于长江流域。南方佳壤，雨水充足，天气暖和，生长季较长，何以北方的中国人向南迁移在历史上如此的缓慢？事实上，好几次因北方战乱，人口被迫南移，如东晋南朝之在长江流域建国。一般的说法是，中国人安居重迁，不愿离开祖宗芦墓。这种说法并不很实际，大多数的平民不可能为了某种感情而不去追寻更好的生活。美国史家麦克尼尔便从历史病理上发现，中国南方的自然条件虽好，但湿热的气候也容易让病菌繁殖，而许多病菌不可能在既冷又干的黄河流域生存。此一从历史病理——疟疾——来解释华南开发之迟缓的历史事实，颇见史事解释的深度，至少开阔了史学的视野。[①]

西江流域在岭南文化发展史上占有重要地位，它是中原文化传入岭南的重要通道。迁岭文人在寓居岭南后，一直在播种先进的文化。这是历史事实。迁岭文人在西江流域所释放出来的创作活力与表现出的文化性格具有特别重要的意义，应当引起古代文学研究者足够的重视与兴趣。从文学创作的层面来讲，迁岭文人思想的多元化体现了文人人生道路选择的复杂性和解脱方式的多样性，从而造就了他们在西江流域社会变迁与文化繁荣过程中的独特地位，因此也就具有了更加丰富多彩的文学研究、史学研究、地域文化研究的价值。

司徒尚纪曾经说过一段引人深思的话，他说：

---

① 汪荣祖：《历史生态学试论》，见《读史三编》，上海人民出版社 2019 年版，第 110—111 页。

> 西江文化作为广府文化一部分，产生于特定地理和社会环境，有深刻历史渊源，相对独立和稳定文化内涵，比较鲜明文化特色和风格，以及较为深远的影响等，故能在岭南文化结构体系中占有一席之地，发挥自己的文化功能和历史影响。①

这种说法道出了一个历史事实："西江文化作为广府文化一部分，产生于特定地理和社会环境，有深刻历史渊源"，更确切地说，西江文化是岭南文化的一部分，西江流域文化的发展与社会变迁不是一蹴而就的，它经过了历代无数仁人志士的努力，是一个漫长的过程。笔者的研究旨在展示西江流域社会变迁与地方文脉的形成与演变，增强西江流域人民的地域荣誉感与自信心，促进地方文化建设。

第一节 选题缘起及意义：叙述的深化与地域文学研究的拓展

唐宋以来，西江文化得到了充分发展。清代迁岭文人汪森指出：

> 唐宋之时，以岭南为迁谪所居，然苟非诸君子，则无以开辟其榛芜，发泄其灵异。在汉则刘熙、程秉、薛综、虞翻，讲学交州，著述不倦，此文教之始也。在唐则宋之问、于邵、吴武陵、李涉、李渤、韦宗卿、戎昱、李商隐、李群玉、卢顺之、杨衡、陆弘休诸人；在宋则范祖禹、王巩、秦观、黄庭坚、邹浩、李纲、王安中、曾几、路允迪、胡铨、折彦质、尹穑、孙觌、陈藻、汪应辰、刘克庄、吴元美、赵夔、胡寅、林光朝诸人；在元则陈孚、傅若金、刘三吾诸人。或侨居其地，或经行其间，或为参佐，或则贬谪。登高而赋，遇景而题，甚且有搜奇剔隐以表章之，故当与粤西山水并垂不朽。②

西江流域文化发展与迁岭文人的联系十分密切，唐宋以来，迁岭文人数量逐渐增多，这与当时文人士大夫遭受贬谪与游谒幕府有很大的关系。

---

① 司徒尚纪：《西江文化形成发展和演变初探》，见《珠江文化与史地研究》，中国评论文化有限公司2003年版，第98页。

② 〔清〕汪森：《粤西通载发凡》，见〔清〕汪森编辑，黄盛陆、石恒昌、李瓒诸等校点，黄振中审订《粤西文载校点》，广西人民出版社1990年版，第8页。

唐代通过吏部铨选的文人大多不愿意来岭南为官，这一点从岭南节度使卢钧的奏章中可以看出，他陈述道：

臣当管二十二州，唯韶、广州官僚，每年吏部选授，道途遐远，瘴疠交侵。选人若家事任持，身名真实，孰不自负，无繇肯来。更以俸入单微，每岁号为比远。若非下司贫弱令使，即是远处无能之流，比及到官，皆有积债，十中无一肯识廉耻。①

岭南地区“道途遐远，瘴疠交侵”“俸入单微”“比及到官，皆有积债，十中无一肯识廉耻”的客观现实，使当时文人大多视岭南为畏途，唐代文人不愿主动来岭南为宦，他们来到此地大多是被贬谪而来。

“道途遐远，瘴疠交侵”是唐代岭南成为贬谪之地的重要原因。关于这一点，贬谪流寓到西江流域柳州的柳宗元有明确的说明，他指出：

过洞庭，上湘江，非有罪左迁者罕至。又况逾临源岭，下漓水，出荔浦，名不在刑部而来吏者，其加少也固宜。②

柳宗元的好友刘禹锡对此深有同感，并结合自己身处荒蛮之地的情形对当时文人被贬岭南的原因进行了探讨，指出：

禹锡积岁在湘、澧间，郁悒不怡，因读《张九龄文集》，乃叙其意曰：“世称曲江为相，建言放臣不宜于善地，多徙五溪不毛之乡。今读其文章，自内职牧始安，有瘴疠之叹，自退相守荆州，有拘囚之思。托讽禽鸟，寄辞草树，郁然与骚人同风。嗟夫！身出于遐陬，一失意而不能堪，矧华人士族，而必致丑地，然后快意哉！”③

由于岭南地处偏远，多有瘴疠，唐代文人贬谪流寓到岭南尤其是西江流域的人数比以往任何时代都更多了，这是西江流域社会变迁与文化发展在唐代取得突破的主要原因。

---

①〔宋〕王钦若等编纂、周勋初等校订：《册府元龟》卷六三一，凤凰出版社2006年版，第7299页。

②〔唐〕柳宗元：《送李渭赴京师序》，见《柳宗元集》，中华书局1979年版，第618页。

③〔后晋〕刘昫等：《旧唐书》卷一六〇《刘禹锡传》，中华书局2000年版，第2867页。

唐代是文人迁岭的第一个高峰期。据尚永亮《唐五代逐臣与贬谪文学研究》一书对唐代贬谪之士去向的统计，可知贬谪流寓到西江流域交州的有3人、新州的有2人、端州的有6人、广州的有11人、藤州的有1人、桂州的有6人、康州的有3人、柳州的有2人、泷州的有4人、循州的有7人、封州有6人、高州的有3人，梧州的有3人，唐五代文人贬官分布地域最广的就是岭南道。[①] 唐五代文人贬官迁谪流寓到岭南的人数也是最多的，“从地域分布看，南方与北方悬殊颇大。北方822人次，南方1995人次，为北方的2.43倍。而在南方诸道中，数量最多的是岭南道，高达436人次。若将贬往岭南、岭外、岭表之贬官人次计入，则此数据可达574人次”[②]。

除了前面汪森提到的“宋之问、于邵、吴武陵、李涉、李渤、韦宗卿、戎昱、李商隐、李群玉、卢顺之、杨衡、陆弘休诸人”之外，唐代比较著名的迁岭文人还有沈佺期、杜审言、张说、崔神庆、崔融、李峤、卢藏用、李邕、李绅，他们大多被卷入政治斗争的漩涡，失败后被贬谪流寓到西江流域。据载：“朝官房融、崔神庆、崔融、李峤、宋之问、杜审言、沈佺期、阎朝隐等皆坐二张窜逐，凡数十人”[③]，张说“坐忤旨配流钦州。在岭外岁余。中宗即位，召拜兵部员外郎，累转工部侍郎”[④]，卢藏用“附太平公主，主诛，玄宗欲捕斩藏用，顾未执政，意解，乃流新州。或告谋反，推无状，流驩州。会交趾叛，藏用有捍御劳，改昭州司户参军，迁黔州长史，判都督事，卒于始兴”[⑤]。李邕是唐代研究《文选》的著名学者李善的儿子，曾被贬谪流寓到西江流域，据载李邕“为陈州刺史。（开元）十三年，玄宗车驾东封回，邕于汴州谒见，累献词赋，甚称上旨。由是颇自矜衒，自云当居相位。张说为中书令，甚恶之。俄而陈州赃污事

---

① 参见尚永亮主撰《唐五代逐臣与贬谪文学研究》，武汉大学出版社2007年版，第88—89页。

② 尚永亮主撰：《唐五代逐臣与贬谪文学研究》，武汉大学出版社2007年版，第74页。

③ 〔后晋〕刘昫等：《旧唐书》卷七八《张易之传》，中华书局2000年版，第1829页。

④ 〔后晋〕刘昫等：《旧唐书》卷九七《张说传》，中华书局2000年版，第2065页。

⑤ 〔宋〕欧阳修、〔宋〕宋祁：《新唐书》卷一二三《卢藏用传》，中华书局2000年版，第3458页。《旧唐书》载卢藏用“少以辞学著称”“先天中，坐托附太平公主，配流岭表”（《旧唐书》卷九四，中华书局2000年版，第2031、2033页）。崔湜《故吏部侍郎元公碑》称卢藏用“当代英秀，文华冠时”（《全唐文》卷二八〇）。《新唐书》载卢藏用因未执政得以减刑，流放“新州”，《资治通鉴》卷二一〇记载卢藏用被流放到“泷州”。新州与泷州即今天广东省云浮地区的新兴与罗定，两地距离很近，是西江流域的重要地区，初盛唐之际的著名文士卢藏用被贬谪流寓到此地，无疑有利于当地风物、文化的宣传与传播，激发后世文人开发西江流域的信心与热情。

发，下狱鞫讯，罪当死，许州人孔璋上书救邕……疏奏，邕已会减死，贬为钦州遵化县尉，璋亦配流岭南而死"①。李邕不但是盛唐初期的文学家，也是书法史上著名的书法家，史书记载"邕早擅才名，尤长碑颂。虽贬职在外，中朝衣冠及天下寺观，多赍持金帛，往求其文。前后所制，凡数百首，受纳馈遗，亦至巨万，时议以为自古鬻文获财，未有如邕者。有文集七十卷。其《张韩公行状》《洪州放生池碑》《批韦巨源谥议》，文士推重之"②。李邕还被贬谪流寓到西江流域的端州，开元十五年（727）李邕在当地的七星岩留下了著名的刻石《端州石室记》，这是李邕难得的楷书作品，也是如今肇庆七星岩的镇岩之宝，从中可以看出当时流寓岭南的文人对西江流域社会产生的重要影响。③ 柳宗元、韩愈、刘禹锡等著名诗人，也曾被贬谪至西江流域，在此地为政一方，致力于当地的政治、经济、文化生活的改善，为当地的文化教育事业做出了巨大的贡献。柳宗元、韩愈在当地甚至具有了文化始祖的地位。

文人除了因贬谪来到西江流域外，还有一个来到西江流域的原因，就是游幕。宋人刘敞指出：

> 昔唐有天下，诸侯自辟幕府之士，惟其材能，不问所从来。而朝廷常收其俊伟以补王官之缺，是以号称得人。④

欧阳修也指出：

> 唐诸方镇以辟士相高。故当时布衣韦带之士，或行著乡闾，或名闻场屋者，莫不为方镇所取。至登朝廷，位将相，为时伟人者，亦皆出诸侯之幕。⑤

---

①〔后晋〕刘昫等：《旧唐书》卷一九〇《李邕传》，中华书局 2000 年版，第 3430—3431 页。

②〔后晋〕刘昫等：《旧唐书》卷一九〇《李邕传》，中华书局 2000 年版，第 3432 页。

③ 参见陈大同《张九龄为其撰墓志的毕某与李邕石室记的毕公为同一人考述》，见《史绎集》，暨南大学出版社 2017 年版，第 36—42 页。

④〔宋〕刘敞：《定武军节度推官卫观可大理寺丞常州团练推官沈披可卫尉寺丞》，见《公是集》卷三十，《四库全书》影印文渊阁本第 1095 册，上海古籍出版社 1987 年版，第 652 页。

⑤〔宋〕欧阳修撰、李逸安点校：《欧阳修全集》卷一四二《集古录跋尾》卷九《唐武侯碑阴记》跋，中华书局 2001 年版，第 2291 页。

这些入幕文士中有不少是流寓到西江流域的迁岭文人。据戴伟华《唐方镇文职僚佐考》一书考证，岭南西道的桂、邕、容及岭南东道的文职僚佐一百多人，其中比较著名的迁岭文人有杜佑、陆羽、李公佐、李翱、王茂元、许浑、刘隐、皮日休、任华、令狐楚、李渤、吴武陵、郑亚、李商隐、卢戡等①，这些文职僚佐及上述贬谪文人在唐代大量涌入西江流域，将中原文化带入西江流域，加速了西江流域与中原文化的融合。

陈泽泓指出：

在漫长的史前社会及先秦时期，岭南先民早已与岭北有着文化交往。秦平岭南，开始了中原文化为主的岭北汉文化大规模融入。先秦岭南居民属百越民族，经过秦汉、两晋、两宋末年的移民浪潮，促进了汉越人民的融合。至唐宋时期，确立了汉文化在岭南的主导地位，岭南开化加快步伐，商贸繁荣的广州更是“海上丝绸之路”的起点。至明清时期，岭南封建经济和文化全面发展，珠江三角洲地区社会文明程度逐渐接近中原和江南富庶地区。②

司徒尚纪从“个人历史作用”的角度评价迁岭文人在当地社会变迁与文化发展中的意义，并把这种经由迁岭文人传播的汉文化提升到“开疆文化”的高度，指出：

汉文化在岭南的传播除以大量移民为载体以外，个人历史作用也是不可低估的。唐代岭南在中原人心目中，仍是一个瘴疠之地、化外之区，因而成为朝廷处置政敌和罪犯的场所。许多在党争中败北者，都被一贬再贬，最后流落岭南。他们中不乏有见识的政治家或文化人，来到岭南后，多致力于传播中原文化，推动当地文化发展。这种以开发落后地区为目的，在边陲地区传播的汉文化被称为“开疆文化”。秦汉进军岭南所产生的文化后果，当然可以说是开疆文化在岭南之始。唐代开疆文化在岭南进入一个重要阶段，流寓人物在其中起了很大作用。这些人物著名的有杜审言、宋之问、李德裕、韩愈、刘禹锡、李宗闵、杨嗣复、王义芳、韩瑗、韦方质、李孝逸、韦执谊、

① 戴伟华：《唐方镇文职僚佐考》（修订本），广西师范大学出版社2007年版，第396—420页。

② 陈泽泓：《岭南建筑文化》，广东人民出版社2019年版，第3—4页。

敬晖等，他们都各有建树。①

唐代开疆文化在西江流域地区也产生了重要的影响，“在唐代，西江流域仍是岭南州县分布最多地区，人口较稠密，水陆交通地位也未曾削弱或动摇，故西江文化仍有相当浓厚社会经济基础”②。柳宗元之于柳州，李商隐之于桂州，李绅之于端州，李涉之于康州，这些文人在西江流域社会变迁与文化发展史上都具有突出地位。

两宋迁岭文人在西江流域社会经济与文化发展中也起到了非常重要的作用，南宋末年的文天祥总结了两宋重要的迁岭文人③，其指出：

> 国朝自天禧、乾兴迄建炎、绍兴，百五十年间，君子小人消长之故，凡三大节目于雷州，无不与焉。按《雷志》：丞相寇公准以司户至，丁谓以崖州司户至。绍圣后，端明翰林学士苏公轼、正言任公伯雨以渡海至，门下侍郎苏公辙以散官至，苏门下正字秦公观至，枢密王公岩叟虽未尝至，而追授别驾犹至也。未几章惇亦至。其后丞相李公纲、丞相赵公鼎、参政李公光、枢密院编修官胡公铨皆由是之琼、之万、之儋、之崖，正邪一胜一负，世道以之为轩轾。雷视中州为远且小，而世道之会，乃于是观焉。④

寇准、丁谓、苏轼、苏辙、秦观、章惇、李纲、赵鼎、李光、胡铨等两宋的名流显宦都曾迁岭南来，他们以杰出的政治才能治理这片土地，以出众的文学创作才华尽情吟咏当地风物及自己身处其间的心迹情感。

司徒尚纪投入大量时间和精力，钩沉阐幽，细致深入地探究两宋迁岭文人与西江流域的密切关系，他从两宋移民“素质高”的角度出发，探究当时迁岭文人在当地社会变迁与文化发展中的贡献，指出：

> 北宋末和南宋末，金人和元人相继南侵，大量灾民流散到相对安

---

① 司徒尚纪：《岭南文化地理》，广东人民出版社2020年版，第34—35页。

② 司徒尚纪：《西江文化形成发展和演变初探》，见《珠江文化与史地研究》，中国评论文化有限公司2003年版，第104页。

③ 文天祥在西江流域的贡献，参见司雁人《文天祥在河源》，上海三联书店2014年版。

④〔宋〕文天祥：《雷州十贤堂记》，见《文天祥全集》，中国书店出版社1985年版，第222页。

定的岭南。这两次移民人数多，规模大，时间长，素质高，分布广，对岭南社会经济和文化发展影响最为直接和深远。①

司徒尚纪的这一观点在清人汪森撰写的《粤西通载发凡》一文中得到了印证，汪森指出：

岭南瑶僮窃发，或雕剿，或大征，小者以岁月计，大者累数年。小民之休息无时，官府之捍御良苦。其以名宦著者，大抵武功居多。而文学之事，有所不遑。如以南轩之理学，而一至其地，首修武备，日日谋所以饷足兵精，而后可恃无恐，则其他可知矣。然其经营倥偬，不废吟咏。他若北宋之范旻、柳开、姚坦、陈尧叟、陈执中、孙抗、梅挚、陶弼、余靖、赵抃、李师中、张田、刘谊、苗时中，南宋之何先觉、李弥大、吕愿中、张孝祥、范成大、朱晞颜、廖德明、吴猎、詹体仁、林岊、方信孺、张自明、赵师恕、李曾伯、黄畴若、谭惟寅诸人，文章政绩，皆卓然可观，其余尚不能悉数也。故兹编所录，宋之文人为最盛。②

由此可见，两宋时期是岭南文化发展定型的重要时期。这个时期迁谪流寓到西江流域的文人数量众多，且素质高、贡献大。经过他们的努力，西江流域不再是令人生畏、望而却步的蛮荒之地，而是经济繁荣、文化发达、环境优美、人文荟萃、令人向往的人间乐土。两宋迁岭文人无疑是移民中“素质高”的代表，他们在西江流域的所见所闻，所思所想，所作所为，形之于诗词歌赋，用之于农田水利开发、经济发展，施之于聚众授徒，移风易俗，深入广泛地影响到了当地人民生活的方方面面。两宋流寓到西江流域的文人或因谪居，或因逃难，或因游宦，大多并非心甘情愿地来到此地，但一旦寓居在西江流域，他们还是“既来之，则安之”，随遇而安、随遇而乐，不仅很快地“安顿”好了自己的内心世界，也不辜负自己士大夫的身份，实践了传统儒家“士不可以不弘毅，任重而道远。仁以为己任，不亦重乎？死而后已，不亦远乎？”的进取精神，积极参与当地的政治、经济、文化事业，将自己的智慧与才能贡献给了脚下的这片土地，从

① 司徒尚纪：《岭南文化地理》，广东人民出版社2020年版，第39页。

② 〔清〕汪森《粤西通载发凡》，见〔清〕汪森编辑，黄盛陆、石恒昌、李瓒诸等校点，黄振中审订《粤西文载校点》，广西人民出版社1990年版，第7页。

而有力地促进了西江流域的社会变迁与文化发展，到了宋元时期，“在前代积累基础上，汉文化发展为岭南文化主体”①。本研究主要探讨唐宋时期西江流域社会变迁及迁岭文人在其中所做出的贡献，并以此为中心，寻求地域文化的发展与文人流寓之间千丝万缕的内在联系。

南宋是宋元文化转型的关键时期，在西江流域文化发展史上地位突出，这是一个复杂的、迷人的、具有特别重要的历史地位的、引起无数争议的时代。② 王水照在《南宋文学的时代特点与历史定位》中指出：

> 南宋文学史是一个特定时段（1127—1279）的文学史，更是在文学现象、文学形态、文学性质上具有鲜明时代特点和重要历史地位的一部断代文学史。南宋文学一方面是北宋文学的继承与延伸，文统与政统、道统均先后一脉相承；另一方面在天翻地覆时局变动、经济长足增长、社会思潮更迭变化的历史条件下，又产生了一系列新质的变化。北、南两宋文学既脉息相联，而又各具一定的自足性，由此深入研究和探求，当能更准确、更详尽地描述出中国文学由“雅”向“俗”的转变过程，把握中国社会所谓“唐宋转型”的具体走势。③

历史学者王瑞来也指出：

> 靖康之变，北宋遽然灭亡。突然的巨变，政治场的位移，开启了下一个变革。靖康之变是一个促因，许多变革的因素已酝酿于北宋时期。这些因素伴随着时空的变革而发酵，偶然与必然汇合，从而造成宋元变革。这一变革，由南宋开始，贯穿有元一代，开启了中国历史走向近代的滥觞。探寻中国如何走向近代，宋元变革论会给出回答。

---

① 司徒尚纪：《岭南文化地理》，广东人民出版社2020年版，第39页。

② 参见朱瑞熙《关于宋高宗的评价问题》、李裕民《南宋是中兴？还是卖国——南宋史新解》、何忠礼《略论南宋的历史地位》、李华瑞《略论南宋荒政的新发展》，以上诸文收集在何忠礼主编《南宋史及南宋都城临安研究（上）》中，人民出版社2009年版，第1—66页。另外，还有王曾瑜《关于〈荒淫无道宋高宗〉的说明》《绍兴和议与士人气节》《秦桧独相期间“柔佞易制”的执政群——兼论时势造小丑，小丑造时势的历史哲学》《天人感应与宋高宗、秦桧“饰太平于一隅”》，见王曾瑜《丝毫编》，河北大学出版社2009年版，第289—386页；王瑞来《近世中国——从唐宋变革到宋元变革》，山西教育出版社2015年版。以上文章和书籍也比较深刻、具体地探讨了南宋一朝的历史地位。

③ 王水照、熊海英：《南宋文学史》前言，人民出版社2009年版，第1页。

> 唐宋变革论与宋元变革论都不能摆脱宋代。宋代是两个变革的交集。不过，唐宋变革论至北宋而终，宋元变革论自南宋而始。同一帝系、同一制度下的两宋，既同又异。无论研究唐宋变革论，还是宋元变革论，皆不可将两宋捆绑在一起，笼统言之。在承认遗传的前提下，尤应留意变异。[①]

无论是“唐宋转型”，还是“宋元转型”，两位王先生的研究都深刻地揭示出：南宋一朝在中国文学史乃至中国文化史上都占有十分重要的地位。

从秦汉开始直到元末，“中国的经济、文化重心经历了一个从北方转移到南方的过程，北方和南方的人口比例也从初期的8：2强转化为后期的2：8弱。南方的人口优势至此达到了极点。这一结果是由于南方经济文化发展、北方饱受战乱破坏所造成的，但北方人口的大批南迁无疑是更重要的原因”[②]。与此类似，西江流域地区随着文人的涌入，经济文化也得到了发展，这对社会变迁也产生了一定影响，笔者着重考察永嘉之乱、安史之乱、靖康之乱后西江流域社会变迁与文人迁岭的关系。之所以从这个角度入手，主要在于这三个时期一方面是文人迁岭的重要时期，同时也是南方文化尤其是西江流域文化繁荣发展的时期。

陈正祥在《中国文化地理》中指出：

> 中国从上古直到西晋末年，也就是公元316年以前，北方经济和文化发展的水平，都远远超过南方。汉文化的核心地带，一直在黄河的中、下游流域；关中和山东，曾是两个高度的开发区。永嘉之乱和晋室南迁，初步改变了此一传统形势。中原人士为了避难，进行大规模、长距离的迁移（因为是异族深入，逃难也就比较认真）。南方因劳动力和知识分子的增加，经济和文化发展都受到深刻影响。……第二个使汉文化向东南推进的大波澜是“安史之乱”，大唐帝国从此衰微。黄河中下游广大地区经过浩劫，残破不堪；继之以藩镇割据，政局动荡，于是居民离散，大量向南迁移；南方的州郡，人口显著增加。此后在经济发展上，南方已超越北方；北方依赖南方的接济，愈来愈殷切。……北宋王朝的重建，有赖乎北方的人力和南方的物力，

---

① 王瑞来：《近世中国——从唐宋变革到宋元变革》，山西教育出版社2015年版，第191页。

② 葛剑雄主编：《中国移民史》第一卷，福建人民出版社1997年版，第45—46页。

包括四川和荆广的财富。当时全国的经济重点虽已偏处东南，政治和文化中心仍在黄河下游流域。……南方的经济继续稳定上升，南方人的政治和文化地位，也随着经济力量的上升而提高。北宋后期掌握中央政权的人物，南方人已占多数了。唯此时全国文化的重心，仍在开封、洛阳的东西轴线上。……第三个逼使汉文化中心南迁的大波澜是金人入侵，也就是所谓“靖康之难”。……金王朝统治北方一百多年，以淮河及秦岭为界，跟偏安的南宋政权对立。于是在时间上，北宋统一王朝的毁灭是中国文化中心南迁的真正分野，从此文化中心搬到了江南；而在空间上，淮河曾一时成为南北文化的界线。[①]

吴熊和在《南宋初期的文化重组与文学新变》一书的序中从文化史的角度对三次南渡的意义进行了简述：

建炎南渡，不但是朝廷由北而南，而且还是一次文化大迁移。由此带动文化版图的重组与文化中心的再建，在文化史上起着长远而持久的作用。中国历史上三次衣冠南渡，都伴随着自北而南的文化迁移。第一次是永嘉南渡。西晋沦亡后，东晋定都建康，文化迁移就相伴而行。大批北方士族避乱南下，原先北重南轻的文化格局因而被颠倒了过来。……第二次是唐五代士人南渡。唐代士人南渡，始于安史之乱。……文化迁移，既有直流单向的，又有交互双向的，但主要是双向乃至多向的。在南北分裂与北方战乱时期，自北而南的单向的自然居多。……第三次就是建炎南渡。比之晋末和唐末，这是一次规模更大、影响更为深远的文化迁移。[②]

钱建状也指出：

在中国历史上，永嘉之乱、安史之乱和靖康之乱，是逼使汉文化中心南迁的三次大波澜。与前二次文化南迁相比，宋代士人南迁的规模更大，分布更广，距今最近，对近现代文化的影响最为深远。[③]

① 陈正祥：《中国文化地理》，生活·读书·新知三联书店1983年版，第3—5页。

② 钱建状：《南宋初期的文化重组与文学新变》序一，厦门大学出版社2006年版，第1—3页。

③ 钱建状：《南宋初期的文化重组与文学新变》弁言，厦门大学出版社2006年版，第1页。

这种看法成了学术界普遍认可的常识。韩茂莉在《中国历史地理十五讲》中讲道：

> 西晋“永嘉之乱”、唐中期“安史之乱”、北宋末年“靖康之难”，这三次发生于北方的战乱成为历史时期三次北方人口大规模南迁的动因。①

文化中心的南迁，导致文学创作的新变。深入广泛的学术研究是宣传和普及中华优秀传统文化的基础，历代迁岭文人的文学作品是中华优秀传统文化的重要组成部分。迁岭文学作品中出现了许多新的审美因素，这些新质的成因，有待于进一步深入挖掘与探索。

伟大的文学作品能够对社会变迁与文化发展产生深刻的影响。刘勰在《文心雕龙》一书中开宗明义地指出：

> 文之为德也大矣，与天地并生者何哉？②

文章与天地并生，生动有力地说明了文学作品与自然环境深刻而复杂的内在联系。刘知几在谈及东汉末年寓岭文人士燮的著书立说对西江流域社会变迁与文化发展的重要意义时指出：

> 夫十室之邑，必有忠信，欲求不朽，弘之在人。何者？交趾远居南裔，越裳之俗也。敦煌僻处西域，昆戎之乡也。求诸人物，自古阙载。盖由地居下国，路绝上京，史官注记，所不能及也。既而士燮著录，刘炳裁书，则磊落英才，粲然盈瞩者矣。向使两贤不出，二郡无记，彼边隅之君子，何以取闻于后世乎？是知著述之功，其力大矣，岂与夫诗赋小技校其优劣者哉？③

此处将“著述之功”与“诗赋小技”进行对比，扬著述之功而贬诗赋为小技，倾向于著述，显然是有失偏颇的。“动天地、感鬼神，莫近于诗”，诗

① 韩茂莉：《中国历史地理十五讲》，北京大学出版社 2015 年版，第 96 页。

② 〔南朝梁〕刘勰著、周振甫注：《文心雕龙注释》，人民文学出版社 1981 年版，第 1 页。

③ 〔唐〕刘知几：《史通》卷一八《杂说下》，见《四库全书》影印文渊阁本第 685 册，上海古籍出版社 1987 年版，第 134 页。

可以兴、观、群、怨，还可以使“穷贱易安，幽居靡闷”，具有重要的社会价值、文化熏陶与抚慰心灵的作用。但刘知几已经认识到寓岭文人在西江流域的著书立说对保存经典、弘扬文化、阐明思想、提升教化、传播文明、宣传君子之风的重要作用，于是十分深入细致地揭示出了流寓岭南文人著书立说对当时社会变迁与文化发展的重要意义。因此，笔者从迁岭文人的著书立说、文学作品入手，对他们的精神世界进行深入描绘，详细梳理迁岭文人的生命沉沦与精神解脱，描述他们丰富多样的人格个性与积极进取的人生态度，记录那些在苦难中坚持自己信念并付诸实践的杰出人物。这样从文学角度切入进行的历史的、地理的、文化的考察，是一种心灵史、文化史的研究，目的是将迁岭文人的人生思考与文化性格从历史的尘嚣中提炼出来，恢复他们鲜活、真实的多重面相。

第二节　研究旨趣与方法：人与地的交融

文人是文学创作的主体，也是文化传承与传播的载体，中国文化的发展与文学创作息息相关。史学大师钱穆指出：

> 中国文化中包含的文艺天地特别广大，特别深厚。亦可谓中国文化内容中，文艺天地便占了一个最主要的成分。若使在中国文化中抽去了文艺天地，中国文化将会见其陷于干枯，失去灵动，而且亦将使中国文化失却其真生命之源泉所在，而无可发皇，不复畅遂，而终至于有窒塞断折之忧。故欲保存中国文化，首当保存中国文化中那一个文艺天地。欲复兴中国文化，亦首当复兴中国文化中那一个文艺天地。①

钱先生以其博大精深的史观、自成一家之言的史识和穷究天人之际的史料，对中国文学的特点进行了深入细致的剖析。他举例说明中国文学内容丰富、涵义深长的特点，指出：

> 若杜甫、苏轼之诗，凡其毕生所遭值之时代，政事治乱，民生利病，社会风习，君臣朋僚，师友交流之死生离合，家人妇子，米盐琐

① 钱穆：《中国文化与文艺天地》，见《中国文学论丛》，长江文艺出版社2020年版，第136页。

碎，所至山川景物，建筑工艺，玩好服用，不仅可以考作者之性情，而求其歌哭颦笑，饮宴起居，嗜好欢乐，内心之隐，抑且推至其家庭乡里，社会国族，近至人事，远及自然，灿如燎如，无不毕陈，考史问俗，恣所渔猎。故中国文学虽曰尚通方、尚空灵，然实处处着实，处处有边际也。[①]

钱穆不是专门研究中国文学的学者，他从研究历史的宏通视野来反观中国文学，反而能够跳出三界外，反观红尘中，更加实事求是、客观公允、清晰有力地把握住中国文学在中国传统文化中的地位与作用。文学、史学原不分家，千百年来相互取长补短，源远流长，钱先生虽为史学大师，但心慕文学，并融会贯通，文学史学修为精湛。这段论述中钱先生以杜甫、苏轼为例来阐明中国文学“处处着实，处处有边际”的特点。杜甫是初唐迁岭文人杜审言之孙，苏轼是北宋最著名的迁岭文人，由此及彼，推及广大迁岭文人的文学创作，可以发现钱先生的论述亦大体适当。历代迁岭文人如牟子、虞翻、颜延之、宋之问、沈佺期、柳宗元、李商隐、黄庭坚、秦观、苏辙、李纲、赵鼎、李光、胡铨、朱敦儒、黄公度、洪迈、范成大、刘克庄等，他们大多将其生平遭际、时代风云、社会风气、民风民俗、山川风物、政事治绩、地理物产、时代变迁融入其抒情言志、体物载道的诗文创作中，通过他们的创作可以感受到西江流域社会变迁与文化发展中许多具体生动的历史细节，认识到历代迁岭文人在西江流域寓居时的心迹情感与生活方式，并探讨迁岭文人在当地社会变迁与文化发展中所起到的重要作用。

莫砺锋从诗歌创作与中国文化关系的角度出发，指出了中华传统文化的特点，突出了中国古代文学艺术在其中所处的重要地位、所起到的作用及其对当下生活的深刻影响。他说：

中华传统文化是在中华民族身上烙下深深印记的民族文化基因，是记录着中华民族风雨历程的鲜活的心灵史，也是昭示着中华民族未来发展方向的宝贵的启示录。而中国古代的文学艺术，不但是中华传统文化中最为耀眼的精华部分，而且是最为鲜活生动、元气淋漓的核

① 钱穆：《中国民族之文字与文学》，见《中国文学论丛》，长江文艺出版社 2020 年版，第 18 页。

> 心内容。中国古代的文学艺术直观地反映着中华民族的民族性格，生动地表述着中华民族的社会理想和人生态度，忠实地记录着中华民族的喜怒哀乐。……所谓古代和现代，只是人们为了便于思考和论述而构想出来的概念。事实上“抽刀断水水更流”，中国古代文学艺术这条长河从未在所谓的“古代”和“现代”的交界处停下脚步，就像它曾经对古代中国社会产生巨大而深刻的影响一样，它也必然会对现代中国社会产生巨大而深刻的影响。①

莫先生的论点是从大量中国古典诗歌和文学理论中提炼出来的，故深入精辟。由此可见，中国文学是中国文化的代表。要了解西江流域社会变迁与文化发展，也可以从历代迁岭文人入手，通过他们的文学创作，研究他们迁岭的原因、过程，尤其是通过他们流寓到西江流域后的所见所闻所感、所作所为所言，探讨他们对当地所造成的重要影响，从而分析、研究西江流域社会变迁与文化发展的来龙去脉。

一方水土养育一方人。历代迁岭文人的寓岭生活，离不开西江流域丰富的水源、肥沃的土壤、适宜的气候，西江流域社会文化的发展变迁也离不开历代迁岭文人在此地的付出与努力。西江流域是形成中华文化的重要组成部分，非常值得从地域文化发展演变的角度进行深入挖掘。当然，在研究过程中也要立足于文学本位。文学是人学，是研究人的性格、人的生命情感的。所谓文生于情，情生于文。作家创作大多是因为感情的波动，而读者读文学作品时也往往是“披文以入情”，被作家作品中所表现出来的“感发的生命”所感动。迁岭文人的文学作品具有生生不已的生命力，影响深远，深刻影响到西江流域的文化发展。不论何时提到迁岭文人，首先要考虑的都是迁岭而来的这些“人”，主要研究他们的文化性格与人生思考，然后才是他们作品中所体现出来的艺术成就与审美价值，并从中探索西江流域的区域特点、生态文化、民族意识及其发展演变的过程。因此，除了找得到材料、读得懂材料，能够分析运用材料外，我们还需要一种能力，就是能够结合现实人生中的生活体验对古人进行分析，以词证词，以心证心，以古鉴今，以今察古，知人论世，力图探究和揭示出迁岭文人人生思考与文化性格形成的历史、地域、社会、政治、文化等方面的

① 莫砺锋：《浅论中国古代文学艺术的主要特征》，见《莫砺锋文集》卷二《古典文学论集》上，凤凰出版社 2019 年版，第 9—10 页。

多重因素。

由于西江流域地区相对安定，某些地区文化在秦汉时得到了较快的发展，到两汉末年战乱频仍时，迁岭士人越来越多，他们的到来不仅带来了先进的中原文化，也进一步促进了西江流域社会变迁与文化发展。汉太傅胡广“六世祖刚，清高有志节。平帝时，大司徒马宫辟之。值王莽居摄，刚解其衣冠，县府门而去，遂亡命交阯[①]，隐于屠肆之间。后莽败，乃归乡里。父贡，交阯都尉”[②]。士燮先祖“本鲁国汶阳人，至王莽之乱，避地交州”[③]，他们的迁岭，尤其是迁岭后定居在西江流域，在当地产生了深远的影响。士燮先祖迁岭，至燮父赐，桓帝时为日南太守，士燮便定居在西江流域的苍梧广信，成为汉王朝委任在西江流域交趾地区的行政长官，士燮“达于从政，处大乱之中，保全一郡，二十余年疆场无事，民不失业，羁旅之徒，皆蒙其庆，虽窦融保河西，曷以加之?”[④]，这就带来了西江流域一个地区文化的繁荣，“灵帝崩后，天下扰乱，独交州差安，北方异人咸来在焉”[⑤]，“中国士人往依避难者以百数”[⑥]。据逯钦立考证，这些避难者中比较著名的有袁忠、袁徽、许靖、程秉、桓劭、桓晔、薛综、刘熙以及牟子、袁沛、邓子孝、徐元贤等博学多才、满腹经纶、世事洞明、达于从政的文人学士、名流世宦[⑦]，他们迁岭南来，是动乱的时局所造成的，除了这些文人显宦，南来西江流域的还有大量的移民[⑧]，这些无疑有利于促进西江流域社会变迁与文化发展。

士大夫的衣冠南渡，促进了西江流域的经济发展与科技进步，带来了中原、江南、荆楚等地区的先进文化。西江文化在本地文化基础上不断吸

---

① 交阯，今多称交趾。下文行文叙述中均用“交趾”，只保留古文原文的“交阯”。

② 〔南朝宋〕范晔撰、〔唐〕李贤注：《后汉书》卷四四《胡广列传》，中华书局2000年版，第1015页。

③ 〔晋〕陈寿撰、〔南朝宋〕裴松之注：《三国志》卷四九《吴书·士燮传》，中华书局2000年版，第880页。

④ 〔晋〕陈寿撰、〔南朝宋〕裴松之注：《三国志》卷四九《吴书·士燮传》，中华书局2000年版，第881页。

⑤ 〔南朝梁〕释僧祐编：《弘明集》卷一《牟子理惑论》，见《四库全书》影印文渊阁本第1048册，第2页。

⑥ 〔晋〕陈寿撰、〔南朝宋〕裴松之注：《三国志》卷四九《吴书·士燮传》，中华书局2000年版，第881页。

⑦ 参见逯钦立《汉诗别录》，见《逯钦立文存》，中华书局2010年版，第17页。

⑧ 参见葛剑雄《汉人南下的序幕和分裂中的内聚迁移》，见《中国移民史》，福建人民出版社1997年版，第253—289页。

收当时先进的中原、荆楚、吴越和巴蜀文化，博采其他地域文化的长处，经过长期的融合，逐渐发展、形成了自己的特点，而且长期向外传播，影响深远。据《南汉书》载：

五岭之南，自李唐以前，声名文物，远不逮夫中原。①

这种状况，到了李唐以后尤其是到了南宋得到了改变。据《广东通志》所载，唐代进士中岭南人士有30人，北宋时激增至190人，南宋时则高达380人左右。② 南方人才从唐至宋的逐渐增长，反映了当时经济、政治、文化重心的南移趋势。南宋大诗人陆游已经发现了这个现象，指出：

伏闻天圣以前，选用人才，多取北人，寇准持之尤力，故南方士大夫沉抑者多。仁宗皇帝照知其弊，公听并视，兼收博采，无南北之异，于是范仲淹起于吴，欧阳修起于楚，蔡襄起于闽，杜衍起于会稽，余靖起于岭南，皆为一时名臣，号称圣宋得人之盛。及绍圣、崇宁间，取南人更多，而北方士大夫复有沉抑之叹。……臣伏睹方今虽中原未复，然往者衣冠南渡，盖亦众矣。其间岂无抱才术、蕴器识者？而班列之间，北人鲜少，甚非示天下以广之道也。③

王水照指出：

从我国文化、文学发展的全局来考察，南宋处于其重心转移的关捩点；就地域空间而言，学术与文学的重心完成了从北方到南方的转移；就文学样式而言，重心由雅而趋于俗。④

这个评价是中肯的。文人的南迁及南方文人政治、经济地位的提升、教育的普及，有利于西江流域社会文化的发展。然而，文化重心的南移，西江

① 〔清〕梁廷楠著、林梓宗校点：《南汉书》卷九，广东人民出版社1981年版，第44页。

② 〔清〕郝玉麟等监修、〔清〕鲁曾煜等编纂：《（雍正）广东通志》卷三一《选举志》，见《四库全书》影印文渊阁本第563册，第333—362页。

③ 〔宋〕陆游：《渭南文集》卷三《论选用西北士大夫札子》，见钱仲联、马亚中主编《陆游全集校注》第9册，浙江教育出版社2011年版，第79页。

④ 王水照：《南宋文学的时代特点与历史定位》，见朱刚编选《读书众壑归沧海》，商务印书馆2018年版，第27页。

流域社会变迁与文化发展不是一朝一夕、一蹴而就的，它经历了漫长的历史演变过程，其间有无数迁岭文人、仁人志士为之付出了努力。重视迁岭文人在西江流域社会变迁中的影响与地位，将丰富我们对迁岭文人个体生命意义的认识。历代迁岭文人来到西江流域寓居，并在此地发展生产、兴修农田水利、举办教育、改变陋风陋俗，大大改变了西江流域的生活环境与民风习俗，为后世迁岭文人流寓到此地的生活打下了良好的基础，树立了光辉的榜样。当笔者深入了解众多迁岭文人的个体经验、感受、体悟，再将这些曾经有着类似经历、相似情感及人生信念的迁岭文人放到一起来做整体观照考察时，笔者发现，迁岭文人通过文学创作呈现出来的情感、体验、感受、体悟往往有着相似性，他们的述说不约而同地反映着一个现象，即社会在变迁、经济在发展、文化在繁荣。具体来说就是：经过历代迁岭文人在此地开荒、播种，西江流域社会面貌与人民生活发生了极大的改观。正因有了历代众多迁岭文人的艰苦努力，西江流域社会文化逐渐繁荣、经济生活逐渐改善，到了南宋，文人迁岭的心态逐渐发生了改变。许多人乐意来到西江流域，不再视西江流域为畏途，有些人甚至愿意来西江流域为宦，从而欣赏岭南奇异的风光，仿效迁岭前贤在此地为宦的言行，体验“九死南荒吾不恨，兹游奇绝冠平生”“试问岭南应不好？此心安处是吾乡”的豪情胜概。“建炎之后，江、浙、湖、湘、闽、广，西北流寓之人遍满。”[1] 宋室南渡，文人或避难，或为宦，或迁谪，或流寓，越来越多的文人来到西江流域，他们的到来在西江流域社会变迁与文化发展史上具有特别重要的意义。从这个角度来看，也可以说，在西江流域社会变迁与文化发展史上，“南宋处于其重心转移的关捩点”。西江流域社会变迁与文化发展正可从一个方面印证王水照的观点：到了南宋，“就地域空间而言，学术与文学的重心完成了从北方到南方的转移”，当然也包括了从北方向西江流域的转移。因此，本研究主要考察秦汉以来直到南宋，历代文人在西江流域文化发展过程中所做出的贡献、所起到的作用，以及所产生的影响。

因此，本研究不仅在文献检索中下了一番功夫，深入挖掘相关文献的联系，还广泛地搜集资料，更本着尊重历史复杂性的态度及求实求新的治学精神，追寻坠绪，透视幽渺，通过征引丰富多彩的历史文献资料，力求在特定的历史文化背景中透彻分析迁岭文人在西江流域生活的一个个影响

① 〔宋〕庄绰撰、萧鲁阳点校：《鸡肋编》卷上，中华书局1983年版，第36页。

着社会发展的细节，完整地描绘出西江流域社会变迁与迁岭文人之间千丝万缕的内在联系，并从细节与逻辑关系的必然性中做出自己的判断。诚如吕思勉所说：

> 古人的环境我们固然不能全知道，也不会全不知道，因而古人所做的事情，我们决不能全了解，也不至于全不了解。所以解释古事、批评古人，也不是绝对不可以，不过要很谨慎，限于可能的范围以内罢了。谨守着这个范围，我们能说的话，实在很少。然而这些少的话中，却多少见得一点事实的真相。其意义，要比演义等假设之以满足人的感情的，深长得多。满足感情固然是一种快乐，了解事实的真相，以满足求知的欲望，又何尝不是一种快乐？①

在史料不全的情况下，只有通过逻辑推理才能做出判断，这就要求在研究中能够索隐探幽、去伪存真、小心求证，从已知去推求未知，力争对二者的关系提出自己的看法，争取实事求是地把握住迁岭文人与西江流域社会变迁的实质性关捩点，并通过理论思辨、逻辑推理将这些关捩点传达出来。许多问题即使一时难以解决，也希望能够引起时贤方家的关注与兴趣，为今后学术界深入探究这类问题，提供一些有益的思路或线索。本研究或许可以抛砖引玉，作为一块铺路的砖石，为后人从事这类研究铺开一条广阔的道路。愚者千虑，或有一得；野人献曝，聊博一粲。

目前，古典文献专业及古代历史领域的学者已经用校勘、注释、标点等方式整理了一批在西江流域文化与文学史上具有重要地位和文化意义的地方文献资料，并对文人南迁的历史、地理意义进行了详细的阐述。② 我们可以按图索骥，进一步利用地方文献资料对迁岭文人进行系统研究，立足于迁岭文人的政治生涯与文学创作，把目光投向西江流域社会变迁。以士大夫生命遭遇为切入点，观察他们的迁岭生活，考察这些知识精英如何参与西江流域地区的社会活动，关注社会转型，并将文学发展纳入西江流域这一广阔的地域空间加以观照，从中寻找西江文化与迁岭文人之间千丝万缕的内在联系。

---

① 吕思勉：《历史和文学》，见《三国史话》，中华书局2014年版，第39—40页。

② 参见吴松弟《北方移民与南宋社会变迁》，文津出版社1993年版；吴松弟《中国移民史》，福建人民出版社1997年版；潘晟《宋代地理学的观念、体系与知识兴趣》，商务印书馆2014年版。

本研究主要是从实证研究的角度对迁岭文人与西江文化的关系做分析性论述，因此首先应将文人迁岭的来龙去脉叙述清楚，其次对西江流域的历史地理与迁岭文人的互动也应做一定程度的理论分析。中国地大物博，任何地区都有自己本地独特的地域文化。研究中国文化，不能不研究各地的地域文化。正如历史地理学家谭其骧所说："中国文化有地区性，不能不问地区笼统地谈论中国文化。"① 袁行霈指出：

> 研究地域文化，必须重视文献资料，特别是乡邦文献，包括各地的方志、族谱、舆图等。……然而文化绝不仅仅体现在文献中，还体现在人们的日常生活中，那是活生生的、每日每时都显现着的。②

因此，笔者广泛阅读了《广西通志》《广东通志》《粤西诗载》《粤西文载》《粤西丛载》《岭外代答》《元和郡县图志》《太平寰宇记》《方舆胜览》《舆地纪胜》《桂海虞衡志》《桂胜》《读史方舆纪要》《广东新语》等有关西江流域的地方志、地域文学总集及迁岭文人的作品集，考察其中是否保存了迁岭文人的作品。在泛览西江流域地方志，研究各类地方文献及实地考察的基础上，笔者将发现的资料与保存在史籍上的资料对照分析，检查其真实性与艺术性，并尽量予以甄别分析，用这些可靠的文献资料探究迁岭文人的南食书写、日常饮食、聚众授徒、交游唱和、读书写作、服食养生、优游山水等"活生生的、每日每时都显现着的"生活方式，并由此深入研究迁岭文人生活方式的改变对其人生思考与文化性格形成的深刻影响，以及这些社会精英的文化性格与人生思考对改变当地社会风貌与塑造民族性格所起到的重要作用。

第三节 研究视角与内容：地域因缘与文学形态

士大夫的衣冠南渡，不仅促进了西江流域的经济发展，也带来了中原地区的先进文化。南方人才从唐至宋的逐渐增长，反映出经济、政治、文化重心的南移趋势。近年来，贬谪文学研究颇受学界关注，但迁岭文学研究相对薄弱，本书一定程度上弥补了这一不足。基于西江流域社会变迁，

① 谭其骧：《中国文化的时代差异和地区差异》，载《复旦学报》1986年第2期，第5页。
② 袁行霈：《蠡测集——中国文学与文化的大时段研究》，中华书局2017年版，第98页。

笔者对迁岭文人及其作品进行研究，力求拓宽视野，不限于就文学史而研究文学史，而是将当地人事的变迁、社会环境的变化、民俗文化的流变纳于一编，希望展现和诠释迁岭文人在西江流域这样一个特殊地域所做出的贡献，以体现迁岭文人的生命史与生活史。

在研究过程中，笔者也十分注意细节的叙述，尤其是对个案的研究，从中探究西江文化与文人迁岭相互影响的内在动因。陈寅恪对中国文学（主要指诗歌）与历史的关系有一个精辟的论断，他说：

> 中国诗与外国诗不同之点——与历史之关系：中国诗虽短，却包括时间、人事、地理三点。……外国诗则不然，空洞不着人、地、时，为宗教或自然而作。中国诗既有此三特点，故与历史发生关系。[①]

正因为中国诗包括“时间、人事、地理”，使其不仅“与历史发生关系”，也与“地理”发生了关系，使得“文学地理学”学科得以建立[②]，所以在研究迁岭文人时，不仅要挖掘出迁岭文人诗歌与历史的关系，也要揭示出其中的“地理”因素，探究其与西江文化有何内在联系。

地域文化的研究是中国文学研究的一个重要方面，陈寅恪还指出：

> 苟今世之编著文学史者，能尽取当时诸文人之作品，考定时间先后，空间离合，而总汇于一书，如史家长编之所为，则其间必有启发，而得以知当时诸文士之各竭其才智，竞造胜境，为不可及也。[③]

在陈先生看来，文学中的“地理”因素即“空间离合”，是中国文学区别于外国文学的一个突出表现，是“当时诸文士之各竭其才智，竞造胜境”的一个重要方面，是我们从事中国古代文学研究要十分重视的一个环节。

---

① 陈寅恪：《元白诗证史第一讲听课笔记片段》，见陈美延编《陈寅恪集·讲义与杂稿》，生活·读书·新知三联书店2002年版，第483页。

② 曾大兴指出：“文学地理学的研究对象是什么呢？简言之，就是文学要素的地理分布、组合与变迁，文学要素及其整体形态的地域特性与地域差异，文学与地理环境之间的相互关系。……文学地理学的‘学术体系’，必须对地理环境（自然环境和人文环境）与文学要素（文学家、文学作品、文学读者）之间的各个层面的互动关系进行系统的梳理，找出它们之间的内在联系及其特点，并予以合理的解释。”（曾大兴《文学地理学研究》，商务印书馆2012年版，第1—2页）

③ 陈寅恪：《元白诗笺证稿》，上海古籍出版社1978年版，第9页。

王鸿盛评价韩愈名作《山石》一诗时所言正可为陈先生的看法提供一个注脚，他说："观诗中所写景物，当是南迁岭外时作，非北地之语，但不知是贬阳山抑潮州，不能定也。"① 这也是中国学术史上"诗史互证"的一个重要内容。

类似的研究方法，国学大师饶宗颐也表达过②，他在介绍自己的治学经历时指出：

> 念平生为学，喜以文化史方法，钩沉探赜，原始要终，上下求索，而力图其贯通；即文学方面，赏鉴评骘之余，亦以治史之法处理之。③

在谈到"以治史之法处理之"的含义时，饶先生特别强调说：

> "以治史之法处理之"，必须从纵横两个方向加以理解。一个是时间，一个是空间。时间与空间不能分割。一般来讲，政治文化史，只是注重时间的演变，忽略空间，这是个缺陷。④

无论是陈寅恪在研究诗歌时重视"地理"，还是饶先生在文学研究时特别强调"空间"，都告诉我们不能忽略历代迁岭文人谪居岭南时所生活的具体地理条件、当地风俗以及当地文化教育事业的发展变迁等地域文化因素。

研究西江文化与迁岭文人，当然要特别注意各个历史时期的时代特征，吕思勉指出：

> 历史之有年代，犹地理之有经纬线也。必有经纬线，然后知其地在何处，必有年月日，然后知其事在何时。举一事而不知其时，即全

---

① 钱仲联：《韩昌黎诗系年集释》卷二，上海古籍出版社1994年版，第145页。

② 钱仲联将饶宗颐与国学大师王国维、陈寅恪比较时指出："今选堂先生之学，固已奄有二家之长而更博。"（《选堂诗存·钱序》，见《饶宗颐二十世纪学术文集》卷一四，新文丰出版有限公司2003年版，第339页。）

③ 饶宗颐：《文辙小引》，见《文辙》，台湾学生书局1991年版，第1页。

④ 施议对编纂：《文学与神明——饶宗颐访谈录》，生活·读书·新知三联书店2011年版，第30页。

> 不能知其事之关系矣。[1]

此语道出了历史与地理的关系。历史上三次文化重心的南移，都与重大的历史事件有十分密切的联系。文人迁岭之所以在南宋表现得特别突出，与当时重大历史事件、特殊时代环境有关。靖康之变，宋室南渡，巨大的政治变迁，政治中心、文化中心、经济中心的南移，开启了西江流域社会发展的新纪元。“南渡之初，中原士大夫之落南者众”[2]，“建炎之后，江、浙、湖、湘、闽、广，西北流寓之人遍满”[3]，“自中原遭胡虏之祸，民人死于兵革水火疾饥坠压寒暑力役者，盖已不可胜计。而避地二广者，幸获安居”[4]，“淮民避兵，扶老携幼渡江而南无虑数十百万”[5]。靖康之变是一个促因，伴随着大量知识精英的南迁，流向西江流域，偶然与必然汇合，从而造成西江流域经济、文化的繁荣。

但是，更不能忽视西江流域这一特定地理环境与迁岭文人的互动关系。岭南文化地位的上升离不开历代迁岭文人的努力开垦拓荒。正如屈大均指出：

> 广东居天下之南，故曰南中，亦曰南裔，火之所房，祝融之墟在焉。天下之文明至斯而极，极，故其发之也迟，始然于汉，炽于唐于宋，至有明乃照于四方焉。故今天下言文者必称广东，盖其地当日月之所交会，故陶唐曰南交，言乎日月之相交也。[6]

由此可见，“汉”“唐”“宋”“明”是岭南文化发展史上的重要阶段，作为“炽于唐于宋”的“宋”，尤其是南宋在岭南文化史上的地位就显得尤其重要。北宋灭亡，宋室南渡，宋王朝疆域缩小，西江流域在政治、经

① 吕思勉：《吕思勉全集》第三册《先秦史》第四章《古史年代》，上海古籍出版社2016年版，第30页。

② 〔宋〕周密撰、吴企明点校：《癸辛杂识》后集“许占寺院”条，中华书局1988年版，第73页。

③ 〔宋〕庄绰撰、萧鲁阳点校：《鸡肋编》卷上，中华书局1983年版，第36页。

④ 〔宋〕庄绰撰、萧鲁阳点校：《鸡肋编》卷中，中华书局1983年版，第64页。

⑤ 〔宋〕杜范：《清献集》卷八《便民五事奏札》，见《四库全书》影印文渊阁本第1175册，第675页。

⑥ 李默校点：《广东新语》卷一一“文语”，见欧初、王贵忱主编《屈大均全集》（四），人民文学出版社1996年版，第287页。

济、文化中的地位也日益突出，据载："绍兴年间，天下州郡遂成三分：一为伪齐、金虏所据，一付张浚，承制除拜；朝廷所有，唯二浙、江、湖、闽、广而已。"[①] 另外，南宋是比较接近明朝的一个重要朝代，这不仅指时间上的接近，更重要的是文化环境、生存状态的相近。根据王瑞来的宋元变革论[②]，可以说，南宋文化直接影响到明代，是近世文化的一个开端，开启了后世西江流域文化的繁荣。

由于政治、经济的原因，越来越多的人涌入岭南，他们大多要通过西江流域，据宋人余靖《韶州真水馆记》中的描述：

> 凡广东西之通道有三，出零陵下离水者由桂州；出豫章下真水者由韶州；出桂阳下武水者亦由韶州。无虑之官峤南。自京都沿汴绝淮由堰道入漕渠，溯大江度梅岭下真水，至南海之东、西江者，唯岭道九十里为马上之役，馀皆篙工楫人之劳，全家坐而致万里。故之峤南虽三道，下真水者十七八焉。[③]

余靖是韶州曲江人，曾经略广西南路安抚使，对西江流域的地理情况有较深的了解。他在此文中提到的"桂州"就是今天的桂林，是文人迁岭的一个重要的通道，也是西江流域的重要地区。迁岭文人来到桂林赴任，大多就是沿着西江流域。

文人的迁岭，是影响西江流域社会变迁的重大事件。为此，我们对流寓文人迁岭的来龙去脉进行了深入考察，旁搜远绍、俱收并蓄，对与之相关的大量资料进行点滴归拢，并对这些资料反复研究体会，涵泳其间，尽

---

① 〔宋〕庄绰撰、萧鲁阳点校：《鸡肋编》卷中，中华书局1983年版，第74页。

② 王瑞来在《近世中国——从唐宋变革到宋元变革》一书中指出："靖康之变，北宋遽然灭亡。突然的巨变，政治场的位移，开启了下一个变革。靖康之变是一个促因，许多变革的因素已酝酿于北宋时期。这些因素伴随着时空的变革而发酵，偶然与必然汇合，从而造成宋元变革。这一变革，由南宋开始，贯穿有元一代，开启了中国历史走向近代的滥觞。探寻中国如何走向近代，宋元变革论会给出回答。"（山西教育出版社2015年版，第188页）这段话中特别引起我们注意的是"这些因素伴随着时空的变革而发酵"，其中"时空"的"空"，让我们留心宋元社会变革中文化地理的因素，我们知道：这里指的"空"是指宋室南渡以来南方政治、经济、文化的发展与演变，特别是西江流域一带的社会变迁与政治、经济、文化发展也是题中应有之义。南方经济的发展可参考漆侠的《宋代经济史》（中华书局2009年版）、葛金芳的《宋辽夏金经济研析》（武汉出版社1991年版）里的研究。

③ 〔宋〕余靖撰、〔宋〕余仲荀编：《武溪集》卷五《韶州真水馆记》，见《四库全书》影印文渊阁本第1089册，上海古籍出版社1987年版，第49页。

力融会贯通。我们希望在政治制度背后看到文化，从迁岭文人跌宕起伏的命运变化中去理解当时的政治。司马迁引用孔子的话“我欲载之空言，不如见之于行事之深切著明也”①，也正是想通过历史人物之“行事”来“究天人之际，通古今之变，成一家之言”。在对迁岭文人的“行事”进行深入挖掘与分析后，我们以现代视角，站在西江流域社会变迁的立场，对在波澜壮阔历史中迁岭士大夫跌宕起伏的命运进行评述。从创作主体的角度论述文人迁岭成因，以创作实践的视角阐述西江流域社会变迁与迁岭文人创作的关系，以影响定位来说明迁岭文人在西江流域文化发展中的意义。

笔者一直在思考这样一个问题：大规模的迁岭行为使参与其间的士大夫产生了一种什么样的精神状态？给当地的社会发展和人民生活带来了什么样的深刻改变与影响？迁岭文人的文学作品记载了他们当时在西江流域的感情与思想，呈现出他们悲剧性生命体验及解脱苦闷的方式，这是我们观照考察这一地域社会变迁极好的文献资料。在研究过程中，笔者尽可能对前人时贤的研究成果做了一番详细的了解。尚友前人时贤，一方面使笔者获得了尽可能多的优秀学者的学术滋养；另一方面也为本研究确定了突破口。文学是人学，作为文学研究者，我们希望对历代迁岭文人的研究有所推进。因此，笔者更加注意仔细涵泳体味文人迁岭及居岭时期渗透在文字中的文化性格与人生思考，并仔细体味涵泳迁岭文人作品中一个个体现他们创作风格的那个他们心目中精神性的岭南，他们文学作品中“永不消退的记忆场景”和他们“人生感悟的一种象征和符号”②。

相比于综合性的宏观论述，笔者更倾向于微观考察、细节分析，通过个案，滴水映日，折射西江流域文化发展与迁岭文人之间的内在联系。我们选择虞翻、颜延之、杜审言、宋之问、沈佺期、柳宗元、李商隐、曾巩、苏轼、黄庭坚、秦观、黄公度、李光、李纲、范成大、刘克庄等重要、典型的作家在西江流域这一特定地域空间里的生命历程为观照对象，

① 参见司马迁《史记·太史公自序》，见郭绍虞主编《中国历代文论选》（一卷本），上海古籍出版社1979年版，第36页。对司马迁引用孔子这句话，《中国历代文论选》有很好的解释：“相传孔子作《春秋》，是借着整理改写鲁国史来表现自己的政治观点的。孔子不用于时，著书以垂后。这里意思是说，与其发为议论，就不如采用《春秋》这种褒贬是非，因事见义的方式，更为深切而著明。”（郭绍虞主编《中国历代文论选》一卷本，第38页）

② 王水照：《宋代文学研究的前沿问题——以文学与科举、党争、地域、家族、传播等学科交叉型专题为中心》，见《第八届宋代文学国际研讨会论文集》，中山大学出版社2015年版，第2、3页。

通过大量的历史材料，深入了解他们在时代洪流中的投入、挫折、碰撞、困惑和坚守，透视他们的文化性格、人生思考与时代、社会之间的交流激荡，再现那些苦难深重时代的风云变幻、士人遭际与精神波澜，考察迁岭文人在波澜壮阔历史中跌宕起伏的人生，在西江流域文化发展史上的经验教训及其对今人的启示。

迁岭文人在西江流域地区的作品是中国文学发展长河中的一个特殊品种，一种富有民族特色、地域色彩、地方文化的文学类型，其中产生了众多的名作。虽然每一位迁岭文人的人格个性、人生态度、文学作品的境界各不相同，但是没有一个人可以超脱到时代之外，他们的感情、品格及创作在某种程度上反映了时代气息与地域特征。在个案考察方面，主要通过虞翻、颜延之、柳宗元、黄公度来叙述文人迁岭原因及其在当地的政绩影响与文学创作；通过苏轼、黄庭坚、李光来讲述迁岭文人文化性格与人生思考形成之因和表现形式；通过杜审言、宋之问、李商隐或遭贬谪流放，或奔走幕府，或沉沦下僚的命运来考察当时政治形势的波谲云诡、变幻莫测；通过刘克庄创作成就形成之因来探讨迁岭文人的入幕之风、师承前辈对其创作的深刻影响；通过颜延之、杜审言、杜甫、李商隐、范成大等人与桂林的关系来揭示特殊社会背景下文人创作与西江流域文化发展的关系；通过秦观来探讨人性的丰富复杂与生活的无奈，以及西江流域的自然环境与人文环境对迁岭文人心灵产生的冲击与影响。这样做的目的是期望在比较广阔的文化视野下审视西江流域社会变迁与迁岭文人文化性格与人生思考的形成与表现。

全书共九个部分，除了绪论，大致分为空间形态、文化因子、诗语表达、生命意识、南食书写、师承前辈、文化传承、文化性格等八个专题来撰写。通过这样八个专题，笔者希望能够揭示出西江流域社会变迁与文人迁岭的若干普遍现象，这些现象在历代普遍存在，反映了西江文化与迁岭文人之间千丝万缕的内在联系。

绪论部分主要阐述选题缘起及意义、研究旨趣与方法、研究视角与内容。第一章试图从西江流域空间形态的角度出发，探讨迁岭文人创作的表现空间，西江流域社会变迁与文化发展的地域因缘，某些诗歌意象的形成及其文化意义。第二章详述西江流域文化因子的生成与文人迁岭的意义。一方面叙述了虞翻、柳宗元、黄公度等文人的迁岭之因及他们在西江流域讲学、著述，从事政治、文化、教育活动的情景；另一方面也揭示出这些迁岭文人在西江流域的为人处世方式对西江流域文化因子生成的深刻影响。第三章对唐宋时期流寓到西江流域文人的诗歌创作风貌做了详细的分析。一方面探讨了格律诗的定型与沈佺期、宋之问对西江流域风物的描写；另一方面也论述了楚地文化对刘禹锡诗歌创作的影响，以及楚地文化与西江流域文化的内在联系。笔者在这一章仔细分析了诗歌创作从“唐音”到“宋调”的转变与文人迁岭的内在关系。第四章以迁岭文人的生命意识为视角，探讨了西江流域文化因子、自然风物与文人创作之间深层复杂的内在联系。在这一章笔者分别论述了楚地风物对西江流域文化因子生成的深刻影响、文人迁岭的文化意义及迁岭文人如何在西江流域实现自我的人生价值。第五章以迁岭文人的南食书写为视角展开论述，通过对柳宗元的南食书写、曾巩的文化思考、苏轼的以俗为雅、李光的饮食之乐、南食书写与养生意识的勃兴等方面的考察，从迁居西江流域的文人在饮食习惯、习性及习俗这几个方面的适应或转变及其日常生活在文学作品中的表现来探究迁岭文人入乡随俗、随遇而安的文化性格与他们在西江流域移风易俗、使百姓安居乐业的文化贡献。第六章探讨了传统下的个人才能，涉及政治与文学的关系、人品与文品的关系，根据有关史料，指出柳宗元、苏轼在政治才能方面对陶渊明的超越，黄庭坚文化性格形成的地域因缘，苏轼流寓岭南的典范作用，南宋迁岭文人对苏轼人生哲学的继承、发展及迁岭文人对家族、师友的深切认同，体现了迁岭文人对传统的亲和力和对前人作品的艺术感受力与分析、鉴别能力。第七章多角度探讨了迁岭文人的诗歌表现形态与文化传承的意义，拓展了迁岭文人的研究领域。本章既有纵向的流变考察，又有横向的诗歌特色的分析，既评析了颜延之、李商隐、范成大等人流寓岭南的创作实践，又总结有关迁岭文人诗歌批评的理论，更注意结合当时政治气候、文化环境和文人迁岭的心态来考察西江流域社会变迁与文化发展的深层历史动因。第八章从迁岭文人文化性格形成的角度切入，论述西江流域社会变迁的种种体现，力图将迁岭文人的文化性格与西江流域社会变迁结合起来探讨，既历时地探讨了柳宗元、李光、刘克庄等迁岭文人的文化性格的形成，又探讨了西江流域文化发展到南宋时期文人对其情感认同、文化认同的种种表现，辨析了这种表现的深层次原因，建构出西江流域社会变迁与迁岭文人研究中一种具有可操作性的模式。

本研究以迁岭文人为研究对象，围绕“西江流域社会变迁”这一主题，描绘出迁岭文人在当地的心迹情感与文化活动，诠释“礼失求诸野”在西江流域这一特殊地域空间的种种表现。在考证文献、甄别史料的基础上，本研究希望能跳出传统文学史研究的框架，深入每位研究对象的个人生命史，探寻他们为什么选择迁岭、如何迁岭以及在寓居岭南的生活中所发生的种种境遇变化。“不以入岭为难”展现了迁岭文人面对现实困境的人生态度与生活方式，他们的迁岭不仅仅是地理空间上的位移与改变，而且还有心理上的冲击与升华。本研究集中探讨迁岭文人在生活巨变下心灵受到的冲击及他们在特定政治背景下，在贬谪、播迁、逃难、宦游、流寓的历史风雷激荡中的命运遭际，运用第一手材料研究迁岭文人用怎样的姿态去面对西江流域的过去和现在，从而揭示出“礼失求诸野”、西江流域因迁岭文人的到来而得以发展的来龙去脉。

第一章 空间形态与西江流域社会变迁

恩格斯指出：

> 如果地球是某种逐渐生成的东西，那么它现在的地质的、地理的、气候的状况，它的植物和动物，也一定是某种逐渐生成的东西。它一定不仅有在空间中互相邻近的历史，而且还有时间上前后相继的历史。[1]

这段精辟的见解可以用来分析并解读楚文化与西江流域文化的内在联系与相互影响。楚地与西江流域“不仅有在空间中互相邻近的历史，而且还有时间上前后相继的历史”，地理位置上的相近导致文化上的相互影响。司马迁指出：“楚越之地，地广人希，饭稻羹鱼，或火耕而水耨，果隋蠃蛤，不待贾而足，地埶饶食，无饥馑之患，以故呰窳偷生，无积聚而多贫。”[2]荆楚文化在先秦时期是比较先进的文化，有了长期的历史积淀，故能对南方的西江流域产生影响。《国语·楚语》载：“赫赫楚国，而君临之，抚征南海，训及诸夏，其庞大矣”，《左传·襄公十三年》载：“（楚）抚有蛮夷，奄征南海”，公元前382年，楚国名将吴起“南平百越”[3]，楚对岭南的扩张，使得它与西江文化在某种程度上形成了融合。

《方舆胜览》卷三四“广东路·广州”的“建置沿革”指出了西江流域与楚地的联系及早期迁岭文人的贡献：

> 《禹贡》扬州之域。在天文牵牛、婺女，则越之分野，兼得楚之交。春秋时百越之地。秦置南海郡。赵佗自立为南海王，汉因封之。武帝既定越地，以为南海、苍梧、郁林、交阯、九真、日南、珠崖、儋耳郡。

---

① ［德］恩格斯：《自然辩证法》，人民出版社1971年版，第12页。

② 〔汉〕司马迁撰、〔南朝宋〕裴骃集解、〔唐〕司马贞索隐、〔唐〕张守节正义：《史记》卷一二九《货殖列传》，中华书局2000年版，第2472—2473页。

③ 〔汉〕司马迁撰、〔南朝宋〕裴骃集解、〔唐〕司马贞索隐、〔唐〕张守节正义：《史记》卷六五《孙子吴起列传》，中华书局2000年版，第1723页。

按南海即秦故郡也，属交趾刺史。献帝末，孙权以步骘为交州刺史，迁州于番禺，即今之州理也。孙休以交州土壤太远，遒徙交州理龙编，分交州置广州，领郡十，理番禺。晋因之。安帝时，卢循陷番禺，执广州刺史吴隐之，自称平南将军，为裕所败。宋、齐皆为广州，理番禺。①

清人顾祖禹在《读史方舆纪要》中也对“广州城”的演进历史进行了概述，从中可以看出楚文化与西江流域之间千丝万缕的密切联系：

今府城也。《通历》：“楚伐扬越，自是南海事楚。”有楚亭。《旧图经》：“广州州城始筑自越人公师隅，号曰南武。”《吴越春秋》：“阖闾子孙避越岭外，筑南武城。后楚灭越，越王子孙避入始兴，令师隅修吴故南武城是也。”秦以任嚣为南海尉，初居泷口西岸，俗名万人城，在今城西二十七里。既乃入治番山隅，因楚亭之旧，其治在今城东二百步，俗谓之任嚣城。又相传南海人高固为楚威王相，时有五羊衔谷萃于楚亭，遂增筑南武城，周十里，号五羊城。及赵佗代嚣，益广嚣所筑城，亦在今治东，今谓之赵佗城。汉平南越，改筑番禺县城于郡南六十里，为南海郡治，今龙弯、古霸之间是也。号佗故城曰越城。后汉建安十五年步骘为交州刺史，以越城就圮，乃廓番山之北为番禺城，后又迁州治于此，自是不改。②

《方舆胜览》卷三四“广东路·肇庆府”的“建置沿革”指出西江流域苍梧郡、肇庆府与广州在地理位置上的密切联系，以及西江流域地区的历史沿革：

古百粤之地。分野、星土与广州同。本秦南海郡地。汉武置苍梧郡，高要以县属焉。东汉因之。宋文帝割南海郡四会等县置绥建郡。梁立高要郡。隋废高要，立端州，炀帝罢端州为信安郡。唐立端州，以州当西江入广州之要口也，为高要。又以四会县置南绥州，改绥州为真州，寻废真州，以四会县隶广州。改高要郡，复为端州。皇朝平岭南，地归版图，以徽宗潜邸，陞兴庆军节度。广东运判燕瑛奏：

① 〔宋〕祝穆撰、〔宋〕祝洙增订、施和金点校：《方舆胜览》卷三四“广东路·广州”，中华书局2003年版，第603页。

② 〔清〕顾祖禹撰，贺次君、施和金点校：《读史方舆纪要》卷一一〇“广州府·广州城”，中华书局2005年版，第4595页。

“元系端州，今为潜邸，欲望亲洒宸翰，赐以美名。”遂赐名肇庆府，仍为肇庆军节度。今领县二，治高要。[①]

在西江流域早期发展史上，它的地理位置“兼得楚之交”，在社会变迁与文化发展史上比较重要的事件则是“孙权以步骘为交州刺史，迁州于番禺”，这就使得西江流域早期发展必然要受到当时比较先进的楚文化的影响，而东汉末年战乱频仍，军阀割据，文人名宦或为了躲避战乱，或为了开疆拓土，或被排遣贬谪，纷纷来到西江流域，如士燮为交趾太守时“体器宽厚，谦虚下士，中国士人往依避难者以百数”[②]，就比较典型地反映了汉末动乱之际，士人大量迁岭避难的现实。

步骘、虞番、士燮、牟子等名流、世宦一旦迁岭寓岭[③]，往依投靠者往往云集而来，他们寓居安集在岭南为政，开发水利、治理农田、发展生产、兴办学校、聚众授徒、弘扬文化、开展教育、移风易俗。此外，他们还在此地登山临水、吟诗作赋、著书立说，进行文学创作与哲理思考，“嘉会寄诗以亲，离群托诗以怨”“穷贱易安、幽居靡闷”，在此地留下了大量优美的文学作品与深刻的哲学著述[④]。《三国志》卷四十九《士燮传》载：

交阯士府君既学问优博，又达于从政，处大乱之中，保全一郡，二十余年疆场无事，民不失业，羁旅之徒，皆蒙其庆，虽窦融保河西，曷以加之？[⑤]

可见，以士燮为代表的东汉末年的文人士子在当地开拓进取，对后世影响深远，是西江流域社会变迁与文化发展史上的一个重要里程碑。

① 〔宋〕祝穆撰、〔宋〕祝洙增订、施和金点校：《方舆胜览》卷三四“广东路·肇庆府”，中华书局2003年版，第616页。

② 〔晋〕陈寿撰、〔南朝宋〕裴松之注：《三国志》卷四九《吴志·士燮传》，中华书局2000年版，第881页。

③ 士燮寓岭情况比较特殊，他的先祖已经流寓到西江流域，并在此地定居，据《三国志·吴志·士燮传》载，士燮“苍梧广信（今广西梧州市）人也。其先本鲁国汶阳（今山东宁阳县东北）人，至王莽之乱，避地交州。六世至燮父赐，桓帝时为日南太守”（《三国志》卷四九《士燮传》，中华书局2000年版，第880页）。

④ 牟子的《理惑论》是中国历史上最早的佛学著作，产生于东汉末年的西江流域，由此可见西江流域早期文化发展的程度及其与文人迁岭的密切联系。

⑤ 〔晋〕陈寿撰、〔南朝宋〕裴松之注：《三国志》卷四九《吴志·士燮传》，中华书局2000年版，第881页。

第一节 物证、人证：西江流域的表现空间与文化传承的载体

司徒尚纪从“青铜文化传入”的角度谈到荆楚文化对西江文化的影响，他说：“岭南出土春秋青铜器，除了具有中原风格以外，再有则与江淮楚地风格相同。例如肇庆、罗定出土编钟，与湖北随州出土的基本一致，肇庆松山战国墓出土铜罍、壶、足、盘，以及在广东所出土的春秋战国墓里的青铜剑，部分戈、矛、镞等兵器来自楚地或受其影响。这类器物大部分发现在西江流域……实际上楚越青铜文化属于同一文化类型。”①从这段分析可以看出，荆楚文化在西江流域社会变迁与文化发展过程中起到了非常重要的促进作用。

司徒尚纪还从考古发掘的角度出发，探讨西江文化形成、发展和演变，其指出：

> 西江文化作为一个地域文化，产生于西江流域特定地理环境之内。……以广信（封开）为中心的这个水陆交通网络，非常利于接受来自四面八方的先进文化，融合、吸收为西江文化的构件，故广东春秋到战国晚期墓葬发现的青铜器主要分布在西江沿线附近，显示受楚和中原文化影响所致。②

这就提供了西江流域早期文化发展程度的物证，即青铜器等有形的物质文化遗产。

曹道衡从当地学者掌握《左传》之学的程度，揭示西汉末期西江流域某些地区的文化已经得到普及，此外他还从文人迁岭的角度出发，说明楚地及岭南地区对中原文化的接受程度，其观点新颖、论述精辟。他指出：

> 除了长江下游以外，南方的文化其实在汉代已普遍地得到发展。战国时屈原被放逐到沅、湘流域，当地还比较落后，但《九歌》之作，已经受了当地文化的影响。汉初封吴芮于长沙，其后贾谊曾任长

① 司徒尚纪：《岭南文化地理》，广东人民出版社2020年版，第25—26页。

② 司徒尚纪：《西江文化形成发展和演变初探》，见《珠江文化和史地研究》，中国评论文化有限公司2003年版，第98—99页。

> 沙王太傅，近年长沙马王堆出土的文物，证明西汉前期，今湖南一带文化已经有很大的发展。东汉初的儒者陈元，是苍梧广信（今广西苍梧）人，其父陈钦，在西汉末已通《左传》之学，说明这些地方文化的发展也很普及。此外，据逯钦立先生《汉诗别录》说，东汉后期甚至有人避乱到了交州（参看《汉魏六朝文学论集》，陕西人民出版社1984年版，第19页），今天所谓的"苏李诗"，有些即当时避难交州的人所作。交州在东汉，包括今两广等地。逯先生此说论证确实，说明当时中原文明已普及到了五岭以南。[①]

司徒尚纪、曹道衡两位先生在论述岭南地区文化发展时都特别提到西江流域的广信，这是西江流域的源头，在今广西苍梧、广东肇庆封开一带，从中可见楚地文化与西江文化的密切联系。而曹道衡文中所引逯钦立对"苏李诗"的论证，则深刻有力地说明了在西江流域社会变迁与文化发展的初级阶段即与当时文人的迁岭有着密不可分的内在关系。[②] 从此，文人迁岭代有新人，一代又一代名流显宦、文人学士、迁客骚人在此宦游为政、题咏创作，促进了当地的社会变迁与文化发展。而西江流域的风俗形胜、山川物产、学馆堂院、楼阁亭榭、井泉馆驿、桥梁佛寺、道观古迹、学校、书院、城郭、官署也一一形诸迁岭文人的笔底纸端，他们既得"江山之助"，又受胜迹启迪，文思泉涌，写下了许多不朽的篇章，这些诗文作品、轶闻琐语、碑版题刻在当地流传，不仅丰富了作家的文集，也被收录到

---

① 曹道衡：《南朝文学与北朝文学研究》，商务印书馆2015年版，第56页。

② 逯钦立先生对东汉后期士人迁岭的原因及情形做了详细的论述，指出："东汉迄晋，大乱凡有两次，一在东汉末年，一为西晋末年。然西晋之乱，士大夫纷纷南渡，而克于极短期内，建立江左偏安之局，一时名流世宦，俱有寓居安集之所，甚少更窜交土者。而东汉之末，则九州混乱，即江南一隅，以袁术、刘繇、孙策等之连岁攻战，亦至普罹兵厄，如前举桓晔、袁忠之再由会稽，泛海投交者，此此也。《吴志·士燮传》，称'燮为交阯，中国士人往依避难者以百数'，此百数士人，虽难尽知，然据史传所能考者，则计有袁忠、袁徽（汝南人，见前引《后汉书》）、许靖（汝南人，见《蜀志》八本传）、程秉（汝南人，见《吴志》八）、桓劭（沛人，见前引《后汉书》）……薛综（沛人，见《吴志》八本传）……以及牟子（见《弘明集》）、袁沛、邓子孝、徐元贤（见《许靖传》）等一十二人。盖知《士燮传》当为实录，而其时之赴交者为甚夥也。"（《汉诗别录》，见《逯钦立文存》，中华书局2010年版，第17页）牟子所著《理惑论》在西江流域佛教文化发展史上具有重要地位，此书不仅具有重要的思想价值，还有重要的文学价值。胡适在《论牟子理惑论·寄周叔迦先生》一文中指出："《理惑论》文字甚明畅谨严，时时作有韵之文，也都没有俗气。此书在汉魏之间可算是好文字。"（欧阳哲生编：《胡适文集》第5册，北京大学出版社2013年版，第113页）如此众多的士人寓居此地，其中不乏文化名流、世宦显要，他们在此地的文学创作、政事业绩、聚众授徒、著书立说，自然会对当地的社会变迁与文化发展产生重要的影响。

《舆地纪胜》《方舆胜览》《粤西诗载》《粤西文载》《粤西丛载》《粤西偶记》及其他各地方志中，成了西江流域社会变迁与文化发展的见证与重要组成部分。

值得一提的是，在谈到一个地区文化发展程度的时候，曹道衡总是要用一位文化名人来说明之。如用“贾谊曾任长沙王太傅”来“证明西汉前期，今湖南一带文化已经有很大的发展”，又如“东汉初的儒者陈元，是苍梧广信人（今广西苍梧）人，其父陈钦，在西汉末已通《左传》之学，说明这些地方文化的发展也很普及”。曹先生还指出，“今天所谓的‘苏李诗’，有些即当时避难交州的人所作”，“说明当时中原文明已普及到了五岭以南”。用当地文化名人或用迁谪流寓到此地的文人的文化水平来说明这一地区的文化发展或文明程度，是研究地方社会变迁与文化发展水平的重要手段。[①]

无独有偶，司徒尚纪在论述西江流域社会变迁与文化发展水平时，也常常用当地或迁谪此地的文人成就来说明这一地域的文化发展与文明程度。在《西江文化形成发展和演变初探》一文中，司徒尚纪论述了“秦汉到隋唐：西江文化兴盛”的原因与表现。他认为：西江流域的社会变迁与文化发展，离不开“物质文化方面”“教育文化方面”“人才培养方面”“学术文化方面”[②]，而这些方面的兴盛，显然与南下的迁岭文人有着十分密切的内在联系。

所谓人证、物证俱在，人证即文人本身在西江流域的文化成就。文化发展不是一个抽象的概念，它必须通过载体来体现，而人即文化发展的重要载体之一。文人创作出来的作品是文化发展的重要表现，有文人在西江流域创作并留下作品，我们就能够根据文人的影响力和作品的艺术水平判断出此地文化发展的程度。我们说西江流域的某些地区如苍梧郡文化发展水平高，即是有文化名人寓居此地并在当时有高水平的作品流传且产生了重要的影响，这是当时西江流域社会变迁与文化发展水平人证物证俱在的表现。

从曹道衡、司徒尚纪等先生的学术成果和研究方法中，笔者也获得了重要的启示，即研究西江流域文化发展，要特别重视人才尤其是历代迁岭

---

① 著名史学家、《后汉书》的作者范晔曾为苍梧郡守，并作为当地“名宦”被载录在地理学名著《方舆胜览》一书中，我们也可以从中探讨迁岭文人范晔在西江流域的文化贡献。

② 司徒尚纪：《西江文化形成发展和演变初探》，见《珠江文化和史地研究》，中国评论文化有限公司2003年版，第102—105页。

文人在此地所起到的重要作用。西江流域社会变迁与地方文化的发展不是一蹴而就的，而是经历了漫长的过程，历代迁岭文人在此地为宦从政、治理百姓，办学任教、聚众授徒，他们在此地的心迹情感、生命体验与哲学思考，也反映到了文学创作与著书立说中。其中“名宦”“人物”在西江流域社会变迁与文化发展中的重要作用还被广泛记载在方志、舆地志中。试看《方舆胜览》卷四〇“广西路·梧州”条记载：

> 吴士燮。苍梧广信人。为交趾太守，学问优博。兄弟四人，一为合浦太守，鲔为九真太守，武为南海太守。①

士燮学问优博的具体情况，在史书中有详细的记载。《三国志》中就有陈国袁徽与尚书令荀彧书曰：“交阯士府君既学问优博，又达于从政……官事小阕，辄玩习书传，《春秋左氏传》尤简练精微，吾数以咨问传中诸疑，皆有师说，意思甚密。又《尚书》兼通古今，大义详备。闻京师古今之学，是非忿争，今欲条《左氏》《尚书》长义上之。”②“其见称如此”③的优博学问显然有助于士燮家族文化教育水平的提高及门庭声望的维护，以至于当时出现了“燮兄弟并为列郡，雄长一州，偏在万里，威尊无上。出入鸣钟磬，备具威仪，笳箫鼓吹，车骑满道，胡人夹毂焚烧香者常有数十。妻妾乘辎軿，子弟从兵骑，当时贵重，震服百蛮，尉他不足逾也”④的繁荣盛况。东汉末年的战乱，导致了大量文人迁岭，促进了西江流域对中原文化的接受。据逯钦立分析：“东汉迄晋，大乱凡有两次，一在东汉末年，一为西晋末年。然西晋之乱，士大夫纷纷南渡，而克于极短期内，建立江左偏安之局，一时名流世宦，俱有寓居安集之所，甚少更窜交土者。而东汉之末，则九州混乱，即江南一隅，以袁术、刘繇、孙策等之连岁攻战，亦至普罹兵厄，如前举桓晔、袁忠之再由会稽，泛海投交者，以

---

① 〔宋〕祝穆撰、〔宋〕祝洙增订、施和金点校：《方舆胜览》卷四“广西路·梧州”条，中华书局2003年版，第727页。

② 〔晋〕陈寿撰、〔南朝宋〕裴松之注：《三国志》卷四九《吴书·士燮传》，中华书局2000年版，第881页。

③ 〔晋〕陈寿撰、〔南朝宋〕裴松之注：《三国志》卷四九《吴书·士燮传》，中华书局2000年版，第881页。

④ 〔晋〕陈寿撰、〔南朝宋〕裴松之注：《三国志》卷四九《吴书·士燮传》，中华书局2000年版，第881页。

此也。"[1] 这个分析非常深刻精辟，符合当时的实际情况，值得由此深入研究探讨东汉末年迁岭文人与西江流域社会变迁的内在联系。

第二节　交通：西江流域社会变迁与文化发展的地域因缘

据《广东新语》卷四"西江"条记载：

> 西江发自夜郎，尽纳滇、黔、交、桂诸水而东，长几万里。然趋海之道，苦为羊峡所束，咽喉隘小，广不数武，淫雨时至，则狂波兽立，往往淹没田庐人畜，民居城上，南门且筑三版。……考《水经注》，马文渊积石为塘，达于象浦，盖以防交水之患也。文渊此举，与史禄皆有功于粤。粤之上游……如漓，如横浦，如牂牁，皆湍急多石，其可舟行者，或皆史禄所凿，不止灵渠。自史禄凿灵渠，而两伏波赖之以下楼船，唐蒙所以请从夜郎浮舟，直至番禺西浦者，亦以禄尝开辟此道云。[2]

马文渊、史禄认识到西江在地理位置上的重要地位，故开凿经营，使之成为南北交通的要道，这无疑有利于促进西江流域的经济、文化发展。

著名历史地理学家司徒尚纪专门研究了西江流域的历史变迁，从中可以感受到西江流域特殊地理位置在其中起到的重要作用，他说："秦汉进军岭南，并使之归入中央王朝版图，西江是主要交通线，也是经济开发基地和自西向东推移的经济轴线。秦汉多次进军岭南总共计有七条行军路线，其中三条汇会于西江，即九嶷山道（萌渚岭道），下贺江；镡城岭道（越城岭道），下桂江；牂牁江道即今郁江，东下番禺。秦为此开凿灵渠（兴安运河），成为沟通中原与岭南的交通大动脉，历久而不衰。自此，中原移民、先进生产技术和文化首先在西江地区立足，并使之开发为岭南先进地区。例如，秦在岭南置南海、桂林和象郡，很大一部分辖境在西江地区。汉武帝在岭南置九郡，其中苍梧郡和南海郡大部分在西江流域。时含广信、高要、番禺、封阳、端溪、冯乘、富川、荔浦、猛陵等县，亦占岭

---

① 逯钦立：《汉诗别录》，见《逯钦立文存》，中华书局2010年版，第17页。

② 李默校点：《广东新语》卷四"西江"条，见欧初、王贵忱主编《屈大均全集》（四），人民文学出版社1996年版，第113页。

南政区建置很大比例。”[1] 秦汉时期，中原文化与西江流域文化融合的进程加快了[2]，到西汉中期，番禺已经是名列全国的重要都会，经济、文化得到了极大的发展[3]。这显然与“番禺负山险，阻南海，东西数千里，颇有中国人相辅，此亦一州之主也，可以立国”[4] 的交通要冲的地理位置有密切的联系，此地“处近海，多犀、象、毒冒、珠玑、银、铜、果、布之凑，中国往商贾者多取富焉。番禺，其一都会也”[5]。而汉武帝的文治武功在这一进程中起了十分重要的作用，影响深远。汉武帝平定南越国，将秦时岭南的南海、桂林、象郡分成南海、朱崖、儋耳、苍梧、郁林、合浦、交趾、九真、日南九郡，治所先后设在广信（今梧州）、番禺（今广州）、龙编（今越南河内）等西江流域的重要地区。

政治上的统一，促进了寓岭文人学习儒家经典的热情，加快了汉文化在西江流域传播的进程，从当时汉武帝设置的学校教育可以看出这一点，据载：

> 汉武帝时令郡国皆立学校官，至东京益重经术，而粤西以孝廉明经称者代不乏人。[6]

西江流域在汉武帝时设置学校，对其社会变迁与文化发展起到了深远的影响，以至于汉代出现了陈钦、陈元这样精通儒家经典的学术大师，这些学术大师成为西江流域文化繁荣的重要标志。

西江流域地域广大，社会变迁与文化发展很不平衡。最先得到发展的是交通便利之地。西江流域的苍梧、广信一带因是交通要道，又是交趾刺史官府所在地，社会发展程度较高。汉末建安时期吴人步骘在西江流域社会变迁与文化发展进程中起到了重要作用。建安十五年（210）孙权任命

---

① 司徒尚纪：《西江经济走廊的历史变迁》，见《珠江文化与史地研究》，中国评论文化有限公司2003年版，第307页。

② 参见葛剑雄主编《中国移民史》，福建人民出版社1997年版，第70—76页。

③ 〔汉〕司马迁撰、〔南朝宋〕裴骃集解、〔唐〕司马贞索隐、〔唐〕张守节正义：《史记》卷一二九《货殖列传》，中华书局2000年版，第2471页。

④ 〔汉〕司马迁撰、〔南朝宋〕裴骃集解、〔唐〕司马贞索隐、〔唐〕张守节正义：《史记》卷一一三《南越列传》，中华书局2000年版，第2265页。

⑤ 〔汉〕班固撰、〔唐〕颜师古注：《汉书》卷二八下《地理下》，中华书局2000年版，第1329—1330页。

⑥ 〔明〕苏濬：《学校志序》，见〔清〕汪森编《粤西文载》卷五二，《四库全书》影印文渊阁本第1466册，上海古籍出版社1987年版，第595页。

步骘为交州刺史，第二年步骘赴任，当时交州州治在西江流域苍梧郡的广信（今广西梧州），步骘采取一系列有效措施，斩吴巨、区景，服士燮，鼓励耕种、发展农桑，让西江流域的广大地区从此进入孙吴的管控范围[①]，并在政治、经济、文化上得到了很大的发展。

西江流域交通的便利及早期寓岭文人的贡献在前人的著述中多有记载。司马迁在《史记·货殖列传》中也记载了西江流域风俗、物产与江南地区的密切联系：

> 九疑[②]、苍梧以南至儋耳者，与江南大同俗，而杨越多焉。番禺亦其一都会也，珠玑、犀、玳瑁、果、布之凑。[③]

《史记正义》解释道：

> 今儋州在海中。广州南去京七千余里。言岭南至儋耳之地，与江南大同俗，而杨州之南，越民多焉。[④]

班固在《汉书·西南夷列传》中，也指出了当时西江流域作为重要通道对岭南与其他地区交流的重要作用：

> 建元六年，大行王恢击东粤，东粤杀王郢以报。恢因兵威使番阳令唐蒙风晓南粤。南粤食蒙蜀枸酱，蒙问所从来，曰："道西北牂牁江，江广数里，出番禺城下。"[⑤]

清人顾祖禹从战略位置的角度高度重视西江在历史上的重要地位，指出：

---

① 参见〔晋〕陈寿撰、〔南朝宋〕裴松之注《三国志》卷五二《吴书·步骘传》，中华书局2000年版，第913—914页。

② 九疑，今多称九嶷，山名，在今湖南省宁远县南，唐属永州界。下文叙处用均使用"九嶷"，只保留古文原文的"九疑"。

③ 〔汉〕司马迁撰、〔南朝宋〕裴骃集解、〔唐〕司马贞索隐、〔唐〕张守节正义：《史记》卷一二九《货殖列传》，中华书局2000年版，第2471页。

④ 〔汉〕司马迁撰、〔南朝宋〕裴骃集解、〔唐〕司马贞索隐、〔唐〕张守节正义：《史记》卷一二九《货殖列传》，中华书局2000年版，第2472页。

⑤ 〔汉〕班固撰、〔唐〕颜师古注：《汉书》卷九五《西南夷列传》，中华书局2000年版，第2834页。

> 其大川则有西江，西江即广西黔、郁、桂三江之水。自梧州府东流入肇庆府界，历德庆州封川县西而贺江流入焉，经县南，又东至州城南，亦曰南江，亦名晋康水；又东绕府城，而东南流出羚羊峡入广州府顺德县界，亦谓之龙江；又东流至府城西北，会北江之水，又流至府城南而会东江之水，并流而入于海。汉伐南越，漓水、牂牁之师并会于番禺，即是道也。《南齐书》："西、南二江，川源深远，别置都护，专征讨之任。"西江实兼南江之名矣。梁大同十一年交阯李贲作乱，命杨瞟为交州刺史讨之，又命定州刺史萧勃会瞟于西江。太清末陈霸先为西江都护，起兵讨侯景。隋、唐以后，岭南用兵恒以西江为要害。宋皇祐四年农智高陷邕州，沿江东下，滨江州郡悉被残破，遂围广州，官军拒却之。明初廖永忠等定广州，复奉诏引兵趋广西，由肇庆溯西江而上抵梧州是也。今西粤往来，百斛巨舟可方行无碍者，惟西江耳。①

从西江流域的战略位置，可以感受到中原文化及江南、荆楚文化传入西江的缘由。

正因西江流域在交通上具有如此重要的地位，故早期寓居西江流域的地方长官往往能充分利用这一有利的地理条件来招贤纳士，吸引众多文人迁岭南来，尽力发展壮大自己的势力，这在客观上也促进了当地的文化发展与社会变迁。《三国志》记载："孙权为讨虏将军，召骘为主记，除海盐长，还辟车骑将军东曹掾。建安十五年，出领鄱阳太守。岁中，徙交州刺史、立武中郎将，领武射吏千人，便道南行。明年，追拜使持节、征南中郎将。刘表所置苍梧太守吴巨阴怀异心，外附内违。骘降意怀诱，请与相见，因斩徇之，威声大震。士燮兄弟，相率供命，南土之宾，自此始也。益州大姓雍闿等杀蜀所署太守正昂，与燮相闻，求欲内附。骘因承制遣使宣恩抚纳，由是加拜平戎将军，封广信侯。"② 清人汪森所编《粤西文载》卷六二"名宦"条对《三国志》中记载的吴步骘的行为进行了收录，从中可见士燮兄弟在西江流域的突出表现：

---

① 〔清〕顾祖禹撰，贺次君、施和金点校：《读史方舆纪要》卷一〇〇《广东》一，中华书局2005年版，第4585—4586页。

② 〔晋〕陈寿撰、〔南朝宋〕裴松之注：《三国志》卷五二《吴书·步骘传》，中华书局2000年版，第913—914页。

> 吴步骘，字子山，淮阴人，建安十五年交州刺史。刘表所置苍梧太守吴巨阴怀异心，外附内违，骘降意怀诱请与相见，因斩殉之，威声大振，士燮兄弟列在诸郡，相率供命，南土之宾自此始。①

《三国志·士燮传》的记载更加详细：

> 骘到，燮率兄弟奉承节度。而吴巨怀异心，骘斩之。权加燮为左将军。建安末年，燮遣子廞入质，权以为武昌太守，燮、壹诸子在南者，皆拜中郎将。燮又诱导益州豪姓雍闿等，率郡人民使遥东附，权益嘉之，迁卫将军，封龙编侯，弟壹偏将军，都乡侯。燮每遣使诣权，致杂香细葛，辄以千数，明珠、大贝、流离、翡翠、玳瑁、犀、象之珍，奇物异果，蕉、邪、龙眼之属，无岁不至。壹时贡马凡数百匹。权辄为书，厚加宠赐，以答慰之。燮在郡四十余岁，黄武五年，年九十卒。②

在西江流域社会变迁与文化发展史上具有重要地位的吴步骘、士燮都被记录在这些历史地理文献中了，成为这个地区社会发展的重要参与者、组织者、见证人。正因有这些“名宦”“人物”在此地苦心经营、勤政为民，治理有方，地方才得以安定。此外，他们博学多才，弘扬了儒家经典文化，据袁徽给魏尚书令荀彧的信载：“交阯士府君既学问优博，又达于从政，处大乱之中，保全一郡，二十余年疆场无事，民不失业，羁旅之徒，皆蒙其庆，虽窦融保河西，曷以加之？官事小阕，辄玩习书传，《春秋左氏传》尤简练精微，吾数以咨问传中诸疑，皆有师说，意思甚密。又《尚书》兼通古今，大义详备。闻京师古今之学，是非忿争，今欲条《左氏》《尚书》长义上之。”③ 因此，各地博学能文的士子纷纷南来投奔。《吴志·士燮传》称“中国士人往依避难者以百数”，此百数士人中就有袁忠、许靖、袁徽、刘熙、许慈、薛综、程秉等，还有后来对西江流域文化

① 〔清〕汪森编：《粤西文载》卷六二“名宦”条，见《四库全书》影印文渊阁本第1467册，第5页。

② 〔晋〕陈寿撰、〔南朝宋〕裴松之注：《三国志》卷四九《吴书·士燮传》，中华书局2000年版，第881—882页。

③ 〔晋〕陈寿撰、〔南朝宋〕裴松之注：《三国志》卷四九《吴书·士燮传》，中华书局2000年版，第881页。

产生重要影响的牟子。牟子在其所著的《理惑论》中高度评价了动乱时势中，士燮治理西江流域交州的突出贡献及当时文人学士互相辩难的盛况："灵帝崩后，天下扰乱，独交州差安。北方异人咸来在焉，多为神仙辟谷长生之术。时人多有学者，牟子常以五经难之，道家术士莫敢对焉，比之于孟轲距杨朱、墨翟。"[①] 此中的"交州"，原为"交趾"，东汉建安八年（203）改交趾为交州，治所在广信（今广西梧州市），不久即迁至番禺（今广东广州市）。牟子一生大多时光都是在西江流域度过的，"先是时，牟子将母避世交趾。年二十六归苍梧娶妻。太守闻其守学，谒请署吏。时年方盛，志精于学，又见世乱，无仕宦意，竟遂不就"[②]。牟子因此与西江流域结下了不解之缘。

东汉末年牟子所著的《理惑论》是中国最早的佛学著作，它的传播能够说明迁岭文人在西江流域文化发展中所起到的重要作用。胡适指出：

> 从这个中国西南角上的佛教中心，我们可以推想从交州进入长江流域的路线。这路线大概不外两条。《理惑论·自序》里说牟子将母避地交阯，后来又归苍梧娶妻，苍梧即是今日的苍梧（梧州）。从苍梧可以东南到南海郡的番禺，也可以北出桂阳、零陵。故牟子自序说太守要派他去"致敬荆州"，又要请他"之零陵、桂阳，假途于通路"。从交阯到苍梧，从苍梧到荆州的桂阳、零陵，这是一条路线。第二条路线即是《高僧传》里记的求那跋摩从广州"路由始兴"，过岭到长江流域。[③]

胡适指出佛教从交州进入长江流域的两条路线，其实都是沿着西江流域。苍梧是西江流域的源头，也是当时的交通要道，占有重要地理位置，其"唇齿湖、湘，襟喉五羊，距封圻于高要，穷津源于邕江"，"地总百越，山连五岭"，"于惟苍梧，交趾之域"[④]，从这里出发向东南来到南海郡的番禺，从广州"路由始兴"，过岭到长江流域，也是沿着西江流域，从胡

① 梁庆寅释译：《牟子理惑论》，东方出版社 2020 年版，第 23 页。

② 梁庆寅释译：《牟子理惑论》，东方出版社 2020 年版，第 23 页。

③《〈牟子理惑论〉时代考》附录二《胡适先生讨论函》，见周一良《魏晋南北朝史论集》，商务印书馆 2020 年版，第 389 页。

④〔宋〕祝穆撰、〔宋〕祝洙增订、施和金点校：《方舆胜览》卷四〇"广西路·梧州"条，中华书局 2003 年版，第 726 页。

适研究牟子迁岭的历程，可以看到佛教思想在西江流域的传播路线。

黄权在《岭南佛教传播的轨迹》一文中指出：

> 岭南佛教传播的轨迹是：源于扼两广要冲的封开，渐移三江总汇的广州，北上南北交通重镇韶关，然后扩散至全国。推动这个进程的重要人物是牟子……惠能及其弟子们。[①]

封开，是西江流域文化的发源地，佛教文化也是从这里出发，沿着西江流域到广州。牟子是苍梧人，惠能是广东新兴人，“苍梧”“新兴”都是西江流域的重要地区。牟子、惠能一生游历南北，见多识广，思想深刻，将中原文化与西江流域文化融合在一起，促进了文化的发展，吸引了越来越多的士子迁来岭南，向他们请教、问学。这些迁岭文人的思想与著述成了当地社会变迁与文化发展的见证与重要组成部分，成为地区文化发展水平与文明程度的重要标志。

到了唐代，西江流域的苍梧已经不是荒蛮之地，而是令人向往的人间乐土。张叔卿《流桂州》诗云：“莫问苍梧远，而今世路难。胡尘不到处，即是小长安。”[②] 张叔卿在唐代安史之乱期间流寓到西江流域，感叹世路艰难，安史叛军在中原烧杀抢掠，残害百姓，无恶不作，胡尘暗天的长安已经没有了往昔的繁华景象，西江流域的苍梧由于交通便利，经济、文化得到很大的发展，且没有遭受到战火的侵袭，反而有一片太平气象，流寓到此地的文人士大夫可以在此安身立命，吟诗作赋，觉得此处仿佛有了长安的景象。

唐代以来，遭受贬谪的文人越来越多，文人迁岭十分普遍，西江流域的交通要道的作用更加凸显，而文人与西江流域文化发展与社会变迁的内在联系也更加密切。值得一提的是，西江流域毗邻楚地，迁岭文人流寓西江流域时大多要经过楚地。随着时光的流逝，到了中唐以后，越来越多遭受贬谪的士大夫经过楚地流寓到西江流域，西江流域受楚地文化的影响也越来越明显。

“安史之乱”以后，一直到晚唐五代，大量人口迁入西江流域。西江流域文化受楚地文化的影响在中唐诗歌中得到了前所未有的呈现。我们试

① 黄权：《岭南佛教传播的轨迹》，载《学术研究》1997年第8期，第81页。
② 〔清〕彭定求等编：《全唐诗》卷二七二，中华书局1960年版，第3060页。

以柳宗元、刘禹锡为例来说明这一点。他们两人是中唐著名诗人，既有出众的才华，又都遭受到贬谪楚地及西江流域的厄运。据史臣曰：

> 贞元、大和之间，以文学耸动缙绅之伍者，宗元、禹锡而已。其巧丽渊博，属辞比事，诚一代之宏才。如俾之咏歌帝载，黼藻王言，足以平揖古贤，气吞时辈。而蹈道不谨，昵比小人，自致流离，遂隳素业。①

柳宗元、刘禹锡二人将自己流离寓居到楚地及西江流域的所见所闻、心迹情感、人生思考与文化性格都寄寓在他们的诗歌作品中了。中唐诗歌的开拓、创新显然离不开诗人们生活环境的改变、生命体验的丰富与人生思考的深入。西江流域社会变迁、文化发展与中唐诗歌的开拓与新变有着非常密切的内在联系。

在《湘口馆潇湘二水所会》中，柳宗元一开篇就写道：

> 九疑浚倾奔，临源委萦回。会合属空旷，泓澄停风雷。②

“九疑”“临源”是楚地与西江流域的两个重要地名。据《元和郡县图志》卷三七《岭南道四·桂州》载：“全义县，本汉始安县之地，武德四年分置临源县，大历三年改为全义县。越城峤，在县北三里。即五岭之最西岭也。湘水，出县东南八十里阳朔山下，经零陵郡西十里。阳朔山，即零陵山也。其初则觞为之舟，至洞庭，日月若出入其中。”③《太平寰宇记》卷一六二《岭南道六·桂州》载：“桂州，始安郡。今理临桂县。禹贡荆州之域。春秋时越地。七国时服于楚，战国时为楚、越之交境。……吴甘露元年于桂林置始安郡。……天宝元年改为始安郡，依旧都督府。至德二年九月改为建陵郡。乾元元年复为桂州，刺史充经略军使。北界有越城岭，今谓之临源岭，即五岭之一也。”④ 柳宗元在这首诗中用“空旷”“风雷”

---

① 〔后晋〕刘昫等：《旧唐书》卷一六〇《柳宗元传》，中华书局 2000 年版，第2870 页。

② 〔唐〕柳宗元：《湘口馆潇湘二水所会》，见《柳宗元集》卷四三，中华书局 1979 年版，第 1191 页。

③ 〔唐〕李吉甫撰、贺次君点校：《元和郡县图志》卷三七《岭南道四·桂州》，中华书局 1983 年版，第 918 页。

④ 〔宋〕乐史撰、王文楚等点校：《太平寰宇记》卷一六二《岭南道六·桂州》，中华书局 2007 年版，第 3097—3098 页。

两词把楚地的九嶷山与西江流域的临源联系在了一起，表达了自己转徙漂泊的贬谪生活中孤独寂寥的体验与对故乡的深切思念。

柳宗元谪居楚地的永州，随后又流寓到西江流域的柳州，他的文学创作深受楚地文化的影响，也对西江文化发展产生了重要作用。《旧唐书·柳宗元传》载："宗元为邵州刺史，在道，再贬永州司马。既罹窜逐，涉履蛮瘴，崎岖堙厄。蕴骚人之郁悼，写情叙事，动必以文。为骚文十数篇，览之者为之凄恻。元和十年，例移为柳州刺史。"[①] 柳宗元与信而见疑、忠而被谤、遭受放逐乃赋《离骚》的屈原何其相似，以至于南宋严羽指出："读《骚》之久，方识真味；须歌之抑扬，涕洟满襟，然后为识《离骚》""唐人惟柳子厚深得骚学"[②]。

屈原及其《离骚》是楚文化的代表，柳宗元在楚地寓居十年，深受楚文化的影响，他的名作《吊屈原文》及《天对》表达了对屈原的无限同情与敬仰。他的诗文中时常出现楚地风物及对屈原的吟咏，并借此来表达自己身处楚地的心迹情感。如：

> 投迹山水地，放情咏《离骚》。[③]
>
> 橘柚怀贞质，受命此炎方。[④]
>
> 方同楚客怜皇树。[⑤]
>
> 南来不作楚臣悲，重入修门自有期。[⑥]
>
> 肆余目于湘流兮，望九疑之垠垠。波淫溢以不返兮，苍梧郁其飞云。重华幽而野死兮，世莫得其伪真。屈子之悁微兮，抗危辞以赴渊。[⑦]

这些诗句聚焦了屈原对柳宗元人格与创作的影响。我们引用这些诗句，旨

---

① 〔后晋〕刘昫等：《旧唐书》卷一六〇《柳宗元传》，中华书局2000年版，第2869页。

② 陈伯海、徐文茂编纂：《严羽诗话》，见吴文治主编《宋诗话全编》第9册，凤凰出版社1998年版，第8729页。

③ 〔唐〕柳宗元：《游南亭夜还叙志七十韵》，见《柳宗元集》卷四三，中华书局1979年版，第1199页。

④ 〔唐〕柳宗元：《南中荣橘柚》，见《柳宗元集》卷四三，中华书局1979年版，第1233页。

⑤ 〔唐〕柳宗元：《柳州城西北隅种柑树》，见《柳宗元集》卷四二，中华书局1979年版，第1182页。

⑥ 〔唐〕柳宗元：《汨罗遇风》，见《柳宗元集》卷四二，中华书局1979年版，第1149页。

⑦ 〔唐〕柳宗元：《闵生赋》，见《柳宗元集》卷二，中华书局1979年版，第58页。

在说明：楚地风物与西江流域有相似之处，柳宗元寓居楚地十年的人生经历对他日后流寓到西江流域的柳州也有着深刻的影响。首先，他将多年在楚地的生活经验带到了西江流域；其次，他也将楚地先进的文化带到了西江流域。在柳宗元流寓到西江流域的过程中，他常常写到楚地与西江流域的风物。在《答刘连州邦字》诗中，柳宗元写道："崩云下漓水，劈箭上浔江"①，说明他来到西江流域的柳州是沿着湘水下漓江，经桂江再由浔江逆流而上的。桂江，即是今广西境内的漓水，为西江上源之一，因入临桂县境而名桂江。《元和郡县图志》卷三七"岭南道·桂州·临桂县"记载："桂江，一名漓水，经县东，去县十步。杨仆平南越，出零陵，下漓水，即谓此也。"② 柳宗元诗中经常出现桂江，他在《柳州寄丈人周韶州》中写道："越绝孤城千万峰，空斋不语坐高春。印文生绿经旬合，砚匣留尘尽日封。梅岭寒烟藏翡翠，桂江秋水露鳇鳙"，这是他流寓西江流域时所见的真实风物，抒发了"丈人本自忘机事，为想年来憔悴容"③的真情实感。

湘水与西江流域相邻，柳宗元在《别舍弟宗一》中描绘了送别从弟柳宗一自柳州赴江陵的情景，楚地的洞庭是柳宗一从西江流域赴江陵的必经之地，诗中将西江流域的"桂岭"与楚地的"洞庭"风物联系到一起来进行描写，诗云："零落残魂倍黯然，双垂别泪越江边。一身去国六千里，万死投荒十二年。桂岭瘴来云似墨，洞庭春尽水如天。欲知此后相思梦，长在荆门郢树烟。"④ 楚地的衡阳亦是迁岭文人去往西江流域的常到之地。柳宗元的名作《衡阳与梦得分路赠别》写出了他流寓到西江流域的路途中与好友刘禹锡在楚地衡阳分别时的所见所感，情辞哀苦，感人肺腑。诗云：

> 十年憔悴到秦京，谁料翻为岭外行。伏波故道风烟在，翁仲遗墟草树平。直以慵疏招物议，休将文字占时名。今朝不用临河别，垂泪

① 〔唐〕柳宗元：《答刘连州邦字》，见《柳宗元集》卷四二，中华书局 1979 年版，第 1168 页。

② 〔唐〕李吉甫撰、贺次君点校：《元和郡县图志》卷三七《岭南道四·桂州》，中华书局 1983 年版，第 918 页。

③ 〔唐〕柳宗元：《柳州寄丈人周韶州》，见《柳宗元集》卷四二，中华书局 1979 年版，第 1165—1166 页。

④ 〔唐〕柳宗元：《别舍弟宗一》，见《柳宗元集》卷四二，中华书局 1979 年版，第 1173 页。

千行便濯缨。[1]

诗中的"伏波故道"是汉武帝时，伏波将军路博德曾经出桂阳、下湟水（今广东连江县），前往南越征讨谋反王相吕嘉的所经之地[2]。东汉光武帝时，伏波将军马援南征交趾，也曾由此南下[3]，是古时通往西江流域的重要通道。柳宗元、刘禹锡二人从长安贬往岭外的柳州和连州，走的就是这条当年伏波将军南下西江流域所经之地。

刘禹锡与柳宗元仕同进退，感情十分深挚。在同贬西江流域途中，刘禹锡写下了多首酬赠柳宗元的佳作，如《再授连州至衡阳酬柳柳州赠别》，此诗十分感人，诗云："去国十年同赴召，渡湘千里又分歧。重临事异黄丞相，三黜名惭柳士师。归目并随回雁尽，愁肠正遇断猿时。桂江东过连山下，相望长吟有所思。"[4] 刘禹锡与柳宗元此时同遭贬谪，十分牵挂好友，在《重答柳柳州》诗中云："弱冠同怀长者忧，临岐回想尽悠悠。耦耕若便遗身世，黄发相看万事休。"[5] 诗中刘禹锡表达了自己和柳宗元青少年时期的理想，中年仕途的沉沦，并幻想晚年能与好友一起归田，遗落世事，平安度过余生。类似的情感在《答柳子厚》诗中亦有所流露，诗云："年方伯玉早，恨比《四愁》多。会待休车骑，相随出罻罗。"此诗化用了张衡《四愁》诗的典故，据陶敏、陶红雨校注，可知：

> 《四愁》：张衡所作诗名，见《文选》。其序云："张衡不乐久处机密，阳嘉中，出为河间相……郡中大治，争讼息，狱无系囚。时天下渐弊，郁郁不得志，为《四愁》诗。效屈原以美人为君子，珍宝为仁义，以水深雪雾为小人，思以道术相报，贻于时君，而惧谗邪不得以通。"陈景云《柳集点勘》："案张衡《四愁》诗中有'我所思兮在

---

① 〔唐〕柳宗元：《衡阳与梦得分路赠别》，见《柳宗元集》卷四二，中华书局1979年版，第1159页。

② 参见〔汉〕班固撰、〔唐〕颜师古注《汉书》卷六《武帝纪》，中华书局2000年版，第132—133页。

③ 参见〔南朝宋〕范晔撰、〔唐〕李贤注《后汉书》卷八六《南蛮西南夷列传》，中华书局2000年版，第1913页。

④ 〔唐〕刘禹锡撰，陶敏、陶红雨校注：《刘禹锡全集编年校注》第2册，中华书局2019年版，第373—374页。两人关系之密切，引起了世人的广泛关注。

⑤ 〔唐〕刘禹锡撰，陶敏、陶红雨校注：《刘禹锡全集编年校注》第2册，中华书局2019年版，第376页。

桂林，欲往从之湘水深’语，时刘、柳皆渡湘而南，故云‘多’也。”①

张衡的《四愁》诗是中国文学史上最早描写西江流域桂林的佳作，并且这首诗是张衡效仿屈原风格而作，与当时刘禹锡、柳宗元从湖湘渡岭南来西江流域的心情十分契合，引起了刘禹锡深切的情感共鸣，故其借张衡的典故来抒发自己信而见疑、忠而被谤的强烈不满，流露出自己想要在贬谪流寓之所效仿前贤屈原、张衡的真挚情感。在这些与好友的赠答诗中，刘禹锡表达了对官场风波险恶的厌恶，对自由生活的向往，对直道事人的信念，当然也有对仕途失意的朋友的安慰。

刘禹锡在贬谪流寓连州的路途中对西江风物进行了深刻细致的描绘，借景抒情，表现了自己漂泊沦落之悲，具有强烈的情感。下列诗句在刘禹锡贬谪流寓生活中具有典型性：

桂阳岭，下下复高高。人稀鸟兽骇，地远草木豪。寄言千金子，知余歌者劳。②

到了连州的刘禹锡发现，岭南风物与楚地有着极为相似的地方。在《连州刺史厅壁记》中，刘禹锡写道：

此郡于天文与荆州同星分，田壤制与番禺相犬牙，观民风与长沙同祖习。③

他在连州时所作的《南中书来》中亦写道：

君书问风俗，此地接炎洲。淫祀多青鬼，居人少白头。旅情偏在

① 〔唐〕刘禹锡撰，陶敏、陶红雨校注：《刘禹锡全集编年校注》第2册，中华书局2019年版，第377页。

② 〔唐〕刘禹锡撰，陶敏、陶红雨校注：《刘禹锡全集编年校注》第2册，中华书局2019年版，第378页。

③ 〔唐〕刘禹锡撰，陶敏、陶红雨校注：《刘禹锡全集编年校注》第4册，中华书局2019年版，第1723页。

夜，乡思岂唯秋！每羡朝宗水，门前日夕流。[1]

刘禹锡“二十三年弃置身”，转徙流寓偏远蛮荒之地多年，对巴山蜀水、楚地风光、岭南风物接触良多，了解深入细致，对这些地方的文化与风物有了深刻的了解，产生了深厚真挚的情感。

让人扼腕叹息的是五年后，刘禹锡重到衡阳时，柳宗元已经在西江流域的柳州去世了。从刘禹锡《重至衡阳伤柳仪曹》中可以感受到流寓到西江流域的文人与楚地的密切联系，此诗序曰：“元和乙未岁，与故人柳子厚临湘水为别，柳浮舟适柳州，余登陆赴连州。后五年，余从故道出桂岭，至前别处，而君没于南中，因赋诗以投吊。”诗云：“忆昨与故人，湘江岸头别。我马映林嘶，君帆转山灭。马嘶循故道，帆灭如流电。千里江蓠春，故人今不见。”[2] 当年柳宗元、刘禹锡经过楚地的湘江来到西江流域，现在刘禹锡一个人重到楚地湘江想起往事，感慨万端，诗中既有对好友的追忆悼念，也有对楚地风物的描写，将对流寓到西江流域的好友的追忆融入楚地风物的描写中。而柳宗元为西江流域社会变迁与文化发展做出的巨大贡献不仅被记录到好友的诗里，也被载入了史册，永远受到世人的敬仰。《旧唐书》记载：

柳州土俗，以男女质钱，过期则没入钱主，宗元革其乡法。其已没者，仍出私钱赎之，归其父母。江岭间为进士者，不远数千里皆随宗元师法；凡经其门，必为名士。著述之盛，名动于时，时号柳州云。[3]

从中可以看出深受楚文化影响的柳宗元在西江流域社会变迁与文化发展史上的重要地位。

由于西江流域的地理位置独特、交通便利，其社会变迁与文化发展深受中原文化及楚文化的影响，而迁岭文人在其中起到了关键的作用。正是文人迁岭，通过寓居、语言、创作、习俗、教育、为政等多种方式或媒

① 〔唐〕刘禹锡撰，陶敏、陶红雨校注：《刘禹锡全集编年校注》第 2 册，中华书局 2019 年版，第 467 页。

② 〔唐〕刘禹锡撰，陶敏、陶红雨校注：《刘禹锡全集编年校注》第 2 册，中华书局 2019 年版，第 473—474 页。

③ 〔后晋〕刘昫等：《旧唐书》卷一六〇《柳宗元传》，中华书局 2000 年版，第2870 页。

介，把先进的文化带到了西江流域，从而促进了当地的社会变迁与文化发展。

第三节 朝发轫于苍梧兮：诗歌创作地点与西江流域文化图景

莫砺锋从文人诗歌创作的角度出发，发现了西江流域与楚地的紧密联系，他指出：

> 柳州虽属桂管观察使管辖，但其地距离“潇湘”甚近，柳宗元在柳州所作《酬曹侍御过象县见寄》云：“破额山前碧玉流，骚人遥驻木兰舟。春风无限潇湘意，欲采苹花不自由。”象县是柳州的属县，“碧玉流”当指流经象县之白石水，此水源头距离湘水源头较近，故柳宗元将其泛称“潇湘”。湖南的众多水流汇总为湘水（潇水为湘水支流）、沅水及资水，然后流入洞庭湖。所以就地域而言，代指湘水流域一带的“潇湘”与代指洞庭湖以南地区的“湖南”是范围重合的地理名词。①

莫先生在此发现柳宗元将西江流域的柳州泛称为“潇湘”，他自己也就将柳州看作是“潇湘地区”，并说：“诗才盖世的刘、柳以逐臣身份来到潇湘之畔，又在那里生活了十五个春秋，堪称诗歌史上千载难逢的奇遇。”②这不仅是诗歌史上千载难逢的奇遇，也是西江流域社会变迁与文化发展史上难得的机遇。莫先生研究了“在‘潇湘’地区生活十五年之久的刘、柳又是如何描写此地山水的”③，值得一提的是，此处的柳州已被莫先生合入了“潇湘”。笔者认为，此段引文中的话倒过来说也成立，即“潇湘”虽是楚地，但它距离属西江流域的桂管观察使管辖的柳州甚近。

与此类似，韩愈的《送桂州严大夫》也可以说明这一点，诗云：

> 苍苍森八桂，兹地在湘南。江作青罗带，山如碧玉篸。户多输翠

① 莫砺锋：《“刘柳”与潇湘》，载《复旦学报》2018年第5期，第96页。
② 莫砺锋：《“刘柳”与潇湘》，载《复旦学报》2018年第5期，第96页。
③ 莫砺锋：《“刘柳”与潇湘》，载《复旦学报》2018年第5期，第100页。

羽，家自种黄甘。远胜登仙去，飞鸾不假骖。[①]

韩愈的这首描写桂林山水的佳作是寄赠、送行之作，表达了他对桂林美好风光的想象与向往，在想象与向往之辞中，桂林呈现出了美好的一面。诗中的“八桂”指的是桂林，《海内南经》载：“桂林八树在番禺东。注：八树而成林，言其大也。”[②] 而桂林无疑是属于西江流域的，或者说属于岭南，而韩愈在此中说“兹地在湘南”，由此可见西江流域与湘楚文化的密切联系。

中唐诗人王建在《送严大夫赴桂州》一诗中亦将西江流域的桂州与荆楚之地的湘潭联系到一起来进行描写，在描写送友人严谟来西江流域的诗中提及楚地，或是当时西江流域尚属蛮荒之地，而荆楚湘潭一带的文化较发达，而它们在地域上又是比较接近的，故通过荆楚、潇湘的美好来安慰远行的友人。王建诗云：

岭头分界候，一半属湘潭。水驿门旗出，山蛮洞主参。辟邪犀角重，解酒荔枝甘。莫叹京华远，安南更有南。[③]

王建曾在贞元十八年至元和二年（802—807）入岭南幕府[④]，对西江流域的地形地貌、风土物产、民风民俗有较详细的了解，此诗很清晰地指出桂林的地理位置是“岭头分界候，一半属湘潭”，真实准确地道出了友人远赴之地的地理位置。桂林处于湘桂流域的南边，是中原文化与岭南文化交融的重要“通道”。在唐代，桂林可以说是粤西政治、经济、文化中心，所谓“胡尘不到处，即是小长安”[⑤]，“增崇气色，殿若长城，南北行旅，

① 〔清〕方世举撰，郝润华、丁俊丽整理：《韩昌黎诗集编年笺注》卷一二，中华书局2012年版，第653—654页。

② 〔清〕方世举撰，郝润华、丁俊丽整理：《韩昌黎诗集编年笺注》卷一二，中华书局2012年版，第654页。

③ 〔唐〕王建：《送严大夫赴桂州》，见〔清〕彭定求等编《全唐诗》卷二九九，中华书局1960年版，第3398—3399页。

④ 参见戴伟华《唐方镇文职僚佐考》（修订本），广西师范大学出版社2007年版，第191、206页。

⑤ 〔唐〕张叔卿：《流桂州》，见〔清〕彭定求等编《全唐诗》卷二七二，中华书局1960年版，第3060页。

莫不叹美"[1]，唐人文献将其比作"小长安"或"长城"，足以看出当时桂林的繁华气象，诗中不仅提到"湘潭"，而且将西江流域桂林"山蛮洞主参"、山奇洞多的特征揭示出来了，当然更加动人的是"辟邪犀角重，解酒荔枝甘"，西江流域有犀角、有荔枝，这些美好的风土物产对远行的友人是极大的安慰。后来迁岭的苏轼说"日啖荔支三百颗，不辞长作岭南人""人间何者非梦幻，南来万里真良图"，还有胡铨所说"休恼、休恼，今岁荔枝能好"，就展示了西江流域的独特风物对迁岭文人心灵的抚慰作用。

有趣的是，日本学者户崎哲彦却将湖南的永州当作"岭南"，试看他的叙述：

> 唐朝以前的山水文学的主要作者有王羲之、孙绰、袁崧、谢灵运、谢朓等文官，其中包括陶渊明这样的田园诗人。山水文学的舞台是江南地区，尤其以长江到洞庭湖周围的中游地区为中心。但到了唐朝，继续往南推移，从湖南的潇湘流域到五岭及其以南的广东、广西，后来岭南地区成为其中心。具体而言，我们可以举出永州、道州、郴州、韶州、桂州、柳州等地。严格地说，此地包括五岭北麓，因此应称"泛岭南"，但地理上以五岭为一线，而包括其南北麓一带，本文称为"五岭线"。该地区自然、文化相近而又与北方大相径庭，因此本文一致用"岭南"一词。[2]

在户崎哲彦看来，到了唐朝，岭南地区已经成为中国山水文学的中心，当然这是把湖南与岭南、潇湘流域与西江流域紧密联系到一起而言的，其中西江流域在中国山水文学中的作用也凸显出来了。

顾祖禹在《读史方舆纪要》中揭示了湘水与漓水的密切联系，他说：

> 湘水出广西兴安县南九十里之海阳山。其初出处曰灵渠，流五里分为二派，流而南者曰漓水，流而北者曰湘水。漓，离也，言违湘而南。湘，相也，言有所合也。……湘水实贯于数郡间矣。自其合潇水

---

① 〔唐〕莫休符：《桂林风土记 · 夹城》，见《四库全书》影印文渊阁本第589册，第68页。

② ［日］户崎哲彦：《唐人所发现的山水之美与岭南地区——中国岭南地区文学研究的倡言》，见《唐代岭南文学与石刻考》，中华书局2014年版，第4—5页。

而言之则曰潇湘，自其合烝水而言之则曰烝湘，自其下洞庭会沅水而言之则曰沅湘，实同一湘水也。①

南朝时期的颜延之贬谪流寓到西江流域的始安郡任太守时，“道经汨潭，为湘州刺史张邵《祭屈原文》以致其意”②，颜延之路过楚地，自然而然地想起了楚地文化的代表屈原，遂作《祭屈原文》。后世迁岭文人如柳宗元、刘禹锡等文人经过楚地也大多会以诗文吟咏赞叹屈原，以屈原为代表的楚地文化对迁岭文人产生了深刻的影响。

戴伟华曾从幕府文人大规模流动的角度论述了当时文人对特定区域历史文化的关注。他指出：

每个文化区域都应有自己的文化历史积淀，可能由于缺少记载或记载的残缺，一些区域不太明显。由于官员的流动和官员的贬谪，特别是至德以后方镇在全国全方位的设立，引起幕府文人大规模流动，使他们对过去一些不熟悉的区域文化有了比较具体的了解，所以，在文人的知识结构中，开始关注过去一段时间内几乎被忽视的区域文化，如对楚文化的关注即是一个方面。③

我们可以从文人迁岭的角度来探讨西江文化与楚地文化的密切关系。柳宗元在诗歌创作中将西江流域的桂岭与楚地的洞庭联系到一起来描写。《别舍弟宗一》道：

零落残魂倍黯然，双垂别泪越江边。一身去国六千里，万死投荒十二年。桂岭瘴来云似墨，洞庭春尽水如天。欲知此后相思梦，长在荆门郢树烟。④

柳宗元从楚地的永州回到京城后又遭受贬谪，来到了西江流域的柳州，现在又要在西江流域送别亲人柳宗一去楚地的荆州，这首诗正是写于这个时

① 〔清〕顾祖禹撰，贺次君、施和金点校：《读史方舆纪要》卷七五《湖广》一，中华书局2005年版，第3501—3502页。

② 〔唐〕李延寿：《南史》卷三四《颜延之传》，中华书局2000年版，第584页。

③ 戴伟华：《唐代使府与文学研究》（修订本），广西师范大学出版社2007年版，第105页。

④ 〔唐〕柳宗元：《柳宗元集》卷四二，中华书局1979年版，第1173页。

候，此时的柳宗元感慨万千，既叹世事无常、身世飘零，又悲人生沦落、如环无端。在此诗中他借景抒情，将自己的身世之感、仕途失意之悲、与亲人离别之痛融入对西江流域及楚地风物的描写中，同时也通过如椽妙笔将自己的心迹情感、人生感慨永远印刻在了西江流域的这片土地上。

楚地是贬谪流寓文化产生与发展的重要地区，战国时期的楚国人屈原被放逐，乃赋《离骚》，司马迁云："屈平正道直行，竭忠尽智以事其君，谗人间之，可谓穷矣。信而见疑，忠而被谤，能无怨乎？屈平之作《离骚》，盖自怨生也。"① 骚怨精神由此而生，《离骚》也由此与楚地文化紧密地联系在了一起。后世迁谪流寓到楚地的诗人在创作风格上自然而然地会受到楚辞的影响，他们大多像屈原一样，在诗歌中叙写楚地风物，借楚地风物来抒发自我内心世界的抑郁不平。盛唐诗人张说从中书令这一权力高峰跌落下来，被贬谪流放到荆楚之地。他对楚地山水及自己漂泊流寓到此地的心迹情感进行了生动细致的描绘，例如，"缙云连省阁，沟水遽西东。然诺心犹在，荣华岁不同。孤城临楚塞，远树入秦宫。谁念三千里，江潭一老翁"②、"春色沅湘尽，三年客始回。夏云随北帆，同日过江来。水漫荆门出，山平郢路开。比肩羊叔子，千载岂无才"③、"巫山云雨峡，湘水洞庭波"④、"一闻怀沙事，千载尽悲凉"⑤、"日出洞庭水，春山挂断霞。江涔相映发，卉木共纷华。湘戍南浮阔，荆关北望赊。……岛户巢为馆，渔人艇作家。自怜心问景，三岁客长沙"⑥。楚地风物频繁密集地出现在张说的诗歌作品中，这在客观上促进了盛唐山水诗的兴盛，葛晓音指出：张说、赵冬曦、尹懋、张均等人对楚地山水的描写，"与同时流行起来的吴越山水诗东西相应，将南方山水诗的发展推向了高潮"⑦，"张说最

① 〔汉〕司马迁撰、〔南朝宋〕裴骃集解、〔唐〕司马贞索隐、〔唐〕张守节正义：《史记》卷八四《屈原列传》，中华书局2000年版，第1933页。

② 〔唐〕张说：《岳州宴别谭州王熊二首》之二，见〔清〕彭定求等编《全唐诗》卷八七，中华书局1960年版，第3册，第950页。

③ 〔唐〕张说：《四月一日过江赴荆州》，见〔清〕彭定求等编《全唐诗》卷八七，中华书局1960年版，第3册，第956页。

④ 〔唐〕张说：《荆州亭入朝》，见〔清〕彭定求等编《全唐诗》卷八七，中华书局1960年版，第3册，第956页。

⑤ 〔唐〕张说：《过怀王墓》，见〔清〕彭定求等编《全唐诗》卷八六，中华书局1960年版，第3册，第936页。

⑥ 〔唐〕张说：《巴丘春作》，见〔清〕彭定求等编《全唐诗》卷八八，中华书局1960年版，第3册，第975页。

⑦ 葛晓音：《诗国高潮与盛唐文化》，北京大学出版社1998年版，第85—86页。

大的贡献之一，便是在山水诗中表现了拯世济人的理想，躬逢盛世的自豪感，以及不计浮沉得失的达观心情，使山水诗显示出盛唐时代的精神面貌”①。由此可见，张说在盛唐诗坛上占有重要的地位。

当然，我们还可以补充一点，张说在他的山水诗中描绘了西江流域的风物，表现了离别感伤之情，这在西江流域社会变迁与文化发展史上具有重要意义。张说曾从朝廷被贬谪流寓到楚地，也曾被贬谪流寓到西江流域的端州②。端州乃山水佳胜之地，据屈大均《广东新语》卷三“端州山水”条载：

何磻云：“自广州过三水县而西，山石奇险，峡江屈曲，高岭之上，小峰万叠，闻斧声丁丁，仰而瞩之，乃辨樵子之与尺树，俨在云岚开合间。长纤溯流，人百其力，舟行迟迟，看山良足也。”过峡三十里，至烟萝山，山半有東江亭，此为高峡口，牂牁西来，東以入峡，故名。泉甘石润最可玩。至端州北门，望有茂林飞阁为宝月台，老树参霄，日景微漏，北窗正对七星岩，南临牂牁，江光明灭，盖为郡城烟火所蔽。台下百顷洿池，时雨平堤，芰荷数里，坐久凉生，非复炎境。二里为七星岩，端州之山，近而易登者，无若七星岩。平地自起小峦，白石如雪，一名玉屏。雨之所淋，黑若点漆，树自石壁挺出，根无所著，而冬夏深翠自固。虽名七星，然大小不齐，约八九峦，高者百仞。北海李邕镌记石壁，风雨剥落，犹可辨识。有洞有泉，却暑避喧，允为佳胜。③

端州山水如此优美奇特，在迁客逐臣张说眼中却是充满瘴疠之地，他在西江流域的端州作了《端州别高六戬》一诗，诗中对西江流域多瘴疠的地理特征进行了吟咏，受到世人的关注。诗云：

异壤同羁窜，途中喜共过。愁多时举酒，劳罢或长歌。南海风潮

① 葛晓音：《山水田园诗派研究》，辽宁大学出版社1993年版，第167页。

② 参见傅璇琮主编《唐才子传校笺》卷一，中华书局1987年版，第130—138页。

③ 李默校点：《广东新语》卷三“山语·端州山水”条，见欧初、王贵忱主编《屈大均全集》（四），人民文学出版社1996年版，第109页。

壮，西江瘴疠多。于焉复分手，此别伤如何。①

这首诗被南宋祝穆收录到他所编辑的地理志《方舆胜览》② 中了，成为广东路肇庆府的重要“题咏”之一。张说所作的《还至端州驿前与高六别处》亦很能说明他在西江流域端州的生活环境与心迹情感。诗云：

> 旧馆分江日，凄然望落晖。相逢传旅食，临别换征衣。昔记山川是，今伤人代非。往来皆此路，生死不同归。③

从这些题咏中，我们可以看出当时西江流域多瘴疠的情况，这一方面说明张说是北方洛阳人④，他初到西江流域还不适应南方的气候、物候与当地的风俗习惯；另一方面也可以看出初唐时期西江流域端州的政治、经济、文化还相对比较落后，民风愚昧。对于从繁荣发达的政治、经济、文化中心长安贬谪而来的逐臣迁客来说，美好奇绝的山水只能勾起他们对瘴疠之地的恐惧忧虑、悲伤痛苦之情，这也是当时诗人多被贬谪流寓到此地的重要原因。

楚地文化相对西江文化要先进，开发的时间较早，但楚地与西江流域地理位置的接近，促进了楚地文化与西江文化融合的进程，在西江流域发展史上具有深远的意义。柳宗元流寓谪居的“柳州”虽然“距离‘潇湘’甚近”，但它却是西江流域的重要地区。申扶民在《广西西江流域生态文化研究》一书中指出：

> 在西江支流当中，主要有西江以北的柳江和桂江，西江以南的郁江。其中，柳江由都柳江与融江等河段组成；桂江上游为漓江，通过灵渠与湘江连通，成为古代沟通岭南与中原的大动脉；郁江是西江最大的支流，由左江和右江汇聚而成。西江干流及其支流所构成的西江

① 〔唐〕张说：《端州别高六戬》，见〔清〕彭定求等编《全唐诗》卷八七，中华书局 1960 年版，第 3 册，第 951 页。

② 〔宋〕祝穆撰、〔宋〕祝洙增订、施和金点校：《方舆胜览》卷三四“广东路·肇庆”条，中华书局 2003 年版，第 619 页。

③ 〔唐〕张说：《还至端州驿前与高六别处》，〔清〕彭定求等编《全唐诗》卷八七，中华书局 1960 年版，第 3 册，第 956 页。

④ 参见傅璇琮主编《唐才子传校笺》卷一，中华书局 1987 年版，第 1 册，第 130 页。

水系，流域面积占广西陆地面积的80%以上，覆盖了广西大部分地区。[①]

柳宗元在诗歌中将西江流域的柳州地区称作“潇湘”，或许是因为“桂江上游为漓江，通过灵渠与湘江连通，成为古代沟通岭南与中原的大动脉”，地理位置的相通，使得文化传播更加便捷。自先秦以来，西江流域在文化孕育与发展的过程中，深受楚地文化的影响，西江文化与楚文化有着非常密切的内在联系。

晚唐诗人李商隐曾随郑亚幕府而寓居到西江流域，他在长安与桂林的往返途中时常经过楚地，许多名作即写于西江流域与楚地。下列作品是李商隐写于楚地的经典之作，颇能反映他当时流寓到此地的生活环境与心迹情感：

潭州官舍暮楼空，今古无端入望中。湘泪浅深滋竹色，楚歌重叠怨兰丛。陶公战舰空滩雨，贾傅承尘破庙风。目断故园人不至，松醪一醉与谁同！[②]

诗中的“潭州”即今湖南长沙市，唐时为湖南观察使治所。大中二年（848）五月，李商隐在由桂林返长安途中在此地停留[③]。诗人在潭州登楼远眺，“今古无端入望中”，自然而然地想起了曾在此地生活的屈原、贾谊这些怀才不遇的先贤，于是“湘泪”“斑竹”“楚歌”“兰丛”等意象纷至沓来，构成了此诗抒情感怀的重要元素。与此诗类似的，还有李商隐的《楚宫》，诗云：

湘波如泪色漻漻，楚厉迷魂逐恨遥。枫树夜猿愁自断，女萝山鬼语相邀。空归腐败犹难复，更困腥臊岂易招。但使故乡三户在，彩丝

① 申扶民、滕志朋、刘长荣：《广西西江流域生态文化研究》，中国社会科学出版社2015年版，第11页。

② 〔唐〕李商隐：《潭州》，见刘学锴、余恕诚《李商隐诗歌集解》（二），安徽师范大学出版社2020年版，第748页。

③ 参见《李商隐年表》，见刘学锴、余恕诚《李商隐诗歌集解》（四）附录，安徽师范大学出版社2020年版，第2147页。

谁惜惧长蛟!①

此诗也作于大中二年（848），诗人在潭州，全诗吟咏屈原，借“湘波”“枫树”“女萝”“山鬼”等意象来渲染气氛，借以寄托诗人对屈原的崇敬与哀思。此外，李商隐写于此时的作品还有《过楚宫》《楚吟》等，都是在从西江流域的桂林返京的途中所作，从这些作品中，我们可以感受到李商隐“得江山之助”，对楚地历史文化的关注及楚文化对李商隐诗歌创作的深刻影响。而楚文化频繁地被迁岭文人所关注及其在迁岭文人诗文中的反复吟咏，也促进了其与西江流域社会变迁与文化发展的密切联系。

第四节 “苍梧”意象的形成及其文化意义

“苍梧”是西江流域的重要地区，是西江流域文化的发源地。历史上有大量的文人墨客在诗文中吟咏“苍梧”，其中不乏历史文化名人，从而使得西江流域的这一地名成了诗歌中的常见意象，具有了深厚的文化积淀与审美意蕴，被赋予了特别的含义，能够引发人们对历史兴亡的感慨和丰富复杂的联想。

叶嘉莹深刻地认识到了文人流寓与地方文化发展的密切关系，她指出：

> 古人所说的“读万卷书，行万里路”与太史公的“周览天下”是与中国历史之悠久、地理之广远结合在一起的。每个国家有每个国家的民族性，而这个国家之民族性的形成，与其地理背景有很密切的关系。所以一个人的成长，要受到种种复杂因素的影响。而“周览天下名山大川”这样的经历，不但可以开阔你的心胸，而且可以让你逐渐形成与自己的国家、民族密切结合起来的感情。每一个地方、每一处名胜、每一座山、每一条河，里边都结合了千古的兴亡。②

这话说得很好。古代传说舜帝南巡死于苍梧的历史事件，让西江流域的梧州与中华民族的文化性格的形成有了密切的联系，而“苍梧”这一意象也

---

①〔唐〕李商隐：《楚宫》，见刘学锴、余恕诚《李商隐诗歌集解》（二），安徽师范大学出版社2020年版，第754页。

② 叶嘉莹：《叶嘉莹说杜甫诗》，中华书局2015年版，第28—29页。

带有了哀伤凄美的情韵。诗人墨客在此地流连忘返，自然有感于心，促使自己与西江流域形成了密切的情感联系与文化认同。

梧州在古代又叫“苍梧”，《史记·五帝本纪》记载：“（舜）践帝位三十九年，南巡狩，崩于苍梧之野。葬于江南九疑，是为零陵。”① 苍梧即在九嶷之南，含今西江流域的广西富川、贺县、苍梧等地，可见当时西江流域与周边地区深厚的文化渊源。唐李吉甫的《元和郡县图志》卷三七“岭南道四·梧州”记载：

> 苍梧县，本汉苍梧郡广信县地，自汉迄陈不改。隋开皇十年罢郡，于此立苍梧县。皇朝因之。②

此记载中的“广信县”即今广西梧州与广东封开，“自汉至隋苍梧郡治均在今封开县江口镇，直到唐代后期苍梧郡治始移于今梧州”③，“西江文化称盛一时，而封开作为其文化中心，在岭南区域文化发展和分布格局上曾占有重要一席之地，这已无可置疑。因此，继承和弘扬西江文化的优良传统，为振兴当地社会经济和文化事业服务，不但有其必要，而且也有了极大可能”④。

据南宋周去非的《岭外代答》记载：“漓水自桂历昭而至苍梧；融州之水，牂牁江是也，其源自西南夷中来，武帝发夜郎下牂牁即出此也；宜州之水，自南丹州合集诸蛮溪谷而来，东合于牂牁，历柳历象而至浔；邕州之水，其源有二；一为左江，自交阯来，一为右江，自大理国威楚府大槃水来，江合于邕，历横历贵，与牂牁合于浔而东行，历藤而与漓水合于苍梧。苍梧者，诸水之所会，名曰三江口，实南越之上流也。水自是安行，入于南海矣。”⑤ 有学者研究指出：“苍梧之名落实之处，正是桂东北、粤中、粤北地区灿烂的先秦文化的中心地带。当地独具一格的战国墓

---

① 〔汉〕司马迁撰、〔南朝宋〕裴骃集解、〔唐〕司马贞索隐、〔唐〕张守节正义：《史记》卷一《五帝本纪》，中华书局2000年版，第33页。

② 〔唐〕李吉甫撰、贺次君点校：《元和郡县图志》卷三七，中华书局1983年版，第921页。

③ 陈乃良：《岭南古代一奇葩》，封开县地方志编纂委员会办公室1984年编印，转引自《珠江文化与史地研究》，第108页。

④ 司徒尚纪：《西江文化形成发展和演变初探》，见《珠江文化与史地研究》，中国评论文化有限公司2003年版，第109页。

⑤ 〔宋〕周去非：《岭外代答校注》卷一，中国书店2018年版，第30—31页。

葬分布区和当时岭南人口最为密集处，即在汉苍梧郡内。”[①] 这说明了西江流域的苍梧在中国文化发展演变中的重要性。

“苍梧”在西江流域的地理位置十分重要，司徒尚纪指出：“岭南区域历史开发有自北向南，从西往东、从山区到沿海的空间推移过程，也形成了与此大致相应的地域文化分布格局。西江地区作为岭南开发自西往东空间推移的第一站，文化发生比许多地区要早，故封开、梧州一带有‘初开粤地’之说，后来变成为岭南文化的一个中心”[②]，“一个文化区，不管等级高低，都有一个作为该区文化特质和风格的代表的核心，即文化中心。西江文化区的文化中心历史早期在封开，后期则转移到肇庆了。西江文化中心位置与西江流域行政建置首府所在地几乎又是重合的，这与汉苍梧郡治所又不可分割。过去流行两种说法，一即汉苍梧郡治今广西梧州；二即在今封开江口镇……今人陈乃良经多方调查，论证了封开县建置沿革，谓广信县范围虽含今封开与梧州，但自汉至隋苍梧郡治均在今封开县江口镇，直到唐代后期苍梧郡治始移于今梧州。此外，封州还是五代南汉主刘隐家族兴龙之地，刘隐立南汉国后，‘以封州为汤沐地’，亦保持和加强了封州文化中心地位。最新出版《广东历史地图集》吸收以上成果，将汉苍梧郡治定在今封开县江口镇。加上封开地区有不少古人类文化遗址和历史文物出土，其作为历史早期西江地区乃至整个岭南地区的一个文化中心是可以肯定的”[③]。由此可见，苍梧郡在西江流域文化形成发展中的重要地位。

根据现代学者的研究成果可知，从秦汉到隋唐，是西江文化的兴盛时期。“秦汉以降，岭南地区先后建立起封建制度，区域开发进入一个崭新发展阶段。西江大小支流，成为秦汉进军岭南主要通道，原西江文化得以大规模地与外来文化碰撞、整合，发展成为以南越文化为本底，以中原文化为主体的区域文化。西江文化发展的这个过程比岭南其他地域文化完成要早，这在其文化特质的各个方面都有所表现。”[④] 而“自汉至隋苍梧郡

① 陆明天：《秦汉前后岭南百越主要支系的分布及其族称》，见百越民族史研究会编《百越民族史论丛》，广西人民出版社1985年。

② 司徒尚纪：《西江文化形成发展和演变初探》，见《珠江文化与史地研究》，中国评论文化有限公司2003年版，第100页。

③ 司徒尚纪：《西江文化形成发展和演变初探》，见《珠江文化与史地研究》，中国评论文化有限公司2003年版，第107—108页。

④ 司徒尚纪：《西江文化形成发展和演变初探》，见《珠江文化与史地研究》，中国评论文化有限公司2003年版，第102页

治均在今封开县江口镇，直到唐代后期苍梧郡治始移于今梧州”①。总之，无论是“封开”，还是“梧州”“苍梧”都属于西江流域，是西江文化的发源地与中心。

苍梧在西江文化发展中具有重要的意义，我们可以从古代文人对苍梧的描写来引申说明这一点。苍梧在中国文学史上十分引人注目。可以说“苍梧”一词，不仅是地理名词，也是中国文学作品中经常出现的具有丰富情韵义的诗歌意象。“苍梧”一词，较早出现在诗人屈原笔下，他在《离骚》中写道：“朝发轫于苍梧兮，夕余至乎县圃。”屈原在作品中提到的“苍梧”是古史地理上的重要地名，史学大师钱穆对其有详细考辨，指出：

> 史称舜葬苍梧之野。司马相如曰：独不闻天子之上林乎？左苍梧，右西极。是苍梧在汉上林东，并不指湖南零陵为苍梧也。……又曰：朝发轫于苍梧兮，夕余至乎县圃。原之发轫苍梧，正证苍梧之与其流放地为近也。……汉苍梧国本秦桂林郡地，淮南称有浯后为苍梧郡，治广信，今广西苍梧郡治。此苍梧岂得与西极位于上林之左右乎？且此苍梧乃地域名，非山名，后人又谓九疑山亦名苍梧山，更失其本矣。……据是论之，亦可知九疑地望之确近荆山，在汉北矣。盖九疑苍梧之类，本非南方地名。自楚亡鄢郢，其遗民之远拓而南者，遂以北方故土雅名，移名南服，因而苍梧九疑零陵，各散一方，本属邻近之地，乃隔为遥远之区。史公所谓舜崩苍梧之野，葬江南九疑，是为零陵者，其语确有本，惟若以后代地望，一一掩实之，则显成为汗温柔荒唐耳。……又考邓德明《南康记》说五岭，三曰九真都庞岭。方以智疑九真太远非是。今按《水经注》：钟水出桂阳南平县部山，部山即部龙之峤，五岭之第三岭也。郦书所谓部龙，即都庞字讹。山在今湖南蓝山县南，正与九疑连麓。然则《南康记》所谓九真，即九疑矣。汉武置九真郡，在今安南。是则九疑之名，又随汉人远迹以移至日南矣。②

---

① 陈乃良：《岭南古代一奇葩》，封开县地方志编纂委员会办公室 1984 年编印，转引自《珠江文化与史地研究》，第 108 页。

② 钱穆：《苍梧九疑零陵地望考》，见《古史地理论丛》，生活·读书·新知三联书店 2004 年版，第 279—282 页。

据此可知，屈原《离骚》中的“苍梧”原在汉北，楚国灭亡，楚国遗民南迁，“遂以北方故土雅名，移名南服”，苍梧作为楚骚文化的一个重要象征，后来成了西江流域的一个重要地名，可以看出，屈原与西江文化有着千丝万缕的内在联系。

自此以后，“苍梧”一词经常出现在诗人笔下，代有新声，蕴含着丰富而迷人的文化气息。如南朝诗人鲍照《芜城赋》云：“南驰苍梧涨海”①，涨海即南海。宋之问在《下桂江龙目滩》中将“苍梧”与“白云”联系起来描写，表达自己将要流寓到西江流域苍梧的忧愁苦闷。诗云：

> 停午出滩险，轻舟容曳前。峰攒入云树，崖喷落江泉。巨石潜山怪，深篁隐洞仙。鸟游溪寂寂，猿啸岭娟娟。挥袂日凡几，我行途已千。暝投苍梧郡，愁枕白云眠。②

宋之问流寓到西江流域时登临览胜，在《桂州黄潭舜祠》一诗中他将舜帝南巡之事写入诗中，对这一优美动人的神话传说进行了诗语表达。诗云：

> 虞世巡百越，相传葬九疑。精灵游此地，祠树日光辉。禋祭忽群望，丹青图二妃。神来兽率舞，仙去凤还飞。日暝山气落，江空潭霭微。帝乡三万里，乘彼白云归。③

有些诗人虽然没有到过西江流域，却通过想象对苍梧进行了描写。如孟浩然一生的经历虽然平淡无奇，他却与西江流域结下了不解之缘。他对西江流域的源头梧州有深刻的感受，对其进行了生动感人的描述，在《题梧州陈司马山斋》一诗中，孟浩然写道：“南国无霜霰，连年对物华。青林暗换叶，红蕊欲开花。春去无山鸟，秋来见海槎。流芳虽可悦，会自泣长沙。”④ 孟浩然对远在梧州的陈司马充满思念之情，并将对梧州风物的描

① 〔南朝梁〕萧统编：《昭明文选》，华夏出版社2000年版，第319页。

② 〔唐〕沈佺期、〔唐〕宋之问撰，陶敏、易淑琼校注：《沈佺期宋之问集校注》，中华书局2001年版，第566页。

③ 〔唐〕沈佺期、〔唐〕宋之问撰，陶敏、易淑琼校注：《沈佺期宋之问集校注》，中华书局2001年版，第565页。

④ 〔唐〕孟浩然：《题梧州陈司马山斋》，见〔清〕汪森编《粤西诗载》卷十，《四库全书》影印文渊阁本第1465册，上海古籍出版社1987年版，第131页。

写融入怀人念远之题材中，从而营造了情景交融、感人肺腑的审美境界。有境界，自成高格，自有名句，此诗之谓也。此类描写苍梧的名作在孟浩然的诗集中还有《送袁十岭南寻弟》，诗云："苍梧白云远，烟水洞庭深。万里独飞去，南风迟尔音。"[①] 在送友人来到岭南时，诗人自然而然想到了"苍梧白云"，天上的"白云"在唐代诗人笔下经常与苍梧联系在一起，如李白诗"白云愁色满苍梧"（《哭晁卿衡》）、"古木尽入苍梧云"（《梁园吟》），"苍梧""云""苍梧云"成了诗人经常运用的意象，突出表现了唐代诗人与苍梧地域的密切联系，具有了真挚感人的情感力量、丰富迷人的文化气息和优美动人的审美风貌。

李白是继屈原之后伟大的浪漫主义诗人，他的诗歌喜欢用神奇的想象、迷人的传说，而"苍梧"这个充满神奇故事、浪漫传说的地方，就时常出现在他的诗中。"苍梧"一词的情韵，经过李白的反复吟咏而更加意蕴隽永、真挚动人，给人以深刻的启示与丰富的联想，从而使其诗歌中所蕴含的感情也更加丰富饱满，引人入胜。

李白比孟浩然小十二岁，作为孟浩然的晚辈好友，李白对孟浩然充满了同情与崇敬，他在《赠孟浩然》中曰："吾爱孟夫子，风流天下闻。红颜弃轩冕，白首卧松云。醉月频中圣，迷花不事君。高山安可仰，徒此揖清芬"[②]，表达了对孟浩然不事王侯、一生傲岸的由衷敬仰之情。李白平交王侯，追求个性独立与自由，他一生好入名山游，漫游过祖国的大好河山，曾言到过西江流域的苍梧，他在《上安州裴长史书》中说："南穷苍梧，东涉溟海。"[③]或许其正因到过苍梧，对发生在西江流域地区的历史故事、神话传说有深入的了解，才能写出这首千古传诵的名篇《远别离》，诗中引用舜帝南巡到苍梧而死亡的凄惨哀婉故事来暗喻唐玄宗宠幸奸佞之臣而必然遭劫的悲剧，令人顿起千古兴亡之慨叹。诗云：

远别离，古有皇、英之二女；乃在洞庭之南，潇湘之浦。海水直下万里深，谁人不言此离苦。日惨惨兮云冥冥，猩猩啼烟兮鬼啸雨，我纵言之将何补。皇穹窃恐不照余之忠诚，雷凭凭兮欲吼怒，尧、舜当之亦禅禹。君失臣兮龙为鱼，权归臣兮鼠变虎。或云尧幽囚，舜野死，九疑联绵皆相似，重瞳孤坟竟何是。帝子泣兮绿云间，随风波兮

---

① 〔唐〕孟浩然著、李景白校注：《孟浩然诗集校注》，中华书局2018年版，第367页。

② 〔唐〕李白著、〔清〕王琦注：《李太白全集》，中华书局2015年版，第547页。

③ 〔唐〕李白著、〔清〕王琦注：《李太白全集》，中华书局2015年版，第1453页。

去无还。恸哭兮远望，见苍梧之深山。苍梧山崩湘水绝，竹上之泪乃可灭。[①]

孟浩然曾在《与诸子登观山》中说："人事有代谢，往来成古今。江山留胜迹，我辈复登临"[②]，说出了诗人登临名胜古迹时的目的与感受。"苍梧"之地，因舜帝南巡的故事和屈原的诗歌而成了"胜迹"，引起了世人的好奇与关注，他们在此地登临览胜之际，自然而然会想起这个动人的故事与前辈诗人的吟咏。

对于李白这首涉及西江流域名胜之地苍梧的诗歌之主旨，历来聚讼纷纭、莫衷一是。笔者认为叶嘉莹与莫砺锋的看法最好。叶先生指出：

> 李白的这首诗见于唐人殷璠所编的《河岳英灵集》，而这本书所收的作品只到天宝十二载，说明这首诗写成于天宝十二载之前。那时候安禄山的叛乱还没有发生，但玄宗宠任李林甫和安禄山已成事实，国家已经有了这种危险和败亡的可能。……诗人不是预言家，但诗人有敏感的直觉，可以感受到某些一般人没有感受到的事情。这正是《远别离》这首诗之所以好的缘故。[③]

莫先生也说：

> 从《远别离》及其准确阐释可以看出，李白在天宝年间就对大唐王朝由盛转衰的趋势洞若观火，他对历史演变的惊人预见与杜甫不相上下。李白在天宝初年入朝任翰林供奉，曾亲睹李林甫专横弄权、安禄山入朝受宠等政治丑态。其后他虽在江湖，但对朝中政治仍然十分关心。对于"国权卒归于林甫、国忠，兵权卒归于禄山、哥舒"等时事，李白皆了然于胸。就是在这种情境中，李白愤然挥笔写下了《远别离》，对唐玄宗及整个大唐王朝提出了当头棒喝，用即将降临的惨重灾难对他们提出警诫。"尧幽囚，舜野死"，这简直是对唐玄宗悲惨

① 〔唐〕李白著、〔清〕王琦注：《李太白全集》，中华书局2015年版，第189—190页。

② 〔唐〕孟浩然撰、李景白校注：《孟浩然诗集校注》，中华书局2018年版，第231页。

③ 叶嘉莹：《叶嘉莹说初盛唐诗》，中华书局2015年版，第211页。

下场的准确预言。优秀的诗人都是时代的晴雨表，此诗即为明证。[①]

莫砺锋与叶嘉莹两位先生的观点可以说是“英雄所见略同”，都指出了李白诗歌的妙处在于他具有敏锐的直觉，能够预感到将来所要发生之事。唐代诗人顾非熊说：“有情天地内，多感是诗人。”[②] 诗人是多感的、善感的、敏感的，故能感人之所不能感。而敏感善感的李白早在安史之乱爆发前就预感到了唐玄宗失去权力的悲剧命运，从而将其与南巡“苍梧”的舜帝联系起来吟咏，喊出了惊天动地的诗句：“恸哭兮远望，见苍梧之深山。苍梧山崩湘水绝，竹上之泪乃可灭。”可以说，“苍梧”一词经过李白的提炼、加工和重新创造，具有了更加真挚感人的力量，可以给人更加深刻的启示和更加丰富的联想，从而使这首诗成了意境悠远、千古传诵的名篇。

“苍梧”一词，在李白诗中经常出现，经过他的反复提炼、加工和创造，成了蕴含各种情感与韵味的诗歌意象。其《哭晁卿衡》诗云：

日本晁卿辞帝都，征帆一片绕蓬壶。明月不归沉碧海，白云愁色满苍梧。[③]

又如《梁园吟》云：

昔人豪贵信陵君，今人耕种信陵坟。荒城虚照碧山月，古木尽入苍梧云。[④]

复旦大学中文系古典文学教研组注释道：“苍梧，山名，亦名九疑，在今湖南宁远县南。古时传说有白云出自苍梧，入于大梁。”[⑤] 李白在诗歌中对“苍梧”这一地名的反复吟咏、加工、提炼，使得这一地名被涂抹上了一层忧伤凄美的情韵，具有了丰富饱满的文化内涵。

---

① 莫砺锋：《歧说纷纭与截断众流——读李白〈远别离〉札记》，载《古典文学知识》2019年第3期，第82—83页。

② 〔唐〕顾非熊：《落第后赠同居友人》，见〔清〕彭定求等编《全唐诗》卷五〇九，中华书局1960年版，第15册，第5786页。

③ 〔唐〕李白著、〔清〕王琦注：《李太白全集》，中华书局2015年版，第1400页。

④ 〔唐〕李白著、〔清〕王琦注：《李太白全集》，中华书局2015年版，第466页。

⑤ 复旦大学中文系古典文学教研组：《李白诗选》，人民文学出版社1983年版，第78页。

杜甫诗歌中也有“苍梧”的意象，邓魁英、聂石樵在注释杜甫《同诸公登慈恩寺塔》中“回首叫虞舜，苍梧云正愁”时指出“苍梧：古郡名，包括今广西、广东、湖南部分地方。传说舜死在苍梧，葬于九疑山。……旧注以为杜甫以虞舜比唐太宗，以苍梧比昭陵，以舜之二妃娥皇、女英比文德皇后，当是”[①]，莫砺锋、童强也认为，“苍梧：古郡名，传说舜葬于苍梧之野，此代指唐太宗的昭陵”[②]，“苍梧是古郡名，包括今广西、广东和湖南部分地区。相传舜死于苍梧，葬于当地的九嶷山（今湖南宁远县）”[③]。杜甫的好友张叔卿曾到过苍梧，杜甫曾作《得广州张判官叔卿书使还以诗代意》[④]，表明杜甫在成都时与张叔卿有交往。张叔卿在《流桂州》一诗中云：

莫问苍梧远，而今世路难。胡尘不到处，即是小长安。[⑤]

到了唐代，尤其是安史之乱以后，在“世路难”的情形下，遥远的西江流域的“苍梧”即是繁荣昌盛的“小长安”了。“苍梧”一词，在中国古代诗歌史上经常出现，成了一个有着非常独特文化意蕴的诗歌意象，由此也可看出当时苍梧社会文明发展的程度之高。

刘勰在《文心雕龙》的《物色》篇中指出：“若乃山林皋壤，实文思之奥府，略语则阙，详说则繁。然屈平所以能洞监风骚之情者，抑亦江山之助乎!”[⑥] 詹锳对其中的“江山之助”有深入细致的分析，他说：“楚于山则有九疑南岳之高，于水则有江汉沅湘之大，于湖豬则有云梦洞庭之巨浸，其间崖谷洲渚，森林鱼鸟之胜，诗人讴歌之天国在焉。故《湘君》一篇，言地理者十九，虽作者或有铺陈，然使其不遇此等境地以为文学之资，将亦束手而无所凭借矣。”[⑦] 詹先生从楚地自然环境的角度来阐释屈原作品风貌的形成原因。楚地的山水形貌与西江流域的自然风光有非常相似的地方。西江流域自然环境与迁岭文人文学作品风貌之间有着十分密切

---

① 邓魁英、聂石樵选注：《杜甫选集》，上海古籍出版社 2012 年版，第 27 页。

② 莫砺锋、童强：《杜甫诗选》，商务印书馆 2018 年版，第 22 页。

③ 莫砺锋、童强：《杜甫传》，长江文艺出版社 2019 年版，第 93—94 页。

④〔唐〕杜甫撰、〔清〕仇兆鳌注：《杜诗详注》卷一〇，中华书局 2015 年版，第 1054 页。

⑤〔清〕彭定求等编：《全唐诗》卷二七二，中华书局 1960 年版，第 9 册，第 3060 页。

⑥〔南朝梁〕刘勰著、周振甫注：《文心雕龙注释》，人民文学出版社 1981 年版，第 494 页。

⑦ 詹锳：《文心雕龙义证》，上海古籍出版社 1989 年版，第 1761 页。

的内在联系。西江流域也因此而具有了无形的文化资源与巨大的精神财富。

接下来我们再看唐代大诗人、被誉为“五言长城”的刘长卿在诗中对西江流域苍梧的描写。当然，在此类题材的作品中，诗人为了鼓励、安慰朋友，也许就会重点突出西江流域的自然风景的优美之处。桂林的优点在文人墨客笔下得到了丰富多样的描绘。桂江上游的漓水顺流而下，至苍梧而与西江汇合，故迁岭文人常由漓水来到西江流域的苍梧，并在此地借景抒怀。刘长卿在送人来苍梧时写道：

> 苍梧万里路，空见白云来。远国知何在，怜君去未回。桂林无落叶，梅岭自花开。陆贾千年后，谁看朝汉台。①
>
> 伏波初树羽，待尔静川鳞。岭海看飞鸟，天涯问远人。苍梧云里夕，青草嶂中春。遥想文身国，迎舟拜使臣。②

还有，“万里孤舟向南越，苍梧云中暮帆灭。树色应无江北秋，天涯尚见淮阳月。驿路南随桂水流，猿声不绝到炎州。青山落日那堪望，谁见思君江上楼”③。这些诗中提到的“苍梧”是西江流域的重要地区，刘长卿在诗中反复吟咏苍梧，可以说“苍梧”是带有诗人主观情感的客观物象，已经成了一个诗歌作品中的意象，其中蕴含了丰富的历史文化遗迹与深刻的文化内涵，能够感发人的意志，引起人的感动，激发人的诗情。

唐代诗人项斯对西江流域的“蛮家”“苍梧云气”亦有颇深刻的感受，在诗中吟咏道：

> 领得卖珠钱，还归铜柱边。看儿调小象，打鼓试新船。醉后眠神树，耕时语瘴烟。不逢寒便老，相问莫知年。④
>
> 何年画作愁，漠漠便难收。数点山能远，平铺水不流。湿连湘竹

① 〔唐〕刘长卿：《送裴二十七端公使岭南》，见〔清〕汪森编《粤西诗载》卷一〇，《四库全书》影印文渊阁本第1465册，上海古籍出版社1987年版，第131页。

② 〔唐〕刘长卿：《送独孤判官赴岭南》，见〔清〕汪森编《粤西诗载》卷一〇，《四库全书》影印文渊阁本第1465册，上海古籍出版社1987年版，第131页。

③ 〔唐〕刘长卿：《江楼送太康郭主簿赴岭南》，见〔清〕彭定求等编《全唐诗》卷一五一，中华书局1960年版，第1574页。

④ 〔唐〕项斯：《蛮家》，见〔清〕汪森编《粤西诗载》卷一〇，《四库全书》影印文渊阁本第1465册，上海古籍出版社1987年版，第134页。

暮，浓盖舜坟秋。亦有思归客，看来尽白头。[①]

周朴的《次梧州却寄永州使君》也对西江流域的风物进行了描绘，表现了诗人身处其中的心迹情感，诗云：

随风身不定，今夜在苍梧。客泪有时有，猿声无处无。潮添瘴海阔，烟拂粤山孤。却忆零陵住，吟诗半玉壶。[②]

李涉曾到西江流域寓居，在《别南溪二首》中表达了离开此地时惆怅与不舍的心情，颇耐人寻味，诗云：

如云不厌苍梧远，似雁逢春又北飞。唯有隐山溪上月，年年相望两依依。

常叹春泉去不回，我今此去更难来。欲知别后留情处，手种岩花次第开。[③]

诗中的"不厌""依依""难来""留情"等字样透露出流寓岭南文人对寓居之地的情感认同。这表明到了唐代，西江流域某些地区的文化已经有了很大的改观，尤其是迁岭文人参与了其中的文化建设与社会发展活动，付出了艰辛的劳作，取得了一定的成绩，在离开时自然而然会有不舍与留恋之情。

西江流域的苍梧与端州在空间距离上比较接近，唐代文人杜审言、宋之问、沈佺期、张说、李绅都曾流寓到端州。李绅在《至潭州闻猿》中写道："昔陪天上三清客，今作端州万里人。湘浦更闻猿夜啸，断肠无泪可沾巾。"[④] 他在《溯西江》中写道：

江风不定半晴阴，愁对花时尽日吟。孤棹自迟从蹭蹬，乱帆争疾

① 〔唐〕项斯：《苍梧云气》，见〔清〕汪森编《粤西诗载》卷一〇，《四库全书》影印文渊阁本第1465册，上海古籍出版社1987年版，第134页。

② 〔唐〕周朴：《次梧州却寄永州使君》，见〔清〕汪森编《粤西诗载》卷一〇，《四库全书》影印文渊阁本第1465册，上海古籍出版社1987年版，第134页。

③ 〔清〕彭定求等编：《全唐诗》卷四七七，中华书局1960年版，第5436页。

④ 〔清〕彭定求等编：《全唐诗》卷四八三，中华书局1960年版，第5495页。

竞浮沉。一身累困怀千载，百口无虞贵万金。空阔远看波浪息，楚山安稳过云岑。①

值得一提的是李绅到西江流域的高要时，对当地奇异风光进行了淋漓尽致的叙写，诗云：

南标铜柱限荒徼，五岭从兹穷险艰。衡山截断炎方北，回雁峰南瘴烟黑。万壑奔伤溢作泷，湍飞浪激如绳直。千崖傍耸猿啸悲，丹蛇玄虺潜蜲蛇。泷夫拟楫劈高浪，瞥忽浮沉如电随。岭头刺竹蒙笼密，火拆红蕉焰烧日。岭上泉分南北流，行人照水愁肠骨。阴森石路盘萦纡，雨寒日暖常斯须。瘴云暂卷火山外，苍茫海气穷番禺。鹧鸪猿鸟声相续，椎髻哓呼同戚促。百处溪滩异雨晴，四时雷电迷昏旭。鱼肠雁足望缄封，地远三江岭万重。鱼跃岂通清远峡，雁飞难渡漳江东。云蒸地热无霜霰，桃李冬华匪时变。天际长垂饮涧虹，檐前不去衔泥燕。幸逢雷雨荡妖昏，提挈悲欢出海门。西日眼明看少长，北风身醒辨寒温。贾生谪去因前席，痛哭书成竟何益。②

除此以外，李绅还在多首诗歌中吟咏了自己作为"端州万里人"的心迹情感，试看他在端州所作的诗歌：

雨中鹊语喧江树，风处蛛丝飏水浔。开拆远书何事喜，数行家信抵千金。

长安别日春风早，岭外今来白露秋。莫道淮南悲木叶，不闻摇落更堪愁。③

见说三声巴峡深，此时行者尽沾襟。端州江口连云处，始信哀猿伤客心。④

瘴江昏雾连天合，欲作家书更断肠。今日病身悲状候，岂能埋骨

① 〔清〕彭定求等编：《全唐诗》卷四八〇，中华书局1960年版，第5465页。

② 〔唐〕李绅：《逾岭峤止荒陬抵高要》，见〔清〕彭定求等编《全唐诗》卷四八〇，中华书局1960年版，第5463页。

③ 〔唐〕李绅：《端州江亭得家书二首》，见〔清〕彭定求等编《全唐诗》卷四八三，中华书局1960年版，第5496页。

④ 〔唐〕李绅：《闻猿》，见〔清〕彭定求等编《全唐诗》卷四八三，中华书局1960年版，第5496页。

向炎荒。[1]

红蕉花样炎方识，瘴水溪边色最深。叶满丛深殷似火，不唯烧眼更烧心。[2]

除了端州，西江流域的康州，也时常出现在唐代流寓岭南文人的笔底纸端，李涉《谴谪康州先寄弟渤》诗云：

惟将直道信苍苍，可料无名抵宪章。阴骘却应先有谓，已交鸿雁早随阳。[3]

从唐代诗人对梧州、端州、高要、康州风物的描述中，可以看到：到了唐代，西江流域已经是迁岭文人经常流寓的地区，他们来到此地宦游，促进了西江流域经济的发展和文化的繁荣。虽然，这些迁岭文人在描写西江流域生活或寄赠给西江流域的好友的诗中有时表现出对环境的疏离感、恐惧感、不适应性，呈现出强烈的悲怨精神与人生态度，但是，人是文化传播与社会发展的重要载体之一，迁岭文人进入西江流域地区并在此地寓居为政与进行文学创作，无疑能够把先进的文明带到当地，促进西江流域社会变迁与文化发展。

苍梧，与古时神秘、忧伤的传说联系在一起。袁行霈在谈到诗歌意象的形成时指出：

物象是客观的，它不依赖人的存在而存在，也不因人的喜怒哀乐而发生变化。但是物象一旦进入诗人的构思，就带上了诗人主观的色彩。这时它要受到两方面的加工：一方面，经过诗人审美经验的淘洗与筛选，以符合诗人的美学理想和美学趣味；另一方面，又经过诗人思想感情的化合与点染，渗入诗人的人格和情趣。经过这两方面加工的物象进入诗中就是意象。诗人的审美经验和人格情趣，即意象中那

---

① 〔唐〕李绅：《江亭》，见〔清〕彭定求等编《全唐诗》卷四八三，中华书局 1960 年版，第 5495 页。

② 〔唐〕李绅：《红蕉花》，见〔清〕彭定求等编《全唐诗》卷四八三，中华书局 1960 年版，第 5495 页。

③ 〔清〕彭定求等编：《全唐诗》卷四七七，中华书局 1960 年版，第 5437 页。

个意的内容。因此可以说，意象是融入了主观情意的客观物象，或者是借助客观物象表现出来的主观情意。①

在谈到中国古典诗歌的“情韵义”时，袁先生指出：

中国古典诗歌的语言，经过无数诗人的提炼、加工和创造，拥有众多的诗意盎然的词语。这些词语除了本身原来的意义之外，还带着使之诗化的各种感情和韵味。这种种感情和韵味，我称之为情韵义。情韵义是对宣示义的修饰。

词语的情韵是由于这些词语在诗中多次运用而附着上去的。凡是熟悉古典诗歌的读者，一见到这类词语，就会联想起一连串有关的诗句。这些诗句连同它们各自的感情和韵味一起浮现出来，使词语的意义变得丰富起来。而这种种丰富的情韵义，往往难以用训诂的方法予以解释，也是一般词典中难以包括的。②

苍梧，作为西江流域一个地名，它本来的意义很简单。但是，它也像“南浦”一样，是一个后来被无数诗人反复使用而带有了诗人的主观情意的诗歌意象。“苍梧”这一物象，因被屈原使用，具有了忧伤惆怅、凄美动人的主观色彩，从而成为诗歌中具有丰厚“情韵义”的意象的典型例子。

值得注意的一点是，唐代本地诗人对西江流域风物的描绘及表现出来的心迹情感明显不同于迁居、宦游尤其是贬谪至此地的诗人的感情基调。如韶州诗人张九龄虽然是唐玄宗时期的名相，但他对西江流域的风光明显充满了热爱与欣赏，并且表达出身处其中的喜悦之情，这首《自湘水南行》就颇为典型地反映出岭南本地诗人描写西江流域时的情感色彩。诗云：

落日催行舫，逶迤洲渚间。谁云有拘役，乘此更休闲。暝色生前

① 袁行霈：《中国诗歌艺术研究》（第3版），北京大学出版社2009年版，第54页。
② 袁行霈：《中国诗歌艺术研究》（第3版），北京大学出版社2009年版，第8页。

浦，清晖发近山。中流澹容与，唯爱鸟飞还。[1]

这里似乎存在着从“异域”到“乡邦”的差异。对迁岭文人来说，“他乡信美而非吾土”，而对岭南本土诗人而言，水是故乡甜，月是故乡明，他们自然表现出对西江流域地区不同的感情倾向。这符合中国传统文人的文化心理，从另一个角度印证了司徒尚纪的观点：“在大部分地区仍很蛮荒的古代岭南，苍梧郡能出现一片琅琅书声，就是中原文化在当地传播、生根的结果。”[2]

① 〔唐〕张九龄：《自湘水南行》，见〔清〕汪森编《粤西诗载》卷一〇，《四库全书》影印文渊阁本第1465册，上海古籍出版社1987年版，第130页。

② 司徒尚纪：《西江文化形成发展和演变初探》，见《珠江文化与史地研究》，中国评论文化有限公司2003年版，第103页。

第二章　西江流域文化因子的生成与迁岭文人的贡献

西江流域社会变迁与文化发展离不开迁岭文人的努力，这主要表现在迁岭文人大多为政府官员，他们在此地为政，能够将中原先进的思想文化与生活方式带到治所，从而改变当地的生活方式、民风民俗，提高当地人们的文化水平，改变当地落后愚昧、野蛮荒乱的状态，促进文明的发展。

文人流寓岭南表现出了独特的文化性格与人生思考。他们寓居在蛮山瘴水的恶劣生活环境里乐观知足、昂然向上、积极进取，为当地人民做贡献、谋福利，改变了西江流域的文化生态，使西江流域的广大地区由原来的蛮荒之地变得越来越文明，反映出了古代士人在逆境之中“不可以不弘毅”的精神面貌与可贵品质。正所谓“城中桃李愁风雨，春在溪头荠菜花”，朝廷中奔走干谒、逢迎苟且、阿谀奉承的桃李，正反衬出迁岭文人在蛮荒之地辛苦耕耘的伟大与不朽。据《后汉书·南蛮西南夷列传》的记载，当时西江流域的交趾郡文化落后，民风愚昧，“凡交阯所统，虽置郡县，而言语各异，重译乃通。人如禽兽，长幼无别。项髻徒跣，以布贯头而著之。后颇徙中国罪人，使杂居其间，乃稍知言语，渐见礼化”①。东汉光武帝派锡光任交趾太守，任延任九真太守，“于是教其耕稼，制为冠履，初设媒娉，始知姻娶，建立学校，导之礼义”②，锡、任两位太守在农业生产、生活习俗、饮食服饰、教育礼仪等方面对西江流域的社会生活与文化事业进行了多方面的改进。继锡、任两位迁岭文人之后，迁岭文人络绎不绝。

首先，应当提及的是东汉初年的陈元，他是西江流域苍梧广信人（广

---

① 〔南朝宋〕范晔撰、〔唐〕李贤注：《后汉书》卷八六《南蛮西南夷列传》，中华书局2000年版，第1916页。

② 〔南朝宋〕范晔撰、〔唐〕李贤注：《后汉书》卷八六《南蛮西南夷列传》，中华书局2000年版，第1916页。

信故城在今梧州苍梧县)[1]。陈元“少传父业，为之训诂，锐精覃思，至不与乡里通”[2]，少受父亲影响，潜心研究《春秋左氏传》，办过私学，史载其在当时的京都洛阳设馆授徒，传授《春秋左氏传》[3]，有学者指出：“岭南经学，实以二陈（即陈钦、陈元）为始。”[4] 从现存文献来看，他可能是西江流域最早的著名文士，开西江流域士人办学的先河。陈元“能以经学振起一时，诚为岭南之儒宗也”。他与父亲陈钦、儿子陈坚卿被后世誉为“儒林之英”[5]。西江流域在西汉末年、东汉初年能产生这样的人才，说明当时中原文化在西江流域传播之深，《春秋左氏传》得到了当地士人的精心研习与探讨，从一个侧面反映出西江流域士人对中原文化的接受热情与他们文化程度之高。

广信“三陈”在西江流域社会变迁与文化发展史上的意义得到了屈大均的高度评价，他指出：

> 汉议郎陈元，以《春秋》《易》名家。……嗟夫！《春秋》者，圣人心志之所存，其微言奥指，通之者自丘明、公、谷而外，鲜有其人。粤处炎荒，去古帝王都会最远，固声教所不能先及者也。乃其士君子向学之初，即知诵法孔子，服习《春秋》，始则高固发其源，继则元父子疏其委。其家法教授，流风余泽之所遗，犹能使乡闾后进，若王范、黄恭诸人，笃好著书，属辞比事，多以《春秋》为名，此其继往开来之功，诚吾粤人文之大宗，所宜俎豆之勿衰者也。元所撰，自《请立左氏学宫》与《请勿督察三公》二疏外，有《承诏与范升辩难书》十余道。其子坚卿，亦有文章名，能传祖父之业。噫嘻！陈氏盖三世为儒林之英也哉。[6]

---

① 参见〔南朝宋〕范晔撰、〔唐〕李贤注：《后汉书》卷三六《陈元传》，中华书局 2000 年版，第 825 页。

② 〔南朝宋〕范晔撰、〔唐〕李贤注：《后汉书》卷三六《陈元传》，中华书局 2000 年版，第 825 页。

③ 参见〔南朝宋〕范晔撰、〔唐〕李贤注：《后汉书》卷三六《陈元传》，中华书局 2000 年版，第 827 页。

④ 徐松石：《徐松石民族学研究著作五种》，广东人民出版社 1993 年版，第 168 页。

⑤ 参见肇庆市人民政府地方志办公室编：《肇庆人物志》，中华书局 2017 年版，第 1—2 页。

⑥ 〔清〕屈大均撰、李默校点：《广东新语》卷一一“文语·粤人著述源流”，见欧初、王贵忱主编《屈大均全集》，人民文学出版社 1996 年版，第 291—292 页。

陈钦、陈元、陈坚祖孙三代，一脉相承，通过“其家法教授，流风余泽之所遗，犹能使乡闾后进”“笃好著书，属辞比事，多以《春秋》为名”，对儒家经典《左氏春秋》进行了深入的研究，聚众授徒，教授与传播儒家思想，促使光武帝立《左氏春秋》学官，陈元任“左氏春秋”博士，终成“吾粤人文之大宗”，这在西江流域文化史上具有重要意义，开启了后世社会变迁与文明开化的良好格局。

东汉后期的士燮（137—226）在西江流域文化发展史上也做出了重要的贡献。士燮是西江流域苍梧广信籍的著名文士，学识渊博，“与（陈）元同里，撰有《春秋左氏注》，陈国袁徽尝称其简练精微有师说”[①]。在汉献帝建安初年（196）出任交趾太守，当时天下动乱，许多读书人逃往南方避难，而作为西江流域交趾地方长官的士燮以自己博大的胸襟广泛接纳中原人士，史载：

> 燮体器宽厚，谦虚下士，中国士人往依避难者以百数。耽玩《春秋》，为之注解。[②]

屈大均在《广东新语》卷七“人语”中专列“士燮”一条，他综合众多史料，对士燮在西江流域社会变迁与文化发展史上的贡献做了详尽的叙述，并对此“一时之豪杰”做出了尽可能全面、客观、公允的评价，对其能够“度己审势”然不够忠烈表达出遗憾之情：

> 士燮字威彦，广信人。建安初，为交趾太守，中国士人往依者百数。陈国袁徽与尚书令荀彧书曰：“交趾士府君，处大乱之中，保全一郡，二十余年疆埸无事，民不失业，羁旅之徒，皆蒙其庆，虽窦融保河西，曷以加之。官事小阕，辄玩习《书传》、《春秋左氏传》，简练精微，皆有师说。”其称之若此。燮兄弟并为列郡，雄长一州，偏在万里，百蛮震服。会交州刺史张津死，汉赐玺书，以燮为绥南中郎将，董督七郡。是时天下丧乱，道路断绝，而燮不废贡职，复下诏拜安远将军，封龙度亭侯。建安十五年，孙权遣步骘为交州刺史。骘

① 〔清〕屈大均撰、李默校点：《广东新语》卷一“文语·粤人著述源流”，见欧初、王贵忱主编《屈大均全集》，人民文学出版社1996年版，第291页。

② 〔晋〕陈寿撰、〔南朝宋〕裴松之注：《三国志》卷四九《士燮传》，中华书局2000年版，第881页。

> 至，燮率兄弟奉承节度，权加燮左将军。建安末年，燮遣子廞入质，又诱导益州豪雍闿等东附，权益嘉之，迁卫将军，封龙编侯。论者谓："燮不能始终于汉，权乃国贼，与昭烈力争交州，而燮兄弟乃助权为逆，岂诚识《春秋》之义也者。"燮卒，而其子徽乃据交州，为吕岱所破，惜乎见之晚矣。后主建兴十三年，有廖式者起兵苍梧，以应诸葛丞相，诸郡应之，此真汉之义士也。燮视之宁无愧于心乎哉！叶春及云："《一统志》苍梧县即汉广信，苍梧郡治此，故陈元父子载于苍梧。"而《肇庆旧志》谓："封川西一里，为广信县。"虽非治所，固彼提封，陈氏之隶封川，未可知也。燮亦广信人，身本名儒，兄弟四人，拥兵据郡，岭海归心。中原丧乱，孙权、刘表皆窥南土。燮以此时，以甲兵之力，循赵佗之迹，西连蜀汉，庶几比美桓文哉。奉权节度，复诱益州附之，旄矣，岂度己审势耶？然燮名虽不终，亦可谓一时之豪杰也。大均云："当是时，又有揭阳吴砀者，砀，汉末为安成长，权使吕岱取长沙郡，砀据县以拒之，曰：'砀受天子命为长，知有汉而不知有吴也。'又苍梧衡毅与同郡钱博，皆为郡太守吴巨所信用。建安末，权以步骘为交州刺史，骘至，使人谕巨，巨纳骘而后图之。骘如巨，以诈斩巨首以徇，遂治船兵二万，下取南海。毅、博念巨部曲旧恩，且骘之来非汉命也，乃兴兵逆骘于高要峽口，与战三日。既溃败，毅与众皆投水死，死者千余人，无一生降。嗟夫！砀与毅、博又皆汉之忠烈臣也，以列于《季汉书》内传，岂曰非宜？"①

这段记载从一个侧面反映了动乱时期，士人南迁给西江流域社会文化带来的开发作用与重要影响。

第一节　文教之始——虞翻讲学、著述不倦

三国时期，岭南地区属于东吴管辖，虞翻是东吴骑都尉，治《易》名家，他被孙权流放到番禺，后就在西江流域的交州寓居，经常往来于南海、苍梧等郡，积极面对人生，聚众授徒，兴教办学，著书立说，为当地

① 〔清〕屈大均撰、李默校点：《广东新语》卷七"人语·士燮"，见欧初、王贵忱主编《屈大均全集》，人民文学出版社1996年版，第202—203页。

文化事业的发展做出了重要贡献。据《三国志·吴书·虞翻传》载：

翻性疏直，数有酒失。权与张昭论及神仙，翻指昭曰："彼皆死人，而语神仙，世岂有仙人邪！"权积怒非一，遂徙翻交州。虽处罪放，而讲学不倦，门徒常数百人。又为《老子》《论语》《国语》训注，皆传于世。……在南十余年，年七十卒。归葬旧墓，妻子得还。①

《翻别传》亦载：

翻放弃南方，云"自恨疏节，骨体不媚，犯上获罪，当长没海隅，生无可与语，死以青蝇为吊客，使天下一人知己者，足以不恨。"以典籍自慰，依易设象，以占吉凶。②

清代迁岭文人汪森指出：

唐宋之时，以岭南为迁谪所居，然苟非诸君子，则无以开辟其榛芜，发泄其灵异。在汉则刘熙、程秉、薛综、虞翻，讲学交州，著述不倦，此文教之始也。……或侨居其地，或经行其间，或为参佐，或则贬谪。登高而赋，遇景而题，甚且有搜奇剔隐以表章之，故当与粤西山水并垂不朽。③

虞翻博学多才，在贬谪流寓之地以典籍自慰，著书立说，讲学不倦，聚众授徒，以傲岸不屈、乐天知命的文化性格为世人创造了宝贵的精神财富，后世迁岭文人从他身上汲取到了用之不竭的百丈甘泉，从而也能够像他一样以坦然的态度面对生活的磨难，并在苦难之中坚持自己的信念，为西江流域社会变迁与文化发展贡献出自己的力量。

除此以外，虞翻还富有生活情趣，精通园林艺术，他将讲学著述与种

① 〔晋〕陈寿撰、〔南朝宋〕裴松之注：《三国志》卷五七《吴书·虞翻传》，中华书局2000年版，第976—978页。

② 〔晋〕陈寿撰、〔南朝宋〕裴松之注：《三国志》卷五七《虞翻传》注引《翻别传》，中华书局2000年版，第977页。

③ 〔清〕汪森：《〈粤西通载〉发凡》，见〔清〕汪森编辑、黄盛陆等校点、黄振中审订《粤西文载校点》，广西人民出版社1990年版，第8页。

植园林结合起来，开创了岭南私家园林建筑的先河。据陈泽泓所著《岭南建筑文化》载：

> 三国吴时，虞翻谪番禺，在位于番禺城外东北郊南越国赵建德故宅地居住讲学，多植苹婆、诃子树，其宅又称诃林、虞苑，其后此处又改作制止寺，是岭南私家园林、寺庙园林之滥觞。①

之所以说虞翻讲学之地是岭南“寺庙园林之滥觞”，是因为“岭南是佛教从海路传入中国之初地。相传东汉末年已有僧人安清来到广州的说法。东吴大臣虞翻谪居广州的寓所，原为南越王室府宅，虞翻死后家人舍宅为寺，寺名‘制止’（今光孝寺），成为在岭南历史上见于文献记载的第一所寺院，说明在岭南的寺院建筑是以宅院规制为始的”②。虞翻曾经寓居讲堂、聚众授徒的宅院成为“岭南历史上见于文献记载的第一所寺院”，这在西江流域文化发展史上显然具有非常独特且重要的意义。

虞翻“亮直，善于尽言”③，他对儒家经典有很深的理解，研究有素。他的父亲虞歆，曾任日南太守，在文化传统方面父子相传，虞翻注《易》时指出：“前人通讲，多玩章句，虽有秘说，于经疏阔。臣生遇世乱，长于军旅，习经于桴鼓之间，讲论于戎马之上，蒙先师之说，依经立注”“所览诸家解不离流俗，义有不当实，辄悉改定，以就其正”“经之大者，莫过于《易》，自汉初以来，海内英才，其读《易》者，解之率少”④。虞翻将自己所注的《易》呈给孔融审阅，孔融对此赞叹不已，曰：“闻延陵之理乐，睹吾子之治《易》，乃知东南之美者，非徒会稽之竹箭也。又观象云物，察应寒温，原其祸福，与神合契，可谓探赜穷通者也。”⑤ 由此可见虞翻学识渊博，其著述足以流传后世。虞翻到了交州后聚众授徒，著述讲学，门徒常有数百人。

在流寓贬谪的生活中，虞翻时时想到国家的安危，常忧五溪及辽东

① 陈泽泓：《岭南建筑文化》，广东人民出版社 2019 年版，第 191 页。

② 陈泽泓：《岭南建筑文化》，广东人民出版社 2019 年版，第 148 页。

③ 孙权评价虞翻之语，见〔晋〕陈寿撰、〔南朝宋〕裴松之注《三国志》卷五七《虞翻传》注引《江表传》，中华书局 2000 年版，第 978 页。

④〔晋〕陈寿撰、〔南朝宋〕裴松之注：《三国志》卷五七《虞翻传》注引《翻别传》，中华书局 2000 年版，第 976—977 页。

⑤〔晋〕陈寿撰、〔南朝宋〕裴松之注：《三国志》卷五七《虞翻传》，中华书局 2000 年版，第 975 页。

事，想要进谏孙权而又怕受到猜忌，于是作表以示吕岱，结果被人告密，又被贬谪流寓到西江流域的苍梧猛陵[①]，“后权遣将士至辽东，于海中遭风，多所没失，权悔之，乃令曰：‘昔赵简子称诸君之唯唯，不如周舍之谔谔。虞翻亮直，善于尽言，国之周舍也。前使翻在此，此役不成。促下问交州，翻若尚存者，给其人船，发遣还都；若以亡者，送丧还本郡，使儿子仕宦。’会翻已终”[②]。虞翻的寓岭经历及其在西江流域的文化贡献对后世文人产生了深远的影响，后世文人来到西江流域后也大多学习虞翻的精神，“虽处罪放，而讲学不倦”，发挥自己的文学才能与政治教化方面的特长，在当地著书立说，讲学授徒。

“江山代有才人出”，迁岭文人在西江流域寓居时的言行对后世文人有一种潜移默化的影响，引起后人的深切同情与共鸣。唐初大诗人宋之问曾为虞翻流寓贬谪到西江流域而感到不平，作了多首诗歌吟咏虞翻，试看他的《早发韶州》，其中有几句写道：

> 虞翻思报国，许靖愿归朝。绿树秦京道，青云洛水桥。故园长在目，魂去不须招。[③]

在宋之问看来，虞翻是“思报国”的，他遭受到的贬谪流寓的命运令人同情。宋之问可能心中自比虞翻，一再在诗中为虞翻鸣不平。又如其所作《登粤王台》一诗云：

> 江上粤王台，登高望几回。南溟天外合，北户日边开。地湿烟常起，山晴雨半来。冬花采芦橘，夏果摘杨梅。迹类虞翻枉，人非贾谊才。归心不可度，白发重相催。[④]

宋之问在此诗中既描写了西江流域的“冬花”“夏果”“芦橘”“杨梅”

① 参见〔晋〕陈寿撰、〔南朝宋〕裴松之注《三国志》卷五七《虞翻传》注引《吴书》，中华书局2000年版，第978页。

② 〔晋〕陈寿撰、〔南朝宋〕裴松之注：《三国志》卷五七《虞翻传》注引《江表传》，中华书局2000年版，第978页。

③ 〔唐〕沈佺期、〔唐〕宋之问撰，陶敏、易淑琼校注：《沈佺期宋之问集校注》，中华书局2017年版，第551页。

④ 〔唐〕沈佺期、〔唐〕宋之问撰，陶敏、易淑琼校注：《沈佺期宋之问集校注》，中华书局2017年版，第570—571页。

等自然风物，又对遭受冤枉的虞翻抱有深刻的同情，将自己的身世之感融入这首写景抒情的诗作中，引起后世读者的共鸣与效仿。苏轼《食荔支》诗中的“芦橘杨梅次第新”，就化用了宋之问此诗中的“冬花采芦橘，夏果摘杨梅”，他们对岭南风物的描写前后相继，一脉相承，共同叙写了当地风物之奇绝独特及自己流寓至此的心迹情感。

苏轼在海南时作诗《庚辰岁人日作，时闻黄河已复北流，老臣旧数论此，今斯言乃验二首》（其一）云：“老去仍栖隔海村，梦中时见作诗孙。天涯已惯逢人日，归路犹欣过鬼门。三策已应思贾让，孤忠终未赦虞翻。典衣剩买河源米，屈指新篘作上元。”① 苏轼用优美的诗歌语言表达了自己要向虞翻学习的感受，体现了北宋迁岭文人虽然身处逆境仍然要孤忠为民、为当地百姓服务、造福地方的精神。

有了虞翻及东坡范式的存在，南宋迁岭文人就有了精神支柱与可以学习、效仿与比较的对象。在《与向伯恭龙图书》中李纲更是有意识地将自己贬谪海南的命运与苏轼进行比较：

> 幼年术者谓命似东坡，虽文采声名不足以望之，然得谤誉于意外，渡海得归，皆略相似；又远谪中了得《易传》《论语说》，尤相合者。但坡谪以暮年，仆犹少其二十岁；坡儋耳三年，仆琼山十日，比之差优。至坡归以承平无事之时，仆归以艰难多故之日，则不可同年而语也。②

苏轼贬谪寓居岭南时，将自己的命运与虞翻联系到一起，将虞翻当作自己谪居生活中的榜样，用虞翻的精神和事迹来勉励自己，由此滋润了自己的心灵，建构起了自己的精神家园，从而度过坎坷而苦难的人生。相同的道理，李纲谪居流寓到岭南时也将自己的人生与苏轼相比，每当遇到问题时总会想到苏轼，借苏轼的文化性格与人生思考解决自己人生的实际问题。显而易见，李纲迁谪时所遇到的一些重要的人生问题，他的迁谪前辈苏轼早就遇到了，而且苏轼用他那天才的大脑、卓越的智慧、深邃的人生思考，对他遇到的各种人生问题进行了探讨，有了一套较为完备的心灵解脱

① 〔清〕王文诰辑注、孔凡礼点校：《苏轼诗集》卷四三，中华书局 1982 年版，第 2342—2343 页。

② 〔宋〕李纲：《梁溪集》卷一一四，见《四库全书》影印文渊阁本第 1126 册，上海古籍出版社 1987 年版，第 359 页。

模式。李纲在阅读苏轼时，就像在与一位智慧风趣、博学多才、直率真诚而又友善平易的长者交谈，尚友苏轼，向他请教寻找解决人生问题的具体方法，而苏轼也往往能给予他满意的答案。

正如美国作家梭罗所说：

我们会发现某些在眼下难以言说的现象却早已在别处获得了表达；那些折腾我们，让我们迷惘困惑的问题无一例外地叩问过所有智者，这些问题在他们那里一个都没有遗漏，他们都根据自己的才能，用自己的语言，结合自己的人生给予了解答。①

这段话可以作为我们阐述苏轼学习效仿虞翻、南宋迁岭文人以苏轼为友的内在心理逻辑的一条绝佳注脚。确实，两宋迁岭文人会发现，他们在谪居岭南生活时“难以言说的现象却早已在”前辈文人的作品里获得了表达，那些折腾迁岭文人，让迁岭文人迷惘困惑的问题无一例外地“访问”过迁岭前辈，这些问题在他们那里一个都没有遗漏，迁岭前辈根据自己的出众才能、用自己的绝妙语言，结合自己大起大落的人生给予了解答。而南宋迁岭文人在阅读苏轼，尚论苏轼、漫话苏轼时，也从中寻找到了自己面对现实、解决问题的良方，从苏轼的作品中建构起了自己的精神家园。

初步统计，在现存文集中，李纲追和苏轼的诗词有三十四首之多，次韵之作如此之多，很能反映李纲对苏轼仰慕与效仿之情。有趣的是，李纲在诗中将虞翻与苏轼联系在一起进行讴歌。如：

盖世文章妙语言，谁令骨相似虞翻。玉堂大手空遗迹，海岛幽栖有断垣。仙去公宁怀此土，生还我亦荷宽恩。龙虬满纸疑飞动，尚想挥毫气象轩。②

从中可看出李纲对苏轼文采风流的热爱及对虞翻英风豪气的熟悉，若不是时时想到虞翻，把虞翻当作自己在艰难多故生活中的精神支柱，李纲很难能够如此自然而贴切地将虞翻与苏轼联系到一起来赞美，并能在“得谤誉于意外，渡海得归”之际，俯仰自得，心境自宽，并像虞翻、苏轼一样将

① ［美］梭罗：《瓦尔登湖》，仲泽译，译林出版社2020年版，第130页。

② 〔宋〕李纲：《梁溪集》卷二八《追次东坡和郁林王守韵》，见《四库全书》影印文渊阁本第1125册，上海古籍出版社1987年版，第755页。

自己漂泊江湖岭海的心迹情感和人生思考寓之于诗。试看他的自述：

余旧喜赋诗，自靖康谪官以避谤，辍不复作。及建炎改元之秋，丐罢机政，其冬谪居武昌，明年移澧浦，又明年迁海外。自江湖涉岭海，皆骚人放逐之乡，与魑魅荒绝非人所居之地，郁悒无聊，则复赖诗句摅忧娱悲，以自陶写。每登临山川，啸泳风月，未尝不作诗，而嫠不恤纬之诚，间亦形于篇什，遂成卷轴。今蒙恩北归，裒葺所作，目为《湖海集》，将以示诸季，使知往反万里、四年间所得盖如此云。庚戌清明日，梁溪病叟序。①

在虞翻、苏轼曾经放逐过的地方寓居，李纲在郁悒无聊之际自然而然地要寻找解脱人生苦闷的方法，从而登临山川，啸咏风月，将他的心迹情感形诸笔墨，为当地文化建设添砖加瓦，贡献出自己的一份心力。从虞翻到苏轼再到李纲，他们贬谪流寓到西江流域的命运有相似之处，而苏轼、李纲都从虞翻身上汲取了有益的精神养料，他们一脉相承，共同为西江流域的社会变迁与文化发展做出了贡献。

西晋时期，统治者也经常将政治斗争的失败者作为罪臣贬谪到西江流域。据《晋书·石崇传》记载石崇临刑前的状况：

崇曰："吾不过流徙交、广耳。"及车载诣东市，崇乃叹曰："奴辈利吾家财。"收者答曰："知财致害，何不早散之？"②

东晋时的情况与此类似，也大多将政治斗争的失败者贬谪到西江流域的交、广一带，如司马恢之、司马允之、王诞、毛遁等因在政治斗争中失败而被权臣桓玄流放到交广诸郡③，还有尚书左仆射王国宝的家属也被桓玄流放到交州④。

一直到南朝时期，罪人还经常被流放到交广一带，南朝刘宋时期最著

① 〔宋〕李纲：《梁溪集》卷一七，见《四库全书》影印文渊阁本第1125册，上海古籍出版社1987年版，第650页。

② 〔唐〕房玄龄等：《晋书》卷三三《石苞传附子石崇传》，中华书局2000年版，第657页。

③ 参见〔唐〕房玄龄等《晋书》卷九九《桓玄传》，中华书局2000年版，第1731页。

④ 参见〔唐〕房玄龄等《晋书》卷七五《王国宝传》，中华书局2000年版，第1312页。

名的山水诗人谢灵运就被流放广州，最后卒于广州，死时年仅四十九岁。[①] 元嘉十七年（440），广州刺史刘湛因“合党连群，构扇同异，附下蔽上，专弄威权，荐子树亲，互为表里，邪附者荣曜九族，秉理者推陷必至”而被宋文帝所杀，他的弟弟黄门侍郎刘素也被流放到广州。[②] 还有，南朝著名山水诗人谢朓的父亲谢纬被卷入刘义康谋反案，其间范晔、谢综、谢约都被杀，谢纬因娶宋文帝女长城公主而免死，被流放到广州。[③] 南朝刘穆之的孙子刘祥在宋齐之间亦享有盛名，他“少好文学，性韵刚疏，轻言肆行，不避高下”[④]，在朝中构扇异同，非毁执政，“撰《宋书》，讥斥禅代”“著《连珠》十五首以寄其怀”[⑤]，诋毁讥刺朝政。其在《连珠》第十四首中云：“盖闻希世之宝，违时则贱；伟俗之器，无圣必沦。故鸣玉黜于楚岫，章甫穷于越人”[⑥]，自比“希世之宝”“伟俗之器”，说什么“违时则贱”“无圣必沦”，这明显是把自己的沉沦说成是当朝“违时”“无圣”了，把自己比作稀世之宝必然会有被埋没的愤懑不平与压抑痛苦，并最终招致祸患，刘武帝不能容忍刘祥的“轻言肆行，不避高下”，将他贬谪流放到广州，并警示他说：“我当原卿性命，令卿万里思愆。卿若能改革，当令卿得还。”结果“祥至广州，不得意，终日纵酒，少时病卒，年三十九。”赞曰：“刘祥慕异，言亦不群。违朝失典，流放南渍。”[⑦] 在三国两晋南北朝时，西江流域的广州、交州一带是比较偏远的地方，“广州，镇南海。滨际海隅，委输交部，虽民户不多，而俚獠猥杂，皆楼居山险，不肯宾服。西南二江，川源深远，别置督护，专征讨之。卷握之资，富兼十世。尉他余基，亦有霸迹。江左以其辽远，蕃戚未有居者，唯宋随王诞为刺史”[⑧]，“交州，镇交阯，在海涨岛中。……外接南夷，宝货所出，山海珍怪，莫与为比。民恃险远，数好反叛”[⑨]。因此，当时贬逐罪人比较常见的方式就是将其流放到西江流域的交、广一带。这些世宦显要、世家大

① 参见〔南朝梁〕沈约《宋书》卷六七《谢灵运传》，中华书局2000年版，第1176页。

② 参见〔南朝梁〕沈约《宋书》卷六九《刘湛传》，中华书局2000年版，第1201页。

③ 参见〔南朝梁〕沈约《宋书》卷五二《谢纬传》，中华书局2000年版，第986页。

④ 〔南朝梁〕萧子显：《南齐书》卷三六《刘祥传》，中华书局2000年版，第432页。

⑤ 〔南朝梁〕萧子显：《南齐书》卷三六《刘祥传》，中华书局2000年版，第432页。

⑥ 〔南朝梁〕萧子显：《南齐书》卷三六《刘祥传》，中华书局2000年版，第433页。

⑦ 〔南朝梁〕萧子显：《南齐书》卷三六《刘祥传》，中华书局2000年版，第434、435页。

⑧ 〔南朝梁〕萧子显：《南齐书》卷一四《州郡上》“广州”条，中华书局2000年版，第177页。

⑨ 〔南朝梁〕萧子显：《南齐书》卷一四《州郡上》“交州”条，中华书局2000年版，第179页。

族、名流学士迁岭，自然而然也将中原先进的文化带到了西江流域的广大地区，在很大程度上促进了当地的社会变迁与文化发展。

第二节　柳宗元、韩愈的寓岭生活与教育实践

清代迁岭文人汪森指出：

> 自昔南滨于海，西濒于金沙江者，皆为蛮乡，王化所不宾，而蜀开最先，粤闽继之。其兴文教也，蜀推汉之文翁，闽推唐之常衮尚已。若以粤西论，则宜推柳子厚始。昌黎云："从子厚游，经其指授者，其为文悉有法度可观。"子厚在柳五年，其造就柳士必多，惜其无一传也。窃谓唐季诗人，粤西独推二曹。尧宾桂州人；业之阳朔人，其去柳甚近。且中唐晚唐又不甚远，即不能亲炙子厚，当亦闻子厚之风而起者。①

这段叙述深刻地分析了迁岭文人柳宗元在西江流域柳州社会变迁与文化发展史上的地位，笔者完全赞同汪森的观点。本节想要讨论的一系列问题是：唐代迁岭文人柳宗元在西江流域柳州的这种文化始祖式的地位是如何形成的？其中包含了迁岭文人寓居西江流域时哪些带有普遍性的特征？他们如何超越贬谪流寓生活的苦闷？在超越苦闷的过程中，迁岭文人有哪些人生思考？体现了什么样的文化性格？因为有了迁岭文人的寓居为政，西江流域如何由原来的荒蛮愚昧而逐渐得到开化，走向文明？

唐时柳州属桂管经略使所辖，领马平、龙城、洛容、洛封、象县五县②。当时此地经济、文化落后，属于蛮荒之地。元和十年（815），柳宗元赴柳州任所途经桂州，作《桂州北望秦驿手开竹径至钓矶留待徐容州》一诗③，表达了向往与徐容州一起游览西江流域的钓矶风景的美好愿望。而《寄韦珩》一诗颇能反映柳宗元初到西江流域时的所见所闻所感，诗云：

---

①〔清〕汪森：《〈粤西通载〉发凡》，见〔清〕汪森编辑，黄盛陆、石恒昌、李瓒诸等校点，黄振中审订《粤西文载校点》，广西人民出版社1990年版，第7页。

② 参见戴伟华《唐方镇文职僚佐考》（修订本），广西师范大学出版社2007年版，第414—420页。

③〔唐〕柳宗元《桂州北望秦驿手开竹径至钓矶留待徐容州》载："幽径为谁开，美人城北来。王程倘余暇，一上子陵台。"（《柳宗元集》卷四二，中华书局1979年版，第1164页）

> 初拜柳州出东郊，道旁相送皆贤豪。回眸炫晃别群玉，独赴异域穿蓬蒿。炎烟六月咽口鼻，胸鸣肩举不可逃。桂州西南又千里，漓水斗石麻兰高。阴森野葛交蔽日，悬蛇结虺如蒲萄。到官数宿贼满野，缚壮杀老啼且号。饥行夜坐设方略，笼铜枹鼓手所操。奇疮钉骨状如箭，鬼手脱命争纤毫。今年噬毒得霍疾，支心搅腹戟与刀。迩来气少筋骨露，苍白瀄汩盈颠毛。君今矻矻又窜逐，辞赋已复穷诗骚。神兵庙略频破虏，四溟不日清风涛。圣恩傥忽念行苇，十年践踏久已劳。幸因解网入鸟兽，毕命江海终游遨。愿言未果身益老，起望东北心滔滔。①

当时西江流域的柳州穷僻荒凉，盗贼横行，毒虫丛生，生活艰苦。不仅如此，更让柳宗元感到痛心、悲哀的是当地文化落后，民风愚昧，柳宗元记载了当地百姓患病后无法解除病痛，只能迷信巫术的社会风气：

> 越人信祥而易杀，傲化而偭仁。病且忧，则聚巫师，用鸡卜。始则杀小牲；不可，则杀中牲；又不可，则杀大牲；而又不可，则诀亲戚饬死事，曰“神不置我矣”，因不食，蔽面死。以故户易耗，田易荒，而畜字不孳。董之礼则顽，束之刑则逃，唯浮图事神而语大，可因而入焉，有以佐教化。②

面对此情此境，柳宗元一方面力求通过采取积极有用的措施来改变现状；另一方面他也要寻找精神的解脱，把自己从艰苦、落后的环境中解脱出来，排遣生活的苦闷抑郁。

据韩愈所作《柳子厚墓志铭》载：

> 元和中，尝例召至京师，又偕出为刺史，而子厚得柳州。既至，叹曰：“是岂不足为政邪！”因其土俗，为设教禁，州人顺赖。其俗以男女质钱，约不时赎，子本相侔，则没为奴婢。子厚与设方计，悉令赎归；其尤贫力不能者，令书其庸，足相当，则使归其质。观察使下其法于他州，比一岁，免而归者且千人。衡湘以南为进士者，皆以子

① 〔唐〕柳宗元：《寄韦珩》，见《柳宗元集》卷四二，中华书局1979年版，第1142页。

② 〔唐〕柳宗元：《柳州复大云寺记》，见《柳宗元集》卷二八，中华书局1979年版，第752页。

厚为师，其经承子厚口讲指画为文词者，悉有法度可观。①

曾国藩曰："以上官阶、政事"②，说明韩愈记载的这些事件颇能反映柳宗元为政柳州时在促进当地政治、经济、文化发展方面的种种突出表现。何焯评价此文时道："此文亦在远贬后作，故尤淋漓感慨。"③ 这种评价是非常有道理的。笔者认为，韩愈、柳宗元在流寓岭南的生活实践中有着某些相似的人生体验与行为方式，故能产生深刻的情感共鸣。韩愈从柳宗元之死中感受到了文人迁岭的悲剧命运，对他们遭受贬谪流寓的命运充满了深刻的了解与同情。与此同时，韩愈也看到了柳宗元寓居西江流域时所做出的巨大贡献，总结了他在西江流域社会变迁与文化发展史上的重要作用。可以说，正是从韩愈的这篇《柳子厚墓志铭》对柳宗元的盖棺论定中，世人确认了柳宗元在柳州地区文化始祖的地位。而韩愈在对柳宗元进行客观评价之时，也有几分夫子自道之意，同为迁岭文人的韩愈，他在岭南地区做出了巨大的贡献并获得了崇高的地位。唐代迁岭文人寓居西江流域的文化意义在韩、柳的政治实践与文学著述中生动有力地体现出来了。

文化的载体是人，人是有思想、有情感的，人通过文学创作来宣传思想、表达情感，传播文化，引起同情与共鸣。夏承焘在谈到柳宗元的作品时指出："讲柳州《与许孟容书》。悲哀文字，以能唤起同情心，所以易工易传，有时可不顾其内容之是否高尚。柳州此文，即其一例。"④ 夏先生的阅读感受可以说非常敏锐地把握住了柳宗元文章的思想内容与审美特质，悲哀文字能唤起同情心，乃是因为其中的真实性及表达技巧的高妙。易工易传，故能产生广泛的传播效果。这个特点，在柳宗元的文字中非常普遍。试看《答吴武陵论非国语书》一文，柳宗元叙述了自己在贬谪寓居时的创作缘由："仆之为文久矣，然心少之，不务也，以为是特博弈之雄耳。故在长安时，不以是取名誉，意欲施之事实，以辅时及物为道。自为罪人，舍恐惧则闲无事，故聊复为之。然而辅时及物之道，不可陈于今，

① 〔唐〕韩愈著、马其昶校注、马茂元整理：《韩昌黎文集校注》第七卷，上海古籍出版社2014年版，第570—571页。

② 〔唐〕韩愈著、马其昶校注、马茂元整理：《韩昌黎文集校注》第七卷，上海古籍出版社2014年版，第571页。

③ 〔唐〕韩愈著、马其昶校注、马茂元整理：《韩昌黎文集校注》第七卷，上海古籍出版社2014年版，第569页。

④ 夏承焘：《夏承焘日记全编》，浙江古籍出版社2021年版，第3830页。

则宜垂于后。言而不文则泥，然则文者固不可少耶！”[①]可见，正是在贬谪流寓之所，柳宗元才有时间与闲暇以其高妙的语言艺术对其坎坷苦难的命运进行深刻的哲理思考与情感宣泄，故能引起广大人民的同情与共鸣。也因其文易工易传，故能对当地文化的发展与社会变迁产生深刻而广泛的影响。柳宗元之于柳州、韩愈之于潮州，都具有文化始祖的崇高地位。

我们说柳州有文化，是因为曾经有唐代的大诗人柳宗元寓居在此地，并为当地的社会变迁与文化发展做出了巨大的贡献。这种贡献在韩愈《柳州罗池庙碑》一文中有着具体、生动的记载：

> 柳侯为州，不鄙夷其民，动以礼法；三年，民各自矜奋，曰：“兹土虽远京师，吾等亦天氓，今天幸惠仁侯，若不化服，我则非人。”于是老少相教语，莫违侯令。凡有所为于其乡闾及于其家，皆曰：“吾侯闻之，得无不可于意否?”莫不忖度而后从事。凡令之期，民劝趋之，无有后先，必以其时。于是民业有经，公无负租，流逋四归，乐生兴事；宅有新屋，步有新船，池园洁修，猪牛鸭鸡，肥大蕃息；子严父诏，妇顺夫指，嫁娶葬送，各有条法，出相弟长，入相慈孝。先时，民贫以男女相质，久不得赎，尽没为隶；我侯之至，按国之故，以佣除本，悉夺归之。大修孔子庙，城郭巷道，皆治使端正，树以名木。柳民既皆悦喜。尝与其部将魏忠、谢宁、欧阳翼饮酒驿亭，谓曰：“吾弃于时，而寄于此，与若等好也。明年吾将死，死而为神。后三年为庙祀我。”及期而死。……余谓柳侯生能泽其民，死能惊动福祸之以食其土，可谓灵也已。[②]

韩愈这篇文字影响很大，直到后世晁补之写作《广州推官杨府君墓表》还仿效了韩愈的《柳州罗池庙碑》，被人认为杂于韩文中不复可辨[③]。

字因人贵，柳宗元的书法也受到西江流域后生的热爱，他们心慕手追，仿效学习柳宗元书法。据载：

---

① 〔唐〕柳宗元：《答吴武陵论非国语书》，见《柳宗元集》卷三〇，中华书局1979年版，第824页。

② 〔唐〕韩愈著、马其昶校注、马茂元整理：《韩昌黎文集校注》第七卷，上海古籍出版社2014年版，第550—551页。

③ 参见〔宋〕张表臣《珊瑚钩诗话》卷一，见《四库全书》影印文渊阁本第1478册，上海古籍出版社1987年版，第965页。

元和中，柳柳州书，后生多师效，就中尤长于章草，为时所宝。湖湘以南，童稚悉学其书，颇有能者。长庆已来，柳尚书公权，又以博闻强识工书，不离近侍。柳氏言书者，近世有此二人。①

柳宗元遭受贬谪，流寓到柳州，正是在贬谪流寓到西江流域的岁月里，柳宗元实践了他所推许的为宦理想："夫仕之为美，利乎人之谓也。"② 柳宗元在文中高度赞扬陆淳的政治理想："其道以圣人为主，以尧、舜为的。"③ 这既是对陆淳思想的推崇，也是柳宗元为政时的夫子自道。

柳宗元寓居西江流域柳州近五年之久，对当地风俗民情、地域特点有详细的了解，并对其进行了诗语表达，其诗云：

圣代提封尽海壖，狼荒犹得纪山川。华夷图上应初录，风土记中殊未传。椎髻老人难借问，黄茆深峒敢留连。南宫有意求遗俗，试捡周书王会篇。④

这首诗作于柳宗元生命的最后阶段，他在写此诗的这一年去世了⑤，由此诗可见柳宗元对西江流域风物的熟悉与了解。

柳宗元不仅通过诗歌来表现自己寓居西江流域的生活环境与"风俗故事"，而且还在西江流域地区发展教育，提高了当时人们的文化水平。众多士子来到西江流域的柳州向他求学，柳宗元也不畏艰难，与人为善，成人之美，对他们进行了悉心指导，甚至于品评印可，使当时有些向他求学的士子能够快速成名。据汪森《粤西通载发凡》载："其兴文教也……若以粤西论，则宜推柳子厚始。昌黎云：'从子厚游，经其指授者，其为文悉有法度可观。'子厚在柳五年，其造就柳士必多……且中唐晚唐又不甚远，即不能亲炙子厚，当亦闻子厚之风而起者。而中间授受，必有其人，

① 参见吴文治编《柳宗元资料汇编》上册，中华书局1964年版，第15页。

② 〔唐〕柳宗元：《送宁国范明府诗序》，见《柳宗元集》卷二二，中华书局1979年版，第595页。

③ 〔唐〕柳宗元：《唐故给事中皇太子侍读陆文通先生墓表》，见《柳宗元集》卷九，中华书局1979年版，第209页。

④ 〔唐〕柳宗元：《南省转牒欲具江国图令尽通风俗故事》，见《柳宗元集》卷四二，中华书局1979年版，第1146页。

⑤ 〔美〕王敖：《中唐时期的空间想象：地理学、制图学与文学》，王治田译，长江文艺出版社2021年版，第51页。

独恨世远年湮，无从考其源流耳。”“昔人云……柳宗元之文著于柳……斯言良然。顾唐以上无论已，今观子厚，……其诗文传于粤西甚夥。引掖后进，为斯文宗主。”① 此言甚确，“引掖后进”、传道授业解惑，确实是迁岭文人在西江流域启迪思想、传播文化、开创文明的重要表现。

柳宗元对荐举之道有深切的了解，在《与杨京兆凭书》中指出：

> 大凡荐举之道，古人之所谓难者，其难非苟一而已也。知之难，言之难，听信之难。夫人有有之而耻言之者，有有之而乐言之者，有无之而工言之者，有无之而不言似有之者。②

并且柳宗元对当时人才之盛行也抱有乐观的态度，认为：“今之世言士者，先文章。文章，士之末也。然立言存乎其中，即末而操其本，可十七八，未易忽也。自古文士之多莫如今，今之后生为文，希屈、马者，可得数人，希王褒、刘向之徒者，又可得十人；至陆机、潘岳之比，累累相望。若皆为之不已，则文章之大盛，古未有也。后代乃可知之。今之俗耳庸目，无所取信，杰然特异者，乃见此耳。”并说：“诚使博如庄周，哀如屈原，奥如孟轲，壮如李斯，峻如马迁，富如相如，明如贾谊，专如扬雄，犹为今之人，则世之高者至少矣。由此观之，古之人未始不薄于当世，而荣于后世也。”③ 正是抱有荐举人才的热望及了解人才被发现之难能可贵，柳宗元在柳州时既写了《复杜温夫书》，对从荆州赶来向他求学的学子杜温夫进行悉心指导，还写有《送元十八山人南游序》，为山人元集虚进行品评印可，使元集虚迅速成名，以至当时远在潮州的韩愈也知道了元集虚的人品与风采。韩愈在《赠别元十八协律六首》中道：

> 吾友柳子厚，其人艺且贤。吾未识子时，已览赠子篇。寤寐想风采，于今已三年。不意流窜路，旬日同食眠。所闻昔已多，所得今过前。如何又须别，使我抱悁悁？④

---

① 〔清〕汪森：《粤西通载发凡》，见〔清〕汪森编辑，黄盛陆、石恒昌、李瓒诸等校点，黄振中审订《粤西文载校点》，广西人民出版社1990年版，第7页。

② 〔唐〕柳宗元：《与杨京兆凭书》，见《柳宗元集》卷三〇，中华书局1979年版，第786页。

③ 〔唐〕柳宗元：《与杨京兆凭书》，见《柳宗元集》卷三〇，中华书局1979年版，第789—790页。

④ 〔清〕方世举撰，郝润华、丁俊丽整理：《韩昌黎诗集编年笺注》卷一一，中华书局2012年版，第590页。

毫无疑问，柳宗元对元集虚的品评印可，让韩愈在认识元集虚之前已经对他有了良好印象。

韩愈在《赠别元十八协律六首》中特别提及柳宗元对晚生后辈的印可延誉之辞，既表达了自己与元集虚的赠别深情，又传达出自己对知交好友柳宗元印可延誉之辞的认可。柳宗元当时身处逆境，却能与人为善，对他人进行揄扬印可，使他人能够快速成名，这一方面反映了流寓到西江流域的柳宗元已经是名扬天下的名流学士，他的文章水平已经得到天下学子的高度认同，后学之士，取为师法；另一方面也反映了柳宗元即使到了西江流域的南荒之地仍然热爱生活，积极发展当地的文化教育事业，热心从事文化教育活动，以及他提携、褒扬后学的拳拳之心，他所体现出来的“夫仕之为美，利乎人之谓也”的博大开阔的心胸与“性弘通，与人交，荣悴不易”的韩愈相似，令人钦佩。孟二冬指出：

> 到了中唐时期，由于社会风气的“浇薄”“谬戾”使得世道险恶，人情淡薄，人际关系显得紧张，且虚伪、虞诈。因而交友之事，便成了人们社会生活中的大事，迫使人们不断地去苦苦思索。①

安史之乱后，在中唐世道险恶、人情淡薄的情况下，柳宗元、韩愈结交到了一些热情真挚、生死不渝的知交好友，这跟他们与人为善、“其道以生人为主，以尧舜为的”的博大心胸是密不可分的。

韩愈年轻时“洎举进士，投文于公卿间，故相郑余庆颇为之延誉，由是知名于时”②，他对名流印可延誉的作用有着深刻的体会，自己成为名流显宦后也常援引奖掖后进。史籍记载：“愈性弘通，与人交，荣悴不易。少时与洛阳人孟郊、东郡人张籍友善。二人名位未振，愈不避寒暑，称荐于公卿间，而籍终成科第，荣于禄仕。后虽通贵，每退公之隙，则相与谈宴，论文赋诗，如平昔焉。而观诸权门豪士，如仆隶焉，瞪然不顾。而颇能诱厉后进，馆之者十六七，虽晨炊不给，怡然不介意。大抵以兴起名教弘奖仁义为事”③，“愈性明锐，不诡随。与人交，终始不少变。成就后进

① 孟二冬：《中唐诗歌之开拓与新变》，见《孟二冬学术文集》第二册，中华书局 2018 年版，第 10—11 页。

② 〔后晋〕刘昫等：《旧唐书》卷一六〇《韩愈传》，中华书局 2000 年版，第 2857 页。

③ 〔后晋〕刘昫等：《旧唐书》卷一六〇《韩愈传》，中华书局 2000 年版，第 2862—2863 页。

士，往往知名。经愈指授，皆称‘韩门弟子’”①。韩愈被陈寅恪认为是“唐代文化学术史上承先启后转旧为新关捩点之人物”，其“结束南北朝相承之旧局面”“开启赵宋以降之新局面”，陈寅恪之所以给予韩愈如此高度的评价，其中重要的原因之一乃是韩愈“奖掖后进，期望学说之流传”，他论述道：“其平生奖掖后进，开启来学”，“故‘韩门’遂因此而建立，韩学亦更缘此而流传也。世传隋末王通讲学河汾，卒开唐代贞观之治，此固未必可信，然退之发起光大唐代古文运动，卒开后来赵宋新儒学新古文之文化运动，史证明确，则不容置疑者也”。② 王水照对此观点非常赞同，并进一步引申说明道：

> 私家“讲学”，师弟传授，宗门学派纷立，乃至书院林立等等，学术从单一的官方、豪族垄断进一步走向民间，促成了学术自身的独立发展。这由韩愈开其端，至宋代更云蒸霞蔚，汇为大观。离开这一点，宋代新儒学，新古文的兴盛繁荣是不可能的。③

王先生对陈先生观点的解释可谓灵犀相通、论述充分。王先生的这段叙述似乎也可以为钱穆关于宋代儒学形成方面的论述添一注脚。

钱穆对韩愈尊师重道、发扬儒学的重大意义有深入浅出的揭示，他说：

> 治宋学当何自始？曰：必始于唐，而昌黎韩氏为之率。何以治宋学必始于唐，而以昌黎韩氏为之率耶？曰：寻水者必穷其源，则水之所自来者无遁隐。韩氏论学虽疏，然其排释老而返之儒，昌言师道，确立道统，则皆宋儒之所滥觞也。尝试论之，唐之学者，治诗赋取进士第得高官，卑者渔猎富贵，上者建树功名，是谓入世之士。其遁迹山林，栖心玄寂，求神仙，溺虚无，归依释老，则为出世之士。亦有既获膴仕，得厚禄美名，转而求禅问道于草泽枯槁之间者；亦有以终

---

① 〔宋〕欧阳修、〔宋〕宋祁：《新唐书》卷一七六《韩愈传》，中华书局 2000 年版，第 4075 页。

② 陈寅恪：《论韩愈》，见《金明馆丛稿初编》，上海古籍出版社 1980 年版，第 295—296 页。

③ 王水照：《陈寅恪先生的宋代观》，见《王水照自选集》，上海教育出版社 2000 年版，第 264 页。

> 南为捷径，身在江海而心在魏阙者。要之不越此两途。独昌黎韩氏，进不愿为富贵功名，退不愿为神仙虚无，而昌言乎古之道。曰为古之文者，必有志乎古之道，而乐以师道自尊。此皆宋学精神也。治宋学者首昌黎，则可不昧乎其所入矣。①

韩愈的“奖掖后进，期望学术之流传”“排释老而返之儒，昌言师道，确立道统”，确实在中国文化学术史上起到了关键的作用。

韩愈自己也充分认识到“奖掖后进，期望学说之流传”的意义，作《师说》《答李翊书》等一系列提倡师道的名篇佳作。值得注意的是，韩愈不是孤军战斗，他的知交挚友柳宗元在“奖掖后进，期望学术之流传”方面一直支持着他。柳宗元“以文学耸动缙绅之伍”，“巧丽渊博，属辞比事，诚一代之宏才”②，他的《答韦中立论师道书》《报袁君陈秀才避师名书》《报崔黯秀才论为文书》也是提倡师道、期望学说之流传的著名篇章。韩愈充分认识到了柳宗元“奖掖后进，期望学说之流传”的意义：

> 衡湘以南为进士者，皆以子厚为师，其经承子厚口讲指画为文词者，悉有法度可观。③

又据赵璘《因话录》卷三载：

> 韩文公与孟东野友善。韩公文至高，孟长于五言，时号孟诗韩笔。元和中，后进师匠韩公，文体大变。又柳柳州宗元、李尚书翱，皇甫郎中湜、冯詹事定、祭酒杨公、余座主李公，皆以高文为诸生所宗，而韩、柳、皇甫、李公，皆以引接后学为务。杨公尤深于奖善，遇得一句，终日在口，人以为癖，终不易初心。长庆以来，李封州甘为文至精，奖拔公心，亦类数公。甘出于李相国武都公门下，时以为得人。惜其命运湮厄，不得在抡鉴之地。又元和以来，词翰兼奇者，

---

① 钱穆：《中国近三百年学术史》，九州出版社 2011 年版，第 1—2 页。

② 〔后晋〕刘昫等：《旧唐书》卷一六〇《柳宗元传》，中华书局 2000 年版，第2870 页。

③ 〔唐〕韩愈：《柳子厚墓志铭》，见〔唐〕韩愈著、马其昶校注、马茂元整理《韩昌黎文集校注》第七卷，上海古籍出版社 2014 年版，第 571 页。

有柳柳州宗元，刘尚书禹锡及杨公。①

元和中，柳柳州书，后生多师效，就中尤长于章草，为时所宝。湖湘以南，童稚悉学其书，颇有能者。②

晏元献公尝言韩退之扶导圣教，铲除异端，自其所长，若其祖述坟典，宪章《骚》、《雅》，上传三古，下笼百氏，横行阔视于缀述之场者，子厚一人而已矣。③

可见，韩、柳并称有深刻的历史文化动因。柳宗元与韩愈在西江流域寓居时仍然尊儒重道，他们在当地一起提倡师道，奖掖后进，共同促进了社会变迁与文化发展，“开启赵宋以降之新局面”。

傅璇琮从唐代科举与文学关系的角度出发，揭示出柳宗元、韩愈、刘禹锡等文人流寓岭南时对当地文化发展产生的重要意义。他指出：

由于科举考试是面向地主阶级整体的，它以文化（当然不言而喻是封建文化）考试为主要的内容，这就刺激地主阶级对其子弟进行文化教育，客观上则对文化在社会上的普及起了推动的作用，唐代文化的普及远远超过了前代，唐代灿烂的文学艺术就是以文化的普及为基础的。在唐代，中央有国子学，州县有州县学，乡有乡学，教育事业得到空前的发展。……韩愈于德宗贞元末因言事被贬为阳山（今广东阳山县）令，“阳山，天下之穷处也”，但“有区生者，誓言相好，自南海挐舟而来”，向他问学（《送区丹序》，《韩昌黎文集校注》卷四）。另有一位窦秀才，也是“乘不测之舟，入无人之地，以相从问文章为事”（《答窦秀才书》，同上卷二）。后来韩愈又一次被贬潮州，及量移江西的宜春，又有当地的士子向他学文（《唐摭言》卷四《师友》）。而柳宗元元和时被贬于湖南的永州、广西的柳州，“江岭间为进士者，不远数千里皆随宗元师法；凡经其门，必为名士”（《旧唐书·柳宗元传》）。又如刘禹锡，他也是因参预永贞革新而被贬出的，

---

① 〔唐〕赵璘：《因话录》卷三“商部下”，见吴文治编《柳宗元资料汇编》上册，中华书局1964年版，第14—15页。

② 〔唐〕赵璘：《因话录》卷三“商部下”，见吴文治编《柳宗元资料汇编》上册，中华书局1964年版，第15页。

③ 刘德重、张培生编纂：《陈善诗话》，见吴文治主编《宋诗话全编》（六），凤凰出版社1998年版，第5574页。

> 他自述贬在连州（今广东连县）时的情形是：“予为连州，诸生以进士书刺者，浩不可纪。”（《送曹璩归越中旧隐诗》，《刘禹锡集》卷三十八）这些当然与韩愈、柳宗元、刘禹锡等个人的声望有关，但更基本的原因，则是科举取士面向整个地主阶级知识分子，在他们面前出现了只要提高文化水平就可以有仕进机会的现实可能性，这就不仅是中原地区和经济文化素称发达的江南地区，就是偏远的湘西、桂中及岭南等乡县，地主阶级士人拜师学文也已开风气。这在客观上也就推动了文化在这些地区的传播和普及。[①]

笔者在此不惜笔墨地详引傅先生的文章，旨在说明：在西江流域的柳州开聚众授徒风气的就是柳宗元。可以说，傅先生的这段论述从唐代科举与文学关系的角度为陈寅恪的精辟见解提供了又一个生动有力的注脚，与王水照的论述若合符节。

清代迁岭文人汪森“官桂林府通判。森在粤西，以舆志阙略殊甚，考据难资，因取历代诗文有关斯地者，详搜博采，记录成帙”，他长期收集研究西江流域的文献资料，对当地社会文化的发展变迁有相当深刻的了解，著有《粤西文载》一书，四库馆臣认为“其《文载》中所分山川、城郭、官署、学校、书院、宫室、桥梁、祠庙、军功、平蛮诸子目，皆取其有关政体者，故于形势扼塞，控置得失，兴废利弊诸大端，纪录尤详”[②]。汪森的研究成果可以补充说明傅先生提出的观点，他指出：

> 粤西虽僻陋，唐宋间，科第未尝乏人。唐则临桂赵观文，五代则平南梁嵩，宋则永福王世则，皆状元及第。而宋世三元止三人，镡津冯京居其一。至他进士出身，未易枚举。[③]

从唐到宋西江流域地区科举及第人数的增加，反映了当地文化的普及与提高，我们从中可以更加深刻地体会到柳宗元谪居西江流域时为当地百姓做

① 傅璇琮：《关于唐代科举与文学的研究》，见《唐诗论学丛稿》，京华出版社 1999 年版，第 40—41 页。

② 〔清〕永瑢等：《四库全书总目》卷一九〇《粤西文载提要》，中华书局 1965 年版，第 1731 页。

③〔清〕汪森：《粤西通载发凡》，〔清〕汪森编辑，黄盛陆、石恒昌、李瓒诸等校点，黄振中审订《粤西文载校点》，广西人民出版社 1990 年版，第 9 页。

出巨大贡献的历史文化背景及士人求师问学时深层次的民族文化心理，也由此能够感受到柳宗元迁居岭南的重要意义。

正是因为有着这种发展文化教育事业的高尚情操，柳宗元在当地力图改变陋俗，提倡儒学，修建孔子庙，务求“人去其陋，而本于儒。孝父忠君，言及礼义”①。在中唐以前，柳州地区的文化相对比较落后，民风愚昧、陋俗较多，跟中原文明地区相比有着较大差距，也不能与西江流域的南海、苍梧、封州、桂州等郡相比。“性相近，习相远”，地区文明的差距主要体现在地区人民生活环境、生活习惯、生活习性、文化教育与社会风俗的差距。这种差距在柳宗元到来之后发生了改变。柳宗元遭受朝廷贬谪却不忘初心，积极履行自己作为地方行政长官的职责，竭尽全力地参与到西江流域的政治、经济、文化、教育生活之中，在南荒之地仍然坚决反对藩镇割据，拥护国家统一，自述：“宗元虽败辱斥逐，守在蛮裔，犹欲振发枯槁，决疏潢污，罄效蚩鄙，少佐毫发”②、“宗元身虽陷败，而其论著往往不为世屈，意者殆不可自薄自匿以坠斯时，苟有补万分之一，虽死不憾”③。柳宗元用他鞠躬尽瘁、死而后已的实际劳动及优美动人的诗歌文章启蒙、教化了当地百姓，在很大程度上改变了当地的陋风、陋俗，使当地百姓养成了较好的生活习惯，培养他们学习儒家思想，形成了良好的生活习性，以一人之贬谪寓居，促成了一州风俗习性之改观。柳宗元在寓居西江流域的岁月里投注了自己全部的心血，付出了极大的努力，取得了丰硕的政绩。

柳宗元崇高的人格与思想，在他的好友韩愈、刘禹锡的推崇中凸显出来了，他们与柳宗元一样，都是中唐时期重要的迁岭文人，受到当地的风土人情、气候物产和时代精神的抚育与影响，他们贬谪流寓到西江流域后的生活环境与精神风貌产生了巨大的改变，他们用如椽妙笔吟咏当地的自然风光、民风民俗及自己生活其间的心迹情感，从而给西江流域留下了宝贵的精神财富与一个时代、一个地域的历史记忆，一同开创了西江流域社会变迁与文化发展的新局面。后世迁岭文人在唐代迁岭文人崇高精神的引

① 〔唐〕柳宗元：《柳州文宣王新修庙碑》，见《柳宗元集》卷五，中华书局1979年版，第125页。

② 〔唐〕柳宗元：《上裴晋公度献〈唐雅〉诗启》，见《柳宗元集》卷三六，中华书局1979年版，第916页。

③ 〔唐〕柳宗元：《上襄阳李愬仆射献〈唐雅〉诗启》，见《柳宗元集》卷三六，中华书局1979年版，第917页。

导之下，追忆前辈风范，探寻他们的遗迹，连带着将唐代迁岭文人的生存环境、生活理想与他们流寓之地的自然风光、山川地理、民风民俗与时代精神、地域风貌也一一呈现在后世读者面前。

文字因缘逾骨肉，立言的价值是不朽的。由于有名流显宦、亲朋好友的印可延誉、推崇褒扬，柳宗元迁岭的文化贡献得以经受时间的考验而流传千古，引导着后世迁岭文人前赴后继、络绎不绝地来到这片热土，贡献自己的汗水与热血，形成了西江流域社会变迁与文化发展一脉相承、源远流长的厚重历史。刘禹锡、韩愈两人是柳宗元生前最值得信任的知交好友，受柳宗元生前所托，当时寓居在广东连州的刘禹锡与贬谪潮州的韩愈在柳宗元死后，还帮他处理后事。因为柳宗元逝世于西江流域的柳州，刘禹锡、韩愈对柳宗元的悼念与追忆，就不可避免地与西江流域联系到了一起。

两位文坛大家在为柳宗元撰写祭文和墓志铭时，特别注重介绍他在终老之地的行状，对其在西江流域柳州的人生经历、审美观照、深刻哲思及具体事迹、重要贡献进行了非常详细的叙述，并因此而更加悲叹柳宗元之早逝。这也符合人之常情，有如此出众才能和高洁人品的柳宗元不能得享高寿，以壮盛之年卒于南荒之地，这就让人对造化弄人、天妒英才有了更深刻的体会，故他们在这些哀悼之辞中自然而然也流露出对柳宗元英年早逝的哀婉叹惜之情。刘禹锡在《祭柳员外文》中云："呜呼痛哉！嗟余不天，甫遭闵凶，未离所部，三使来吊。忧我衰病，谕以苦言，情深礼至，款密重复，期以中路，更申愿言。途次衡阳，云有柳使，谓复前约，忽承讣书，惊号大叫，如得狂病。良久问故，百哀攻中，涕洟迸落，魂魄震越。伸纸穷竟，得君遗书。绝弦之音，凄怆彻骨。初托遗嗣，知其不孤。末言归輀，从祔先域。凡此数事，职在吾徒。"[①] 韩愈所作的《祭柳子厚文》云："临绝之音，一何琅琅。遍告诸友，以寄厥子。不鄙谓余，亦托以死。"[②] 这些文章情真意切，感人肺腑，是千古不朽的传世佳作，后人评述这些文章"文简而哀挚，文末叙及托孤，肝膈呈露，真能不负死友

① 〔唐〕刘禹锡：《祭柳员外文》，见〔唐〕刘禹锡撰，陶敏、陶红雨校注《刘禹锡全集编年校注》卷一五，中华书局2019年版，第4册，第1785—1786页。

② 〔唐〕韩愈撰、马其昶校注、马茂元整理：《韩昌黎文集校注》第五卷，上海古籍出版社2014年版，第362页。

者。读之使人气厚"[1]，"昌黎与子厚，千古知己，其作《顺宗实录》云：'王叔文有宠，密结有当时名欲侥幸而速进者十数人为死友'等语，绝不为子厚讳。……是子厚之依叔文，实欲用其材，行其道，非为富贵苟就，而不意其以奸而败，又可知也。……而子之心事，子厚之定案，皆著笔端，非千古第一知己哉!"[2]，"有抑扬隐显不失实之道，有朋友交游无限爱惜之情，有相推以文墨之意，即令先生自第所作墓志，亦当压卷此篇"[3]。因为柳宗元的缘故，刘禹锡、韩愈等著名文人也将目光投注到西江流域，他们看到了柳宗元逝世于西江流域给世人造成的深切悲痛与无限感慨："呜呼！自君之没，行已八月，每一念至，忽忽犹疑。今以丧来，使我临哭，安知世上，真有此事！既不可赎，翻哀独生。呜呼！出人之才，竟无施为。炯炯之气，戢于一木。形与人等，今既如斯；识与人殊，今复何托？生有高名，没为众悲，异服同志，异音同叹。唯我之哭，非吊非伤，来与君言，不言成哭。千哀万恨，寄以一声，唯识真者，乃相知耳。庶几傥闻，君傥闻乎？呜呼痛哉！君有遗美，其事多梗。桂林旧府，感激主持，俾君内弟，得以义胜。平昔所念，今则无违。……幼稚甬上，故人抚之。"[4] 柳宗元之死令人悲伤，但他在西江流域社会变迁与文化发展史上的意义却是永远无法磨灭的。刘禹锡、韩愈等知交好友用他们的如椽妙笔将柳宗元在西江流域的重大贡献揭示出来。刘禹锡、韩愈的祭柳悼柳之文，在某种程度上可以说是对柳宗元印可延誉的绝妙好辞，既推崇了柳宗元在西江流域的贡献，也为宣传、传播西江流域文化起到了重要作用。

朋友的力量是无穷的，在世道险恶、人情淡薄的中唐时期，柳宗元交到了刘禹锡、韩愈这样情感真挚、生死不渝的至交好友，他们帮他整理遗著、抚养子嗣、宣扬政绩、传播思想，一方面反映了刘禹锡、韩愈的高风亮节、珍惜友情、看重友道，另一方面也体现了柳宗元的个人魅力，"德不孤，必有邻"，只有柳宗元这样兢兢业业、鞠躬尽瘁地为地方服务，在

---

① 〔清〕林纾：《韩文研究法》，见林纾《韩柳文研究法》，商务印书馆1914年版，第37—38页。

② 〔清〕林云铭：《韩文起》卷一二，见吴文治《韩愈资料汇编》，中华书局1983年版，第1036页。

③ 〔清〕储欣：《唐宋八大家全集录》卷六，见吴文治《韩愈资料汇编》，中华书局1983年版，第927页。

④ 〔唐〕刘禹锡：《重祭柳员外文》，见〔唐〕刘禹锡撰，陶敏、陶红雨校注《刘禹锡全集编年校注》卷一五，中华书局2019年版，第4册，第1794—1795页。

落后南荒之地仍然不放弃自己政治理想的仁人志士才能结交到与他一样志节高尚的好友，他们一同为西江流域的社会变迁与文化发展做出了自己的贡献。

研究柳宗元的权威学者孙昌武在谈到柳宗元在西江流域柳州社会变迁与文化发展史上的地位与影响时指出：

> 唐代在武德四年（621）置昆州，不久更名为南昆州，贞观八年（634）改柳州，一度改称龙城郡，可考知在这里做过地方官的，均不见有什么政绩。柳宗元是唐代对于开发柳州做出突出贡献并留有记载的人。而以他突出的文名和卓越的文章，更对柳州以后的发展产生了不可估量的影响。①

司徒尚纪则从农业发展的角度出发，研究柳宗元与西江流域的密切关系，他指出：

> 在个别生产条件良好的盆地，唐代已出现精耕细作技术。托名唐代柳宗元撰《龙城录·老叟讲明种艺之言》说他在南迁路上遇见一位老农在路旁向一个少年传播农艺……这涉及水稻栽培一系列的技术问题，反映当时农业技术进步。唐代龙城在今柳州，而柳宗元所见，一说在今高要，都不出西江流域。②

胡可先从文人遭受贬谪与西江流域文化发展的角度指出：

> 对于刘、柳二人，贬谪南荒，是一生中最大的不幸；但对南方人民来说，却是千古以来莫大的幸运。特别是像柳州、永州等地区，后代文化的繁盛，很大程度上要归功于柳宗元。③
>
> 在柳宗元治柳之前，柳州一带几乎没有文学，此后柳州以至岭南文学的发展，是柳宗元开其风气。④

---

① 孙昌武：《柳宗元评传》，中华书局 2020 年版，第 123 页。

② 司徒尚纪：《岭南历史人文地理：广府、客家、福佬民系比较研究》，中山大学出版社 2001 年版，第 81—82 页。

③ 胡可先：《唐代重大历史事件与文学研究》，浙江大学出版社 2007 年版，第 330 页。

④ 胡可先：《唐代重大历史事件与文学研究》，浙江大学出版社 2007 年版，第 334 页。

这是很敏锐的观察。蒋寅从流寓文学角度，指出柳宗元之于柳州所具有的“人文始祖的意义”。他说：

> 毫无疑问，相对籍贯而言，流寓乃是人与地域一种更真实的关系。而从文学的角度看，这种关系就愈是文学史研究应予关注的问题，也是地域文学史不可或缺的内容。……依我看来，地域文学史区别于文学通史的特性，不在于只论述出生某个地域的作家，而在于说明文学在某个地域的发生与发展，说明历代文学活动与这个地域的关系，以此呈现文学史生态的多样性和区域特色。在这个意义上，流寓文学对于地域文学史的意义，可能远比长年在外的本地作家的创作更为重要，更不要说郑虔之于台州、柳宗元之于柳州、苏东坡之于儋州所具有的人文始祖的意义了。①

这些论述为汪森所说“其兴文教也……若以粤西论，则宜推柳子厚始”②增添了一个又一个生动有力的注脚。孙昌武、胡可先、蒋寅诸位先生的这些见解非常具有启发性，与王水照关于地域文学研究的方法可以互相印证，互相阐发。王先生指出：

> 不少学者指出，不能仅止于作家的籍贯分布，而应关注籍贯地理以外作家的活动地理、作品描写地理、传播地理等方面，要特别注意“地理”之于“文学”的“价值内化”作用。也就是说，有两种地理，一是作为空间形态的实体地理，一是由文学家主体的审美观照后所积淀、升华的精神性“地理”。这一见解深化了“文”与“地”关系的认识。例如欧阳修占籍江西庐陵，自然产生了“江西情结”，但他生于四川，长于随州，以后宦游各地，最后退居颍昌，一生中仅因葬母回江西一次，因而“庐陵”对他的影响不算深刻。倒是他的初仕地洛阳，对他一生的思想与文学创作起了一锤定音的作用。他在洛阳参与以钱惟演为盟主的幕僚文人集团，从梅尧臣学诗歌，从尹洙学古文，对洛阳一批文友的悼念文字，是他“六一风神”散文主体风格的

① 蒋寅：《一种更真实的人地关系与文学生态——中国古代流寓文学引论》，见《视角与方法：中国文学史探索》，北京大学出版社2018年版，第145—146页。

② 〔清〕汪森：《粤西通载发凡》，〔清〕汪森编辑，黄盛陆、石恒昌、李瓒诸等校点，黄振中审订《粤西文载校点》，广西人民出版社1990年版，第7页。

> 最初体现。洛阳之于欧阳修，已不是一个实体意义上的地理名词，而是他的一个永不消退的记忆场景，是他人生感悟的一种象征和符号。他不断地追怀洛阳亡友，持续地吟咏洛阳牡丹和绿竹，他可能再次回到洛阳，但永远回不到他心目中那个精神性的洛阳。对于具体作家的文学创作而言，上述有关籍贯的四个层次，其作用是不等量的，对于我们文学研究者而言，宜把注意力放在这类文学与地理的实质性的关捩点上。①

王先生提出的观点与研究方法，为我们从事这方面的研究指明了方向。唐代诗人中南方籍贯的人非常少，岭南尤其如此，唐代诗人中只有二十七人属于岭南籍贯，比较著名的只有张九龄一人而已②。但是，唐代迁谪、流寓到岭南的文人数量众多，他们迁岭寓岭给岭南、给西江流域广大地区带来了文学的繁荣，不仅如此，刘禹锡、柳宗元、韩愈等籍贯地理以外的迁岭文人谪居于此，在此为政、为文，从事政治、经济、文化教育等方面的活动，在西江流域社会变迁与文化发展方面也起到了巨大作用。

西江流域的柳州是“籍贯地理以外作家的活动地理、作品描写地理、传播地理”。柳宗元生命中的最后岁月正是在西江流域为政、创作，他的政绩与作品及他去世后韩愈、刘禹锡等知交好友对他的悼念与追忆也在西江流域传播，引起世人对西江流域柳州的关注与向往。西江流域的柳州不仅是柳宗元个人“人生感悟的一种象征和符号”，也成了整个中华民族人民心中“一个永不消退的记忆场景”，引起世人对柳宗元的长久追忆、缅怀与崇敬，从中建构起了一个民族读书人的精神家园。柳宗元对西江流域社会发展乃至整个民族文化性格的塑造有着深远的影响。

第三节　黄公度流寓岭南的环境变化与文学活动

状元之才来到肇庆，这对于西江流域的社会变迁与文化发展来说是一件值得庆幸的大事。黄公度（1109—1156），字师宪，号知稼翁，绍兴八

---

① 王水照：《宋代文学研究的前沿问题——以文学与科举、党争、地域、家族、传播等学科交叉型专题为中心》，见《第八届宋代文学国际研讨会论文集》，中山大学出版社 2015 年版，第 2—4 页。

② 参见陈尚君《唐诗人占籍考》，见《唐代文学丛考》，中国社会科学出版社 1997 年版，第 138—170 页。

年（1138）进士第一[①]。他因得罪秦桧而被贬谪流寓到西江流域。

黄公度以肇庆府通判的身份权摄南恩州（今广东阳江）使君时，为当地人民的文化教育事业做出了巨大贡献，经常指导当地士子学习写诗作赋，提倡教育，因此，黄公度被记录到《广东通志·名宦志》中。据载：

> 黄公度字师宪，莆田人，绍兴八年进士第一人，为秘书省正字。坐与赵鼎往来，为秦桧所忌，十九年通判肇庆府，摄南恩守。增学廪，育贤才，学者用劝，南恩自唐贞观置郡至是始有登第者。及桧死，召对，乞揽乾纲，厚风俗，高宗嘉纳之，询以岭外弊事。公度曰："广东小郡有十年不除守臣者，权官苟且，郡政废弛，民受其弊"，高宗曰："卿归吏部，当无此弊"，遂以公度为考功员外郎。[②]

由此段《名宦志》的记载，可以看出西江流域社会变迁与迁岭文人关系的三个重要问题。一是西江流域地处偏远，文化落后。尤其是古端州地处岭南，属于广南东路，与中原之间五岭横隔，交通阻塞，瑶僚聚居，语言不能相通，当时有"杀人祀鬼""巫觋挟邪术害人"的陋俗，是名副其实的蛮荒之地，文化之落后可想而知。二是西江流域地区在当时缺少有力的政府官员治理，人才稀缺。正因西江流域文化落后，经济贫困，风俗野蛮、愚昧，中原官员宁可赋闲，也不愿意到广南地区做官，导致"广东小郡有十年不除守臣者"的状况，以端州为中心的西江流域地区也因此而缺少有能力的官员来发展当地的文化教育事业，这是当时西江流域某些地区发展滞后的一个重要因素。三是黄公度意识到了问题的关键在于人才的稀缺，他采取了一系列的有力措施，极力改变了西江流域落后的文化面貌，兴办学校，推行教育，培养人才，促进了西江流域社会的长远发展，其中特别值得注意的是黄公度"增学廪，育贤才，学者用劝，南恩自唐贞观置郡至是始有登第者"，西江流域文化发展与迁岭文人的密切联系由此可见。

黄公度在西江流域谪居时不仅要面对政敌的迫害，还要解决现实生活的问题。虽然环境艰苦，黄公度并没有自暴自弃，而是想方设法活在当下，积极参加当地人民的生活实践，与当地百姓融为一体，为当地人民谋

---

① 《宋史》卷二九《高宗本纪》六载，绍兴八年戊午（1138）六月十八日（壬申），赐礼部进士黄公度以下三百九十五人及第出身。（《宋史》，第2册，中华书局2011年版，第536页）

② 〔清〕郝玉麟等监修、〔清〕鲁曾煜等编纂：《广东通志》卷三十九《名宦志》，见《四库全书》影印文渊阁本第563册，上海古籍出版社1987年版，第689页。

福利，造福百姓，他在其中也自得其乐。龚茂良所作《宋左朝散郎尚书考功员外郎黄公行状》载：

> 居亡何，部使者檄公摄守南恩。至则决滞讼，除横敛，人安乐之。增学廪二百余斛，择其秀民，与之登降揖逊，学者用劝。南恩自唐贞观置郡，至是，始有梁作心者由科目登仕版，邦人相率绘公祠于学。①

南宋之前，受教育者主要还局限在地主、官僚或富商子弟中，南渡之后，大批文人迁岭南来，他们在当地办学，各类学校或者书院尤其是乡塾村校、私家讲学的发展，促进了当地的文化教育事业，也促进了西江流域的社会变迁与文化发展。这种现象在宋室南渡后的出现，十分引人注目。南宋各个地方的教育因此而获得了显著变化，据统计，宋代书院共有 397 所，南宋就占了 310 所②，由于迁岭文人的努力，当时的私塾村校在西江流域如雨后春笋般地涌现出来，文化教育得到了前所未有的普及。岭南本地人才的培养，无疑体现出中国文化重心向南迁移的某种趋势。迁岭文人在西江流域的文化教育活动有其巨大的意义和深远的影响。

黄公度在肇庆地区登临揽胜，时时创作诗词歌咏肇庆山水名胜，《题七星岩》写尽了肇庆山水美景及其作为迁客逐臣徜徉其中的复杂心情：

> 天上何时落斗星，化为巨石罗翠屏。洞拆三叉盘空曲，壁立万仞穿青冥。客寻旧路不知处，龙去千载犹闻腥。欲访仙子问真诀，岩扃寂寂水泠泠。③

七星岩是肇庆的一大景观，湖岩交错，点缀如星，又以湖岩石洞取胜，因岩峰布列恰似北斗七星得名七星岩。星岩美景自古以来闻名遐迩，有关七星岩的传说更是丰富多彩，在本地民间广泛流传，历代文人墨客均留有诗

① 〔唐〕黄公度：《知稼翁集》卷后所附，见《四库全书》影印文渊阁本第 1139 册，上海古籍出版社 1987 年版，第 583 页。

② 参见何忠礼《论南宋在中国历史上的地位和影响》，载《杭州研究》2007 年第 2 期，第 11—26 页。

③ 〔唐〕黄公度：《知稼翁集》卷下，见《四库全书》影印文渊阁本第 1139 册，上海古籍出版社 1987 年版，第 577 页。

句。唐代著名书法家李邕曾在肇庆留下足迹，至今肇庆七星岩仍保存着李邕书写的碑文。迁岭文人很看重前人在肇庆留下的文化遗迹，曾几对肇庆七星岩的北海石室碑文进行了热情洋溢的讴歌[①]。黄公度这首诗中的“天上何时落斗星，化为巨石罗翠屏”和“欲访仙子问真诀”，则运用了北斗七星化作七星岩的传说。

黄公度在通判肇庆府时，还创作了赞美肇庆名胜披云楼、清心堂、包公堂的诗篇。《和章守三咏·披云楼》诗云：“飞楼跨危堞，云雾晓披披。形胜供临眺，公馀来燕宜。江横睥睨阔，山入绮疏奇。风月本无价，君侯况有诗。”[②] 此诗是写给肇庆知府章元振的，黄公度写这首诗时，章元振知肇庆府。后来章元振升朝议大夫、广东提举。披云楼始建于北宋政和三年（1113），为端州郡守郑敦义将肇庆土城拓为砖城时所增创，并作匾于楼上，名曰：“披云”。由于崇楼杰阁，形势插天，故又称“飞云楼”。黄公度在绍兴十九年（1149）通判肇庆府时，写下了这首赞美披云楼的诗篇。

除此之外，黄公度《和章守三咏》的另外两首诗是其吟咏肇庆名胜清心堂、包公堂的五言律诗[③]。肇庆是包拯的“成名地”，包拯掌管端州三年，“包拯不持一砚归”的故事就发生在肇庆[④]。包拯之后，越来越多的迁岭文人来到西江流域，他们在清正廉洁、实干兴邦、治理经济、推行教育、发展文化、培养人才等方面都以包拯为榜样，为促进西江流域的长远发展做出了卓越的贡献。黄公度是其中的杰出代表，他在诗中表达了尚友古人，要与北宋名臣包拯为同调的积极态度，在肇庆这样的蛮荒之地也要保持自己高洁的人格，尽心竭力发展文化教育事业，为当地百姓大众谋福利。这让人明显感受到：在兴办教育、推行文化事业、培养人才方面，黄

---

① 〔宋〕曾几：《茶山集》卷三《肇庆守郑子礼以李北海石室碑见寄辄次山谷老人韵为谢》诗云：“吾评古法书，固自有高下。端州遗我石室碑，一字千金恐非价。莫邪之剑难争锋，李公落笔神气同。诗鸣一代属山谷，草根亦复吟秋虫。”（《四库全书》影印文渊阁本第 1136 册，上海古籍出版社 1987 年版，第 493 页）

② 〔唐〕黄公度：《知稼翁集》卷下，见《四库全书》影印文渊阁本第 1139 册，上海古籍出版社 1987 年版，第 579 页。

③ 〔唐〕黄公度：《知稼翁集》卷下载：“华堂存绘事，昭代得仪刑。迹与莓苔古，名争兰茝馨。清风无远近，乔木未凋零。今日斫泥手，依然瘦鹤形”（《右包公堂》）、“千里有余刃，一堂聊赏心。庭虚延远吹，檐敞受繁阴。休吏帘初下，忘怀机自沉。人间足尘土，无路到清襟”（《右清心堂》）。（《四库全书》影印文渊阁本第 1139 册，上海古籍出版社 1987 年版，第 579 页）

④ 参见〔清〕郝玉麟等监修、〔清〕鲁曾煜等编纂《广东通志》卷三九《名宦志》，见《四库全书》影印文渊阁本第 563 册，上海古籍出版社 1987 年版，第 685 页。

公度与包拯一脉相承。他对肇庆风景详尽的咏叹及其在肇庆创作的文学作品，让我们更加深刻具体地感受到了当时西江流域的风土人情与朝章典仪，在某种程度上可以补史书之不足。

黄公度的文学作品有许多是他在西江流域生活时仿效苏轼并结合自己独特的生活环境、生活方式、生活条件而创作的。他的生活经历及其在西江流域生活时的社会地位、物质基础与创作环境，无疑有利于他今后的仕途发展与文学创作。我们在此要特别强调：宋室南渡以来，岭南地区的经济呈现出较好的发展态势①，通过前代文人的努力，当地的文化有了一定的发展，谪居岭南尤其是肇庆的士大夫在生活环境、生活态度上与唐代甚至北宋相比已经有了一些变化。热衷于欣赏西江流域的柔山秀水，表达对自然资源、地域风光的热爱，苦中作乐，已经成为他们日常生活中常见的行为。苦中作乐、无奈与豁达，是迁岭文人在谪居岭南生活时不得已也是不可或缺的人生选择。正是一批又一批迁岭南来的士大夫通过自己的艰苦奋斗、无私奉献，将蛮荒可怖的化外之地变成了士人安居乐业的人间乐土，迁岭文人确实创造了一个传奇。尤其令世人欢欣鼓舞的是：随着迁岭文人大量涌入，原来文化落后的岭南地区终于在南宋中期出现了本地词人——“粤词之祖”的崔与之和李昴英，拉开了粤派词人载入词史的序幕。后来中国词学史上出现了籍贯为粤西的词人群体，这一词人群体的形成离不开中原文化的影响。因此，词学史上有“粤西词，始于宋代”的观念。② 与此同时，当地人群的文化水平发生变化，受教育的人数激增，毋庸置疑，这都离不开迁岭文人在此地做出的一点一滴的改造。巨大变化来源于迁岭文人在此地长期不懈的努力与贡献，士人谪居岭南时最大限度地发挥出了自己的影响力，他们兴办学校、设立书院，聚众授徒、著书立说，把文化教育的触角深入到西江流域的广大地区，为当时仍是文化落后的蛮荒之地带来了一抹亮色。

① 参见吴松弟《北方移民与南宋社会变迁》，台北文津出版社 1993 年版，第 175—209 页。

② 参见沈家庄《粤西词人群体研究导论》，载《中国韵文学刊》2007 年第 2 期，第 24 页。

第三章 "迁客过岭"与"骚人赴湘"：西江流域社会变迁的诗语表达

文化的载体之一是人，文化通过人来传播与发展。在唐宋时期的文化环境下，社会知识精英对文化的传播与发展显得尤其重要。遭受贬谪的抑郁情感及在苦闷抑郁之情中超脱出来的心理倾向在流寓到西江流域的唐代文人作品中有比较普遍的表现，生动、具体地反映出深受楚地文化影响的迁岭文人如何将先进的文化带到落后的岭南地区，展示出西江流域地方文化发展与迁岭文人的密切联系。

第一节 沈、宋之流 研练精切：格律诗的定型与沈、宋对西江风物的描写

沈佺期和宋之问是初唐时期著名的诗人，沈佺期今存诗 158 首，宋之问今存诗 198 首[①]，他们的作品存世不多，却明显可以分为前、后两个时期，而且这两个时期诗歌的思想内容与审美特质有着很大的区别。沈佺期和宋之问前期在武则天的宫廷中，后期被贬谪到当时尚属荒远之地的西江流域。宋之问被贬谪到西江流域的泷州（今广东省罗定），沈佺期被流放到驩州（今越南荣市），他们前期的诗歌创作多限于应制酬唱和咏物赠别，点缀升平，标榜风雅，难免有辞藻文饰内容贫乏之弊，学界大多把他们看作是应制诗人[②]，诚然，这种看法不够客观、公允。陶敏指出：

> 应制诗在沈、宋全部诗歌创作中所占的比重并不大。宋之问今存应制诗二十七首，只占全部诗作的七分之一弱；沈佺期稍多一点，有三十五首，但也只占全部诗作的五分之一强。"稍有取舍，即非全人，再加抑扬，更离真实。"只看五分之一或七分之一的应制诗，而不顾

① 参见〔唐〕沈佺期、〔唐〕宋之问撰，陶敏、易淑琼校注《沈佺期宋之问集校注》，中华书局 2001 年版。

② 参见袁行霈主编《中国文学史》第二卷，高等教育出版社 1999 年版，第 226 页。

及其余的五分之四或七分之六，这种做法也是不可取的。①

陶先生对沈、宋诗歌创作成就进行了客观公允的评价。沈、宋流寓到西江流域，诗歌风格发生了很大的变化，“据统计，沈佺期入狱流放期间写的诗有三十二首，占其现存全部诗作五分之一强；而宋之问贬流越州、岭南期间的诗作更多达七十二首，占其现存全部诗作的五分之二。在这些作品中，旅途的艰危，异俗殊方的风物，内心的痛苦忧惧和不平愤懑，都写得十分真切动人”②。这种情况与杜审言的比较相似，徐定祥指出：

> 杜审言现存诗中除部分应制诗外，大都是写景、纪行、酬唱之作。其应制诗，主要写陪倖侍宴、扈从出游等内容，称颂帝王功德，讴歌升平景象，多阿谀之词而缺乏真情实感，历来不为人称道。但当时唐王朝正处在振兴之中，国力日趋强盛，经济繁荣，边防巩固，这些应制诗在客观上也反映了这种盛世景象，不能说没有一点认识意义。诗人身居宫廷时间不长，奉和应制之作，只占现存作品总数的五分之一左右，故不能据此而遽定其为宫廷诗人或御用文人。③

“文变染乎世情，兴废系乎时序”④，西江流域的自然风物、气候、物候深刻影响到了沈、宋及杜审言的身体健康与精神状态，刺激了他们生命意识的觉醒，滋润了他们的文笔，从而使他们的诗歌创作呈现出不同于以往的光泽色调。

沈、宋对诗歌的主要贡献是在律诗上。在诗律方面精益求精，“回忌声病，约句准篇”，对律诗的定型与成熟做出了重要贡献。故沈、宋之称，也就成为律诗定型的标志。正如元稹在《唐故工部员外郎杜君墓系铭》中指出：

> 唐兴，官学大振，历世之文，能者互出。而又沈、宋之流，研练

① 〔唐〕沈佺期、〔唐〕宋之问撰，陶敏、易淑琼校注：《沈佺期宋之问集校注》，中华书局2017年版，第6—7页。

② 〔唐〕沈佺期、〔唐〕宋之问撰，陶敏、易淑琼校注：《沈佺期宋之问集校注》，中华书局2017年版，第8页。

③ 徐定祥校注：《杜审言集》，长江文艺出版社2018年版，第3—4页。

④ 〔南朝梁〕刘勰著、周振甫注：《文心雕龙注释》，人民文学出版社1981年版，第479页。

精切，稳顺声势，谓之为律诗。由是而后，文变之体极焉。①

《新唐书·文艺传赞》指出：

唐兴，诗人承陈、隋风流，浮靡相矜。至宋之问、沈佺期等，研揣声音，浮切不差，而号"律诗"，竞相袭沿。②

钱木菴也指出：

律诗始于初唐，至沈、宋而其格始备。③

沈、宋以"研练精切，稳顺声势""研揣声音，浮切不差"的律诗创作为诗歌形式的发展做出了突出的贡献，他们诗歌的思想内容有一个发展变化的过程。前期的沈、宋用研练精切的格律来歌功颂德、粉饰太平、吟风弄月，诗歌内容空洞，情感贫乏，而贬谪流寓到西江流域的生活打击惊醒了他们的富贵梦，把他们从温柔乡中驱逐到荒蛮处，刺激了他们原本敏感、多感、善感、能感人所不能感的神经，他们开始用精美的诗歌形式来表现贬谪地区的自然风物、气候、物候及自己身处其间的心迹情感、生命意识。

（一）流寓诗中表现的苦闷

诗缘情而绮靡，因贬谪流寓到西江流域创作的诗歌表达了沈、宋在这一时期的真情实感，其诗歌的思想与艺术境界提升，故能以情动人、以情感人，引起广大读者的情感共鸣，其中不乏对西江流域的自然风光与自己的羁旅流寓之情进行叙写的名篇佳作，表现了他们对当地风光的关注并借之以抒情的创作动力。贬谪流寓西江流域的人生经历促使他们的诗歌风貌发生了巨大的改变。

神龙元年（705），宰相张柬之趁武则天病重，率领大臣发动政变，逼迫武则天在这年的正月二十四日退位。武则天正式交出了权力，唐中宗李

① 〔唐〕元稹：《元稹集》卷五六，中华书局1982年版，第601页。

② 〔宋〕欧阳修、〔宋〕宋祁：《新唐书》卷二〇一，中华书局2000年版，第4395页。

③ 〔清〕钱木菴：《唐音审体》，见〔清〕王夫之等撰、丁福保辑《清诗话》，上海古籍出版社2015年版，第810页。

显被拥立即位。作为武则天男宠的张易之被杀，谄事张易之的宋之问也因受到牵连而遭到贬谪，由原来的方监丞、左奉宸内供奉被贬谪到西江流域的泷州任泷州参军，神龙二年（706）遇赦还，景龙三年（709）又被贬至越州任长史，睿宗即位后又被贬至钦州。① 宋之问两次被贬到西江流域，后半生大部分时光都是在漂泊流离中度过的，最终被赐死于贬所，他的命运非常凄凉。据《旧唐书》记载：

> 及易之等败，左迁泷州参军……及同皎等获罪，起之问为鸿胪主簿，由是深为义士所讥……寻转越州长史。睿宗即位，以之问尝附张易之、武三思，配徙钦州。先天中，赐死于徙所。②

作为武则天时期的大诗人，宋之问“坐贬泷州在神龙元年（705）春无疑”③，在被贬途中经过江西大余与广东南雄交界的大庾岭时，他写下了著名的诗篇《题大庾岭北驿》，诗云：

> 阳月南飞雁，传闻至此回。我行殊未已，何日复归来？江静潮初落，林昏瘴不开。明朝望乡处，应见陇头梅。④

正所谓“欢娱之辞难工，愁苦之言易好”，这首诗写得情真意切，还没有到西江流域的泷州就先设想如果能够回来将是多么令人满足，反映了他来西江流域之前的不安、忧虑与恐惧，与后来中唐大诗人韩愈被贬谪潮州时所作的“一封朝奏九重天，夕阳潮阳路八千。欲为圣明除弊事，肯将衰朽惜残年。云横秦岭家何在，雪拥蓝关马不前。知汝远来应有意，好收吾骨瘴江边”有异曲同工之妙，都是还没有到贬谪之所就先设想今后的出路与结局了⑤，这种将人生的种种无奈、猜测、痛苦、隐忍的感怆情思表现得

---

① 参见傅璇琮《唐才子传校笺》（一），中华书局 1987 年版，第 85—95 页。

② 〔后晋〕刘昫等《旧唐书》卷一九〇《文苑列传中》，中华书局 2000 年版，第 3420 页。

③ 〔后晋〕刘昫等《旧唐书》卷一九〇《文苑列传中》，中华书局 2000 年版，第 3420 页。

④ 〔唐〕沈佺期、〔唐〕宋之问撰，陶敏、易淑琼校注：《沈佺期宋之问集校注》，中华书局 2017 年版，第 427 页。

⑤ 这种对岭南生活环境的陌生感与恐惧感，在沈佺期的《入鬼门关》一诗中亦表现得比较明显：“昔传瘴江路，今到鬼门关。土地无人老，流移几客还？自从别京洛，颓鬓与衰颜。夕宿含沙里，晨行菌露间。马危千仞谷，舟险万重湾。问我投何处，西南尽百蛮。”（〔唐〕沈佺期、〔唐〕宋之问撰，陶敏、易淑琼校注：《沈佺期宋之问集校注》，中华书局 2017 年版，第 87 页）

既真实又细腻，并将心中的情感与岭南风物融入一首五言律诗之中，格律精严、对仗工整却又没有着意雕琢的痕迹。宋之问存诗198首，他的诗歌内容与人品常遭世人诟病，但他"回忌声病，约句准篇，如锦绣成文"[①]的诗歌形式在中国文学史上具有重要的地位。

《新唐书·宋之问传》指出：

> 魏建安后汔江左，诗律屡变，至沈约、庾信，以音韵相婉附，属对精密。及之问、沈佺期，又加靡丽，回忌声病，约句准篇，如锦绣成文，学者宗之，号为"沈、宋"，语曰"苏、李居前，沈、宋比肩。"[②]

思乡之情，是人类最宝贵的情感之一。这段文字将宋之问与南北朝文学的殿军庾信联系在一起论述，非常精辟深刻。笔者认为，宋之问晚年的作品与庾信一样，其中有很多乡关之思，具有很高的思想价值与审美价值。

南朝诗人庾信羁留北朝时常常思念南朝的故乡。杜甫认为，"庾信文章老更成，凌云健笔意纵横"（《论诗绝句》）、"庾信平生最萧瑟，暮年诗赋动江关"（《咏怀古迹五首》其一）。庾信也因此而成为杜甫推崇备至的学习对象，所谓"清新庾开府，俊逸鲍参军"（《春日忆李白》）。杜甫因晚年漂泊西南天地间而使自己的律诗创造达到了登峰造极、炉火纯青、出神入化的境界，如《登高》、《登楼》、《秋兴》八首、《咏怀古迹》五首，就是他在这时候创作的佳作。沈、宋二人暮年流寓到西江流域的创作与庾信、杜甫有相似之处，都在流寓漂泊的生活中对故乡充满了思念，对流寓之所的自然风物进行了精心刻画描绘，对人生、社会、历史进行了深刻的哲理思考，并以诗人的心灵感受，以诗人之笔进行表达，使西江风物具有了诗意与美感。尤其可贵的是，他们将自己的身世之感、仕途失意之悲、漂泊流寓之苦、深切感人的乡关之思融入对西江风物的描写之中。可以说，沈、宋贬谪流寓到西江流域的创作是真情实感与精切声律的完美结合，代表了他们创作的最高水平。

在西江流域谪居的日子里，最能触动宋之问敏感神经的便是故乡了，

---

① 〔宋〕欧阳修、〔宋〕宋祁：《新唐书》卷二〇二《宋之问传》，中华书局2000年版，第4403页。

② 〔宋〕欧阳修、〔宋〕宋祁：《新唐书》卷二〇二《宋之问传》，中华书局2000年版，第4403页。

故乡不可回而时光流逝，韶华不再，直到暮年，他仍在感叹“良候斯为美，边愁自有违。谁言望乡国，流涕失芳菲”①，迟暮投荒，怎么不让诗人感伤惆怅呢？宋之问贬谪流寓到西江流域的作品大多将乡关之思与当地的自然风光融合到一起，显示出清新流丽、感情深挚的特点。这首七言绝句《登逍遥楼》是他第二次被贬谪到西江流域时所创作的作品，比较典型地反映了这一特点。诗云：

> 逍遥楼上望乡关，绿水泓澄云雾间。北去衡阳二千里，无因雁足系书还。②

高楼不可上，一上一惆怅。诗人登楼，常能兴起历史兴亡之感与乡关之思。描写在西江流域登楼的诗篇比较著名的有柳宗元的《登柳州城楼寄漳汀封连四州刺史》、戎昱的《桂州西山登高上陆大夫》，还有就是宋之问的这首《登逍遥楼》。景云元年（710），宋之问被流放至钦州，后又以赦改派桂州；先天元年（712），宋之问被赐死于桂州。这位著名诗人人生中最后的几年时光就是在西江流域度过的。③ 诗中的逍遥楼在今天的桂林，诗人登上城楼，放眼望去，只见“绿水泓澄云雾间”，西江流域美好的山水风光自然而然地跃入眼帘，成了诗中的优美意象，因地处南荒，离故乡太遥远，太偏僻，“北去衡阳二千里”，在衡阳雁去无留意的地方，诗人连找一只鸿雁传书犹不可得，“无因雁足系书还”，这首诗用西江流域优美的自然风光来反衬思念故乡的悲伤，用乐境写悲哀，倍增一份哀伤。

可以说，用谨严的格律诗来叙写自身流寓到西江流域的悲苦抑郁生活是宋之问后期诗歌的一个重要特点，西江风物因此而频繁出现在唐初诗人笔底纸端。其中不乏名篇佳作，宋之问写的《渡汉江》非常感人：“岭外音书断，经冬复历春。近乡情更怯，不敢问来人。”④ 这是一首写得十分精彩的五绝，声情并茂，具有意在言外的艺术感染力，与后来盛唐诗人的作品已相去不远了。诗的末尾两句刻画久未归家之人的心理活动，十分细

---

① 〔唐〕宋之问：《早入清远峡》，见〔唐〕沈佺期、〔唐〕宋之问撰，陶敏、易淑琼校注《沈佺期宋之问集校注》，中华书局 2017 年版，第 572 页。

② 〔唐〕沈佺期、〔唐〕宋之问撰，陶敏、易淑琼校注：《沈佺期宋之问集校注》，中华书局 2001 年版，第 559 页。

③ 参见傅璇琮主编《唐才子传校笺》第 1 册，中华书局 1987 年版，第 94 页。

④ 〔唐〕沈佺期、〔唐〕宋之问撰，陶敏、易淑琼校注：《沈佺期宋之问集校注》，中华书局 2001 年版，第 440 页。

腻生动，可以说是诗从肺腑出，出则愁肺腑。其中，“近乡情怯”甚至成了一句人所共知的成语，表达了一种普遍性、人类共有的情感，能引起世人广泛而深切的共鸣。这首诗与王维的“君自故乡来，应知故乡事。来日绮窗前，寒梅著花未”有异曲同工之妙，生动细腻地表达了诗人对故乡的深切思念，却又心存怯意、生怕故乡的人事有巨大变故的恐惧。因思乡而“怯”，因“怯”而更加反衬出思乡之情深，故成了中国诗歌史上历来传诵的名篇。

西江流域特异的风景物产与生活环境，既让迁岭文人感到新鲜与好奇，也让他们感到不安与恐惧。与宋之问齐名的沈佺期也在神龙元年（705）被贬谪流寓到西江流域，他从东都洛阳出发，途经湖湘、郴州，进入西江后逆西江继续西上到达梧州，他将这次贬谪途中的所见所闻所感写入了诗歌。在《神龙初废逐南荒途出郴口北望苏耽山》中，沈佺期写道：

> 少曾读仙史，知有苏耽君。流放来南国，依然会昔闻。泊舟问耆老，遥指孤山云。孤山郴郡北，不与众山群。重沓下萦映，嶚峣上纠纷。碧峰泉对落，红壁树旁分。选地今方尔，升天因可云。不才予窜迹，羽化子遗芬。将览成麟凤，旋惊御鬼文。此中迷出处，含思独氛氲。①

此诗将自己遭受贬谪的时间、地点、路线及途中见闻感受呈现出来，让后世读者能够从他的诗歌中体会神龙年间西江流域的气候、物候及流寓到此地诗人的生命意识与心迹情感。

沈佺期贬谪到西江流域，在当地寓居达两年之久，此期间创作的二十多首清新自然、感情真挚的好诗流传了下来，不同于以往宫廷应制时的作品，西江流域风物及生活环境在他笔下得到了生动有力的描绘。中唐时期的皎然指出：

> 宋员外之问、沈给事佺期，盖有律诗之龟鉴也，但在矢不虚发，情多、兴远、语丽为上……尽是诗家射雕之手。②

---

① 〔唐〕沈佺期、〔唐〕宋之问撰，陶敏、易淑琼校注：《沈佺期宋之问集校注》，中华书局2001年版，第83页。

② 李壮鹰：《诗式校注》卷二，人民文学出版社2003年版，第206页。

这个评价是符合实际的。尤其是沈佺期贬谪流寓到西江流域时的创作更是用丽语来表达真挚复杂的情感，达到了“情多、兴远、语丽”的审美境界。他往西南过容州（今广西容县），到达北流（今广西北流市）鬼门关，在此地他用五言古诗的形式对西江流域风物进行了生动细致的描绘。这首《入鬼门关》比较典型地反映了唐代迁岭文人贬谪流寓到西江流域时的见闻和感受，诗云：

> 昔传瘴江路，今到鬼门关。土地无人老，流移几客还？自从别京洛，颓鬓与衰颜。夕宿含沙里，晨行菵露间。马危千仞谷，舟险万重湾。问我投何处，西南尽百蛮。①

据陶敏、易淑琼校注《沈佺期宋之问集校注》载：

> 鬼门关：在今广西北流县。《旧唐书·地理志四》容州北流县：县南三十里，有两石相对，其间阔二十步，俗号鬼门关。……昔时趋交趾，皆由此关。其南尤多瘴疠，去者罕得生还。谚曰：“鬼门关，十人九不还。”诗神龙元年赴驩州途中作。②

初唐时期，西江流域还是南荒之地，在迁岭文人眼中是“瘴江路”“鬼门关”，无人能够终老在这片土地上，流寓迁谪到此地的迁客也很少能够活着回去。此诗的前四句比较典型地反映了初唐诗人对西江流域的观感。当时西江流域某些地区的蛮荒落后让流寓到此地的诗人更加思念“京洛”时期繁华富贵的生活，而在痛苦失意之时追忆欢乐快意的往事，反而增添了离人心中的愁苦，平添了几缕颓鬓与衰颜。“自从别京洛，颓鬓与衰颜”让人很自然地联想起后来盛唐诗人高适在《别董大》诗中所云“六翮飘飖私自怜，一离京洛十余年。丈夫贫贱应未足，今日相逢无酒钱”③。他们在诗中将在外漂泊的凄凉与京洛的生活联系起来，用乐境反衬哀情，用京洛生活的美好反衬羁旅漂泊的悲伤。沈佺期在西江流域夕宿晨行的路途

① 〔唐〕沈佺期、〔唐〕宋之问撰，陶敏、易淑琼校注：《沈佺期宋之问集校注》，中华书局2001年版，第87页。

② 〔唐〕沈佺期、〔唐〕宋之问撰，陶敏、易淑琼校注：《沈佺期宋之问集校注》，中华书局2001年版，第87页。

③ 〔清〕彭定求等编：《全唐诗》卷二一四，中华书局1960年版，第2243页。

中所见所闻是"含沙""菵露""千仞谷""万重湾"等既危又险的异域风物，感叹自我投宿之地，乃是"西南尽百蛮"，把西江流域之地视作"百蛮"之乡。

与宋之问相似，乡关之思是沈佺期诗歌中表现的主要内容，尤其是在西江流域孤寂苦闷的生活环境中思念往昔生活的繁华热闹，成了沈佺期流寓岭南时创作的重要主题。《三日独坐驩州思忆旧游》比较典型地反映了沈佺期寓居在西江流域时的情感意绪，诗云：

两京多节物，三日最遨游。丽日风徐卷，香尘雨暂收。红桃初下地，绿柳半垂沟。童子成春服，宫人罢射鞲。禊堂通汉苑，解席绕秦楼。束皙言谈妙，张华史汉遒。无亭不驻马，何浦不横舟。舞簴千门度，帷屏百道流。金丸向鸟落，芳饵接鱼投。濯秽怜清浅，迎祥乐献酬。灵蓊陈欲弃，神药曝应休。谁念招魂节，翻为御魅囚。朋从天外尽，心赏日南求。铜柱威丹徼，朱崖镇火陬。炎蒸连晓夕，瘴疠满冬秋。西水何时贷，南方讵可留。无人对炉酒，宁缓去乡忧。[①]

明朝人胡应麟指出：

沈七言律高华胜宋，宋五言排律精硕过沈。……沈宋本自并驱，然沈视宋稍偏枯，宋视沈较缜密。沈制作亦不如宋之繁富。[②]

这个评价是符合他们的创作实际的。值得一提的是，此诗中"西水何时贷，南方讵可留"一句中的"西水"是"西江之水"的简称，化用了《庄子·外物》中的故事，"周曰：诺，我且南游吴越之王，激西江之水而迎子，可乎?"[③]。庄子是楚国人，对西江之水非常熟悉，故能信手拈来。此处的"西江"指"蜀江。蜀江从西来，故谓之西江"[④]，由此可见楚地文化、西江文化均属南方文化，它们之间有着密切联系。

此外，沈佺期的《初达驩州》《答魑魅代书寄家人》《从驩州廨宅移

① 〔唐〕沈佺期、〔唐〕宋之问撰，陶敏、易淑琼校注：《沈佺期宋之问集校注》，中华书局2001年版，第99—100页。

② 〔明〕胡应麟：《诗薮》内编卷四，上海古籍出版社1979年版，第76页。

③ 陈鼓应注译：《庄子今注今译》，中华书局1983年版，第705页。

④ 陈鼓应注译：《庄子今注今译》，中华书局1983年版，第706页。

住山间水亭赠苏使君》《度安海入龙编》，也颇能反映沈佺期在贬谪流寓到西江流域的生活情形与内心情感。如诗中云：

遇坎即乘流，西南到火洲。鬼门因苦夜，瘴浦不宜秋。岁贷胸穿老，朝飞鼻饮头。死生离骨肉，荣辱间朋游。弃置一身在，平生万事休。鹰鹯遭误逐，豺武怯真投。忆昨京华子，伤今边地囚。愿陪鹦鹉乐，希并鷓鸪留。日月渝乡思，烟花换客愁。幸逢苏伯玉，回借水亭幽。山柏张青盖，红蕉卷绿油。乘闲无火宅，因放有虚舟。适越心当是，居夷迹可求。古来尧禅舜，何必罪驩兜。①

我来交趾郡，南与贯胸连。四气分寒少，三光置日偏。尉佗曾驭国，翁仲久游泉。邑屋遗氓在，鱼盐旧产传。越人遥捧翟，汉将下看鸢。北斗崇山挂，南风涨海牵。别离频破月，容鬓骤催年。昆弟推由命，妻孥割付缘。梦来魂尚扰，愁委疾空缠。虚道崩城泪，明心不应天。②

可以说，沈、宋不仅是唐代最早大量写作格律诗的诗人，也是唐代最早大量叙写贬谪流寓到西江流域生活经历的诗人。他们用调严律美的诗歌形式来表现贬谪流寓生活中的风俗气候、人情物态、异乡感受、自然风光等各个方面，极大地丰富、充实了唐代诗歌的内容题材与审美境界，将诗歌从对宫廷台阁的描写，移到了对贬谪流寓之所的广大天地中生活内容的叙述与真情实感的抒发。从这些诗歌中，我们可以感受到初唐时期西江流域某些地区的蛮荒落后及迁岭文人迁谪流寓到此地时羁旅漂泊的生命体验与惶恐不安的心迹情感。

宋之问、沈佺期的创作为五言律诗的定型做出了巨大贡献，在他们的五言律诗中有许多是在贬谪流寓到西江流域时所作，尤其是其中的一些名篇佳作，更是对西江流域的风景物产、民风民俗、气候环境及自己流寓迁谪到此地的心迹情感进行了深入细致的描写与刻画，为后世读者提供了一幅幅生动形象的西江流域的山水风景画与初唐流寓岭南文人的羁旅行役图。下列诗歌在他们的作品中比较典型：

---

① 〔唐〕沈佺期：《从驩州廨宅移住山间水亭赠苏使君》，见〔唐〕沈佺期、〔唐〕宋之问撰，陶敏、易淑琼校注《沈佺期宋之问集校注》，中华书局2001年版，第117页。

② 〔唐〕沈佺期：《度安海入龙编》，见〔唐〕沈佺期、〔唐〕宋之问撰，陶敏、易淑琼校注《沈佺期宋之问集校注》，中华书局2001年版，第91页。

自昔闻铜柱，行来向一年。不知林邑地，犹隔道明天。雨露何时及，京华若个边。思君无限泪，堪作日南泉。[①]

岭外逢寒食，春来不见饧。洛中新甲子，何日是清明。花柳争朝发，轩车满路迎。帝乡遥可念，肠断报亲情。[②]

昨夜南亭里，分明梦洛中。室家谁道别，儿女案常同。忽觉犹言是，沉思始悟空。肝肠余几寸，拭泪坐春风。[③]

晦节高楼望，山川一半春。意随蓂叶尽，愁共柳条新。投刺登龙日，开怀纳鸟晨。兀然心似醉，不觉有吾身。[④]

南国无霜霰，连年见物华。青林暗换叶，红蕊续开花。春去闻山鸟，秋来见海槎。流芳虽可悦，会自泣长沙。[⑤]

可以说，由于贬谪的影响，沈佺期、宋之问格律诗创作的成熟发展与其流寓到西江流域的生活经历有着十分密切的联系。

宋之问、沈佺期的那些描写他们迁岭南来的作品大多属于“研练精切，稳顺声势”的律诗，沈、宋用格律精切的律诗来描写西江流域的自然风物与他们身处其中的心迹情感。宋之问、沈佺期的开创之功，在唐代诗歌发展史及西江流域文化发展史上具有重要的意义。

（二）赠答诗中表现的深情

宋之问描写送别之情的作品真切感人，他与杜审言交往时间长，两人感情比较深，宋之问云：“自予与君，弱岁游执，文翰共许，风露相浥。况穷海兮同窜，复文房兮并入。川流遽阅，隙电初过，昔乘运兮如此，今

---

① 〔唐〕沈佺期：《初达驩州二首》其一，见〔唐〕沈佺期、〔唐〕宋之问撰，陶敏、易淑琼校注《沈佺期宋之问集校注》，中华书局2001年版，第95页。

② 〔唐〕沈佺期：《岭表逢寒食》，见〔唐〕沈佺期、〔唐〕宋之问撰，陶敏、易淑琼校注《沈佺期宋之问集校注》，中华书局2001年版，第98页。

③ 〔唐〕沈佺期：《驩州南亭夜望》，见〔唐〕沈佺期、〔唐〕宋之问撰，陶敏、易淑琼校注《沈佺期宋之问集校注》，中华书局2001年版，第103页。

④ 〔唐〕宋之问：《桂州陪王都督晦日宴逍遥楼》，见〔唐〕沈佺期、〔唐〕宋之问撰，陶敏、易淑琼校注《沈佺期宋之问集校注》，中华书局2001年版，第558页。此诗对李白产生了深刻的影响，李白《月下独酌》其三中云：“醉后失天地，颓然就孤枕。不知有吾身，此乐最为甚”（〔唐〕李白著、〔清〕王琦注《李太白全集》第4册，中华书局2015年版，第1239页）明显是从宋之问此诗中“兀然心似醉，不觉有吾身”化用而来。

⑤ 〔唐〕宋之问：《经梧州》，见〔唐〕沈佺期、〔唐〕宋之问撰，陶敏、易淑琼校注《沈佺期宋之问集校注》，中华书局2001年版，第568页。

造冥兮若何！怀君畴好兮恨已积，念君近惠兮情倍多”①，道出了两人交往时情投意合的动人场景。《送杜审言》一诗，可以说是宋之问诗集中情韵兼胜的佳作，此诗云：

卧病人事绝，嗟君万里行。河桥不相送，江树远含情。别路追孙楚，维舟吊屈平。可惜龙泉剑，流落在丰城。②

其中，“河桥不相送，江树远含情”成了千古名句，前人评价其“三四简练精深，有意不尽言之妙”③，此诗用典贴切，语意浅显，却意韵悠长，情致深远，是淡语皆有味、浅语皆有致的情景融合无间的传世佳作。

神龙初，杜审言与宋之问皆因谄事张易之、张昌宗兄弟而遭受贬谪，都曾流寓到西江流域的端州（今广东省肇庆）。端州在古代是重要的水陆交通枢纽，初唐时期流寓岭南的文人大都经过端州，再前赴贬所。宋之问有多首诗歌描写西江流域的端州及其在此生活时的心迹情感，如《端州别袁侍御》④、《发端州初入西江》⑤、《至端州驿见杜五审言沈三佺期阎五朝隐王二无竞题壁慨然成咏》。流寓到端州时，宋之问看到了杜审言、沈佺期等人的题壁作品，不禁感慨万千，因之成咏，诗云：“逐臣北地承严谴，谓到南中每相见。岂意南中岐路多，千山万水分乡县。云摇雨散各翻飞，海阔天长音信稀。处处山川同瘴疠，自怜能得几人归。”⑥ 西江流域独特的风物对宋之问的身体健康与精神状态产生了深刻的影响，引起他对好友杜审言、沈佺期的深切思念与对往日美好生活的留恋，增添了诗中思乡怀友的情感内涵，影响到他文学创作的审美风貌。

杜审言不但是宋之问的知交好友，而且也是初唐时期著名诗人。当时杜审言、李峤、苏味道、崔融并称“文章四友”。四人中，以杜审言最有

---

① 〔唐〕宋之问：《祭杜学士审言文》，见〔清〕董诰《全唐文》卷二四一，中华书局 1983 年版，第 2442 页。

② 〔唐〕宋之问：《送杜审言》，见陶敏、易淑琼校注《沈佺期宋之问集校注》，中华书局 2017 年版，第 398 页。

③ 〔明〕陆时雍：《古诗镜·唐诗镜》卷五，见《四库全书》影印文渊阁本第 1411 册，上海古籍出版社 1987 年版，第 343 页。

④ 陶敏、易淑琼校注：《沈佺期宋之问集校注》，中华书局 2017 年版，第 553 页。

⑤ 陶敏、易淑琼校注：《沈佺期宋之问集校注》，中华书局 2017 年版，第 554 页。

⑥ 〔唐〕宋之问：《至端州驿见杜五审言沈三佺期阎五朝隐王二无竞题壁慨然成咏》，见陶敏、易淑琼校注《沈佺期宋之问集校注》，中华书局 2017 年版，第 433 页。

诗才。据《新唐书·杜审言传》记载：杜审言擢进士，恃才高，以傲世见疾。苏味道为天官侍郎，审言集判，出谓人曰：“味道必死。”人惊问故，答曰：“彼见吾判，且羞死。”又尝语人曰：“吾文章当得屈、宋作衙官，吾笔当得王羲之北面。”其矜诞类此。审言病甚，宋之问、武平一等省候何如，答曰“甚为造化小儿相苦，尚何言？然吾在，久压公等，今且死，固大慰，但恨不见替人”云[①]。杜审言因附从武则天的男宠张易之、张昌宗兄弟而被贬到岭南，据《旧唐书》卷一九〇上《文苑传上·杜易简传附从祖弟审言传》载：“神龙初，坐与张易之兄弟交往，配流岭外。”[②]《新唐书》卷二〇一《文艺传上·杜审言传》载：“迁膳部员外郎。神龙初，坐交通张易之，流峰州。”[③] 据徐定祥所注的《杜审言诗注》可知，杜审言在迁至岭南的途中所作诗歌有《渡湘江》《南海乱石山作》《旅寓安南》等[④]，说明杜审言曾来过湖南、广州、越南，我们从沈佺期所作的《遥同杜员外审言过岭》一诗中亦可看出神龙年间逐臣们迁岭的见闻感受与他们之间的深厚情谊：

> 天长地阔岭头分，去国离家见白云。洛浦风光何所似？崇山瘴疠不堪闻。南浮涨海人何处？北望衡阳雁几群？两地江山万余里，何时重谒圣明君？[⑤]

这首诗写于神龙元年（705）沈佺期流寓驩州（今越南荣市）途中，而好友杜审言则被贬谪到峰州（今越南越池东南），他们在湘、赣二省与两广交界处的五岭赋诗赠答，表现了两人之间真挚的友情，尤其是诗中将岭南风物与离别之情融合在一起，构成一种情景交融的抒情模式、低回往复的时空结构、情深义重的诗语表达、沉郁顿挫的审美风貌。诗人在过岭之际既对“崇山瘴疠”“南浮涨海”等岭南风物充满了慌惑与不安，在贬谪流寓途中所见的岭南风物又勾起了诗人对“洛浦风光”的思念与不舍，透露

① 〔宋〕欧阳修、〔宋〕宋祁：《新唐书》卷二〇一《杜审言传》，中华书局2000年版，第4393—4394页。

② 〔后晋〕刘昫等：《旧唐书》卷一九〇上《文苑传上》，中华书局2000年版，第3401页。

③ 〔宋〕欧阳修、〔宋〕宋祁：《新唐书》卷二〇一《杜审言传》，中华书局2000年版，第4394页。

④ 参见徐定祥《杜审言诗注》，上海古籍出版社1982年版。

⑤ 陶敏、易淑琼校注：《沈佺期宋之问集校注》，中华书局2017年版，第85页。

出自己“重谒圣明君”的希冀与渴望。[1]

（三）西江流域风物的侵入

初唐时期的迁客逐臣在诗中表现出来的思想感情与审美风貌在迁岭文人的作品中具有特别重要的意义，唐以前还很少有著名文人贬谪流寓到西江流域，士大夫们对西江流域还比较陌生，通过宋之问、沈佺期、杜审言等人的描绘，西江流域风物逐渐进入文人的视野，成为迁岭文人描写的对象。当时迁岭文人的创作为后世提供了宝贵的历史资料与创作经验，我们既能通过它们了解唐初西江流域的风土人情、自然风光、地理气候、特产人文，也能了解当时迁谪到西江流域的文人们的一种具有普遍性的思想情绪。

宋之问在贬谪诗中表达的感情更加丰富复杂、真实饱满、深切动人，这正印证了严羽的一句名言：“唐人好诗，多是征戍、迁谪、行旅、离别之作，往往能感动激发人意。”[2] 刘勰《文心雕龙·物色》云：“若乃山林皋壤，实文思之奥府。略语则阙，详说则繁。然屈平所以能洞监《风》《骚》之情者，抑亦江山之助乎！”[3] 山林云水有助于启发文思，文人创作经常得“江山之助”。一批批天纵其才、天才绝伦的文人士大夫本来在太平时期可以循规蹈矩地生活，按部就班地升迁，平庸凡俗、随波逐流地度过一生，然而时代的巨变、命运的不测，刺激着他们敏感、多感、善感的神经，使他们在艰难困苦中奋起，他们于是将自己的命运紧密地与岭南旖旎风光联系在一起，创作出了大量能够“感动激发人意”的诗歌作品，让岭南风物由此而生发出异彩。

晚年被贬谪到荒远之地的西江流域后，宋之问的创作内容与风格发生了很大的变化。《度大庾岭》一诗云：“度岭方辞国，停轺一望家。魂随

---

① 值得一提的是，杜审言的孙子杜甫在《承沈八丈东美除膳部员外，阻雨未遂驰贺，奉寄此诗》中云：“通家惟沈氏，谒帝似冯唐”（〔唐〕杜甫撰、〔清〕仇兆鳌注《杜诗详注》卷三，中华书局2015年版，第262页），沈东美是沈佺期的儿子，可见，沈、杜两家有通家之好，他们之间的深厚情谊还促使他们的后代继续交往。

② 陈伯海、徐文茂编纂：《严羽诗话》，见吴文治主编《宋诗话全编》第9册，凤凰出版社1998年版，第8730页。

③ 〔南朝梁〕刘勰著、周振甫注：《文心雕龙注释》，人民文学出版社1981年版，第494页。

南翥鸟，泪尽北枝花。山雨初含霁，江云欲变霞。但令归有日，不敢恨长沙。”① 这首诗是宋之问迁谪岭南途中所作。未到贬所而先想归期，一种含泪吞声的感怆情思表现得真切细腻，见不到任何着意文饰的痕迹，而诗律和对仗却十分工整。全诗感情真挚，情景交融，格律谨严，篇末以贾谊自比，用典自然，这是一首成熟的五言律诗。值得一提的是，这首诗还与西江流域的泷州有密切联系。据程千帆分析：

> 这篇诗写逐臣在旅途中的心情。作者曾两次迁谪岭南，此诗不见再次被贬之意，当是在中宗时贬为泷州（今广东省罗定县）参军时所作。含思凄婉，哀感动人。②

宋之问迁岭足迹遍布西江流域的广大地区，他曾南迁至泷州（今罗定），并对泷州特异的自然风光与风土人情进行了细致的描绘，诗云：

> 孤舟泛盈盈，江流日纵横。夜杂蛟螭寝，晨披瘴疠行。潭蒸水沫起，山热火云生。猿蹮时能啸，鸢飞莫敢鸣。海穷南徼尽，乡远北魂惊。泣向文身国，悲看凿齿氓。地偏多育蛊，风恶好相鲸。余本岩栖客，悠哉慕玉京。厚恩尝愿答，薄宦不祈成。违隐乖求志，披荒为近名。镜愁玄发改，心负紫芝荣。运启中兴历，时逢外域清。只应保忠信，延促付神明。③

神龙元年（705），宋之问沿着西江来到康州端溪县，转入罗定江，后到贬所泷州，他在诗中对西江流域沿途的风物进行了细致的描绘，并将自己遭受贬谪的心迹情感融入西江流域的蛮山瘴水之中，可谓开了后世描写罗定风光诗歌的先河。

除此之外，宋之问描写西江流域风物的佳作还有《桂州陪王都督晦日宴逍遥楼》《桂州三月三日》《桂州黄潭舜祠》《下桂江龙目滩》《下桂江

---

① 〔唐〕沈佺期、〔唐〕宋之问撰，陶敏、易淑琼校注：《沈佺期宋之问集校注》，中华书局2017年版，第428页。

② 程千帆：《程千帆全集》第十卷《古诗今选》（上），河北教育出版社2000年版，第177页。

③ 〔唐〕宋之问：《入泷州江》，见〔唐〕沈佺期、〔唐〕宋之问撰，陶敏、易淑琼校注《沈佺期宋之问集校注》，中华书局2017年版，第434页。

县黎壁》[1] 等诗，这些诗作大多将思乡之情融入对西江流域风物的描写之中。如《始安秋日》云：

> 桂林风景异，秋似洛阳春。晚霁江天好，分明愁杀人。卷云山角戢，碎石水磷磷。世业事黄老，妙年孤隐沦。归欤卧沧海，何物贵吾身。[2]

此诗描写了西江流域桂林风景的特异之处：首先是气候异，到了秋天，还像春天一样气候宜人，百花繁盛，让诗人想起了曾经生活过的洛阳；其次是风物异，雨后的傍晚江天一色，风景优美，这些美景增添了诗人的愁绪，“分明愁杀人”；还有，就是桂林的云山、碎石也颇有特点，引发诗人感叹人生短促，妙年孤隐，只能在黄老思想中寻找精神的避难所，思考“何物贵吾身”的人生问题，最后选择了“归欤卧沧海”的人生归宿。此诗将贬谪流寓之悲、山水风景之异、思乡之情与世事沧桑之变融合到一起，沉郁苍凉、感情沉痛，是宋之问情辞并茂的佳作。

宋之问遭受贬谪后，自洛阳向南行经过湖北黄梅、江西南昌，沿着赣江，来到江西大余与广东南雄交界的大庾岭，沿着西江到肇庆，再沿着西江流域到达贬所泷州。在宋之问迁谪西江流域途中，他写下了许多描写当地风物、体现自己真实情感的佳作如《途中寒食题黄梅临江驿寄崔融》《自洪府舟行直书其事》《题大庾岭北驿》《度大庾岭》《早发大庾岭》《早发始兴江口至虚氏村作》《始安秋日》《至端州驿见杜五审言、沈三佺期、阎五朝隐、王二无竞题壁慨然成咏》《入泷州江》《自衡阳至韶州谒能禅师》《早入清远峡》《端州别袁侍御》《发端州初入西江》《发藤州》等[3]。其中，《途中寒食题黄梅临江驿寄崔融》《题大庾岭北驿》《至端州驿见杜五审言、沈三佺期、阎五朝隐、王二无竞题壁慨然成咏》等，皆是有名的题壁作品，十分容易在西江流域地区流传和扩散，引起随后寓岭文人的共鸣与唱和，激发世人对西江流域风物的关注与热爱，这无疑有利于

---

① 〔唐〕沈佺期、〔唐〕宋之问撰，陶敏、易淑琼校注：《沈佺期宋之问集校注》，中华书局2001年版，第558—567页。

② 〔唐〕沈佺期、〔唐〕宋之问撰，陶敏、易淑琼校注：《沈佺期宋之问集校注》，中华书局2001年版，第564页。

③ 参见〔唐〕沈佺期、〔唐〕宋之问撰，陶敏、易淑琼校注《沈佺期宋之问集校注》，中华书局2001年版。

促进西江流域文化的传播与发展。

关于题壁诗词在中国文学传播与接受史上的意义，是一个饶有趣味的话题，当代已有学者提出来并对其进行了一番研究与阐述。袁行霈在《学问的气象》中专门有一节《古代文学传播的方式与媒介》，在这一节中，袁先生谈到了文学传播与接受的问题，其中就专门提到了“题壁”诗词。他指出：

> 题壁是一种值得重视的传播方式，此所谓题壁是指题写于墙壁上的文学作品，这是很有趣的传播方式。……据《全唐诗》统计，题壁诗达千首以上，据《全宋诗》统计，题壁诗达到万首以上。……题壁的场所相当广泛，有的题在游览的场所，如寺庙、楼台；有的题在官厅、驿站、妓馆，有的题在自己家中或朋友的家中。……关于题壁的故事相当多……黄鹤楼等名胜，常常成为文人题壁的场所，在这些地方的墙壁上题写文学作品，类似今人在电脑网路BBS上发布贴子。①

由此可见，唐宋时期诗人题壁风气之盛行、题材之广泛、功能之多样、作用之巨大、影响之深远。袁先生对唐宋时期题壁作品的定量分析，正好可与王兆鹏提出来的学术观点互相印证。王先生指出：

> 中唐以降，题壁之风大盛。到了宋代，题壁更成为一种日常性、普遍性的大众传播方式。②

这就启发我们进一步探讨迁岭文人题壁这种“日常性、普遍性的大众传播方式”在西江流域社会变迁史上所起到的作用。正是迁谪流寓到西江流域的初唐迁岭文人如杜审言、沈佺期、宋之问等人的题壁诗以高超的技艺、精美的格律，表现了他们真挚饱满的思想感情、丰富复杂的人生体验、坎坷崎岖的生活经历，从而开创了唐宋文人题壁的这一风气，激发了后世文人题壁的创作动力，从而慨然成咏，这才导致“中唐以降，题壁之风大盛”。

有真感情，才会有好诗歌，这正印证了王国维所说：“境非独谓景物

① 袁行霈：《学问的气象》，新世界出版社2009年版，第120—121页。

② 王兆鹏：《宋代的“互联网”——从题壁诗词看宋代题壁传播的特点》，载《文学遗产》2010年第1期，第56页。

也。喜怒哀乐，亦人心中之一境界。故能写真景物、真感情者，谓之有境界。否则谓之无境界"①，"有境界则自成高格，自有名句"②。能够将心中的喜怒哀乐完美表达出来的诗歌就是有境界的诗歌。简单地说，真景物是诗歌的象，真感情是诗歌的意，真景物、真感情组合在一起就成了诗歌的意象。而真景物与真感情组合在一起能够使人产生丰富的联想与思考，能够引起人们或惆怅、或忧伤、或怅惘、或无奈、或喜悦的感情的诗歌，就是有境界的诗歌。而其中最关键、最基本的元素就是诗中的景物（象）与感情（意）。宋之问创作的这些描写自己迁谪流寓到西江流域的诗歌作品在中国文学史上具有特别重要的意义，作为神龙逐臣的重要代表，他的诗歌开始大量描写岭南山水风物，而他迁谪流寓时触景生情，将自己的心迹情感自然而然地融入他写景状物的诗歌作品中。正所谓："春秋代序，阴阳惨舒，物色之动，心亦摇焉……岁有其物，物有其容；情以物迁，辞以情发。一叶且或迎意，虫声有足引心。况清风与明月同夜，白日与春林共朝""文贵形似，窥情风景之上，钻貌草木之中。吟咏所发，志惟深远；体物为妙，功在密附……物色尽而情有余者，晓会通也"③。宋之问这些作于迁谪之地的诗歌作品，为唐代诗坛增添了新的题材内容与审美风貌，吹进了一股新鲜的空气，为诗国高潮的到来创造了重要的条件，成为西江流域文化发展的见证与重要组成部分。

初唐流寓到西江流域的文人在迁岭途中所作诗歌的景物是真实的，感情也是深厚的，故能作出感人至深的佳作。好的诗人，不但能够感受生活，而且能够用自己的如椽妙笔将自己在生活中观察到的景物与感受到的情感真实细致地描绘与表达出来。试看宋之问在《早发韶州》中记录下的沿途所见所闻所感：

> 炎徼行应尽，回瞻乡路遥。珠厓天外郡，铜柱海南标。日夜清明少，春冬雾雨饶。身经火山热，颜入瘴江消。触影含沙怒，逢人女草摇。露浓看菌湿，风飓觉船漂。直御魑将魅，宁论鸱与鸮。虞翻思报

① 〔清〕况周颐、〔清〕王国维著，徐调孚、周振甫注，王幼安校订：《蕙风词话·人间词话》第六则，人民文学出版社 1960 年版，第 193 页。

② 〔清〕况周颐、〔清〕王国维著，徐调孚、周振甫注，王幼安校订：《蕙风词话·人间词话》第一则，人民文学出版社 1960 年版，第 191 页。

③ 〔南朝梁〕刘勰著、周振甫注：《文心雕龙注释》，人民文学出版社 1981 年版，第 493—494 页。

国，许靖愿归朝。绿树秦京道，青云洛水桥。故园长在目，魂去不须招。①

西江流域的奇山异水给了宋之问新鲜的感受，他在《过蛮洞》一诗中云：

越岭千重合，蛮溪十里斜。竹迷樵子径，萍匝钓人家。林暗交枫叶，园香覆橘花。谁怜在荒外，孤赏足云霞。②

当然，宋之问在描写西江流域风物之际，也将自己的贬谪之愁闷心理融入诗句之中，如这首《发藤州》就比较典型地反映出神龙逐臣的迁岭心理：

朝夕苦遄征，孤魂长自惊。泛舟依雁渚，投馆听猿鸣。石发缘溪蔓，林衣扫地轻。云峰刻不似，苔藓画难成。露裛千花气，泉和万籁声。攀幽红处歇，跻险绿中行。恋切芝兰砌，悲缠松柏茔。丹心江北死，白发岭南生。魑魅天边国，穷愁海上城。劳歌意无限，今日为谁明？③

这种迁岭的复杂情绪在杜审言的《南海乱石山作》中表现得尤其明显：

涨海积稽天，群山高業地。相传称乱石，图典失其事。悬危悉可惊，大小都不类。乍将云岛极，还与星河次。上耸忽如飞，下临仍欲坠。朝暾赩丹紫，夜魄烔青翠。穹崇雾雨蓄，幽隐灵仙闭。万寻挂鹤巢，千丈垂猿臂。④

诗中的"涨海"即南海，鲍照《芜城赋》云："南驰苍梧涨海。"徐定祥分析此诗时指出："杜审言自长安流峰州，曾取道端州（今广东肇庆市），

① 〔唐〕沈佺期、〔唐〕宋之问撰，陶敏、易淑琼校注：《沈佺期宋之问集校注》，中华书局2001年版，第551页。

② 〔唐〕宋之问：《过蛮洞》，见〔清〕汪森编《粤西诗载》卷一〇，《四库全书》影印文渊阁本第1465册，上海古籍出版社1987年版，第130页。

③ 〔唐〕沈佺期、〔唐〕宋之问撰，陶敏、易淑琼校注：《沈佺期宋之问集校注》，中华书局2001年版，第555—556页。

④ 徐定祥校注：《杜审言集》，长江文艺出版社2018年版，第9页。

可能东至广州，游过乱石山。”[1] 这次杜审言贬谪流寓是沿着西江流域而南行的，途中的风景自然而然地融入诗人的作品中。诗缘情而绮靡，一切景语皆情语，杜审言晚年流寓到西江流域，他用精美的格律诗来描写西江流域的自然风光及其身处其间的心迹情感。岭南风景之怪乱险恶正反映了诗人迁岭时心情的惶恐与畏惧。

当杜审言谪居安南时，感情更加沉痛深厚，他的《旅寓安南》诗云：

交趾殊风候，寒迟暖复催。仲冬山果熟，正月野花开。积雨生昏雾，轻霜下震雷。故乡逾万里，客思倍从来。[2]

诗人将西江流域的“殊风侯”写入诗中，我们在初唐诗人的作品中看到了“仲冬山果熟，正月野花开。积雨生昏雾，轻霜下震雷”的奇绝风光。西江流域风物气候与杜审言以前生活的北方有很大的区别。南方温暖，冬季仅有轻霜，且能听到雷声。岭南这片化外之地的奇异风光更加增添了诗人的思乡之情。当时的迁岭文人们命危如晨露，因岭南之蛮荒之景、瘴疠之气而自然生出忧虑与恐惧之情，而西江流域自然风物优美奇绝的一面也不能勾起他们的兴致，抚平他们遭受贬谪的心灵创伤，徒增了诗人的乡关之思。对故乡的思念，是人类最宝贵的情感之一，也是唐诗中最重要的一个主题。杜审言诗中的“客思”之情，为唐人思念故乡诗歌的创作开了先河，确立了思乡之诗的感情基调与审美风貌，提供了思乡主题创作的范式，即先写异乡之风物，然后再写自己对故乡的思念，这对唐代诗人尤其是对杜甫的诗歌创作产生了深刻而长久的影响。杜甫写思乡之情时道：“江碧鸟逾白，山青花欲燃。今春看又过，何日是归年。”[3] 先写春天的江山花鸟的优美动人，后以之反衬自己长期漂泊、思乡心切的感伤惆怅。这首诗在写法上明显有受到杜审言诗歌影响的痕迹，吸取了其祖父作品中的精华。

后人高度评价了杜审言在律诗发展史上的杰出贡献：

杜审言五言，律体已成，所未成者，长短两篇而已。今观沈宋集

---

① 徐定祥校注：《杜审言集》，长江文艺出版社 2018 年版，第 9 页。

② 徐定祥校注：《杜审言集》，长江文艺出版社 2018 年版，第 25 页。

③〔唐〕杜甫：《绝句二首》其二，见山东大学中文系古典文学教研室选注《杜甫诗选》，人民文学出版社 1980 年版，第 236 页。

中，亦尚有四五篇未成者。然则五言律体实成于杜、沈、宋，而后人但言成于沈宋，何也？审言较沈宋复称俊逸，而体自整栗，语自雄丽，其气象风格自在，亦是律诗正宗。①

初唐无七言律，五言亦未超然。二体之妙，杜审言实为首倡。②

近体，梁、陈已有，至杜审言而始叶于度。③

杜审言最有名的五律，是他早年在江阴任职时写的《和晋陵陆丞早春游望》：

独有宦游人，偏惊物候新。云霞出海曙，梅柳渡江春。淑气催黄鸟，晴光转绿蘋。忽闻歌古调，归思欲沾巾。

此诗把江南早春清新秀美的景色写得极为真切，将浓厚的思乡之情融入明秀的诗境中，显得极为高华雄浑。尤其是颈联的"云霞出海曙，梅柳渡江春"，生动地写出了春的气息，给人以华妙超然之感。方回赞叹此诗道：

律诗初变，大率中四句言景，尾句乃以情缴之，起句为题目。审言于少陵为祖，至是始千变万化云。④

方回在评价杜审言时不忘提及杜甫，就是注意到了杜审言对其孙杜甫的深刻影响。正是在这个意义上，我们认可闻一多的判断，杜审言诗"雄厚之中，又加深微"⑤。杜审言有一个非常重要的身份——杜甫的祖父。杜甫非常崇拜自己的祖父，常在诗中对祖父表达出由衷的敬佩及继承祖父诗艺的志向，说："吾祖诗冠古""诗是吾家事"。杜甫青年时期狂放不羁、自信自许的性格特征，与他的祖父有十分相似的地方，显然有其祖父遗传的痕迹。而在诗歌格律方面讲究锤炼推敲、精益求精，更是杜氏家风、家法，为世人所广泛称道，杜甫成为中国历史上最伟大的诗人⑥，跟他祖父

---

① 〔明〕许学夷：《诗源辩体》卷一三，人民文学出版社 1987 年版，第 146 页。
② 〔明〕胡应麟：《诗薮》内编卷四，上海古籍出版社 1979 年版，第 67 页。
③ 〔清〕王夫之著、戴鸿森笺注：《姜斋诗话笺注》，上海古籍出版社 2012 年版，第 17 页。
④ 李庆甲：《瀛奎律髓汇评》卷一〇，上海古籍出版社 2005 年版，第 320 页。
⑤ 闻一多：《闻一多全集》第 6 册《唐诗编上》，湖北人民出版社 1993 年版，第 102 页。
⑥ 参见洪业《杜甫：中国最伟大的诗人》，曾祥波译，上海古籍出版社 2014 年版。

的深刻影响是分不开的。

值得注意的是，据宋之问所作的《至端州驿见杜五审言、沈三佺期、阎五朝隐、王二无竞题壁慨然成咏》一诗可知，杜审言曾到过西江流域的端州（肇庆），并在端州驿站的壁上题诗，杜审言的迁岭经历使得杜甫对岭外尤其是西江流域有了浓厚深切的情感认同。描写桂林山水最有名的诗歌莫过于杜甫所作的《寄杨五桂州谭》：

> 五岭皆炎热，宜人独桂林。梅花万里外，雪片一冬深。闻此宽相忆，为邦复好音。江边送孙楚，远附白头吟。[①]

广西、广东与湖南、江西之间自西向东排列着五条山脉，五岭以南被称为岭南，岭南地区天气炎热，而地处西江流域的桂林却气候宜人，仇兆鳌注此诗："上四，桂州之景。下四，寄杨之情。梅时有雪，可销炎瘴，故曰宜人。宽相忆，因瘴少。复好音，见政异。孙楚，比段。白头吟，怀杨。"《杜臆》高度评价此诗："通篇气势流走，字句空灵，诗之不缚于律者。"[②]杜甫还题咏过西江流域的德庆，他在《送长沙李十一》中写道："与子避地西康州，洞庭相逢十二秋。"此诗中的"西康州"即是西江流域的德庆府，此诗被收录到了祝穆编撰的《方舆胜览》卷三五"广东路·德庆府"的"题咏"条中[③]，将美好的诗句留在了世人对西江流域的深刻记忆里。

西江流域文化的载体之一是人，历代文化名人在西江流域进行创作，他们或对西江风物进行描绘吟咏，或抒发自己身处其间的心迹情感，或对朋友流寓至此寄诗鼓励劝勉，反映了文化在西江流域的发生、发展、演进，并逐渐生根发芽、开花结果、繁荣昌盛，形成丰富多彩、独具特色的地域文化。杜甫并未到过桂林、德庆，但他能对西江流域风物进行如此优美、深情、雅致的描述，将桂林描绘得如此优美动人、令人向往，或许是受其祖父杜审言迁岭经历的影响。杜审言、杜甫祖孙两代在西江流域文化发展史上做出了巨大贡献，留下了永难磨灭的印记。

---

① 〔唐〕杜甫：《寄杨五桂州谭》，见〔清〕仇兆鳌注《杜诗详注》卷九，中华书局2015年版，第943页。

② 〔唐〕杜甫：《寄杨五桂州谭》，见〔清〕仇兆鳌注《杜诗详注》卷九，中华书局2015年版，第943页。

③ 〔宋〕祝穆撰、〔宋〕祝洙增订、施和金点校：《方舆胜览》卷三五"广东路·德庆府"，中华书局2003年版，第626页。

第二节 迁岭文人对楚地文化的容纳和接受

楚文化孕育了中国历史上伟大的哲人老子、庄子，值得注意的是，楚地是中国历史上第一位伟大诗人屈原的故乡，屈原成了楚文化的代表。后世流寓到岭南的文人大多先经过楚地再来到西江流域，他们对屈原的命运充满了同情，对屈原的才华充满了仰慕，心慕手追之际，自然而然受到屈原人格精神的感染与熏陶。

继杜审言、沈佺期、宋之问等初唐文人大量流寓到西江流域之后，中唐元和时期诗人也大量被贬谪至岭南。流寓到西江流域的迁岭文人常常从楚文化与屈原身上汲取到有益的精神养料。柳宗元被贬谪到西江流域的柳州之前，曾在楚地的永州寓居十年，他的诗中经常出现楚地风光。楚树、楚臣等代表楚文化的意象在柳宗元笔下一一呈现。如：

> 故国名园久别离，今朝楚树发南枝。晴天归路好相逐，正是峰前回雁时。[1]
>
> 南来不作楚臣悲，重入修门自有期。为报春风汨罗道，莫将波浪枉明时。[2]

柳宗元还在诗中以“独醒”的屈原自况：

> 无限居人送独醒，可怜寂寞到长亭。荆州不遇高阳侣，一夜春寒满下厅。[3]

他在《吊屈原文》中表达了对屈原的深切同情与共鸣：

> 后先生盖千祀兮，余再逐而浮湘。求先生之汨罗兮，揽蘅若以荐芳。愿荒忽之顾怀兮，冀陈辞而有光。先生之不从世兮，惟道是

① 〔唐〕柳宗元：《过衡山见新花开却寄弟》，见《柳宗元集》卷四二，中华书局 1979 年版，第 1148 页。

② 〔唐〕柳宗元：《汨罗遇风》，见《柳宗元集》卷四二，中华书局 1979 年版，第 1149 页。

③ 〔唐〕柳宗元：《离觞不醉至驿却寄相送诸公》，见《柳宗元集》卷四二，中华书局 1979 年版，第1151 页。

就。……穷与达固不渝兮，夫唯服道以守义。[①]

或许是受到屈原精神的感发激励，元和十年（815），柳宗元在被贬往柳州途中，作了《岭南江行》一诗，他沿着西江流域来到柳州，将一路见闻及自己遭受贬谪的心迹情感寓之于诗。诗云："瘴江南去入云烟，望尽黄茆是海边。山腹雨晴添象迹，潭心日暖长蛟涎。射工巧伺游人影，飓母偏惊旅客船。从此忧来非一事，岂容华发待流年。"[②] 对将要寓居的西江流域充满了好奇与担忧，深知自己贬谪流寓到此地后身上所要承担的责任，"从此忧来非一事，岂容华发待流年"正是认识到人生苦短而更要忧国忧民，及时为改变蛮瘴之地的风俗习性做出自己应有的贡献，试图以一己之努力改变一地之风俗，在西江流域种下一粒文明的种子，这粒种子终将生根发芽、开花结果，繁荣滋长。这不禁令人想起屈原在感叹"日月忽其不淹兮，春与秋其代序。唯草木之零落兮，恐美人之迟暮"时"哀民生之多艰"，从一人之人生体验延伸到一个地域、一个民族文化心理的形成与文化性格的塑造，这体现了当时流寓岭南的文人接受屈原精神而体现出来的较为普遍的创作风貌。屈原让贬谪流寓西江流域的文人们找到了精神的力量，并让他们以改变地方风俗习性为己任，为后世文人在穷乡僻壤的蛮荒之地建构起了一座温暖而富有诗意的精神家园。

刘禹锡和柳宗元在楚地时经常吟咏楚地的历史人物，这些人物经过历史的选择已经在刘、柳诗中成了一种文化意象，这种文化意象除了屈原，还有淳于髡。他们在诗中吟咏道："生为齐赘婿，死作楚先贤。应以客卿葬，故临官道边。寓言本多兴，放意能合权。我有一石酒，置君坟树前"[③]，"水上鹄已去，亭中鸟又鸣。辞因使楚重，名为救齐成。荒垅遽千古，羽觞难再倾。刘伶今日意，异代是同声"[④]。在诗中，刘、柳充满了对楚地先贤淳于髡的敬仰崇拜之情。历史上的淳于髡以"长不满七尺，滑稽多辩，数使诸侯，未尝屈辱"[⑤] 著称，而刘禹锡、柳宗元的文化性格也

① 〔唐〕柳宗元：《吊屈原文》，见《柳宗元集》卷一九，中华书局 1979 年版，第 516－517 页。

② 〔唐〕柳宗元：《柳宗元集》卷四二，中华书局 1979 年版，第 1168—1169 页。

③ 〔唐〕刘禹锡：《题淳于髡墓》，见〔唐〕刘禹锡撰，陶敏、陶红雨校注《刘禹锡全集编年校注》卷四，中华书局 2019 年版，第 2 册，第 353 页。

④ 〔唐〕柳宗元：《善谑驿和刘梦得酹淳于先生》，见《柳宗元集》卷四二，中华书局 1979 年版，第1153 页。

⑤ 〔汉〕司马迁：《史记》卷一二六《滑稽列传》，中华书局 2000 年版，第 2423 页。

具有谐谑的因子，如刘禹锡诗中对"桃花"的吟咏，柳宗元在西江流域柳州写的"种柳"诗，都明显反映出他们诙谐善谑又倔强顽强的性格特征。可以说，"楚先贤"不但"使楚重"，而且让后世流寓到此的文人墨客深刻地感受到了他们文化性格与人生态度的魅力。他们在诗中咏叹楚地先贤的过程，也是见贤思齐，从中寻找精神寄托，建构自我精神家园的过程。一个民族的文化性格是由这个民族的往圣先贤、仁人志士所共同塑造的。刘、柳等迁岭文人带着济世安邦的理想与社会责任感来到西江流域，他们也将楚地先贤的文化性格与生活智慧带到了西江流域，从而将进步的文化思想、民族的核心价值观带到了当地，有效地激发了西江流域百姓的民族认同感与凝聚力。

"诗可以怨""发愤著书""不平则鸣""穷而后工"等创作理论，在柳宗元贬谪永州后的创作实践中得到了生动具体的展现。《新唐书·柳宗元传》的作者看到了柳宗元受楚文化及屈原的影响，指出："既窜斥，地又荒疠，因自放山泽间，其堙厄感郁，一寓诸文，仿《离骚》数十篇，读者咸悲恻。"[①] 朱熹亦指出："柳宗元窜斥崎岖蛮瘴间，堙厄感郁，一寓于文，为《离骚》数十篇。"[②] 柳宗元流寓到楚地的永州，想到屈原放逐，乃赋《离骚》，油然而生发愤著书的想法，自述："贤者不得志于今，必取贵于后，古之著书者皆是也，宗元近欲务此"[③]、"自为罪人，舍恐惧则闲无事，故聊复为之。然而辅时及物之道，不可陈于今，则宜垂于后，言而不文则泥，然则文者固不可少耶！"[④]。抱着这样的创作态度，柳宗元自然而然地将自己所看到的楚地风物融入其诗文创作中。

柳宗元对楚地风物的吟唱在其贬谪永州的诗作中非常普遍，试看：

窜身楚南极，山水穷险艰。步登最高寺，萧散任疏顽。……弃逐久枯槁，迨今始开颜。赏心难久留，离念来相关。北望间亲爱，南瞻

---

① 〔宋〕欧阳修、〔宋〕宋祁：《新唐书》卷一六八《柳宗元传》，中华书局2000年版，第3983页。

② 〔宋〕魏庆之：《诗人玉屑》卷一三《晦庵论楚词》，上海古籍出版社1978年版，第271—272页。

③ 〔唐〕柳宗元：《寄许京兆孟容书》，见《柳宗元集》卷三〇，中华书局1979年版，第783页。

④ 〔唐〕柳宗元：《答吴武陵论非国语书》，见《柳宗元集》卷三〇，中华书局1979年版，第824页。

杂夷蛮。置之勿复道，且寄须臾闲。①

稍稍雨侵竹，翻翻鹊惊丛。美人隔湘浦，一夕生秋风。②

投迹山水地，放情咏离骚。③

九疑浚倾奔，临源委萦回。会合属空旷，泓澄停风雷。……天秋日正中，水碧无尘埃。杳杳渔父吟，叫叫羁鸿哀。境胜岂不豫，虑分固难裁。升高欲自舒，弥使远念来。归流驶且广，泛舟绝沿洄。④

缧囚终老无余事，愿卜湘西冉溪地。却学寿张樊敬侯，种漆南园待成器。⑤

久为簪组累，幸此南夷谪。闲依农圃邻，偶似山林客。晓耕翻露草，夜榜响溪石。来往不逢人，长歌楚天碧。⑥

客有故园思，潇湘生夜愁。病依居士室，梦绕羽人丘。⑦

衡岳新摧天柱峰，士林憔悴泣相逢。⑧

鹤鸣楚山静，露白秋江晓。连袂渡危桥，萦回出林杪。西岑极远目，毫末皆可了。重迭九疑高，微茫洞庭小。⑨

南楚春候早，余寒已滋荣。⑩

渔翁夜傍西岩宿，晓汲清湘燃楚竹。⑪

故国名园久别离，今朝楚树发南枝。晴天归路好相逐，正是峰前

① 〔唐〕柳宗元:《构法华寺西亭》，见《柳宗元集》卷四三，中华书局1979年版，第1196页。

② 〔唐〕柳宗元:《初秋夜坐赠吴武陵》，见《柳宗元集》卷四二，中华书局1979年版，第1134页。

③ 〔唐〕柳宗元:《游南亭夜还叙志七十韵》，见《柳宗元集》卷四三，中华书局1979年版，第1199页。

④ 〔唐〕柳宗元:《湘口馆潇湘二水所会》，见《柳宗元集》卷四三，中华书局1979年版，第1191页。

⑤ 〔唐〕柳宗元:《冉溪》，见《柳宗元集》卷四三，中华书局1979年版，第1221页。

⑥ 〔唐〕柳宗元:《溪居》，见《柳宗元集》卷四三，中华书局1979年版，第1213页。

⑦ 〔唐〕柳宗元:《酬娄秀才寓居开元寺早秋月夜病中见寄》，见《柳宗元集》卷四二，中华书局1979年版，第1133页。

⑧ 〔唐〕柳宗元:《同刘二十八哭吕衡州兼寄江陵李元二侍御》，见《柳宗元集》卷四二，中华书局1979年版，第1155页。

⑨ 〔唐〕柳宗元:《与崔策登西山》，见《柳宗元集》卷四三，中华书局1979年版，第1195页。

⑩ 〔唐〕柳宗元:《首春逢耕者》，见《柳宗元集》卷四三，中华书局1979年版，第1212页。

⑪ 〔唐〕柳宗元:《渔翁》，见《柳宗元集》卷四三，中华书局1979年版，第1252页。

回雁时。[①]

柳宗元在来到西江流域的柳州之前曾在楚地寓居了十年之久，“湘浦”“离骚”“九疑”“湘西”“楚天”“潇湘”“衡岳”“楚山”“洞庭”“南楚”“楚猿”“清湘”“楚竹”“楚树”“楚臣”“汨罗”等楚地的地名、物象或与楚地相关的文化意象屡屡形诸笔端，这些作于楚地的诗歌被清人沈德潜认为是：“处连蹇困厄之境，发清夷淡泊之音，不怨而怨，怨而不怨，行间言外，时或遇之。”[②] 由此可见，柳宗元受到楚文化的影响较深，继承发展了“诗可以怨”“《离骚》者，盖离忧也”的骚怨传统。诗歌具有感发的生命，让后世读者读了之后心中不能无感，从而产生了一种生生不已的生命力。

“柳虽古荒服，而实连湖、湘”[③]，有时候，寓居岭南的柳宗元将楚地风物与西江风物结合起来进行描写，以抒发自己漂泊异地之感。在《梅雨》一诗中，柳宗元写道：

> 梅实迎时雨，苍茫值晚春。愁深楚猿夜，梦断越鸡晨。海雾连南极，江云暗北津。素衣今尽化，北为帝京尘。[④]

江南梅子黄熟时节常常阴雨绵绵，故称“梅雨”，也称“黄梅雨”。不仅江南梅子黄时常下雨，岭南梅子黄时也下雨，胡铨流寓到西江流域的新兴时写道：“谁念新州人老。几度斜阳芳草。眼雨欲晴时，梅雨故来相恼。休恼，休恼，今岁荔枝能好！”（《如梦令》）楚地与岭南都属于南方，气候物产有相似之处，柳宗元感受到了流寓之所“海雾连南极”的地域特点，故在此诗中将楚地风物代表之一的“楚猿”与西江流域的“越鸡”联系到一起来描写[⑤]，借此抒发自己宦海浮沉、流寓他乡的悲哀苦闷之情。

---

① 〔唐〕柳宗元：《过衡山见新花开却寄弟》，见《柳宗元集》卷四二，中华书局 1979 年版，第 1148 页。

② 〔清〕沈德潜：《唐诗别裁集》卷四，岳麓书社 1998 年版，第 92 页。

③ 〔宋〕祝穆撰、〔宋〕祝洙增订、施和金点校《方舆胜览》卷三八“柳州”，中华书局 2003 年版，第 693 页。

④ 〔唐〕柳宗元：《梅雨》，见《柳宗元集》卷四三，中华书局 1979 年版，第 1237 页。

⑤ 柳宗元此诗应作于寓居永州时期，永州古属楚地，故称“楚猿”。而“越鸡”，应当是用了西江流域交趾越嶲的典故。据《西京杂记》载：“成帝时，交趾越嶲献长鸣鸡、伺晨鸡，即下漏验之，晷刻无差。”

这首诗让人读后，确实感到："子厚之贬，其忧悲憔悴之叹，发于诗者，特为酸楚"[①]、"子厚柳州诗多哀怨之音"[②]。深受楚文化影响的柳宗元随后被贬谪到西江流域的柳州，也将楚地文化带到了西江流域，为西江流域社会变迁与文化发展做出了巨大贡献，这正是"贤者不得志于今，必取贵于后""辅时及物之道，不可陈于今，则宜垂于后"的最佳注脚。

柳宗元的知交好友刘禹锡一生经历了唐德宗、唐顺宗、唐宪宗、唐穆宗、唐敬宗、唐文宗、唐武宗七朝。贬谪流寓到沅湘一带是刘禹锡在永贞革新失败后遭受到的巨大打击。他来到此地，受到了楚地文化的熏陶，对楚文化的源流及形成颇有心得，自述："昔屈原居沅湘间，其民迎神，词多鄙陋，乃为作《九歌》，到于今荆楚鼓舞之。故余亦作《竹枝词》九篇。"[③] 刘禹锡看到了屈原在楚地的创作对当地社会变迁与文化发展所产生的深远影响，故在贬谪之所也学习屈原的精神，创作《竹枝词》，目的是改变当时地方民歌"词多鄙陋"的问题，提升当地人民的文学欣赏水平与文明程度。

《新唐书》卷一六八《刘禹锡传》载："宪宗立，叔文等败，禹锡贬连州刺史，未至，斥朗州司马。州接夜郎诸夷，风俗陋甚，家喜巫鬼，每祠，歌《竹枝》，鼓吹裴回，其声伧伫。禹锡谓屈原居沅、湘间作《九歌》，使楚人以迎送神，乃倚其声，作《竹枝辞》十余篇。于是武陵夷俚悉歌之。"[④] 刘禹锡自觉学习屈原为地方文化服务的精神，对楚地文化的赞赏之情溢于言表，一再吟咏道："灵均何年歌已矣，哀谣振楫从此起。……曲终人散空愁暮，招屈亭前水东注"[⑤]、"屈平祠下沅江水，月照寒波白烟起。一曲南音此地闻，长安北望三千里"[⑥]、"唯有《九歌》词数

① 〔宋〕蔡居厚：《蔡宽夫诗话》，见《苕溪渔隐丛话前集》卷一九，人民文学出版社1962年版，第123页。

② 俞陛云：《诗境浅说》丙编，北京出版社2016年版，第76页。

③ 〔唐〕刘禹锡：《竹枝词九首并引》，见〔唐〕刘禹锡撰，陶敏、陶红雨校注《刘禹锡全集编年校注》卷五，中华书局2019年版，第546页。

④ 〔宋〕欧阳修、〔宋〕宋祁：《新唐书》卷一六八《刘禹锡传》，中华书局2000年版，第3980—3981页。

⑤ 〔唐〕刘禹锡：《竞渡曲》，见〔唐〕刘禹锡撰，陶敏、陶红雨校注《刘禹锡全集编年校注》卷三，中华书局2019年版，第316页。

⑥ 〔唐〕刘禹锡：《采菱行》，见〔唐〕刘禹锡撰，陶敏、陶红雨校注《刘禹锡全集编年校注》卷三，中华书局2019年版，第322页。

首，里中留与赛蛮神”[①]、“云雨江湘起卧龙，武陵樵客蹑仙踪。十年楚水枫林下，今夜初闻长乐钟”[②]、“谪在三湘最远州，边鸿不到水南流。如今暂寄尊前笑，明日辞君步步愁”[③]、“振蛰春潜至，湘南人未归”[④]。刘禹锡对楚地文化的接受热情由此可见一斑。诗到元和体变新，元和诗人创作风格的新变，与他们谪居楚地并广泛学习借鉴当地文化有十分密切的关系。

对于屈原、刘禹锡学习改造民间歌舞在中国文学史乃至文化史上的意义，任半塘在《唐声诗》一书中有深入细致的分析，他指出：

> 屈原在沅湘，留意民间歌舞，采其声容，广其情志，作《九歌》，影响后世文学者颇著。唐刘禹锡在建平，追踪屈原，亦留意民间歌舞，采其声容，广其情志，作《竹枝》九篇，远近传唱。当时之功，已特昭显。若就影响后世之歌诗作业言，较诸屈原《九歌》所有，则文献足征，领域尤广！后世《竹枝词》之拟作，名目繁多，都循描写地方风土人情一端发展，垂清末不衰。……因此，黄庭坚重其“风声气俗”，而尊为“齐梁乐府之将帅”，语虽有病，识固超人。从知刘氏之作《竹枝》，实声诗中一件彪炳之业！自后凡较进步之作家，咸知联系民间，模拟民间，已相率形成历史传统。其义之可贵，过去晦而不彰，今已人所共晓，惟于此项优良传统之启迪者，应知不仅《楚辞》之屈，犹有声诗之刘也。[⑤]

屈原开创了向民间学习的优良传统，而刘禹锡将这一传统发扬光大。这个发现深刻地反映出刘禹锡对楚地文化的热爱与接受，其将楚地文化与当时地方风俗紧密结合，创作出众多为当地人所喜闻乐见的文学作品。这些作品传播广泛，有力地提升了地方文化的知名度，促进了当地的社会发展，

---

① 〔唐〕刘禹锡：《别夔州官吏》，见〔唐〕刘禹锡撰，陶敏、陶红雨校注《刘禹锡全集编年校注》卷五，中华书局 2019 年版，第 559 页。

② 〔唐〕刘禹锡：《元和甲午岁诏书尽征江湘逐客，余自武陵赴京，宿于都亭，有怀续来诸君子》，见〔唐〕刘禹锡撰，陶敏、陶红雨校注《刘禹锡全集编年校注》卷四，中华书局 2019 年版，第 345 页。

③ 〔唐〕刘禹锡：《赴连州途经洛阳诸公置酒相送张员外贾以诗见赠率尔酬之》，见〔唐〕刘禹锡撰，陶敏、陶红雨校注《刘禹锡全集编年校注》卷一，中华书局 2019 年版，第 94 页。

④ 〔唐〕刘禹锡：《元日感怀》，见〔唐〕刘禹锡撰，陶敏、陶红雨校注《刘禹锡全集编年校注》卷五，中华书局 2019 年版，第 466 页。

⑤ 任半塘：《唐声诗》，上海古籍出版社 2006 年版，第 4—5 页。

提升了地区的文化水平与文明程度。随后，刘禹锡被贬谪到岭南的连州，将楚地文化带到了贬谪之所。岭南文化的发展与繁荣离不开中原文化与楚骚文化广泛而深刻的影响。

屈原及其代表的楚地文化随着后世文人的迁岭而被带到了西江流域。南宋迁岭文人刘克庄在《落梅》诗中写道：

> 一片能教一断肠，可堪平砌更堆墙？飘如迁客来过岭，坠似骚人去赴湘。乱点莓苔多莫数，偶粘衣袖久犹香。东风谬掌花权柄，却忌孤高不主张。[1]

刘克庄在这首《落梅》诗中敏锐地感受到了“迁客过岭”与“骚人赴湘”的内在联系，他们像是风中的落梅随风飘落，无法把握自己的命运，而控制迁客与骚人命运的最高统治者不正似“谬掌花权柄”的东风一样吗？此风将他们贬谪到岭南与潇湘，后世迁岭文人的命运正是在这个方面与投江自尽的屈子有相通之处：他们都是信而见疑、忠而被谤，能无怨乎？故忧愁幽思而进行文学创作。

刘克庄这种敏锐的发现触动了统治者敏感的神经，故而遭受贬谪的命运，据载：“宝、绍间，《中兴江湖集》出，刘潜夫诗云：‘不是朱三能跋扈，只缘郑五欠经纶。’又云：‘东风谬掌花权柄，却忌孤高不主张。’……当国者见而恶之，并行贬斥。”[2] 此时的刘克庄很自然地将自己的命运与前辈迁岭文人刘禹锡联系到一起，在诗中吟咏道：

> 梦得因桃数左迁，长源为柳忤当权。幸然不识桃并柳，却被梅花累十年。[3]

刘克庄因咏梅花遭贬谪，刘禹锡因咏桃花遭贬谪，屈原因贬谪而以香草美人自喻，他们都托物言志，将自己的命运与自然联系在一起。天人合一，

---

① 〔宋〕刘克庄：《落梅》，见〔宋〕刘克庄著、辛更儒校注《刘克庄集笺校》卷三，中华书局2011年版，第2册，第162页。

② 〔宋〕罗大经著、王瑞来点校：《鹤林玉露·乙编》卷四“诗祸”条，中华书局1983年版，第188页。

③ 〔宋〕刘克庄：《病后访梅九绝》其一，见〔宋〕刘克庄著、辛更儒校注《刘克庄集笺校》卷一〇，中华书局2011年版，第3册，第578页。

万物静观皆自得，四时佳兴与人同。外在的自然景观与内在的诗人情感融合到一起，就使过岭的迁客与赴湘的骚人一样，在抒发自我感情的同时也塑造了一个民族的文化性格，他们把当地的自然山水、民风民俗、山川形势、地理环境都融入自己的作品中，从而代表了一个地域的文化精神。正如屈子是楚地文化的代表一样，历史上的迁岭文人大多成了西江流域的文化代表，柳宗元之于柳州，颜延之、李商隐、张孝祥、范成大、王正之之于桂林，宋之问、沈佺期、杜审言、黄公度、朱敦儒之于端州，苏轼、苏辙、秦观之于梧州，蔡确、胡铨、胡寅之于新州，刘克庄之于广州，这些迁岭文人或在此地流连，或长期寓居此地，或为政一方、治理当地，或短暂停留、吟咏风物，或贬谪此地，或宦游到此，或逃难到此，他们或兴办学校、聚众授徒，或发愤著书、立德立言，或登山临水，吟咏风物，都为西江流域社会变迁与文化发展留下了一笔厚重的遗产。他们在此地表现出来的文化性格与人生思考为世人关注、反思与效仿，产生了广泛而深远的影响，从而在某种程度上塑造了一个民族的文化性格。迁岭文人之于西江流域的文化意义，正像屈原之于楚文化的意义一样，值得世人永久铭记与深刻缅怀。

迁岭文人在西江流域社会变迁与文化发展史上的意义主要体现在哪些方面呢？这让我想起了唐德刚的一段话，他是这样说的：

> 我幼读《大学衍义》中之名句，什么“为天地立心，为生民立命”等等，总认为它是宋儒“天人合一”等伟大的空话之另一章。及长历尽忧患，逋逃绝域，接触既广，涉猎亦多。午夜沉思，对少年期田园所习，竟时多反思。每觉我古圣先哲之名言，实多出于超人智慧与非常体验，不可以“伟大空话”“封建唯心”等伟大的空话，把他们一竿子打翻。……胡适在中国文化史上第三类的贡献，便是他与社会和时代交互为用的集体贡献，一种宗师型的“划时代的贡献”。他开拓了一个时代，而这时代却是历史和社会栽培他、呵护他和扶持他而集体创造出来的结果。很自然的，他也就变成这个时代的发言人了。这一阶层的贡献，实在是思想界、学术界对民族文化和人类集体文明最高形式的贡献——也可说是“圣贤阶层”的贡献。我们要“为天地立心，为生民立命”，换言之，要找出个“民族共同意识”和新的“民族生活方式”，上帝既然不能替我们代劳，我们就只好自

己动手了。①

值得一提的是，“为天地立心，为生民立命，为往圣继绝学，为万世开太平”，不是一个人的事，也不是一朝一夕就能够完成的。但是，一个民族的文化发展，民族性格的形成，显然离不开这些社会精英、“圣贤阶层”在其中做出的重大贡献和起到的重要作用。一个民族如此，一个地域也是如此。人的能力有大小，贡献也有大小，总的来说，这些迁岭南来的社会精英，有些甚至是文化巨人，大多具有“超人智慧与非常体验”，代表了当时先进的思想文化与科学水平，他们来到当时相对落后的西江流域，或贬谪，或宦游，或逃难，或为幕僚，或为长官，或为移民，大多能够受到当地人们的敬仰、效仿与学习，成为当地人仰慕学习的榜样。榜样的力量是无穷的，他们做出的贡献也是巨大的。

第三节 “南渡”“北归”：“唐音”“宋调”转变的重要因素

柳宗元寓居楚地的永州十年，对楚地风物与屈原精神有深切的了解与情感认同，他时常将自己的命运与屈原进行比较，从中寻找心灵的避难所与精神的栖息处。他从楚地赴京途中经过汨罗，自然而然地就想起了屈原，写下了这首感人肺腑的诗歌，诗云：“南来不作楚臣悲，重入修门自有期。为报春风汨罗道，莫将波浪枉明时。”② 诗中的“楚臣”即自沉汨罗江而死的屈原，他的悲苦生活遭遇令柳宗元心中充满了同情之感，他引用《楚辞》宋玉《招魂》中语：“魂兮归来，入修门兮。”柳宗元在此诗中庆幸自己可以“重入修门”“不作楚臣悲”，与屈原对比，此时的柳宗元感到自己是幸运的，遇到了“春风”“明时”，反映了柳宗元对北归之后美好充实生活的向往与期待。这样的感情在柳宗元的《诏追赴都二月至灞亭上》有更加充分的表现，诗云：“十一年前南渡客，四千里外北归人。诏书许逐阳和至，驿路开花处处新。”③ 柳宗元“南渡”十一年后终于可

① ［美］唐德刚：《胡适的历史地位与历史作用》，见《历史的“三峡”》，中国文史出版社2020年版，第118—119页。

② 〔唐〕柳宗元：《汨罗遇风》，见《柳宗元集》卷四二，中华书局1979年版，第1149页。

③ 〔唐〕柳宗元：《诏追赴都二月至灞亭上》，见《柳宗元集》卷四二，中华书局1979年版，第1154页。

以“北归”了，让他北归的诏书使他感觉生活如此美好，风物如此迷人，处处充满了阳光与鲜花。我们从中可以感受当时的迁谪文人对“南渡”生活的恐慌与惧怕，对“北归”生活的热爱与向往。

为何“南渡”“北归”生活在迁谪文人心中有如此巨大的差距呢？笔者认为主要有两个方面的原因：一是“北归”可以在政治、经济、文化中心的京城长安为官，长安的物质生活优厚、文化生活丰富、政治地位较高，到处都有生机与希望，充满了向上提升的空间与实现自我价值的机会，可以有力地提升自己的政治地位、增加自己的经济收入，可以与广大才高学富的名流巨卿交游唱和，搭建自我提升的平台，寻找到发展的机会，从而丰富自己的政治、经济、文化生活。白居易流寓到江州时听到夜弹琵琶者“铮铮然，有京都声”，马上心中有感，确认对方是“长安”倡女后，产生了“同是天涯沦落人”之感，长安生活给他留下了美好的回忆与价值认同。由此可见“北归”的京都生活是美好充实的，而“南渡”生活则是“天涯沦落”、是“黄芦苦竹”。二是“南渡”后的生活地区大多生活环境恶劣，蛮山瘴水、疾病丛生、文化落后、物质贫乏、民风愚昧，有较高文化教养的士大夫身处其中难以自处。韩愈在《顺宗实录》卷五中的一段记载，反映了时人对岭南瘴疠之地的普遍心理：“执谊自卑，尝讳不言岭南州县名。为郎官时，尝与同舍郎诣职方观图，每至岭南图，执谊皆命去之，闭目不视。至拜相还，所坐堂北壁有图，不就省七八日。试就观之，乃崖州图也。以为不祥，甚恶之，惮不能出口。至贬，果得崖州焉。”① 而白居易诗中所谓“春江花朝秋月夜，往往取酒还独倾。岂无山歌与村笛，呕哑嘲哳难为听”②，可以说是唐代“南渡”士人普遍的生活方式与人生感受，由此可以理解为何柳宗元从荒蛮之地“诏追赴都”时心胸如此开朗，欢喜之情溢于言表。

但是，天有不测风云，宦海风波险恶，接下来柳宗元的命运更加悲苦，他被贬谪到了西江流域的柳州。在《衡阳与梦得分路赠别》一诗中，柳宗元表达了自己要再次“南渡”到更加遥远、更加蛮荒、更加偏僻的西江流域时的悲苦之情：

---

① 〔唐〕韩愈：《顺宗实录》卷五，见〔唐〕韩愈著、马其昶校注、马茂元整理《韩昌黎文集校注》文外集下卷，上海古籍出版社 2014 年版，第 806 页。

② 〔唐〕白居易：《琵琶引·并序》，见谢思炜《白居易诗集校注》，中华书局 2006 年版，第962 页。

十年憔悴到秦京，谁料翻为岭外行。伏波故道风烟在，翁仲遗墟草树平。直以慵疏招物议，休将文字占时名。今朝不用临河别，垂泪千行便濯缨。①

到了西江流域后，当地山尖、水热、雾多而又独具风貌的地域环境并未减低柳宗元的骚怨情绪，下列诗句比较典型地反映了柳宗元寓居西江流域的生活环境及其心迹情感：

临蒸且莫叹炎方，为报秋来雁几行。林邑东回山似戟，牂牁南下水如汤。蒹葭淅沥含秋雾，橘柚玲珑透夕阳。非是白蘋洲畔客，还将远意问潇湘。②

连璧本难双，分符刺小邦。崩云下漓水，劈箭上浔江。负弩啼寒狖，鸣枹惊夜狵。遥怜郡山好，谢守但临窗。③

越绝孤城千万峰，空斋不语坐高舂。印文生绿经旬合，砚匣留尘尽日封。梅岭寒烟藏翡翠，桂江秋水露鳎鳙。丈人本自忘机事，为想年来憔悴容。④

再看其《登柳州城楼寄漳汀封连四州》，诗云："城上高楼接大荒，海天愁思正茫茫。惊风乱飐芙蓉水，密雨斜侵薜荔墙。岭树重遮千里目，江流曲似九回肠。共来百越文身地，犹自音书滞一乡。"⑤ 在西江流域的柳宗元是寂寞的，而寂寞之中的柳宗元想要找好友来一倾衷肠都不可得。此时的好友韩泰、韩晔、陈谏、刘禹锡分别在漳州、汀州、封州、连州担任刺史，而柳宗元在西江流域的柳州，不仅地理位置上与好友们相隔遥远，而且当时政治形势波谲云诡、险象环生，这些参加永贞革新的仁人志士信而

① 〔唐〕柳宗元：《衡阳与梦得分路赠别》，见《柳宗元集》卷四二，中华书局1979年版，第1159页。

② 〔唐〕柳宗元：《得卢衡州书因以诗寄》，见《柳宗元集》卷四二，中华书局1979年版，第1167页。

③ 〔唐〕柳宗元：《答刘连州邦字》，见《柳宗元集》卷四二，中华书局1979年版，第1168页。

④ 〔唐〕柳宗元：《柳州寄丈人周韶州》，见《柳宗元集》卷四二，中华书局1979年版，第1165—1166页。

⑤ 〔唐〕柳宗元：《登柳州城楼寄漳汀封连四州》，见《柳宗元集》卷四二，中华书局1979年版，第1165页。

见疑、忠而被谤，能无怨乎？骚怨之情就在思乡怀友之作中喷薄而出，沛然莫之能御。世人评价此诗时自然而然地联想到了屈原楚辞中的风神意态与创作方法。俞陛云评析此诗：

> 子厚柳州诗多哀怨之音。起笔音节高亮，登高四顾，有苍茫百感之概。三四言临水芙蓉，覆墙薜荔，本有天然之态，乃密雨惊风，横加侵袭，致嫣红生翠，全失其度。以风雨喻谗人之高张，以薜荔芙蓉喻贤人之摈斥，犹楚辞之以兰蕙喻君子，以雷雨喻摧残。寄慨遥深，不仅写登城所见也。五六言岭树云遮，所思不见，临江迟客，肠转车轮，恋阙怀人之意，殆兼有之。收句归到寄诸友本意。言同在瘴乡，已伤谪宦，况音书不达，雁渺鱼沉，愈悲孤寂矣。[①]

这个评析是非常精辟的，深刻地揭示出谪居西江流域的柳宗元在精神面貌与创作手法上对屈原及楚辞的继承与发展。

诗人的不幸，有时却是他们贬谪流寓之地人们的幸运。迁谪到西江流域且终老于此，对柳宗元来说，是极大的不幸，是他悲剧命运的集中体现。然而，事情大多具有两面性，我们如果用辩证的眼光来看问题，就会发现：贬谪到西江流域的柳州，对柳宗元来说是不幸的，但对西江流域地区的广大人民来说，却是幸运的。在《答吴武陵论非国语书》中，柳宗元以自己的人生经历为例，深刻有力地阐明了贬谪流寓生活对文人创作成就的影响，他说：“仆之为文久矣，然心少之，不务也，以为是特博弈之雄耳。故在长安时，不以是取名誉，意欲施之事实，以辅时及物为道。自为罪人，舍恐惧则闲无事，故聊复为之。然而辅时及物之道，不可陈于今，则宜垂于后。言而不文则泥，然则文者固不可少耶！”[②] 确实如此，当文人士大夫“在长安时”有机会、有条件来“施之事实，以辅时及物为道”，一旦遭受贬谪放逐，则“自为罪人，舍恐惧则闲无事，故聊复为之”。然而，文章乃经国之大业，不朽之盛事，年寿有时而尽，未若文章之无穷。“辅时及物之道，不可陈于今，则宜垂于后”，成了“南渡”之后广大遭受贬谪放逐文人的创作动力及他们在寓居之地进行文学创作的鲜明时代特征。

---

① 俞陛云：《诗境浅说》丙编，北京出版社2016年版，第76—77页。

② 〔唐〕柳宗元：《答吴武陵论非国语书》，见《柳宗元集》卷三〇，中华书局1979年版，第824页。

屈原放逐，乃赋《离骚》。广大遭受贬谪放逐的迁岭文人也在流寓之地写诗作文，教化百姓，垂范后世。深受屈原影响的柳宗元在生命的最后几年流寓到了西江流域，当时柳州经济、文化落后，民风愚昧，社会发展缓慢，柳宗元在此地没有怨天尤人、怀忧丧志，而是积极开荒拓土、发展经济、教化百姓，丰富百姓的文化生活，提高了当地人民的生活水平与地方的文明程度，充分发挥了自己作为柳州地方行政长官的职能，竭尽全力地治理柳州。至此，柳州文化才得到了明显发展，社会风貌发生了巨大改变。柳宗元把中原文明及楚地文化带到了西江流域，也把先进文明带到了当时文化相对落后的地区，以致汪森在《粤西通载·发凡》中写道："其兴文教也……若以粤西论，则宜推柳子厚始。"① 柳宗元在西江流域社会变迁与文化发展史上所做出的巨大贡献是无法磨灭的，他在西江流域的柳州具有文化始祖的崇高地位。他的一生，精彩地诠释了"辅时及物之道，不可陈于今，则宜垂于后"的理论，为"诗穷而后工"提供了一个最生动有力的注脚。

赋到沧桑句便工。柳宗元的迁岭，开拓了诗歌创作的题材，其诗歌展示出了浓郁的岭南风味，在唐代诗风演进过程中起到了重要作用。作为中唐元和诗人的代表，他的"南渡""北归"，不仅代表了士人命运的转变，也暗示了当时文化环境的差异。"北归"意味着回归，意味着人生价值得以实现，意味着富贵利禄，意味着成为人生赢家走向人生巅峰；而"南渡"则总是与流放、贬谪、逃难、贫困、疾病、落后、野蛮、愚昧联系到一起。元和诗人如韩愈、柳宗元、刘禹锡和白居易大多在波谲云诡的政治形势下饱经"南渡""北归"的变化无常之苦。浮沉起伏，跌宕不居的命运使他们对人生、社会、历史、宇宙、万物进行了深刻的哲理思考，并以哲人的心灵去感受生活，以诗人的笔墨来抒发情感，表现出更加旷达理智的人生态度与行事作风，这也是中唐诗歌风貌转变的一大原因。

屡经"南渡""北归"之旅的中唐诗人在诗中表现出更多的理性精神，他们的诗歌风貌也因此而充满了理趣，在筋骨思理方面影响到宋诗，从而与风神情韵见长的盛唐诗歌区别开来了②。从"唐音"到"宋调"的

① 〔清〕汪森编辑，黄盛陆、石恒昌等校点：《粤西文载校点》（一），广西人民出版社1990年版，第7页。

② 钱钟书指出："唐诗、宋诗，亦非仅朝代之别，乃体格性分之殊。天下有两种人，斯分两种诗。唐诗多以丰神情韵擅长，宋诗多以筋骨思理见胜""高明者近唐，沉潜者近宋"。（钱钟书：《谈艺录》，中华书局1984年版，第2—3页）

转变，中唐诗人的创作是其中重要的一环，而他们不断经受“南渡”“北归”的生活遭遇、起伏不定的命运遭际、深刻细致的人生思考、丰富复杂的文化性格则是我们研究唐宋诗风转变时值得重视的关键因素。

第四章　文化、风物与文学：以迁岭文人生命意识为视角的研究

西江流域地区广大，文化发展是不平衡的。有些地区如梧州文化开发早，社会发展程度高，是人文荟萃之地。有些地区文化开发晚，就显得比较蛮荒落后，成了贬谪流放之地，或游幕寄食之所，是迁客逐臣的苦难之乡。

有情天地内，多感是诗人。诗人是多感、善感、敏感的，他们的生命意识在流寓时期的文学创作中体现得非常突出。生命意识是时间意识、苦难意识、忧患意识与超脱意识的融合，是一种对生命本体的忧思。迁岭文人被贬谪流寓到西江流域时，他们对时间流逝、人生忧患的感受特别深刻，需要从苦难中解脱出来的愿望尤其迫切。

第一节　贤者不得志于今，必取贵于后：西江流域社会变迁与迁岭文人的双向互动

中唐贬谪流寓到西江流域的迁岭文人时常对当地风物表现出一种疏离感、恐惧感，忧心忡忡、前途未卜，内心充满了悲怨之情以及深沉的人生感慨，他们此时创作的诗歌情真意切、感人至深。

试看元和五大诗人之一的柳宗元沦落到西江流域的抒情之作：

瘴江南去入云烟，望尽黄茅是海边。山腹雨晴添象迹，潭心日暖长蛟涎。射工巧伺游人影，飓母偏惊旅客船。从此忧来非一事，岂容华发待流年。①

圣代提封尽海壖，狼荒犹得纪山川。华夷图上应初录，风土记中

① 〔唐〕柳宗元：《岭南郊行》，见〔清〕汪森编《粤西诗载》卷一三，《四库全书》影印文渊阁本第1465册，上海古籍出版社1987年版，第181页。

殊未传。椎髻老人难借问，黄茅深峒敢留连。南宫有意求遗俗，试检周书王会篇。①

官情羁思共凄凄，春半如秋意转迷。山城过雨百花尽，榕叶满庭莺乱啼。②

郡城南下接通津，异服殊音不可亲。青箬裹盐归峒客，绿荷包饭趁虚人。鹅毛御腊缝山罽，鸡骨占年拜水神。愁向公庭问重译，欲投章甫作文身。③

这些思想感情在柳宗元诗歌中十分普遍，形成了柳诗中的骚怨精神。面对放逐的命运，柳宗元与屈原有一脉相承的继承关系，他在描写西江流域的诗歌中也体现出了《离骚》中的幽怨之情。

除此之外，柳宗元诗歌中对西江流域山水景物、人情风俗的描写也十分引人注目，在中国诗歌史上具有十分重要的意义。正如莫砺锋指出：

虽然（柳宗元）诗中流露出浓重的贬谪之愁，但对异乡风俗的描写细腻真切，如同一幅幅风俗画。若将它们与柳诗中的山川风景合而观之，南方的全貌就活色生香地呈现在目前。韩愈虽也两度南谪，但一则来去匆匆，二则无心刻画，韩诗对南方风物的描写远不如柳诗这般亲切生动。人们都说柳宗元的《永州八记》是唐代山水游记类古文的重要成就，然而它们仅描写自然风景而不及风土人情。柳宗元的诗歌则从自然与社会两个维度对南方进行了全方位的描写，此类题材虽非柳宗元首创，但其开掘深度则远过前人。④

柳宗元将自己的身世之感、仕途沦落之悲、对故乡亲友的思念等深厚情感并入对西江流域自然环境、风俗民情、山川风物的生动描写之中，他在西江流域用高妙的艺术手法呈现当地风物，并将自己生活其间的真挚动人的

① 〔唐〕柳宗元：《南省转牒欲具注国图令尽通风俗故事》，见〔清〕汪森编《粤西诗载》卷一三，《四库全书》影印文渊阁本第1465册，上海古籍出版社1987年版，第181页。

② 〔唐〕柳宗元：《柳州二月榕叶落尽偶题》，见《柳宗元集》卷四二，中华书局1979年版，第1172页。

③ 〔唐〕柳宗元：《柳州峒氓》，见《柳宗元集》卷四二，中华书局1979年版，第1169—1170页。

④ 莫砺锋：《中唐诗坛上的韩潮柳江》，见《莫砺锋文集》卷二《古典文学论集》（上），凤凰出版社2019年版，第496—497页。

情感也传达出来了，从而使得他的诗歌永远地与西江流域联系在了一起，在中国诗歌史乃至中国文化史上永垂不朽，成为西江流域社会变迁与文化发展的鲜活见证与重要成果。

当然，人是复杂的统一体，骚怨精神是柳宗元迁谪西江流域的主要特点，但不是唯一的特点，柳宗元谪居西江流域的作品中也不乏清新明朗、自嘲自解之作。这首《柳州城西北隅种甘树》就颇有陶渊明躬耕自资、倔强不屈的风神意态：

> 手种黄甘二百株，春来新叶徧城隅。方同楚客怜皇树，不学荆门利木奴。几岁开花闻喷雪，何人摘实见垂珠？若教坐待成林日，滋味还堪养老夫。①

在蛮山瘴水之地，柳宗元想到通过种柑树来养活自己，并写入诗中，可谓妙趣横生，诗人潇洒自如的风神意态、旷达多智的精神气质也确实令人向往。清人吴闿生《古今诗范》卷十六揭示出此诗的妙处：

> 深文曲致，盖恐其久谪不归，而词反和缓，所以妙也。②

此诗除了词义和缓外，还表现了诗人高洁的人品与热爱劳动的性格，充分认识到功不唐捐，一分耕耘，一分收获，要什么收获就怎么耕耘的良好心态。

关于楚地及西江流域等南方蛮荒之地与迁谪流寓文人生命意识的内在关系，叶嘉莹有深入浅出的评述。她指出：

> 我顺便提一提刘禹锡的《伤愚溪》。柳宗元不是和刘禹锡有同样被贬的命运吗？可是柳宗元那么早，四十几岁就死了，而刘禹锡活过了七十岁……《伤愚溪》的前面有一个很短的序文，说："故人柳子厚之谪永州，得胜地，结茅树蔬，为沼沚，为台榭，目曰愚溪。柳子没三年……"他说我的老朋友柳宗元号叫做子厚，当他被贬谪到湖南的永州，得到一个山水很美好的地方。你要知道，中国古人不是常常

① 〔唐〕柳宗元：《柳州城西北隅种甘树》，见《柳宗元集》卷四二，中华书局1979年版，第1182页。

② 参见孟二冬选注《韩愈柳宗元诗选》，中华书局2006年版，第227页。

> 被贬官吗？因为中国的首都在北方，像唐朝首都在长安，北宋首都在今开封，从文化说起来，中国是从黄河流域文化发展起来的，南方的文化发展比较晚，比较落后，所以那个时候贬官都是贬到南方去，贬到那些蛮荒的，没有开化的地方，就是四川、湖南、贵州、云南等这些地方。可是你今天旅游去这些地方，就觉得这个地方的风景很美嘛！……但是古代的人如果被贬官到这里，他们会以为这是很不幸的。这就是苏东坡所以了不起之处，苏东坡被贬到海南岛，他说："九死南荒吾不恨，兹游奇绝冠平生。"（《六月二十日渡海》）我就是在这里九死一生，来到这样蛮荒的地方，我也不觉得有什么可遗憾的，这一次的游玩到了海南岛，看到的是中原从来看不到的地方，所以是"奇绝"，是我平生所见的山水中最美丽的。从这方面看，他们贬官的地方实在都是山水很美的，所以说柳宗元在这里是得到"胜地"。于是他就"结茅树蔬"，这个地方当然很荒凉，没有很好的住宅，所以他就要结茅草自己盖房子，自己要种树、种菜；"为沼沚，为台榭"，在这里开辟了小的河流小的池子，建筑几个高台，这样就可以欣赏山水了。①

这段评述有两个要点：一是南方文化落后，是古代文人贬谪之所；二是南方风景优美，逐臣迁客可以在此欣赏山水。莫砺锋也有类似的观点，他在《"刘柳"与潇湘》一文中提出：

> 从古以来，"潇湘"就有两大地域文化特征：一是地方僻远，蛮荒色彩较浓，往往成为朝廷流放官员之地……二是山川秀丽，环境清幽。②

可以说，"潇湘"的这两大文化特征同样也是西江流域的地域文化特征。

由此，我们可以归纳出西江流域与楚地地域文化的三大共同点。

一是在古代它们都属蛮荒之地，文化落后、巫风盛行、民风愚昧，都是逐臣罪人的贬谪之所。唐代迁岭文人刘禹锡指出：

---

① 叶嘉莹：《叶嘉莹说中晚唐诗》，中华书局2015年版，第51—52页。

② 莫砺锋：《"刘柳"与潇湘》，载《复旦学报》2018年第5期，第96页。

世称张曲江为相，建言放臣不宜与善地，多徙五溪不毛之乡。及今读其文，自内职牧始安，有瘴疠之叹；自退相守荆门，有拘囚之思，讬讽禽鸟，寄词草树，郁然与骚人同风。[①]

张九龄之所以有此建言，在于之前就有放臣于蛮荒之地的传统。流寓楚地的以屈原、贾谊为代表；流寓西江流域的以虞翻、颜延之、宋之问、沈佺期、杜审言为典型。有趣的是，后来张九龄自己也被贬谪流寓到西江流域的始安。在张九龄建言之后，更多的士人来到了岭南地区，其中尤其以韩愈、柳宗元、李商隐、苏轼、黄庭坚、洪迈、朱敦儒、黄公度、胡铨、范成大、杨万里、刘克庄最为著名。有的曾经流寓贬谪到楚地与西江流域这两个地区，最著名的莫过于柳宗元、刘禹锡，他们两人都被贬谪到楚地，楚地的永州在当时看来可以说是蛮荒落后之区。后来柳宗元、刘禹锡又流寓到西江流域，自然而然地将楚地文化也带到了西江流域。

二是这两地都在南方，相对于中原地区而言，这些地方山水秀丽，风景优美，自然资源丰富，气候宜人。秦征南越，设郡施治，岭南进入了有文字记载的时代。司马迁在《史记·货殖列传》中记载了楚地及岭南的风物土产与当地人的生活方式："楚越之地，地广人希，饭稻羹鱼，或火耕而水耨，果隋蠃蛤，不待贾而足；地埶饶食，无饥馑之患，以故呰窳偷生，无积聚而多贫。是故江、淮以南，无冻饿之人，亦无千金之家。"[②]这段文字记载了楚越之地在秦汉时期的自然环境与当地人们的生存状态。

三是当初流寓迁谪文人来到此地大多是被迫的，充满着恐惧无奈甚至悔恨、苦痛的心情，但是他们来到此地之后大多能够"既来之，则安之"，兢兢业业地为当地百姓服务，改变陋俗、兴利除弊，发展经济、治理农业、开展教育，聚众授徒、著书立说。发愤著书，"将岭南的山水之美与流放之感融为一体，由此萌生了对地方的同情以及对其优越性的发现"[③]。除此之外，迁岭文人在西江流域还致力于改变陋俗陋习，对西江流域风物民情及生活环境进行了大量改善，从而有力地促进了当地的社会变迁与文化发展。也正由于大量放逐之臣来到了"五溪不毛之乡"，这些地区才发展成了鱼米之乡的"善地"，这或许正是文人迁岭的巨大贡献所在。

---

① 〔唐〕刘禹锡：《读张曲江集作并引》，见〔唐〕刘禹锡撰，陶敏、陶红雨校注《刘禹锡全集编年校注》，中华书局2019年版，第265页。

② 〔汉〕司马迁：《史记》卷一二九《货殖列传》，中华书局2000年版，第2472—2473页。

③ ［日］户崎哲彦：《唐代岭南文学与石刻考》，中华书局2014年版，第6页。

我国社会经济、文化的重心由北到南的转移，离不开这些流寓文人的努力与贡献，当然也让他们付出了眼泪与心血，甚至是生命。值得一提的是，不仅仅是迁谪流寓文人把先进的文明带到了蛮荒之地，蛮荒之地普通民众的智慧与纯朴也带给了迁谪流寓文人心灵的启迪与安慰，这是他们在都城、中央地区所不能感受到的人生体验。

综合史料和迁岭文人的创作实践，笔者发现：西江流域社会变迁与迁岭文人是双向互动的关系。他们在双向影响中激活了地域文化，促进了社会变迁。一方面，迁岭文人把先进的文化带到了西江流域；另一方面，西江流域也给予了迁岭文人栖居之所与展示、提高自我能力的广阔天地。所谓“下下人有上上智，上上人有没意智”[①]，生活在蛮荒之地的“下下人”虽然不一定识字，但他们识事，有丰富的生活经验、独特的生命体验与底层生活的人生智慧，往往能够回归生活本真，活出生活的本来面目，活得简单、真实、纯粹、实在、坦荡，具有很强的生命力，很能适应现有的生活环境，活得更加快乐与幸福，而“快乐与幸福”岂不就是美好生活的本来目的吗？故我们可以说“下下人”往往能拥有更高的智慧。而“上上人”往往被现实生活的荣华富贵、浮名浮利、钩心斗角、尔虞我诈弄得虚苦劳神，遮蔽了心灵，在贪、嗔、痴中迷失了自我，被过多的欲望吸引了注意力，忽略了生活的本真，从而“没意智”。故往往下下人的“上上智”能够打开“上上人”的“没意智”。

不可否认，自从迁岭文人来到蛮荒之地，他们的人格得以提升，胸襟得以开阔，阅历得以丰富，见解更加深刻，体验更加细腻，情感更加深沉，创作出来的作品也更加动人，这些都离不开“下下人”中“上上智”的因素在其中起到的作用。韩愈、柳宗元、苏轼、黄庭坚等人在迁谪流寓的作品中都写到过下层小人物的生存智慧。柳宗元对“下下人”的“上上智”有许多生动具体的记述，并因此而悟出许多人生道理，有时甚至为自己作为社会精英的士大夫反而不如下层百姓而感到羞愧悼惜。试看他在《与李翰林建书》中所说：

明时百姓，皆获欢乐；仆士人，颇识古今理道，独怆怆如此。诚不足为理世下执事，至比愚夫愚妇又不可得，窃自悼也。[②]

---

① 〔唐〕慧能著、郭朋校释：《坛经校释》，中华书局 1983 年版，第 16 页。

② 〔唐〕柳宗元：《与李翰林建书》，见《柳宗元集》卷三〇，中华书局 1979 年版，第 802 页。

从“明时百姓，皆获欢乐”与“仆士人，颇识古今理道，独怆怆如此”的对比中，柳宗元自己就得出了“至比愚夫愚妇又不可得”的结论。虽然，柳宗元在这里是说人生境遇的差别，说自己的生活状态比不上“明时百姓”“愚夫愚妇”。但我们结合孔子所说的“君子坦荡荡，小人长戚戚”及儒家所提倡推崇的“孔颜乐处”“君子固穷”“安贫乐道”的价值观来看，孰为君子，岂非一目了然。相同的生活环境，“明时百姓”“愚夫愚妇”尚且能够“皆获欢乐”，而作为“士人”的柳宗元却“怆怆如此”，人生境界的高下昭然若揭。人生识字忧患始，柳宗元因“颇识古今理道”，他的人生忧患也就比普通百姓要多，“独怆怆如此”的结局也是很自然的，这种忧患体现了当时的社会精英贬谪流寓到西江流域时的社会责任感与事业心，这是“愚夫愚妇”所不具备的。

在孔子看来，“欢乐”不仅是一种心情，而且还是一种人生境界，是道德的境界，是君子品格的具体表现，在一定程度上契合了美好生活的本质。“学而时习之，不亦说乎？有朋自远方来，不亦乐乎？人不知而不愠，不亦君子乎？”三个“不亦”就说明了君子是欢乐的，欢乐喜悦是内心的情感，也是君子境界的具体表现。陶渊明的《五柳先生传》之所以能够成为千古至文，就在于陶渊明在此文中表现了自我的人格形象，从中我们可以看出陶渊明在“环堵萧然，不蔽风日。短褐穿结，箪瓢屡空”的物质生活极度贫困的环境下却能够“欣然忘食”“晏如也”“常著文章自娱”“乐其志”①，他在短短一百多字的文章内一再呈现自己欢喜宁静的心情，是后世读书人的高标典范。柳宗元深受孔子儒家思想的影响，也热爱崇敬陶渊明。因此，柳宗元认识到自己在相同的生存环境下，“独怆怆如此”“至比愚夫愚妇又不可得”，可以说这既是他内心情感与当地百姓的差异的反映，也体现了他在人生境界方面与下层百姓的区别。而身为“士人”的迁岭文人们常常在蛮瘴之地对人生、历史、社会进行深刻的哲理思考，他们大多善于观察、对比、反思，从自己的生存困境出发，观察周围百姓、“愚夫愚妇”的生活状况，从“明时百姓，皆获欢乐”中反观自己的生存处境与心绪情感，就会真切感受到“愚不可及”“未若贫而乐”的人生道理，自然而然就会放低身段，虚心诚意地向下层百姓学习生活的智慧、人生的真意、摆脱生存困境的方法，并通过文学创作将这种心灵体验、生活

① 〔晋〕陶渊明：《五柳先生传》，见袁行霈《陶渊明集笺注》，中华书局2003年版，第502页。

方式、生存状态生动形象地呈现出来，对荒蛮之地的百姓生活及自我贬谪流寓中的心路历程进行诗语表达与审美观照。

“贫”容易，“贫而乐”就比较难了，这既需要天生的禀赋，也要靠后天的修养。而下下人的“贫而乐”，往往出于天生的禀赋，他们长期生活在蛮瘴之地，长期以来，已经习惯了物质贫乏、饥寒交迫的生活，习惯成自然，“皆获欢乐”就是自然而然的现象了。而让作为社会精英的“士人”也要做到“贫而乐”，就需要后天的修养，需要好学的精神、顽强的毅力与不耻下问的虚心，毕竟从繁荣热闹的京都忽然被贬谪流寓到蛮山瘴水的岭南，无论是心理上还是生理上都需要有一个逐渐适应的过程。柳宗元就有一个在荒蛮瘴疠之地通过读圣贤书而逐渐适应贫困生活环境的过程，他自述：“仆近求得经史诸子数百卷，常候战悸稍定，时即伏读，颇见圣人用心、贤士君子立志之分。著书亦数十篇，心病，言少次第，不足远寄，但用自释。贫者士之常，今仆虽羸馁，亦甘如饴矣。”① 除此以外，这些“士人”在蛮瘴之地还会通过观察、领悟、体验当地百姓的生活方式、人生智慧、行为习惯，汲取有益的精神养料。

人生识字忧患始。“贫而乐”往往与“君子忧道不忧贫”联系在一起，君子有“忧”，但君子所“忧”的内容与小人不同，君子忧百姓疾苦、忧国家不兴、忧道之不行，虽忧而不戚戚于贫贱、不汲汲于富贵。柳宗元对此有深入浅出的分析，指出：

> 忧可无乎？无谁以宁！子如不忧，忧日以生。忧不可常，常则谁怿？子常其忧，乃小人戚。敢问忧方，吾将告子：有闻不行，有过不徙；宜言不言，不宜而烦；宜退而勇，不宜而恐。中之诚悬，过又不及。忧之大方，唯是焉急！内不自得，甚泰为忧。省而不疚，虽死优游。所忧在道，不在乎祸。吉之先见，乃可无过。告子如斯，守之勿堕！②

柳宗元认识到“子常其忧，乃小人戚”“所忧在道，不在乎祸”，既是受到传统儒家思想的影响，也来自贬谪流寓的生活实践。

在穷乡僻壤的蛮荒之地，迁岭文人们往往能够从中汲取到来自下层小人物的人生智慧，这种智慧来自自然、真实的现实生活，是流寓岭南文人

① 〔唐〕柳宗元：《与李翰林建书》，见《柳宗元集》卷三〇，中华书局1979年版，第802页。
② 〔唐〕柳宗元：《忧箴》，见《柳宗元集》卷一九，中华书局1979年版，第530页。

们取之不尽、用之不竭的甘泉。这正是西江流域社会变迁与迁岭文人有着深刻内在联系的集中表现，是一个值得人们深长思之的文化现象。

第二节　谈笑为故事，推移成昔年：文人迁岭的历史价值

有些迁岭文人利用自己身为地方行政长官的身份地位，脚踏实地、随遇而安、随遇而为、入乡随俗的同时又力图革除陋风陋俗，采取了一系列有利于西江流域社会、经济、文化、教育等方面发展进步的措施，为西江流域社会变迁与文化发展做出了巨大的贡献，有些人甚至成为西江流域某些地区的文化始祖。

哲学家王德峰指出：

> 人之为人，有生有死，有理性的努力，又有无常的捉弄，有理想的前引，又有命运的不可捉摸。这一切，或让人灰心丧气，最终否定人生的意义，或促进人去为这有限的生命赢得其最高的价值。每个人都必须在这两种根本的人生态度之间作出选择。①

这是一段关于人生哲学的极为精当的论述。在笔者看来，柳宗元在迁谪西江流域柳州的最后几年所做出的巨大贡献正好印证了王先生的观点：有一种人生态度与文化性格会“促进人去为这有限的生命赢得其最高的价值”。

柳宗元谪居永州十年之后，又被贬到柳州，虽然由原来的永州司马升为柳州刺史，但是柳州在当时比永州更加荒蛮、偏僻，生活环境更加恶劣，“官虽进而地益远”②。在“地益远”的西江流域，柳宗元实现了自我的人生价值。祝穆在《方舆胜览》卷三八“柳州”条指出：

> 至唐始循法度。柳河东之教化。唐多迁客。弦诵为岭南诸州冠。③

---

① 王德峰：《哲学导论》，复旦大学出版社2021年版，第100页。

② 《资治通鉴》卷二三九“宪宗元和十年”条记载了柳宗元、刘禹锡等人被贬至远州任刺史的来龙去脉：“王叔文之党坐谪官者凡十年不量移，执政有怜其才，欲渐进之者，悉召至京师。谏官争言其不可，上与武元衡亦恶之，三月乙酉，皆以为远州刺史，官虽进而地益远。”上海古籍出版社1987年版，第1643页。

③ 〔宋〕祝穆撰、〔宋〕祝洙增订、施和金点校：《方舆胜览》卷三八“柳州”，中华书局2003年版，第694页。

而唐代被贬谪到柳州最著名的迁客无疑是柳宗元，他贬谪时间之长、谪居地区之远以至最终死于贬所都很能代表唐代“迁客”的悲剧性生命体验。柳宗元的悲惨遭遇得到了后世文人广泛而深刻的同情。南宋葛立方指出：

> 柳子厚可谓一世穷人矣。永贞之初得一礼部郎，席不暖，即斥去为永州司马，在贬所历十一年。至宪宗元和十年，例召至京师，喜而成咏，所谓“投荒垂一纪，新诏下荆扉”；又云“十一年前南渡客，四千里外北归人”，是也。既至都，乃复不得用。以柳州云，由永至京，已四千里；自京徂柳，又复六千，往返殆万里矣。故赠刘梦得诗云：“十年憔悴到秦京，谁料翻为岭外行”，赠宗一诗云：“一身去国六千里，万死投荒十二年”是也。呜呼！子厚之穷极矣！观赠李夷简书云：“曩者齿少心锐，径行高步，不知道之艰，以陷于大阸。穷蹶殒坠，废为孤囚，日号而望者十四年矣。”当时同贬之士，程异为宰相，而梦得亦召用。则子厚望归之心为如何！然竟不生还，毕命于蛇虺瘴疠之区，可胜叹哉！①

柳宗元遭到贬谪，流寓到西江流域的柳州，从此他离开了朝廷，来到了西江流域的广阔天地，他再也不用与妒贤嫉能的奸臣为伍，从而能够认识结交西江流域地区的广大人民。“下下人有上上智”，柳宗元有时也能够从当地的百姓生活中悟出人生的智慧，并与他们无拘无束地交往沟通，传道授业，将自己的满腹经纶与盖世才华贡献给这片寓居的土地，从而在其中实现了自我的人生价值。

国家不幸诗家幸，赋到沧桑句便工。“那是一个没有言论自由的时代，又是一个朋党暗斗最厉害的时代。韩愈、柳宗元、刘禹锡、元稹、白居易都是那时代的牺牲者。元白贬谪之后，讽论诗都不敢作了，都走上了闲适的路，救世主义的旗子卷起了，且做个独善其身的醉吟先生罢。”② 而柳宗元、刘禹锡却与元、白不同，他们的人生光彩在贬谪流寓到荒蛮之地后更加辉赫，他们没有做“独善其身”的自了汉，而是要济苍生、拯世态，尤其是柳宗元，他人生的价值甚至可以说正是在贬谪之所才得以真正实

---

① 〔宋〕葛立方：《韵语阳秋》卷一一，见吴文治编《柳宗元资料汇编》，中华书局1964年版，第87页。

② 胡适：《白话文学史》第二编《唐朝》，见《胡适文集》（八），北京大学出版社2013年版，第343页。

现。不幸的生活遭遇促使柳宗元不平则鸣、“穷而后工”，他在贬谪流寓生活环境下进行的文学创作及其当时在西江流域社会变迁与文化发展上的杰出贡献与重要地位确实可以说是“岭南诸州冠”。

柳宗元在柳州时才真正得以实现其为国为民的政治理想。柳州虽然在当时尚属偏远蛮荒之地，但柳州刺史是四品官员，具有实权，是地方的最高行政长官。相比永州司马的六品闲差来说，柳州刺史品阶更高了，地位也更高了，最重要的是具有了治理地方的实权。作为柳州刺史的柳宗元虽然满腔悲愤，但他能很快适应地方行政长官的角色，积极为西江流域的社会变迁与文化发展做出自己的贡献。

柳宗元在柳州之所以具有“文化始祖”的地位，这既与他“柳州刺史”的身份地位息息相关，也与他高度的文学创作成就有着密不可分的联系，当然还有一个不可忽视的因素，即当时柳州的社会环境与文化发展状况。柳宗元写于西江流域柳州、桂林等地的名篇佳作有很多，如《岭南江行》《柳州东亭记》《柳州山水近治可游者记》《柳州上本府状》《井铭》《祭井文》《桂州訾家洲亭记》《登柳州城楼寄漳汀封连四州》《酬曹侍御过象县见寄》等，皆为见风韵于行间、寄感慨于字里的高标典范。西江流域的山林云水，一经柳宗元的如椽妙笔品题印可，即为名胜古迹，西江流域风物成了人文景观，令世人瞩目。

具体来说，柳宗元存诗 160 余首，其中有近 40 首作于西江流域的柳州，他在流寓生活中描写西江流域山水景物的诗歌中往往透露出其欲寻找心灵宁静的渴望。在《登柳州峨山》中，柳宗元写道：“荒山秋日午，独上意悠悠。如何望乡处，西北是融州。”① 诗中的“峨山”因柳宗元的诗句而出名。据《广西通志》卷一六《山川·柳州府·马平县》载：“鹅山，在城西二里，隔江十里，水自半岭喷出，流小河入大江，远望如双鹅飞舞。又名深峨山，唐柳宗元有诗。”② 柳宗元的这首诗被记录在《广西通志》里。在西江流域生活的柳宗元不仅安顿好了自己的这颗心，还能安慰远方的朋友，在《得卢衡州书因以诗寄托》中，柳宗元写道：“临蒸且莫叹炎方，为报秋来雁几行。林邑东回山似戟，牂牁南下水如汤。蒹葭淅

① 〔唐〕柳宗元：《登柳州峨山》，见《柳宗元集》卷四二，中华书局 1979 年版，第 1166 页。

② 《广西通志》卷一六《山川·柳州府·马平县》，见《四库全书》影印文渊阁本第 565 册，上海古籍出版社 1987 年版，第 417 页。

沥含秋雾，橘柚玲珑透夕阳。非是白蘋洲畔客，还将远意问潇湘。”① 此诗透露出柳宗元在逆境中仍然热爱朋友、热爱山水、热爱生活，读了这样的诗句也能让人心胸开阔，忘怀得失。正如夏承焘所说：“念诗词如唱歌曲，可以养性怡情。唐宋八大家几乎个个在政治上都受过许多打击，但没有一个怨气冲天，就是文学之功。”② 夏先生所言甚好！柳宗元正是这样的人，他在政治上受过许多打击，但却“没有怨气冲天”。在送别好友杜周士时，柳宗元云：“今若杜君之隅可观，而中可居，居之者德也。赞南方之理，理是以大；总留府之政，政是以光。”③ 虽是鼓励好友之语，可以说也是柳宗元的夫子自道。

南宋祝穆撰写《方舆胜览》卷三八“柳州”的“题咏”一条时，所引用的诗句大多就是柳宗元所作或品题印可柳宗元的作品，详引如下：

> 种柳柳江边。柳宗元诗：“柳州柳刺史，云云。谈笑成故事，推移成昔年。垂阴当覆地，耸干会参天。好作思人树，惭无惠化传。”寄书龙城守。唐韩愈诗：“云云，君骥何时秣。”谓子厚也。读书教蛮獠。苏子瞻诗：“莫学柳仪曹，云云。”印文生绿经旬合。柳宗元诗：“云云，砚匣留尘尽日封。”狼荒犹得纪山川。柳宗元《南省转牒令道风俗故事》诗：“圣代提封尽海壖，云云。《化夷图》上应初录，《风土记》中殊未传。椎髻老人难借问，黄茅深洞敢留连。南宫有意求遗俗，试检《周书》《王会篇》。”共来百粤文身地。柳宗元《登柳州城楼》诗云：“城上高楼接大荒，海天愁思正茫茫。惊风乱飐芙蓉水，密雨斜侵薜荔墙。岭树重遮千里目，江流曲似九回肠。云云，犹自音书滞一乡。”榕叶满庭莺乱啼。柳宗元《柳州二月榕叶落尽偶题》：“宦情羁思共凄凄，春半如秋意转迷。山城过雨百花尽，云云。”剩种庭前木槲花。前人诗：“只应长作龙城守，云云。”青箬裹盐归峒客。柳宗元《峒氓》诗：“郡城南下接通津，异服殊音不可亲。云云，绿荷包饭趁虚人。鹅毛御腊缝山罽，鸡骨占年拜水神。愁

① 〔唐〕柳宗元：《得卢衡州书因以诗寄托》，见《柳宗元集》卷四二，中华书局 1979 年版，第 1167 页。

② 琦君：《卅年点滴念师恩》，见吴无闻等编《夏承焘教授纪念集》，中国文联出版公司 1988 年版，第 157 页。

③ 〔唐〕柳宗元：《同吴武陵送前桂州杜留后诗序》，见《柳宗元集》卷二二，中华书局 1979 年版，第 593—594 页。

向公庭问重译，欲投章甫作文身。”山腹雨晴添象迹。前人《岭南江行诗》：“瘴江南去入云烟，望尽黄茅是海边。云云，潭心日暖长蛟涎。射工巧伺游人影，飓母偏惊旅客舡。从此忧来非一事，岂容华发待流年。”正北三千到锦州。柳宗元《柳州寄京中亲故》诗：“林邑山联瘴海秋，牂牁水向郡前流。劳君远问龙城地，云云。”①

贬谪流寓到西江流域的柳宗元因远离朝廷政治斗争的漩涡，故能有一份闲情逸致来题咏当地的山川风物、民风民俗、气候物产及自己身处其间的心迹情感，为他所流寓的地方提供了一笔丰富生动、亲切可喜的精神财富，使世人读了他的这些题咏，在获得审美愉悦同时对这个地区的风物与文化油然而生一份温情与敬意。

人事有代谢，往来成古今，江山留胜迹，我辈复登临。西江流域的柳州因为有了柳宗元这样的名人在此为宦寓居，故而成了风景胜地，《方舆胜览》详细记载了柳州的“风俗”“山川”“堂楼”“祠庙”“名宦”“题咏”“四六”等，这些条目大多与柳宗元息息相关，以至于西江流域的柳州“儒学冠于岭南，物产绝于天下。因柳记而夫子之教行，何拘夷俗；有韩碑而郡侯之功著，是即吏师”②。柳宗元的人生经历复杂而曲折，在宦海风波中屡遭贬谪，最终作为柳州刺史，在此地度过余生。他长期深入西江流域社会生活与生产劳动的各个方面，对当地的社会状况、地理环境、生活习惯乃至当地百姓的心理素质、文化素质都有深入的理解，并采取了大量有力的措施，推动当地生产与文化的发展。更重要的是，柳宗元寓居西江流域以后，和当地百姓长期相处，互相交融，西江流域的山林云水、地理环境、风俗习惯、社会情况、气候物产一一形诸他的笔底纸端，给他的文学创作注入了新鲜的血液，带来了新的思想意蕴与审美内涵，使他取得了更高的文学成就。柳宗元的迁岭寓岭经历印证了马克思主义关于社会存在决定社会意识的原理。文学作品在某种程度上也是特定社会意识形态的体现，柳宗元在柳州创作的文学作品，生动亲切地反映了当时的社会现实、人民生活及他自己生活在西江流域的心迹情感，这些作品已经成为当地社会变迁与文化发展的见证与重要组成部分。可以说，柳宗元成功地将

① 〔宋〕祝穆撰、〔宋〕祝洙增订、施和金点校：《方舆胜览》卷三八“柳州”，中华书局2003年版，第697—698页。

② 〔宋〕祝穆撰、〔宋〕祝洙增订、施和金点校：《方舆胜览》卷三八“柳州”，中华书局2003年版，第698页。

西江流域“作为空间形态的实体地理”转变成了“由文学家主体的审美观照后所积淀、升华的精神性‘地理’”[①]，这是他为西江流域文化发展做出的巨大贡献。

严羽指出：“唐人好诗，多是征戍、迁谪、行旅、离别之作，往往能感动激发人意。”[②] 这种说法在一定程度上是符合唐人的创作实际的。迁岭文人柳宗元流寓到西江流域的作品大多属于“迁谪、行旅、离别之作”，这些作品确实能够感发志意，让后人在读到这些作品时也能够产生相同的感动。柳宗元自己也认识到了迁谪流寓生活对其文学创作的深刻影响，自述创作经历时道：“宗元自小学为文章，中间幸联得甲乙科第，至尚书郎，专百官章奏，然未能究知为文之道。自贬官来无事，读百家书，上下驰骋，乃少得知文章利病”[③]、“仆之为文久矣，然心少之，不务也，以为是特博弈之雄耳。故在长安时，不以是取名誉，意欲施之事实，以辅时及物为道。自为罪人，舍恐惧则闲无事，故聊复为之。然而辅时及物之道，不可陈于今，则宜垂于后。言而不文则泥，然则文者固不可少耶？”[④]。这里虽然说的是“文章”创作之道，诗歌创作亦然。清风朗月不用一钱买。江山风月，本无常主，闲者便是主人。柳宗元的大多名篇佳作乃是他在“贬官来无事”的情况下创作的，“自为罪人，舍恐惧则闲无事，故聊复为之”。柳宗元在贬谪之所永州、柳州所作正印证了他的创作初衷：“辅时及物之道，不可陈于今，则宜垂于后。”韩愈充分认识到了柳宗元屡遭贬谪的遭遇对其文学创作的意义，指出：

> 子厚斥不久，穷不极，虽有出于人，其文学辞章，必不能自力以致必传于后如今，无疑也。[⑤]

① 王水照：《宋代文学研究的前沿问题——以文学与科举、党争、地域、家族、传播等学科交叉型专题为中心》，见《第八届宋代文学国际研讨会论文集》，中山大学出版社 2015 年版，第 2—4 页。

② 〔宋〕严羽著、郭绍虞校释：《沧浪诗话校释·诗评》，人民文学出版社 1961 年版，第 198 页。

③ 〔唐〕柳宗元：《与杨京兆凭书》，见《柳宗元集》卷三〇，中华书局 1979 年版，第 789 页。

④ 〔唐〕柳宗元：《答吴武陵论〈非国语〉书》，见《柳宗元集》卷三一，中华书局 1979 年版，第 824 页。

⑤ 〔唐〕韩愈：《柳子厚墓志铭》，见〔唐〕韩愈著、马其昶校注、马茂元整理《韩昌黎文集校注》第七卷，上海古籍出版社 2014 年版，第 572 页。

曾国藩非常赞同韩愈的观点，对此感叹道："因久斥极穷乃能自力于文学。"① 无论是柳宗元自己，还是韩愈、曾国藩都看到了贬谪流寓生活对柳宗元文学创作的深刻影响。我们若就前人观点触类旁通，互为印证，则会发现：不能在长安"施之事实，以辅时及物为道"的柳宗元实际上已经在贬谪流寓之所"辅时及物"了。然而，更加重要的是其人其文已垂范后世，柳宗元的道德文章已经永远留在了他曾经流寓的贬谪之所，印刻在后世仰慕敬佩他的世人心里。尤其是柳宗元晚年在西江流域柳州创作的作品风格更加雄深雅健、沉郁苍劲。"庾信文章老更成，凌云健笔意纵横"②，子厚文章亦老更成，到了西江流域的柳州后，柳宗元更加成熟稳健，他在贬官无事之余进行文学创作，西江流域的山水风物滋润了他的健笔，他用如椽妙笔来吟咏西江流域的山水风物及自己身处其中的心迹情感，用优美的诗歌文章装点了西江流域的山水风物，滋润了后世读者的心灵，为后世读者建构了一座精神的家园，在心理、观念、体制、抒情方式等各个方面都深刻地影响到随后迁岭的文人。贬谪南荒的苏轼将柳诗当作自己解脱精神苦闷的"南迁二友"之一，颇能说明柳宗元的作品在后世文人士大夫心中产生的深刻而持久的影响。

贬谪流寓到西江流域的柳宗元能够切实地投入造福当地百姓的劳动生活中去，以一个地方行政长官的身份从事体力劳动，切身体验到劳动的艰辛与收获的喜悦。而且柳宗元的劳动与他为民谋福利的思想是融为一体的，时刻想着自己的所作所为能给当地百姓与后世人民带来什么好的影响，在蛮荒偏远之地从事体力劳动时也不忘自己的初心，砥砺自己的意志，牢记自己的使命，即使身处困顿之境也要为西江流域经济文化发展做出自己应有的贡献。试看柳宗元在西江流域柳州为刺史时所作的《种柳戏题》，诗云：

柳州柳刺史，种柳柳江边。谈笑为故事，推移成昔年。垂阴当覆地，耸干会参天。好作思人树，惭无惠化传。③

① 〔唐〕韩愈：《柳子厚墓志铭》，见〔唐〕韩愈著、马其昶校注、马茂元整理《韩昌黎文集校注》第七卷，上海古籍出版社2014年版，第573页。

② 〔唐〕杜甫著、郭绍虞集解：《杜甫戏为六绝句集解》，人民文学出版社1978年版，第11页。

③ 〔唐〕柳宗元：《种柳戏题》，见《柳宗元集》卷四二，中华书局1979年版，第1171—1172页。

从此诗的诗题“戏题”到诗中的“谈笑”，到首联中四个“柳”字组合在一起的颇似打油诗式的文字游戏，乃至整首诗的内容来看，此诗都体现了柳宗元幽默诙谐、风趣达观的一面，反映了迁岭文人流寓到西江流域后力求超越自我、把握当下，服务地方、有所贡献，在蛮荒瘴疠的异域他乡也要实现人生价值的美好心愿，开启了西江流域柳州文化发展的新纪元，不能够仅以偶尔游戏之作视之。

在贬谪流寓到西江流域的柳州时柳宗元能够苦中作乐、戏题作诗，将自己的苦难当作“故事”并以“谈笑”的方式表现出来，这体现了柳宗元强大的内心世界和苦中作乐的胸襟。伟大的诗人大多具有幽默感，正如胡适评价陶渊明、杜甫时所说：“陶潜与杜甫都是有诙谐风趣的人，诉穷说苦都不肯抛弃这一点风趣。因为他们有这一点说笑话做打油诗的风趣，故虽在穷饿之中不至于发狂，也不至于堕落。”① 移用这段话来评价柳宗元也同样适当。柳宗元饱受贬谪流寓之苦，在宦海风波中沉浮挣扎，于是感悟到：“稍与人事间，益知身世轻。为农信可乐，居宠真虚荣。乔木余故国，愿言果丹诚。四支反田亩，释志东皋耕”②，“皇恩若许归田去，晚岁当为邻舍翁”③，“浮图诚有不可斥者，往往与《易》《论语》合，诚乐之……凡为其道者，不爱官，不争能，乐山水而嗜闲安者为多。吾病世之逐逐然唯印组为务以相轧也，则舍是其焉从”④。在与好友刘禹锡的赠答酬唱中，两人也表现出了颇具文人情调趣味的幽默感，刘禹锡在给柳宗元的诗歌中云：“昔日慵工记姓名，远劳辛苦写西京。近来渐有临池兴，为报元常欲抗行”⑤，表达了自己想在书法上与柳宗元一较高下的勃勃兴致，柳宗元则以诗回答刘禹锡曰：“事业无成耻艺成，南宫起草旧连名。劝君火急添功用，趁取当时二妙声”⑥，勉励好友抓紧时间用功，以便及早提高书法水平，达到和自己并驾齐驱、扬名天下的境界，既鼓励了朋友，又

① 胡适：《白话文学史》第二编《唐朝》，见《胡适文集》（八），北京大学出版社 2013 年版，第 289 页。

② 〔唐〕柳宗元：《游石角过小岭至长乌村》，见《柳宗元集》卷四三，中华书局 1979 年版，第 1194 页。

③ 〔唐〕柳宗元：《重别梦得》，见《柳宗元集》卷四二，中华书局 1979 年版，第 1161 页。

④ 〔唐〕柳宗元：《送僧浩初序》，见《柳宗元集》卷二五，中华书局 1979 年版，第 673、674 页。

⑤ 〔唐〕刘禹锡：《答后篇》，见陶敏、陶红雨校注《刘禹锡全集编年校注》，中华书局 2019 年版，第 418 页。

⑥ 〔唐〕柳宗元：《叠后》，见《柳宗元集》卷四二，中华书局 1979 年版，第 1180 页。

抬高了自己，在幽默诙谐的调笑中透露出两人深厚的友情，正是这种苦中作乐、以苦为乐的生活态度帮助他们暂时摆脱了生活的苦闷抑郁。快乐地去生活，往往就是美好的生活。正如梁漱溟自述，他的思想之所以从“古印度的出世思想”转归到“中国的儒家思想”，是由于他读儒家的《论语》时，发现《论语》不见一“苦”字，相反劈头就出现悦乐字样，其后乐之一字随处可见，这不能不引起他的思寻研味，“卒之，纠正了过去对人生某些错误看法，而逐渐有其正确认识”①。深受儒家思想影响的柳宗元深得儒家乐易之道，知道悦、乐、不愠是君子的性格特征。正是柳宗元具有这一点说笑话的诙谐风趣的性格，才使他在苦难的生存困境中超越自我的狭小天地而努力耕耘，为当地人民谋发展，做出了巨大的贡献。后世人们在读他这些幽默诙谐的作品时，既能感受到他的人格魅力，也能从中提升自己的生活境界。

《坛经》引用俗谚云：“下下人有上上智，上上人有没意智。若轻人，即有无量无边罪。”② 柳宗元“自幼好佛，求其道积三十年”③，“知释氏之道且久……因悟夫佛之道，可以转惑见为真智，即群迷为正觉，舍大闇为光明”④，自然深通《坛经》中的佛禅义理，对此禅宗要义心领神会，莫逆于心。⑤ 柳宗元在寓居西江流域为政时能够紧密联系群众，跟普通百姓融入在一起，正如韩愈所说：“柳侯为州，不鄙夷其民，动以礼法；三年，民各自矜奋：‘兹土虽远京师，吾等亦天氓，今天幸惠仁侯，若不化服，我则非人’于是老少相教语，莫违侯令。”⑥ 柳宗元充分发挥了当地百姓的聪明才智，取得了很好的政绩，赢得了当地百姓的拥护与爱戴。韩愈指出柳宗元治理柳州时“大修孔子庙，城郭巷道，皆治使端正，树以名

① 参见郑大华《梁漱溟》，见王寿南主编《中国历代思想家》现代卷（三），九州出版社2011年版，第98页。

② 〔唐〕慧能著、郭朋校释：《坛经校释》，中华书局1983年版，第16页。

③ 〔唐〕柳宗元：《送巽上人赴中丞叔父召序》，见《柳宗元集》卷二五，中华书局1979年版，第671页。

④ 〔唐〕柳宗元：《永州龙兴寺西轩记》，见《柳宗元集》卷二八，中华书局1979年版，第751页。

⑤ 参见孙昌武《唐岭南节度使马总为禅宗六祖慧能竖碑事》，见《佛教论集》，中华书局2020年版，第261—277页。

⑥ 〔唐〕韩愈：《柳州罗池庙碑》，见〔唐〕韩愈著、马其昶校注、马茂元整理《韩昌黎文集校注》，上海古籍出版社2014年版，第550页。

木。柳民既皆悦喜”①。当地也有民谣歌颂柳宗元，云：“柳州柳刺史，种柳柳江边。柳色依然在，千株绿拂天。”② 表面上是赞扬了柳宗元种柳的行为，实际上是歌颂了柳宗元在经济、文化、政治等方面对柳州所做出的巨大贡献，他在西江流域的所作所为影响深远，为世人所广泛关注与高度赞扬。范摅《云溪友议》卷中“南黔南”条记载道：

> 先柳子厚在柳州，吕衡州温嘲谑之曰：“柳州柳刺史，种柳柳江边。柳馆依然在，千株柳拂天。”至南公至黔南，又以故人嘲曰：“黔南南太守，南郡在云南。闲向南亭醉，南风变俗谈。”③

柳江是西江支流，流经今广西壮族自治区柳州市，据《元和郡县志》卷三六“岭南道·柳州·马平县”载：“柳江，在县南三十步。”④ 柳宗元以迁客逐臣的身份来到柳州，此时的他颇能淡泊自甘，对过去的风云往事不愿再提及，而是甘于在西江流域支流的柳江边种植柳树。即使是在蛮瘴之地，柳宗元也没有自暴自弃，而是安心工作，热爱生活，在日常生活中体现出自己想为当地百姓干实事、造福百姓的精神风貌。种柳、种柑等劳动，使流寓到西江流域柳州的柳宗元在为政一方时心里有个寄托，体外有个去处，也可暂时令身心两受其益。后人评曰：“柳州系心民瘼，故所治能有惠政。”⑤

柳宗元也认识到自己迁岭的文化意义，故曰：“谈笑为故事，推移成昔年。”即随着时间的流逝，自己在西江流域的柳州种柳之事一定会成为“故事”被世人“谈笑”的，而自己在西江流域体现出来的文化性格与人格个性，也必然会在当地大放异彩，为世人所学习与效仿，自己为当地人所做出的贡献，自己在西江流域文化史上所留下的业绩，也一样会随着时间的推移被世人所“谈笑”、所敬慕、所流传。他的美好愿望实现了，寓居在西江流域柳州的柳宗元作为地方行政长官积极参与当地人民的政治、

---

① 〔唐〕韩愈：《柳州罗池庙碑》，见〔唐〕韩愈著、马其昶校注、马茂元整理《韩昌黎文集校注》，上海古籍出版社 2014 年版，第 550 页。

② 〔宋〕刘斧：《青琐高议》前集卷一《柳子厚补遗》条，上海古籍出版社 1983 年版，第 10 页。

③ 参见吴文治编《柳宗元资料汇编》，中华书局 1964 年版，第 17 页。

④ 〔唐〕李吉甫撰、贺次君点校：《元和郡县图志》，中华书局 1983 年版，第 926 页。

⑤ 〔清〕刘熙载：《艺概》卷一《文概》，见吴文治编《柳宗元资料汇编》，中华书局 1964 年版，第 526 页。

经济、文化生活，他解放奴婢、挖井引水、兴修水利，推广生产、改变陋俗、普及文化，为百姓谋取更加美好、文明的生活，对当地人民进行了文化、礼仪方面的教育，取得了一定的政绩，在荒蛮之地的柳州实现了自我的人生价值。

第三节　真善补过者：迁岭文人自我价值实现的曲折历程

迁岭文人人生价值的自我实现来之不易，其中有许多复杂的历史机缘。我们还是以柳宗元为例来说明这一点。在“纵逢恩赦，不在量移之限”①、“官虽进而地益远”② 的险恶政治形势下“已不再在激进式的改革政策和杰出的文章著述上求表现，而只求克尽一个刺史的工职，尽量执行他的公务”③，为此柳宗元殚精竭虑、耗费了大量的心血，以至于英年早逝。柳宗元认为，为官就是要当人民公仆、为人民谋求更好的生活，他曾指出“凡吏于土者，若知其职乎？盖民之役，非以役民而已也”④，“居其位，思直其道。道苟直，虽死不可回也。如回之，莫若亟去其位”⑤。他是这样说的，也是这样做的。在身体已经非常虚弱的情况下，他与好友喝酒时言：“吾弃于时，而寄于此，与若等好也。明年吾将死，死而为神，后三年为庙祀我。”⑥ 可见，柳宗元生前已经对自己疾病侵寻的身体状况有了清晰的认识。即使这样他仍尽力为人民谋求幸福，力求改变当时西江流域的落后状况，把自己生命中最后几年宝贵的时光、精力贡献给了脚下的这片土地，取得了实效，赢得了世人的尊敬与赞叹，也实现了自我的人生价值。

柳宗元自我人生价值的实现经历了曲折的历程，这源于多方面的因

① 〔后晋〕刘昫等：《旧唐书》卷一四《宪宗上》，中华书局2000年版，第284页。

② 〔宋〕司马光：《资治通鉴》卷二三九宪宗“元和十年”条，中华书局1956年版，第7709页。

③ 陈幼石：《柳宗元对“文”统与“道”统的新探索》，见《韩柳欧苏古文论》，上海文艺出版社1983年版，第45页。

④ 〔唐〕柳宗元：《送薛存义之任序》，见《柳宗元集》卷二三，中华书局1979年版，第616页。

⑤ 〔唐〕柳宗元：《与韩愈论史官书》，见《柳宗元集》卷三一，中华书局1979年版，第808页。

⑥ 〔唐〕韩愈：《柳州罗池庙碑》，见〔唐〕韩愈著、马其昶校注、马茂元整理《韩昌黎文集校注》，上海古籍出版社2014年版，第551页。

素。良好的人际关系是柳宗元能够在贬谪流寓之所实现人生价值的重要因素之一。柳宗元之所以能够在西江流域取得如此众多的政绩，赢得世人广泛的同情与敬仰，离不开他的人格个性与人生态度。柳宗元善于与人交往，他生前有刘禹锡、韩愈这样的挚友与他一同交流思想、探讨人生，还有许多后生晚辈向他请教问学，柳宗元在西江流域与周围人的关系是和谐友善的。也正是在这一点上，显示出柳宗元与谢灵运的主要区别，那就是柳宗元有着民胞物与、与人为善、“其道以生人为主，以尧舜为的”的高贵品质，这是柳宗元自我调节机制实现的重要表现。他在积极参与社会实践、为人民谋福利中调节好了自己的心灵，排遣了心中的苦闷抑郁。谢灵运孤高自许，性格偏激，贵族气、文士气浓厚，自以为宜参权要，这使得他难与别人相处，更难与他人结成长久和谐的人际关系。他任性而行，为了个人享乐而开山伐木，强取豪夺，霸占当地的良田美湖，屡遭地方官府与百姓的厌恶与弹劾。[①] 谢灵运终其一生都没有安顿好自己的心灵，故其虽然也是著名的迁岭文人，最后丧生岭南，但未见他对西江流域做出过任何贡献，取得何种政绩，也未见西江流域的百姓对他有任何哀思，一代山水诗的鼻祖来到西江流域也未见他对当地秀丽的风景做出任何热情的讴歌，这位天才诗人浪费了自己“文章之美，江左莫逮”[②] 的才华、辜负了西江流域美好的风月与淳朴的人情。

柳宗元在与人为善方面和谢灵运很不一样，他到了贬谪之所，特别是在寓居西江流域的柳州时，能够放下自己作为士大夫、地方行政长官的架子，亲自种柳、种柑，带领百姓挖井，解决当地人民饮用水难的问题，开发农田水利，发展经济，他还解放奴婢，改变陋风陋俗，兴建孔庙，用儒家礼义思想教育当地百姓，启迪后进，使外在于人的“仁义礼智信”之学说内化于当时百姓的内在品性、生活习性、言行规范，起到了移风易俗的显著效果。晏殊评价柳宗元时指出：“若其祖述坟典，宪章骚雅，上传三古，下笼百氏，横行阔视于缀述之场者，子厚一人而已。”[③] 这个评价是公允、贴切的。把自己当作珍珠就会有被埋没的痛苦，把自己当作泥土，让别人在上面踩出一条路。柳宗元为西江流域社会变迁与文化发展做出了

① 参见〔南朝梁〕沈约《宋书》卷六七《谢灵运传》，中华书局2000年版，第1160、1172、1176页。

② 〔南朝梁〕沈约：《宋书》卷六七《谢灵运传》，中华书局2000年版，第1153页。

③ 参见〔宋〕陈善《扪虱新话》卷九，见吴文治编《柳宗元资料汇编》，中华书局1964年版，第82页。

巨大贡献，他也在其中安顿好了自己的心灵。可见，做官的问题，归根结底也是做人的问题、性格的问题，人做好了，为人处世合乎常情常理，性格和气通融，官往往也能够做好。人生幸福与否，在很大的程度上与他的人际关系有密切联系，人际关系好了，生活一般来说就比较平安喜乐。像柳宗元这样为政勤勉的好官不仅能在贬谪流寓之所安顿好自己的心灵，还能安顿好当地百姓之心，正是为天地立心，为生民立命，为往圣继绝学，为万世开太平。

柳宗元能够在贬谪流寓之所实现自我的人生价值，还跟他对佛教思想的吸收有十分密切的关系。柳宗元“自幼好佛，求其道积三十年”①，“知释氏之道且久”②，故能够提出“服勤圣人之教，尊礼浮屠之事者，比比有焉。上人之往也，将统合儒释，宣涤疑滞”③ 的高妙见解。苏轼在《书柳子厚大鉴禅师碑后》中高度评价了柳宗元的佛教修为，指出其与儒家思想若合符契之处：

> 释迦以文教，其译于中国，必托于儒之能言者，然后传远。故大乘诸经至楞严，则委曲精尽胜妙独出者，以房融笔授故也。柳子厚南迁，始究佛法，作曹溪、南岳诸碑，妙绝古今，而南华今无刻石者。长老重辩师，儒释兼通，道学纯备，以谓自唐至今，颂述祖师者多矣，未有通亮简正如子厚者。盖推本其言，与孟轲氏合，其可不使学者昼见而夜诵之。④

此言甚确，儒家孟轲的思想讲究人皆有“四心”：恻隐之心、恭敬之心、是非之心、羞恶之心，而佛教思想也特别注重人的心灵的调节作用，两者在注重人心的作用方面是高度契合的。

柳宗元对佛教尤其是六祖慧能有深入的研究⑤，能够深刻地领会慧能

① 〔唐〕柳宗元：《送巽上人赴中丞叔父召序》，见《柳宗元集》卷二五，中华书局 1979 年版，第 671 页。

② 〔唐〕柳宗元：《永州龙兴寺西轩记》，见《柳宗元集》卷二八，中华书局 1979 年版，第 751 页。

③ 〔唐〕柳宗元：《送文畅上人登五台遂游河朔序》，见《柳宗元集》卷二五，中华书局 1979 年版，第 668—669 页。

④ 孔凡礼点校：《苏轼文集》卷六六，中华书局 1986 年版，第 2084 页。

⑤ 参见柳宗元《赐谥大鉴禅师碑》，见〔唐〕慧能著、郭朋校释《坛经校释》，中华书局 1983 年版，第 144—145 页。

所言："下下人有上上智，上上人有没意智。若轻人，即有无量无边罪。"① 柳宗元在西江流域生活时，常向"下下人"学习，关心民生疾苦，并从普通百姓身上汲取到生活的智慧。惠能开创了南宗禅，提倡人要相信解脱的力量来自自己的内心，每个人都有大智慧，所谓"般若之智，世人本自有之""世人性本自净"，众生若能破执破迷，若能悟即能成佛，惠能指出："自性若悟，众生是佛；自性若迷，佛是众生""听吾说法，汝等诸人，自心是佛，更莫狐疑。我心自有佛，自佛是真佛，自若无佛心，何处求真佛。菩提只向心觅，何劳向外求玄？佛知见者，只汝自心，更无别佛"②。这样，我们就可以发现，禅宗的"众生是佛"与儒家提倡的"人皆可为尧舜"有着深刻的内在契合。南宗禅在给人以解脱之道的同时也让人成圣成佛，实现人生的价值与寻找到生活的意义。这体现在唐代迁岭文人柳宗元身上，就是他将修养自己的内心与为西江流域地方百姓谋福利、做贡献结合在一起，是践行儒家、禅宗思想的一个高标典范。柳宗元在西江流域时安顿好了自己的内心，做了一个好人；然后，他作为地方长官，竭尽全力地为百姓服务，做了一个好官。首先要安顿好自己的心灵，才能安顿天下百姓。柳宗元是一个心地善良的好人，他在西江流域为政时才能成为一个好官。

柳宗元的知交好友韩愈对他信奉佛教颇有微词，对此，柳宗元在《送僧浩初序》中详细言说了自己喜好佛教的深层原因：

> 儒者韩退之与余善，尝病余嗜浮图言，訾余与浮图游。近陇西李生础自东都来，退之又寓书罪余，且曰："见《送元生序》，不斥浮图。"浮图诚有不可斥者，往往与《易》《论语》合，诚乐之，其于性情奭然，不与孔子异道。……吾之所取者与《易》《论语》合，虽圣人复生不可得而斥也。退之所罪者其迹也，曰："髡而缁，无夫妇父子，不为耕农蚕桑而活乎人。"若是，虽吾亦不乐也。退之忿其外而遗其中，是知石而不知韫玉也。吾之所以嗜浮屠之言以此。③

可见，柳宗元对佛教的信奉主要在于他认为佛教慈悲为怀的精神与儒家仁

① 〔唐〕慧能著、郭朋校释：《坛经校释》，中华书局1983年版，第16页。

② 〔唐〕慧能著、郭朋校释：《坛经校释》，中华书局1983年版，第108—109页。

③ 〔唐〕柳宗元：《送僧浩初序》，见《柳宗元集》卷二五，中华书局1979年版，第673—674页。

爱思想有相通之处，柳宗元能够“统合儒释”，从中汲取到有益于百姓生活和社会发展的精神养料。我们从韩愈在《送浮屠文畅师序》一文中所言亦可看出他与柳宗元在对待佛教态度方面的区别：

浮屠师文畅喜文章。其周游天下，凡有行，必请于搢绅先生以求咏歌其所志。贞元十九年春，将行东南，柳君宗元为之请。解其装，得所得叙诗累百余篇，非至笃好，其何能致多如是邪？惜其无以圣人之道告之者，而徒举浮屠之说赠焉。夫文畅，浮屠也。如欲闻浮屠之说，当自就其师而问之，何故谒吾徒而来请也？彼见吾君臣父子之懿，文物事为之盛，其心有慕焉，拘其法而未能入，故乐闻其说而请之。如吾徒者，宜当告之以二帝三王之道，日月星辰之行，天地之所以著，鬼神之所以幽，人物之所以蕃，江河之所以流而语之，不当又为浮屠之说而渎告之也。……夫不知者，非其人之罪也，知而不为者，惑也；悦乎故不能即乎新者，弱也；知而不以告人者，不仁也；告而不以实者，不信也。余既重柳请，又嘉浮屠能喜文辞，于是乎言。①

韩愈既是柳宗元相交甚笃的挚友，又比柳宗元年长五岁，故对柳宗元多有规诫之言。但这并不妨碍两人深厚的友谊，他们在互相争辩中交流了思想、启迪了智慧、增长了知识、开阔了视野、传播了文化，引起了世人的关注与敬仰。

迁岭文人自我价值的实现，离不开知交好友的印可延誉，尤其是推心置腹的品评赞美。作为柳宗元的知交好友，韩愈“直、谅、多闻”，虽然在对佛教的态度上批评了柳宗元，但在很多方面还是十分认同柳宗元的，对柳宗元进行了发自内心的赞扬。益友已逝，伤如之何！韩愈在《柳州罗池庙碑》中对柳宗元在西江流域为百姓做出的贡献有详细的记载与高度评价，反映了韩愈对柳宗元的深刻理解与同情。韩愈的这篇文章是柳宗元高洁人品的绝佳见证，是柳宗元伟大情怀的最早颂歌，是研究柳宗元平生业绩的最重要的第一手资料。柳宗元在西江流域高标典范的作用在韩愈的这篇文章中体现得淋漓尽致，所以这篇文章弥足珍贵，值得研究西江流域社

---

①〔唐〕韩愈：《送浮屠文畅师序》，见〔唐〕韩愈著、马其昶校注、马茂元整理《韩昌黎文集校注》第四卷，上海古籍出版社 2014 年版，第 282—283 页。

会变迁与迁岭文人的学者们仔细阅读，反复揣摩。故详引如下：

罗池庙者，故刺史柳侯庙也。柳侯为州，不鄙夷其民，动以礼法。三年，民各自矜奋："兹土虽远京师，吾等亦天氓，今天幸惠仁侯，若不化服，我则非人。"于是老少相教语，莫违侯令。凡有所为于其乡闾及于其家，皆曰："吾侯闻之，得无不可于意否？"莫不忖度而后从事。凡令之期，民劝趋之，无有后先，必以其时。于是民业有经，公无负租，流逋四归，乐生兴事；宅有新屋，步有新船，池园洁修，猪牛鸭鸡，肥大蕃息；子严父诏，妇顺夫指，嫁娶葬送，各有条法，出相弟长，入相慈孝。先时，民贫以男女相质，久不得赎，尽没为隶；我侯之至，按国之故，以佣除本，悉夺归之。大修孔子庙，城郭巷道，皆治使端正，树以名木。柳民既皆悦喜。

尝与其部将魏忠、谢宁、欧阳翼饮酒驿亭，谓曰："吾弃于时，而寄于此，与若等好也。明年吾将死，死而为神，后三年为庙祀我。"及期而死。三年孟秋辛卯，侯降于州之后堂，欧阳翼等见而拜之。其夕，梦翼而告曰："馆我于罗池。"其月景辰，庙成大祭，过客李仪醉酒慢侮堂上，得疾，扶出庙门即死。明年春，魏忠、欧阳翼使谢宁来京师，请书其事于石。

余谓柳侯生能泽其民，死能惊动福祸之以食其土，可谓灵也已。作《迎享送神诗》遗柳民，俾歌以祀焉，而并刻之。柳侯，河东人，讳宗元，字子厚，贤而有文章，尝位于朝光显矣；已而摈不用。其辞曰：

荔子丹兮蕉黄，杂肴蔬兮进侯堂。侯之船兮两旗，度中流兮风泊之，待侯不来兮不知我悲。侯乘驹兮入庙，慰我民兮不嚬以笑。鹅之山兮柳之水，桂树团团兮白石齿。侯朝出游兮暮来归，春与猨吟兮秋鹤与飞。北方之人兮为侯是非，千秋万岁兮侯无我违。福我兮寿我，驱厉鬼兮山之左。下无苦湿兮高无干，秔稌充羡兮蛇蛟结蟠。我民报事兮无怠其始，自今兮钦于世世。①

① 〔唐〕韩愈著、马其昶校注、马茂元整理：《韩昌黎文集校注》卷七《柳州罗池庙碑》，上海古籍出版社 2014 年版，第 550—552 页。

此文声情并茂，气盛言宜，不平则鸣，情深意挚，感人肺腑，“嗣响《九歌》”①，是天下第一等的好文章②。更加重要的一点是：“若南人妄以柳宗元为罗池神，而愈撰碑以实之”③，韩愈用他的生花妙笔生动有力地阐明了柳宗元在西江流域社会变迁与文化发展过程中起到的作用，点明柳宗元是迁岭文人在西江流域为地方发展做出重大贡献的高标典范。柳宗元迁岭的文化意义，在此文中得到了极大的彰显。文名震世的韩愈及时撰写了《柳州罗池庙碑》，对柳宗元在西江流域的功德进行揄扬，从而让“化身为神”的柳宗元实至名归。

《文心雕龙·原道》载：“道沿圣以垂文，圣因文而明道，旁通而无滞，日用而不匮。《易》曰：‘鼓天下之动者存乎辞。’辞之所以能鼓天下者，乃道之文也。”④ 柳宗元对此心领神会，莫逆于心，故能针对文与道的关系做出如此合情合理的解释：“圣人之言，期以明道，学者务求诸道而遗其辞。辞之传于世者，必由于书。道假辞而明，辞假书而传，要之，之道而已耳。道之及，及乎物而已耳，斯取道之内者也。”⑤ 柳宗元认识到道的重要性，也认同文学创作对道的宣传与传播之功。柳宗元之为政，韩愈之为文，他们用生命在西江流域谱写了一曲宏伟悲壮的颂歌，因有伟大的政治理想、民胞物与的淑世情怀、脚踏实地的实干精神，即使在蛮瘴之地，他们仍然感到如歌如诗，并用优美动人的诗歌文章来表现自己在西江流域这片土地上的立身处世、所作所为。这正印证了柳宗元自己所说：“今之世言士者，先文章。文章，士之末也。然立言存乎其中，即末而操其本，可十七八，未易忽也。……直趣尧舜之道，孔氏之志，明而出之，又古之所难有也。然则文章未必为士之末，独采取何如尔！”⑥、“宗元身虽陷败，而其论著往往不为世屈，意者殆不可自薄自匿以坠斯时，苟有辅

① 曾国藩评价此文语，参见〔唐〕韩愈著、马其昶校注、马茂元整理《韩昌黎文集校注》卷七《柳州罗池庙碑》，上海古籍出版社 2014 年版，第 552 页。

② 曾国藩评价道：“此文情韵不匮，声调铿锵，乃文章第一妙境。情以生文，文亦足以生情，文以引声，声亦足以引文；循环互发，油然不能自已，庶可渐入佳境。”参见〔唐〕韩愈著、马其昶校注、马茂元整理《韩昌黎文集校注》卷七《柳州罗池庙碑》，上海古籍出版社 2014 年版，第 550 页。

③ 〔后晋〕刘昫等：《旧唐书》卷一六〇《韩愈传》，中华书局 2000 年版，第 2863 页。

④ 周振甫：《文心雕龙今译》，中华书局 1986 年版，第 14 页。

⑤ 〔唐〕柳宗元：《报崔黯秀才论为文书》，见《柳宗元集》卷三四，中华书局 1979 年版，第886 页。

⑥ 〔唐〕柳宗元：《与杨京兆凭书》，见《柳宗元集》卷三〇，中华书局 1979 年版，第 789 页。

万分之一，虽死不憾”①。柳宗元在贬谪流寓之所立德、立功、立言，他的言行功德因有好友韩愈的揄扬而真可使他在西江流域的文化贡献流传后世、永垂不朽。柳宗元一生命运坎坷，饱受磨难。他的好友吴武陵也曾流寓到西江流域为宦，他为当时在西江流域任柳州刺史的柳宗元感叹道："古称一世三十年，子厚之斥十二年，殆半世矣。霆砰电射，天怒也，不能终朝。圣人在上，安有毕世而怒人臣耶？"②即使有人替柳宗元抱不平也无济于事，他的悲剧命运在唐宪宗继位时就已注定了。

显然，我们不能忽略这一点：迁岭文人自我人生价值的实现，离不开复杂多变、波谲云诡的政治环境。因为柳宗元姓柳，朝廷就将柳宗元放逐到西江流域的柳州③，朝廷的恶作剧却成就了柳宗元的一世英名。当时已经有人把柳宗元当作“罗池神”了，田表圣书其碑阴云：

> 子厚终于柳州，以精多魄强为罗池之神。昌黎叙其事而铭之，大意谓子厚宏深之量，昭明之识，当为星辰，为岳渎，胡为在柳州之陋为神，其所以推尊甚大。石敏若此，世以公此文为语怪，非也。士有抱负不克施，遭流落以死，为明神烈鬼，巍峨庙食，理也。李卫公窜海上，死矣，其精魄凛然，尚能使犬鼠余党破胆于梦中，不然，退之岂矫诬柳州以求异乎？④

“柳州之陋”正反衬出柳宗元“为神”之可贵与不易，正因当时柳州文化落后、民风愚昧，才特别需要进步人士来此开化启蒙，而柳宗元确实在此开风气之先，把中原、荆楚的先进文明带到此地，有力地促进了西江流域的社会变迁与文化发展，不虚此行。田表圣在此完全赞同韩愈对柳宗元的评价，并进一步对柳宗元为西江流域地方服务所做出的重大贡献进行了阐释，深刻细致地揭示出柳宗元在西江流域社会变迁与文化发展史上的重要地位。

---

① 〔唐〕柳宗元：《上襄阳李愬仆射献〈唐雅〉诗启》，见《柳宗元集》卷三六，中华书局1979年版，第917页。

② 〔宋〕欧阳修、〔宋〕宋祁：《新唐书》卷二〇三《吴武陵传》，中华书局2000年版，第4430页。

③ 这种根据大臣姓名而将其贬谪到贬所的行为在古代是打击政敌的一种手段，就是用恶作剧的方式让政敌感受到屈辱，如苏轼字子瞻，就将其贬谪到儋州。

④ 〔唐〕韩愈著、马其昶校注、马茂元整理：《韩昌黎文集校注》卷七《柳州罗池庙碑》，上海古籍出版社2014年版，第549—550页。

不可否认，柳宗元年轻时性格比较自负躁进，“疏隽少检”[①]，贵族气比较浓厚，前人对此多有批评。他的至交好友韩愈并不讳言，指出柳宗元“有当时名欲侥幸而速进者”[②]、“前时少年，勇于为人，不自贵重顾藉，谓功业可立就，故坐废退；既退，又无相知有气力得位者推挽，故卒死于穷裔，材不为世用，道不行于时也”[③]。韩愈对柳宗元的盖棺论定真可谓：“论其人也，暧乎若可觌。道其哀也，凄焉如可伤”[④]，真实深切地概括了柳宗元年轻时的性格缺陷及其悲剧命运的因缘。《新唐书》对柳宗元的批评则反映了后世史家的看法，他们认为：

> 叔文沾沾小人，窃天下柄，与阳虎取大弓，《春秋》书为盗无以异。宗元等桡节从之，侥幸一时，贪帝病昏，抑太子之明，规权遂私。故贤者疾，不肖者媢，一偾而不复，宜哉！彼若不傅匪人，自励材猷，不失为名卿才大夫，惜哉！[⑤]

苏轼的看法与《新唐书》一脉相承，如出一辙，他也说：“唐柳宗元、刘禹锡使不陷叔文之党，其高才绝学，亦足以为唐名臣矣。”[⑥] 凡此种种，不胜枚举，反映了世人对柳宗元批评时的深刻默契与深层共识。可以说，以上看法都从一个方面反映了柳宗元性格上的缺陷。柳宗元也为自己的性格缺陷及年轻时的过错付出了惨重的代价，据他自述：“立身一败，万事瓦裂，身残家破，为世大僇”[⑦]、“自遭责逐，继以大故，荒乱耗竭。又常积忧恐，神志少矣。所读书随又遗忘。一二年来，痞气尤甚，加以众疾，

---

① 〔唐〕刘禹锡撰，陶敏、陶红雨校注：《刘禹锡全集编年校注》卷一六，中华书局 2019 年版，第 1806 页。

② 〔唐〕韩愈：《顺宗实录》卷五，见〔唐〕韩愈著、马其昶校注、马茂元整理《韩昌黎文集校注》文外集下卷，上海古籍出版社 2014 年版，第 804 页。

③ 〔唐〕韩愈：《柳子厚墓志铭》，见〔唐〕韩愈著、马其昶校注、马茂元整理《韩昌黎文集校注》卷七，上海古籍出版社 2014 年版，第 572 页。

④ 〔南朝梁〕刘勰：《文心雕龙·诔碑》，见周振甫《文心雕龙今译》，中华书局 1986 年版，第112 页。

⑤ 〔宋〕欧阳修、〔宋〕宋祁：《新唐书》卷一六八《柳宗元传》，中华书局 2000 年版，第 3990 页。

⑥ 〔宋〕苏轼：《续欧阳子朋党论》，见孔凡礼点校《苏轼文集》卷四，中华书局 1986 年版，第 129 页。

⑦ 〔唐〕柳宗元：《寄许京兆孟容书》，见《柳宗元集》卷三〇，中华书局 1979 年版，第 781 页。

动作不常，眊眊然骚扰内生，霾雾填拥惨沮”[1]。人非圣贤，孰能无过。正因为柳宗元有性格上的缺陷与弱点，犯了一些常人难以避免的过错，反而更让我们觉得他是一个有血有肉、血肉丰满的性情中人，觉得他不仅可敬，而且可信，音容宛然、千载如生。

清人秦笃辉则从“善补过”的角度来阐述柳宗元晚年流落到西江流域的政绩及意义。他指出：

> 后世讲道学者，每以苛刻论人，而不惟其实，不求其允。今之集矢于子厚者，盖犹万口一声。不知孔子谓无咎者，善补过也。如子厚晚年之政绩，真善补过者。且其始附叔文，固有躁进之失。然意在行道，故其所拔皆善类，与小人之朋邪害正者迥殊。孔子曰：观过，斯知仁矣。安得不原其本心，一例贬之哉！[2]

这个论述是符合客观事实的，虽然“柳党叔文，躁矣”[3]，年轻时因“躁进”事功而遭受打击，然而他晚年在流寓之地为当时当地人民所做出的巨大贡献足以弥补他年轻时的过失。“人非圣贤，孰能无过。过而能改，善莫大焉”（《左传·宣公二年》），“君子之过也，如日月之食焉，过也，人皆见之；更也，人皆仰之”[4]。柳宗元年轻时的政治活动及其晚年在贬谪之所取得的重要政绩及赢得的巨大名声，正可为这些古训添加一个生动有力的绝佳注脚。

柳宗元在西江流域的政绩也引起了宰相裴度的关注，他延揽人才，准备将柳宗元引入朝廷[5]，可仁者不寿，令人扼腕叹息。柳宗元的知交好友刘禹锡在“南望桂水，哭我故人”中写下了感人肺腑的《祭柳员外文》，文中为柳宗元的身世遭遇叹息不已：“自君失意，沉伏远郡。近遇国士，

---

① 〔唐〕柳宗元：《与杨京兆凭书》，见《柳宗元集》卷三〇，中华书局1979年版，第790页。

② 〔清〕秦笃辉：《平书》卷七《文艺篇》上，见《丛书集成初编》本，中华书局1985年版，第170页。

③ 〔明〕胡应麟：《少室山房笔丛》卷一四乙部，中华书局1958年版，第199页。

④ 杨伯峻译注：《论语译注》，中华书局1980年版，第203页。

⑤ 《新唐书·吴武陵传》记载了吴武陵向宰相裴度推荐柳宗元之事（《新唐书》卷二〇三《吴武陵传》，中华书局2000年版，第4430页）。吴武陵也是迁岭文人，他在西江流域社会变迁与文化发展过程中的作用也值得一提。

方伸眉头。亦见遗草，恭辞旧府，志气相感，必逾常伦。”[1] 在《重祭柳员外文》中感叹道：“呜呼！出人之才，竟无施为。炯炯之气，戢于一木。形与人等，今既如斯。识与人殊，今复何托？生有高名，没为众悲。异服同志，异音同叹。唯我之哭，非吊非伤，来与君言，不言成哭。千哀万恨，寄以一声，唯识真者，乃相知耳。庶几傥闻，君傥闻乎？”[2] 正是：才人不遇，古今同慨。

最后，我们要说迁岭文人自我人生价值的实现，离不开他们在贬谪流寓之所脚踏实地的苦干精神。柳宗元年轻时自负躁进的性格与谢灵运相似，他遭受贬谪流寓的命运及诗歌风格亦与谢灵运有相似的地方。元好问将柳宗元与谢灵运联系到一起来评论：“谢客风容映古今，发源谁似柳州深？朱弦一拂遗音在，却是当年寂寞心。”[3] 柳宗元与谢灵运最大的区别在于：柳宗元在贬谪流寓之所积极反省自我，思考人生，将烦恼转化为“菩提”，安顿好了自己的内心，将自己投入当地社会变迁与文化发展的事业中去，以“天下利安元元”为己任，将自己的生命奉献给了当地百姓。而谢灵运终生没有觉悟，一直烦躁不安，惶惶不可终日，作为地方长官也没有为当地百姓谋福利，反而霸占百姓的良田宅园，爱自己尊若菩萨，窥他人秽如粪土。谢灵运为了满足个人游览山水的私欲开山伐木，劳民伤财，花样百出，犹如盗贼，惊动官府来捉拿他，他也毫无收敛，肆无忌惮地继续自己的游乐生活，丝毫不理会民间聚讼，对民生疾苦毫不关心，他在当地简直就是地方一霸，给百姓带来的只是不安与痛苦，他至死也没有安顿好自己的内心。

柳宗元流寓到西江流域为当地人民所做出的贡献在西江流域文化发展史上起到了不可忽视的作用。正如林继中所说：

> 再贬柳州，使柳宗元对朝廷的幻想破灭。……柳宗元不再大量发议论，写杂文了。他只是默默地为柳州百姓办实事：植树凿井，赎免奴婢，移风易俗，兴办学校。伴随他熬过寂寞的唯有诗。现存柳诗百

---

① 〔唐〕刘禹锡：《祭柳员外文》，见〔唐〕刘禹锡撰，陶敏、陶红雨校注《刘禹锡全集编年校注》卷一五，中华书局2019年版，第4册第1786页。

② 〔唐〕刘禹锡：《重祭柳员外文》，见〔唐〕刘禹锡撰，陶敏、陶红雨校注《刘禹锡全集编年校注》卷一五，中华书局2019年版，第4册第1794页。

③ 郭绍虞笺释：《元好问论诗三十首小笺》，人民文学出版社1978年版，第72页。

余首，近四十首作于柳州，且多聚集于乡思。[①]

这正是柳宗元与谢灵运的区别所在。“寂寞将何言”[②] 的柳宗元之所以能够在思想上超过谢灵运，即在于他能够关心百姓、以一个地方长官的身份为地方办实事，以如椽妙笔描写当地风光及自己身处其间的心迹情感，从而促进了西江流域社会变迁与文化发展。

值得一提的是，谪居到西江流域的柳州后，柳宗元更加注重实干，身体力行地为当地百姓干实事，不尚空谈，将他的政治理想、政治理论都托付到西江流域的这片土地上了，这些在他的文学创作上有具体、生动的表现。陈幼石研究发现，“当他（柳宗元）第二次被放柳州之后，仕途是完全无望了，照理说，他应该有更多的‘不平’高‘鸣’之处，更多的闲暇来从事诗文、著作了。但是他在这方面的表现恰恰和永州时期迥异。在他当柳州刺史的四年中，他不但没有写一篇赋，他也没有写一篇骚，没有策论、没有寓言、传记；只有三十三首诗和一篇替十二岁童区寄作的‘传’。他对政途世事似乎完全失去了兴趣，对人生的一切不平，一切邪恶也停止了批评的、历史的探索。……所以隐喻和批判性的言辞也从他的作品中悄然逝失。在永州时，他曾滔滔不绝、言之凿凿坚持过的一些思想，或在当时曾经和人激辩过且渴望有朝回朝可以付诸以行的一些政治理论，在他为柳州刺史时具体化为政治措施加以默默地实行了”[③]，这个论述是符合实际的。柳宗元的道德文章既留在了《柳宗元诗集》中，留在了诗国里，也留在了西江流域文化史上。更加令人动容的是，柳宗元可贵的实干精神与政治才能使他为西江流域社会发展做出了切实与积极的贡献，为西江流域社会变迁与文化发展添上了一笔厚重的精神财富，引起了时人与后人的高度赞扬与深切缅怀。

柳州“古为南夷”“唐多迁客”[④]，遭遇贬谪对柳宗元个人来说是一个悲剧，是人生的不幸，可对于西江流域和后世广大读者来说，却是幸运

① 林继中：《柳宗元山水诗风格特征之形成》，见《诗国观潮》，福建教育出版社 1997 年版，第 181 页。

② 〔唐〕柳宗元：《中夜起望西园值月上》，见《柳宗元集》卷四三，中华书局 1979 年版，第 1218 页。

③ 陈幼石：《柳宗元对“文”统与“道”统的新探索》，见《韩柳欧苏古文论》，上海文艺出版社 1983 年版，第 42—43 页。

④ 〔宋〕祝穆撰、〔宋〕祝洙增订、施和金点校：《方舆胜览》，中华书局 2003 年版，第 693、694 页。

的。正如韩退之有言："子厚斥不久，穷不极，虽有出于人，其文学辞章，必不能自力以致必传于后如今，无疑也。虽使子厚得所愿，为将相于一时；以彼易此，孰得孰失，必有能辨之者。"① 这是对迁岭文人何以能够在寓居西江流域时做出巨大的文化贡献、实现自我人生价值的最佳注脚。

①〔唐〕韩愈著、马其昶校注、马茂元整理：《韩昌黎文集校注》，上海古籍出版社2014年版，第572页。

第五章 从俗食蛙：迁岭文人南食书写的文化意义

莫砺锋在《饮食题材的诗意提升：从陶渊明到苏轼》一文中写道：

> 古往今来，无罪遭贬的逐客总是心情抑郁，乃至痛不欲生，哪里还有心情去欣赏贬谪之地的风土物产？在苏轼以前的诗坛上，几曾有人如此热情地歌咏贬谪之地的美味食品？①

笔者认为，无罪遭贬的逐客并不总是心情抑郁，他们也有开心的时候。监狱里的囚犯可以看到满地的烂泥，也可以看到满天的繁星。贬谪之地并不能控制逐客心灵的自由。心情抑郁的逐客在痛不欲生之际更加需要寻求精神上的避难所，贬谪之地的风土物产往往就成了他们排遣精神苦闷的良方佳物，除了贬所的山林云水之外，当地的美食无疑也是他们排遣心情苦闷的灵丹妙药。逐客抑郁，痛不欲生，然而口内有美食，身外有去处，无疑能让无罪遭贬的逐客身心安顿。化悲痛为食欲，乃是人之常情；乐山乐水，乃仁者智者之所为。

南宋迁岭文人黄公度在《将赴高要官守书怀》中自抒怀抱："古来仕路多机阱，我复情田少町畦。回首壮图犹拾沈，惊心往事屡吹齑。不因昏嫁那能许，此去声名敢厌低。但使安闲更强健，何妨流落在涂泥。"② 可以说写尽了贬谪流寓到西江流域的逐客迁臣的生活态度与生活环境的内在联系。正因为宦海风波险恶、"古来仕路多机阱"，"古往今来，无罪遭贬的逐客"成了司空见惯、习以为常的普遍现象。

流寓到西江流域的逐客黄公度掷地有声地喊出了"但使安闲更强健，何妨流落在涂泥"的至理名言。这可以说比较典型地反映了无罪遭贬的逐客的普遍生活状态与人生态度。因无罪遭贬而"流落在涂泥"，因"流落

---

① 莫砺锋：《饮食题材的诗意提升：从陶渊明到苏轼》，见《莫砺锋文集》卷二《古典文学论集》上，凤凰出版社 2019 年版，第 95 页。

② 〔宋〕黄公度：《知稼翁集》卷下，见《四库全书》影印文渊阁本第 1139 册，上海古籍出版社 1987 年版，第 573 页。

在涂泥”而拥有了难得的“安闲”，因“安闲”而能够自由活动，为获得日常生活资料而劳作，故而能够“更强健”，“强健”的身体自然导致食欲好，有了食欲的逐客对美食的歌咏就是很自然的事了。黄公度的这句诗喊出了封建时代士大夫反抗强权压抑的最强音符。读圣贤书，所学何事？“平生学道真实意，岂与穷达俱存亡”，古代的读书人都是深受儒家思想尤其是孔子“悦”“乐”“不愠”思想影响的，岂会“总是心情抑郁，乃至痛不欲生，哪里还有心情去欣赏贬谪之地的风土物产”？如果真是这样，他们就不能够创造如此辉煌灿烂的文化遗产而永远醒目、耀眼，引起后世人民由衷地崇拜敬仰了。关于这一点，还是夏承焘说得好，他说：“念诗词如唱歌曲，可以养性怡情。唐宋八大家几乎个个在政治上都受过许多打击，但没有一个怨气冲天，就是文学之功。”①

正是因为逐客无罪遭贬而仍然坚持自己的人生信念，并在蛮荒偏远之地中仍然热爱自然、热爱劳作、热爱美食、热爱人民、热爱日常生活中一切美好的事物，他们才能随遇而安、随遇而乐、随遇而尽自己最大的力量去兴修水利、开发农田、发展教育、移风易俗、改善日常生活中的陋风陋俗，入乡随俗之后而尽可能改善当地人民的物质、文化生活水平，提升当地的文明程度，与民同乐。因此，“但使安闲更强健，何妨流落在涂泥”既是无罪遭贬的逐客真实的心理写照，也是他们对抗封建强权时倔强不屈、乐观、幽默的人生态度的真实流露，是迁岭文人高标典范的集中体现，更是深受传统儒家思想影响的知识分子、社会精英们应有的精神风貌与人格气质。

自然的山水、人间的美味，成了逐客迁人诗中时常吟咏的主题。美食，使人快乐；劳作，使人形体劳累、心中坦荡、忘却烦恼。四体诚乃疲，庶无异患干。人世间的许多欢乐，都可由劳作获得；人世间的许多痛苦都可由劳作解除。运动、饮食、睡眠、情绪是影响人的身体免疫力的四大因素，运动在其中起到了最为关键的作用。运动，可以改善人的饮食、睡眠、情绪。逐客因大多被贬谪放逐到荒蛮偏远之地，生活环境恶劣，他们往往需要通过亲身劳动，才能在寓居之地获得生活资料，这无疑提高了他们的运动量，而运动使人健康、使人快乐，现代医学研究指出：运动甚至还能使人耳聪目明，这跟运动促使人有了更好的睡眠、更好的胃口、更

① 琦君：《卅年点滴念师恩》，见吴无闻等编《夏承焘教授纪念集》，中国文联出版社 1988 年版，第 157 页。

好的情绪有密切关系。劳动容易使人产生饥饿感，饥饿使人产生食欲。饱食终日的人无法感受到美食给人带来的快乐，而饥饿可以。颜蠋说“晚食以当肉”，苏轼对此深以为然[①]，并说“我与何曾同一饱，不知何苦食鸡豚”[②]。这都是指美食与胃口有关，有了好的胃口，哪怕是普通的蔬菜也能吃得津津有味。因劳作而使逐客有了更好的睡眠、更好的胃口、更健康的身体，他们自然而然也会拥有更健康快乐的情绪、更好的免疫力。所以任何事情都应辩证地来看，逐客并非一味地心情抑郁，乃至痛不欲生，他们也有健康、快乐的时候，后世文人敬仰崇拜的逐客如刘禹锡、柳宗元、白居易、苏轼、黄庭坚、黄公度、李光大多能够在逆境中坚持劳动，保持健康、愉快的心情。为了美味食品而在贬谪之地劳作，更是逐臣迁客在贬谪寓居之所排遣心情抑郁苦闷的独特生活方式。

第一节 手植黄柑二百株：柳宗元的南食书写

独特的地理环境，产生了独特的物产与饮食习惯。司马迁指出：

> 楚越之地，地广人希，饭稻羹鱼，或火耕而水耨。果隋蠃蛤，不待贾而足，地埶饶食，无饥馑之患，以故呰窳偷生，无积聚而多贫。[③]

这些物产与饮食习惯引起了世人的关注，唐人张守节在《史记正义》中对此进行了比较细致的解读，下列几条特别值得注意：

> 楚越水乡，足螺鱼鳖，民多采捕积聚，棰叠包裹，煮而食之。
> 楚越地势饶食，不用他贾而自足，无饥馑之患。
> 食螺蛤等物，故多羸弱而足病也。
> 江淮以南有水族，民多食物，朝夕取给以偷生而已。不为积聚，

① 〔宋〕苏轼：《答毕仲举书》，见孔凡礼点校《苏轼文集》卷五六，中华书局1986年版，第1671—1672页。

② 〔宋〕苏轼：《撷菜并引》，见〔清〕王文诰辑注、孔凡礼点校《苏轼诗集》卷四〇，中华书局1982年版，第2203页。

③ 〔汉〕司马迁撰、〔南朝宋〕裴骃集解、〔唐〕司马贞索隐、〔唐〕张守节正义：《史记》卷一二九《货殖列传》，中华书局2000年版，第2472—2473页。

乃多贫也。[1]

这些独特的物产、风俗与饮食习惯在后世文人的著述中也得到了印证。

《倦游杂录》的作者张师正，生于宋真宗大中祥符九年（1016），他比苏轼大20岁。张师正在《倦游杂录》“岭南嗜好”一条中也注意到了岭南人独特的饮食嗜好，指出：

岭南人好啖蛇，易其名曰茅鳝，草虫曰茅虾，鼠曰家鹿，虾蟆曰蛤蚧，皆常所食者。海鱼之异者，黄鱼化为鹦鹉，泡鱼大者如斗，身有刺，化为豪猪，沙鱼之斑者化为鹿。[2]

他还对“南北方嗜好不同”的原因进行了深刻的哲理思考：

杜大监植言：南方无好羊消面，惟鱼稻为嘉，故南人嗜之。北方鱼稻不多，而肉面嘉，故北人嗜之。易地则皆然，不必相非笑也。[3]

我们由此可以考察南北方风俗、物产与人们饮食习惯、社会风气形成之间的内在联系。“南海啖槟榔”条的记载可以补充说明岭南气候、物产与人们饮食习惯：

南海地气暑湿，人多患胸中痞滞，故常啖槟榔，日数十口。[4]

可见，与苏轼同时甚至比苏轼更早的文人学士已经发现了岭南之地的美味食品，并在书写平生见闻的著作中将其揭示出来了。这些记载反映了西江流域地区比较独特的物产特点与饮食风俗习惯，这些饮食风俗习惯源远流长，逐渐成为西江文化的重要组成部分。

---

① 〔汉〕司马迁撰、〔南朝宋〕裴骃集解、〔唐〕司马贞索隐、〔唐〕张守节正义：《史记》卷一二九《货殖列传》，中华书局2000年版，第2473页。

② 〔宋〕张师正撰、李裕民辑校：《倦游杂录》，见《宋元笔记小说大观》（一），上海古籍出版社2001年版，第729页。

③ 〔宋〕张师正撰、李裕民辑校：《倦游杂录》，见《宋元笔记小说大观》（一），上海古籍出版社2001年版，第747页。

④ 〔宋〕张师正撰、李裕民辑校：《倦游杂录》，见《宋元笔记小说大观》（一），上海古籍出版社2001年版，第749页。

民以食为天，后世流寓岭南文人来到此地，不得不面对这些日常生活中活生生的、每日每时都出现的饮食问题。这些问题也直接影响到了流寓岭南文人生活方式的转变与文化性格、人生思考的形成。对贬谪之地的美味食品进行诗语表达在苏轼之前的诗坛上也不乏其人。其中最著名的，就是苏轼“南迁二友”之一的柳宗元。柳宗元热情地讴歌了贬谪之地的美味食品，他的“从俗食蛙之举”已引起研究岭南饮食文化学者的关注。周松芳、曹逸梅等学者指出：

> 饮食文化，作为一个文化分支，往往受制于大文化及其背后的经济基础。岭南僻处一隅，在很长一段时期内，文化相对落后于内地，加上岭南人自古以来性格朴实低调，因此，关于岭南饮食的历史记载多出自他者之手。而这他者留下的历史文献中，关于岭南饮食无不着眼于其奇特乃至蛮荒；便是岭南人最为敬重并对其礼遇有加的韩愈与苏轼，也并不投桃报李。韩愈把岭南的海鲜说得狰狞可怖，对柳宗元的从俗食蛙之举等大不以为然；苏轼在酣饮了岭南人献上的醇厚美酒并学会了绝佳酿造技艺之后，竟还说“可惜风流在蛮村”，真是吃了人家的还舌长如妇，颇有些“可恶”。①
>
> 在中唐一致视南食为蛮夷文化的氛围中，柳宗元态度颇异时流。上引韩愈诗，可见其对食蛙十分适应。他在岭南生活十余年，但诗文中对南食少有轻视戒备的书写，《放鹧鸪词》写吃鹧鸪之俗，也是从仁心出发，无一字责及这种与中原迥异的饮食习惯。这也许与长居南方逐渐适应有关，但他独异于时人的饮食观也值得关注。在《书韩愈所著毛颖传后题》中他以饮食比喻为文，对异味的宽容和接受与众不同……并不将奇味看作正味的反面，而将之视为有益补充。这在唐代的南食偏见中，或许隐约预示了即将出现的新变。②

当代学者已经注意到韩愈、苏轼在岭南饮食的行为方式，发现了韩愈对柳宗元从俗食蛙之举的态度，并表现出对韩愈、苏轼饮食观念与行为的批评，透露出对柳宗元从俗食蛙饮食行为的赞美。

蛙，在中唐时期是比较低廉的食物，一般穷人才吃，如与韩、柳同时

---

① 周松芳：《岭南饮食文化》，广东人民出版社 2019 年版，第 1 页。

② 曹逸梅：《南北嗜好知谁贤——中唐至宋代诗歌中的南食书写与士人心态研究》，见沈松勤、马强才编《第九届宋代文学国际研讨会论文集》，浙江大学出版社 2017 年版，第 30 页。

的韩孟诗派重要成员之一的李贺诗中就有“食熊则肥，食蛙则瘦”（《苦昼短》）的句子，熊掌熊肉为富人之食物，而蛙肉乃穷人之食物，李贺将穷人的食蛙与富人的食熊进行比较，生动形象地突出了贫富之间的差别。作为柳州刺史的柳宗元，虽然是朝廷贬谪流放的政府官员，但毕竟还是当地的行政长官，无疑是当时社会的精英人物。他能够放下自己文人士大夫、地方行政长官的架子，把自己的身段放低，在岭南地区从俗食蛙，吃穷人之所食，想百姓之所想，反映了他入乡随俗、真心实意地与当地普通穷苦百姓打成一片、融为一体的勇气与魄力。

曹逸梅指出：“对被视为蛮夷陋习的食蛙、食蛇，北宋士人态度较中唐也不同。从唐人作品看，仅有柳宗元表示接受食蛙，尚受到韩愈责备。”① 当代学者关于岭南饮食文化的研究从一个角度反映了韩、柳迁谪流寓到岭南时期不同的人生态度与生活方式。

韩愈性格中具有刚正不阿的特点，不容易变通，坚持儒家正统文人的饮食观，“食不厌精，脍不厌细”②，饮食追求精细，不愿入乡随俗，韩愈以儒家道统继承人自居，具有强烈的儒家道统的责任担当，故对文章、礼法、人伦、服饰、饮食等都十分讲究，将之视为维护儒家道统的重要途径。我们从韩愈《原道》一文中可以探究他的饮食观：

> 其文：《诗》《书》《易》《春秋》；其法：礼、乐、刑、政；其民：士、农、工、贾；其位：君臣、父子、师友、宾主、昆弟、夫妇；其服：麻、丝；其居，宫室，其食粟米、果蔬、鱼肉。其为道易明，而其为教易行也。是故以之为己，则顺而祥；以之为人，则爱而公；以之为心，则和而平；以之为天下国家，无所处而不当。是故生则得其情，死则尽其常，郊焉而天神假，庙焉而人鬼飨。曰：斯道也，何道也？曰：斯吾所谓道也，非向所谓老与佛之道也。③

韩愈在这段文字中将“其食”与“其文”“其法”“其位”“其服”相提并论，认为是“为道”“为教”的重要表现形式。“民以食为天”，正是因

---

① 曹逸梅：《南北嗜好知谁贤——中唐至宋代诗歌中的南食书写与士人心态研究》，见沈松勤、马强才编《第九届宋代文学国际研讨会论文集》，浙江大学出版社2017年版，第31页。

② 《论语·乡党》，见杨伯峻译注《论语译注》，中华书局1980年版，第102页。

③ 〔唐〕韩愈：《原道》，见〔唐〕韩愈著、马其昶校注、马茂元整理《韩昌黎文集校注》卷一，上海古籍出版社2014年版，第19—20页。

为儒家思想注重“其食”，如“斋必变食”①、“食饐而餲，鱼馁而肉败，不食。色恶，不食。臭恶，不食。失饪，不食。不时，不食。割不正，不食。不得其酱，不食。肉虽多，不使胜食气。唯酒无量，不及乱。沽酒市脯，不食。不撤姜食，不多食”②、“祭于公，不宿肉。祭肉不出三日。出三日，不食之矣”③、“君赐食，必正席先尝之。君赐腥，必熟而荐之。君赐生，必畜之。侍食于君，君祭，先饭”④。故以儒家正统继承人自居的韩愈对“其食”采取小心谨慎、克己复礼的态度，他能够吃中原地区人们日常生活中常见之“粟米、蔬果、鱼肉”而不食或厌食南蛮之地稀奇古怪之物也是自然而然之事了。

而柳宗元的性格体现在饮食方面就比较随和通融，对老庄、佛教也能够在一定程度上接受，在坚持儒家思想信仰的同时整合佛、道思想，故他能够入乡随俗，粗糙甚至以前罕见的食物也能下咽，有时甚至不惜改变自己的饮食习惯，从而在饮食行为方面得到了当代研究岭南饮食文化的学者周松芳、曹逸梅等人的认同。

要适应贬谪之所的风俗习惯确实是有一定难度的，首先要从心理上说服自己。毕竟贬谪之所大多是蛮荒之地，陋风陋俗较多，有些文人如韩愈把当地人民的饮食习惯当作是民风愚昧的体现，自然不会心甘情愿地委屈自己去吃当地人习以为常而自己几乎从未见过的食物。即使是诗豪刘禹锡也不敢把他在贬谪流寓之所吃到的“糕”写进诗里，北宋诗人宋祁就指出了这一点，说：“刘郎不敢题糕字，虚负诗中一世豪。”⑤ 这反映了封建时代正统文人对荒蛮之地食物的某种程度的不屑。此外，人的饮食行为一旦成为习惯就比较难改变，要改变过来也确实需要一定的毅力与适应能力，因为这是人们从长期生活中积累起来的行为，而饮食习惯的改变就要从生理上尽快适应新的生活环境与行为方式。

韩愈在元和十四年（819），南贬潮州，途经广州，接触到了岭南饮食，写下了《初南食贻元十八协律》，表现了自己在心理上畏惧南方稀奇古怪的食物，所谓“蚝相黏为山，百十各自生。蒲鱼尾如蛇，口眼不相营。蛤即是虾蟆，同实浪异名。章举马甲柱，斩以怪自呈。其余数十种，

① 《论语·乡党》，见杨伯峻译注《论语译注》，中华书局1980年版，第101页。
② 《论语·乡党》，见杨伯峻译注《论语译注》，中华书局1980年版，第102—103页。
③ 《论语·乡党》，见杨伯峻译注《论语译注》，中华书局1980年版，第103页。
④ 《论语·乡党》，见杨伯峻译注《论语译注》，中华书局1980年版，第105页。
⑤ 〔宋〕宋祁：《九日食糕》，见《景文集》卷二四，《丛书集成初编》本。

莫不可叹惊”。在生理上，韩愈也不能适应岭南的饮食，虽然主观上想要说服自己“我来御魑魅，自宜味南烹。调与盐与酸，芼以椒与橙”，可在现实生活中初尝南方饮食后写道：“腥臊始发越，咀吞面汗骍。惟蛇旧所识，实惮口眼狞。开笼听其去，郁屈尚不平。卖尔非我罪，不屠岂非情？不祈灵珠报，幸无嫌怨并。聊歌以记之，又以告同行。”①《答柳柳州食虾蟆》一诗更显示了韩愈在岭南饮食习惯方面与柳宗元的差别，韩愈在诗中表达了自己不能适应南食风俗的苦闷，对柳宗元“而君复何为？甘食比豢豹”的饮食好尚充满了好奇与不解。从韩愈对自己与柳宗元在岭南饮食习惯方面的差别，我们可以感受到他们文化性格与人生态度方面的差异，韩愈执着于儒家道统，正襟危坐，以至于在岭南生活时“常惧染蛮夷，失平生好乐”，而柳宗元性格相对随和，能够融合儒释，入乡随俗、随遇而安、随遇而乐、随遇而食、随遇而适，能够在饮食习惯方面很快适应当地习俗，因此他也能够更好地融入当地百姓的日常生活之中，发现当地风俗习惯方面的各种特殊情况，抓大放小，从而能够发挥自己地方行政长官的才能，改变其中的陋风陋俗，改善人民的生活水平，有效地促进了当地的社会变迁与文化发展。

大道有时就存在于日常生活中，饮食习惯的改变与否也透露出迁岭文人寓居生活的种种面相，试读此诗：

> 虾蟆虽水居，水特变形貌。强号为蛙蛤，于实无所校。虽然两股长，其奈脊皴疱。跳踯虽云高，意不离泞淖。鸣声相呼和，无理只取闹。周公所不堪，洒灰垂典教。我弃愁海滨，恒愿眠不觉。叵堪朋类多，沸耳作惊爆。端能败笙磬，仍工乱学校。虽蒙句践礼，竟不闻报效。大战元鼎年，孰强孰败桡？居然当鼎味，岂不辱钓罩。余初不下喉，近亦能稍稍。常惧染蛮夷，失平生好乐。而君复何为？甘食比豢豹。猎较务同俗，全身斯为孝。哀哉思虑深，未见许回棹。②

对韩愈而言，这心理与生理上的双重难题，是他寓岭时难以适应贬谪之地饮食习惯的重要因素，体现了流寓岭南文人带有普遍性的生存困境与生活

① 〔唐〕韩愈：《初南食贻元十八协律》，见〔清〕方世举撰，郝润华、丁俊丽整理《韩昌黎诗集编年笺注》卷一一，中华书局2012年版，第594页。

② 〔唐〕韩愈：《答柳柳州食虾蟆》，见〔清〕方世举撰，郝润华、丁俊丽整理《韩昌黎诗集编年笺注》卷一一，中华书局2012年版，第596—597页。

难题。正如曹逸梅指出："韩语笔下南方不同于中原的饮食习俗，俨然成为落后文化的代表，对士人的身体和心理损害巨大，需时时谨慎戒备，这种表述在唐代南食书写中洵为常态。如元稹从未有仕宦岭南的经历，对南食的忧虑却同于韩愈……岭南饮食在唐人想象与叙述中，是一种有别于中原文化的异味。当然，岭南历来被视为蛮夷之地，亦是安置逐臣的主要场所，唐人的岭南恐惧中其实寄寓着对自身命运的担忧。"①

柳宗元不同于韩愈、元稹等人的南食书写，反映出他寓居西江流域时比较独特的文化性格与人生思考。相对而言，柳宗元能够入乡随俗、从俗食蛙，这是非常难得的行为，表明了他从心理与生理上逐渐适应了贬谪流寓之所的生活。他在柳州所作的诗歌不仅热情地歌咏了贬谪之地美味的黄柑果实，还体现了柳宗元在贬谪之地热爱日常生活，尤其可贵的是他还热爱贬谪之地的日常劳作的生活，并能用审美愉悦的心情来对待西江流域的劳作生活，对这种寓岭生活进行了诗语表达与审美观照。这就让笔者想到了陶渊明的诗句："先师有遗训，忧道不忧贫。瞻望邈难逮，转欲志长勤。秉耒欢时务，解颜劝农人。平畴交远风，良苗亦怀新。虽未量岁功，即事多所欣。"② 与此类似的还有苏轼的生命体验："人间无正味，美好出艰难。"③ 这些对劳作生活进行审美观照后的诗句，反映了封建时代的读书人、社会精英在从事体力劳动时内心的欣喜与新奇，并且充满了对体力劳动的热爱，对劳动成果的期待与向往。

人是复杂的统一体，骚怨精神是柳宗元迁谪西江流域时的主要特点，但不是唯一的特点，柳宗元谪居西江流域的作品中也不乏清新明朗、自嘲自解之作，试看这首《柳州城西北隅种甘树》，颇有陶渊明躬耕自资、倔强不屈的风神意态：

> 手种黄甘二百株，春来新叶偏城隅。方同楚客怜皇树，不学荆门利木奴。几岁开花闻喷雪，何人摘实见垂珠？若教坐待成林日，滋味还堪养老夫。④

---

① 曹逸梅：《南北嗜好知谁贤——中唐至宋代诗歌中的南食书写与士人心态研究》，见沈松勤、马强才编《第九届宋代文学国际研讨会论文集》，浙江大学出版社 2017 年版，第 29 页。

② 〔晋〕陶渊明：《癸卯岁始春怀古田舍二首》，见袁行霈《陶渊明集笺注》，中华书局 2003 年版，第 203 页。

③ 〔清〕王文诰辑注：《苏轼诗集》卷四二《和陶西田获早稻》，中华书局 1982 年版，第 2315 页。

④ 〔唐〕柳宗元：《柳宗元集》卷四二，中华书局 1979 年版，第 1182 页。

这首诗是柳宗元的代表作之一。西江流域的柳州地区因此而有了一个富有诗意的堂楼，名曰："柑子堂"。陶弼为此而赋诗一首，诗云：

> 子厚才名甲有唐，谪官分得荔支乡。罗池水尽黄柑死，独有空碑在画堂。①

在蛮山瘴水之地，柳宗元热爱普通的日常生活，并且能够从自己的日常生活中发现诗意和美感。他想要通过种柑树来养活自己，就将自己投入辛劳的种植生活中，并将其辛苦的劳动生活诗化，黄柑"春来新叶""开花喷雪""摘实垂珠""成林"时的"滋味"都被柳宗元写入诗中。通过柳宗元对西江流域寓居生活的诗语表达，我们不仅可以感受到当地黄柑的"滋味"，也能够深刻体会到柳宗元诗歌的"滋味"。钟嵘《诗品》一书高举"滋味"说，认为好的诗歌是有"滋味"的，而柳宗元在西江流域创作的这些反映日常饮食生活的诗歌正可为钟嵘的"滋味"说提供一个绝佳的注脚。柳宗元饮食题材的诗歌大多内容朴实，意象优美、描写真切、风格平淡，却又妙趣横生、抒情浓郁，诗人潇洒自如的精神气质跃然纸上，令人向往。这说明柳宗元是真心热爱自己寓居西江流域柳州时劳作的生活，并由衷赞美劳作之后所取得的果实。我们读了他的这些诗歌，想到"滋味还堪养老夫"之际，不禁要坐待成林口流涎了，这正印证了弗洛伊德所说："诗的世界的非现实性对于艺术技巧产生了一些非常重要的后果。比如，许多在现实中并不能给人欢愉的赏心乐事，在游戏中却可能带来欢愉；许多本来其实是不愉快的印象却可成为诗的作品的听众或观众欢愉的泉源。"② 柳宗元用诗的眼光来看待生活，也用诗的艺术技巧来表现生活，他也就将自己的日常生活进行了诗化，我们从柳宗元所构筑的诗的世界中感受到了审美的愉悦，他对自己在西江流域现实生活中的劳作进行了诗语表达，从而使"许多本来其实是不愉快的印象却可成为诗的作品的听众或观众欢愉的泉源"，我们不仅可以从柳宗元的诗歌中获得审美的愉悦，还可以从柳宗元的诗歌中寻找到一个精神的避难所，一个可以通过它来躲避现实苦难的精神家园。

---

① 〔宋〕祝穆撰、〔宋〕祝洙增订、施和金点校：《方舆胜览》卷三八"柳州"，中华书局2003年版，第695页。

② ［奥］弗洛伊德：《诗人与幻想》，见［美］麦·莱德尔编《现代美学文论选》，孙越生、陆梅林、程代熙等译，文化艺术出版社1988年版，第180页。

柳宗元在贬谪之地柳州不仅写了饮食题材的作品，而且还将贬谪之地的饮食与当地少数民族简朴而又独特的风土人情联系在一起，洒脱不羁，文笔流畅，在饮食题材中呈现出浓郁的地方特色与诗情画意。试看下例：

郡城南下接通津，异服殊音不可亲。青箬裹盐归峒客，绿荷包饭趁虚人。鹅毛御腊缝山罽，鸡骨占年拜水神。愁向公庭问重译，欲投章甫作文身。①

当“青箬裹盐”“绿荷包饭”等具有浓郁岭南风味的事物被写进诗中，柳宗元其实就是将西江流域的日常生活诗化了，吟咏西江流域的地方风物时，他也将自己入乡随俗、对当地饮食服饰的了解与热爱进行了诗语表达与审美观照，诗意地栖居在西江流域，呈现出诗人有血有肉、有智慧、有情怀也有生活情趣的一面。

柳宗元既得“江山之助”，又广泛深入日常生活，对西江流域的山川风景、民俗民情、饮食服饰、风土物产、社会生活进行了广泛深入、亲切生动的描写，并将自己生活其间的心迹情感、人生态度、人生思考及文化性格都在文学作品中透露出来，极大地拓宽了诗歌抒写的题材，丰富了诗歌作品的内容与情感内涵，深化了抒情言志的力度。柳宗元诗歌作品的数量在中唐诗人中并不算多，但他的创作，尤其是贬谪寓居在西江流域的作品，无论是在题材内容的开掘深度、审美特质的拓展深化，还是在表达情感意蕴的细腻真切、生动形象方面，都从整体上提升了中唐诗歌的创作水平，使得中唐诗歌在中国诗歌发展史上占有十分重要的地位。施蛰存指出：

从来文学史家都以为盛唐是唐诗的盛世，因而论及中唐，总说是由盛而衰的时期。我以为这个论点是错误的。盛唐只是唐代政治、经济的全盛时期，而不是诗的或说文学的全盛时期。中唐五十多年，诗人辈出，无论在继承和发展两个方面，诗及其他文学形式，同样都呈现群芳争艳的繁荣气象。……唐诗的极盛实在中唐。②

---

① 〔唐〕柳宗元：《柳州峒氓》，见《柳宗元集》卷四二，中华书局1979年版，第1169—1170页。

② 施蛰存：《唐诗百话》，华东师范大学出版社2011年版，第531页。

这个看法新颖精辟。中唐诗坛正是因为涌现了一批像柳宗元这样具有坚贞高洁人品又能入乡随俗，在贬谪流寓之所脚踏实地，为当地社会变迁与文化发展做出了巨大贡献，并用他们的如椽妙笔尽情抒写流寓生活中的山川风物、民风民俗、社会变迁及自己生活其间的真情实感的诗人，才能够在盛唐诗歌的基础上继续开拓创新，摆脱“极盛难继”的局面，实现中唐诗歌的繁荣。

柳宗元、刘禹锡、韩愈、白居易这些贬谪诗人大多善于发现贬谪流寓之地美好奇绝的一面，能够从平凡琐碎的日常流寓生活中提炼诗歌创作的题材。西江流域的社会变迁、文化发展与中唐诗歌的繁荣有着千丝万缕、密不可分的内在联系。安史之乱后，中唐社会政治、经济、文化背景发生了巨大变革，文人迁岭寓岭就是这种时代背景下的产物。最明显的一点就是中唐政治环境恶化、宦官专权、党争激烈，大量的诗人尤其是元和五大诗人都遭受到贬谪流寓的命运，贬谪生涯既造成了中唐诗歌的开拓与新变，也带来了西江流域社会变迁与文化发展。元和诗人的代表韩愈、柳宗元在岭南的潮州、西江流域的柳州具有文化始祖的地位，就很能说明西江流域社会变迁、文化发展与中唐诗歌开拓与新变的内在联系。

第二节　有久居之心，奚不可邪：曾巩对迁岭的哲学思考

由于有了柳宗元在西江流域柳州的寓居、为宦、生活、劳作、饮食，西江流域的社会风貌与民风民俗发生了很大的改观，随后迁岭南来的北宋文人已不再将柳州视为畏途，而是尽情讴歌此地的风俗、物产，对此地充满了向往与好奇。江西南丰人曾巩在《送李材叔知柳州序》中对好友李材叔来柳州进行了劝慰与鼓励，其中将柳州与中州进行了对比，对比的结果是柳州“风气与中州不甚异”，西江流域地区也有其不可忽视的优势，有值得欣赏与流连的美好风物。曾巩所述比较典型地反映了当时某些北宋文人士大夫对西江流域柳州的地域认同：

> 谈者谓南越偏且远，其风气与中州异。故官者皆不欲久居，往往车船未行，辄已屈指计归日。又咸小其官，以为不足事。其逆自为虑如此，故其至皆倾摇解弛，无忧且勤之心。其习俗从古而尔，不然，

何自越与中国通已千余年，而名能抚循其民者，不过数人邪？故越与闽、蜀，始俱为夷，闽、蜀皆已变，而越独尚陋，岂其俗不可更与？盖吏者莫致其治教之意也。噫！亦其民之不幸也已。

彼不知繇京师而之越，水陆之道皆安行，非若闽溪、峡江、蜀栈之不测。则均之吏于远，此非独优欤？其风气吾所谙之，与中州亦不甚异。起居不违其节，未尝有疾。苟违节，虽中州宁能不生疾邪？其物产之美，果有荔子、龙眼、蕉、柑、橄榄，花有素馨、山丹、含笑之属，食有海之百物，累岁之酒醋，皆绝于天下。人少斗讼，喜嬉乐。吏者唯其无久居之心，故谓之不可。如其有久居之心，奚不可邪？[①]

这段送友人来西江流域柳州的文字中既高度评价柳州的物产民情、风俗习惯、社会状况、地理环境、生活条件以至交通便利的情形，也从中展示了宋代文人迁岭时认识到“起居不违其节，未尝有疾；苟违节，虽中州宁能不生疾耶”后随遇而安的旷达风神。

意大利学者维柯指出：

诗人们首先凭凡俗智慧感觉到的有多少，后来哲学家们凭玄奥智慧来理解的也就有多少，所以诗人们可以说就是人类的感官，而哲学家们就是人类的理智。[②]

柳宗元的诗歌作品与曾巩的哲理思考，正好为此言提供了绝佳注脚。柳宗元凭凡俗智慧感觉到了西江流域柳州风物的美好与寓居生活的充实，曾巩则凭玄奥智慧来理解迁岭生活的美好与充实，因此可以说，用诗歌来吟咏西江流域生活的柳宗元就是迁岭寓岭文人的感官（当然，不可否认柳宗元也是哲学家，这主要表现在他大量表达自己哲学思考的文章里），而对迁岭生活进行思考的曾巩则是人类的理智。

迁岭文人在苦难的生活环境中对人生进行了深刻的哲理思考，他们不仅是诗人，也是哲人，不仅是“人类的感官”，对复杂生活有细腻真切的感受，也是“人类的理智”，对迁岭生活有深刻具体的理解。曾巩认识到吏者“无久居之心”与“有久居之心”对地方社会变迁与文化

---

① 〔宋〕曾巩：《送李材叔知柳州序》，见〔宋〕曾巩撰，陈杏珍、晁继周点校《曾巩集》卷一四，中华书局1984年版，第222—223页。

② 〔意〕维柯：《新科学》第二卷，朱光潜译，商务印书馆1989年版，第172页。

发展所能产生作用的重要区别，因此十分注重文人迁岭时自我心态调节的重要作用，也即心灵的力量。心美，一切皆美，曾巩能看到西江流域柳州的物产之美、风俗人情之美，就在于他有一颗善于感受美的心灵。曾巩不愧为“唐宋八大家”之一，其文章之美，不仅在于文辞畅达，而且体现了其灵心善感的丰富内涵，具有深刻的人生哲理，其中“如其有久居之心，奚不可邪”正是苏轼在迁岭寓岭生活中感悟到“此心安处是吾乡”的最佳注脚，反映了北宋文人对人生、社会、宇宙的深刻哲理思考，蕴含着深刻的生命体验与理性精神。这些迁岭文人在迁岭态度与人生思考方面的改变，显然离不开迁岭前辈柳宗元在此地的开拓之功。正是有了历代迁岭文人的努力，到了北宋时期，西江流域的柳州风气已经“与中州亦不甚异”了。

柳宗元贬谪流寓的命运对他个人来说是人生的不幸，可对西江流域的广大地区来说，却是极大的幸运。他的到来，改变了当地的风气，促进了当地文化、教育事业的发展。因此，曾巩在劝说好友李材叔知柳州时也用前贤往圣治理地方而能够取得成就的道理来劝勉他，指出：

> 古之人为一乡一县，其德义惠爱尚足以薰蒸渐泽，今大者专一州，岂当小其官而不事邪？令其得吾说而思之，人咸有久居之心，又不小其官，为越人涤其陋俗而驱于治，居闽蜀上，无不幸之叹，其事出千余年之表，则其美之巨细可知也。然非其材之颖然迈于众人者不能也。官于南者多矣，予知其材之颖然迈于众人，能行吾说者，李材叔而已。
>
> ……今材叔为柳州，公翊为象州，皆同时，材又相若也。则二州交相致其政，其施之速、势之便，可胜道也夫！其越之人幸也夫！其可贺也夫！①

西江流域的社会变迁与文化发展不是一蹴而就的，而是经历了漫长的历史过程，历代迁岭文人在此为宦，开发水利、治理农田、兴办学校，改变陋风陋俗，采取积极有力的措施来推动生产与文化的发展。更重要的是，这些迁岭文人“久居”西江流域以后，“不小其官”，与百姓长期交往，互

① 〔宋〕曾巩：《送李材叔知柳州序》，见〔宋〕曾巩撰，陈杏珍、晁继周点校《曾巩集》卷一四，中华书局1984年版，第223页。

相融合，给当地带来了先进的文化观念与更加文明的生活方式。可以说，柳宗元正是“其材之颖然迈于众人者”而“有久居之心，又不小其官”的迁岭文人的高标典范，他在西江流域的柳州具有文化始祖的地位，他在此地的生存智慧与人间情怀促进了当地的社会变迁与文化发展，促使柳州风气至北宋时“与中州亦不甚异”，引起了后世文人对此地的关注与向往，并效仿他的嘉言懿行，这对后世迁岭文人的文化性格的塑造与人生思考的形成都产生了重要的影响，甚至影响到他们迁岭寓岭时人生态度的改变及生活方式的选择。

第三节 以俗为雅：苏轼崇尚陶、柳的心理动因

苏轼从惠州谪居到海南，后自廉州北返中原，在晚年的大多数时间里，他都是沿着西江流域奔波的。在这里，苏轼与西江流域的文人学士、道士僧侣广泛交游，诗词唱和，时相过从，从中我们可以深刻地领会到苏轼的人生思考与文化性格。下列诗句在苏轼的迁岭之作中就较有典型性。诗云：

> 晚途流落不堪言，海上春泥手自翻。汉使节空余皓首，故侯瓜在有颓垣。平生多难非天意，此去残年尽主恩，误辱使君相抆拭，宁闻老鹤更乘轩。①
>
> 乞得纷纷扰扰身，结茅都峤与仙邻。少而寡欲颜长好，老不求名语益真。许迈有妻还学道，陶潜无酒亦从人。相随十日还归去，万仞清游结此因。②

元符三年（1100），苏轼遇赦北归，途中经过西江流域的廉州（今广西合浦），在合浦苏轼吃到了久违的岭南特产龙眼，获得了暂时的安宁与欣喜，作《廉州龙眼，质味殊绝，可敌荔支》一诗，诗云：

> 龙眼与荔支，异出同父祖。端如甘与橘，未易相可否。异哉西海

① 〔宋〕苏轼：《次韵王郁林》，见《粤西诗载》卷一三，《四库全书》影印文渊阁本第1465册，上海古籍出版社1987年版，第190页。

② 〔宋〕苏轼：《送邵道士彦肃归都峤洞天》，见《粤西诗载》卷一三，《四库全书》影印文渊阁本第1465册，上海古籍出版社1987年版，第190页。

滨，琪树罗玄圃。累累似桃李，一一流青乳。坐疑星陨空，又恐珠还浦。图经未尝说，玉食远莫数。独使皱皮生，弄色映琱俎。蛮荒非汝辱，幸免妃子污。①

在岭南流寓多年的苏轼对龙眼与荔枝颇有研究，对其来源、味道、颜色、产地，形状等特征一一道来，如数家珍，表面上是写龙眼、荔枝的色、香、味、形，实际上表现了苏轼在贬谪流寓之所仍然对生活充满了热爱。他在吟咏龙眼时，也展示出了自己的人生思考与文化性格。苏轼随遇而安、随遇而乐、随遇而食以及他鄙视功名富贵的人生态度在“蛮荒非汝辱，幸免妃子污”一句中呼之欲出了。可以说，苏轼在西江流域的食物龙眼身上投注了自己的思想与情感，以食物来比喻自己，借食物来抒发自己贬谪流寓到西江流域的独特情感。苏轼确确实实地在西江流域逗留过、生活过、思考过并且认真地进行了文学、艺术创作，看透生活的真相后仍然热爱生活。努力与坚持源于热爱，苏轼是一位热爱生活的智者、勇者和达人，在西江流域的端州留下了石刻题记、题书和行踪的记载②，反映了他在西江流域留下的足迹及当地人民对其的喜爱。

在日常饮食生活与为宦之道等方面，苏轼继承和发展了陶渊明、柳宗元的生存智慧与人间情怀。试看如下记载：

东坡性简率，平生衣服饮食皆草草。……筑新堤时，坡日往视之。一日饥，令具食，食未至，遂于堤上取筑堤人饭器，满贮其陈仓米一器尽之。大抵平生简率，类如此。③

苏轼一生历经宦海浮沉、仕途坎坷，他晚年贬谪流寓到岭南，在生活困顿时悟到了生活真谛。黄庭坚指出：“子瞻谪岭南，时宰欲杀之。饱吃惠州

① 〔清〕王文诰辑注、孔凡礼点校：《苏轼诗集》卷四三，中华书局 1982 年版，第 2368—2369 页。

② 苏轼在肇庆的行迹，陈大同先生有翔实的考辨，参见陈大同《苏轼肇庆游举证辨析》，见陈大同《史绎集》，暨南大学出版社 2017 年版，第 73—78 页。

③ 〔宋〕施德操：《北窗炙輠录》卷上，见《宋元笔记小说大观》，上海古籍出版社 2007 年版，第 3307 页。

饭，细和渊明诗。彭泽千载人，东坡百世士。出处虽不同，风味乃相似。”① 这首诗生动形象地揭示了苏轼寓居岭南时的风神意态，他可以说是在哪里跌倒就在哪里吃饱。苏轼在黄州时写诗道：“自笑平生为口忙，老来事业转荒唐。长江绕郭知鱼美，好竹连山觉笋香”②、“少年辛苦真食蓼，老境安闲如啖蔗。饥寒未至且安居，忧患已空犹梦怕。穿花踏月饮村酒，免使醉归官长骂”③。在惠州时，苏轼写诗道：“罗浮山下四时春，卢橘杨梅次第新。日啖荔支三百颗，不辞长作岭南人。”④ 这些诗句都体现他随意而安、随物而食、随食而乐的文化性格与人生态度。他甚至感叹：“我生涉世本为口，一官久已轻莼鲈。人间何者非梦幻，南来万里真良图。”⑤ 还有海南的海味也令他着迷：“己卯冬至前二日，海蛮献蚝，剖之，得数升肉与浆入水，与酒并煮，食之甚美，未始有也。又取其大者，炙熟，正尔啖嚼，又益煮者，海国食蟹螺八足鱼……每戒过子慎勿说，恐北方君子闻之，争欲为东坡所为，求谪海南，分我此美也。”⑥ 他不仅“饱吃惠州饭”，还饱吃黄州饭、饱吃澹州饭，通过吃饭，苏轼发现了日常生活中美好的一面。

民以食为天。饮食，是日常生活的重要组成部分，从中可以反映出世人的生活方式及其对人生所采取的态度。苏轼的饮食观与他对人生的体验紧密联系在一起。试看他的《书煮鱼羹》载：

> 予在东坡，尝亲执枪匕，煮鱼羹以设客，客未尝不称善，意穷约中易为口腹耳！今出守钱塘，厌水陆之品，今日偶与仲天贶、王元直、秦少章会食，复作此味，客皆云：此羹超然有高韵，非世俗庖人

---

① 〔宋〕黄庭坚：《跋子瞻和陶诗·东坡和陶渊明诗凡一百有九篇，追和古人自东坡始》，见〔宋〕黄庭坚著，〔宋〕任渊、〔宋〕史容、〔宋〕史季温注，黄宝华点校《山谷诗集注》卷一七，上海古籍出版社 2003 年版，第 416 页。

② 〔宋〕苏轼：《初到黄州》，见〔清〕王文诰辑注、孔凡礼点校《苏轼诗集》卷二〇，中华书局 1982 年版，第 1032 页。

③ 〔宋〕苏轼：《次韵前篇》，见〔清〕王文诰辑注、孔凡礼点校《苏轼诗集》卷二〇，中华书局 1982 年版，第 1034 页。

④ 〔宋〕苏轼：《食荔支二首》其二，见〔清〕王文诰辑注、孔凡礼点校《苏轼诗集》卷四十，中华书局 1982 年版，第 2194 页。

⑤ 〔宋〕苏轼：《四月十一日初食荔支》，见〔清〕王文诰辑注、孔凡礼点校《苏轼诗集》卷三九，中华书局 1982 年版，第 2122 页。

⑥ 〔宋〕苏轼：《食蚝》，见孔凡礼点校《苏轼文集·苏轼佚文汇编》卷七，中华书局 1986 年版，第2592 页。

所能仿佛。岁暮寡欲，聚散难常，当时作此，以发一笑也。①

苏轼的饮食观往往体现了他的人生观。试看他在《答毕仲举》中所云：

偶读《战国策》，见处士颜蠋之语“晚食以当肉”，欣然而笑。若蠋者，可谓巧于居贫者也。菜羹菽黍，差饥而食，其味与八珍等；而既饱之余，刍豢满前，惟恐其不持去也。美恶在我，何与于物。……处世得安稳无病，粗衣饱饭，不造冤业，乃为至足。三复斯言，感叹无穷。世人所作，举足动念，无非是业，不必刑杀无罪，取非其有，然后为冤业也。②

这段对食饮的看法体现了苏轼对人生的深刻哲理思考及其旷达乐易的文化性格。人生思考来源于生活实践，苏轼之所以对人生有如此深刻细腻的哲理思考，乃是源于他对简单朴素生活的热爱。试看苏轼《撷菜》（并引）所载：

吾借王参军地种菜，不及半亩，而吾与过子终年饱饫，夜半饮醉，无以解酒，辄撷菜煮之。味含土膏，气饱风露，虽粱肉不能及也。人生须底物，而更贪耶？乃作四句。

秋来霜露满东园，芦菔生儿芥有孙。我与何曾同一饱，不知何苦食鸡豚。③

苏轼之所以是一个不折不扣的乐天派，乃在于他是一个不折不扣的美食家，他能随时随地发现食物，简单廉价的食物能够给他带来快乐，他也就能够从日常生活中发现诗意与美感，从而在贬谪流寓之所也能过上充实而有意义的生活。

苏轼所言“菜羹菽黍，差饥而食，其味与八珍等；而既饱之余，刍豢满前，惟恐其不持去也。美恶在我，何与于物”说出了一个非常朴素而浅显的道理。这个道理人人都能理解，也都曾感同身受、身临其境，可就是

① 孔凡礼点校：《苏轼文集·苏轼佚文汇编》卷七，中华书局1986年版，第2592页。

② 孔凡礼点校：《苏轼文集》卷五六，中华书局1986年版，第1671—1672页。

③〔清〕王文诰辑注、孔凡礼点校：《苏轼诗集》卷四〇，中华书局1982年版，第2202页。

无法说出。苏轼文章的妙处也正在于把人人心中所有、人人笔下所无的人生体验表达出来了。他是诗人，也是哲人，既是“人类的感官”，也是“人类的理智”。尤其可贵的是，他能够将两者如此美妙地结合在一起，既给人深刻的思想启迪，又给人丰富的审美愉悦。人生思考可以指导创作实践，饮食题材在苏轼作品中的大量出现，反映了创作题材方面的“以俗为雅”，反映了宋人文化性格与人生思考的转变，也反映出宋人人格境界的提升。饮食题材的涌现体现了宋人不避俚俗、入乡随俗、和光同尘、道法自然的文化性格与人生态度，这正是他们人格境界的体现。唐代被誉为“诗豪”的著名诗人刘禹锡认为“为诗用僻字，须有来处”“后辈业诗，即须有据，不可率尔道也”，以至于“缘明日是重阳，欲押一‘糕’字，续寻思六经竟未见有‘糕’字，不敢为之”，到重阳佳节时要吃糕点了，却因“糕”字不在六经中，刘禹锡竟不敢将“糕”字写进诗里[①]，从而遭到宋人的讥笑，宋祁写诗道：“刘郎不敢题糕字，虚负诗中一世豪。”[②]

苏轼作品中尤其是他在贬谪流寓生活中创作的大量饮食题材的作品，是将“先忧后乐”伟大人格精神与“箪食瓢饮”的日常饮食方式融合到了一起，展示出北宋士大夫心态之转变，也反映了他们对中国传统饮食文化精神的继承与发展。苏轼饮食题材方面的创作不避俚俗，也与他临终时任运而去、云淡风轻、不凝滞于物、超旷自适的人生态度有着深刻的内在契合。当然，这显然离不开前辈诗人、“南迁二友”陶渊明、柳宗元人格风范的指引。

陶渊明、柳宗元并称，往往指他们的诗歌创作艺术有深刻的内在相似性，正如郭绍虞指出：

> 元好问论诗虽尚豪迈，但于陶、柳之诗亦深致推许。此与苏轼诗风虽才气奔放，近于一泄无余，而其论诗则重在“天成”“超然”之意相近。苏轼“南迁二友”乃是陶、柳二集，元氏论诗推崇陶、柳，亦是此意。[③]

除了艺术风格相似的缘由外，陶渊明、柳宗元在诗歌的思想意蕴方面，也

---

① 〔唐〕韦绚：《刘宾客嘉话录》“诗用僻字须有来处”，见〔唐〕刘禹锡撰，陶敏、陶红雨校注《刘禹锡全集编年校注》第六册，中华书局 2019 年版，第 2227 页。

② 〔宋〕宋祁：《九日食糕》，见〔宋〕宋祁《景文集》卷二四，《丛书集成初编》本。

③ 郭绍虞笺释：《元好问论诗三十首小笺》，人民文学出版社 1978 年版，第 72 页。

有相似之处，开启了苏轼的诗歌风貌。他们二人后来成了苏轼晚年贬谪寓居岭南的“南迁二友”，可以说，在“性简率，平生衣服饮食皆草草”及民胞物与的生活作风与人格精神方面，陶渊明、柳宗元、苏轼是一脉相承的，而柳宗元在其中起到了承前启后的作用。诗风的“天成”“超然”来源于生活的朴素与随缘，反映了传统儒家思想中安贫乐道、随遇而安、随遇而食、随遇而乐、随遇而为的精神。柳宗元正是因为具有了这样的精神，才能在贬谪流寓到西江流域时不忘初心、砥砺前行、安心工作、积极有为，为西江流域社会变迁与文化发展做出了巨大的贡献，以至于他在西江流域的柳州具有了文化始祖的崇高地位。

柳宗元和陶渊明流传到今天的诗歌虽然不多，但他们创造了诗歌史上的精品现象，首首都是佳作。陶渊明流传到今天的诗歌一共只有 120 多首，正如辛弃疾所言：“晚岁躬耕不怨贫，只鸡斗酒聚比邻。……千载后，百篇存，更无一字不清真”（《鹧鸪天》），这从日常生活中的饮食角度对陶渊明进行了高度评价。柳宗元存诗一共只有 164 首，正如宋人所说：“人生作诗不必多，只要传远。如柳子厚，能几首诗？万世不能磨灭。”① 柳宗元的伟大人格、崇高理想和踏实苦干的精神在西江流域社会发展史上产生了重大影响。这也正是柳宗元诗歌能够流传久远，成了“万世不能磨灭”的高标典范的原因所在。

“陶渊明、柳子厚之诗，得东坡而后发明”②，“山谷常谓曰：白乐天、柳子厚俱效陶渊明作诗，而唯子厚诗为近”③。柳宗元的诗得到后世迁岭文人苏轼、黄庭坚的推崇，且都将其与陶渊明联系到了一起。柳宗元诗与陶渊明诗有何内在联系？苏轼、黄庭坚为何如此推崇陶、柳？从苏、黄的推尊陶、柳中反映出他们什么样的文化性格与人生思考呢？我们从苏轼的崇柳来探讨这些问题。

苏轼把柳宗元当作自己的“南迁二友”之一，且看苏轼自道其在海南生活时尚友陶渊明、柳宗元的情形：

---

① 谭桦、王晓岚点校：《魏庆之诗话》，见《宋诗话全编》第 9 册，凤凰出版社 1998 年版，第 9011 页。

②〔宋〕张戒：《岁寒堂诗话》卷上，见《历代诗话续编》（上），中华书局 1983 年版，第 463 页。

③〔宋〕陈善：《扪虱新话》卷七，见吴文治编《柳宗元资料汇编》，中华书局 1964 年版，第81 页。

> 流转海外，如逃空谷，既无与晤语者，又书籍举无有，惟陶渊明一集，柳子厚诗文数策，常置左右，目为二友。[1]
>
> 元符己卯闰九月，琼守姜君来儋耳，日与予相从。庚辰三月乃归。无以赠行，书柳子厚《饮酒》《读书》二诗，以见别意。子归，吾无以遣日，独此二事，日相与往还耳。[2]

胡仔在《苕溪渔隐丛话》前集卷一九引用苏轼的评价："子厚诗在陶渊明下，韦苏州上，退之豪放奇险则过之，而温丽靖深不及也""柳仪曹诗忧中有乐，乐中有忧"[3]。可见，苏轼在阅读、吟咏、书写柳宗元厚诗的过程中既对柳诗有了深刻精辟的见解，也在这个过程中排遣了寂寞无聊的日子，消解了心中的忧愁苦闷。陶渊明、柳宗元的诗文，是苏轼迁谪流寓生活中随身携带的"微型避难所"。有了陶渊明、柳宗元的诗文陪伴，苏轼就可以坦然面对人生的风雨甚至身体的疾病，这几乎可以让他暂时地忘却生活中的所有磨难与不幸。苏轼阅读陶、柳诗文集的过程，就是将自己的心灵与陶、柳相沟通，将自己的生命体验与陶、柳诗文集中表现出来的生命情感、生活体验结合起来的过程。陶、柳诗文集中表现的悲欢离合、喜怒哀乐，在苏轼心中引起了强烈的共鸣，苏轼的文化性格、人生思考，与陶、柳集中所表现的个性与情感相接触，产生了深刻的内在契合。

苏轼在崇陶之际，也把柳宗元视为"南迁二友"之一。笔者认为，柳宗元在精神境界方面与陶渊明有相似之处。元好问在诗中写道："君看陶集中，饮酒与归田。此翁岂作诗，直写胸中天。"（《继愚轩和党承旨雪诗二首》其二）我们可从归田与饮酒这两个与饮食有关的主题看出柳宗元对陶渊明的受容。

柳宗元写田家生活的诗歌中比较有代表性的是《田家三首》，诗云：

> 蓐食徇所务，驱牛向东阡。鸡鸣村巷白，夜色归暮田。札札耒耜声，飞飞来乌鸢。竭兹筋力事，持用穷岁年。尽输助徭役，聊就空自眠。子孙日以长，世世还复然。

---

① 〔宋〕苏轼：《苏轼文集》卷五五《与程全父十二首》（十一），中华书局1986年版，第1627页。

② 〔宋〕苏轼：《东坡志林》卷一《别姜君》，中华书局1981年版，第23页。

③ 蔡云祥、田志刚校点：《胡仔诗话》，见《宋诗话全编》第4册，凤凰出版社1998年版，第3641—3642页。

篱落隔烟火，农谈四邻夕。庭际秋虫鸣，疏麻方寂历。蚕丝尽输税，机杼空倚壁。里胥夜经过，鸡黍事筵席。各言官长峻，文字多督责。东乡后租期，车毂陷泥泽。公门少推恕，鞭扑恣狼藉。努力慎经营，肌肤真可惜。迎新在此岁，惟恐踵前迹。

古道饶蒺藜，萦回古城曲。蓼花被堤岸，陂水寒更渌。是时收获竟，落日多樵牧。风高榆柳疏，霜重梨枣熟。行人迷去住，野鸟竞栖宿。田翁笑相念，昏黑慎原陆。今年幸少丰，无厌饘与粥。①

“蓐食徇所务”“鸡黍事筵席”“无厌饘与粥”反映了田家生活中的日常饮食，让人感受到世俗生活中的清欢。饮食题材融入寓岭文人的作品中，为诗歌风貌提供了新的质素。又如柳宗元写于永州的《首春逢耕者》亦反映了他描写农村题材的诗歌在思想意蕴与审美风貌方面对陶渊明的接受与效仿。诗云：

南楚春候早，余寒已滋荣。土膏释原野，百蛰竞所营。缀景未及郊，穑人先耦耕。园林幽鸟啭，渚泽新泉清。农事诚素务，羁囚阻平生。故池想芜没，遗亩当榛荆。慕隐既有系，图功遂无成。聊从田父言，款曲陈此情。眷然抚耒耜，回首烟云横。②

诗中的田家劳作图与田园风景画，令人自然而然地想起了陶渊明的《归园田居》中描写的躬耕生活。柳宗元诗的田园题材对陶渊明的接受由此可见一斑。

“饮酒”显然属于日常饮食生活的重要组成部分，饮酒题材的大量涌现，反映了迁岭文人南食书写的一个重要特色。我们再来看柳宗元的《饮酒》，诗云：

今旦少愉乐，起坐开清樽。举觞酹先酒，遗我驱忧烦。须臾心自殊，顿觉天地暄。连山变幽晦，渌水函晏温。蔼蔼南郭门，树木一何繁。清阴可自庇，竟夕闻佳言。尽醉无复辞，偃卧有芳荪。彼哉晋楚

① 〔唐〕柳宗元：《田家三首》，见《柳宗元集》卷四三，中华书局1979年版，第1238—1239页。

② 〔唐〕柳宗元：《首春逢耕者》，见《柳宗元集》卷四三，中华书局1979年版，第1212页。

> 富，此道未必存。[①]

此诗表现了柳宗元借酒来“驱忧烦”的心理动因，颇有陶渊明饮酒时的风味，其中“蔼蔼南郭门，树木一何繁。清阴可自庇，竟夕闻佳言”，明显化用借鉴了陶渊明《和郭主簿》中的诗句“蔼蔼堂前林，中夏贮清阴”。在醉酒中，柳宗元展示了自己对“彼哉晋楚富，此道未必存”的人生感悟与哲理思考[②]，这样的风神意态当能引起长期流寓、穷困不偶的苏轼的深刻情感共鸣，苏轼从柳宗元的饮酒诗中能够悟出宠辱不惊、物我皆忘的人生哲理，从而更加热爱陶、柳诗歌，热爱自然山水，热爱流寓谪居岭南时的日常生活。

“独好渊明之诗”的苏轼认为柳宗元晚年流寓到西江流域的诗歌颇似陶渊明，他在《题柳子厚诗》中指出：

> 诗须要有为而作，用事当以故为新，以俗为雅。好奇务新，乃诗之病。柳子厚晚年诗极似陶渊明，知诗病者也。[③]

方岳看到了苏轼推崇陶、柳的文学意义，指出：“坡公独以柳子厚、韦应物‘发纤秾于简古，寄至味于淡泊。’盖韦、柳皆以靖节翁为指归，而卒之齐足并驱也。”[④] 柳宗元晚年寓居到了西江流域的柳州，苏轼发现“柳子厚晚年诗极似陶渊明”，也就是说柳宗元在西江流域创作的诗歌内容、艺术风格与陶渊明诗有深刻的内在契合之处。柳宗元创作“温丽靖深……外枯而中膏，似澹而实美”[⑤]、“发纤秾于简古，寄至味于澹泊”[⑥] 的风格特点显然离不开他在西江流域的生活与当地风物的滋养与启迪。而“寄至

---

① 〔唐〕柳宗元：《饮酒》，见《柳宗元集》卷四三，中华书局1979年版，第1253页。

② 这里运用了《孟子·公孙丑下》中的“曾子曰：晋楚之富，不可及也。彼以其富，我以吾仁；彼以其爵，我以吾义。吾何慊乎哉！”，参见杨伯峻《孟子译注》，中华书局1960年版，第89页。

③ 〔宋〕苏轼：《题柳子厚诗》，见《苏轼文集》（五）卷六七，中华书局1986年版，第2109页。

④ 〔宋〕方岳：《深雪偶谈》语，见《宋诗话全编》（九），凤凰出版社1998年版，第8890页。

⑤ 〔宋〕苏轼：《评韩柳诗》，见《苏轼文集》（五）卷六七，中华书局1986年版，第2109—2110页。

⑥ 〔宋〕苏轼：《书黄子思诗集后》，见《苏轼文集》（五）卷六七，中华书局1986年版，第2124页。

味于澹泊”的比喻，也与陶渊明、柳宗元、苏轼的日常生活与饮食习惯若合符契。显然，苏轼对陶渊明、柳宗元这两位“好友”的生活方式与人生态度心领神会，故能以如此形象生动的比喻来说明他们诗歌的风格。当然，明眼人一看便知道“寄至味于澹泊”与钟嵘评诗时的“滋味”说有一脉相承的内在联系，反映了中国诗学源远流长、博大精深的特点。

苏轼之所以能说出“寄至味于澹泊”这样的诗评语言，乃在于他晚年南迁之后与柳宗元处境有相似的地方①，都遭受到贬谪流寓的逆境，都在逆境之中入乡随俗，随俗而食，在淡泊的生活中体味到了人间至味。故此时的苏轼尤其喜欢南迁后的柳宗元诗。可以佐证的资料如下：苏轼指出，“柳子厚南迁后诗，清劲纡余，大率类此”②，在“流转海外”的岁月里苏轼以柳宗元的诗文为伴，“柳子厚诗文数策，常置左右”③。面对着贬谪流寓的生活，苏轼能够触景生情，随时随地联想到柳宗元的诗，并通过柳诗来抒发自我的感情，诗意地栖居在大地上。他在《书柳子厚诗》中写道：

> 仆自东武适文登，并海行数日，道傍诸峰，真若剑铓。诵柳子厚诗，知海山多尔耶？④

正是有了柳诗陪伴，苏轼才度过了艰难困苦的贬谪生活，并将柳宗元与陶渊明视为“南迁二友”。

柳宗元的诗歌真切生动地展现了贬谪流寓之地的自然风光、地貌地形等特点，如其名作《与浩初上人同看山寄京华亲故》就描写了西江流域柳州的地理风貌、山川形势：“海畔尖山似剑铓，秋来处处割愁肠。”苏轼南迁后看到岭南风光，自然而然地就吟诵起柳宗元的诗歌。这一方面体现了苏轼对柳宗元诗歌的热爱与熟悉；另一方面也反映了柳宗元广泛而深入地描写了岭南风光，让后来迁岭的苏轼能够随时随地联想起柳宗元的诗句，并借此来抒情言志。

苏轼喜欢柳宗元的诗歌，他在创作中自然而然就体现出这一喜好。陆

① 〔清〕施山：《望云诗话》卷二载：“坡公与柳州处逆境，阮亭与苏州处顺境，二公各以声笙磬同音，遂有左右袒也。”参见《柳宗元资料汇编》（下），中华书局1964年版，第715页。

② 〔宋〕苏轼：《书柳子厚南涧诗》，见《苏轼文集》（五）卷六七，中华书局1986年版，第2116页。

③ 〔宋〕苏轼：《与程全父十二首》其十一，见《苏轼文集》（四）卷五五，中华书局1986年版，第1627页。

④ 〔宋〕苏轼：《书柳子厚诗》，见《苏轼文集》卷六七，中华书局1986年版，第2108页。

游《老学庵笔记》卷二记载：

> 柳子厚诗云："海上尖山似剑铓，秋来处处割愁肠。"东坡用之云："割愁还有剑铓山。"或谓可言"割愁肠"，不可但言"割愁"。亡兄仲高云：晋张望诗曰"愁来不可割"，此"割愁"二字出处也。[①]

叶梦得亦发现苏轼化用柳宗元诗句而产生的巨大艺术效果，他在《石林诗话》中评论苏轼《白鹤峰新居欲成夜过西邻翟秀才》一诗时指出：

> 苏子瞻"林行婆家初闭户，翟夫子舍尚留关"。始读殆未测其意，盖下有"娟娟缺月黄昏后，嫋嫋新居紫翠间。系懑岂无罗带水，割愁还有剑铓山"四句，则入头不怕放行，宁伤于拙也。[②]

邵博在《邵氏闻见后录》中也指出：

> 东坡于古人，但写陶渊明、杜子美、李太白、韩退之、柳子厚之诗。[③]

笔者认为，正是柳宗元晚年流寓到西江流域，与当地百姓融为一体，打成一片，入乡随俗，随俗而食，像陶渊明一样"悦亲戚之情话，乐琴书以消忧。农人告余以春及，将有事于西畴"[④]，过着简朴凡俗的生活，才能创作出"以故为新，以俗为雅""极似陶渊明"的好诗。

苏轼酷爱陶渊明、柳宗元的诗歌，时常将他们二人相提并论。在《评韩柳》诗中，苏轼从饮食喻诗的角度，提出自己的研究心得：

> 柳子厚诗在陶渊明下，韦苏州上。退之豪放奇险则过之，而温丽

① 〔宋〕陆游撰、高克勤校点：《老学庵笔记》卷二，见《宋元笔记小说大观》，上海古籍出版社 2001 年版，第 3469 页。

② 〔宋〕叶梦得：《石林诗话》卷上，见〔清〕何文焕辑《历代诗话》，中华书局 1981 年版，第 411 页。

③ 〔宋〕邵博撰、王根林校点：《邵氏闻见后录》卷一五，上海古籍出版社 2012 年版，第 194 页。

④ 〔晋〕陶渊明：《归去来兮辞》，见袁行霈《陶渊明集笺注》，中华书局 2003 年版，第 461 页。

> 靖深不及也。所贵乎枯澹者，谓其外枯而中膏，似澹而实美，渊明、子厚之流是也。若中边皆枯澹，亦何足道。佛云："如人食蜜，中边皆甜。"人食五味，知其甘苦者皆是，能分别其中边者，百无一二也。①

正是对人舌尖上的感觉有深入细致的考察，苏轼对柳宗元南迁后的诗特别推崇，指出：

> "秋气集南涧，独游亭午时。回风一萧索，林影久参差。始至若有得，稍深遂忘疲。羁禽响幽谷，寒藻舞沦漪。去国魂已游，怀人泪空垂。孤生易为感，末路少所宜。寂寞竟何事，迟回只自知。谁叹后来者，当与此心期。"柳子厚南迁后诗，清劲纡余，大率类此。②

这是从艺术风格的角度来高度赞美柳宗元的诗歌，并用"人食五味，知其甘苦者皆是，能分别其中边者，百无一二也"的形象比喻来说明柳宗元诗歌艺术之高妙，表达自己对柳诗的推崇。

还有一点，也值得我们注意。我们知道苏轼师范渊明，乃是羡慕敬仰渊明隐逸高蹈、随遇而安、乐观固穷的精神，以及其自然质朴的诗风。这与中国传统的儒家思想有着十分密切的关系。子曰："一箪食，一瓢饮，在陋巷，人不堪其忧，回也不改其乐"③、"饭疏食饮水，曲肱而枕之，乐亦在其中矣。不义而富且贵，于我如浮云"④。儒家安贫乐道的饮食观对陶渊明、苏轼影响很大，使他们形成了虽在困顿坎坷之际仍保持着旷达乐观的生活态度与文化性格。

柳宗元在寓居西江流域时"箪食瓢饮""疏食饮水"的饮食方式，不仅继承了儒家安贫乐道的思想，而且还体现了他在人格个性与生活态度方面与陶渊明的相似。柳宗元热爱生活，尤其是在贬谪后对疏食饮水的描写，显然使他暂展愁眉，极力排遣了谪居生活的苦闷。陶渊明崇尚自然，

---

① 〔宋〕苏轼：《评韩柳诗》，见《苏轼文集》（五），中华书局1986年版，第2109—2110页。

② 〔宋〕苏轼：《书柳子厚南涧诗》，见《苏轼文集》（五），中华书局1986年版，第2116页。

③ 《论语·雍也》，见杨伯峻译注《论语译注》，中华书局1980年版，第59页。

④ 《论语·述而》，见杨伯峻译注《论语译注》，中华书局1980年版，第70—71页。

他有着接近老庄的道家思想，在骨肉相残、道德沦丧的险恶社会环境中竟然活到了七十六岁[①]，显然与他能够保持心灵健康，摆脱生活中的各种烦恼忧虑的煎熬，活得快乐自由、自在无忧有着密切的关系。柳宗元接近屈原的骚怨精神，也有陶渊明饮食为乐的表现。

苏轼在谪居海南时不仅信奉“箪食瓢饮”“疏食饮水”的儒家思想，还援佛道以救心，用佛教、道家思想来抚慰自己的内心，以求排解现实生活的苦闷。苏轼十分注重养生，据周必大《题苏季真家所藏东坡墨迹》载：

> 陆宣公为忠州别驾，避谤不著书，又以地多瘴疠，抄集验方五十卷，寓爱人利物之心。文忠苏公手书药法，亦在琼州别驾时。其用意一也。[②]

苏轼热爱生活，热爱日常生活中一切美好的事物，自然想让自己的生命尽量延长一些，所以他在琼州别驾时学习中唐前期陆贽的生存之道，靠手书药法、抄集验方度日，体现了他爱人利物之心。

为何此时的苏轼竟然以短命的柳宗元为友呢？柳宗元晚年谪居在西江流域的柳州，最后竟然沦落至死，死在柳州了。一位大才子竟然有这样悲惨的命运，这不能不令人同情。苏轼将自己的命运与柳宗元一比，很容易寻找到心理的平衡，从他身上找到心灵的避难所，即才如柳宗元尚且命运如此不济，我苏轼命运坎坷也是很自然的了。想着古人也一样命运多舛，苏轼也就能够平衡自己的心理，在南荒之地素情自处，休养性灵，让心理保持知足保和的状态。

苏轼“最爱白乐天”，他的文化性格与人生思考比较接近白居易。白居易在《与元九书》中自述心声时道：

> 古人云“名者公器，不可以多取。”仆是何者，窃时之名已多。

① 此据袁行霈先生的考证。袁先生指出：“从现有的文献资料出发，对其重要性加以区别，结合版本校勘，进行通盘的考察，所得出的最为圆满通达的结论就是陶渊明享年 76 岁，生于晋穆帝永和八年壬子（352），卒于宋文帝元嘉四年丁卯（427）。”参见袁行霈《陶渊明享年考辨》，见《陶渊明研究》（增订本），北京大学出版社 2009 年版，第 227 页。

② 〔宋〕周必大撰、周纶编：《文忠集》卷一八，见《四库全书》影印文渊阁本第 1147 册，上海古籍出版社 1987 年版，第 181 页。

既窃时名，又欲窃时之富贵，使已为造物者，肯兼与之乎？今之迍穷，理固然也。况诗人多蹇，如陈子昂、杜甫，各授一拾遗，而迍剥至死。李白、孟浩然辈不及一命，穷悴终身。近日孟郊六十，终试协律；张籍五十，未离一太祝。彼何人哉！彼何人哉！况仆之才又不逮彼。今虽谪佐远郡，而官品至第五，月俸四五万，寒有衣，饥有食，给身之外，施及家人，亦可谓不负白氏之子矣。①

陈子昂、李白、杜甫、孟浩然、孟郊、张籍等大才子的命运竟然如此凄凉，而自己处境毕竟比他们好一些，白居易比上不足，比下有余，其中特别强调的是自己“比下有余”，心中充满了感恩之情，怀抱感恩之心时自然就平和安宁了许多。值得一提的是，白居易在表达自己安于现实处境时有“寒有衣，饥有食”之语，即能够达到温饱的物质条件，他就能够很宽慰了，这与儒家提倡的“箪食瓢饮”“疏食饮水”的安贫乐道的思想是一脉相承的。苏轼以柳宗元为友的心理状态或许与白居易在《与元九书》里流露出来的心态是相似的。

苏轼“最爱白乐天”“出处依稀似乐天”，在心理调节方面与白居易有相似的表现是非常自然的。他虽然敬仰柳宗元的才华，但他更同情柳宗元的命运，从柳宗元的诗文中他发现了一个出身高贵、才华出众、民胞物与、饮食为乐的大才子命运竟然如此坎坷，想到这里，心态就平衡了一些。这或许也是苏轼以柳宗元为友的深层心理动因。

第四节　饮食宴乐以俟机会：李光的饮食之乐

谪居岭南的文人生活虽然穷困，却不潦倒，他们善于用发现美的眼睛来欣赏生活中的美好事物，尤其是异域的风土人情，并将其进行诗语表达，这些都能给他们带来无穷的诗意与美感。李光在《读易详说》及其创作的诗歌作品中反复诉说他在岭南的饮食宴乐。其《读易详说》道：

象曰：云上于天，需君子以饮食宴乐。阳上薄阴，阴能固之，然后蒸而为雨，释疑解难之象也。今云既上于天而未为雨，则疑未释而难未解，故为需。须也，待也。物有所须，则有所待。君子处此时则

① 郭绍虞主编：《中国历代文论选》，上海古籍出版社1979年版，第142—143页。

当饮食宴乐以俟机会，不可亟也。饮食者，宴乐之具。宴乐必资于饮食，此君子从容避祸，以礼自娱乐之时也。①

这种思想暗合了传统儒家的“中庸之道”：“君子素其位而行，不愿乎其外。素富贵，行乎富贵；素贫贱，行乎贫贱；素夷狄，行乎夷狄；素患难，行乎患难；君子无入而不自得焉。在上位不陵下，在下位不援上，正己而不求于人则无怨。上不怨天，下不尤人。故君子居易以俟命、小人行险以侥幸。”②

李光是这样说的，也是这样做的。试看他身在岭海所作之诗《丙寅元日偶出，见桃李已离披，海南风土之异，不无感叹。独追维三伏中荔枝之胜，又江浙所不及也。因并见于诗》：

逐客新年偶叹嗟，海南风物异中华。溪边赤足多蛮女，门外青帘尽酒家。庭院秋深时有燕，园林春半已无花。堆盘荔子如冰雪，惟此堪将北地夸。③

此诗标题已点明写作背景，乃是诗人被贬至海南时所作，诗人感叹海南风土人情之异于江浙，充满了对异乡秀丽风景的嗟叹。逐客迁人在关心欣赏当地风物的过程中，自然而然地消解了其满腔愁闷，细心体会到了南国风光的奇特美好——这是“异中华”的独特景象。此诗主旨也在深层次里暗合了苏轼“九死南荒吾不恨，兹游奇绝冠平生”之意。此诗序中对岭南风土的赞叹与诗中“堆盘荔子如冰雪，惟此堪将北地夸”的优美意象，又让我们自然而然地联想到苏轼吟咏岭南荔枝的名句：“我生涉世本为口，一官久已轻莼鲈。人间何者非梦幻，南来万里真良图”（《四月十一日初食荔支》）、“海山仙人绛罗襦，红纱中单白玉肤。不须更待妃子笑，风骨自是倾城姝”（《四月十一日初食荔支》）、“日啖荔支三百颗，不辞长作岭南人”（《食荔支二首》其二）。从食荔枝的主题里，我们可以感受李光在生活方式与人生态度方面与苏轼一脉相承、若合符契之处。

① 〔宋〕李光：《读易详说》卷二，见《四库全书》影印文渊阁本第10册，上海古籍出版社1987年版，第284页。

② 《中庸·十四章》，见〔战国〕孟子等《四书五经》，中华书局2009年版，第54页。

③ 〔宋〕李光：《庄简集》卷五，见《四库全书》影印文渊阁本第1128册，上海古籍出版社1987年版，第471页。

迁岭文人李光的饮食题材之作与当地的风土民俗、地域文化、自然环境有着十分密切的联系。荔枝性畏寒，受冻就会凋谢，不能在寒冷的北方生长，产地主要在广东、广西等地区，是西江流域的特产。西晋嵇含《南方草木状》记载："苍梧荔枝，生山中，人家亦种之。"又据刘恂《岭表录异》载：

> 荔枝，南中之珍果也。梧州江前有火山，上有荔枝，四月先熟（以其地热，故曰火也），核大而味酸。其高新州与南海产者，最佳五六月方熟，形若小鸡子……皮壳微红，肉莹寒玉。①

清人屈大均所撰《广东新语·荔支》亦记载：

> 荔支以腊而萼，以春而华，夏至而翕然子赤，生于木而成于火也。②

还有"粤东荔支早熟"的特点：

> 社日，犀角子先熟。……又三月熟者曰三月青，四月熟者曰四月红。……盖以先年十月作花，故早熟也。③

荔枝题材到苏轼笔下才真正得以大放异彩，到南宋迁岭文人作品中才光芒万丈，朱敦儒、胡铨、范成大等南宋迁岭文人笔下对荔枝都有生动具体的描写，这在某种程度上也显示出南宋文学作品中"荔枝"题材与苏轼一脉相承的关系。李光之所以能够在西江流域地区尽情地享受人间的美景与美食，离不开他旷达乐观的胸襟，他能够在人生困境之中援佛道以救心，通过佛教道家的道理来解脱苦闷，摆脱烦扰，寻求到内心的宁静与喜乐。

---

① 〔唐〕刘恂：《岭表录异》卷中，见《四库全书》影印文渊阁第589册，上海古籍出版社1987年版，第89页。

② 李默校点：《广东新语》卷二五《木语》，见欧初、王贵忱主编《屈大均全集》（四），人民出版社1996年版，第570页。

③ 李默校点：《广东新语》卷二五《木语》，见欧初、王贵忱主编《屈大均全集》（四），人民出版社1996年版，第608页。

南宋迁岭文人范成大“喜佛老，善文章……往往似东坡”[①]，他曾寓居到西江流域的桂林一带，作《荔枝赋》一文感叹道：

> 顾人间之流落，才千仓之一箪。饷江南之病客，索孤笑于颦端……谓客子其少留，纷擘绿而破丹。招玉环于东虚，御清空之双鸾。访长生之旧曲，有千载之遗叹。[②]

在咏叹荔枝时体现出来的人格境界，颇有苏轼之神韵。苏轼、李光、范成大等迁岭文人对荔枝的咏叹，实际上传达了中华民族优秀的士大夫、知识分子精英流寓岭南时对当地风土的真诚而热烈的爱慕。“但使主人能醉客，不知何处是他乡”，在他乡遇到了美味的荔枝，让迁岭文人暂时忘却了迁谪之苦、思乡之愁、流落之恨，在心中油然而生“人间何者非梦幻，南来万里真良图”的喜悦之情。

苏轼作为北宋后期的迁岭文人，他在“饱吃惠州饭，细和渊明诗”[③]的情形下形成的文化性格与人生思考深刻影响了随后迁岭南来的文人。苏轼巨大的人格魅力，使得后世迁岭文人对他充满了由衷敬慕，并纷纷效仿学习他的人格与文章。李纲在《与向伯恭龙图书》中自述：“幼年术者谓命似东坡，虽文采声名不足以望之，然得谤誉于意外，渡海得归，皆略相似；又远谪中了得《易传》《论语说》，尤相合者。但坡谪以暮年，仆犹少其二十岁；坡儋耳三年，仆琼山十日，比之差优。至坡归以承平无事之时，仆归以艰难多故之日，则不可同年而语也。”[④] 在将平淡简朴的饮食生活进行诗意呈现方面，李纲对苏轼心领神会、若合符契。试看他的《江城子·新酒初熟》：

> 老饕嗜酒若鸱夷。拣珠玑。自蒸炊。篘尽云腴，浮蚁在瑶卮。有客相过同一醉，无客至，独中之。　麴生风味有谁知。豁心脾。展

① 〔宋〕黄震：《黄氏日抄》卷六七，见《四库全书》影印文渊阁本第708册，上海古籍出版社1987年版，第635页。

② 〔宋〕范成大：《范石湖集·石湖居士诗集》卷三四附《赋》，中华书局1962年版，第456页。

③ 〔宋〕黄庭坚著、〔宋〕任渊注：《山谷诗集注》卷一七，上海古籍出版社2003年版，第416页。

④ 〔宋〕李纲：《梁溪集》卷一一四，见《四库全书》影印文渊阁本第1126册，上海古籍出版社1987年版，第359页。

愁眉。玉频红潮，还似少年时。醉倒不知天地大，浑忘却，是和非。[1]

其中“麴生风味有谁知”体现了迁岭文人热爱生活尤其是热爱简朴安详生活的特点，具有浓郁淳厚的诗歌风味，与陶渊明、苏轼诗歌风貌一脉相承，诚属冷眼深情、和谐完美之作。

对岭南美食的吟咏，是文人迁岭后文学创作的一个重要题材，表现了他们对西江流域独特物产的热爱与对当地文化的认同，所谓“盖古之君子不用于世，必寄于物以自遣”[2]。我们再来看一首李光赞叹岭南美味“龙眼”的作品。在这首《文昌陈令寄龙眼甚富》诗中，他饱含深情地吟咏：

不羡蒲萄马乳寒，品流须着荔支间。幽人顿觉空囊富，合浦明珠一夜还。[3]

又如《昌化虽穷寂，今岁偶诸处寄酒，东船至得北果。又老庖自海康来，人日与客饮，邂逅成醉，座中赋此》：

去年人日醉陈园，竹外风流洗瘴烟。花落野桃春寂寂，潮回南浦水涓涓。腊醅每谢邻邦使，北果常随贾客船。佳节漫逢聊一笑，老庖能鲙海鲈鲜。[4]

李光在此诗“花落野桃春寂寂”后还特别注明“海南地暖，杂花皆腊前开尽”，在描写岭南饮食题材的诗句里特别注意突出当时迁岭渡海后所观风物的独特之处。又如这首诗《人日偶得酒果，因与客饮，成鄙句并纪海外风物之异》云：

燕归茅屋草芊绵，节物方惊海外偏。风扫落花春寂寂，雨添幽涧水涓涓。腊醅每谢邻邦馈，北果来从贾客船。胜日漫逢聊一笑，白头

① 唐圭璋编纂、王仲闻参订、孔凡礼补辑《全宋词》，中华书局1999年版，第1171页。

②〔宋〕苏辙：《栾城集》卷二二《答黄庭坚书》，见陈宏天、高秀芳点校《苏辙集》，中华书局1990年版，第392页。

③〔宋〕李光：《庄简集》卷七，见《四库全书》影印文渊阁本第1128册，上海古籍出版社1987年版，第500页。

④〔宋〕李光：《庄简集》卷五，见《四库全书》影印文渊阁本第1128册，上海古籍出版社1987年版，第477—478页。

那问岁时迁。①

与此类似，李光所作《七月既望，雨后对月，招邻人夜饮不至，独酌成诗一首以写一时之景》也是在招饮诗中描写了海南风物之异与自己谪居岭海时的心情：

> 虹敛江空正寂寥，苦无灯火夜萧萧。暮潮和雨归沧海，华月穿云上碧霄。沙路微行尘不到，柴门深闭客难招。一杯黎酒还成醉，羁枕时闻犬度桥。②

在《五月望日，市无鱼肉，老庖撷园蔬杂以杞菊作羹，气味甚珍，戏成小诗，适梁军判送酒头来，并成三绝谢之》中，李光生动感人地抒写了自己谪居海南时的饮食情况，从此饮食题材的诗句中我们可以感受到当时迁岭文人的人生态度与人格个性：

> 旋撷园蔬二寸长，牙龈脆响菊苗香。欲招邻友同来啜，恐被鸡豚越短墙。
>
> 疏帘冉冉度茶香，日午谁陪竹户凉。陋巷箪瓢已清绝，更将诗句搅空肠。
>
> 麦米新篘只隔墙，西风吹过酒头香。故知王母怜愁独，烦送瑶池九酝觞。③

如此等等，不胜枚举。让我们自然而然地想到苏轼《撷菜》所云："我与何曾同一饱，不知何苦食鸡豚。"④ 当我们深入探索迁岭文人诗歌创作在题材走向上的发展脉络时，当我们评价他们文化性格与人生思考的形成演变时，其作品中饮食主题的描写是一个独特而不可忽视的视角。

贬谪之所虽然贫穷寂寞，却有其美好的一面，当地特产、美味的"海

① 〔宋〕李光：《庄简集》卷五，见《四库全书》影印文渊阁本第1128册，上海古籍出版社1987年版，第475页。

② 〔宋〕李光：《庄简集》卷五，见《四库全书》影印文渊阁本第1128册，上海古籍出版社1987年版，第475—476页。

③ 〔宋〕李光：《庄简集》卷七，见《四库全书》影印文渊阁本第1128册，上海古籍出版社1987年版，第497—498页。

④ 〔清〕王文诰辑注、孔凡礼点校：《苏轼诗集》卷四〇，中华书局1982年版，第2202页。

鲈鲜”、“如冰雪”的荔子、甘甜的“乳泉”，还有当地盛产的“羊米鱼蟹”“龙眼”，都令迁岭南来的文人士大夫们留恋赞赏，构成了其诗文创作中优美的意象，成为他们表现当地风物的热情颂歌。尤其是送好友前往岭海之地时，迁岭文人特别注意介绍当地风物。在《送秦令元发赴吉阳》诗序中，李光说道：

> 吉阳虽远郡，其实鱼米之乡，泉甘酒美，实海外乐国。近年守土者率不能谨三尺，遂致纷纷，朝廷察知其弊，俾三司选清强官往摄郡事，琼司以临皋令秦元发累任海外，有廉声，即以名闻。乙亥十月，被命南来，道由昌江，相从累日，喜而成诗以送行云。

序中着重突出表现吉阳之地实乃“鱼米之乡”“泉甘酒美”，给人以食尖、味觉上美好的联想，因此“远郡”变成了“海外乐国”，送人赴吉阳，也能够“喜而成诗”，生离死别的场景仿佛变成了一片欢喜天地。诗云：

> 百里威风已震惊，朱幡夹道箪先声。耕桑不扰民归业，香翠无求吏自清。老去方知五马贵，愁来未觉一杯轻。世情冷暖难开口，怀抱因君得尽倾。①

在这首送别诗中，李光既叙述了与秦元发的知交好友之情，同时也勉励好友要珍惜利用已经拥有的好名声，在岭外干出一番利国利民的事业来，希望好友不要有畏难情绪，而应对当地的自然风光与文化环境产生认同并进一步改善之。李光在诗中丝毫不因自已屡遭朝廷贬谪、身处海南而自暴自弃、自惭形秽，而是展望未来，怀抱理想，表达出与好友共同奋进的美好愿望。这正印证了南宋名臣李纲旷达乐观的人生观：“饮啄随风土，端忧化岛夷。”②

与此类似，李光以积极心态来安慰鼓励至交好友胡铨时也特别提及当地的“羊米鱼蟹”等美好的食物，以引起好友对谪居生活的热爱：

---

① 〔宋〕李光：《庄简集》卷五《送秦令元发赴吉阳》，见《四库全书》影印文渊阁本第1128册，上海古籍出版社1987年版，第480页。

② 〔宋〕李纲：《梁溪集》卷二四《槟榔》，见《四库全书》影印文渊阁本第1125册，上海古籍出版社1987年版，第720页。

吉阳羊米特胜，诸郡鱼蟹亦不论钱。有此数物，人生更复何求。况君子无入而不自得，想琴书自娱，不知身在万里外也。[①]

当中和天，携乐易友，饮欢喜酒，吟自在诗，乃人生最大乐事。身处海南而能获得如此乐事，迁岭文人则能怡然自乐。

美食、琴书、朋友成了他们自娱自乐、安身立命，超越人生苦闷的重要媒介，更加可贵且令人欣慰的是往往还有好友寄来美食与李光分享，李光心中的愉悦快乐之情可以说是沛然莫之能御。试看《吴德永远寄干栗五百颗荷其厚意戏作长句谢之》，诗云：

海山深处住多年，容貌虽衰齿尚坚。长使玉泉归绛阙，每留真火暖丹田。感君特地贻干栗，知我犹能咬石莲。土物欲寻香翠报，近来行市正增钱。

李光写完此诗后，还余味不尽，继续加以注释道：

来书言仆笔力不异往年，乃深究仙经道录之效，因以为戏，所寄栗硬如铁石，煮终不软。[②]

有这样知心的朋友与自己把酒论文、畅谈仙经道录，琴书作乐，人生如此，“不乐复何如”？

对海南美食的热爱与诗意呈现，也体现了李光与苏轼文化性格与人生思考的内在契合之处[③]，苏轼是位美食家，他发明的“东坡肉”是将价贱如土的猪肉烹制成色香味俱佳的绝代美食，“体现了苏轼在苦难生活中恬然自安的旷达、超越的人生态度，但也是其不择精粗皆有可赏的饮食观的体现”[④]。苏轼的饮食观在他的《答毕仲举》中得到集中的体现，据载：

---

① 〔宋〕李光：《庄简集》卷一五《与胡邦衡书》，见《四库全书》影印文渊阁本第1128册，上海古籍出版社1987年版，第599页。

② 〔宋〕李光：《庄简集》卷五，见《四库全书》影印文渊阁本第1128册，上海古籍出版社1987年版，第477页。

③ 饮食题材在苏轼文学创作中的重要意义，参见莫砺锋《饮食题材的诗意提升：从陶渊明到苏轼》，见《文学史沉思拾零》，中华书局2013年版，第55—72页。

④ 莫砺锋：《饮食题材的诗意提升：从陶渊明到苏轼》，见《文学史沉思拾零》，中华书局2013年版，第64页。

往时陈述古好论禅，自以为至矣，而鄙仆所言为浅陋。仆尝语述古："公之所谈，譬之饮食龙肉也；而仆之所学，猪肉也，猪之与龙，则有间矣，然公终日说龙肉，不如仆之食猪肉实美而真饱也。"①

可以说"实美而真饱也"是苏轼对饮食的最高标准，也是他真诚朴实、旷达易乐人生观的诙谐幽默的表达。李光与苏轼一样，他也热爱生活，能以一种审美愉悦的心情来面对现实，以充满诗意的眼光来观察生活，于是生活中一切美好的事物都能在他的笔下得到诗意提升，就连猪肉也不例外。例如，李光有诗题曰：

昌化肉不常得，予蔬食已惯，每闻有猪，则召一二友生同饭，月不过二三。四月二日，闻有猪，亟令召三职事。

其诗曰：

颜乐箪瓢孔饭蔬，先生休叹食无鱼。小兵知我须招客，市上今晨报有猪。②

苏轼喜欢吃猪肉，李光也喜欢。此诗风趣幽默地反映了在当时物资缺乏，谪居昌化军生活十分艰苦的情况下，李光尚友古人，从"孔颜乐处"中学习贫困生活的快乐之道。

《论语·雍也》载子曰："贤哉，回也！一箪食，一瓢饮，在陋巷，人不堪其忧，回也不改其乐。贤哉，回也！"③《论语·述而》载子曰："饭疏食饮水，曲肱而枕之，乐亦在其中矣。不义而富且贵，于我如浮云。"④ 这种箪食瓢饮的饮食观对后世影响深远。胡仔《苕溪渔隐丛话》后集卷三评陶渊明《止酒》时道：

① 孔凡礼点校：《苏轼文集》卷五六《答毕仲举》，中华书局 1986 年版，第 1671—1672 页。

② 〔宋〕李光：《庄简集》卷七，见《四库全书》影印文渊阁本第1128册，上海古籍出版社 1987 年版，第 502 页。

③ 杨伯峻译注：《论语译注》，中华书局 1980 年版，第 59 页。

④ 杨伯峻译注：《论语译注》，中华书局 1980 年版，第 70—71 页。

坐止于树荫之下；则广厦华居，吾何羡焉？步止于荜门之里；则朝市声利，我何趋焉？好味止于噉园葵；则五鼎方丈，我何欲焉？大欢止于戏稚子；则燕歌赵舞，我何乐焉？在彼者难求，而在此者易为也。渊明固穷守道，安于丘园，畴肯以此易彼乎？①

李光的知交好友李纲在谪居生活中体现出来的饮食观念与此有相似之处，他在《食笋蕨》中云："太官饱食厌膻腥，却喜沙阳有竹萌。山蕨迩来尤脆美，一杯聊试煮坡羹。"② 又如《蒸栗》云："吾尝位将相，日食万钱馔。荒山啖芋栗，自胜太官脔。乃知一饱余，万品徒过眼。"③ 这些诗句与陶渊明的"好味止园葵，大欢止稚子"（《止酒》）、苏轼的"我与何曾同一饱，不知何苦食鸡豚"（《撷菜》）一脉相承，体现了儒家传统中箪食瓢饮、饭蔬饮水、安贫乐道、知足易乐的文化性格与人生思考。

苏辙在《答黄庭坚书》中说："比闻鲁直吏事之余，独居而蔬食，陶然自得"，并对此高度评价道："盖古之君子不用于世，必寄于物以自遣。阮籍以酒，嵇康以琴。阮无酒，嵇无琴，则其食草木而友麋鹿，有不安者矣。独颜氏子饮水啜菽，居于陋巷，无假于外，而不改其乐，此孔子所以叹其不可及也。"④ 可见，中国传统美德中"安贫乐道"的精神是一以贯之的。这样的精神在李光被贬儋州写的诗文中也有充分反映。最普通不过的猪肉，一经李光之笔的诗意点染，即化俗为雅，以俗为雅，大俗若雅，触处生春。这些优美生动的吟咏猪肉的诗歌，正印证了苏轼提出来的创作观念"诗须要有为而作，用事当以故为新，以俗为雅。好奇务新，乃诗之病"⑤，充分发挥了诗人对日常生活的诗意呈现。日常生活本身就充满了快乐和美感，他们穷困而不潦倒，窘迫而又乐观旷达的心态在此类饮食题材的诗歌中表露无遗。李光与苏轼一样，他们都在海南艰苦的生活环境中表现出知足保和、随遇而安的人生态度。可以说，他们对岭南风物包括对岭南美食甚至普通猪肉的热爱，这种民胞物与的伟大情怀将在中华民族文

① 吴文治主编：《宋诗话全编》，凤凰出版社1998年版，第4册，第3966页。

② 〔宋〕李纲：《梁溪集》卷八，见《四库全书》影印文渊阁本第1125册，上海古籍出版社1987年版，第559页。

③ 〔宋〕李纲：《梁溪集》卷二二，见《四库全书》影印文渊阁本第1125册，上海古籍出版社1987年版，第700页。

④ 〔宋〕苏辙：《栾城集》卷二二，见陈宏天、高秀芳点校《苏辙集》，中华书局1990年版，第392页。

⑤ 〔宋〕苏轼：《题柳子厚诗》，见《苏轼文集》卷六七，中华书局1986年版，第2109页。

明史上永放光芒。

第五节　仁者寿：南食书写与养生意识的勃兴

古人云：仁者寿。在古人看来，高寿与人的道德品质、胸襟气度有一定关系。一般说来，一个道德上完成的人必然是个快乐的人，即如孔子所谓“人不知而不愠，不亦君子乎”“贫而乐”“咏而归”“君子坦荡荡”“箪食瓢饮”“孔颜乐处”，就是一种胸襟气度；孟子所说“君子有三乐”中的“君子”，也是一种为人处世很高的境界，如果能达到这样的境界，人生何往而不乐哉！而快乐的人是容易长寿的。

迁岭文人注重养生，在养生中体味生活的乐趣、人生的真意，这往往与他们的饮食习惯紧密联系在一起。迁岭文人在岭南享受着当地独具风味的饮食乐趣，并通过创作将他们的饮食乐趣诗意地呈现出来；值得注意的是，高寿对于有冤屈的人来说，其意义尤其重要。因为他们的冤屈需要时间来辩诬昭雪，当时受到压制、无法实现愿望，只有设法长寿，等敌人死去或政治环境发生变化，拨乱反正到来时，他们才有机会在有生之年看到自己获得平反，战胜敌人，获得最后的胜利，让亲者快，仇者痛。两宋变幻莫测、跌宕起伏的政治形势使这种期待成为可能。迁岭文人只要寿命足够长久，仍然有着东山再起、重入朝廷的机会。所以，这种高寿往往来之不易，其间充满了辛酸、屈辱、期盼与眼泪。

李光得享高寿并最终洗刷冤情，跟他的人格个性和人生态度有着密切关系。据周煇《清波杂志》卷六“养生修身”条载：

> “神虑淡则血气和，嗜欲胜则疾疹作。”……是为养生之要。……“惟俭可以助廉，惟恕可以成德。”是笃修身之要。皆可铭于坐右。①

由此可见，养生实际上就是养德，只有性情淡泊、胸襟开阔的人才能“血气和”而得享长寿，否则疾疹丛生而短寿。

李光十分崇拜敬仰的迁岭前辈苏轼在人生逆境中就十分注重养生，甚至总结出一整套的养生术。试看苏轼在《养生说》中指出的养生诀窍：

① 〔宋〕周煇撰、秦克校点：《清波杂志》卷六，见《宋元笔记小说大观》第5册，上海古籍出版社2001年版，第5077页。

已饥方食，未饱先止。散步逍遥，务令腹空。当腹空时，即便入室，不拘昼夜，坐卧自便，惟在摄身，使如木偶。常自念言："今我此身，若少动摇，如毛发许，便堕地狱！如商君法，如孙武令，事在必行，有犯无恕！"①

苏轼提出养生需要注意的问题，既继承学习了《黄帝内经》的养生之法："古之先人，知其道者，起居有常，食饮有节，法阴阳，和术数，故能尽终其天年，度百岁乃去"，又十分符合我们现代医学及健康学强调的一些原理："吃饭要吃七成饱""饭后百步走，活到九十九""生活作息要有规律""管住嘴、迈开腿"等。除此之外，尤其值得注意的是，苏轼已经发现人的心理因素对身体健康的重要作用，他在《论修养帖寄子由》中就表达得十分明确：

任性逍遥，随缘放旷，但尽凡心，别无胜解。②

从这段话中可以看出，世人反复称道的苏轼旷达精神，其实是一种无奈的旷达，无奈是苏轼遭到贬谪时无法避免的心境，心境虽有时无奈，但他却绝不怀忧丧志，这与他十分注重修养身心是密切相关的，旷达乐观的胸襟也十分有利于人的身体健康。正是因为苏轼热爱生活，喜欢日常生活中一切美好的事物，他才如此注重养生，珍视生命，善待自己，调节心情。

南宋迁岭文人大多与苏轼一样在逆境中坚持活下来了，并且活得充实、快乐，因而才能从蛮荒瘴疠之地凯旋，声誉满天下。南宋迁岭文人在高压政治下，在文丐奔竞中，在世态炎凉里，放弃了世俗看重的名利。宋金和议之际，是他们离富贵名利最近的时候，但他们并不贪图富贵，也不以贪婪、卑鄙、无耻、无行的手段去奉承迎合权贵，他们虽然遭受贬谪，穷困却不潦倒，虽然贫穷，却仰不愧于天，俯不怍于人，问心无愧。更加难能可贵的是，迁岭文人不怨天，不尤人，他们不怕克服困难时所经历的痛苦，也懂得问心无愧、把握当下的快乐。他们知道生命是可贵的，也懂得如何在蛮山瘴水的逆境中去享受生命。他们谪居岭南的生活多姿多彩，虽然陷入了人生的逆境，却依然快乐，并且获得了高寿。可见，身体健康

① 〔宋〕苏轼撰、王松龄点校：《东坡志林》卷一，中华书局1981年版，第7—8页。
② 〔宋〕苏轼撰、王松龄点校：《东坡志林》卷一，中华书局1981年版，第9页。

即是士大夫功成名就的一个重要条件，也是他们成功的重要标志之一。特别是在艰难困苦环境中还能得享高寿，更值得世人认真学习，从中总结经验，吸取养料，为弘扬伟大的民族精神，为中华民族的伟大复兴添砖加瓦。善于适应环境，随遇而安、随遇而乐，在任何情况下都活得充实、快乐，是中华民族文化性格的一个重要表现。

更值得一提的是，李光生活在党争激烈、内忧外患的宋室南渡之际，仕途坎坷，屡遭不白之冤，其中的种种愁闷苦涩，非常人所能忍受。一般人通常表现出来的感情基调是抑郁悲观的，正如周煇《清波杂志》卷四“逐客”条所指出：

> 放臣逐客，一旦弃置远外，其忧悲憔悴之叹，发于诗什，特为酸楚，极有不能自遣者。①

这种种忧悲愁苦的不良情绪极大地影响到了他们的身体健康，历史上、现实生活中这种抑郁寡欢而导致短寿夭折的人实在是太多了。这些士人缺少自我反省与批判意识，就难以对自己的遭遇保持清醒的认识。而李光却与此相反，他始终以自我反省、自我怀疑的态度来思考人生、对待生活。一个真正豁达的士大夫应当懂得自嘲，不必时时刻刻都把自己看得太重要，只有这样才能更加理性地生活，而不至于用自我的话语霸权来强迫他人认同自己。李光自号转物老人、读易老人、无碍居士②，确实很能体现出“转”③、“易”“无碍”的人生智慧。

在贬谪到海南之前，李光就十分注重运用饮食来调养身心。绍兴十二年壬戌（1142），李光初到西江流域的藤州安置时，作诗《谪居古藤，病起，禁鸡猪不食，与儿子攻苦，食淡久之，颇觉安健。吕居仁书来，传道家胎息之术，因作食粥诗示孟博，并寄德应侍郎》，详聊养生之道：

> 晨起一瓯粥，香粳粲如玉。稀稠要得所，进火宁过熟。空肠得软

① 〔宋〕周煇撰、秦克校点：《清波杂志》卷四，见《宋元笔记小说大观》第5册，上海古籍出版社2001年版，第5050页。

② 〔宋〕李光：《庄简集》卷一七《跋维摩经赠羊荆华》，见《四库全书》影印文渊阁本，第1128册，第619页。

③ 关于“转”的人生智慧，参见夏承焘《转》，见《天风阁学词日记》，《夏承焘集》第5册，第309—316页。

暖，和气自渗漉。过午一瓯粥，瓶罂有余粟。淡薄资姜盐，腥秽谢鱼肉。岭南气候恶，永日值三伏。外强几中乾，那受外物触。两餐莫过饱，二粥可接续。故人尺书至，教我御瘴毒。燕坐朝黄庭，妙理端可瞩。神车御气马，昼夜更往复。久久当自佳，根深柯叶绿。寄语陈太丘，人生真易足。醉饱厌腥膻，忽认海南叔。①

据此诗题目可知，李光研究养生之术的起因主要是生病了，要食清淡食物，不能吃鸡、猪等荤腥。他发现长期吃清淡食物，对身体健康有好处，儿子身体也因此安健了，他深受其益。恰好这时吕本中寄书给他并传授道家胎息之术，勾起了他畅谈养生之法的浓厚兴趣。虽然吃的是“粥饭”之类的清淡食物，但李光还是活得很快乐，他在给方外友人姜山嗣老通信时谈及自己长期谪居贬所的生活状态时说：

某衰年久处遐方，粥饭之外，有以自乐，海外风涛渺然，人情物态，久亦安之。②

人生只要有兴趣在，就是值得留恋的，何况这种兴趣还是有关于养生的兴趣，这更是有利于身心健康了。再加上自己的研究心得还可以向朋友倾诉，并且有朋友来倾听，这些倾听自己叙说的朋友可不是普通人，而是那个时代里非常优秀的人才，李光的幸运及人生乐趣由此可见一斑。据载，绍兴十一年（1141），吕本中寄书信给李光传授气功养生之法。王兆鹏指出：

李光《庄简集》卷一有诗题云《谪居古藤，病起，禁鸡猪不食，儿子攻苦食淡久之，颇觉安健。吕居仁书来，传道家胎息之术，因作食粥诗示孟博并寄德应侍郎》。……居仁寄书，当在李光抵藤州贬所不久，其时当在本年底或明年初。按，“胎息之术”，乃气功之一种，苏轼有《胎息法》专文论其功法原理（见《苏轼文集》卷七十三《寄子由三法》），可参。居仁平生亦自练胎息气功，其《除日》诗即谓：“纳息初闻妙”（卷十）。居仁当练胎息有疗效，故寄书李光传授

① 〔宋〕李光：《庄简集》卷一，《四库全书》影印文渊阁本第1128册，第436页。

② 〔宋〕李光：《庄简集》卷一五《与姜山嗣老书》，见《四库全书》影印文渊阁本第1128册，上海古籍出版社1987年版，第597页。

功法。其书今不存。[①]

岭南一带有瘴疠之气，容易得疟疾等肠胃方面的毛病，需要十分注重调养肠胃，方能度过难关。而善于煮粥、食粥和练习胎息气功（胎息之术），毫无疑问是调养肠胃的灵丹妙法。张文对此有深刻的认识，他提出一个非常有意思的观点：

> 从心理学角度看，瘴气与瘴病是中原汉文化对异域与异族进行心理贬低的集体无意识行为。[②]

此言甚好。换句话说，正是迁岭文人对瘴气、瘴病的适应和消除，使他们从心理上逐步消除了中原汉文化对异域、异族进行心理贬低的集体无意识行为。他们因适应和消除了瘴气、瘴病转而认同岭南优美的自然风光与丰富的地域文化。或者反过来说也成立，他们因在心理上逐渐认同了岭南的自然风光与地域文化而不再那么畏惧瘴气、瘴病，从而能够脚踏大地、仰望星空。在迁居岭南的岁月里，迁岭文人与当地的人民、当地的文化、当地的山林云水融合在一起，他们把握机遇、活在当下，努力为当地人民群众做好事、干实事，做最好的自己。另外，他们还怀抱着理想，怀抱着对未来的憧憬，努力奋斗，勇于进取，为自己将来脱离岭海寻找一切可能产生的机会。迁岭文人对瘴气、瘴病的适应和消除，实际上与迁岭文人在岭南生活时的人生态度、人格个性的改变有着十分密切的联系。无论是气功养生，还是食粥延年，都反映出迁岭文人对个体生命的珍视，对生命本体的忧思，是他们人格独立、个性觉醒的重要标志。不论朝廷是否重视他们，他们都爱惜自己的生命，享受生活，安度余生，不因政治上的失意而自暴自弃、戕害自我的生命。他们既有遣玩欣赏生活的兴致，也对世事盛衰变化、人生起落浮沉有比较通达超然的认识。所以，迁岭文人大多能够笑看宦海风波，心境平和，安静地“享下等福”，从而得享高寿，活过了他们的政敌秦桧，赢得了最后的胜利。

李光注重养生，体现在他不仅注重调节心理、适量运动，也十分注重饮食，往往将养生之道与清淡的饮食习惯结合起来。其《饮茶歌》诗序中

① 王兆鹏：《两宋词人年谱·吕本中年谱》，文津出版社 1994 年版，第 451 页。

② 张文：《地域偏见和族群歧视：中国古代瘴气与瘴病的文化学解读》，载《民族研究》2005 年第 3 期，第 75 页。

介绍：

> 予性不嗜酒，客至无早暮，必设茶。顷见中州士友相戒不饮茶，盖信俗医之说，谓茶性冷，能销铄肾气，故好色者信之。然当时贵人未有长年者，今恣情色欲而独戒饮茶，岂不谬哉！陶隐居云："茶能轻身换骨，黄石君服之仙去。"虽未必然，益知茶不能害人也，作饮茶歌以示同好者。

其诗云：

> 朝来一饱万事足，鼻息齁齁眠正熟。忽闻剥啄谁叩门，窗外萧萧风动竹。起寻幽梦不可追，旋破小团敲碎玉。山东石铫海上来，活火新泉候鱼目。汤多莫使云脚散，激沸须令面如粥。嗜好初传陆羽经，品流详载君谟录。轻身换骨有奇功，一洗尘劳散昏俗（谢宗论茶云："昏俗尘劳，一洗而尽"）。①

此序此诗与杜耒《寒夜》所言"寒夜客来茶当酒，竹炉汤沸火初红。寻常一样窗前月，才有梅花便不同"有异曲同工之处。人生有味是清欢，若能杯水如名淡，应信村茶比酒香。我们从李光描写饮茶的诗歌中能领会到他"清欢"的养生之道。又如在《和睡起饮茶》中，李光写道：

> 虚堂清簟午抛簪，人静东帘映画阑。身过中年心已倦，病因烦暑气常昏。紫烟碧月天初赐，乳窦寒泉世莫论。尘味暂忘惟嗜此，更无余思到芳樽。②

此诗将自己的身世之感、沧桑之慨、身心之倦打并入饮茶诗歌中。李光认识到过多的欲望会对人的身体产生戕害，故主张过节俭、清淡的生活，而且这样的生活方式也有利于人的身心健康。"当时贵人未有长年者"，乃是贵人大多"恣情色欲"。而"性不嗜酒""朝来一饱万事足"的李光却得

---

① 〔宋〕李光：《庄简集》卷二，见《四库全书》影印文渊阁本第1128册，上海古籍出版社1987年版，第450页。

② 〔宋〕李光：《庄简集》卷四，见《四库全书》影印文渊阁本第1128册，上海古籍出版社1987年版，第460页。

享高寿，在蛮山瘴水之地活到了八十二岁。这不仅需要很好的心理调节能力，也需要一定的养生知识和良好的饮食习惯。

李光之所以热衷于养生，是因为他热爱生活，热爱生活中一切美好的事物。他热爱音乐，在谪居西江流域的藤江时就作诗《癸亥上元，余谪藤江，是时初开乐禁，人意欣欣，吴元预作纪事二绝，颇入风雅，戏和其韵》，诗云：

曾见端门万炬灯，天街追逐少年行。如今老病惟贪睡，懒向州衙看乐棚。

再闻韶乐共欣然，太守推行诏墨鲜。山郡莫嫌娼女拙，嫁他蛮户已多年。①

自然界的清风明月让人快乐，人类的艺术创作如诗歌、音乐也能够给人带来快乐。人生除了要满足衣食住行这些基本的物质生活之外，也要“为了欣赏为了爱”。春雨夏云秋月夜，唐诗晋字汉文章。迁岭文人在谪居生活中除了能够欣赏大自然的春花秋月、夏云冬雪这些自然的美景，他们也有能力欣赏唐诗、晋字、汉文章这些人类创作的艺术瑰宝。人类除了物质生活之外，还有精神生活。在满足了基本的物质生活的温饱之后，精神生活的丰富充盈、自由洒脱就显得更加重要。而迁岭文人不但能够欣赏和爱好前人的艺术创作，更加重要的是，他们还能够在蛮山瘴水中进行文学艺术的创作，从而用自己的精神力量滋养当地人民。李光在大自然的清风明月里，在人类创作的诗词歌赋中怡然自得，随遇而安，赋诗言志，借景抒怀，度过了谪居西江流域藤州时坎坷而充实的一段人生岁月，点燃自己，照耀他人，促进了西江流域的文化发展与社会变迁。

到海南后，渐入老境的李光更是“平生习气扫除殆尽……唯经史、禅悦、道家养生之说乃所乐闻，其余非己所预者，可付之一默”②，在“转物”“读易”“无碍”中深得养生真谛，涵养豪迈性情。李光的豪迈性情，与他“粗闻”具体的“养生之术”也有着一定程度的联系。在《与胡邦

① 〔宋〕李光：《庄简集》卷七，见《四库全书》影印文渊阁本第1128册，上海古籍出版社1987年版，第496页。

② 〔宋〕李光：《庄简集》卷七，见《四库全书》影印文渊阁本第1128册，上海古籍出版社1987年版，第502页。

衡书》中，他说自己梦见道士“授与道书两卷，云是司马子微养生说”[①]，又在《客有见馈温剂云可壮元阳感而有作》中，表达了自己对养生之道深刻独到的看法：

> 世人服暖药，皆云壮元阳。元阳本无亏，药石徒损伤。人生百岁期，南北随炎凉。君看田野间，父老多康强。茅檐弄儿孙，春垄驱牛羊。何曾识丹剂，但喜秫黍香。伊予十年谪，日闻贵人亡。金丹不离口，草妙常在傍。真元日渗漏，渣秽留空肠。四大忽分离，一物不得将。歌喉变哀音，舞衣换衰裳。炉残箭簇砂，匣余鹿角霜。咄哉此愚夫，取乐殊未央。我有出世法，亦知不死方。御寒须布帛，欲饱资稻粱。床头酒一壶，膝上琴一张。兴来或挥手，客至亦举觞。涤砚临清池，抄书傍明窗。日用但如斯，便觉日月长。参苓性和平，扶衰固难忘。恃药恣声色，如人畜豺狼。此理甚明白，吾言岂荒唐。书为座右铭，聊以贬世盲。[②]

在《跋再刊初虞世必用方》中，李光又谈及其在贬谪之所对方术、医药的理解：

> 自兵兴以来，北人多流寓二广，风俗渐变，有病稍知服药，不专巫祝之事。予谪居于琼，偶与郡守论近世方术之妙，无出此书者。遂欲刊行，因以所藏本授之。庶遐方异域知医药之可恃，稍加崇信，则饥祥祷解之风不攻而自破矣。[③]

从这段记载可以看出，宋室南渡以后文人大量涌入岭南，也将先进的医疗卫生知识带入岭南，逐渐改变了当时愚昧落后的风俗，促进了西江流域广大地区社会文明的发展，起到了移风易俗的重要作用。

养生之术中还有值得注意的一点：充足的睡眠。李光因关心国家大事

① 〔宋〕李光：《庄简集》卷一五，见《四库全书》影印文渊阁本第 1128 册，上海古籍出版社 1987 年版，第 598 页。

② 〔宋〕李光：《庄简集》卷二，见《四库全书》影印文渊阁本第 1128 册，上海古籍出版社 1987 年版，第 445 页。

③ 〔宋〕李光：《庄简集》卷一七，见《四库全书》影印文渊阁本第 1128 册，上海古籍出版社 1987 年版，第 618 页。

而容易失眠，他发现饮酒有助于治疗此疾，故有时也与二三良朋知己一起饮酒谈心，以此来化解失眠之苦。在《寄内》诗序中李光写道：

> 予学道无力，每世虑纷扰，辄竟夕不寐，间因士友相过，悠然数酌即投床酣寝。始觉此物乃有大功。故入冬以来无夕不饮。仆兵往来流传，稍过妻孥辈。遂以书相戒，以此诗寄之。

可见李光的养生之术并非强迫自己要一味地戒酒忌食，而是能够根据自身的实际情况，合理地搭配饮食。李光清楚地认识到保证充足睡眠的重要性，因此为了睡眠质量，他还是需要适量饮酒的。李光对自己的这个养生之术十分满意并加以诗意化呈现，诗云：

> 学道参禅久不成，惟将麹蘖破愁城。三杯径醉客已去，一枕未回天欲明。长羡篱边元亮醉，谁怜泽畔屈原醒。甕头浊酒须多酿，准拟归来细细倾。①

良好的心态、充足的睡眠、清淡的饮食、适量的运动、健康的生活习惯，这些结合在一起，就成了促使李光健康长寿的养生之术。李光的养生之术，十分符合现代医学所提倡的健康生活之道。

迁岭文人不但将先进的医疗知识、饮食习惯带到岭南，也将士大夫信奉的有利于人们养生的人生哲学带到了岭南。在《予三贬而至儋耳，又复二年，平生习气扫除殆尽。海外去国万里，士民不知朝廷事，免议朝政，惟是里巷之间是非曲直偶及之入于耳中，有如秽物置之宝器。自今客至，惟经史禅悦、道家养生之说乃所乐闻，其余非己所预者，可付之一默，并成小诗以述己意云》中，李光将养生之说与道释的哲学思想联系起来谈论，将日常生活中的养生行为当作谪居海南时重要的审美对象，对其进行了诗意呈现：

> 庵中宴坐户长扃，鼓瑟吟诗乐性灵。客至不妨谈道妙，儒书释典

① 〔宋〕李光：《庄简集》卷五，见《四库全书》影印文渊阁本第1128册，上海古籍出版社1987年版，第469页。

及仙经。[1]

与此类似的还有《坐忘吟》一诗，看其诗题，即能估计到李光会将道家的“坐忘”与佛教的“心空”哲学思考和养生之术联系起来进行诗意描写。果不其然，其诗序更明确地表达出了自己的创作主旨，乃是：

李季言以观海图诗见寄，其言盖寓养生之意，因作坐忘吟答之。

由此可见，李光对养生之事的关心与注意。此诗生动有力地对道家、佛教的人生思考与养生之术进行了诗意呈现：

我闻天台坐忘仙，清虚石壁留真诠。长生要妙止一篇，林间宴坐心超然。壁观无异达磨禅，系念一处离葛缠。真人秘语岂浪传，谷神玄牝常绵绵。嚥津纳息归丹田，溯流直上朝泥丸，下灌舌底生玉泉。身轻超脱如蜕蝉，御风骑气追偓佺。神游八极俯仰间，渡人济物功行圆，要看白日见青天。[2]

庄子任性逍遥的生活方式与人生态度，禅宗当下顿悟、心无挂碍的修行方式确实十分有利于生处困境之士的心灵调节，有利于他们超越现实苦闷，获得超然的心境。更加值得注意的一点是，道家对“养生”及“颐养天年”的重视与思考，禅宗对心灵解脱、觉悟的重视及其消解人生苦难的一整套理论方式，也十分契合热爱生活、珍惜生命的迁岭文人李光的文化性格，故其在诗中时常援佛道以救心，将养生之术与道家、禅宗思想联系起来进行吟咏，将日常生活诗化，也将日常生活哲理化，从而提高了自己的人生境界与创作的思想水平。

李光就是这样一个矛盾复杂而又真实可信的存在，他既是一位勇士、智者、达人、仁人、志士，也是一位热爱生活、渴望健康长寿的普通人。李光对长寿、养生的热情并非偶然的，在他的文集中有十分丰富的养生学说，生动有力地表达了他对长寿、养生的研究心得。他为仲兄德充所作的

---

① 〔宋〕李光：《庄简集》卷七，见《四库全书》影印文渊阁本第1128册，上海古籍出版社1987年版，第502页。

② 〔宋〕李光：《庄简集》卷二，见《四库全书》影印文渊阁本第1128册，上海古籍出版社1987年版，第449页。

《养生堂记》就很能反映他在这方面的修养与造诣：

> 予兄德充寓居越之余姚，实在龙泉之北。江山映带，最为胜壤，尝于南偏作堂，爽垲而深隐，外不假台池苑囿之玩，内不列琴书图画之观，萧然一榻而日游息其中，吐纳导引以求长年，因榜之曰养生。……某方谪处南荒，书来告曰："予辟养生堂。世俗之人或以为疑。予虽告以大略，意有未尽，汝其为我记之。"某自少年喜阅道书，游走四方，延见方士多矣。……某去乡四年，忧伤困悴，有他人不能堪者。德充万里致书必以此道过相勉策，且有白首相从之语。览之凄然，因书其末，以见区区之志。异时倘遂生还，将筑室泥湾之上，风雨对床，其必有日矣。绍兴甲子孟夏几望藤州寓亭北窗，某谨记。①

正是怀抱着"白首相从"的美好愿望，李光才如此渴望长寿，只有长寿才能享受"异时倘遂生还，将筑室泥湾之上，风雨对床"的欢乐。可见，李光养生的目标就是为了享受简朴而又美好的生活，其认为人伦之情是美好生活的重要组成部分。他们为什么如此注重养生，是因为他们认识到了日常生活的美好：美好的山水、美好的亲情、美好的友谊、美好的诗歌艺术，这一切都让他们留恋。人生在世，只要有美好的东西让人留恋，让人愉悦，他就不会轻生，也不会戕害自己的生命。

仁者寿，安贫乐道，是李光文化性格的一个重要特点，也是他长寿的一个重要因素，他常以此自许许人。绍兴十七年（1147）丁卯，李光已经七十岁了，此时的他仍然谪居琼州。这年的二月二十七日，他与朋友一起寻访了本地人陈师正，特别注意到陈师正及其母亲的年龄，并特地为此而赋诗一首，诗名很长，曰：

> 丁卯二月二十七日，与客纵步至判官陈师正所居，前有花竹，后有港浦。爱其幽胜，退作此诗。师正历官九任，今年六十有一，母年九十二岁。杜门养亲，不复仕宦，盖琼士之安贫守道者也。

从此诗的题目，我们能深刻地感受到李光对长寿之人的重视及其对当地士

---

①〔宋〕李光：《庄简集》卷一六《养生堂记》，见《四库全书》影印文渊阁本第1128册，上海古籍出版社1987年版，第607—608页。

人的好奇与热爱，甚至将琼人之长寿与儒家提倡的“安贫守道”自然而然地联系在一起了。正是有了这份好奇与热爱，他才能安贫守道，随遇而安、随遇而乐，把自己融入琼士圈子里，为他们歌唱。其诗云：

> 幽居非是避危机，涩勒遮藏客到稀。白发不传毛义檄，青衫常戏老莱衣。舟行别浦随潮去，燕认低檐带雨归。从此欲寻綦酒社，肯论时节叩柴扉。①

李光对长寿之人的关注与兴趣，引起了世人重视，竟然被记载到历史地理名著《舆地纪胜》中去了。试看：

> 李光《送匡逢时赴昌江太守》：“南极多老人，及见九代孙。君生古崖州，气质清且温。今年八十二，颇觉行步奔。白发映红颊，疑是羲皇人。”②

他对这些琼州人物的诗意描述，为当地的人物形象注入了诗情画意，使他们成为重要的审美对象。李光热爱生活，以一种近于审美愉悦的心态拥抱生活，以充满诗情画意的目光去观察贬谪之地的一切事物，于是穷乡僻壤、文化落后、蛮山瘴水、百越文身地区的人物意态、自然风光都能在他的笔下得到生动的呈现与诗意的提升。当时琼州之人的生活是相当贫困与窘迫的，而李光却特别将目光投注到这些长寿之人的身上③，欣赏这些“仁者”的美德。仁者寿，是中华民族的文化心理与人格认同，李光从当地人物身上汲取到了他们乐观旷达、知足保和、随遇而安甚至随遇而乐从而达到健康长寿的精神养料，这种养料是中华民族宝贵的精神遗产之一，是维持古代士人在苦难、荒唐、无奈的现实生活中勇敢生存下去的重要支柱，从而被著名的历史地理学著作所引用，可以说，李光的这些行为潜移默化地为当地乃至中华民族优秀文化精神的发展与传播做出了贡献。

在李光看来，生活中有如此众多的美好事物，他与亲友应当尽量多活

---

① 〔宋〕李光：《庄简集》卷五，见《四库全书》影印文渊阁本第1128册，上海古籍出版社1987年版，第472页。

② 〔宋〕王象之：《舆地纪胜》卷一二五《琼州·人物》，中华书局1992年版，第3604页。

③ 无独有偶，李光的迁岭前辈苏轼也非常重视岭南本地的长寿之人，并从中悟出人生的某些道理。

一些时光来尽情享受这美好的生活。在李光将近八十岁的高龄时，他还十分注意自己的身体健康状态，时时留心养生之道。接到好友谢文孺寄给他的三接丹，他就想到了人的生命之寿夭长短，曰：

谢文孺寄三接丹，岐伯言人各有百二十岁之寿，其多夭折者，声色害之也，如醉后入房等三事皆促寿命之目。予来年八十，若服此，得终其天年，道人之遗也。

并为此而赋诗一首，诗云：

三接灵丹古所传，扶危起死胜神仙。衰颜全借刀圭力，少驻人间四十年。[1]

此诗有感而发，言近旨远，怀抱全开。因此可以看出，李光对自己以及亲朋好友的寿命是十分敏感与关注的，他希望自己与亲朋好友们能多活一段时间。仁者寿，迁岭文人大多一生命运多舛，他们的仁人之心、勇者之志、智者之能，都需要时间才能展现出来，这就需要一个耐人寻味的条件，也是不可忽视的一点，就是长寿。人生无常，世事变幻，只有活得足够长久，才能见证奇迹的出现。李光、胡铨能够亲眼看到他们获得平反，赢得世人的尊敬，就在于他们长寿，活到了八十岁左右，活过了秦桧，胡铨甚至活到了宋高宗退位。长寿，对于饱受屈辱、饱受磨难的南宋迁岭文人来说，岂不重要乎？

与此相关，亲朋的逝世也总令他感伤惆怅，在《辛未岁旦，用苏子由韵，成两诗寄诸子侄》中，李光说道：

朋游族党死生分，老寿今居第二人。松竹饱经炎海瘴，柳梅空想越溪春。身行九折心无转，息住三田气自新。白昼渐长窗日暖，始知羲驭解停轮。

频把光阴惜寸分，十年阅尽世中人。衰容暗换图中象，和气潜回海底春。香袅金炉沉水暖，茶烹石鼎乳泉新。丹元息息添真火，肯使

① 〔宋〕李光：《庄简集》卷七，见《四库全书》影印文渊阁本第1128册，上海古籍出版社1987年版，第503—504页。

空花翳五轮。

李光为此还特别作了注解：

> 予辛酉冬南行，城中老朋友如韩似夫、王从道、陆元钧，本房兄弟德充、舍弟元发、堂兄孚先、民先、介之皆物故，独堂兄去华无恙，今八十矣。[①]

正是：白发多时故人少。“访旧半为鬼，惊呼热中肠。”随着年岁的增长，亲朋好友一个个逝去，李光的伤逝之情油然而生。但正因为人生无常、生命有限，反而让李光更珍惜生活，更关注幸存、“无恙”者及晚生后辈的生活。他寄书信给好友胡铨，反复叮嘱他要保重身体，并将自己在艰苦困顿环境下总结出来的养生之法、长寿心得悉数传授给他，对朋友关心爱护的拳拳之心溢于言表：

> 人情悩悩，想杜门饮醇，与仆况味同也。自去冬缘王彦恭事，惊忧不小，数日所传，朝廷已察知其诬，王尽复官，复知雷州。了城壁人情陡变，凡知友半岁不通问者连日踵至，可付一笑耳。邦衡忧患重重，宜有以自宽，清心宴坐，绝欲忘缘，庄老吾师也，其余经史且可拔置。仆今年七十有八，平生万事足，所欠惟一死耳。年来诸况如故，但腰膝无力，然平生故人死亡略尽，通封川书为转求丹砂，实济扶衰之用。[②]

这段话深中肯綮，李光不愧是胡铨的良朋知己。不仅如此，李光还相信薪尽火传，对“诸子侄”寄予了厚望，因为他们是自己生命的延续。对逝者的伤感、对生者的留恋，都反映了李光对生活的热爱。尤其值得注意的是，李光在诗中用苏辙韵寄诸子侄，也暗示着他对当年苏氏兄弟感情和睦、家庭幸福、子侄孝顺，能够享受美好的天伦之情的羡慕与向往。

虽然李光流落蛮荒之地时也偶有人生失意之感，但他对当时人物风

---

① 〔宋〕李光：《庄简集》卷五，见《四库全书》影印文渊阁本第1128册，上海古籍出版社1987年版，第477页。

② 〔宋〕李光：《庄简集》卷一五《与胡邦衡书》，见《四库全书》影印文渊阁本第1128册，上海古籍出版社1987年版，第604页。

俗、自然景观的热爱之情却是发自肺腑的。何况，人生如戏、戏如人生。世事难料，盛衰贵贱都是无常的，只要寿命够长，人们不但可以从历史巨变中看到人生的盛衰无常，也往往能在自己的生活中亲历到一些惊心动魄、波谲云诡的事件，有时甚至还能等到一些赏心悦目，令亲者快、仇者痛的事情发生。恰好，李光生活中就发生了这样的事：

李泰发忤秦桧，贬海上，雷州守王彦恭存问周馈甚至。桧闻之，贬彦恭。辰阳陆升之，泰发侄婿也，告讦泰发家事，得删定官。桧死，彦恭复官，升之贬雷州。①

“荣华诚足贵，亦复可怜伤。”② 又如吕愿中，也是李光所熟知的一位因阿谀奉承秦桧而初得志、后失意遭贬的小人。据史料记载，吕愿中在绍兴二十三年（1153）为承议郎直秘阁知中知静江府，兼主管广西经略安抚司公事。静江府驿名秦城，吕愿中因率宾僚赋《秦城王气诗》谄媚秦桧而得宠，因此得召。可好景不长，绍兴二十六年（1156）二月却被责授果州团练副使，封州安置。③ 吕愿中的被贬斥，虽然不至于让李光幸灾乐祸，但应当也会给因反对秦桧而屡遭打击压抑的贤士带来些许安慰。“秦桧宠位既极，老病日侵，鄙夫患失之心无所不至，无君之迹显然著见。意欲先剪除海内贤士大夫，然后肆其所为。”④ 然而，急急流年，滔滔逝水，到头这一身，难逃那一日。秦桧死后，其子孙、党羽亦遭到贬斥，让世人看到了南宋历史上这种好戏连台的演出。整人者秦桧集团最终亦遭人整之。而南宋有些遭受秦桧迫害整治而被迫迁岭的文人士大夫在经历了宦海风波，饱受屈辱折磨之后终于重见天日，快意恩仇，活过了他们的敌人，赢得了最后的胜利。姑举数事，以证吾说，兼资谈助。

秦桧之死，对南宋迁岭文人尤其是秦桧的头号政敌李光来说无疑是值得庆幸且欣喜之事。为什么这么说呢？因为秦桧至死都欲陷害李光，结果

① 〔宋〕罗大经：《鹤林玉露》乙编卷二，中华书局 1983 年版，第 145 页。

② 〔晋〕陶渊明：《拟古》其四，见袁行霈《陶渊明集笺注》，中华书局 2003 年版，第 326 页。

③ 参见《宋史》卷四七三《奸臣传》三《秦桧传》，吕愿中生平事迹参见《宋诗纪事》卷四六。

④ 〔宋〕朱熹：《晦庵先生朱文公文集》卷九十五下《少师保信军节度使魏国公致仕赠太保张公行状下》，见〔宋〕朱熹撰，朱杰人、严佐之、刘永翔主编《朱子全书》（修订本）第 25 册，上海古籍出版社、安徽教育出版社 2010 年版，第 4406 页。

李光还没有被他害死，秦桧自己却一命呜呼，“心大狠愎”的秦桧在六十六岁时被阎王拖走了[1]，这岂不是大快人心之事？此事史籍记载颇详，《建炎以来系年要录》载：

太师尚书左仆射秦桧言：“衰老交侵，日就危惴。伏望许臣同男熺致仕，二孙埙、堪改差在外宫观。”上赐诏曰：“卿比失调护，日冀勿药之喜，遽览封奏，深骇听闻。其专意保摄，以遂平复，副朕所望。”桧秉政十八年，富贵且极，老病日侵，将除异己者，故使徐嚞、张扶论赵汾、张祁交结事。先捕汾下大理寺，拷掠无全肤，令汾自诬与特进永州居住张浚、责授建宁军节度副使昌化军安置李光、责授果州团练副使致仕新州安置胡寅谋大逆，凡一时贤士五十三人，桧所恶者皆与，狱上。而桧已病不能书矣。

原注引《中兴圣政大事》，对此事颇有感慨：

甚矣，桧之忍也。不惟王庶、胡铨、赵鼎、张浚、李光、张九成、洪皓、李显忠、辛企宗之徒相继贬窜，而吕颐浩之子摭、赵鼎之子汾、王庶之子荀、之奇皆不免焉。盖桧之心大狠愎，尤甚于章、蔡。窜赵鼎而必置之死，杀张浚而犹及其家，甚至萧振以附程氏之学而得祸，洪兴祖以序冯瑀《论语注》而得祸，末年欲杀张浚、胡寅等五十三人，而桧已病不能书，可畏哉！[2]

朱熹在《少师保信军节度使魏国公致仕赠太保张公行状下》亦载：

又捕赵鼎子汾下大理狱，备极惨酷，考掠无全肤。令自诬与公及李光、胡寅等谋大逆。凡一时贤士五十三人，桧所恶者，皆与狱上。会桧病笃，不能书判以死，时绍兴二十有五年也。上始复亲庶务，先

---

① 〔宋〕李心传：《建炎以来系年要录》卷一六九，中华书局 1988 年版，第 2771 页。

② 〔宋〕李心传：《建炎以来系年要录》卷一六九，中华书局 1988 年版，第 2768—2769 页。

> 勒桧子熺致仕，尽斥群凶，公迹稍安。[①]

《宋史全文》卷二二上、《中兴小纪》卷三六也都有相似的记载。可见史家对此事的重视及此事在历史演变进程中的重要性。如此众多的史籍都对此事有相同的记载，也表明此事的真实性与传播的广泛性。

秦桧于绍兴二十五年（1155）十月二十二日丙申夜因病而死，时年六十六岁，他在临死前七天还想要害人，“将除异己”，而此时秦桧最忌恨的“异己”李光已经七十九岁了，并且命运开始出现了转机，由“天涯海角”的昌化移郴州安置[②]，“北归有日”，在离别昌化军之前，李光应邦人之请作《儋耳庙碑》，满怀欣喜、感动、感恩之情，追忆往昔，真可谓是感慨万端：

> 昌化军，古儋州也。……绍兴辛酉十一月，建宁军节度副使李某得罪于朝，三贬而至乎儋。丙子某月，天子推旷荡之恩，北归有日矣。邦人父老丐予文以记其略，因念谪居之久，蒙冒烟岚，脱于万死，天地神灵实祐之。谨躬诣庙廷，再三稽首，碑而铭之。[③]

秦桧一死，李光已经预感到自己的命运将有所改变，在给他的至交好友胡铨的信中，李光特别注意提及此事，既安慰鼓励朋友，也表达自己欣喜之情：

> 某启：久不通问，实以小人窥伺者众，不欲以无益之寒温奉累也。日来，起居佳胜。今早，林令自琼州专人报秦公十月十八日殁，故前日赦文不见此公阶位，心知如此，今果然也。仆已为太夫人撰得埋文，其间有难回避者，前已为上净，本须面纳也。前日赦文固知非渠意，想宅上自有专人至矣。某老病，遂有复见松楸之望，度不出二

① 〔宋〕朱熹：《晦庵先生朱文公文集》卷九十五下《少师保信军节度使魏国公致仕赠太保张公行状下》，见〔宋〕朱熹撰，朱杰人、严佐之、刘永翔主编《朱子全书》（修订本）第25册，上海古籍出版社、安徽教育出版社2010年版，第4406页。

② 〔宋〕李心传《建炎以来系年要录》卷一七〇“绍兴二十五年十二月甲戌朔”条载：“责授建宁军节度副使、昌化军安置李光移郴州安置，光年八十矣”（中华书局1988年版，第2784页）。

③ 〔宋〕李光：《庄简集》卷一六《儋耳庙碑》，见《四库全书》影印文渊阁本第1128册，上海古籍出版社1987年版，第611页。

三月间必有朝命，可即促装也。惟保爱是祷，不宣。十二月二十六日某启上。①

当时恰好胡铨母亲死了，秦桧之死与胡铨丧母差不多在同一时候，对胡铨来说真可谓是悲欣交集，幸好此时有好友李光安慰他，劝他节哀，并告诉他保养身体、延年益寿之法。苏轼在与他的弟弟分离七年之久时发出“但愿人长久，千里共婵娟”的美好祝愿，此言道尽了无奈人生中的生存法则：虽然为生活所迫不得不与亲朋好友离别，但只要保重好身体，哪怕在千里之外能够共同欣赏美好的事物，生活也是值得留恋的。苏轼表达的这种文化性格与人生思考，在迁岭文人李光身上也体现得十分明确，他反复劝慰好友胡铨保重身体，“惟保爱是祷”，希望好友能够摆脱生活困境，超越一己之悲痛，为将来美好的前途而注重养生，调节好情绪，他在信中耐心叮嘱道：

某老病日益衰瘁，加以群嚣未靖，杜门待尽，以此久不通书。唯是怀企道义，未尝一日忘也。吾徒忧患至此，古今罕有，如仆老病死，自其分。公今遭此家祸，更宜以远业自重，勿过悲伤。居瘴烟之地，血气已耗，七七之后。宜茹荤鲜，以助真气。凡居丧有疾，饮酒食肉，圣人所许。儋崖瘴毒之地，独不比有疾乎?②

等李光确认秦桧已死，自己命运将有所改变时，他在七十九岁高龄仍放声高歌，直抒胸臆，表现出豪迈乐观的人生态度与逸兴遄飞的精神面貌，试听他慷慨豪迈的吟唱：

风卷阴霾日月明，鲸鲵已戮海波平。奸憸藉手捐奇货，交友通书免诡名。旧俗衣冠嗟化劫，新疆兵革偃长城。圣君若用当时将，一洗烟尘宇宙清。③

---

① 〔宋〕李光：《庄简集》卷一五《与胡邦衡书》，见《四库全书》影印文渊阁本第1128册，上海古籍出版社1987年版，第604页。

② 〔宋〕李光：《与胡邦衡书》，《庄简集》卷一五，《四库全书》影印文渊阁本，上海古籍出版社1987年版，第1128册第600页。

③ 〔宋〕李光：《庄简集》卷五《丙子正月二十三日纪事》，见《四库全书》影印文渊阁本第1128册，上海古籍出版社1987年版，第481页。

谪居了无营，赢得一味闲。……今兹果何年，天诛此凶奸。群妖既荡除，善类稍北迁。仲子万里来，喜极涕泪潸。坐定复载笑，喜我颜渥丹。人生七十稀，况复加九年。①

逐客多年住海滨，今朝喜作北乡人。飘风扫地卷烦暑，骤雨翻空洗瘴尘。境恶乍离宾馆陋，眼明欣睹佛祠新。松林竹径俱幽胜，留滞何庸叹苦辛。②

数十年国仇家难的煎熬与千百卷诗书典籍的熏染，使李光诗歌中快意恩仇、扬眉吐气之感溢于言表，沛然莫之能御。南宋迁岭文人的一生是如此具有张力，如此具有戏剧性，凸显了宋室南渡以来中国文化版图的重组与文学命运再造的几个最重要的命题：南宋文人迁岭后，西江流域社会文化究竟发生了怎样的变化？南宋文人迁岭后，中国文人与中国文学的命运与走向发生了怎样的变化？南宋文人迁岭后，他们的生活方式、生活环境、生活习惯、生活作风、生活条件、生活待遇、生活资料、生活经验、心理因素、文化性格发生了哪些根本性的变化？对文人创作产生了怎样的影响？

综合上述，本研究以西江流域社会变迁为背景，以流寓岭南文人为考察对象，以迁岭文人的文学创作为中介，从地域特征、饮食风尚、士人精神三个维度来探求中国历史上西江流域社会变迁与迁岭文人文学创作的典型特征与特殊风貌。在我们看来，迁岭文人作品中，展现的是历经沧桑之后对生活本身的热爱，在荣衰成败的跌宕起伏之间，还能够享受生活中一切美好的事物。围绕着“南食书写”这一话题，本研究所关心的中心问题集中在“最容易影响到家庭生活、物质生活条件以及基本信念这样一些制约人类的因素所发生的物质变化和心理变化”③ 上，即研究流寓岭南文人在西江流域的日常饮食生活与心理变化。尤其要探究西江流域社会变迁与迁岭文人在其中所做出的贡献，西江流域社会变迁与迁岭文人文化性格与人生思考的形成与演变，西江流域社会变迁与迁岭文人文学创作题材嬗变之间千丝万缕的复杂关系。

---

① 〔宋〕李光：《庄简集》卷二《五月十三日北归雷化道中》，见《四库全书》影印文渊阁本第1128册，上海古籍出版社1987年版，第446页。

② 〔宋〕李光：《庄简集》卷五《离阳寿县百余里，遇大风雨，溪流涨溢。宿修仁境小寺，新洁可喜，不复有滞留之叹。偶成长句，老病字画欹斜，辄自笑也。仲子孟坚同来》，见《四库全书》影印文渊阁本第1128册，上海古籍出版社1987年版，第481页。

③ ［美］T. C. 科克伦语，参见［英］杰弗里·巴勒克拉夫《当代史学主要趋势》，杨豫译，上海译文出版社1987年版，第87页。

第六章　传统下的个人才能：典范选择与诗歌因革

文学是人学，文学创作是为人生，从事文学研究也应当是为人生，尤其是为现实的人生，为现实人生的幸福。笔者在研究迁岭文人时，更注重研究内心世界丰富复杂的迁岭文人。内心丰富复杂的迁岭文人的作品有更加丰富深刻的人生意蕴，包含了更加丰富复杂的人生思考，体现出更加深层广泛的文化性格，对现代人的人生也更加具有启示意义。这就要求我们研究迁岭文人时，要尽力进入他们丰富复杂的内心世界。迁岭文人的命运大多坎坷不平，他们或因得罪权贵，或因躲避战乱，或因远宦迁谪来到西江流域这片蛮荒之地，然而蛮山瘴水并没有令他们畏惧退缩，反而激起他们奋起抗争的勇气与信心，他们在西江流域生活时积极为当地人民谋福利，或聚众授徒，传播文化，或兴水利，开发农田，或优游山水，进行文化创作，对当地风物起到了广泛的宣传作用，令人感动。人情不远，对他们这种身处逆境而不放弃生活理想的精神充满了同情之理解，使笔者能够深切体会迁岭文人的思想感受，通过阅读他们的文学作品，从字里行间去把握他们深刻复杂的内心世界，以词证词，以心证心，“他人有心，余揣度之”，笔者希望能够以意逆志，以自己之意去揣摩迁岭文人之志。

艾略特指出：

> 诗人的任务并不是去寻找新的感情，而是去运用普通的感情，去把它们综合加工成为诗歌，并且去表达那些并不存在于实际感情中的感受。①

迁岭文人推崇仰慕陶渊明的最根本的原因在于他人格的纯朴与真诚，他的诗文正是他日常生活的真实表现、自己“普通的感情”的真实流露，他的

① ［英］艾略特：《传统与个人才能》，见《艾略特文学论文集》，李赋宁译，人民文学出版社2019年版，第9页。

人格和诗文，让人知道普通人也能过上幸福且富有诗意的生活。

林语堂用“爱好人生者”五个字来揭示陶渊明生活艺术的文化意义，值得我们关注。他说：

> 陶渊明这位中国最伟大的诗人和中国文化上最和谐的产物，不期然地浮上我的心头。陶渊明也是整个中国文学传统上最和谐最完美的人物，我想没有一个中国人会反对我的话吧。他没有做过大官，很少权力，也没有什么勋绩，除了本薄薄的诗集和三四篇零星的散文外，在文学遗产上也不曾留下什么了不得的著作，但至今还是照彻古今的炬火，在那些较渺小的诗人和作家心目中，他永远是最高人格的象征。他的生活和风格是简朴的，令人自然敬畏，会使那些较聪明与熟识的人自惭形秽。他是今日真正爱好人生者的模范，因为他心中虽有反抗尘世的欲望，但并不沦于彻底逃避人世，而反使他和七情生活洽调起来。①

莫砺锋则从“人生的意义”的角度提出了类似的看法，他指出：

> 陶渊明的最大意义在于，他用其一生的行为阐释了人生的意义，证明了与功业建树毫无关系的平淡人生也可以达到超凡入圣的境界，也证明了朴素乃至清贫艰辛的平凡生活也可以具有浓郁的诗意。陶渊明诗文的最大意义在于，它们生动地展现了平凡人生的种种有意味的内容，清晰地揭示了蕴藏在平凡生活中的美感和诗意，从而引导人们保持原有的善良，纯洁的本性，并抵御尘世的种种诱惑。后人所以喜读陶诗，正因其直披胸臆，读诗如见其人。②

此段论述中的“陶渊明”换成“杜甫”也说得通。简单的人生也可以富有诗意，也可以活得充实圆满，这是因为其中充满了哲理思考。

简单的人生，甚至可以成为一种人生典范，成为有着复杂生活经历之人的学习对象。钱志熙指出：

---

① 林语堂：《生活的艺术》，越裔汉译，湖南文艺出版社2012年版，第116—117页。

② 莫砺锋：《靖节高标的最早颂歌——读颜延之〈陶征士诔并序〉》，见《莫砺锋文集》卷二，凤凰出版社2019年版，第81页。

简单的人生，也可以作为一种人生典范，甚至一个简单的人生，可以作为有过复杂的人生经历与人生经验者的学习对象。……我们应该结束只将陶渊明作为一种客观对象来研究的时代（对于中国古代的其他的思想经典与艺术经典也是这样），从而展开充分的同情、共鸣式的研究。①

古往今来，大多数人都对陶渊明充满了无限的热爱。从颜延之、萧统、苏轼、黄庭坚、陆游、辛弃疾，到林语堂、朱光潜、李长之、程千帆、袁行霈、戴建业、莫砺锋，每个人在谈到陶渊明时，那种发自内心的热爱都溢于言表，跃然纸上。试看戴建业自述他研究陶渊明的初衷：

我并不是甘于淡泊喜欢清贫，也不是不知道钱是种好东西，只是我深知自己为人木讷内向，即使去了广东家境也不会有多大的改善，票子满天飞还是飞不到我口袋里来。……几经权衡，我决定还是待在武汉华师“从吾所好”。这时，安贫守拙的陶渊明便使我感到更加亲切。②

这段叙述，可以说体现了广大陶渊明研究者一种较为普遍的研究因缘：“使我感到更加亲切”。他们都是将陶渊明作为自己的好友来展开充分的同情、共鸣式的研究。

“同情、共鸣式的研究”方法源远流长，博大精深。袁行霈在《陶渊明研究》（增订本）的“跋”中写着这样一段话：

陶渊明是我喜欢的一位诗人，喜欢他的诗，也喜欢他这人。和他打了几十年的交道，越是熟悉他就越是觉得他有意思，也越觉得和他亲近。当然，他也有局限和缺点，因为他是一个凡人。我研究他的过程就是和他交朋友的过程，常常觉得是在听他谈心；研究他的过程也是用前贤的智慧滋润自己心灵的过程。③

而应对“中国古代的其他的思想经典与艺术经典”展开同情、共鸣式研究

① 钱志熙：《陶渊明经纬》，北京大学出版社2019年版，第4—5页。
② 戴建业：《澄明之境：陶渊明新论》，上海文艺出版社2019年版，第442—443页。
③ 袁行霈：《陶渊明研究》（增订本），北京大学出版社2009年版，第377页。

的观点，袁先生也早已将其表达得淋漓尽致、巨细无遗。这也即是袁先生所指出的研究古人的诗歌作品即是与古人交朋友，他说：

> 古典诗词可以使我们和古代优秀的诗人在心灵上相沟通。欣赏他们的诗歌，好像是和朋友对话。我觉得我这几十年在教书的时候，讲李白也好，讲杜甫也好，讲苏东坡也好，都是向同学们介绍我的好朋友，我是用这种态度和心情来讲课的。因为我自己读他们的作品的过程，就是和他们交朋友的过程。有这么多优秀的人物做自己的朋友，那是多么幸福的事情！读他们的诗，欣赏他们的诗，就好像是跟他们对话，他们的人格感染了我们，也提高了我们的情趣。在古代的诗人里，我可以很骄傲地说有很多可以跟我分享快乐、分担忧愁的朋友。[①]

袁先生所说的观点，其实与程千帆不谋而合[②]。程先生指出文学研究要“感”之当头，也即一种同情、共鸣式的研究。

这种同情、共鸣式研究方法古已有之，两千多年前孟子所说的“尚论”“古人”的“尚友”之道，即是这种方法的生动表达。孟子《万章章句下》曰：

> 孟子谓万章曰：“一乡之善士斯友一乡之善士，一国之善士斯友一国之善士，天下之善士斯友天下之善士。以友天下之善士为未足，又尚论古之人。颂其诗，读其书，不知其人，可乎？是以论其世也。是尚友也。”

杨伯峻的《孟子译注》以注释准确、译注平实著称，他对此段的今译为：

> 孟子对万章说道：“一个乡村的优秀人物便和那一乡村的优秀人物交朋友，全国性的优秀人物便和全国性的优秀人物交朋友，天下性的优秀人物便和天下性的优秀人物交朋友。认为和天下性的优秀人物

① 袁行霈：《古典诗词与情趣的陶冶》，见《唐诗风神及其他》，黄山书社 2017 年版，第 224 页。

② 程千帆先生曾说：“我往往是在被那些作品和作品所构成的某种现象所感动的时候，才处心积虑地要将它弄个明白，结果就成了一篇文章。”（《答人问治诗》，参见张伯伟《程千帆先生的诗学研究》，见《程千帆全集》第 15 卷，河北教育出版社 2000 年版，第 276—277 页）

交朋友还不够，便又追论古代的人物。吟咏他们的诗歌，研究他们的著作，不了解他的为人，可以吗？所以要讨论他那一个时代。这就是追溯历史与古人交朋友。”①

“吟咏他们的诗歌，研究他们的著作”即“追溯历史与古人交朋友”，乃是孟子以来中国传统文化中提倡的通过读诗与古人为友，从而提升自己境界的观点。

为什么简单的人生成了有复杂人生经历与人生经验者学习的对象呢？我认为袁行霈的观点最为贴切，他说：

我们从世俗的眼光看来，陶渊明的一生是很枯槁的；但是以超俗的眼光看来，他的一生却是很艺术的，他的《五柳先生传》《归去来兮辞》《归园田居》《时运》，这些作品都是他的艺术化人生的写照。②

这个观点符合陶渊明及其诗文创作的实际意义。陶渊明的人生，从世俗的角度来看，是枯槁平淡的，但从艺术的角度看，却是充满诗意的，在平淡自然的生活中实现了诗意的栖居，达到了中国人所认为的最高的人生境界。柳宗元、苏轼等迁岭文人在政治才能、现实功业方面虽然超过陶渊明，但是在文化性格与人生态度乃至生活方式方面，他们却把陶渊明当作自己的学习对象甚至是崇拜的高标典范。

道法自然，艺术人生是大多数中国士人向往达到的人生境界。“简单的人生”之所以“可以作为一种人生的典范”，乃在于“爱好人生者”这五个字，只有“爱好人生者”才能把简单的人生过得富有诗意，富有美感和意味。“爱好人生”是一切文学创作的源泉，也是诗意栖居在现实生活中的奥秘，正是对人生充满了热爱，爱好生活中的各个方面如读书、喝酒、饮食、著文甚至还有躬耕，陶渊明才成为后世文人的高标典范。正如林语堂评价陶渊明时所说：

他就是这样爱好人生，由种种积极的、合理的人生态度，去获得他所特有的能产生和谐的那种感觉。这种生之和谐便产生了中国最伟

① 杨伯峻：《孟子译注》，中华书局1960年版，第251页。

② 袁行霈：《古典诗词与情趣的陶冶》，见《唐诗风神及其他》，黄山书社2017年版，第228页。

> 大的诗歌。他为尘世所生，而又属于尘世，所以他的结论不是逃避人生，而是“怀良辰以孤往，或植杖而芸耔”。陶渊明仅是回到他的田园和他的家庭里去。所以，结果是和谐，不是叛逆。[①]

当然，这段话也可以用来评价李白、杜甫、柳宗元、白居易、李商隐、苏轼等许多著名的诗人，他们在现实功业上的建树或大或小，有些甚至没有什么现实的功业，但他们与陶渊明一样，都是“这样爱好人生”。尤其是杜甫一生穷困潦倒，过着清贫艰苦的生活，却能以己之苦，度人之苦，对他人充满了同情之心，对生活充满了强烈的热爱，他的人生达到了超凡入圣的境界，他也成了千秋诗圣。他们的意义与陶渊明一样，给后世的人们提供了一个精神的家园，一个精神的避难所。

我们大多数人都是普通人，因受天赋或机缘所限没有获得多少功业上的建树，可是如果能够尚友古人，和陶渊明、杜甫、白居易、柳宗元、苏轼一样安贫乐道、真纯自然、热爱日常生活中的点点滴滴，也就能和他们一样成为“爱好人生者”，用诗意的眼光看待生活、用细腻敏感的心灵感受生活，用审美的态度观照生活、用悲天悯人的胸怀拥抱生活，对人生、历史、社会、宇宙的各种问题进行深刻的哲理思考，也能够过上幸福而富有诗意的生活。而幸福的生活、艺术的人生、诗意的栖居，岂不正是世人所向往和追求的人生目标吗？

王水照对元祐党人的贬谪心态分析得十分清晰透彻，认为苏轼与秦观唱和的《千秋岁》词具有非常重要的意义，指出：

> 苏轼的和词作于贬居海南岛时期。……这首和词是苏轼对秦、孔贬谪态度的一种反响、异议和诲导，也是他晚年历经磨难的政治自白，更是他一生人生思考的最后结晶。词云：（略）苏轼在黄州、惠州、儋州的长期贬谪生活中，咀嚼尽孤独、窘困、凄苦等种种况味，并从佛老哲学中寻求过摆脱、超越悲哀的思想武器，以保持对生活、对美好事物的信心和追求，坚持对自我价值的肯定。就其成熟和典型而言，代表了封建文人士大夫人生思考的最高境界。[②]

---

① 林语堂：《生活的艺术》，越裔汉译，湖南文艺出版社2012年版，第120页。

② 王水照：《元祐党人贬谪心态的缩影——论秦观〈千秋岁〉及苏轼等和韵词》，见《王水照自选集》，上海教育出版社2000年版，第637—638页。

由此可见苏轼的人生思考与文化性格在元祐文人群体中特殊的地位与价值，这对随后迁谪岭南而来的士大夫产生了广泛而深刻的影响。

值得一提的是，笔者认为在封建文人士大夫中，人生思考达到最高境界的代表并不是苏轼，而是陶渊明。陶渊明在长期躬耕自资的生活中，“怀良辰以孤往，或植杖而耘耔”，他仔细咀嚼生活中的孤独、困苦、贫穷，在无法改变人生现状的情况下，他努力改变自己的心情。如果说命运若琴弦，哪怕是一把无弦的琴，他也能弹奏出最动听的乐章，“但得琴中趣，何劳弦上声”，在日常劳作中他发现了生活的美丽与动人之处。英国诗人朗布里奇（1849—1923）在《不灭之诗》中揭示出一个惊心动魄的人生道理：

> 两个囚犯从同一个铁窗向外眺望，一个看到的是泥泞，一个看到的是星辰。①

这句话反映了诗人对生命深刻的哲理思考。而陶渊明毫无疑问正是“看到的是星辰”的那个人。并且，陶渊明还能够以酒为伴、以书为友，古书、古人是他心灵的寄托，也是他解脱苦闷的精神良方。陶渊明对人生、历史、宇宙进行了深刻的哲理思考，他的人生思考暗合了儒、道、佛三家思想的精华，而且陶渊明通过自己的生命体验，对这些苦难生活中的哲理思考进行了诗语表达，表达了他对日常生活的热爱与留恋，他的人生思考达到了封建时代文人人生思考的最高境界，即融合了儒家“孔颜乐处”、道家“自然”和佛家“人生似幻化，终当归空无”的思想精髓，并将其融会贯通，如盐着水般地融入他的生活与创作中。陶渊明用他的生命来进行创作，用他的生活来实践他的创作。他的人与他的诗文已经完美地融合为一，达到了文如其人、诗如其人的统一，也达到了自然与人生的和谐统一。

葛立方在《韵语阳秋》中从对陶渊明接受的角度极力推崇苏、黄的风神意态：

> 东坡拈出陶渊明谈理之诗，前后有三：一曰“采菊东篱下，悠然见南山”。二曰“笑傲东轩下，聊复得此生”。三曰“客养千金躯，

---

① 参见欧丽娟《唐诗的乐园意识》，北京大学出版社 2020 年版，第 3 页。

临化消其宝”。皆以为知道之言。盖摛章绘句，嘲弄风月，虽工亦何补。若见道者，出语自然超诣，非常人能蹈其轨辙也。山谷尝跋渊明诗卷云：“血气方刚时，读此诗如嚼枯木。及绵历世事，如决定无所用智。”又尝论云：“谢康乐庾义城之诗……未能窥彭泽数仞之墙者，二子有意于俗人赞毁其工拙，渊明直寄焉。”持是以论渊明诗，亦可以见其关键也。①

美在和谐，陶渊明的《形影神》三首、《饮酒》二十首、《归园田居》五首、《咏贫士》七首、《拟古》九首、《读史述》九章及他的《五柳先生传》《归去来兮辞》《自祭文》都表现了他对人生、历史、宇宙深刻的哲理思考，儒、道、佛三家思想的精华和谐地融入了他的作品中，他的人生思考和文化性格为后世读书人提供了一处精神的家园。

苏轼在陶渊明提供的精神家园里诗意地栖居，从而解脱生活的苦难，对陶渊明充满了由衷的敬佩，“欲以晚节师其万一”。苏轼人生思考的深度与广度并没有超过陶渊明，苏轼以陶渊明为友，以陶渊明为师，在陶渊明这位良师益友的指导下继续思考人生，他思考人生的结晶是“从佛老哲学中寻求过摆脱、超越悲哀的思想武器，以保持对生活、对美好事物的信心和追求，坚持对自我价值的肯定”，这一点陶渊明早就做到了，而且做得诗意盎然。陶渊明的创作就是将日常生活诗化，包括将日常生活的孤独、窘困、凄苦等种种况味诗化，从而保持了对生活、对美好事物的信心与追求，坚持对自我价值的肯定，诗意地饮下生活这杯苦酒，诗意地在这片土地上劳作，诗意地栖居在田园。他的田园也就成了后世读书人的精神家园，是后世读书人思考人生、化解苦难、诗意栖居时取之不尽、用之不竭的宝贵精神财富。

艾略特指出：

如果我们不抱这种先入的成见去研究某位诗人，我们反而往往会发现不仅他的作品中最好的部分，而且最具有个性的部分，很可能正是已故诗人们，也就是他的先辈们，最有力地表现了他们作品之所以不朽的部分。我说的不是这个诗人易受别人影响的青春时期，而是他

① 〔宋〕葛立方：《韵语阳秋》卷三，〔清〕何文焕辑《历代诗话》，中华书局1981年版，第507—508页。

的完全成熟了的阶段。①

在这个意义上，笔者认为后世的士大夫在广度与深度方面很难突破老庄、陶渊明人生思考的范围，才大如海的苏轼、文采如江的柳宗元也不例外。在大多数情况下，他们的先辈们已经最有力地表现了他们作品之所以不朽的部分。

第一节 柳宗元、苏轼在政治才能方面对陶渊明的超越

柳宗元、韩愈等唐代流寓到西江流域的文人士大夫为当时当地人民做出了重要贡献，也开启了后来宋人“为生民建政教之大本”的风气。钱穆指出：

> 盖自唐以来之所谓学者，非进士场屋之业，则释、道山林之趣，至是而始有意于为生民建政教之大本，而先树其体于我躬，必学术明而后人才出。题意深长，非偶然也。②

朱刚说：“每一个中国人，若认真审视自己的精神世界，必会发现有不少甚为根本的东西是直接或间接地来自苏轼的，称他为中国人的‘灵魂的工程师’，决不过分。”③ 柳宗元也是这样的人，他似乎不是古人，就好像今天还活在我们堆里似的，“每一个中国人，若认真审视自己的精神世界，必会发现有不少甚为根本的东西是直接或间接地来自”柳宗元。每一个中国人少年时大多有许多远大的理想，可是屡屡遭受磨难挫折，有时还活得窝窝囊囊、灰头土脸，生活还在继续，大多数人仍然能在无可奈何的生活遭遇中保持内心的旷达，竭尽全力为生活奔波，力所能及地为社会服务，做一些有利于他人、有利于社会、有利于国家的事情。只是能力有大小，每个人对社会发展的贡献也有异同。柳宗元、苏轼都是才华横溢、风华绝代的大诗人、大文豪、思想家、文学家，他们是中国人的“灵魂的工程师”，对中华民族的贡献非常大，在某种程度上塑造了我们中华民族的民

---

① ［英］托·斯·艾略特：《传统与个人才能》，见《艾略特文学论文集》，李赋宁译，人民文学出版社 2019 年版，第 2 页。

② 钱穆：《中国近三百年学术史》第一章《引论》，九州出版社 2011 年版，第 3 页。

③ 参见朱刚《苏轼十讲》，上海三联书店 2019 年版，封面。

族文化性格。

值得一提的是，柳宗元在贬谪流寓到西江流域后所体现出来的一种幽默诙谐的文化性格，既是对陶渊明文化性格的继承，也对苏轼产生了很大的影响。我们普通人的文化性格既然是由这些伟大的先知先觉们塑造的，自然而然有他们影响的因子。或者反过来说也成立，正因为我们身上有他们文化性格、人生思考的因子，故而我们容易接受他们的思想，理解他们的文化性格与人生思考，认同他们的言行。正所谓："人情不远"也，"东海有圣人出焉，此心同也，此理同也。西海有圣人出焉，此心同也，此理同也。南海、北海有圣人出焉，此心同也，此理同也。千百世之上有圣人出焉，此心同也，此理同也。千百世之下有圣人出焉，此心同也，此理同也"[①]。人同此心，心同此理，"以意逆志，是为得之"[②]。其实，在中国传统思想中，圣人与普通人之间并不存在不可逾越的鸿沟，"人皆可以为尧舜""神仙也是凡人做，只是凡人志不坚""放下屠刀，立地成佛""吾心即宇宙，宇宙即吾心"，这也解释了为什么这些伟大的历史人物似乎不是古人，就好像今天还活在我们之中似的，"每一个中国人，若认真审视自己的精神世界，必会发现有不少甚为根本的东西是直接或间接地来自"往圣先贤。这正印证了美国著名作家梭罗的一句名言：

> 我们会发现某些在眼下难以言说的现象却早已在别处获得了表达；那些折腾我们，让我们迷惘困惑的问题无一例外地叩问过所有智者，这些问题在他们那里一个都没有遗漏，他们都根据自己的才能，用自己的语言，结合自己的人生给予了解答。[③]

这也是要读书、要研究迁岭文人的意义所在。因为在现实生活中，我们有许多困惑、烦恼、挫折、迷茫、有许多痛苦悲伤，抑郁彷徨，这些问题历代迁岭文人都遇到了，他们通过自己天才的大脑对人生的问题进行了哲理思考，并对这些问题进行了深刻探究、审美观照，用优美动人、生动简洁的语言表达出来，阅读他们的著作，就像与一位智慧的长者进行交流，"夫缀文者情动而辞发，观文者披文以入情。沿波讨源，虽幽必显。世远

---

① 〔宋〕杨简：《慈湖遗书》卷五《象山先生行状》，见《四库全书》影印文渊阁本第1156册，上海古籍出版社1987年版，第648页。

② 杨伯峻：《孟子译注》，中华书局1960年版，第215页。

③ ［美］梭罗：《瓦尔登湖》，仲泽译，译林出版社2020年版，第130页。

莫见其面，睹文辄见其心”[①]。阅读迁岭文人作品的过程就是阅读他们纯洁的心灵、崇高的人品、动人的事迹，从前辈迁岭文人身上汲取到有益的精神养料的过程。

柳宗元的《种柳戏题》虽是“戏”语，却是自况，亦是实录，颇得陶渊明《五柳先生传》的神韵，道出了自己的生活态度与人生思考，也道出了历史的真实，随着时光的推移，柳宗元在世人心目中的地位越来越重要，他在西江流域的所到之处都成了名胜古迹，他在当地的所作所为永远为世人所铭记，他所做的有惠于民的政治教化改变了当地风俗，成了流寓到西江流域的令人仰之弥高的人格典范。“垂阴当覆地，耸干会参天”可以说是柳宗元种柳时最巧妙的预言，他种的柳树不但垂阴覆地、耸干参天，枝叶繁茂，而且作为唐代伟大的思想家、政治家、文学家，他在西江流域柳州为政时促使当地百姓安居乐业，经济文化得到了很大的进步，用尽了毕生的才能与精力，造福一方百姓，在当地的社会变迁与文化发展史上做出了巨大的贡献，他在历史上的功业也可以说是辉煌灿烂、映照千古。中华民族的民族文化性格与优秀品质是由屈原、陶渊明、李白、杜甫、白居易、柳宗元、苏轼、辛弃疾等伟大人物所塑造的，这样的人物及他们的事迹被一代又一代的世人所铭记、传播，源远流长、影响深远。

从这个角度来看，柳宗元在《种柳戏题》诗中表现出来的思想感情及其文化意义与陶渊明“开春理常业，岁功聊可观”[②]、“平畴交远风，良苗亦怀新。虽未量岁功，即事多所欣”[③] 的诗句颇有异曲同工之妙。南宋胡仔看到了柳宗元对陶渊明性情的崇尚，指出：“柳州诗不多，体亦备众家，惟效陶诗是其性所好，独不可及也。”[④] 杨万里也指出：“五言古诗，句雅淡而味深长者，陶渊明柳子厚也。”[⑤] 魏庆之则直接将陶柳并称，云：“作诗须从陶柳门庭中来，乃佳。不如是，无以发萧散冲澹之趣，不免于局促

---

① 〔南朝梁〕刘勰：《文心雕龙·知音》，见周振甫《文心雕龙今译》，中华书局 1986 年版，第 439 页。

② 〔晋〕陶渊明：《庚戌岁九月中于西田获早稻》，见袁行霈《陶渊明集笺注》，中华书局 2003 年版，第 227 页。

③ 〔晋〕陶渊明：《癸卯岁始春怀古田舍二首》其二，见袁行霈《陶渊明集笺注》，中华书局 2003 年版，第 203 页。

④ 〔宋〕胡仔：《苕溪渔隐丛话》前集卷四，见吴文治《柳宗元资料汇编》，中华书局 1964 年版，第 71 页。

⑤ 〔宋〕杨万里：《诚斋诗话》，见《历代诗话续编》（上），中华书局 1983 年版，第 142 页。

尘埃，无由到古人佳处也。"[①] 因"性所好"陶渊明，故柳宗元能够心慕手追，写出"独不可及也""句雅淡而味深长""萧散冲澹"的好诗。由此可见，虽然元好问将柳宗元与谢灵运相提并论，认为"柳子厚，唐之谢灵运；陶渊明，晋之白乐天"[②]、"谢客风容映古今，发源谁似柳州深？朱弦一拂遗音在，却是当年寂寞心"[③]，甚至柳宗元自己也说"吾辈常希灵运、明远之文雅"[④]。实际上，在人格精神与为人处世方面，柳宗元却更接近陶渊明，他在甘于寂寞、亲自劳作、与人为善、与民同乐方面与陶渊明是一脉相承、前后辉映的，甚至有些诗歌在创作风格上也接近陶渊明，曾季狸即指出："柳子厚《觉衰》《读书》二诗，萧散简远，秾纤合度，置于《渊明集》中，不复可辨。"[⑤] 故后来迁谪流寓到岭南的伟大的政治家、思想家、文学家苏轼要将柳宗元与陶渊明并列在一起，把他们当作帮助自己消解精神苦闷的南迁二友。

"贤者不得志于今，必取贵于后，古之著书者皆是也。"[⑥]值得一提的是，柳宗元虽然学习陶渊明闲适旷达的胸襟怀抱，但在实际生活中很难做到。他在政治才能方面却超过了陶渊明。正因柳宗元在贬谪之所有太多的现实关怀与实际的政治事务的缠绕，有太多世俗的牵挂，故其在襟抱闲旷方面显得不足，而忧思忧愁较多，这就显得不够雅量高致，遭到后人的批评。宋人蔡启指出：

> 子厚之贬，其忧悲憔悴之叹，发于诗者，特为酸楚。闵己伤志，固君子所不免，然亦何至是，卒以愤死，未为达理也。……惟渊明则不然。观其《贫士》《责子》与其他所作，当忧则忧，遇喜则喜，忽然忧乐两忘，则随所遇而皆适，未尝有择于其间，所谓超世遗物者，

---

① 〔宋〕魏庆之：《诗人玉屑》卷五"晦庵诲人学陶柳选诗韦苏州"条，上海古籍出版社1978年版，第114页。

② 郭绍虞笺释：《杜甫戏为六绝句集解·元好问论诗三十首小笺》，人民文学出版社1978年版，第60页。

③ 郭绍虞笺释：《杜甫戏为六绝句集解·元好问论诗三十首小笺》，人民文学出版社1978年版，第72页。

④ 〔唐〕柳宗元：《送文畅上人登五台遂游河朔序》，见《柳宗元集》卷二十五，中华书局1979年版，第668页。

⑤〔宋〕曾季狸撰、沙芩点校：《艇斋诗话》，见吴文治主编《宋诗话全编》（三），凤凰出版社1998年版，第2635页。

⑥ 〔唐〕柳宗元：《寄许京兆孟容书》，见《柳宗元集》卷三〇，中华书局1979年版，第783页。

要当如是而后可也。[1]

南宋时人陈善也指出：

山谷常谓：白乐天、柳子厚俱效陶渊明作诗，而惟柳子厚诗为近。然以予观之，子厚语近而气不近，乐天气近而语不近。子厚气凄怆，乐天语散缓，虽各得其一。要于渊明诗未能尽似也。[2]

清人翁方纲有类似的批评，云：

夫东坡之言陶、柳、韦也，以诗品定之也，非专以襟抱闲旷定之也。若专以襟抱闲旷定之，则以陶、韦并称足矣，不必系以柳矣。[3]

柳宗元因关心民生疾苦，勤政爱民，兴办学校，努力培养人才，坚持发展当地的生产，减轻赋税，充满了对西江流域社会发展的忧虑，操心操劳之事相比较陶渊明来说更加繁多，故不能“带气负性”“超世遗物”，以致“子厚气凄怆”“忧悲憔悴”“卒以愤死”。世人在批评柳宗元“襟抱闲旷”方面相比于陶渊明略显不足时，不应忽略他在西江流域作为地方行政长官时所承受的巨大压力，他的责任心与使命感，以及他为当地社会变迁与文化发展所做出的重要贡献。

正是这点“发于诗者，特为酸楚”，“襟抱”不够“闲旷”，反而更能够体现柳宗元忧国忧民，为西江流域地方文化的发展劳心劳力、殚精竭虑的可贵品质。阮元在《柳州柳侯祠》中吟咏道：

柳江犹抱柳侯祠，定是风光异昔时。青箬绿荷非旧峒，黄蕉丹荔有残碑。徙移故迹频消瘴，想望高楼合咏诗。多少文章留恨在，莺啼

① 〔宋〕蔡居厚：《蔡宽夫诗话》“子厚乐天渊明之诗”，见《宋诗话辑佚》（下），中华书局1980年版，第393页。

② 〔宋〕陈善：《扪虱新话·下集》（二）卷四“拟渊明作诗”条，中华书局1985年版，第86页。

③ 〔清〕翁方纲：《石洲诗话》卷八，见《清诗话续编》（下），上海古籍出版社1983年版，第1540页。

花落又罗池。①

可以说柳州柳侯祠的建成及后人对它的咏叹，展现了世人对这位勤政爱民、兢兢业业为当地百姓服务的地方长官的深切同情与永久怀念。

柳宗元与陶渊明诗歌创作风格之区别与两人在对自然山水进行描写时的身份地位有关。陶渊明是以隐士的身份回归自然，故能抱着悠闲旷放的心态来描写大自然及自己身处其中的心迹情感，显得雅量高致，悠闲旷放；而柳宗元则是作为被贬谪的政府官员来到西江流域任地方长官，此时心情烦闷抑郁，深感责任重大，故在对自然山水进行描写时就不免带有些许沉重的情感意绪。正因如此，此时的自然山水反而更能对迁谪流寓到西江流域的诗人产生精神抚慰的作用。

柳宗元在诗文创作中表现出来的精神状态与白居易相比也有明显差别，显示出柳宗元虽在贬谪仍坚持理想，尽心竭力为当地百姓做贡献的积极态度。罗宗强指出：

> 柳宗元虽钻研佛理，在理论上做着统合儒释的工作，但他的人生态度，却与释氏大异其趣。他遭贬之后的十五年间，心情始终郁愤悲怆，在他的诗文中表现出来的他的人生态度，始终与佛家宗旨相违背。这是因为他执着于他的抱负，有强烈的爱憎。他对自己坚持的一切都未能忘怀。这一点，他比白居易是要积极得多了。②

人性复杂幽深，生活丰富多彩。此论所言柳宗元“遭贬之后的十五年间，心情始终郁愤悲怆”，显然过于绝对，因为在十五年的漫长岁月里，柳宗元也有过欢欣鼓舞的时刻，这在他的大量文章与诗歌中可以找到例证。罗先生这段论述十分精准地揭示出了柳宗元的贬谪心态与其在贬所的创作心理。我们必须承认：柳宗元在流寓生活中的苦闷焦虑、“郁愤悲怆”，正是他为了发展地方文化与实现自我人生理想的积极人生态度的体现。努力与坚持，使柳宗元在西江流域为柳州地方文化的发展做出了巨大贡献。

在西江流域寓居时，柳宗元与当时大多数贬谪流寓的政府官员一样，一脚踏上这块广袤而贫瘠的陌生土地时，内心充满了客居异乡的苦闷与悲

① 〔清〕阮元：《柳州柳侯祠》，见《研经室四集》（十二）卷一一，中华书局1985年版，第904页。

② 罗宗强：《隋唐五代文学思想史》，中华书局2019年版，第308页。

伤，居住的环境显然不能和京城相比，经济文化非常落后，风俗愚昧。然而“百越文身地”的百姓老老少少都在辛苦地劳作，过着艰难却充实的生活。柳宗元寓居此地虽然内心悲苦郁愤，却也能感受与认识到当地独特的山川风物与地理民情，这些都曾带给他新鲜感，暂时抚慰了他饱受伤害的心灵。他想要为当地百姓谋求一个更好的环境，力图改变当地的陋风陋俗，提高当地人民的生活水平与文化程度，对他来说这并不是一件轻而易举的事情。更为难能可贵的是柳宗元在《柳州峒氓》一诗中表现了自己能够放下文人士大夫且出身名门望族的高贵身段，虚心接近百姓，入乡随俗，与当地百姓打成一片的思想感情，在诗中真实生动地叙述了自己在西江流域生活时由刚开始的语言不通、生活习俗不同，到热爱当地浓厚的地方特色的风俗，最后甚至愿意脱下文人士大夫的服装而改学南蛮之地的风俗，在自己身上也刺上花纹的心路历程，感情真挚、深刻感人。诗云：

> 郡城南下接通津，异服殊音不可亲。青箬裹盐归峒客，绿荷包饭趁墟人。鹅毛御腊缝山罽，鸡骨占年拜水神。愁向公庭问重译，欲投章甫作文身。①

天赋不能使人走得更远，但努力与坚持可以。在此诗中，柳宗元入乡随俗、和光同尘之精神气概跃然纸上。柳宗元显然明白，只有先融入当地的人民生活，才能设法改变与提高他们的生活方式与生活水平，这让笔者更加深刻地感受到了这位谪居岭南的政府官员既可敬又可亲的理想人格境界。

当然，除了种柑、入乡随俗之外，朋友也是柳宗元在西江流域排遣心灵苦闷的重大精神支柱。而柳宗元的朋友，大多数也是他政治上的同道中人，反映了柳宗元始终不渝关心政治、寻求自身政治发展前途的良苦用心。唐宪宗元和十年（815）三月，柳宗元面临贬谪到西江流域的命运时，悲痛万分，禁不住在诗中与知交好友刘禹锡倾吐衷肠，诗云：

> 十年憔悴到秦京，谁料翻为岭外行。伏波故道风烟在，翁仲遗墟草树平。直以慵疏招物议，休将文字占时名。今朝不用临河别，垂泪

① 〔唐〕柳宗元：《柳州峒氓》，见《柳宗元集》卷四二，中华书局1979年版，第1169—1170页。

千行便濯缨。①

读了好友寄来的诗作，刘禹锡感慨万端，也和了他一首，诗云：

去国十年同赴召，渡湘千里又分歧。重临事异黄丞相，三黜名惭柳士师。归目并随回雁尽，愁肠正遇断猿时。桂江东过连山下，相望长吟有所思。②

柳宗元与好友刘禹锡就这样在互相唱和交流中暂时缓解了迁谪的苦闷。无疑，有知交好友能够分担自己的痛苦，痛苦就会得到暂时的缓解。仕宦的失意、苦难的意义在于它能产生不同寻常的友谊与诗歌。

柳宗元有几个能够倾听他内心痛苦的亲朋好友，可以在西江流域向他们诉说贬谪生活的愁苦，诗云：

零落残魂倍黯然，双垂别泪越江边。一身去国六千里，万死投荒十二年。桂岭瘴来云似墨，洞庭春尽水如天。欲知此后相思梦，长在荆门郢树烟。③

越绝孤城千万峰，空斋不语坐高舂。印文生绿经旬合，砚匣留尘尽日封。梅岭寒烟藏翡翠，桂江秋水露鳐鳙。丈人本自忘机事，为想年来憔悴容。④

临蒸且莫叹炎方，为报秋来雁几行。林邑东回山似戟，牂牁南下水如汤。蒹葭淅沥含秋雾，橘柚玲珑透夕阳。非是白蘋洲畔客，还将远意问潇湘。⑤

海畔尖山似剑铓，秋来处处割愁肠。若为化得身千亿，散上峰头

① 〔唐〕柳宗元：《衡阳与梦得分路赠别》，见《柳宗元集》卷四二，中华书局1979年版，第1159页。

② 〔唐〕刘禹锡：《再授连州至衡阳酬柳柳州赠别》，见〔唐〕刘禹锡撰，陶敏、陶红雨校注《刘禹锡全集编年校注》卷四，中华书局2019年版，第373—374页。

③ 〔唐〕柳宗元：《别舍弟宗一》，见《柳宗元集》卷四二，中华书局1979年版，第1173页。

④ 〔唐〕柳宗元：《柳州寄丈人周韶州》，见《柳宗元集》卷四二，中华书局1979年版，第1165—1166页。

⑤ 〔唐〕柳宗元：《得卢衡州书因以诗寄》，见《柳宗元集》卷四二，中华书局1979年版，第1167页。

望故乡。①

林邑山联瘴海秋，牂牁水向郡前流。劳君远问龙城地，正北三千到锦州。②

破额山前碧玉流，骚人遥驻木兰舟。春风无限潇湘意，欲采蘋花不自由。③

这些诗歌既让柳宗元在倾诉之中宣泄了苦闷，排遣了压力，感人肺腑，影响深远，也成了千古流传的佳作。贺裳在谈到韦应物、柳宗元的差异时指出：

宋人又多以韦、柳并称，余细观其诗，亦甚相悬。韦无造作之烦，柳极锻炼之力。韦真有旷达之怀，柳终带排遣之意。诗为心声，自不可强。④

这在一定程度上反映了柳宗元诗歌的特点与其创作动因。在西江流域的流寓生活中柳宗元关心民生疾苦，并因此而操劳过度，此时的他需要排遣内心的忧虑苦闷，故“柳终带排遣之意”。此外，由于这些作品都是写在西江流域柳州的，生动有力地刻画了当地自然风光与风土民情，故而大多能够达到情景交融的绝佳境界。正如明人吴宽指出：“子厚虽在迁谪中，能穷山水之乐。其高趣如此，诗其有不妙者乎？”⑤ 又如清人汪森所说：“柳工于记，而其诗之绝胜者，亦在山水登临之际。”⑥ 柳宗元“能穷山水之乐。其高趣如此”“在山水登临之际”正是他“工于记，而其诗之绝胜”的重要原因。人们在读这些作品，被它们感动之余自然而然就会联想到西江流域的自然风光及诗人生活在其中的思想感情，无形之中就起到了传播

① 〔唐〕柳宗元：《与浩初上人同看山寄京华亲故》，见《柳宗元集》卷四二，中华书局1979年版，第1146页。

② 〔唐〕柳宗元：《柳州寄京中亲故》，见《柳宗元集》卷四二，中华书局1979年版，第1185页。

③ 〔唐〕柳宗元：《酬曹侍御过象县见寄》，见《柳宗元集》卷四二，中华书局1979年版，第1186页。

④ 〔清〕贺裳：《载酒园诗话又编》“韦应物”条，见《清诗话续编》（上），上海古籍出版社1983年版，第336页。

⑤ 〔明〕吴宽：《匏翁家藏集》卷四四《完庵诗集序》，见《四部丛刊》初编本。

⑥ 〔清〕汪森：《韩柳诗选》，见孟二冬选注《韩愈柳宗元诗选》，中华书局2006年版，第15页。

与弘扬西江流域文化的作用。

苏轼在政治才能方面也有过人之处，南宋时人甚至将文采风流的苏轼与出将入相、拯救天下苍生于水火之中的谢东山相提并论：

> 谢太傅东山之志，始末不渝，迫于委寄，怅然自失。李文正公辞荣鼎轴，便欲为洛中九老之会，竟以事夺。苏文忠公亦欲买田阳羡，种橘荆溪，南归及门，赍志以殁。士大夫出为时用，虽致位通显，皆有归营菟裘之心，然系縻于君恩，推荛于私爱，获遂其初志者几人！余蒙同官董椽出示先世所藏《楚颂贴》，三复而有感焉，敬书其末。①

这说明南宋文人主要从人格精神和人生态度方面推崇效法苏轼。

优秀的诗歌是诗人通过语言和意象深刻地表现自我生命体验的载体，读者读诗歌的过程往往也是体会诗人生命体验的过程，是将诗中表现的生命体验与自我的人生体验结合起来的过程。越是与自己人生体验相似的诗歌越能引起读者的同情与共鸣，也越能感动读者，获得他们的欣赏。苏轼晚年迁岭后将陶、柳作为自己的南迁二友，并作了大量的和陶诗，就是因为此时的生命体验使他与陶、柳二人诗文中表达的情感产生了深刻的共鸣，引起了他的感动，故其常读柳集、屡和陶诗，在获得巨大的审美愉悦的同时，也抒发与宣泄了自己的情感，借他人之酒杯浇自己胸中之块垒，借他人之诗句抒自我之情怀。

关于这一点，可以举下例来说明。绍圣二年（1095）九月九日重阳佳节时，苏轼写下了《咏贫士七首》，其诗引曰：

> 余迁惠州一年，衣食渐窘，重九俯迩，樽俎萧然。乃和渊明《贫士》诗七篇，以寄许下、高安、宜兴诸子侄，并令过同作。②

正是在贬谪寓居到岭南一年后，“衣食渐窘，重九伊迩，樽俎萧然”的情况下，苏轼想起了陶渊明的《咏贫士》诗，因而此时的苏轼与安贫乐道、热爱质朴生活的陶渊明《咏贫士》诗中表达的情感产生了深切的共鸣。相

① 〔宋〕庄夏：《跋东坡墨迹》，见〔明〕赵琦美编《赵氏铁网珊瑚》卷三，《四库全书》影印文渊阁本第815册，上海古籍出版社1987年版，第358页。

② 《东坡先生和陶渊明诗》第二卷，见袁行霈《陶渊明集笺注》附录二《和陶诗九种（十家）》，中华书局2003年版，第634页。

似的生命体验，使苏轼成了陶渊明的异代知音，他通过和陶渊明的《咏贫士》诗表达、宣泄了自己此时的情感。陶渊明的《咏贫士》其七写道：

昔有黄子廉，弹冠佐名州。一朝辞吏归，清贫略难俦。年饥感仁妻，泣涕向我流。丈夫虽有志，固为儿女忧。惠孙一晤叹，腆赠竟莫酬。谁云固穷难？邈哉此前修。①

苏轼的《和渊明贫士》诗之七云：

我家六儿子，流落三四州。辛苦见不识，今与农圃俦。买田带修竹，筑室依清流。未能遣一力，分汝薪水忧。坐念北归日，此劳未易酬。我独遗以安，鹿门有前修。②

两首诗的结尾处都提到了"前修"，前代的圣人贤士是他们人生的榜样，榜样的力量是无穷的，正是前修的引导，才使渊明不觉"固穷难"，也正是"鹿门"的"前修"，令此时的苏轼获得了暂时的安宁与超脱。前修为后人建构了一座精神的避难所，为世人建构了一座宁静而祥和的精神家园。

其实，苏轼在政治方面也是很有才能的，他屡被贬谪，在困苦的生活中学习陶渊明，主要学习的是陶渊明的人生态度，而非现实的事功。南宋时就有人认为苏轼只是学习陶渊明旷达的精神，而在从政能力方面苏轼却是超过陶渊明的。费衮在《梁溪漫志》卷四载：

东坡既和渊明诗，以寄颍滨使为之引。颍滨属稿寄坡，自"欲以晚节师范其万一也"其下云："嗟夫！渊明隐居以求志，咏歌以忘老，诚古之达者，而才实拙。若夫子瞻仕至从官，出长八州，事业见于当世，其刚信矣，而岂渊明之拙者哉？孔子曰：'述而不作，信而好古，窃比于我老彭。'古之君子，其取于人则然。"③

① 袁行霈：《陶渊明集笺注》卷四，中华书局2003年版，第377页。

② 《东坡先生和陶渊明诗》第二卷，见袁行霈《陶渊明集笺注》附录二《和陶诗九种（十家）》，中华书局2003年版，第635页。

③ 〔宋〕费衮：《梁溪漫志》卷四，见《宋元笔记小说大观》第3册，上海古籍出版社2001年版，第3377页。

在费衮看来，陶渊明“才实拙”，他的政治才干是比不上苏轼的。苏轼“仕至从官，出长八州，事业见于当世”，有很强的政治才干。而苏轼自己却有他佩服陶渊明的深刻历史动因，据苏辙撰写的《子瞻和陶渊明诗集引》载：

> 东坡先生谪居儋耳，置家罗浮之下，独与幼子过负担渡海。葺茅竹而居之，日啖薯芋，而华屋玉食之念不存于胸中。平生无所嗜好，以图史为园囿，文章为鼓吹，至此亦皆罢去。独喜为诗，精深华妙，不见老人衰惫之气。
>
> 是时，辙亦迁海康，书来告曰：“古之诗人有拟古之作矣，未有追和古人者也。追和古人，则始于东坡。吾于诗人无所甚好，独好渊明之诗。渊明作诗不多，然其诗质而实绮，癯而实腴。自曹、刘、鲍、谢、李、杜诸人皆莫及也。吾前后和其诗凡百数十篇，至其得意，自谓不甚愧渊明。今将集而并录之，以遗后之君子，子为我志之。然吾于渊明，岂独好其诗也哉？如其为人，实有感焉。渊明临终，疏告俨等：‘吾少而穷苦，每以家贫，东西游走。性刚才拙，与物多忤，自量为己必贻俗患，黾俛辞世，使汝等幼而饥寒。’渊明此语，盖实录也。吾今真有此病而不早自知，半生出仕，以犯世患，此所以深服渊明，欲以晚节师范其万一也。”
>
> 嗟夫！渊明不肯为五斗米一束带见乡里小人，而子瞻出仕三十余年，为狱吏所折困，终不能悛，以陷于大难，乃欲以桑榆之末景，自托于渊明，其谁肯信之？虽然，子瞻之仕，其出入进退，犹可考也。后之君子其必有以处之矣。①

把自己当成珍珠就会有被埋没的痛苦，把自己当成泥土，当作一颗铺路的小石子，自然就能入乡随俗，随遇而安了。苏轼在寓居岭南的生活中之所以能够保持一颗平常心，跟他谦和自适、热爱生活的文化性格有非常密切的关系。在流寓到岭南的贬谪生活环境中苏轼“于诗人无所甚好，独好渊明之诗”，把陶渊明当作了自己做人与做文章的高标典范。

---

①〔宋〕苏辙：《栾城后集》卷二一《子瞻和陶渊明诗集引》，见陈宏天、高秀芳点校《苏辙集》第3册，中华书局2017年版，第1110—1111页。

第二节　苏轼迁岭的典范作用

苏轼的人格充满魅力，这使得西江流域的文人学士、平民百姓都愿意与他交往，有时甚至不惜冒着得罪朝廷的风险。绍圣元年（1094），在苏轼谪居惠州时，苍梧太守李安正受代还漳江，枉道访苏轼父子于惠州。苏过《书漳南李安正防御碑阴》特别提及此事，其中有生动感人的记述：

> 绍圣初，先君子谪罗浮，是时法令峻急，州县望风指，不敢与迁客游。一夕，苍梧太守李公安正引车骑扣门，请交于衡门之下。先君子初不识面也，慨然论世间事，商略古今人物，下至医卜技艺，皆出人意表。先君惊喜，以相见为晚。而公冒犯简书之畏，卒留十日而后行。①

在《跋李防御遗文》中，苏过还记得："防御公以儒者尉南海，设方略破剧贼，进秩至苍梧太守，知名南服，受代还漳江，过罗浮，为先君留十日。饮酒论道，商略古今，自恨相见之晚。过方侍行，具见其事。"② 又如巢谷（1027—1099）也是值得一提的人物，他比苏轼大十岁左右，也是四川眉山人，在苏辙、苏轼谪居岭南时，巢谷徒步往访。元符二年（1099）巢谷到循州见到了苏辙，不顾苏辙的阻止，要渡海去见苏轼，结果在七月十五日（丙辰）死于西江流域的新州。这件感人肺腑的事迹，被苏辙记载在《巢谷传》一文中③。这样慷慨豪迈、仗义轻生的侠义之士在西江流域文化史上应当留下厚重的一笔。

还有苏轼好友兼门人参寥也因与苏轼结交而遭遇贬谪，楼钥《跋参寥诗》中记载：

> 参寥以东坡门人得罪。黄师是坡之姻家，时为京东漕使。坡与之

① 〔宋〕苏过：《书漳南李安正防御碑阴》，见《斜川集》卷九，巴蜀书社1996年版，第670—671页。

② 〔宋〕苏过：《跋李防御遗文》，见《斜川集》卷九，巴蜀书社1996年版，第669页。

③ 参见〔宋〕苏辙《栾城后集》卷二四《巢谷传》，见陈宏天、高秀芳点校《苏辙集》第3册，中华书局2017年版，第1139—1140页。

书曰："参寥以某故窜兖州，望为之地。"①

由此可见，苏轼寓居岭南时不仅与西江流域地方官员保持友好的关系，也能关照远在兖州编管的门人。那些才高学大的苏门学士因苏轼而遭受贬谪，却对他毫无怨言，反而在贬谪之所与他书信往来，相从甚密。朱弁《曲洧旧闻》卷五记载：

东坡尝语子过曰："秦少游、张文潜才识学问，为当世第一，无能优劣二人者。少游下笔精悍，心所默识，而口不能传者，能以笔传之。然而气韵雄拔，疏通秀朗，当推文潜。二人皆辱与予游，同升而并黜。有自雷州来者，递至少游所惠书诗累幅，近居蛮夷得此，如在齐闻《韶》也，汝可记之，勿忘吾言。"②

正是苏轼出众的才华、高洁的人品与独具魅力的人格个性吸引了广大文人学士与普通百姓与他密切交往。

苏轼在海南与春梦婆的故事也向来为人所津津乐道。据赵令畤《侯鲭录》卷七载：

东坡老人在昌化，尝负大瓢行歌于田间，有老妇年七十，谓坡云："内翰昔日富贵，一场春梦。"坡然之，里人呼此媪为春梦婆。坡被酒独行，遍至子云诸黎之舍，作诗云："符老风情老奈何，朱颜减尽鬓丝多。投梭每困东邻女，换扇唯逢春梦婆。"是日，老符秀才言换扇事。③

"特别值得注意的是，赵令畤曾经和苏轼一起共事，关系密切，书中以亲身经历所记东坡言行风采，真实可信，是研究苏轼诗歌创作、思想生活的

① 〔宋〕楼钥：《攻媿集》卷七二，见《四库全书》影印文渊阁本第 1153 册，上海古籍出版社 1987 年版，第 180 页。

② 〔宋〕朱弁撰、王根林校点：《曲洧旧闻》卷五，见《宋元笔记小说大观》第 3 册，上海古籍出版社 2001 年版，第 2992 页。

③ 〔宋〕赵令畤撰、傅成校点：《侯鲭录》卷七，见《宋元笔记小说大观》第 2 册，上海古籍出版社 2001 年版，第 2091 页。

可贵材料。”[①] 赵令畤的这段记载在苏轼的诗歌中得到了印证。苏轼在《被酒独行，遍至子云、威、徽、先觉四黎之舍三首》其三中将春梦婆写入诗中：“符老风情奈老何，朱颜减尽鬓丝多。投梭每困东邻女，换扇惟逢春梦婆”[②]，由此可见苏轼对人生的理解。王水照由苏轼诗词中喜欢用“人生如梦”一语，来探究苏轼对人生空幻之感的体悟，指出：“挫折和困境固然无情地揭开了人生的帷幕，认识到主体以外存在的可怕和威胁，加深了对人生苦难和虚幻的感受，但是，背负的传统儒家的淑世精神又使他不会陷入彻底的享乐主义和混世、厌世主义，而仍然坚持对美好生活的追求和信念。”[③] 这与“爱好人生者”陶渊明的文化性格与人生思考显然是一脉相承的。

爱好人生、热爱生活是一切伟大作家共有的特征，苏轼在这一方面表现得特别突出。叶梦得在《避暑录话》卷二记载了一则苏轼造墨的趣事，据此苏轼的文化性格可见一斑：

> 宣和初，有潘衡者卖墨江西，自言尝为子瞻造墨海上，得其秘法，故人争趋之。余在许昌见子瞻诸子，因问其季子过，求其法。过大笑曰：“先人安有法？在儋耳无聊，衡适来见，因使之别室为煤。中夜遗火，几焚庐。翌日，煨烬中得煤数两，而无胶法。取牛皮胶以意自和之，不能挺，磊块仅如指者数十。”公亦绝倒，衡因谢去。盖后别自得法，借子瞻以行也。天下事名实相蒙类如此，子瞻乃以善墨闻耶。衡今在钱塘竟以子瞻故，售墨价数倍于前。然衡墨自佳，亦由墨以得名。[④]

“在儋耳无聊”时，苏轼尚能从容与客开玩笑，寻得生活的一丝乐趣，从而排解了贬谪生活的苦闷。名流效应对商机的作用由此而跃然纸上，苏轼之贡献与影响可以说无远弗届，无处不在。由此趣事，我们可以深刻感受

① 〔宋〕赵令畤撰、傅成校点：《侯鲭录》校点说明，见《宋元笔记小说大观》第2册，上海古籍出版社2001年版，第2027页。

② 〔清〕王文诰辑注、孔凡礼点校：《苏轼诗集》卷四二，中华书局1982年版，第2322—2323页。

③ 王水照：《苏轼的人生思考和文化性格》，见《苏轼研究》，河北教育出版社1999年版，第81页。

④ 〔宋〕叶梦得撰、徐时仪校点：《避暑录话》卷二，见《宋元笔记小说大观》第3册，上海古籍出版社2001年版，第2606页。

到苏轼的人格魅力。

“宋人骑两头马，欲博忠直之名，又畏祸及，多作影子语巧相弹射，然以此受祸者不少。既示人以可疑之端，则虽无所诽诮，亦可加以罗织。观苏子瞻‘乌台诗案’，其远谪穷荒，诚自取之矣。”[①] 苏轼作诗文议论新法而遭受牢狱之灾，远谪穷荒之地，是否咎由自取，这是一个值得深入研究的课题。朱刚就此问题有详细分析，他说：“就此案的发生来说，还有环境方面的原因，即熙宁和元丰这两个时期言论环境的变化。”[②] 接着，朱先生从“关于‘新法’的争议和苏轼的态度”“从熙宁到元丰”“‘乌台诗案’的记录”“‘乌台诗案’的审判”“‘乌台诗案’的结果”“特别的‘诗话’”等六个方面对“乌台诗案”的来龙去脉进行了详尽的分析解读[③]，给我们以很大的启发，从中可以看出当时政治斗争的波谲云诡、风波险恶，而北宋中后期士大夫的命运也随之浮沉起伏，深刻影响到他们的人生思考与文化性格的形成与演变。

尤其到了北宋后期，在激烈党争中，新党章惇、蔡卞为了打击政敌、罗织罪名，欲将对方置于死地而后快，结果“梁焘卒于化州，刘挚卒于新州，众皆疑二人不得其死”。宋哲宗道：

> 挚等已谪遐方，朕遵祖宗遗志，未尝杀戮大臣，其释勿治。[④]

当时被贬谪流放岭南是对文人士大夫最大的惩罚，对这些被流放岭南的文士来说，除了物质条件的贫乏，还有精神上的屈辱、苦闷、折磨。这些逐臣迁客对悲剧性生命体验的超脱及他们对心灵苦闷超脱的方法值得我们注意。

“幸有山林云水”[⑤]，美好的自然山水是人类心灵的避难所。岭南风物大量进入文学作品，主要是从宋代开始的。宋代有“不得杀士大夫及上书言事人”[⑥] 的祖宗家法，但两宋党争激烈，欲致政敌于死地而后快，北宋

---

① 《姜斋诗话》卷下，见〔清〕王夫之《清诗话》，上海古籍出版社 1978 年版，第 18 页。

② 朱刚：《苏轼十讲》第三讲《乌台诗案》，上海三联书店 2019 年版，第 69 页。

③ 朱刚：《苏轼十讲》第三讲《乌台诗案》，上海三联书店 2019 年版，第 70—115 页。

④ 〔元〕脱脱：《宋史》卷二〇〇《刑法志》，第 15 册，中华书局 2011 年版，第 5000 页。

⑤ 〔宋〕李纲：《水调歌头·似之、申伯、叔阳皆作，再次前韵》，见唐圭璋编纂、王仲闻参订、孔凡礼补辑《全宋词》，中华书局 1999 年版，第 1170 页。

⑥ 〔宋〕陆游：《避暑漫抄》，见钱仲联、马亚中主编《陆游全集校注》，浙江教育出版社 2011 年版，第 13 册，第 122 页。

时新党竭尽全力尽杀元祐流人的做法，是当时残酷政治斗争的集中体现。这使得两宋时期朝廷对士大夫进行了最严酷的惩处，将逐臣流放到当时尚属南荒之地的岭南地区，“赦尔万死，窜之遐陬”[①]，“子瞻谪岭南，时宰欲杀之”[②]。时宰欲杀苏轼的方式，就是将他贬谪流放到更加蛮荒偏远之地的海南，这在某种程度上造就了描绘岭南风物文学作品的繁荣。

迁岭文人超脱苦难的重要方式之一是在流寓迁徙之地的自然风物中去寻找精神的避难所。苏轼、黄庭坚、秦观等元祐党人都在北宋激烈的党争中被远谪到当时穷荒之地的岭南，他们也都有表现岭南山水风物的诗歌，下列作品在迁岭文人中就颇有典范性：

> 玉骨那愁瘴雾，冰姿自有仙风。[③]
>
> 霹雳收威暮雨开，独凭阑槛倚崔嵬。垂天雌霓云端下，快意雄风海上来。野老已歌丰岁语，除书欲放逐臣回。残年饱饭东坡老，一壑能专万事灰。[④]
>
> 罗浮山下四时春，卢橘杨梅次第新。日啖荔支三百颗，不辞长作岭南人。[⑤]
>
> 文殊堂下松，永日如鸣琴。我登双松堂，时步双松阴。中有寂寞人，安禅无古今。[⑥]
>
> 弱孤未堪事，返骨定何时？修途缭山海……岁晚瘴江急，鸟兽鸣声悲。空蒙寒雨零，惨淡阴风吹。[⑦]

① 〔宋〕朱彧：《萍州可谈》卷一，见《全宋笔记》第二编（六），大象出版社2006年版，第138页。

② 〔宋〕黄庭坚：《跋子瞻和陶诗》，《正集》卷三，见〔宋〕黄庭坚著，刘琳、李勇先、王蓉贵点校《黄庭坚全集》，中华书局2021年版，第70页。

③ 〔宋〕苏轼：《西江月·梅花》，见唐圭璋编纂、王仲闻参订、孔凡礼补辑《全宋词》，中华书局1999年版，第367页。

④ 〔宋〕苏轼：《儋耳》，见〔清〕王文诰辑注、孔凡礼点校《苏轼诗集》卷四三，中华书局1982年版，第2363页。

⑤ 〔宋〕苏轼：《食荔支二首》其二，见〔清〕王文诰辑注、孔凡礼点校《苏轼诗集》卷四〇，中华书局1982年版，第2194页。

⑥ 〔宋〕黄庭坚：《双松堂》，见〔清〕汪森《粤西诗载》卷二，《四库全书》影印文渊阁本第1465册，上海古籍出版社1987年版，第11页。

⑦ 〔宋〕秦观：《自作挽词》，见〔宋〕秦观撰、徐培均笺注《淮海集笺注》（修订本）卷四〇，上海古籍出版社2023年版，第1513页。

鱼稻有如淮右，溪山宛类江南。自是迁臣多病，非干此地烟岚。①

心态的不同，导致每个人的命运也不一样，性格决定命运、态度决定高度。秦观在自己的诗词创作中尽情地揭示出了生活的苦难，却没有找到精神解脱的方法。黄庭坚不但体验到了生活的苦闷与不幸，而且还能从苦闷不幸中超脱出来，故能保持乐观旷达的襟怀。黄庭坚遭受贬谪时坦夷不惊、泰然自若的风神气度在《豫章先生传》中也有生动、细致的记叙：

命下，左右或泣，公色自若，投床大鼾，即日上道，君子是以知公不以得丧休戚芥蒂其中也。②

与黄庭坚形成鲜明对比的是秦观。秦观的“钟情”“凄怆”之情大多表现在他的词作中，这首《江城子》就比较典型地反映了秦观悲观愁苦的文化性格。词云：

西城杨柳弄春柔。动离忧。泪难收。犹记多情，曾为系归舟。碧野朱桥当日事，人不见，水空流。　　韶华不为少年留。恨悠悠。几时休。飞絮落花时候一登楼。便做春江都是泪，流不尽，许多愁。③

这首词作于绍圣元年（1094）④，反映了秦观遭受贬谪时的文化性格与人生思考。他思考的结果就是人生充满了愁苦，无法解脱。

苦难，是人生的试金石。秦观与黄庭坚虽然都是元祐党人，但他们面对人生苦难采取的态度却是不一样的，自然风物在北宋贬谪流寓文人心里产生的反应也是不一样的。据释惠洪《冷斋夜话》记载：

少游谪雷，凄怆，有诗曰：“南土四时都热，愁人日夜俱长。安得此身如石，一时忘了家乡。”鲁直谪宜，殊坦夷，作诗曰：“老色日

① 〔宋〕秦观《宁浦书事六首》其二，见〔宋〕秦观撰、徐培均笺注《淮海集笺注》（修订本）卷一一，上海古籍出版社2023年版，第569页。

② 〔明〕嘉靖宁州祠堂本《山谷全书》附佚名作《豫章先生传》，见刘琳、李勇先、王蓉贵点校《黄庭坚全集》附录一《传记》，中华书局2021年版，第2166页。

③ 唐圭璋编纂、王仲闻参订、孔凡礼补辑：《全宋词》，中华书局1999年版，第590页。

④ 参见〔宋〕秦观著、徐培均笺注《淮海居士长短句笺注》，上海古籍出版社2008年版，第64页。

上面，欢情日去心。今既不如昔，后当不如今。”“轻纱一幅巾，短簟六尺床。无客日自静，有风终夕凉。”少游情钟，故其诗酸楚；鲁直学道休歇，故其诗闲暇。至于东坡，《南中》诗曰：“平生万事足，所欠唯一死。”则英特迈往之气，不受梦幻折困，可畏而仰哉。①

秦少游钟情，有时有点想不开，觉得人生苦海无边、了无生趣。其诗酸楚的代表作还有《自作挽词》，正如秦观在《自作挽词》的小序中所说：“昔鲍照、陶潜自作哀挽，其词哀。读予此章，乃知前作之未哀也。”② 陶渊明的《拟挽歌辞》表达了自己对人生、宇宙、社会的深刻哲理思考，并从中获得了精神的解脱。

秦观在《自作挽词》中不求解脱，只是一味地宣泄内心的苦闷与哀伤。宋人胡仔已看出这一点，指出：

渊明自作《挽辞》，秦太虚亦效之。余谓渊明之辞了达，太虚之辞哀怨。渊明三首，今录其一，云：“有生必有死，早终非命促。昨暮同为人，今旦在鬼录。魂气散何之？枯形寄空木。娇儿索父啼，良友抚我哭。得失不复知，是非安能觉？千秋万岁后，谁知荣与辱？但恨在世时，饮酒不得足。”太虚云（略）东坡谓太虚“齐死生，了物我，戏出此语”，其言过矣。此言唯渊明可以当之。若太虚者，情钟世味，意恋生理，一经迁谪，不能自释，遂挟忿而作此辞。岂真若是乎？③

刘克庄指出：

少游在藤自作《挽歌》之属，比谷尤悲哀。惟坡公海外笔力益老健宏放，无忧患迁谪之态，黄、秦皆不能及，李文饶亦不能及。④

① 〔宋〕释惠洪：《冷斋夜话》卷三“少游鲁直被谪作诗”条，见张伯伟编校《稀见本宋人诗话四种》，江苏古籍出版社 2002 年版，第 34 页。

② 〔宋〕秦观撰、徐培均笺注：《淮海集笺注》卷四〇，上海古籍出版社 1994 年版，第 1323 页。

③ 〔宋〕胡仔《苕溪渔隐丛话》后集卷三，见〔宋〕秦观撰、徐培均笺注《淮海集笺注》卷四〇，上海古籍出版社 1994 年版，第 1325—1326 页。

④ 《后村诗话》后集卷一，见〔宋〕刘克庄著、辛更儒笺校《刘克庄集笺校》卷一七五，第 14 册，中华书局 2011 年版，第 6772 页。

苏轼是真能体会陶渊明诗的真意的，故苏轼诗词文的创作皆能表达其旷达的襟怀，其和陶诗也最能把握陶渊明的人格精神与文化性格，体现出深邃精微的人生思考与积极乐观的精神风貌，虽有愁思却不减其对生活的热爱、对理想的执着追求、对他人的关心与同情，这种民胞物与的精神与乐观旷达的襟怀融合在一起就成了苏轼学陶和陶的典型风貌。

同样遭受贬谪，文人的文化性格与人生思考却有差别。秦少游钟情、悲苦沉重，黄庭坚"休歇""坦夷"，苏轼"英特迈往之气，不受梦幻折困"的文化性格，反映了元祐文人面对贬谪命运时不同的人生思考，是三种典型的贬谪心态类型。元祐文人的文化性格与人生思考对随后迁至岭南的文人产生了深远的影响。

（一）"南迁二友"——苏轼心灵解脱模式初探

宋室南渡之初号称"中兴"，绍兴元年辛亥（1131）八月十六日（庚辰），苏轼特赠资政殿学士、朝奉大夫①，苏轼的地位得以重新确立，朝野上下普遍推尊苏轼。苏轼文学作品中所具有的人生意蕴深刻影响到寓居在西江流域的迁岭文人，是他们取之不尽、用之不竭的宝贵精神财富。尤其是苏轼作品中表现出来的那种面对艰难困苦生活的洒脱与尊严更令南宋迁岭文人受到感动。

宋哲宗绍圣四年（1097）的四月，苏轼已经六十二岁了，再次遭贬，贬到琼州（今海南海口）别驾昌化军安置，不得签书公事。苏辙于绍圣四年（1097）丁丑癸未（二月二十八日）由筠州贬为化州别驾，雷州（今广东海康）安置②。苏轼一贬黄州，再贬惠州，三贬儋州。苏轼贬谪儋州时，他取道广西经雷州半岛再前往海南，在这途中，他沿着西江流域一路南行，与西江流域结下了不解之缘。苏辙也曾漂泊流寓到西江流域的端州、康州等地，据苏轼《与王敏仲十八首》其十七记载：

> 又有少恳，见人说舍弟赴容州，路自英、昭间，舟行由端、康等州而往，公能与监司诸公言，辍一舟与之否？今又有一家书，欲告差人，赍往岭上与之。罪大罚轻，数年行遣不已，屡当患祸，老矣，何以堪此。③

---

① ［宋］李心传：《建炎以来系年要录》卷四六，中华书局1988年版，第833页。

② ［元］脱脱：《宋史》卷一八《哲宗本纪》二，第2册，中华书局2011年版，第346页。

③ 孔凡礼点校：《苏轼文集》卷五六，中华书局1986年版，第1696页。

苏轼贬谪寓居到岭南的日子里，最让他牵挂的莫过于胞弟苏辙了，在与朋友的书信中他也请托朋友在方便时关照一下他的弟弟。

苏氏兄弟在西江流域有一次令后世文人无限唏嘘感叹的会面。当苏轼前往海南时，他兴冲冲地特别赶往西江流域的广西梧州，因为苏辙此时也被贬往雷州，苏轼以为他的弟弟这时已谪居到了梧州，可是等他到了梧州时，苏辙已经离开了，他根据当地人的指引急忙追赶。五月十一日，苏轼终于在西江流域的藤县与其弟苏辙会面。此时的苏轼激动万分，他把自己在广西梧州写好的诗词给苏辙，与他共饮生活的这杯苦酒，分担生活的这份苦难，体现了北宋流寓岭南文人的雅量高致与艺术才华。苏轼前往海南时途经西江流域的梧州，当时那里叫“苍梧”，苏轼有许多首诗提及西江流域的苍梧，如此诗《吾谪海南，子由雷州，被命即行，了不相知，至梧乃闻其尚在藤也，旦夕当追及，作此诗示之》，这首诗生动感人地表达了苏轼晚年在西江流域与弟相会时的喜悦之情、对前途的苍茫之感及勉励兄弟放开怀抱、昂然面对人生苦难的旷达心胸，可谓是人诗俱老的佳作。诗云：

> 九疑连绵属衡湘，苍梧独在天一方。孤城吹角烟树里，落日未落江茫茫。幽人拊枕坐叹息，我行忽至舜所藏。江边父老能说子，白须红颊如君长。莫嫌琼雷隔云海，圣恩尚许遥相望。平生学道真实意，岂与穷达俱存亡。天其以我为箕子，要使此意留要荒。他年谁作舆地志，海南万里真吾乡。①

诗中“落日未落江茫茫”中的“江”就是西江，苏轼由眼前景引发出心中的无限感慨。苏轼、苏辙在西江流域相聚了一个多月，那里留下了他们深深的足迹。除此以外，苏轼题咏西江流域苍梧的诗歌还有“郁郁苍梧海上山，蓬莱万丈有无间”，他还自注道：“郁洲山自苍梧浮来”。而苏轼在西江流域留下的这些动人诗句，他坎坷的人生遭遇及其面对人生风雨、宦海风波表现出来的旷达洒脱的文化性格与人生态度也被记载在西江流域的

① 〔宋〕苏轼：《吾谪海南，子由雷州，被命即行，了不相知，至梧乃闻其尚在藤也，旦夕当追及，作此诗示之》，见〔清〕王文诰辑注、孔凡礼点校《苏轼诗集》卷四一，中华书局 1982 年版，第 2243—2245 页。

“舆地志”中了[1]，成为西江流域社会变迁与文化发展的见证及重要组成部分。尤其令人感叹唏嘘的是，这次相聚是苏轼、苏辙人生中最后一次在一起的机会。绍圣四年（1097）六月十一日，兄弟俩在雷州告别，七月二日，苏轼到达海南昌化，从此两人分开，睽隔如商参，四年后苏轼去世，幽明异路、天人永隔。

苏轼、苏辙兄弟在西江流域的生活虽然短暂，却意义深远。他们在此互相交流学问，探讨人生，苏辙跋《道德经》写道：

> 予昔南迁海康，与子瞻邂逅于藤州，相从十余日，语及平生旧学，子瞻谓予：“子所作《诗传》《春秋传》《古史》三书，皆古人所未至。惟解《老子》，差若不及。”予至海康，闲居无事，凡所为书，多所更定。乃再录《老子》书以寄子瞻。[2]

在《和子瞻读道藏》中，苏辙写道：

> 道书世多有，吾读老与庄。老庄已云多，何况其骈傍。所读嗟甚少，所得半已强。有言至无言，既得旋自忘。譬如饮醇酒，已醉安用浆。昔者惠子死，庄子哭自伤。微言不复知，言之使谁听？哭已辄复笑，不如敛此藏。脂牛杂肥羚，烹熟有不尝。安得西飞鸿，送弟以与兄。[3]

由此可见苏轼兄弟对学问的态度，虽处逆境之中仍好学不倦，孜孜以求，努力提高自己的学问修养与人格境界。

他们在西江流域留下的逸闻佚事为后人传说，名篇佳作被后人传诵。陆游记载了苏轼、苏辙兄弟在西江流域相遇时的一则趣事：

> 吕周辅言：东坡先生与黄门公（苏辙）南迁，相遇于梧、藤间，道旁有鬻汤饼者，共买食之。粗恶不可食，黄门置箸而叹，东坡已尽之矣。徐谓黄门曰：“九三郎，尔尚欲咀嚼耶？”大笑而起。秦少游闻

① 参见〔宋〕祝穆撰、〔宋〕祝洙增订、施和金点校《方舆胜览》卷四〇“广西路·梧州”条，中华书局2003年版，第727—728页。

② 〔明〕刊《颍滨先生道德经解》卷末。

③ 陈宏天、高秀芳点校：《苏辙集》卷二，中华书局2017年版，第35页。

之曰："此先生饮酒，但饮湿法已。"①

这则小事，颇能反映苏轼寓居西江流域时的文化性格与人生态度。面对生活的这杯苦酒，苏轼一饮而尽，超越苦难，而不怨天尤人，不"咀嚼"生活的苦难，对陶诗"纵浪大化中，不喜亦不惧。应尽便须尽，无复独多虑"② 的生活态度心领神会，与陶渊明所说的"悟已往之不谏，知来者之可追"③ 若合符契。这是苏轼度过逆境、活得洒脱旷达并取得多方面成就的重要原因。

苏轼从惠州流寓到海南昌化军，后来又从廉州北返中原，都是沿着西江一带奔波的。西江流域是苏轼贬谪流寓到海南及后来遇赦北归所经之地，他在这里留下了他饱经沧桑的足迹与优美动人的诗句，这都成为他在西江流域留下的宝贵精神财富。清人汪森在《粤西诗载》卷二中收录了苏轼在西江流域所作的《藤州江上夜起对月赠邵道士》，很能反映苏轼流寓到西江流域时的人生态度与人格个性：

江月照我心，江水洗我肝。端如径寸珠，堕此白玉盘。我心本如此，月满江不湍。起舞者谁与？莫作三人看。峤南瘴疠地，有此江月寒。乃知天壤间，何人不清安。床头有白酒，盎若白露漙。独醉还独醒，夜气清漫漫。仍呼邵道士，取琴月下弹。相将乘一叶，夜下苍梧滩。④

此诗中苏轼反复提及的"江月"，是他在西江流域看到的月亮，引发了他对人生的咏叹及对自己命运的思考。西江上的月照着苏轼的心，西江水洗着苏轼的肝，可以看出当时西江水的清澈，"端如径寸珠，堕此白玉盘"一句化用了李白的诗句"小时不识月，呼作白玉盘。又疑瑶台镜，飞在青云端"，"起舞者谁与？莫作三人看"也化用了李白《月下独酌》中的名

① 〔宋〕陆游撰、高克勤校点：《老学庵笔记》卷一，见《宋元笔记小说大观》第4册，上海古籍出版社2001年版，第3459页。

② 〔晋〕陶渊明：《形影神·神释》，见袁行霈《陶渊明集笺注》，中华书局2003年版，第67页。

③ 〔晋〕陶渊明《归去来兮辞》，见袁行霈《陶渊明集笺注》，中华书局2003年版，第460页。

④ 〔宋〕苏轼：《藤州江上夜起对月赠邵道士》，见〔清〕王文诰辑注、孔凡礼点校《苏轼诗集》卷四四，中华书局1982年版，第2386页。

句“举杯邀明月，对影成三人”。贬谪流寓到西江流域的苏轼时时想到李白，既是因为他们都是蜀地人，远离了故乡，饱受羁旅漂泊之苦，同时，也可以说，此时的苏轼从前人李白的诗句中找到了抒发自我感情的媒介，借他人之酒杯浇自己胸中之块垒，借他人之诗句抒自我之情怀。“峤南瘴毒地，有此江月寒。乃知天壤间，何人不清安”两句借景抒情，借景悟道，表现了“此心安处是吾乡”的深刻人生哲理，西江上的水，西江上的明月、清风，西江上的美酒与友情，抚慰了迁谪流寓文人感伤的心灵，让他们在此地获得了片刻的安宁与欣喜。

南宋时五羊人王宗稷自叙“绍兴庚申随外祖守黄州，到郡首访苏轼遗迹，甲子一周矣。思诸家诗文皆有年谱，独此尚阙，谨编次先生出处大略，叙其岁月先后为年谱”[1]，他十分看重苏轼在西江流域所作的这首《藤州江上夜起对月赠邵道士》，在自己所编撰的《东坡先生年谱》“绍圣四年丁丑”条下特别记载：

> 又至梧州《寄子由诗》序云：“吾谪雷，被命即行，了不相知。至梧乃闻其尚在藤也，旦夕当追及。”至五月间，果遇子由于藤州。有《藤州城下夜起望月寄邵道士》诗。自藤出陆，六月与子由相别。按，先生《和渊明移居诗序》云：“丁丑岁，余谪海南，子由亦谪雷州。五月十一，相遇于藤，同行至雷。六月十一日，相别渡海。”[2]

可见后来迁岭文人对苏轼的崇敬与重视并不是没有原因的。

人是脆弱的，也是孤独的。人之脆弱的表现之一就是：人大多害怕孤独。人在陷入困境的时候尤其害怕孤独，这就需要寻找到精神支柱，支撑他们的所作所为，陪伴他们度过人生的困境，消解精神上的苦闷孤独。所以，迁岭文人在迁居岭南的孤独生活中尤其需要寻找到精神上的良伴、知音，支持者，如果在现实生活中无法找到心心相印的知己，他们则会尚友古人，在古代的往圣先贤中寻找精神上的良伴、知音、支持者，寻找自己行为上的相似者，为自己的所作所为找到一个合理的解释，从而能够让自己承担生活的苦难，获得精神的解脱。与圣贤为友，迁岭文人大多在前代

---

① 〔清〕永瑢等：《四库全书总目》卷五九《东坡年谱提要》，中华书局1965年版，第536页。

② 〔宋〕王宗稷编撰、王水照点校：《东坡先生年谱》，见王水照《宋人所撰三苏年谱汇刊》，中华书局2015年版，第126—127页。

的圣贤中寻找解脱心灵苦闷的良方。苏辙非常了解这一点，他在《子瞻和陶渊明诗集引》中有这样的记叙：

辙少而无师，子瞻既冠而学成，先君命辙师焉。子瞻尝称辙诗有古人之风，自以为不若也。然自其斥居东坡，其学日进，沛然如川之方至。其诗比杜子美、李太白为有余，遂与渊明比。辙虽驰骤从之，常出其后，其和渊明，辙继之者，亦一二焉。绍圣四年十二月一十九日海康城南东斋引。①

苏轼认为自己和陶渊明一样具有“性刚才拙”的特点，而苏辙认为“子瞻出仕三十余年”所取得的政绩也是陶渊明比不上的，很明显，苏轼的话是谦虚之辞，而苏辙却陈述了一个客观事实。苏轼只是想在人生态度和处世方式上向陶渊明学习，在现实的事功上可以说已经远远超过了陶渊明。

正是在文化性格与人生思考方面，苏轼、苏辙兄弟对陶渊明怀有崇敬与向往之情，他们才屡和陶诗，进而学习陶渊明的处世方式与人生态度。苏辙在《和子瞻归去来词并引》中亦载：

昔予谪居海康。子瞻自海南以《和渊明归去来》之篇要予同作。时予方再迁龙川，未暇也。辛巳岁，予既还颍川，子瞻渡海浮江至淮南而病，遂没于晋陵。是岁十月，理家中旧书，复得此篇，乃泣而和之。盖渊明之放与子瞻之辩，予皆莫及也。示不逆其遗意焉耳。②

且看苏轼自道其在海南生活时尚友古人陶渊明、柳宗元的情形：

流转海外，如逃空谷，既无与晤语者，又书籍举无有，惟陶渊明一集，柳子厚诗文数策，常置左右，目为二友。③

---

① 《栾城后集》卷二一《子瞻和陶渊明诗集引》，见陈宏天、高秀芳点校《苏辙集》第3册，中华书局1990年版，第1111页。

② 《栾城后集》卷五，见陈宏天、高秀芳点校《苏辙集》第3册，中华书局1990年版，第942页。

③ 孔凡礼点校：《苏轼文集》卷五五《与程全父十二首》（十一），中华书局1986年版，第1627页。

随行有《陶渊明集》，陶写伊郁，正赖此尔。①

半生出仕，以犯世患，此所以深服渊明，欲以晚节师范其万一也。②

元符己卯闰九月，琼守姜君来儋耳，日与予相从。庚辰三月乃归。无以赠行，书柳子厚《饮酒》《读书》二诗，以见别意。子归，吾无以遣日，独此二事，日相与往还耳。③

丁丑岁，予谪海南，子由亦贬雷州。五月十一日，相遇于藤，同行至雷。六月十一日，相别，渡海。余时病痔呻吟，子由亦终夕不寐。因诵渊明诗，劝余止酒。乃和原韵，因以赠别，庶几真止矣。④

陆游对此心领神会，特别在自己所作的笔记中记载道：

东坡在岭海间，最喜读陶渊明、柳子厚二集，谓之"南迁二友"。⑤

有了陶渊明的诗歌陪伴，苏轼就可以坦然面对人生的风雨甚至身体的疾病，据《东坡纪年录》"绍圣四年丁丑·先生六十二岁"条记载：

《吾谪海南，子由雷州，被命即行，了不相知，至梧闻其尚在藤，旦夕当追及，作诗示之》。五月十一日，与子由相遇于藤，同行至雷，作《雷州》诗。六月十一日，与子由相别渡海，和渊明《止酒》诗。行琼儋间，坐睡，梦中得句，作诗。过海，得迈书酒，作诗。七月，至儋州，作《儋耳》诗。十三日，作《夜梦》诗，叙云："至儋十余日矣。"初僦官舍居之，有司犹谓不可。买地筑室三间于城之南，士

---

① 孔凡礼点校：《苏轼文集》卷五五《与程全父十二首》（十），中华书局1986年版，第1626页。

② 〔宋〕苏辙：《子瞻和陶渊明诗集引》，见陈宏天、高秀芳点校《苏辙集》第3册，中华书局1990年版，第1110页。

③ 〔宋〕苏轼：《东坡志林》卷一《别姜君》，中华书局1981年版，第23页。

④〔宋〕苏轼：《和陶止酒并引》，见〔清〕王文诰辑注、孔凡礼点校《苏轼诗集》卷四一，中华书局1982年版，第2245页。

⑤〔宋〕陆游撰、高克勤校点：《老学庵笔记》卷九，见《宋元笔记小说大观》第4册，上海古籍出版社2001年版，第3537页。

人畚土运甓助之，饮咸食腥，陵暴飓雾，人不堪其忧，公恬然著书为乐。①

在《书柳子厚诗后》，苏轼还特别以柳子厚《饮酒》《读书》诗赠行：

无以赠行，书柳子厚《饮酒》《读书》二诗以见别意。②

“饮酒”“读书”是陶渊明的两大人生爱好，他在诗歌中常常吟咏生活中的这两大主题。柳宗元、苏轼对陶渊明的崇拜效仿也常常体现在这两大主题的创作中。

可以从“读书”这一题材的诗歌来考察陶、柳二人对苏轼的深刻影响。而热爱读书、从读书中寻找生活的乐趣并获得人生的启示，正是陶、柳、苏三人共同的生活方式与心灵解脱之道。书卷多情似故人，晨昏忧乐每相亲。古代文人大多爱好读书，其中把读书生活写得最意趣盎然、醰醰有味的莫过于陶渊明了。陶渊明“心好异书，性乐酒德”③、“性嗜酒”“好读书，不求甚解，每有会意，便欣然忘食”④、“泛览周王传，流观山海图。俯仰终宇宙，不乐复何如”⑤、“奇文共欣赏，疑义相与析”⑥，可以说，正是读书的爱好，让陶渊明寻找到了人生的乐趣，寻找到了可以消解人生无聊苦闷的精神避难所，建构起了自己的精神家园。而后世文人在读陶渊明的作品时也从中寻找到了化解苦难、消解苦闷、超脱现实的精神良方。他们以书为友，从往圣先贤身上汲取到有益的精神养料，滋养自己的心灵，在这一方面，柳宗元表现得非常突出，他的《读书》诗云：

幽沉谢世事，俯默窥唐虞。上下观古今，起伏千万途。遇欣或自

① 〔宋〕傅藻编撰、王水照点校：《东坡纪年录》，见王水照《宋人所撰三苏年谱汇刊》，中华书局 2015 年版，第 155 页。

② 孔凡礼点校：《苏轼文集》（五）卷六七，中华书局 1986 年版，第 2120 页。

③ 〔晋〕颜延之：《靖节征士诔》，见袁行霈《陶渊明集笺注》，中华书局 2003 年版，第 605 页。

④ 〔晋〕陶渊明：《五柳先生传》，见袁行霈《陶渊明集笺注》，中华书局 2003 年版，第 502 页。

⑤ 〔晋〕陶渊明：《读山海经》，见袁行霈《陶渊明集笺注》，中华书局 2003 年版，第 393 页。

⑥ 〔晋〕陶渊明：《移居二首》其一，见袁行霈《陶渊明集笺注》，中华书局 2003 年版，第 130—131 页。

笑，感戚亦以吁。缥帙各舒散，前后互相逾。瘴疴扰灵府，日与往昔殊。临文乍了了，彻卷兀若无。竟夕谁与言？但与竹素俱。倦极更倒卧，熟寐乃一苏。欠伸展肢体，吟咏心自愉。得意适其适，非愿为世儒。道尽即闭口，萧散捐囚拘。巧者为我拙，智者为我愚。书史足自悦，安用勤与劬。贵尔六尺躯，勿为名所驱。①

柳宗元在此把读书生活描写得诗意盎然，与陶渊明《读〈山海经〉》其一所云“泛览周王传，流观山海图。俯仰终宇宙，不乐复何如”一脉相承，若合符契。柳宗元在读书中寻找到了人生的乐趣，悟出了人生真意，提升了人生境界。虽然身处逆境、疾病侵寻，但有了书史的陪伴，柳宗元就可以“自笑”“自愉”“得意”“自悦”，在“瘴疴扰灵府，日与往昔殊”中也能过着充实而又有光辉的生活，继承陶渊明读书时的境界，并将其体现在新的生活环境下，反映出贬谪流寓文人通过读书获得解脱、超越苦难、实现自我、传播文化的心路历程。

柳宗元情动而辞发，写下了千古传诵的名篇《饮酒》《读书》，苏轼读柳宗元《饮酒》《读书》时披文以入情，世远莫见其面，睹文辄见其心。只有读了柳宗元的《饮酒》《读书》，才能更好地理解苏轼以柳宗元为友的内在心理动因。苏轼“无以赠行，书柳子厚《饮酒》《读书》二诗，以见别意。子归，吾无以遣日，独此二事，日相与往还耳”②，可以说，正是柳宗元《饮酒》《读书》诗中表现的生活方式、表达的人生思考、抒发的情感体验、反映的文化性格引起了苏轼的深切共鸣与审美愉悦，他才引柳宗元为知己，时常想到他，模仿他的生活方式与风神意态，以他为友，“日相与往还耳”之际，排遣了生活的寂寞无聊，提升了自己的人生境界，创作出了似锦文章。值得一提的是，正是有了陶渊明、柳宗元等热爱饮酒、读书的前辈的指引，苏轼才养成了随遇而安、随物而食、随食而乐、随酒而饮、随书而读的生活方式与人生态度。

苏轼喜欢读书，正因为他读书多，读得深入，故能对柳宗元的《封建论》进行高屋建瓴的公允评价，指出：

昔之论封建者，曹元首、陆机、刘颂及唐太宗时魏徵、李百药、

① 〔唐〕柳宗元：《读书》，见《柳宗元集》卷四三，中华书局 1979 年版，第 1254 页。

② 〔宋〕苏轼：《东坡志林》卷一《别姜君》，中华书局 1981 年版，第 23 页。

颜师古，其后则刘秩、杜佑、柳宗元。宗元之论出，而诸子之论废矣。虽圣人复起，不能易也。……故吾以李斯、始皇之言，柳宗元之论，当为万世法也。①

除此以外，苏轼还有《书柳子厚大鉴禅师碑后》②、《书柳子厚牛赋后》③、《书柳子厚南涧诗》④、《书柳子厚诗》⑤、《书柳子厚诗后》⑥、《书子厚梦得造语》⑦、《书子厚诗》⑧ 等读柳宗元诗文心得体会的作品。苏轼读书之广博、思想见解之深刻，对柳宗元之推崇由此可见一斑。

因为喜欢读书，苏轼才能悟得陶渊明《归去来兮辞》的真意，他说：

旧好诵陶潜《归去来》，常患其不入音律，近辄微加增损，作《般涉调·哨遍》，虽微改其词，而不改其意，请以《文选》及本传考之，方知字字皆非创入也。⑨

陶渊明的《归去来兮辞》及《五柳先生传》忠实地记录了他的生活遭际与生存环境，反映了陶渊明的文化性格与人生态度。苏轼在品读这些作品时，也在品读陶渊明其人，从中汲取有益的精神养料，从而点燃自己的人生之路。在《答范纯夫十一首》之十一苏轼自述道：

丁丑二月十四日，白鹤峰新居成，自嘉祐寺迁入。咏渊明《时运》诗曰："斯晨斯夕，言息其庐"，似为予发也。⑩

在阅读陶诗的过程中，苏轼借渊明之酒杯浇自己胸中之块垒，借渊明之诗

① 《论封建》，见孔凡礼点校《苏轼文集》卷五，中华书局 1986 年版，第 158 页。
② 孔凡礼点校：《苏轼文集》卷六六，中华书局 1986 年版，第 2084 页。
③ 孔凡礼点校：《苏轼文集》卷六六，中华书局 1986 年版，第 2058 页。
④ 孔凡礼点校：《苏轼文集》卷六七，中华书局 1986 年版，第 2116 页。
⑤ 孔凡礼点校：《苏轼文集》卷六七，中华书局 1986 年版，第 2108 页。
⑥ 孔凡礼点校：《苏轼文集》卷六七，中华书局 1986 年版，第 2120 页。
⑦ 孔凡礼点校：《苏轼文集》卷六七，中华书局 1986 年版，第 2109 页。
⑧ 孔凡礼点校：《苏轼文集》卷六七，中华书局 1986 年版，第 2110 页。
⑨ 〔宋〕苏轼：《与朱康叔》之一三，见孔凡礼点校《苏轼文集》卷五九，中华书局 1986 年版，第 1789 页。
⑩ 孔凡礼点校：《苏轼文集》卷五〇，中华书局 1986 年版，第 1457 页。

句抒自己之情怀，甚至“欲以晚节师范其万一也”[①]。苏轼和陶诗是从元祐七年（1092）在扬州时开始的，到绍圣元年（1094）贬至惠州时他产生了“要当尽和其诗乃已耳”的强烈愿望，这是苏轼晚年在贬谪流寓之所寻求精神解脱之道的自然选择。尚友陶渊明，屡和陶诗，使得苏轼在人生逆境中能够“恬然著书为乐”，从而获得心灵的宁静，内心的解脱，精神的愉悦，人生的充实。

物以类聚，人以群分。苏轼推崇柳宗元的另一个深层次的历史动因是柳宗元在遭受贬谪南迁之后的文化性格与人生思考已经开始接近陶渊明了。试看柳宗元的自述：“少时陈力希公侯，许国不复为身谋。风波一跌逝万里，壮心瓦解空缧囚。缧囚终老无余事，愿卜湘西冉溪地。却学寿张樊敬侯，种漆南园待成器”[②]、“唯欲为量移官，差轻罪累，即便耕田艺麻，取老农女为妻，生男育孙，以供力役，时时作文，以咏太平。摧伤之余，气力可想。假令病尽已，身复壮，悠悠人世，越不过为三十年客耳。前过三十七年，与瞬息无异。复所得者，其不足把玩，亦已审矣”[③]、“悲夫！人生少得六七十者，今已三十七矣。长来觉日月益促，岁岁更甚，大都不过数十寒暑，则无此身矣。是非荣辱，又何足道！”[④]、“生死悠悠尔，一气聚散之。偶来纷喜怒，奄忽已复辞。为役孰贱辱？为贵非神奇。一朝纩息定，枯朽无妍媸”[⑤]。这与陶渊明《拟挽歌辞三首》其一表达的思想情感何其相似，他们都在看到人生短促的情况下提出要忘怀人世间的荣辱得失。陶诗云：“有生必有死，早终非命促。昨暮同为人，今旦在鬼录。魂气散何之，枯形寄空木。娇儿索父啼，良友抚我哭。得失不复知，是非安能觉。千秋万岁后，谁知荣与辱。但恨在世时，饮酒不得足。”[⑥] 陶渊明《自祭文》曰：“不封不树，日月遂过。匪贵前誉，孰重后歌。人生实难，死如之何？”[⑦] 这些诗文反映了伟大诗人的生命体验与哲学思考，他

---

① 〔宋〕苏辙：《子瞻和陶渊明诗集引》，见陈宏天、高秀芳点校《苏辙集》第3册，中华书局1990年版，第1110页。

② 〔唐〕柳宗元：《冉溪》，见《柳宗元集》卷四三，中华书局1979年版，第1221页。

③ 〔唐〕柳宗元：《与李翰林建书》，《柳宗元集》卷三〇，中华书局1979年版，第802页。

④ 〔唐〕柳宗元：《与萧翰林俛书》，《柳宗元集》卷三〇，中华书局1979年版，第798页。

⑤ 〔唐〕柳宗元：《掩役夫张进骸》，《柳宗元集》卷四三，中华书局1979年版，第1261页。

⑥ 〔晋〕陶渊明：《拟挽歌辞三首》其一，见袁行霈《陶渊明集笺注》，中华书局2003年版，第420页。

⑦ 〔晋〕陶渊明：《自祭文》，见袁行霈《陶渊明集笺注》，中华书局2003年版，第556页。

们在诗文中思考人生、思考宇宙、思考历史，表达了自我对生死、得失、祸福、荣辱的看法。生命是短暂的，而生活也是充满苦难的，如何在如此短暂而又充满苦难的生命中度过有意义的一生？这是古往今来的仁人志士所共同关注的重大哲学命题。陶渊明生活在骨肉相残、道德沦丧的苦难时代，饱受贫困失意之苦，但陶渊明退居田园、躬耕自资，对人生、宇宙、社会进行了深刻的哲理思考，思考的结果不是悲观绝望、抑郁难遣，而是参透了生死，从而更加热爱生活，热爱生活中的一山一水，一草一木，一亲一友，一书一琴，“悦亲戚之情话，乐琴书以消忧”[1]，自然的山水，人类的艺术创作，简单的食物，“春秫作美酒，酒熟吾自斟。弱子戏我侧，学语未成音”[2] 都让陶渊明感受到了生活的美好，让他度过了充满苦难却又充实而有光辉的一生。

陶渊明是大彻大悟的圣哲，在看清人世真相后仍然热爱生活。他这种美好而充实有光辉的生活无疑让后世文人无限向往，苏轼词云：“浮名浮利，虚苦劳神。叹隙中驹、石中火、梦中身。……且陶陶，乐尽天真。几时归去，作个闲人。对一张琴、一壶酒、一溪云”[3]，这正是对陶渊明“归去来兮”深情追忆的心慕手追之作。而早在苏轼之前的柳宗元也感受到了人生“与瞬息无异”“是非荣辱，又何足道”“奄忽已复辞”，他的诗文中充满了对生命短暂而又苦难重重的慨叹，用朴实无华的语言表达了对人生、社会、宇宙的深刻哲理思考。

与陶渊明相似，柳宗元在描写山水田园风光及自己躬耕劳作的作品中往往蕴含着他对大自然的热爱欣赏之情。面对如此短暂而又充满苦难的生活，柳宗元看透世间“是非荣辱”后“更乐暗默”，他决定学习陶渊明躬耕自资。在躬耕自资前，柳宗元对人生、社会、历史、宇宙有了一番通达的理解，对自己人生选择的合理性进行了一番阐释，以求心理的平衡与得到他人的同情。他是这样说的：

今天子兴教化，定邪正，海内皆欣欣怡愉，而仆与四五子者独沦陷如此，岂非命欤？命乃天也，非云云者所制，余又何恨？独喜思谦

① 《归去来兮辞》，见袁行霈《陶渊明集笺注》，中华书局2003年版，第461页。

② 《和郭主簿二首》其一，见袁行霈《陶渊明集笺注》，中华书局2003年版，第144—145页。

③ 〔宋〕苏轼：《行香子·述怀》，见唐圭璋编纂、王仲闻参订、孔凡礼补辑《全宋词》第1册，中华书局1999年版，第390页。

之徒，遭时言道。道之行，物得其利。仆诚有罪，然岂不在一物之数耶？身被之，目睹之，足矣。何必攘袂用力，而矜自我出耶？果矜之，又非道也。事诚如此。然居理平之世，终身为顽人之类，犹有少耻，未能尽忘。傥因贼平庆赏之际，得以见白，使受天泽馀润，虽朽卉腐败，不能生植，犹为足蒸出芝菌，以为瑞物。一释废痼，移数县之地，则世必曰罪稍解矣。然后收召魂魄，买土一廛为耕甿，朝夕歌谣，使成文章。庶木铎者采取，献之法宫，增圣唐大雅之什，虽不得位，亦不虚为太平之人矣。此在望外，然终欲为兄一言焉。[1]

在这里，柳宗元将自己人生遭遇的苦难坎坷，归因于“命”，并在诉说“岂非命欤？命乃天也，非云云者所制，余又何恨”中消解了人生的抑郁不平，这正印证了朱光潜的观点：“中国人也是一个最讲实际、最从世俗考虑问题的民族。……由于孔子注重世俗的思想影响，中国人一直讲究实际。‘乐天知命’就是幸福生活的普遍的座右铭。这等于说：‘要知足，不要责怪命运，这样就能活得幸福。’如果愿意的话，你尽可以把这叫‘宿命论’，然而它却毫无疑问是乐观的”[2]。柳宗元的人生思考符合儒家思想中的天命观。《论语》中载“生死有命，富贵在天”“五十知天命”“不知命无以为君子”，体现了儒家思想对人生的看法。柳宗元显然深受这种思想的影响，经过深思熟虑，他选择了艰苦劳作，柳宗元因此也逐渐获得了心灵的宁静。从此，他义无反顾，一再在诗文中表示：“志适不期贵，道存岂偷生。久忘上封事，复笑升天行。……稍与人事间，益知身世轻。为农信可乐，居宠真虚荣。乔木余故国，愿言果丹诚。四支反田亩，释志东皋耕”[3]，“皇恩若许归田去，晚岁当为邻舍翁”[4]，“浮图诚有不可斥者，往往与《易》《论语》合，诚乐之，其于性情奭然，不与孔子异道。……凡为其道者，不爱官，不争能，乐山水而嗜闲安者为多。吾病世之逐逐然唯印组为务以相轧也，则舍是其焉从？吾之好与浮图游以此”[5]，

[1]〔唐〕柳宗元：《与萧翰林俛书》，见《柳宗元集》卷三〇，中华书局1979年版，第798—799页。

[2] 朱光潜：《悲剧心理学》，中华书局2012年版，第212—213页。

[3]〔唐〕柳宗元：《游石角过小岭至长乌村》，见《柳宗元集》卷四三，中华书局1979年版，第1193—1194页。

[4]〔唐〕柳宗元：《重别梦得》，见《柳宗元集》卷四二，中华书局1979年版，第1161页。

[5]〔唐〕柳宗元：《送僧浩初序》，见《柳宗元集》卷二十五，中华书局1979年版，第673—674页。

“久为簪组累，幸此南夷谪。闲依农圃邻，偶似山林客。晓耕翻露草，夜榜响溪石。来往不逢人，长歌楚天碧”①。

柳宗元是这样说的，也是这样做的。他在柳州种柳：“柳州柳刺史，种柳柳江边。谈笑为故事，推移成昔年。垂荫当覆地，耸干会参天。好作思人树，惭无惠化传。”② 还在柳州种柑：“手种黄甘二百株，春来新叶遍城隅。方同楚客怜皇树，不学荆门利木奴。几岁开花闻喷雪，何人摘实见垂珠。若教坐待成林日，滋味还堪养老夫。”③ 柳宗元在《雨后晓行独至愚溪北池》中写道：“宿云散洲渚，晓日明村坞。高树临清池，风惊夜来雨。予心适无事，偶此成宾主。”④ 他能够在偶然无事时恰好从楚地永州优美的山林云中暂时获得快乐，安顿好自己的内心。柳宗元还在西江流域的柳州优游山水，寻幽探胜，在山林云水中排遣苦闷，其《柳州山水近治可游者记》可以说是柳州的最佳广告词，他翔实、生动地记叙此地的山川风物、自然山水风光⑤。在西江流域的特定生态环境下，柳宗元为了继续生活下去，积极主动地参与当地的农业、经济、文化活动，逐渐适应了西江流域的生活，促进了西江流域社会变迁与文化发展，也实现了自己的人生价值。柳宗元在流寓之所与当地女子同居并生育子女，移风易俗，将自己深深地扎根在西江流域的这片土地上，西江流域文化内涵不断向纵深发展，离不开柳宗元在此地创造出来的物质与精神文化。

山水优美的柳州也因柳宗元之故而成了名胜之地，吸引着后世文人来此登临揽胜，发怀古之幽思，慕前贤之遗迹。柳宗元学习陶渊明躬耕自资的精神，“所忧在道，不在乎祸”⑥，在西江流域自食其力，作为地方长官与百姓一起劳作，用进步的思想和先进的管理方法治理柳州，解放奴婢，改变陋风陋俗，发展农田水利，大修孔庙，普及文化，提高教育，取得了很大的成效，留下了众多政绩，做出了巨大的贡献，赢得了当地百姓的高

① 〔唐〕柳宗元：《溪居》，见《柳宗元集》卷四三，中华书局 1979 年版，第 1213 页。

② 〔唐〕柳宗元：《种柳戏题》，见《柳宗元集》卷四二，中华书局 1979 年版，第 1171—1172 页。

③ 〔唐〕柳宗元：《柳州城西北隅种甘树》，见《柳宗元集》卷四二，中华书局 1979 年版，第1182 页。

④ 〔唐〕柳宗元：《雨后晓行独至愚溪北池》，见《柳宗元集》卷四三，中华书局 1979 年版，第 1217 页。

⑤ 柳宗元在《柳州山水近治可游者记》一文中生动、翔实地描绘了柳州附近的背石山、甑山、驾鹤山、屏山、四姥山、仙弈山、石鱼山等山水形胜之地的奇异风光。（参见《柳宗元集》卷二九，中华书局 1979 年版，第 775—777 页）。

⑥ 〔唐〕柳宗元：《忧箴》，见《柳宗元集》卷一九，中华书局 1979 年版，第 530 页。

度认同与赞誉。韩愈的这段话可以看作是对柳宗元在西江流域社会变迁与文化发展史上所做贡献的总结："凡令之期，民劝趋之，无有后先，必以其时。于是民业有经，公无负租，流逋四归，乐生兴事；宅有新屋，步有新船，池园洁修，猪牛鸭鸡，肥大蕃息；子严父诏，妇顺夫指，嫁娶葬送，各有条法，出相弟长，入相慈孝。先时，民贫以男女相质，久不得赎，尽没为隶；我侯之至，按国之故，以佣除本，悉夺归之。大修孔子庙，城郭巷道，皆治使端正，树以名木。柳民既皆悦喜。"[①] 柳宗元在西江流域柳州的四年里，不但努力排遣自己遭受贬谪的苦闷，让自己尽快从苦难生活中超脱出来，而且还能够尽其所能地为当地百姓谋福利，使"柳民既皆悦喜"，这是非常高的境界。在这期间他付出了多少辛酸与眼泪，多少努力与汗水，多少委屈与不平，大概只有与他有相似命运的知交好友韩愈、刘禹锡等人知道[②]。正是：己欲立而立人，己欲达而达人，己欲悦喜而让"柳民既皆悦喜"。很明显，陶渊明的人生思考与文化性格为后世文人提供了一个暂时忘却现实苦难的精神家园。饱受流寓生活之苦的柳宗元从陶渊明诗文中学习到了面对生活苦难，消解抑郁苦闷的精神良方。而苏轼在崇陶之际无疑也能够感受到柳宗元在贬居生活中对陶渊明的效仿与学习，感受到柳宗元在逆境中深刻的人生思考与丰富的文化性格，这也是陶渊明、柳宗元能够成为苏轼的"南迁二友"的深刻历史动因。

陶、柳诗歌经过苏轼的反复品鉴印可，得以声名远扬，流传久远。陶、柳诗歌历史地位的形成，显然离不开苏轼的揄扬推崇，这一点，前人已经指出，试举数则如下：

> 子厚诗尤深远难识，前贤亦未推重，自东坡发明其妙，学者方渐

① 〔唐〕韩愈：《柳州罗池庙碑》，见马其昶校注、马茂元整理《韩昌黎文集校注》卷七，上海古籍出版社 2014 年版，第 550 页。

② 〔唐〕刘禹锡在《祭柳员外文》中写道："伸纸穷竟，得君遗书。绝弦之音，凄怆彻骨。初托遗嗣，知其不孤。"参见〔唐〕刘禹锡撰，陶敏、陶红雨校注《刘禹锡全集编年校注》卷一五，中华书局 2019 年版，第 1785—1786 页。韩愈亦有相同的感叹："嗟嗟子厚，今也则亡；临绝之音，一何琅琅。遍告诸友，以寄厥子；不鄙谓余，亦托以死。"参见马其昶校注、马茂元整理《韩昌黎文集校注》卷五《祭柳子厚文》，上海古籍出版社 2014 年版，第 362 页。他们都对柳宗元充满了同情之了解，从这两位挚友的祭奠之文中，我们能够感受到柳宗元晚境的凄凉。然而即使是在这般充满苦难坎坷的岁月里，柳宗元依然力图解脱，植树造林、解放奴婢、兴办教育、兴修农田水利，改变陋风陋俗，发展农业生产，使"柳民既皆悦喜"，这是难能可贵的。

知之。①

陶渊明柳子厚之诗，得东坡而后发明。②

柳州文掩其诗，得东坡则始显。③

柳子厚诗与陶渊明同流，前乎东坡未有发之者。④

前人论诗，初不知有韦苏州柳子厚，论字亦不知有杨凝式。二者至东坡而后发此秘，遂以韦柳配渊明，凝式配颜鲁公，东坡真有德于三子也。⑤

渊明清远闲放，是其本色，而其中有一段深古朴茂不可及处。或者谓唐王、孟、韦、柳学焉，而得其性之所近，亦有见之言也。⑥

苏轼尚友陶渊明、柳宗元，从他们身上汲取精神养料，从而对他们的诗歌也进行了高度评价。陶渊明、柳宗元、苏轼在中国诗歌史上一脉相承，大放异彩，这也体现出后人对他们文化性格与人生思考的深刻理解与高度认同。

苏轼对中唐诗人柳宗元特别重视，把他与自己最崇敬的“千古隐逸诗人之宗”陶渊明相提并论，这其中的原因值得思考。苏轼之所以热爱陶、柳二人的诗文，有偶然的因素，在“书籍举无有，惟陶渊明一集，柳子厚诗文数策，常置左右”的情况下，只能尚友古人，“常置左右，目为二友”，从中得到极大的精神享受。另一方面，也是更重要的因素，就是陶渊明、柳宗元诗文中深刻的哲理思考、丰厚的人生意蕴与优美动人的审美境界感动了苏轼，让他在谪居岭南的时候，自然而然地阅读揣摩柳宗元的文化性格与人生思考，对柳宗元的创作心理与思想感情方面有较深入的同情之了解。

书籍，是一座可以随身携带的精神避难所，通过阅读陶渊明、柳宗元

---

① 〔宋〕范温：《潜溪诗眼》“柳子厚诗”，见《宋诗话辑佚》（上），中华书局 1980 年版，第328 页。

② 〔宋〕张戒：《岁寒堂诗话》卷上，见《历代诗话续编》（上），中华书局 1983 年版，第463 页。

③ 〔清〕管世铭：《读雪山房唐诗序例》五古凡例，见《清诗话续编》（下），上海古籍出版社 1983 年版，第 1546 页。

④ 〔宋〕晁说之：《嵩山文集》卷一八，见《四部丛刊》续编本。

⑤ 〔宋〕曾季狸：《艇斋诗话》，见《历代诗话续编》（上），中华书局 1983 年版，第 292 页。

⑥ 〔清〕李调元：《雨村诗话》卷上，见《清诗话续编》（下），上海古籍出版社 1983 年版，第1523 页。

的诗文，苏轼能够暂时忘却烦恼、寻求解脱，获得心灵的宁静与自由，从而建构起自己的精神家园，给后世文人以无穷的启迪与安慰。正如苏轼的"南迁二友"是陶渊明、柳宗元一样，南宋迁岭文人的良师益友就是苏轼，他们在"尚友"古人时，首先想到的便是苏轼。从时间上说，苏轼离他们并不遥远，从空间上说，他们正在苏轼曾经谪居过的地方生活，从心灵上说，他们觉得与苏轼更加接近，因为苏轼曾与他们有过类似的生活遭遇，有过相似的心理感受，他们在尚友苏轼，与苏轼精神交流的过程中感到人生并不孤独，他们不是一个人在战斗，他们在心理上觉得曾经崇拜敬仰热爱的苏轼在与他们一起并肩战斗，这让他们既感到自豪又感到欣慰。

南宋迁岭文人在人格个性、人生态度上学习、模仿苏轼，也可以说是"在某种自然环境或自然资源中生活的人群，日久经验必须以某些态度及方法与自然相适应"[①] 时自然而然的选择。当然，这种选择，有的是无意识的行为，有的却是长期心慕手追的结果。人们生活的地理环境、自然环境对人的文化性格的生成具有特别重要的意义。在影响文化产生、发展的重要变量自然环境方面，南宋迁岭文人与他们的迁岭先贤苏轼处于相似的环境，这引起了他们对苏轼人生思考的共鸣及对苏轼文化性格的效仿，影响到他们对自己文化性格的塑造与人生道路的选择。所以在研究迁岭文人的文化性格与人生思考时不能忽视当时西江流域的自然环境这一非常重要的影响因子。

善于适应环境，无疑是苏轼及南宋迁岭文人文化性格的一大特征。刘克庄在谈到苏轼时道：

坡公海外笔力，益老健宏放，无忧患迁谪之态。[②]

这个评价既说出了苏轼谪居海外的文学创作风貌，也揭示出了苏轼的人格精神与人生态度。新的环境孕育着新的生机。宋南渡文人跨出了这关键性的一步，中原文化由此而易地生根。南宋迁岭文人们不仅继承和发展了贬谪岭南的前辈苏轼的文化性格与人生思考，而且开创了一个文学史上的新境界，尤其是他们的文学作品展现了新的情趣与意象，获得了新的转机，实现了新的文学进展，产生了新的文化性格与人生思考。这种新的文化性

① 李亦园、杨国枢：《中国人的性格》，中国人民大学出版社 2012 年版，第 108 页。

② 〔宋〕刘克庄：《后村诗话》后集卷一，见吴文治主编《宋诗话全编》第 8 册，凤凰出版社 1998 年版，第 8386 页。

格与人生思考的创建极大地丰富了他们的语言表现能力，丰富了他们表现思想情感的语言文字的运用方式。可以说，岭南文化带给迁岭文人的影响是十分巨大的，既包括对他们的思维能力、感知方式、审美观点的影响，也包括对他们的知识结构的影响。

（二）“譬如当初”——苏轼心灵解脱模式再探

苏轼受到后人的无限热爱与敬仰，除了他的作品具有高度的思想与艺术价值，更重要的一点是他的人格魅力，吸引了后世无数的读书人，后人从他的文化性格与人生思考中汲取了取之不尽、用之不竭的精神养料。

苏轼的思想既复杂又简单，因为简单，才能深入到普通民众的精神世界之中；说复杂，是谁也不能完全说清楚它。笔者在这里要着重引用王兆鹏提出的观点：苏轼的过人之处在于他有一整套心理解脱方式，这种方式用最简单扼要的说法就是“譬如当初”。王先生对此有精彩的解读，他说：

> 苏轼有一套心灵解脱的心理公式……这个公式叫“譬如当初”。什么叫“譬如当初”呢？人的痛苦往往是失落的痛苦，你拥有以后失落了，或者拥有以后被剥夺掉了，这时候特别痛苦。那苏轼就把自己的心态恢复调整到没有拥有之前的状态。[①]

王先生对苏轼“譬如当初”心灵解脱模式的解读，深入浅出，语不深而理深，浅语皆有致，淡语皆有味，给人以很大的启发。笔者想接着王先生的话题，继续探讨中国古代士大夫寻求心灵解脱的问题，试图对苏轼“譬如当初”这一心理公式的来龙去脉作一简单扼要的分析。

诚如王兆鹏所说：人生的痛苦主要来自失落感，原来拥有的东西一旦失去了就会感到痛苦。而苏轼遇到这种情况时，总能把自己的心理调节到未曾拥有之前，即苏轼所云：“吾生有命归有时，我初无行亦无留”[②]、“仆虽遭忧患狼狈，然譬如当初不及第，即诸事易了，荷忧念之深，故以解悬虑”[③]。这样的自我调节方式在苏轼的诗文中常有表现，如“我本海南民，寄生西蜀州。忽然跨海去，譬如事远游。平生生死梦，三者无劣

---

① 王兆鹏：《唐宋词名篇讲演录》，广西师范大学出版社2006年版，第114页。

② 《和陶归去来兮辞并引》，见〔清〕王文诰辑注、孔凡礼点校《苏轼诗集》卷四七，中华书局1982年版，第2561页。

③ 孔凡礼点校：《苏轼文集》卷六〇《答李寺丞》，中华书局1986年版，第1826页。

优。知君不再见，欲去且少留”①、“昔我未尝达，今者亦安穷”②、“某睹近事，已绝北归之望，然中心甚安之。未说妙理达观，但譬如元是惠州秀才，累举不第，有何不可？知之免忧”③、“不徙正坐稳处，譬如惠州秀才不第，亦须吃糙米饭过一生也”④。反复出现的“譬如当初不及第”“譬如元是惠州秀才”“譬如惠州秀才”“昔我未尝达”“我本海南民”，表达了苏轼强烈地想从逆境中解脱出来的愿望及其解脱方式，这样的“譬如当初”的陈述充分说明了人之心灵的重要性。人的心情是可以控制的，不论外界环境如何，至少苏轼能够控制自己的情绪，让自己宁静下来。

所有这些都指向一点，即我本来就是一个化外之民，没有“达”过，故没有失落感，亦能安享眼前的“江上之清风与山间之明月”等人类世界一切美好的事物。梁启超认为陶渊明的“客养千金躯，临化消其宝”中“这两句名句，可以抵七千卷的《大藏经》了”⑤，笔者认为，苏轼“吾生有命归有时，我初无行亦无留也”“譬如当初不及第，即诸事易了”，亦超过了百万卷“心灵鸡汤”之类的幸福学著作，以至于观如居士朱弁高度评价道：

> 东坡文章至黄州以后，人莫能及，惟黄鲁直诗时可以抗衡。晚年过海，则虽鲁直亦若瞠乎其后矣。或谓：“东坡过海虽为不幸，乃鲁直之大不幸也。”⑥

艰难困苦，玉汝于成。有多少磨难，就有多少解脱，磨难越深重，看破、放下的心胸就越开阔。

在此，笔者对王兆鹏的精辟观点拟补充说明的是：“譬如当初”的心理解脱模式并非始于苏轼，而是来自庄子，早在先秦时期就有了“譬如当

① 《别海南黎民表》，见〔清〕王文诰辑注、孔凡礼点校《苏轼诗集》卷四三，中华书局1982年版，第2363页。

② 《和陶拟古九首其二》，见〔清〕王文诰辑注、孔凡礼点校《苏轼诗集》卷四一，中华书局1982年版，第2261页。

③ 《苏轼文集》卷五四《与程正辅提刑》七十一之十三，中华书局1986年版，第1593页。

④ 〔清〕王文诰辑注、孔凡礼点校《苏轼诗集》卷四〇《迁居并引》，中华书局1982年版，第2195页。

⑤ 〔清〕梁启超：《陶渊明之文艺及其品格》，见北京大学中文系文学史教研室《陶渊明资料汇编》，中华书局1962年版，第280页。

⑥ 〔宋〕朱弁：《风月堂诗话》，见吴文治《宋诗话全编》，凤凰出版社1998年版，第3册，第2950页。

初”的心灵解脱之道。最具体的表现是在庄子的老妻去世时，庄子击缶而歌，惠子质问他，他回答惠子的一段话，就典型地表现出其“譬如当初”的解脱之道：

> 庄子妻死，惠子吊之，庄子则方箕踞鼓盆而歌。惠子曰：“与人居，长子，老、身死，不哭亦足矣，又鼓盆而歌，不亦甚乎？”庄子曰：“不然。是其始死也，我独何能无概然！察其始而本无生，非徒无生也，而本无形；非徒无形也，而本无气。杂乎芒芴之间，变而有气，气变而有形，形变而有生，今又变而之死，是相与为春秋冬夏四时行也。人且偃然寝于巨室，而我噭噭然随而哭之，自以为不通乎命，故止也。”①

其中庄子之言中反复出现的“其始”“本无”等字眼，就是为了说明“譬如当初”什么也没有，现在又回到了虚无，故不值得悲伤哭泣，此为通达之举。苏轼年轻时就喜欢读《庄子》，曾“喟然叹息曰”：“吾昔有见于中，口未能言，今见《庄子》，得吾心矣。”② 由此可见，苏轼对庄子思想心领神会，他的心灵解脱之道与庄子有深刻的内在契合之处。

苏轼“譬如当初”的心灵解脱模式，与禅宗“本来面目”亦有一脉相承的关系。《坛经》中记载：

> 祖谓明曰：“不思善，不思恶，正与么时，如何是上座本来面目？”明大悟。③

慧能问慧明：“那个是明上座本来面目？”④ 明上座原来是四品将军陈惠顺，现在是僧人慧明，那他的本来面目是什么呢？慧能这么一问，结果“明大悟”“慧明言下大悟”，这真是石破天惊的一问。虽然“慧能当时，尚无这种花样。这种东西出现在《坛经》里，标志着《坛经》已经被人

---

① 〔清〕王先谦注：《庄子集解》卷五《外篇·至乐第十八》，见《诸子集成》第4册，岳麓书社1996年版，第135—136页。

② 〔宋〕苏辙：《栾城后集》卷二二《亡兄子瞻端明墓志铭》，见陈宏天、高秀芳点校《苏辙集》，中华书局2017年版，第1126页。

③ 〔唐〕慧能著、郭朋校释：《坛经校释》，中华书局1983年版，第23页。

④ 〔唐〕慧能著、郭朋校释：《坛经校释》，中华书局1983年版，第23页。

窜改了!"①，但是其中表现的人生智慧却对人们解脱苦闷、寻求心灵的宁静具有重要作用。"譬如当初"与"本来面目"对人心灵调节具有相同的效果。人感到失落的痛苦时，时常提醒自己反省一下自己的"当初"及"本来面目"，则许多烦恼都可驱除，许多苦闷都能得到消解，从而获得心灵的宁静与解脱。苏轼对禅宗有很深刻的了解与领悟，苏辙曾叙述苏轼对释氏思想的领悟过程："既而谪居于黄，杜门深居，驰骋翰墨，其文一变，如川之方至，而辙瞠然不能及矣。后读释氏书，深悟实相，参之孔、老，博辩无碍，浩然不见其涯也。"② 由此可见，苏轼的心灵解脱方式来源于自己遭受的苦难生活，他的思想与禅宗若合符契，对后世文人消解苦闷提供了一个方便快捷之道。

到了中唐，白居易也懂得利用各种方法来调节自我的情绪，保持宁静顺畅的心情。史传谓：

> 居易儒学之外，尤通释典，常以忘怀处顺为事，都不以迁谪介意。③

封建文人士大夫遇到挫折、磨难时，会对人生进行思考，就其成熟和典型而言，笔者认为：陶渊明之后的最高境界应当是白居易。苏轼最爱白居易，自言"出处依稀似乐天"④，苏轼人生思考的内容及文化性格的特征，在白居易的作品中已有了丰富广泛的体现。白居易二千八百多首诗歌及大量的文章，尤其是他的《与元九书》，已经充分展现了他深刻的人生思考与丰富的文化性格。就人生思考而言，白居易也可以说是"咀嚼尽孤独、窘困、凄苦等种种况味，并从佛老哲学中寻求过摆脱、超越悲哀的思想武器，以保持对生活、对美好事物的信心和追求，坚持对自我价值的肯定"⑤，即便是在接连遭受丧女、丧子之痛后，白居易仍然没有灰心绝望，

---

① 〔唐〕慧能著、郭朋校释：《坛经校释》，中华书局1983年版，第23页。

② 〔宋〕苏辙：《栾城后集》卷二二《亡兄子瞻端明墓志铭》，见陈宏天、高秀芳点校《苏辙集》，中华书局2017年版，第1127页。

③ 〔后晋〕刘昫等：《旧唐书》卷一六六《白居易传》，中华书局2000年版，第2959页。

④ 〔宋〕苏轼：《予去杭十六年而复来，留二年而去，平生自觉出处老少粗似乐天，虽才名相远而安分寡求，亦庶几焉。三月六日，来别南北山诸道人而下，天竺惠净师以丑石赠行，作三绝句》其二，见《苏轼诗集》卷三三，中华书局1982年版，第1761—1762页。

⑤ 王水照：《元祐党人贬谪心态的缩影——论秦观〈千秋岁〉及苏轼等和韵词》，见《王水照自选集》，上海教育出版社2000年版，第638页。

仍然热爱生活，保持对生活、对美好事物的信心和追求，尤其是到了晚年，“无子，以其侄孙嗣”①。白居易仍然保持对生活的热情，对自己的诗文集进行了精心的编撰与保存，这反映了白居易是一个坚持肯定自我价值的唐代诗人，他也成了唐代诗人里保存诗歌作品最多、结局最为完美的诗人。他晚年官居二品，月俸十万，活到七十五岁的高寿。他是如何做到的？毫无疑问，这与他深刻的人生思考及“居易”“乐天”的文化性格有着非常密切的联系②。

在这里要特别介绍研究“贬谪文化与贬谪文学”的学者尚永亮的观点。在《贬谪文化与贬谪文学——以中唐元和五大诗人之贬及其创作为中心》一书中，尚先生专列一节“白居易走向超越的心理机制和途径”，从“‘情恕于外，理遣于中’——超越意识形成的前提条件”“由‘兼济’而‘独善’——超越意识的核心内容”“禅悦、安心、知足、看破——走向超越的心理机制”“亲和自然，放怀山水——走向超越的具体途径”等四个方面来分析白居易的人生思考③。吴开《优古堂诗话》记载了一件公案，详引如下：

> 东坡作《定风波序》云：“王定国歌儿曰柔奴，姓宇文氏。定国南迁归，予问柔：‘广南风土应是不好？’柔对曰：‘此心安处便是吾乡。’因用其语缀词云：‘试问岭南应不好？却道，此心安处是吾乡。’”予尝以此语本出于白乐天，东坡偶忘之耶！乐天《吾土》诗云：“身心安处为吾土，岂限长安与洛阳！”又《出城留别》诗云：“我生本无乡，心安是归处。……”

尚先生对此有详细深刻的分析解读：

> 白居易这种反复陈说的安心思想，对前人和同时代人来说，无疑是一大超越，而对后人尤其是宋人来说，则无异于最好的现身说法。据吴开《优古堂诗话》载，苏轼即曾受到白氏安心思想的颇大影响：

① 〔后晋〕刘昫等：《旧唐书》卷一六六《白居易传》，中华书局2000年版，第2967页。

② 白居易的名来自《礼记》的《中庸》篇：“君子居易以俟命，小人行险以侥幸。”字也源于经典《周易》：“乐天知命故不忧。”

③ 参见尚永亮《贬谪文化与贬谪文学——以中唐元和五大诗人之贬及其创作为中心》，兰州大学出版社2004年版，第193—216页。

（略）从此中记述看，苏轼似乎偶然忘了白居易关于“安心”的诸多诗句，但从苏对白的刻意仿效乃至以白诗中“东坡”二字作为自己字号一事看，这种忘记乃是不可能的，而且即使是“偶忘之”，也只能说明白对苏的影响已深入骨髓，故遣词造语，浑然不觉罢了。更何况苏轼《定风波》之词句显受歌儿柔奴的直接启发，而柔奴与其主王定国乃南迁北归之人，他们在贬所能以安心思想自解自慰，无论如何都不能排除所受白居易的潜在影响，由此反溯回去，则白居易安心思想所包含的环境超越倾向该是何等浓重明显，便可想而知了。[①]

“此心安处是吾乡”的发明权毫无疑问应当归属于白居易[②]。类似的现象有许多，苏轼的许多人生思考，都是前人表达过的。由此一例，我们可以感受到白居易博大、多样的心灵解脱模式对苏轼的影响。

在“知足”的心灵解脱模式方面，苏轼也受到白居易的深刻影响。关于白居易如何做到安心的心理调节模式，陈寅恪在《元白诗笺证稿》中有详细的分析，他指出：

乐天之思想，一言以蔽之曰“知足”。“知足”之旨，由老子“知足不辱”而来。盖求“不辱”，必知足而始可也。[③]

至其“知足不辱”之义，亦因处世观物比较省悟而得之。此意乐天曾屡形之于语言，兹略举其诗句，以为证明。《白氏长庆集》一七《赠内子》五律云：“白发方兴叹，青娥亦伴愁。寒衣补灯下，小女戏床头。暗澹屏帏故，凄凉枕席秋。贫中有等级，犹胜嫁黔娄。”此所谓等级，乃比较而得之者。既知有等级之分，则己身所处不在最下一级，仰瞻较上之级，虽觉不如，而俯视较下之级，则犹胜于彼。因此无羡于较上之级者，自可知足矣。若能知足，则可不辱。此乐天一生出处进退安身立命所在之理论，读其作品者，不可不知也。[④]

总而言之，乐天老学者也，其趋向消极，爱好自然，享受闲适，

① 尚永亮：《贬谪文化与贬谪文学——以中唐元和五大诗人之贬及其创作为中心》，兰州大学出版社2004年版，第206—207页。

② 如果说死亡就是回到故乡，那么“心安即吾乡”的来源还应当是庄子。

③ 陈寅恪：《元白诗笺证稿》附论《白乐天之思想行为与佛道关系》，生活·读书·新知三联书店2001版，第337页。

④ 陈寅恪：《元白诗笺证稿》附论《白乐天之思想行为与佛道关系》，生活·读书·新知三联书店2001版，第337—338页。

> 亦与老学有关者也。至其所以致此之故，则疑不能不于其家世之出身，政党之分野求之。此点寅恪已详言之于拙著《唐代政治史述论稿》政治革命与党派分野篇中，兹不具论。夫当日士大夫之政治社会，乃老学之政治社会也。苟不能奉老学以周旋者，必致身败名裂。是乐天之得以身安而名全者，实由食其老学之赐。①

从这些切中肯綮的笃论中可见，白居易的人生思考在封建时代的文人士大夫中已经达到了很高的境界，后代的士大夫大多从他的思考中吸取养料，从而得以摆脱政治迫害的困扰、超越现实苦难、获得解脱心灵苦闷的良方。

此处再举几个例子补充说明白居易知足易乐的思想。《白氏长庆集》卷六《舟行·江州路上作》结尾云："平生沧浪意，一旦来游此。何况不失家，舟中载妻子。"② 此诗作于元和十年（815），白居易自长安赴江州途中。同卷又有《溢浦早冬》诗云："但作城中想，何异曲江池。"③《白氏长庆集》卷七《闻早莺》诗云："春深视草暇，旦暮闻此声。今闻在何处，寂寞浔阳城。鸟声信如一，分别在人情。不作天涯意，岂殊禁中听。"④《答故人》诗云："故人对酒叹，叹我在天涯。见我昔荣遇，念我今蹉跎。问我为司马，官意复如何？答云且勿叹，听我为君歌。我本蓬荜人，鄙贱剧泥沙。读书未百卷，信口嘲风花。自从筮仕来，六命三登科。顾惭虚劣姿，所得亦已多。散员足庇身，薄俸可资家。省分辄自愧，岂为不遇耶？烦君对杯酒，为我一咨嗟。"⑤《咏怀》诗云："尽日松下坐，有时池畔行。行立与坐卧，中怀澹无营。不觉流年过，亦任白发生。不为世所薄，安得逐闲情。"⑥ 这些诗表达了白居易齐远近、等贵贱、忘宠辱、知足保和、乐天知命的思想。

---

① 陈寅恪：《元白诗笺证稿》附论《白乐天之思想行为与佛道关系》，生活·读书·新知三联书店2001版，第341页。

② 《白氏长庆集》卷六《舟行·江州路上作》，见谢思炜《白居易诗集校注》第2册，中华书局2006年版，第590页。

③ 谢思炜：《白居易诗集校注》，中华书局2006年版，第2册，第591页。

④ 谢思炜：《白居易诗集校注》，中华书局2006年版，第2册，第613页。

⑤ 谢思炜：《白居易诗集校注》，中华书局2006年版，第2册，第599—600页。

⑥ 谢思炜：《白居易诗集校注》，中华书局2006年版，第2册，第609页。

“出处依稀似乐天”[①]的苏轼有很多生活方式及思维模式都来自白居易[②]，苏轼在生活方式上也学习白居易的“中隐”思想，自叙：“未成小隐聊中隐，可得长闲胜暂闲。我本无家更安往，故乡无此好湖山。”[③]在《白氏长庆集》卷二八《与元微之书》中，白居易自述到九江三载以来，有“三泰”足以自安，叙此情尤详。这样乐天知命的思想就对苏轼有很深刻的影响。由于岭南的美好风景，苏轼虽然身心交瘁仍热爱生活，写了一大批在岭南旖旎风光中的生活剪影，简直有些“乐不思蜀”，如其自述：

新居在大江上，风云百变，足娱老人也。[④]

其中“足娱老人”最动人的莫过于谪居儋州时所作《谪居三适三首》，表现其“旦起理发、午窗坐睡、夜卧濯足”的乐易知足的文化性格。其一《旦起理发》表现出他简单易行的快乐之道：

老栉从我久，齿疏含清风。一洗耳目明，习习万穴通。

与此类似，《午窗坐睡》载：

神凝疑夜禅，体适剧卯酒。……谓我此为觉，物至了不受。谓我今方梦，此心初不垢。

还有《夜卧濯足》道：

瓦盎深及膝，时复冷暖投。明灯一爪剪，快若鹰辞鞴。[⑤]

---

① 〔宋〕苏轼：《予去杭十六年而复来，留二年而去，平生自觉出处老少粗似乐天，虽才名相远而安分寡求，亦庶几焉。三月六日，来别南北山诸道人而下，天竺惠净师以丑石赠行，作三绝句》其二，见《苏轼诗集》卷三三，中华书局1982年版，第1762页。

② 据〔宋〕洪迈《容斋随笔·三笔》卷五“东坡慕乐天”条记载：“苏公责居黄州，始自称东坡居士。详考其意，盖专慕白乐天而然。”中华书局2005年版，第485页。

③ 〔宋〕苏轼：《六月二十七日望湖楼醉书五绝》其五，见《苏轼诗集》（二）卷七，中华书局1982年版，第341页。

④ 孔凡礼点校：《苏轼文集》卷五三《答毛泽民》七之五，中华书局1986年版，第1572页。

⑤ 〔宋〕苏轼：《苏轼诗集》卷四一，中华书局1982年版，第2285—2287页。

如此不可救药的乐不思蜀，让刘克庄也不禁感叹："坡公海外笔力，益老健宏放，无忧患迁谪之态。"[①] 苏轼从岭南遇赦北归时，还不忘抒发一下在岭南的感受："参横斗转欲三更，苦雨终风也解晴。云散月明谁点缀？天容海色本澄清。空余鲁叟乘桴意，粗识轩辕奏乐声。九死南荒吾不恨，兹游奇绝冠平生！"[②] 真是"秀语出寒饿，身穷诗乃亨"。苏轼晚年回首平生时感叹："心似已灰之木，身如不系之舟。问汝平生功业，黄州、惠州、儋州。"[③] 游山玩水之乐、读书作文之快、散漫休闲之适、热闹世俗之欢，无不体现在苏轼的岭南生活中。苏轼在瘴疠之地的惠州、天涯海角的儋州待的时间是从绍圣元年（1094）至元符三年（1100），前后达六年之久，而且是他生命中的最后六年，有时他甚至过着"食无肉，病无药，居无室，出无友，冬无炭，夏无寒泉，然亦未易悉数，大率皆无耳"[④] 的拮据窘迫生活，他一生的伟大"功业"，确实与岭南风物有着莫大的联系。

程千帆发现了苏轼在"知足"的心灵解脱模式方面对白居易的继承，并将其用来指导自己的生活。在给学生杨翊强的信中，程先生写道：

> 东坡云：与乐天相较，才名甚远；而安分寡求，则庶几近之。我今年已进八十七，多灾多难一生，有一平静晚景，"残年饱饭"也很知足了，愿老师弟以此互勉。[⑤]

由此可见，中国古代诗歌具有无穷的生命力。我们可以从白居易、苏轼诗歌中汲取到丰富的有益于今人的精神养料，用古典诗歌中蕴含的人生智慧来滋养我们的心灵，指导、丰富我们现实的人生。

与"此心安处是吾乡""知足"易乐的心灵解脱模式紧密结合的是"譬如当初"的心灵解脱模式。苏轼在这方面也深受白居易的影响。白居易在《与元九书》中道："穷则独善其身，达则兼济天下""所守者道，

---

① 〔宋〕刘克庄：《后村诗话》后集卷一，见吴文治主编《宋诗话全编》第8册，凤凰出版社1998年版，第8386页。

② 《六月二十日夜渡海》，见〔清〕王文诰辑注、孔凡礼点校《苏轼诗集》卷四三，中华书局1982年版，第2366—2367页。

③ 《自题金山画像》，见〔清〕王文诰辑注、孔凡礼点校《苏轼诗集》卷四八，中华书局1982年版，第2641页。

④ 〔宋〕苏轼：《与程秀才三首》其一，见孔凡礼点校《苏轼文集》卷五五，中华书局1986年版，第1628页。

⑤ 程千帆著、陶芸编：《闲堂书简》（增订本），上海古籍出版社2013年版，第86页。

所待者时”“进退出处，何往而不自得哉”。他结合儒家“有道则见，无道则隐”“富而可求也，虽执鞭之士吾亦为之，如不可求，从吾所好”的达观态度，过着闲适放旷、逍遥自在的中隐生活。他的大量闲适诗即是其中隐生活的写照。《白氏长庆集》卷一一《委顺》道：

> 山城虽荒芜，竹树有嘉色。郡俸诚不多，亦足充衣食。外累由心起，心宁累自息。尚欲忘家乡，谁能算官职？宜怀齐远近，委顺随南北。归去诚可怜，天涯住亦得。①

类似安时处顺的思想倾向在白居易诗中表现得十分普遍。尤其值得注意的是白居易在《白氏长庆集》卷一七《九江春望》中道：

> 淼茫积水非吾土，漂泊浮萍是我身。身外信缘为活计，眼前随事觅交亲。炉烟岂异终南色，湓草宁殊渭北春？此地何妨便终老，譬如元是九江人。②

此诗作于元和十三年（818），当时白居易贬谪寓居在江州。光凭诗中的“此地何妨便终老，譬如元是九江人”这样一句话，就可以说白居易已经将“譬如当初”的心灵解脱之道运用自如了。

艾略特在《传统与个人才能》一文中指出：

> 从来没有任何诗人，或从事任何一门艺术的艺术家，他本人就已具备完整的意义。他的重要性，人们对他的评价，也就是对他和已故诗人和艺术家之间关系的评价。你不可能只就他本身来对他作出估价；你必须把他放在已故的人们当中来进行对照和比较。我打算把这个作为美学评论而不仅限于历史评论的一条原则。③

苏轼“譬如当初”心灵解脱模式的形成，正印证了艾略特有关“传统与

① 〔唐〕白居易：《白氏长庆集》卷一一《委顺》，见谢思炜《白居易诗集校注》第2册，中华书局2006年版，第885页。

② 谢思炜：《白居易诗集校注》第3册，中华书局2006年版，第1346—1347页。

③ ［英］托·斯·艾略特：《艾略特文学论文集》，李赋宁译，人民文学出版社2019年版，第2—3页。

个人才能”的这一重要观点。

从庄子到白居易再到苏轼，可以说，“譬如当初”的心灵解脱模式是一脉相承的。苏轼“譬如当初”的心灵解脱模式不是他的原创，而是他在前人基础上的再创作。通过考察“譬如当初”心灵解脱模式的来龙去脉，可以更加深刻具体地认识到这样一个事实：没有哪个人天生就会写作，他一定要广泛地阅读，从前人的创作中汲取养料，积累知识，启迪智慧。“操千曲而后晓声，观千剑而后识器”①，大多数的写作都是在他人创作成果基础上的再创作。优秀的文学作品、杰出的思想情感、精妙的表现方式、深刻精微的人生思考，往往不是单凭作家一时的才思灵感造就的，在它的背后或明或暗地包含着源远流长的文化承接关系。

（三）尚友东坡——迁岭文人精神家园的建构

迁岭文人如何在西江流域超越苦难，摆脱困境，并创作出优美动人的优秀文化遗产？他们在当地的人际关系以及当地的社会风气、精神文明也是非常值得重视的一个因素。正如丹纳所说：“自然界有它的气候，气候的变化决定这种那种植物的出现。精神方面也有它的气候，它的变化决定这种那种艺术的出现。”② 苦难、悲痛并非当时的唯一主题，迁岭文人们在苦难悲痛中并没有失去对生活的热情与忧国忧民的情怀。执着、倔强、乐观进取、对苦难的超越与解脱也是迁岭文人创作中的重要主题，这两个主题是结合在一起的：在苦难中超越，在山林云水中不忘国家民族大义。迁岭文人有执着劳作后的收获、喜悦和自豪，有融入西江流域之后的怡然自乐，他们为西江流域社会变迁与文化繁荣做出了巨大贡献，也赢得了文学创作上的巨大成就。

苏轼谪居岭南时，仍然著书立说，对海南生活环境及自己当时的人生思考进行了较详细的叙述，试看其《书海南风土》所载：

> 岭南天气卑湿，地气蒸溽，而海南为甚。夏秋之交，物无不腐坏者。人非金石，其何能久。然儋耳颇有老人，年百余岁者，往往而是，八九十者不论也。乃知寿夭无定，习而安之，则冰蚕火鼠，皆可以生。吾尝湛然无思，寓此觉于物表，使折胶之寒，无所施其冽，流

---

① 〔南朝梁〕刘勰著、周振甫注：《文心雕龙注释》“知音”篇，人民文学出版社 1981 年版，第518 页。

② ［法］丹纳：《艺术哲学》，傅雷译，人民文学出版社 1963 年版，第 9 页。

金之暑，无所措其毒，百余岁岂足道哉！彼愚老人者，初不知此特如蚕鼠生于其中，兀然受之而已。一呼之温，一吸之凉，相续无有间断，虽长生可也。庄子曰："天之穿之，日夜无隙，人则固塞其窦。"岂不然哉。九月二十七日，秋霖雨不止，顾视帏账，有白蚁升余，皆已腐烂，感叹不已。信手书。时戊寅岁也。①

谪居海南的苏轼援佛道以救心，时时援引庄子的哲学思考来消解人生的苦闷，苏轼初到海南时作诗道：

四州环一岛，百洞蟠其中。我行西北隅，如度月半弓。登高望中原，但见积水空。此生当安归，四顾真途穷。眇观大瀛海，坐咏谈天翁。茫茫太仓中，一米谁雌雄。幽怀忽破散，永啸来天风。千山动鳞甲，万谷酣笙钟。安知非群仙，钧天宴未终。喜我归有期，举酒属青童。急雨岂无意，催诗走群龙。梦云忽变色，笑电亦改容。应怪东坡老，颜衰语徒工。久矣此妙声，不闻蓬莱宫。②

显然，此时的苏轼很自然地用庄子"齐物论"的思想来安慰自己，效果显著。

更难能可贵的是，苏轼在海南时随遇而安，与当地黎民百姓打成一片，并从中感受到了人间的温情与快乐。下例诗句就颇能反映苏轼在海南时的生活环境、生活方式、生活条件与他身处其中的人生态度和人生思考：

黎山有幽子，形槁神独完。负薪入城市，笑我儒衣冠。生不闻诗书，岂知有孔、颜。翛然独往来，荣辱未易关。日暮鸟兽散，家在孤云端。问答了不通，叹息指屡弹。似言君贵人，草莽栖龙鸾。遗我古贝布，海风今岁寒。③

自漉疏巾邀醉客，更将空壳付冠师。规模简古人争看，簪导轻安

---

① 〔宋〕苏轼：《苏轼文集》卷七一，中华书局1986年版，第2275页。

② 《行琼儋间，肩舆坐睡。梦中得句云：千山动鳞甲，万谷酣笙钟。觉而遇清风急雨，戏作此数句》，见《苏轼诗集》卷四一，中华书局1982年版，第2246—2248页。

③ 《苏轼诗集》卷四一《和陶拟古九首》（其九），中华书局1982年版，第2266页。

发不知。更著短檐高屋帽，东坡何事不违时。[1]

城东两黎子，室迩人自远。呼我钓其池，人鱼两忘反。使君亦命驾，恨子林塘浅。[2]

客来有美载，果熟多幽欣。丹荔破玉肤，黄柑溢芳津。借我三亩地，结茅为子邻。鴃舌倘可学，化为黎母民。[3]

苏轼在海南写下了二百多篇诗文，他在这些诗文中体现出来的种种人生体验、人格风范、文化性格无疑是充满魅力，令世人无限敬仰膜拜、崇尚效仿的，东坡范式的意义也正体现在这里。除此之外，苏轼在海南写了《居儋录》，《居儋录》是我们研究宋代海南社会经济文化的宝贵文献。

正如叶嘉莹指出：伟大的文学家总是用他们的生命来进行创作，用他们的生活来实践他们的作品。真正伟大的文学作品从不死亡，里面涵蕴着伟大作家活泼泼的精神，这种精神永远活在后世读者的心中，引起后世读者的共鸣与感动。这说明文学作品的文字的形虽然已固定，而文本的心在跳动。[4] 苏轼作品中表达的思想感情感动了后世的文人，尤其是苏轼在海南创作的这些优秀篇章中表现出来的文化性格与人生思考更是深刻影响到了随后谪居到此地的迁岭文人。南宋迁岭文人在进行文学创作时，往往很容易联想到苏轼，从他的文字中引起感发的生命，并结合自己特殊的历史文化背景与独特的人生体验创作出具有时代气息的文学作品，这正是苏轼那些抒发一己之情怀的诗歌能够引起后世迁岭文人感动的深层心理动因。

南宋迁岭文人的创作大多与苏轼的作品有着千丝万缕的内在联系，苏轼作品中展示出了中华优秀传统文化的各个方面，广泛辐射到后来的迁岭文人身上。生活环境、人生境遇、人生态度、人格个性方面的相似，使李光对神交已久的苏轼更加崇拜仰慕，从而心慕手追，到了岭南便去寻访苏轼的旧迹。他在苏轼曾经到过的双泉，想到苏轼，遂赋诗道：

苏公经行地，亭宇稍葺整，方池湛寒碧，曾照东坡影。新诗与妙

---

① 《苏轼诗集》卷四一《椰子冠》，中华书局 1982 年版，第 2269 页。

② 《苏轼诗集》卷四一《和陶田舍始春怀古二首》并引，中华书局 1982 年版，第 2280—2281 页。

③ 《苏轼诗集》卷四一《和陶田舍始春怀古二首》并引其二，中华书局 1982 年版，第 2281 页。

④ 叶嘉莹：《叶嘉莹说汉魏六朝诗》，中华书局 2015 年版，第 9 页。

画，千载未为永。①

可见李光对苏轼的崇拜敬仰之情溢于言表。《会稽志》卷一五载，李光“在琼寓居双泉，苏轼所常游也，自号博物居士”②，其《琼州双泉记》《洞酌亭》诗序都记载了他在琼州寻访苏迹之事：

苏公端明南迁过琼，酌水而异之，往告其人，而郡守求亭名与诗，遂名其亭曰“洞酌”，且留诗其上。绍兴乙丑，予自藤江再贬海外，以三月望至琼，众指双泉之胜，乃葺居。……双泉之名闻于远近，实自苏公发之。旧传有白龙尝露脊尾，气浮水面，询之故老，以为信然。苏公既不载，然亦莫有见者，独惠洪记注间一诗，其略云：“异哉寸波中，露此横海脊。举首玉箸插，忽去银丁掷。大身何时见，天矫翔霹雳。谁言鹏背大，更觉宇宙窄。”语虽不凡，然决非苏公诗。……四月七日，上虞李某记。③

旧传双泉相去咫尺而异味，东坡先生易名洞酌，且作诗其上。后稍稍增葺，疏为三池。今兹五十年，水益清驶，然所谓双泉乃混而为一，非知水味者莫能辨也。东坡诗题不复存。绍兴乙丑之春，予再贬琼山，九月二日，自行馆与仲子孟坚徙居之，因访寻旧题，得“洞酌亭”三字于乡老朱景贶，复揭之亭上。居闲无事，因作古风二十韵，意殊未尽，复赋律诗一篇，以示太守徐自然、别乘李申之。④

在苏轼贬谪之地游玩，神游于当年苏轼贬谪生活的历史景象之中，并阅读苏轼在当地遗留下来的作品时，李光自然会对元祐党争及与其相关的史事和遭受贬谪而渡岭南来的人物产生种种更加深刻的理解与体会，会有一种与苏轼似曾相识、同病相怜的感觉，心中自然会对苏轼涌起一种深切的同情与理解，并从苏轼如何面对、度过人生的逆境中学习到其人格精神与人

① 〔宋〕李光：《庄简集》卷一《双泉诗》，见《四库全书》影印文渊阁本第1128册，上海古籍出版社1987年版，第439页。

② 〔宋〕施宿《嘉泰会稽志》卷一五《李光传》，见《宋元方志丛刊》，中华书局1990年版，第6991页。

③ 〔宋〕李光：《庄简集》卷一六《琼州双泉记》，见《四库全书》影印文渊阁本第1128册，上海古籍出版社1987年版，第608—609页。

④ 〔宋〕李光：《庄简集》卷三《洞酌亭诗·序》，见《四库全书》影印文渊阁本第1128册，上海古籍出版社1987年版，第454页。

生态度。这方面的体会与同情绝大部分已化为李光的诗词创作了。在琼州所作的《洞酌亭诗》中，李光对自己的贬谪生活环境进行了诗语表达，颇有苏轼的风神意态：

投老几三黜，郊居更一迁。江山相映带，风物自清妍。妙墨移新榜，清诗失旧镌。地偏无俗辙，境胜赖前贤。气泱冈峦润，荣滋草木鲜。双泉今莫辨，异味岂虚传。余润分畦圃，支流给市廛。幽嵌锵玉佩，石罅涌玑璿。沥漉闻朝汲，淙琤搅夜眠。甘寒通沆瀣，精洁秘蜿蜒。奔驶观洄洑，泓渟有折旋。滂沱苏旱岁，清冷变炎天。雁过空遗影，僧来忽误禅（二事见《传灯录》）。澄澜涵璧月，暗谷响朱弦。梦想千岩秀，徜徉一壑专。使君常倒载，别乘屡加笾。隔竹闻茶臼，临池泛酒船。尘襟如可洗，来此弄潺湲。[1]

并且李光在词中亦常常化用苏轼诗意，如这首《念奴娇·符昌言写寄朱胡梅词，酬唱语皆不凡，因次其韵》曰：

榕林叶暗，见一枝独放，霜华争白。写我精神惟赖有，潇洒西湖词客。玉骨清羸，冰容冷落，似恨关山隔。蛮烟侵妒，未应减动肌雪。　幽梦时绕芳枝，夜寒谁见我，身为蝴蝶。抱蕊窥丛惊睡觉，窗影横斜和月。谢馆池边，松风亭下，忍使香消歇。多情饶恨，算应天解磨折。

在“关山隔”“蛮烟侵妒”的自然环境中写此词，自然而然地就联想到了苏轼，在此词最后李光特别强调：“松风亭见东坡梅诗”[2]。在《庄简集》卷二《载酒堂》中更加热情洋溢地歌咏苏轼道：

东坡文章喧宇宙，粲如日星垂不朽。六一老人犹避路，作者纷纷皆束手。俊逸精神追李杜，华妙雄豪配韩柳。晚年流落海南村，黎唱蛮讴随簪叟。先生已去五十年，遗墨残篇尚多有。丰城宝剑埋狱中，光焰犹能射牛斗。败垣坏壁秘蜗涎，夭矫龙蛇已惊走。独馀黎氏旧园

① 〔宋〕李光：《庄简集》卷三《洞酌亭诗》，见《四库全书》影印文渊阁本第1128册，上海古籍出版社1987年版，第454—455页。

② 唐圭璋编纂、王仲闻参订、孔凡礼补辑：《全宋词》，中华书局1999年版，第1018页。

亭，乔木森森免薪槱。半是东坡亲手植，老干樛枝互缠纠。杖藜乘兴访遗像，遐想英风竚立久。曾吹葱叶送迎翁，当日儿童今白首。莫嗟寂寂路荒芜，亦有幽人时载酒。

并且在“当日”句下，李光还特别注道：“子云之子今六十余矣，东坡所谓小童，即此人也。”① 他的《丙寅十月二十二日孟坚理旧箧见纯老送行诗有见及语因次其韵》诗云：

南来偿宿债，一笑悟前身。白首痴顽老，清朝放逐臣。休传江左梦，愁见海南春，鲁叟乘桴意，他年莫问津。

衣冠双阙远，烟瘴百蛮深。不记朝天路，难忘拱极心。任从生死病，莫问去来今。身似孤云远，闲飞不作霖。

窜流今六载，无复望天朝。象魏阙云远，宝阤山匪遥。音书时有继，风义未全凋。只有猕猴性，年来亦渐调。

其中的名句“任从生死病，莫问去来今”②，明显化用了苏轼《过永乐文长老已卒》中的句子“三过门间老病死，一弹指顷去来今”③。又如李光《庚午重九，予以忧患经此节物，亦强举杯，复同坐客。步至陈氏水阁，率尔成韵》载：

竹杖芒鞋行自惯，风轩水阁坐来频。④

此句明显化用了苏轼名句“竹杖芒鞋轻胜马”⑤ 的意境，仔细研读李光谪居海南的作品，我们时常感叹他的创作可谓是无一字无来处。尤其《庄简

---

①〔宋〕李光：《庄简集》卷二，见《四库全书》影印文渊阁本第1128册，上海古籍出版社1987年版，第451页。

②〔宋〕李光：《庄简集》卷三，见《四库全书》影印文渊阁本第1128册，上海古籍出版社1987年版，第453页。

③《过永乐文长老已卒》，见〔清〕王文诰辑注、孔凡礼点校《苏轼诗集》卷一一，中华书局1982年版，第566—567页。

④〔宋〕李光：《庄简集》卷五，见《四库全书》影印文渊阁本第1128册，上海古籍出版社1987年版，第476—477页。

⑤ 唐圭璋编纂、王仲闻参订、孔凡礼补辑：《全宋词》第1册，中华书局1999年版，第372页。

集》中诸如此类化用苏轼句子或意境的例子不胜枚举，很能反映李光对苏轼的由衷爱戴与模仿学习。

哀莫大于心死，而具有“感发的生命”的诗歌却可以使人心不死。迁岭文人李光之所以能够在谪居海南的岁月里随遇而安、素情自处，以知足乐观的心情度过居岭生活的困境，很大程度上是受到苏轼诗歌中感发的生命的深刻影响，他以苏轼为友，心中时时想到乐观知足、随遇而安的前辈，从而保持了心灵的活泼开朗，得享高寿。

李光尚友苏轼，用苏轼诗中“感发的生命”来引导自己人生的一个重要表现就是：他到海南后十分频繁地提及苏轼。他在《绍圣中，苏公内翰谪居儋耳，尝与军使张中游黎氏园，爱其水木之胜，劝坐客醵钱作堂，黎氏名子云，因用扬雄故事，名其堂曰载酒堂。予始至儋，与琼士魏安石杖策访之，退作二诗》中道：

何年老扬雄，寄此十亩园。年深草木荒，杖策谁叩门。缅怀东坡老，陈迹记旧痕。空余载酒堂，往事孰与论。黄柑与丹荔，不受瘴雾昏。邦人时馈奠，一笑空罍尊。①

在叙述“载酒堂”形成过程中表达了对苏轼的仰慕之情；又在《东坡载酒堂二诗，盖用渊明〈始春怀古田舍〉韵，遂不见于后集。予至儋，始得真本，因追和其韵》中道：

荒园草木深，樵牧不敢践。虽无南国爱，正以东坡免。平泉与金谷，视此颜有靦。至今儋耳民，里巷多乐善。胜游倘可继，杖策敢辞远。燕谈有佳侣，永日可忘返。酒酣任歌呼，此兴吾不浅。

嗟彼南海郡，土脊士常贫。薯芋饷画耕，松明照夜勤。当年两黎老，能邀玉堂人。一往五十年，遗迹宛若新。邦君时举酒，父老举欣欣。贤多隐农圃，耦耕可问津。鲁叟欲乘桴，东坡愿卜邻。他年青衿子，凛凛多秀民。②

---

① 〔宋〕李光：《庄简集》卷二，见《四库全书》影印文渊阁本第1128册，上海古籍出版社1987年版，第444页。

② 〔宋〕李光：《庄简集》卷二，见《四库全书》影印文渊阁本第1128册，上海古籍出版社1987年版，第444—445页。

绍圣四年（1097）闰二月十九日甲辰，苏轼责授琼州别驾，移昌化军安置。[①] 同年十一月，尝与军使张中同访黎子云兄弟，名其所居曰“载酒堂”。[②] 苏轼曾在此作《和陶田舍始春怀古二首并引》，其序就说明了“载酒堂”的来龙去脉：

儋人黎子云兄弟，居城东南，躬农圃之劳。偶与军使张中同访之。居临大池，水木幽茂。坐客欲为醵钱作屋，余亦欣然同之。名其屋曰载酒堂，用渊明《始春怀古田舍》韵。

其诗用审美的眼光来看待天涯海角的日常生活，深得陶诗三昧：

退居有成言，垂老竟未践。何曾渊明归，屡作敬通免。休闲等一味，妄想生愧腼。聊将自知明，稍积在家善。城东两黎子，室迩人自远。呼我钓其池，人鱼两忘反。使君亦命驾，恨子林塘浅。

茅茨破不补，嗟子乃尔贫。菜肥人愈瘦，灶闲井常勤。我欲致薄少，解衣劝坐人。临池作虚堂，雨急瓦声新。客来有美载，果熟多幽欣。丹荔破玉肤，黄柑溢芳津。借我三亩地，结茅为子邻。鴂舌倘可学，化为黎母民。[③]

陶诗的真谛往往表现在日常生活里，在描写日常生活的一草一木时自然而然地表现出诗人的文化性格与人生思考，王夫之曾指出其中的妙处：

“平畴交远风，良苗亦怀新”，为古今所共欣赏。“平畴交远风”，信佳句矣，“良苗亦怀新”，乃生入语。杜陵得此，遂以无私之德，横被花鸟；不竞之心，武断流水。不知两间景物关至极者，如其涯量亦何限，而以己之所偏得，非分相推，良苗有知，宁不笑人之曲谀哉！通人于诗，不言理而理自至，无所枉而已矣。[④]

① 孔凡礼：《苏轼年谱》，中华书局1998年版，第1250页。

② 孔凡礼：《苏轼年谱》，中华书局1998年版，第1280页。

③ 孔凡礼点校：《苏轼诗集》卷四一，中华书局1982年版，第2280—2281页。

④〔清〕王夫之：《古诗评选》卷四，见《船山全书》第十四册，岳麓书社1996年版，第719页。

苏轼之诗歌创作也正如陶渊明一样乃以“己之所偏得”而来，表达的也正是自己在日常生活中的所见所闻所感。

值得注意的是，李光在谪居岭海之际尚友苏轼、陶渊明时，也学习他们将日常生活诗化，从而将自己的生活活成了一首动人的抒情诗，如《次韵元裕同游东山佳什东坡所谓爱此小天竺即其地也》诗云：

> 东坡谪蛮荒，梦想两天竺。哦诗寄东山，妙响振林麓。作祠卫公旁，一杯奠椒浆。相望柳柳州，追配韩潮阳。怀人空陨涕，亭榭今荒墟。溪山不改色，松声契真如。嗟余麋鹿姿，惯逐渔樵伴。平生铁石肠，那复置冰炭。寻山得佳侣，聊遂幽人意。登临有遐瞩，俯仰观此世。君为丞相孙，仕作渊明清。一枰可消忧，五字堪析酲。人生各有役，诗棋岂妨道。闭户朝黄庭，习气终一扫。①

在尚友苏轼、柳宗元、韩愈之际也不忘提及心中的偶像陶渊明，或许“仕作渊明清”才是李光最想表达的思想感情。陶渊明的文化性格与人生思考不仅深刻影响到苏轼，让他在谪居岭海的岁月里有了一整套调节心理苦闷的模式与方法，也深刻影响到了苏轼的崇拜者与追随者李光。正是谪居岭海的人生困境，促使迁岭文人走向陶渊明，对他的作品表现出来的人生意趣有了更加深刻的理解与体会，从而对陶渊明、苏轼等生活中的勇者、智者产生了高度认同与情感共鸣。

江山也要伟人扶，“载酒堂”因苏轼其人其诗而成了风景名胜，被载入地理名著《舆地纪胜》卷一二五《昌化军·景物下》中，受到后人的瞻仰：

> 载酒堂，在城南。儋耳人黎氏之居，东坡访之，为名其堂曰载酒堂，作诗曰：“城东两黎子，室迩人自远。呼我钓其池，人鱼两忘返。使君亦命驾，恨子林塘浅。”②

苏轼此诗不但生活气息浓郁，而且温情脉脉，对琼州、昌化充满了欣赏热

---

① 〔宋〕李光：《庄简集》卷一，见《四库全书》影印文渊阁本第1128册，上海古籍出版社1987年版，第432—433页。

② 〔宋〕王象之：《舆地纪胜》卷一百二十五《昌化军·景物下》，中华书局1992年版，第3592页。

爱之情，措辞清新自然，体现出苏轼旷达的胸襟、昂扬的气度、高洁的志趣、乐观的精神，故对贬谪至此的李光产生了巨大的吸引力。李光能在儋州得到此二诗的真本，并追和其韵，是他不幸人生中最大的幸运。

李光“在儋耳尝赋东坡六无诗”“波澜意度，亦约略可睹矣”[①]，其中《食无肉》《居无屋》二诗，表达了对苏轼生存处境、生活方式的了解与同情：

养生有真诠，虚心实其腹。十年岭海游，一钵随僧粥。纳息归丹田，息在火亦伏。黄河朝昆仑，昼夜自回复。空肠无滓秽，气转声漉漉。腥膻减吾寿，厚味有腊毒。颜回称好学，陋巷一瓢足。何俟日万钱，但取身后辱。齑盐有余味，何必常食肉。(《食无肉》)

处世若传舍，吾生聊讬宿。志士守蜗庐，幽人卧空谷。君看汉梁董，日享万钟禄。华榱庇千间，子孙无讬足。海南吾欲老，是处堪卜筑。结庵傍松林，开牖面修竹。野老日往来，席地有棋局。俯仰天地宽，莫叹居无屋。(《居无屋》)[②]

后来，在《跋六无诗卷后》中，李光道出了自己当初写作此六诗的缘由：

六无信笔成，无令浪流传。它时达官知，人人愿南迁。[③]

苏轼曾在《食蚝》中云：“每戒过子慎勿说，恐北方君子闻之，争欲为东坡所为，求谪海南，分我此美也。”[④] 李光对此心领神会，他在诗中表现出来的幽默风趣、乐观诙谐的文化性格明显带有浓厚的苏轼印记。

苏轼因在惠州显示出旷达风神，结果被章惇嫉恨陷害，把他贬谪到更遥远偏僻的儋州。此时的苏轼仍然表现出类似游戏人生的态度。他说：

---

① 〔清〕永瑢等：《四库全书总目》卷一五六《庄简集》提要，中华书局1965年版，第1347页。

② 〔宋〕李光：《庄简集》卷二，见《四库全书》影印文渊阁本第1128册，上海古籍出版社1987年版，第445页。

③ 〔宋〕李光：《庄简集》卷六，见《四库全书》影印文渊阁本第1128册，上海古籍出版社1987年版，第483页。

④ 孔凡礼点校《苏轼文集·苏轼佚文汇编》卷六《杂记》，中华书局1986年版，第2592页。

此间食无肉、病无药、居无室、出无友、冬无炭、夏无寒泉，然亦未易悉数，大率皆无耳。惟有一幸，无甚瘴也。①

屡次三番遭到贬谪后还敢对飘忽无常的命运开玩笑，正是因为具有直面惨淡人生的能力。李光在这方面可谓得到了苏轼真传，他的六无诗受到后世文人的广泛关注，被记载到了王象之所著的历史地理名著《舆地纪胜·昌化军·官吏》中：

《图经》云：光自号体物老人。绍兴辛巳，责琼州。己巳春，再贬儋耳。在郡，尝赋东坡《六无》，《食无肉》云："齑盐有余味，何必常食肉。"《出无友》云："吾衰自不出，孰谓出无友。"《病无医》云："吾师坐忘真，庐扁非良医。"《居无屋》云："俯仰天地宽，莫叹居无屋。"《冬无炭》云："海薪不论钱，何苦忧无炭。"《夏无寒泉》云："铜盆湛冰雪，谁谓无寒泉。"公居琼九年，居儋六年，乙亥冬移郴。②

通过此书，可以更加清楚地了解海南风俗民情及当时官吏生活的具体情况，李光其人其诗也成了岭南文化史上一道靓丽的风景，为岭南文化事业的繁荣昌盛增添了浓重的一笔。这离不开他在岭南生活时尚友苏轼、时常学习模仿苏轼的人格精神与人生态度，从而在他身上汲取到了笑傲苦难、直面人生的力量。

李光将海南的日常生活诗化，他流寓岭南的生活就成了富有诗意与美感的生活。甚至在海南看到小鸟，李光也会联想到苏轼。《海南有五色雀，土人呼为小凤，罕有见者，苏子瞻谪居此郡，绍圣庚辰冬再见之，常作诗记其事，公实以是年北归。癸酉冬予亦两见之，今二年矣。乙亥八月二十二日会客陈氏园。飞鸣庭下回翔久之，众客惊叹因赋是诗》云：

神物知吾忠，天公怜我直。吉凶有先兆，告我将返北。苏公不吾

① 〔宋〕苏轼：《与程秀才三首》其一，见《苏轼文集》卷五五，中华书局1986年版，第1628页。

② 〔宋〕王象之：《舆地纪胜》卷一二五《昌化军·官吏》，中华书局1992年版，第3598—3599页。

> 欺，流咏冠今昔。斯言傥有征，便可具接淅。①

从此诗中可看出李光在海南时对苏轼的心慕手追之情。

李光在海南时还发现了一个非常重要的文化现象，即苏轼在谪居海南时为当地的文化、教育事业做出了重大贡献：

> 昔苏公端明谪居此邦，有《游学舍》诗云："摄衣造两塾，窥户无一人。邦风方杞夷，庙貌犹殷因。先生馔已阙，弟子散莫臻。"盖叹之也。今相去五六十年间，文学彬彬，不异闽浙。②
>
> 近年风俗稍变，盖中原士人谪居者相踵，故家知教子，士风浸盛，应举终场者凡三百人，比往年几十倍，三郡并试时得人最多。③

苏轼在海南兴办学校，教育当地士子，尽心竭力地传播中原优秀传统文化，海南地区"书声琅琅，弦歌四起"④、"学者彬彬，不殊闽浙"，学习氛围异常浓厚，对海南的文化发展起到了巨大的作用。在苏轼的引导下，昌化军士子符确破天荒地考中进士，此后，海南陆续有人中进士。苏轼离开海南四十五年后，他传播中原文化的火炬由李光接续了，李光贬谪到海南时，与当地士子广泛接触、深入交流，常到琼州的"书馆""会友堂""书会所"等求学场所与诸生论学考课，不断地与士子通信往来，时相过从，交往甚密。李光到了海南后还发现，海南自古无战场，靖康以来，中原纷扰，"而是邦独不见兵革，里闾之间，晏如承平，人知教子，家习儒事，青衿之秀，日以增盛，每诏下，群试于有司者，至三百余人"⑤。他也颇乐意在此地传播中原优秀的文化，自述"予以放逐至此，时得与其士

---

① 〔宋〕李光：《庄简集》卷二，见《四库全书》影印文渊阁本第1128册，上海古籍出版社1987年版，第445—446页。

② 〔宋〕李光：《庄简集》卷一六《昌化军学记》，见《四库全书》影印文渊阁本第1128册，上海古籍出版社1987年版，第610页。

③ 〔宋〕李光：《庄简集》卷一六《儋耳庙碑》，见《四库全书》影印文渊阁本第1128册，上海古籍出版社1987年版，第611页。

④ 葛元藻、曾效主修：《（民国）儋县志》卷首，见王国宪《重修儋县志叙》，海南出版社2004年版。

⑤ 〔宋〕李光：《庄简集》卷一六《昌化军学记》，见《四库全书》影印文渊阁本第1128册，上海古籍出版社1987年版，第610页。

子相从文字间。而王霄诸生，又多及见前辈，喜与迁客游”[①]。苏轼在海南遇到了“春梦婆”，与当地的一个老太婆有深度交流，而李光也不甘寂寞，与当地一位姓冯的老太婆也有密切接触，这一佳话被李光写入了诗中，诗云：

> 归途遇冯姥，敛袂不羞缩。蕉花杂山丹，槟榔绕新屋。欲我留姓名，呼儿为磨墨。似怜穷独叟，曾忝十州牧。良辰不易过，此会岂难续。他时倘重来，更为呼醉秃。[②]

“春梦婆”“冯姥”并不是普通的老太婆，而是有一定文化修养的书香人家的女子，苏轼、李光与他们的交往，反映出迁岭文人在当地传播、交流中原文化的满腔热情。苏轼、李光先后迁岭，一脉相承，李光在文化性格与人生思考方面努力效仿、学习苏轼。可以说，苏轼没有死，他仍然活在李光这样的迁岭文人心里。

李光继承了苏轼重视当地教育事业的精神，在海南对当地学士谆谆教诲，希望他们能够成材。在《跋许觐所藏法贴》中，他就针对晚生后辈的书法进行指导，并以苏轼为榜样来教育晚生后辈，教他们作字之际突出做人的重要性，做到书品与人品的统一，寓教于乐，循循善诱，寓深刻的人生哲理于书法点评之中：

> 世之学禅者，虽云门洞山黄蘖临济诸家各有所宗，其所传心印一也。书法亦然。颜柳之瘦硬，欧虞之端劲，徐李之豪壮，各自名家。考其笔意，未始不同，此论闻之前辈。今世鲜有知者。本朝惟蔡君谟，天资超胜，辅以力学，遂为本朝第一。惟苏子瞻善论书，可继君谟，而气超胜不减二王。近世惟江裒仲嘉作字得楷法，不幸生宣和间，书法弊坏之时，莫有知之者。今三衢尚有仲嘉子姓及碑刻而程俱致道亦善论书，今皆亡矣。予来海外昌化，许觐善书，其大父珏虽商人，而喜与士大夫游，东坡先生与之甚厚，作酒子赋赠之。其父某遂累取乡举，为南迁官，好收古法贴，其渊源所来亦远。予与之往来至

---

① 〔宋〕李光：《庄简集》卷一六《昌化军学记》，见《四库全书》影印文渊阁本第1128册，上海古籍出版社1987年版，第610页。

② 〔宋〕李光：《庄简集》卷二，见《四库全书》影印文渊阁本第1128册，上海古籍出版社1987年版，第442页。

熟，觐作字不俗，然但知学东坡书，粗得其形似，而不知苏公之书自二王诸人来，故予尝勉觐力学，以古人为师法，然后知东坡字画有所宗也。后生作字若知用笔意，便如王谢家子弟，纵使不能端正而气韵自觉超胜也。予久处荒裔，如逃空虚，闻人足音，跫然而喜矣。绍兴乙亥九月下浣，许子偶携此卷来，为跋其后。①

在李光的教导下，许觐力学不已，尚友古人苏轼、听取时贤李光的教诲，不断精进，进入仕途后仍不忘前修时贤的引导，终于有所成就，成了当地名流，被载入地方史册②。

李光在谪居海南的十多年来与海南人民结下了深情的厚谊，表现出他对发展当地文化教育事业的热情，这在他的文集中有许多具体生动的体现。海南文化、教育事业的发展兴盛，除了苏轼筚路蓝缕地辛勤耕耘之外，显然还离不开南宋迁岭文人苦心孤诣的开拓创新，如在海南创建昌化新学，可说是南宋迁岭文人的一个创举，为海南文化教育事业做出了巨大贡献。这从李光所作的《昌化军学记》中可见一斑，此文从教育的重要性谈起，旁征博引，天马行空地论述古往今来因重视教育而使文化发展的道理，并由此引出海南地区教育的问题所在、迁岭文人苏轼的草创之功及当时教育事业所处的困境，最后重点突出当时海南教育的现状及美好前景，对海南文化教育的发展抱有乐观的向往：

学校，王政之本也。三代至治之世，未尝无学。皆所以明人伦、崇教本、长育人材而化成天下也。周衰至春秋之际，学校废缺，虽齐晋之大国、晏婴叔向之贤，未尝一及于此。鲁独僖公能修泮宫而诗人歌咏其德，郑惟子产不毁乡校而仲尼追称其仁。盖古之学者以圣王为师，而专师孔子，则自邹鲁始。当时诸侯虽不能尽用而四方学者如孟僖子之徒，皆翕然从之，升堂入室，至于三千，难疑问答，其略见于《论语》。至自卫反鲁，然后乐正雅颂，各得其所，而三纲五常之道赖以不绝，无他，学故也。故孟轲以谓自生民以来未有如夫子，又曰：以予观于夫子，贤于尧舜远矣。岂过论哉！自汉以来，其道益隆，虽

---

① 〔宋〕李光：《庄简集》卷一七，见《四库全书》影印文渊阁本第1128册，上海古籍出版社1987年版，第619—620页。

② 许觐，儋州人，迪功郎。参见《广东通志》卷三一，见《四库全书》影印文渊阁本第563册，上海古籍出版社1987年版，第338页。

天子之尊，躬执荐祼，非道师万世，言法天下，畴克当之。

我宋之兴，崇儒重道，圣圣相承，至仁宗皇帝始诏大臣，问以治天下之道，当时条对咸以学校为请，熙宁元丰以来，继志述事，弗替益隆……党庠术序，达于海隅，可谓盛矣。逮主上中兴，和戎偃兵，天下寖以无事，乃诏中外，谨庠序之教，复太学之制，旁达郡国，靡然向风。

唯海南地处遐裔，虽屡更淑扰而是邦独不见兵革。里闾之间，晏如承平。人知教子，家习儒事。青衿之秀，日以增盛。每诏下，群试于有司者，至三百余人。然旧学庳陋，傍迫居民，人士每病之也。先是，城之东南隅，郊原迤逦，气象轩豁，黎阜拱揖，昌江映带，实占一郡之胜。至是人谋龟筮实协实从，诸生献谋，工徒输力，富者效其赀，贫者尸其劳。郡守陈侯适亦乐从之。期年而新学落成，且于民家得古肖像，华冠象佩，远合邹鲁，群贤从祀，取法上庠，御书有阁，讲说有堂，齐祭有室，诵读有舍，宾客之位附于三门，缭以周垣，崇以列戟，下至庖湢，莫不毕具，固足以激奋士心，作新后学，士之周旋其间者且将磨揉迁韦，日趋于善，变岛夷卉服之陋为弦诵礼乐之乡，丧祭冠婚无悖礼之失祲，祥巫觋祛习俗之蔽，使一变而至鲁，再变而至道，将必由是启之。

昔苏公端明谪居此邦，有游学舍诗云“摄衣造两塾，窥户无一人。邦风方杞夷，庙貌犹殷因。先生馔已阙，弟子散莫臻。”盖叹之也。今相去五六十年间，文学彬彬，不异闽浙。予以放逐至此，时得与其士子相从文字间，而王霄诸生又多及见前辈，喜与迁客游。一日，抠衣踵门以学记为请，念方衰病，久废笔砚，屡辞不获，因书其经始大略如此。异时长材秀民业精行成登巍科膺膴仕者，继踵而出，则予虽老病矣，尚庶几及见之。绍兴二十二年岁次壬申十月庚子上虞李某记。①

如果我们注意到此文的写作时间是在“绍兴二十二年（1152）”，即李光谪居海南十多年之后，就能理解李光写作此记的复杂感情。其中有惋惜、忧伤、惆怅，然而更多的还是旷达、欣喜、乐观之情。毕竟李光自从来到

① 〔宋〕李光：《庄简集》卷一六，见《四库全书》影印文渊阁本第1128册，上海古籍出版社1987年版，第609—611页。

海南，眼看着当地文化教育事业的发展取得如此巨大而显著的成效，而自己身处其中且为之贡献了一份力量，心中的欣喜之情溢于言表，从中也能够让人感受到李光对海南文化教育、社会变迁的重视与热情。迁岭文人服务地方文化事业的执着与诚挚之情由此可见。

值得注意的是，李光特别重视自己这篇热情歌颂海南文化教育事业发展变迁的文字，下手刻石时特地请好友胡铨为其书写题名。这篇《与胡邦衡书》记载了李光时刻以当地的文化事业教育为重，为得“昌化军学记”五字而特别请好友南宋四名臣之一的胡铨题名的动人事迹：

> 某少恳，近逢时托撰军学记，虽已勉强撰得，已下手刻石矣。但昌化军学记五字，欲得邦衡作汉隶，比已令停刀笔以俟，幸速得之，恃爱忘率尔，悚息之至。[①]

李光在“八十老人，死自其分耳，年来亦觉顿衰，步趋无力，心志健忘，聪明不及前时”[②] 的情况下仍然抱着认真、谨慎的态度请托好友为他的《昌化军学记》题词，可见他对此篇文章的重视及对发展当地文化教育事业的热情。

李光对海南教育的热情一再反映在他的诗歌里，如《郡学落成之初八月二十二日陪郡守同来仍榜郡学二字遒劲结密观者兴叹是日燕郡僚并学职郡守谓予本起诸生俾预燕集因成鄙句呈逢时坐客》，诗题介绍了海南郡学落成之情况与写作此诗之缘由，字里行间透露出诗人的社会责任感与自己发展教育事业得到认可的喜悦。而在此诗中李光则对自己的教育热情与所取得的成就加以了诗意化呈现：

> 气清天朗属中秋，黉舍初成燕鲁侯。依旧规模环壁水，斩新牌版灿银钩。青衿士子欣荣遇，白发迁儒预胜游。尼父道行千载后，坐令南海变东周。[③]

---

① 〔宋〕李光：《庄简集》卷一五，见《四库全书》影印文渊阁本第1128册，上海古籍出版社1987年版，第599页。

② 〔宋〕李光：《庄简集》卷一五《与胡邦衡书》，见《四库全书》影印文渊阁本第1128册，上海古籍出版社1987年版，第600页。

③ 〔宋〕李光：《庄简集》卷五，见《四库全书》影印文渊阁本第1128册，上海古籍出版社1987年版，第478—479页。

此诗体现出迁岭文人对发展当地教育的热情沛然莫之能御，岭海之地的社会变迁与迁岭文人的密切联系由此可见。

海南的社会发展离不开一代又一代迁岭文人的努力。李光乐观开朗的性格也体现在他对海南地区人才培养的热情上，这种热情还感染了他的好友胡铨。在《与胡邦衡书》中，李光既叙述了自己身处海南的生活困境，又寻找到了从此困境中摆脱出来的良方，这就是培养当地的人才，与当地秀才结下深厚的友谊，培养良好的人际关系。人际关系是决定人生幸福与否的一个重要因素，李光因重视当地文化教育事业的发展并因此而培养了人才、收获了友谊，心中的成就感与幸福感也与日俱增。下面这段与好友胡铨畅谈自我处境与心迹情感的文字，具有丰富深刻的人生意蕴，不仅让好友胡铨产生共鸣，对后世文人也很有启发：

一身寓此，日有意外之虑，然刘伯伦以锸自随，死便埋我，则又释然耳。出无友之说诚如东坡所云。近黄舜扬秀才已到书馆，相近得此一士，少慰孤寂，会下士人如向携公书来及小裴气象已超胜，乃知诗书酝酿之功亦大矣。仲尼叹道之不行，欲乘桴浮海，又欲居九夷，岂虚言哉！武王克商，封箕子于三韩，至今为礼义之国，吉阳之居，公之不幸，而一时士类之幸也。①

这段文字充分说明了李光身处逆境却仍然高度重视“诗书酝酿之功”，深刻认识到教育对发展当时相对落后地区社会文明的重要性，用“吉阳之居，公之不幸，而一时士类之幸也”的伟大情怀，来安慰劝勉好友。这是李光的夫子自道之语，是他对谪居荒蛮落后地区的士大夫如何实现人生价值的自我判断与期许。

这样的态度与个性在李光诗歌中也有许多生动感人的体现。在《象台》一诗中，李光十分欣喜地发现当地景物之美、人物之盛，尤其是当地人民爱好文艺、文化事业的情景让李光赞不绝口，大书特书了一笔。其诗序曰：

象台，谢氏所居，去郡城六十余里，有溪山之胜。今琼州司户洪

① 〔宋〕李光：《庄简集》卷一五，见《四库全书》影印文渊阁本第 1128 册，上海古籍出版社 1987 年版，第 598 页。

兄弟四人皆以儒学得名，好贤乐善，不求闻达。右丞王复道尝馆其家，作《扶疏堂》等诗。户曹之子杰以干至昌化，数访予，执礼甚恭，若有求而不敢问之。盖亦欲得予诗也，念方老病未暇，今晨忽来告别，无以酬其意，勉作长句送行。若亭榭之胜，景物之美，尚须异时登览而赋，杰兄弟亦四人，皆预乡荐，有声场屋云。

其诗云：

> 全家卜筑面孱颜，变态烟云坐卧看。丘壑时应携妓女，阶庭还见产芝兰。水涵山影千寻碧，路转松阴十里寒。杖策它年容叩户，尽驱佳处入毫端。①

李光欣喜地看到海南文化事业的发展，把这些“以儒学得名，好贤乐善，不求闻达”“执礼甚恭，若有求而不敢问之。盖亦欲得予诗”“皆预乡荐，有声场屋”之士比作“阶庭芝兰”，赞叹砥砺之情溢于言表。可以说，以李光、胡铨为代表的南宋迁岭文人在文化教育事业方面所做的努力，继承和发展了苏轼民胞物与的伟大精神，是中国古代优秀士大夫文化性格与人生思考在特定历史时期、特定历史环境中的生动体现。

苏轼关心当地人民的事迹及情感，深深地打动了南宋迁岭文人，有些已生动地反映在他们的文学创作中了。他们在贬所没有自暴自弃、放弃士大夫的责任，而是关心群众疾苦、时时留心百姓生活，并将其写在诗歌里，以期引起有关部门的关注。李光《海外谣》诗序就说明了他写作此诗的目的乃是揭示出当时赃吏导致百姓叛乱的深刻历史动因，以期引起政府官员的重视：

> 琼、崖、儋、万四州限在海外，地里险远，输赋科徭，率不以法所出。沉香翠羽、怪珍之物征取无艺。百姓无所，赴诉不胜其忿则相煽剽刻。岁在己巳，盗起琼山，旁郡不禀约束，第阴拱以观其变。经略司亟遣官弁将士且招且捕。凡逾时，始以次歼灭。明年春三月，渠魁授首，而紫罗诸村焚荡一空。虽足以惩戒后来，然致寇之因，实缘

① 〔宋〕李光：《庄简集》卷五，见《四库全书》影印文渊阁本第1128册，上海古籍出版社1987年版，第480页。

赃吏。予惧叛民虽熄，而赃吏愈炽，因摭其起事之因，作《海外谣》一篇。庶几采诗者达之诸司，稍更旧法，精择廉吏，使吾赤子咸被恩泽，不甚幸欤！①

这段小序，让我们对当地百姓叛乱的来龙去脉有了更加清晰的认识。李光的骨子里渗透着宋代士大夫独有的精神气质，即对人民百姓与现实问题刻骨铭心的关怀，这种关怀深深融入他的血脉之中，是他安身立命之所在。诗歌是诗人心灵深处的声音，李光在此诗中对偏远地区劳动人民的贫苦、屈辱、质朴、憨厚及百折不挠的生命力充满了深刻的同情与共鸣。他已将自己的生命与这片土地融在了一起，与这片土地上的人民共悲喜，在《和郡守喜雨之什》中，李光吟唱道：

一犁甘泽应虔恭，顿觉山川返旧容。宿霭酿成千嶂雨，迅雷惊起九渊龙。水生洲渚宽溪女，润浃郊原慰老农。衰病不知春过去，强持杯酒略相从。②

这样的语言是李光心声的真实记录，是展现他关心当地百姓疾苦的生动体现。有什么样的胸襟怀抱，就会有什么样的诗歌作品，叶燮曾经指出：

诗是心声，不可违心而出，亦不能违心而出。功名之士，决不能为泉石淡泊之音。轻浮之子，必不能为敦庞大雅之响。故陶潜多素心之语，李白有遗世之句，杜甫兴广厦万间之愿，苏轼师四海弟昆之言。凡如此类，皆应声而出，其心如日月，其诗如日月之光，随其光之所至，即日月见焉。故每诗以人见，人又以诗见。使其人其心不然，勉强造作，而为欺人欺世之语，能欺一人一时，决不能欺天下后世。③

① 〔宋〕李光：《庄简集》卷二《海外谣》序，见《四库全书》影印文渊阁本第 1128 册，上海古籍出版社 1987 年版，第 443—444 页。

② 〔宋〕李光：《庄简集》卷五《和郡守喜雨之什》，见《四库全书》影印文渊阁本第 1128 册，上海古籍出版社 1987 年版，第 474—475 页。

③ 〔清〕叶燮：《原诗》卷三，见王夫之等《清诗话》，上海古籍出版社 1999 年版，第 597 页。

此言生动地阐发了“诗言志”的内涵。从李光的诗歌中可以感受到他那真实的心跳和激越的脉动。“师四海弟昆之言”的东坡范式深刻影响到了李光，他对海南百姓的关怀与同情，对当地士子的引导与教育，对同处患难的朋友的劝勉与鼓励，都与苏轼有深刻的内在契合，是他在宦海风波之际，在蛮山瘴水之中，在风尘困顿之下师法苏轼的自然结果。

本研究是想通过这些具有东坡范式的迁岭文人的文化性格与人生思考来解答王士禛的疑问，并回应与执行王水照总结出来的研究原则：

> 王士禛感叹宋世士大夫最讲礼法，但大都“仕宦卒葬，终身不归其乡”，实乃“不可解”之事（《香祖笔记》）。欲深入解答王士禛的疑问，便要涉及宋代的政治、社会背景，士人们的政治生态、现实诉求，好在现存可资佐证的文学作品是大量的，又有两宋士人不同的思想和创作选择可供参酌，是能够得出较为完满的答案的。王士禛的疑问无意中揭示出文学与地理关系的一个具体交集点，循此进行研究，可求“以文学为本位”的原则不致落空。①

相比以往迁岭文人而言，南宋迁岭文人显得更为内敛与老成，他们流寓岭南的行为方式、思维模式及价值观念发生了显著的变化，他们在纷繁复杂的迁岭寓岭生活中去寻求人生的意义。特殊的人生思考与文化性格孕育出他们独特的乡土观念与理性精神。

（四）重、拙、大——南渡诸贤不可及处

苏轼一生坎坷，饱经沧桑，但始终乐观自信、幽默诙谐，“东坡多雅谑”（《独醒杂志》卷五），是世人对他的主要印象之一。可以说，幽默诙谐也是苏轼寻找到的摆脱困境、消解人生痛苦的重要方式。李光对待生活的态度，他那幽默诙谐的文化性格，既受生存环境的影响，也是对传统文化的认同。尤其是李光因其生活环境、个体命运与苏轼相似，在面对现实、思考人生时，自然而然就从苏轼身上找到了精神支柱，借鉴到了摆脱困境、化解苦闷的出路与方法。李光在学习苏轼的文化性格与人生思考时不可避免地受到他的幽默感的影响。他的幽默诙谐与苏轼一样，反映出他

① 王水照：《宋代文学研究的前沿问题——以文学与科举、党争、地域、家族、传播等学科交叉型专题为中心》，见《第八届宋代文学国际研讨会论文集》，中山大学出版社 2015 年版，第 4 页。

们对生活的热爱、过人的智慧与高超的语言表现能力。李光在风尘困顿之际，在漂泊贬谪之所，在身世浮沉、跌宕起伏之中，仍然能体验观察生活中的日常细事。苦涩的生活因他的善感之心、旷达之念、诙谐之笔而充满活力、充满希望、充满愉悦。坎坷不平的生活境遇因李光的幽默诙谐而化作了艺术审美的境界，他通过自己的文学创作将现实生活转变成了艺术人生。文学创作，成就了李光有价值有意义的人生。李光通过自己的文学创作真正体现了“以人为本”，并将现实人生转化为诗意人生。所以，李光才能够抱着脱离困境的热望去学习养生之术，“十年远徙，犹冀生还”[①]，“顾九死以犹甘，虽三黜而无憾”[②]，能够具有“度未即死，庶有会合之期”的人生感悟，此句与苏轼“人有悲欢离合，月有阴晴圆缺，此事古难全。但愿人长久，千里共婵娟”如出一辙，异曲同工，令人心醉神迷，他也由此悟出了“不复以存没介怀”的人生境界。

宋室南渡以来谪居岭南尤其是在海南的李光在生活态度上与北宋相比已经有了一些变化，他更热爱岭南旖旎的风光，在诗中对此多有记述。如《予始到琼，众谓海南自来无大寒。今岁腊月，连日风雨，殆不异北地，因成小诗记之》载：

> 海国冬常燠，阴霾忽满山。飕飕北风劲，凛凛冻云顽。蟋蟀已无语，芭蕉犹强颜。江头梅柳色，春色几时还。[③]

在“柯君近提兵抚遏黎人，归葺此亭”之际，李光欣然赋诗一首《题将领占胜亭，亭据双泉之上，尽见城东南风物之胜，落成之初，屡来乞诗，为赋长句云》：

> 结茅坡顶俯平川，占得城东胜概全。衮衮长江通瀚海，森森乔木带云烟。月当庭户初圆夜，雾隐楼台欲雨天。玉帐今闻罢刁斗，却来

① 〔宋〕李光：《庄简集》卷一三《移昌化军安置谢表》，见《四库全书》影印文渊阁本第1128册，上海古籍出版社1987年版，第572页。

② 〔宋〕李光：《庄简集》卷一三《琼州安置谢表》，见《四库全书》影印文渊阁本第1128册，上海古籍出版社1987年版，第571页。

③ 〔宋〕李光：《庄简集》卷三，见《四库全书》影印文渊阁本第1128册，上海古籍出版社1987年版，第453页。

闲处玩林泉。①

与此类似，《八月十六夜江边对月》记载了海南夜月的奇异风光：

晚雨冥蒙洗瘴尘，断云遮月尚鳞鳞。影涵涨浦摇金镜，光动天街碾玉轮。村市更无沽酒客，小楼时见卷帘人。不须辛苦琼台上，展席移觞近水滨。②

《琼惟水东，林木幽茂，予爱此三士所居，虽无亭馆之胜，而气象清远，连日水涨隔绝，悠然遐想，各成一诗，目为“城东三咏”》今存二首，其中之一写道：

南极多老人，及见九代孙。君生古崖州，气质清且温。今年八十二，颇觉行步奔，白发映红颊，疑是羲皇人。城东有幽居，潇洒真隐沦。渊明寓栗里，子美还羌村。迁流到双泉，得与君子邻。仁里圣所择，德齿古所尊。佳节近重阳，黄花已纷纷。家家社酒香，处处烹鸡豚。今朝风日好，水落依旧痕。一散腰脚顽，杖策时叩门。

还有一诗是写“林曾城”的，诗云：

我爱曾城居，负郭颇幽雅。田畴绕屋庐，门径绝车马。但虞水侵门，敢怨风飘瓦。渊明非避俗，自觉往来寡。嗟予屏斥久，兹地犹里社。相望十里间，舟楫幸可假。风休水亦落，晴日照郊野。愿言驾柴车，始觉我忧焉。③

中国古代士人因得罪朝廷常常遭受到贬谪的命运，朝廷一般都把他们贬谪到文化比较落后的南方地区，尤其是贬谪到蛮荒、落后、没有开化的瘴疠

① 〔宋〕李光：《庄简集》卷五，见《四库全书》影印文渊阁本第1128册，上海古籍出版社1987年版，第471页。

② 〔宋〕李光：《庄简集》卷五，见《四库全书》影印文渊阁本第1128册，上海古籍出版社1987年版，第472页。

③ 〔宋〕李光：《庄简集》卷二，见《四库全书》影印文渊阁本第1128册，上海古籍出版社1987年版，第440—441页。

之地，如巴蜀、云贵、岭南等地。这些地方虽然文化落后，风景却是异常优美、奇险的。李光在诗词中对这些优美奇险的自然风光进行了诗语表达，向世人尽情展现了贬谪之所风光的旖旎及自己身处其中的心情。

自然界的风景往往会引起人内心情感的波动。古人云：

> 遵四时以叹逝，瞻万物而思纷。悲落叶于劲秋，喜柔条于芳春。心懔懔以怀霜，志渺渺而临云。[①]
>
> 春秋代序，阴阳惨舒，物色之动，心亦摇焉。[②]
>
> 若乃春风春鸟，秋月秋蝉，夏云暑雨，冬月祁寒，斯四候之感诸诗者也。[③]

心灵与自然的关系由此可见一斑。投身到大自然的怀抱，人的心灵世界往往得到洗礼与净化，澡雪精神，升华境界，故徐恒醇指出：

> 生态美首先体现了主体的参与性和主体与自然环境的依存关系，它是由人与自然的生命关联而引发的一种生命的共感与欢歌。它是人与大自然的生命和弦，而并非自然的独奏曲。[④]

在朝廷里做官的士大夫往往没有机会领略到穷乡僻壤之地、文化落后之乡、蛮山瘴水之所独特优美的异域风光，而贬谪至此的迁客骚人也大多怀着痛苦忧伤的心情来到此地，他们眼中之景与心中之情、眼中之泪交融在一起，当地景致就往往显得阴森恐怖、黯淡无光。

迁岭文人中的苏轼比较特别，他了解自然山水的价值及欣赏山水的条件，曾在贬所惊心动魄地指出：

> 江山风月，本无常主，闲者便是主人。
>
> 吾兄弟俱老矣，当以时自娱。世事万端，皆不足介意。所谓自娱者，亦非世俗之乐，但胸中廓然无一物，即天壤之内，山川草木虫鱼

---

① 张少康：《文赋集释》，上海古籍出版社1984年版，第14页。

② 〔南朝梁〕刘勰：《文心雕龙·物色篇》，见周振甫《文心雕龙今译》，中华书局1986年版，第414页。

③ 〔南朝梁〕钟嵘著、陈延杰注：《诗品注》，人民文学出版社1961年版，第1页。

④ 徐恒醇：《生态美学》，陕西人民教育出版社2000年版，第119页。

> 之类，皆是供吾家乐事也。[1]

正是抱有这样的人生态度，他才能创作出《行香子·述怀》这样的绝妙好词。词云：

> 清夜无尘。月色如银。酒斟时、须满十分。浮名浮利，虚苦劳神。叹隙中驹、石中火、梦中身。　虽抱文章，开口谁亲。且陶陶、乐尽天真。几时归去，作个闲人。对一张琴、一壶酒，一溪云。[2]

苏轼用生命来创作诗词，用自己的生活来实践他的创作。他善于用发现美的眼睛来欣赏贬所的自然风光，甚至喊出了“九死南荒吾不恨，兹游奇绝冠平生”的豪言壮语，从而能够用赏玩的态度在岭南之地游戏人生、优游山水，把在中原地区看不到的自然风光都描绘出来，借此地风光展示自己乐天知命、知足保和、静水流深的文化性格，为岭南地区文化的发展做出了巨大的贡献。这首词颇具禅意，以禅入词，与王维的“兴来每独往，胜事空自知。行到水穷处，坐看云起时”有异曲同工之妙。

苏轼之后，南宋迁岭文人也是如此，他们怀抱着旷达乐观的心情来欣赏岭南风光，在自然山水中消解了人生的苦闷，在文化性格与人生思考方面继承了东坡范式。岭海之地的奇绝风光、动人景致在他们笔下得到了生动细致的呈现。“幸可山林高卧，袖手何妨闲处，醇酒醉朋侪”[3]、“长爱兰亭公子，弋钓溪山娱适，甘旨及朋侪”[4]、“幸有山林云水，造物端如有意，分付与吾侪”[5]、“但使心安身健，静看草根泉际，吟蚓与飞萤。一坐小千劫，无念契无生”[6]，迁岭文人能够从自然风光中寻找到精神的避难所。对自然山水风光的敏感与热爱，反映出李纲、李光等迁岭文人受到苏

① 《与子明兄》，见孔凡礼点校《苏轼文集》卷六〇“尺牍”，中华书局1986年版，第1832页。

② 唐圭璋编纂、王仲闻参订、孔凡礼补辑：《全宋词》，中华书局1999年版，第390页。

③ 〔宋〕李纲：《水调歌头·同德久诸季小饮，出示所作，即席答之》，见唐圭璋编纂、王仲闻参订、孔凡礼补辑《全宋词》，中华书局1999年版，第1169页。

④ 〔宋〕李纲：《水调歌头·与李致远、似之、张柔直会饮》，见唐圭璋编纂、王仲闻参订、孔凡礼补辑《全宋词》，中华书局1999年版，第1170页。

⑤ 〔宋〕李纲：《水调歌头·似之、申伯、叔阳皆作，再次前韵》，见唐圭璋编纂、王仲闻参订、孔凡礼补辑《全宋词》，中华书局1999年版，第1170页。

⑥ 〔宋〕李纲：《水调歌头·和李似之横山对月》，见唐圭璋编纂、王仲闻参订、孔凡礼补辑《全宋词》，中华书局1999年版，第1171页。

轼的影响，能够从个人的利害得失中超越出来。与李纲、李光相似，迁岭文人洪迈也在江山、泉石之美中悟出人生的某些道理，他说：

> 江山登临之美，泉石赏玩之胜，世间佳境也，观者必曰如画。……以真为假，以假为真，均之为妄境耳。人生万事如是，何特此耶？①

同样遭遇到坎坷，每个人的反应是不一样的。王维面对世间的虚伪与黑暗，写出“酌酒与君君自宽，人情翻覆似波澜。白首相知犹按剑，朱门先达笑弹冠。草色全经细雨湿，花枝欲动春风寒。世事浮云何足问？不如高卧且加餐”②，正可作为洪迈观点的注脚。他们对“人生万事”“世事浮云”的这个反应，可以让人理解生活的真意，并从虚伪险恶的现实中超脱出来。苏轼认识到“世事万端，皆不足介意”，与王维的“世事浮云何足问”一脉相承，苏轼领悟到“山川草木虫鱼之类，皆是供吾家乐事也”，与王维主张“不如高卧且加餐”若合符契，因此他们才能够投身到美好真实的清风明月的怀抱中，从自然大化中寻求生命的超越。

苏轼谪居海南为后来的迁岭文人提供了文化性格与人生思考方面的参照，为后世文人提供了一个可供学习、效仿的人生范式。当年苏轼一到海南，便已将生死置之度外，安排好了后事：

> 某垂老投荒，无复生还之望，昨与长子迈诀，已处置后事矣。今到海南，首当作棺，次便作墓，乃留手疏与诸子，死则葬于海外，庶几延陵季子嬴博之义，父既可施之子，子独不可施之父乎？生不挈棺，死不扶柩，此亦东坡之家风也。③

有此考虑、安排之后，苏轼在海南写出了流传后世的经典之作《千秋岁·

---

① 〔宋〕洪迈撰、孔凡礼点校：《容斋随笔》卷一六“真假皆妄”条，中华书局2005年版，第216—217页。

② 《酌酒与裴迪》，见〔唐〕王维撰、陈铁民校注《王维集校注》（修订本）第2册，中华书局2018年版，第476页。

③ 〔宋〕苏轼：《与王敏仲十八首》其十六，见孔凡礼点校《苏轼文集》卷五六“尺牍”，中华书局1986年版，第1695页。

次韵少游》①：

> 岛边天外。未老身先退。珠泪溅，丹衷碎。声摇苍玉佩。色重黄金带。一万里，斜阳正与长安对。　道远谁云会。罪大天能盖。君命重，臣节在。新恩犹可觊。旧学终难改。吾已矣。乘桴且恁浮于海。②

其超然自得、不改初衷之态，跃然纸上。这样情真词挚的作品，得到王水照细致深入的分析和高度评价：

> 这首和词是苏轼对秦、孔贬谪态度的一种反响、异议和诲导，也是他晚年历经磨难的政治自白，更是他一生人生思考的最后结晶。……苏轼在黄州、惠州、儋州的长期贬谪生活中，咀嚼尽孤独、窘困、凄苦等种种况味，并从佛老哲学中寻求过摆脱、超越悲哀的思想武器，以保持对生活、对美好事物的信心和追求，坚持对自我价值的肯定。就其成熟和典型而言，代表了封建文人士大夫人生思考的最高境界。③

正是在生活困境中对苏轼人格精神、人生态度和生活方式的效仿追慕，使得大难不死的李光对人生也有了透彻的体悟，试看其自述：

> 海外气候，每岁三、四月间已如剧暑。客有自吉阳至者寓馆，问汉亭累日，且言吉阳气候昼夜如炊，因叹此邦之胜。乃知人生无有足时，不经热恼，岂知平日之清凉乎？故古之达者，每以此对治。释氏云："推落大火坑，火坑变成池。皮鞋和尚以为即时清凉也。"苏公亦云：岭南瘴毒地，有此江月寒。乃知天壤间，何人不清安。"予谪居岭海逾十五年，见闻习熟，不以为异。因作此诗以自慰，且以警世之贱丈夫，一不快即愁叹怨愤，或讥谤怒骂，如柳、刘之徒，盖未足以

① 孔凡礼《苏轼年谱》定此词于元符二年（1099 年）、苏轼六十四岁谪居海南时作。参见孔凡礼撰《苏轼年谱》，中华书局 1998 年 2 月版，第 1317 页。

② 唐圭璋编纂、王仲闻参订、孔凡礼补辑：《全宋词》，中华书局 1999 年版，第 427 页。

③ 王水照：《元祐党人贬谪心态的缩影》，见《王水照自选集》，上海教育出版社 2000 年版，第 637 页。

语此也。[①]

没有深刻的人生体验，是说不出“乃知人生无有足时，不经热恼，岂知平日之清凉乎”这种至理名言的。李光的诗歌，正是对这些人生哲理的诗化，让人读了能够感受到诗意栖居在这片土地上的美好与充实：

> 客自东来说吉阳，始知儋耳本清凉。潮声卷海千峰雨，月色侵门满地霜。更欲何方寻佛国，此生真欲老蛮乡。安心守一师吾祖，尚觉人间日月长。[②]

此诗作于儋耳，是他谪居岭海已经过了十五年后所作，经历过多少眼泪、多少辛酸，多少坎坷挫折，多少无奈感伤，才换得这样乐观澄明的人生境界。

迁岭文人在蛮山瘴水之地敢于直面惨淡的人生，正视淋漓的鲜血。李光被政敌迫害，贬到海南，所谓“群黎怪我何事，流转古儋州”“相望万里，悲我已是十年流”[③]，被贬时间之长、被贬地区之偏，令人扼腕。即使是苏轼谪居海南也没有如此之久，李光的生活状况之艰难可想而知。南宋迁岭文人的过人之处在于能够通过佛老思想来获得解脱。正是：化烦恼为菩提，化病场作道场。非上上智，无了了心。只有经历人生风波又有高度智慧且喜对人生进行深刻哲理思考的人才会有这样的胸襟与气度。

在恶劣的物质条件和自然环境下，苏轼道出了自我对人生的思考：“仆虽遭忧患狼狈，然譬如当初不及第，即诸事易了，荷忧念之深，故以解悬虑。”[④] 于是乎就自然而然地采取了如下应对人生忧患狼狈的有力措施：

> 任性逍遥，随缘放旷。但尽凡心，无别胜解。[⑤]

---

① 〔宋〕李光：《庄简集》卷五，见《四库全书》影印文渊阁本第 1128 册，上海古籍出版社 1987 年版，第 480—481 页。

② 〔宋〕李光：《庄简集》卷五，见《四库全书》影印文渊阁本第 1128 册，上海古籍出版社 1987 年版，第 481 页。

③ 〔宋〕李光：《水调歌头》，见唐圭璋编纂、王仲闻参订、孔凡礼补辑《全宋词》，中华书局 1999 年版，第 1017 页。

④ 孔凡礼点校：《苏轼文集》卷六〇《答李寺丞》，中华书局 1986 年版，第 1826 页。

⑤ 孔凡礼点校：《苏轼文集》卷六〇《与子由弟》，中华书局 1986 年版，第 1834 页。

苏轼曾在黄州作《寒食雨》二首，感叹当时谪居生活的苦闷与抑郁。在类似的生存环境下，李光还有雅兴作诗咏叹生活，其中表达的人格个性与人生态度与苏轼有相似之处，其《居岭外遇寒食》诗云：

春日自明霁，我心何郁伤。草木竞芳菲，飞鸣自颉颃。悄悄坐书幌，幽幽宴空床。既无功名念，反思白昼长。愁来不自持，零落鸿雁行。三过解泽流，六见槐柳黄。最怜小儿女，路远不得将。生还一笑喜，死去埋他乡。生死如循环，我师佛老庄。感此寒食节，新烟过邻墙。松楸渺云海，目极摧肝肠。书成附鳞翼，不如永相忘。何以慰目前，作诗示阿张。①

李光在“居岭外遇寒食”时或许想到了苏轼谪居黄州时所作的《寒食雨》二首，他会发现眼前遇到的这些苦闷、抑郁，这些难以言说的情感，他的迁岭前辈苏轼早在谪居黄州时就遇到过且对其进行了诗语表达。苏轼用自己天才的大脑思考人生，用优美的诗歌表现生活，为后世迁岭文人提供了抒情范式。他们从苏轼的诗歌中不仅汲取到了面对人生苦难、超越抑郁的心灵解脱模式，还学习到了用诗意与审美的眼光来看待生活，用诗歌来表现谪居的日常生活，抒发自我在谪居时的心迹情感，从而将日常生活诗化。读着李光这类充满谪居之情与人生哲理的诗歌，就仿佛在聆听一位历经人生坎坷的智慧老人告诉我们如何在苦难生活中超越自我，在充满风险的生活中自救与解脱，如何在动荡不安的现实世界中保持自己心灵深处的平安喜乐，不为外在的环境所左右而达到乐天知命的境界。

李光在人生态度和文学创作上学习苏轼，以至于被后人认为“多近东坡……虽处厄穷患难，而浩然自得，无一怨尤不平之语，则非东坡所及焉”②。南宋名臣楼钥将两宋迁岭文人与唐代迁岭文人对比后，得出结论：

韩文公潮州表，柳河东囚山，刘宾客谪九年，文愈奇而气愈下。盛哉，本朝诸公如忠宣之德度，元城之劲节，东坡先生英特之气行乎患难，高掩前人。庄简公流窜濒死，重以爱子之戚，尤所难堪。家书

① 〔宋〕李光：《庄简集》卷二《居岭外遇寒食》，见《四库全书》影印文渊阁本第1128册，上海古籍出版社1987年版，第442页。

② 〔清〕李慈铭：《南宋四名臣词序》，见施蛰存主编《词籍序跋萃编》，中国社会科学出版社1994年版，第176页。

中言议振发，略不少贬，其气何如哉！三诵以还，慕仰不已。①

姑且不论此段论述对唐代韩愈、柳宗元、刘禹锡贬谪后“文愈奇而气愈下”现象的评价是否客观公允，然其指出李光贬谪海南时“言议振发，略不少贬”却是客观准确的。李光的文学创作是其文化性格与人生思考的真实呈现，集中体现了南宋迁岭文人的仁者情怀、智士风范与达人心态。正是在这个意义上，笔者认可况周颐的论断：“作词有三要，曰重、拙、大。南渡诸贤不可及处在是。”②

第三节 黄庭坚文化性格形成的地域因缘

除了陶渊明、白居易、苏轼，还有许多文人也对人生进行了深刻的哲理思考。他们的人生思考来源于苦难的生命体验。黄庭坚在西江流域时撰写了《双松堂》一诗，颇能反映他在西江流域参禅悟道的情形。诗云：

文殊堂下松，永日如鸣琴。我登双松堂，时步双松阴。中有寂寞人，安禅无古今。③

在贬谪流寓的生活环境中，黄庭坚在禅悦中安顿好了自己的内心。

黄庭坚人生的最后岁月是在西江流域度过的，传奇诗人终老于此，其人生历程无疑给世人留下了许多脍炙人口的佳话。据陆游《老学庵笔记》卷三记载：

范寥言：鲁直至宜州，州无亭驿，又无民居可僦，止一僧舍可寓，而适为崇宁万寿寺，法所不许，乃居一城楼上，亦极湫隘，秋暑方炽，几不可过。一日忽小雨，鲁直饮薄醉，坐胡床，自栏楯间伸足

① 〔宋〕楼钥：《攻媿集》卷七三《跋李庄简公与其壻曹纯老贴》，见《四库全书》影印文渊阁本第1153册，上海古籍出版社1987年版，第192页。

② 〔清〕况周颐：《蕙风词话》卷一，见唐圭璋《词话丛编》第五册，中华书局1986年版，第4406页。

③ 〔宋〕黄庭坚：《双松堂》，见〔清〕汪森辑《粤西诗载》卷二，见《四库全书》影印文渊阁本第1465册，上海古籍出版社1987年版，第11页。

出外以受雨，顾谓寥曰："信中，吾平生无此快也。"未几而卒。①

黄庭坚死前的言行颇能体现他旷达超脱的人生态度，只有超脱旷达的人才能不受艰苦环境的限制，而说出"吾平生无此快也"的动人之句，而这个精彩感人的场景发生在西江流域，无疑为当地增添了传奇色彩与更加深厚的人文底蕴，让这个荒蛮偏远之地因有了黄庭坚的到来与寓居而成了胜迹，吸引后世越来越多的人来此瞻仰与朝拜。

黄庭坚晚年贬谪流寓到西江流域并在此地生活，以极大的热情服务地方，在西江流域文化发展史上具有重要意义，很自然地让人把他与唐代迁岭文人、具有岭南地区文化始祖地位的韩愈、柳宗元联系到一起。范寥所撰的《宜州乙酉家乘序》中记载了黄庭坚晚年之行迹及人生态度，颇能反映元祐文人谪居岭表的具体情况：

崇宁甲申秋，余客建，闻山谷先生谪居岭表，恨不识之。遂溯大江，历湓浦，舍舟于洞庭，取道荆湘，以趋八桂。至乙酉三月十四日始达宜州，寓居崇宁寺。翌日，谒先生于僦舍，望之真谪仙人也。于是忘其道途之劳，亦不知瘴疠之可畏也。自此日奉杖履。至五月七日，同徙居于南楼。围棋诵书，对榻夜语，举酒浩歌，跬步不相舍。凡宾客往来，亲旧书信，晦明寒暑，出入起居，先生皆亲笔以记其事，名之曰《乙酉家乘》，而其字画特妙。尝谓余："他日北归，当以此奉遗。"至九月，先生忽以疾不起，子弟无一人在侧，独余为经理其事。及盖棺于南楼之上，方悲痛不能已，所谓《家乘》者，仓卒为人持去，至今思之，以为恨也。绍兴癸丑岁，有故人忽录以见寄，不谓此书尚尔无恙耶！读之怃然，几如隔世，因镂板以传诸好事者，亦可以见先生虽迁谪，处忧患，而未尝戚戚也，视韩退之、柳子厚有间矣。东坡云"御风骑气，与造物者游"，信不虚语哉。②

此序高度评价了黄庭坚道德文章、人品气节在中国文化史上的重要地位。黄庭坚以高超的诗歌、书法创作成就而留名后世，他是江西诗派的开山祖

① 〔宋〕陆游撰、高克勤校点：《老学庵笔记》卷三，见《宋元笔记小说大观》第4册，上海古籍出版社2001年版，第3474—3475页。

② 〔宋〕范寥：《宜州乙酉家乘序》，见〔宋〕黄庭坚著，刘琳、李勇先、王蓉贵点校《黄庭坚全集》，中华书局2021年版，第2248—2249页。

师，在宜州具有文化始祖的地位，影响深远。他的诗歌、书法成就的获得与产生的影响，也显然与他贬谪流寓到西江流域的生活经历有着十分密切的内在联系。

黄庭坚投荒万死、仕途坎坷、屡遭贬谪的命运与柳宗元有相似之处。据葛立方《韵语阳秋》卷一一记载：

> 官不得至侍从，谪黔移戎，流离困踬，岂非命哉！至建中靖国之初，杂用熙丰元祐人才，山谷喜而成诗云："维摩老子五十七，天子大圣初元年。传闻有意用幽仄，病著不能朝日边。"后虽有铨曹之召，不旋踵又有宜州之行，有才无命，如山谷者，真可悯也！①

黄庭坚在《题自书卷后》中自述坎坷命运时道："崇宁三年十一月，余谪处宜州半岁矣。官司谓余不当居关城中，乃以是月甲戌，抱被入宿子城南予所僦舍'喧寂斋'。……为资深书此卷，实用三钱买鸡毛笔书。"② 在《跋与张载熙书卷尾》中黄庭坚也写到了他谪居西江流域宜州的生活困境："共城张载熙，名家子，能官而好文，尤喜笔札。自以平生好余书，但见碑板，以予喜其兄弟，故以连州藤纸两大轴来乞行草。会予迁入宜州城中，土木之功纷然作于前，不能有佳思，桂州人日日求去。窗间屏事书此，心手与笔俱不相得。"③

黄庭坚在贬谪流寓到西江流域时曾在湖南永州寓居逾月，他垂老投荒之地正是在西江流域。《方舆胜览》卷三八"山川"条"桂山"载：

> 桂之千峰皆旁无延缘，悉自平地崛然特立，玉笋瑶簪，森列无际，诚为天下第一观。韩愈诗，柳宗元《訾家洲记》，黄鲁直诗，则桂山之奇在目中矣。④

---

① 〔宋〕葛立方：《韵语阳秋》卷一一，见〔清〕何文焕辑《历代诗话》，中华书局 1981 年版，第 570 页。

② 《山谷全书》正集卷二五《题自书卷后》，见〔宋〕黄庭坚著，刘琳、李勇先、王蓉贵点校《黄庭坚全集》，中华书局 2021 年版，第 582 页。

③ 《内集》卷二六《跋与张载熙书卷尾》，见〔宋〕黄庭坚著，刘琳、李勇先、王蓉贵点校《黄庭坚全集》，中华书局 2021 年版，第 613 页。

④ 〔宋〕祝穆撰、〔宋〕祝洙增订、施和金点校：《方舆胜览》卷三八"山川"条，中华书局 2003 年版，第 684 页。

黄庭坚对桂山的题咏与唐人韩愈、柳宗元前后辉映，光耀千古，成为西江流域山川风物之美的见证与当地文化发展的重要组成部分。

无独有偶，与柳宗元、苏轼相似，黄庭坚对陶渊明诗歌也有很高的评价，他认为：

> 宁律不谐，而不使句弱；用字不工，不使语俗，此庾开府之所长也，然有意于为诗也。至于渊明，则所谓不烦绳削而自合。虽然，巧于斧斤者多疑其拙，窘于检括者辄病其放。孔子曰："宁武子，其智可及也，其愚不可及也。"渊明之拙与放，岂可为不知者道哉！①
>
> 谢康乐、庾义城之于诗，炉锤之功不遗力也。然陶彭泽之墙数仞，谢、庾未能窥者，何哉？盖二子有意于俗人赞毁其工拙，渊明直寄焉耳。②

除此之外，黄庭坚看到了柳宗元学习陶渊明的特点，他甚至认为柳宗元比白居易更接近陶渊明，在《跋书柳子厚诗》中指出：

> 予友生王观复作诗，有古人态度，虽气格已超俗，但未能从容中玉佩之音，左准绳，右规矩耳。意者读书未破万卷，观古人之文章，未能尽得其规模及所总览笼络，但知玩其山龙黼黻成章耶？故手书柳子厚诗数篇遗之。欲知子厚如此学陶渊明，乃为能近之耳。如白乐天自云效陶渊明数十篇，终不近也。③

在黄庭坚看来，柳宗元学陶渊明乃能近似陶渊明，这是对柳宗元很高的评价。因为经过苏轼的推崇揄扬，陶渊明诗歌已经成为最高艺术成就的典范。黄庭坚揭示出柳宗元近似陶渊明，这无疑说明了柳宗元诗歌艺术的高度成就，对柳宗元充满了赞叹与推崇。

这种评价与苏轼一脉相承，何其相似。黄庭坚认识到了苏轼和陶诗的

---

① 《题意可诗后》，见〔宋〕黄庭坚著，刘琳、李勇先、王蓉贵点校《黄庭坚全集》正集卷二五，中华书局2021年版，第600页。

② 《论诗》，见〔宋〕黄庭坚著，刘琳、李勇先、王蓉贵点校《黄庭坚全集》外集卷二四，中华书局2021年版，第1301页。

③ 〔宋〕黄庭坚：《跋书柳子厚诗》，见〔宋〕黄庭坚著，刘琳、李勇先、王蓉贵点校《黄庭坚全集》，中华书局2021年版，第592页。

深刻意义，指出：

子瞻谪岭南，时宰欲杀之。饱吃惠州饭，细和渊明诗。彭泽千载人，东坡百世士。出处虽不同，风味乃相似。①

黄庭坚能在苏轼推崇陶渊明的基础上进一步揭示两者人生态度的相似，这与他饱受贬谪流离之苦的人生经历有密切关系。据黄庭坚《寄苏子由书》二记载：

流落七年，蒙恩东归，至荆州，病几死，失一弟一妹及亡弟二子。早衰气索，非复昔时人也。……端明二丈，人物之冠冕，道德文章足以增九鼎之重，不谓遂至于此，何胜殄瘁之悲！况手足之情，平生师友之地，荼毒封割之怀，何可堪忍，奈何！所赖诸子有所立，而季子文学，几于斯人之不亡也。庭坚病起荒废，恐不能办事，欲引去而未敢。太平遂请，义当一往。来夏秋间若病不再作，尚可祈见。无阶承教，临书怀仰。②

人生经历与文化性格的相似，使得黄庭坚对苏轼的人生态度与处世方式心领神会，从而对他心慕手追。苏轼也非常欣赏黄庭坚，他们之间可以说是“平生风义兼师友”，在思考人生问题时，他们不约而同、自然而然地都联想到了陶渊明、柳宗元等前辈诗人，故能理解陶诗的妙处及柳宗元学习陶渊明的真意。

宋徽宗崇宁二年（1103），黄庭坚受到赵挺之等人的迫害，以“幸灾谤国”的罪名被贬谪宜州（今广西宜山）。黄庭坚贬谪流寓到西江流域的缘由及过程，有较多的文献记载。试举两例如下：

公风韵洒落，胸中恢疏，初无怨恩。谈笑谐谑，或以忤物。盖尝忤赵丞相正夫，而公不屑也。公往尝作《荆州承天院塔记》，转运判官陈举承风旨，采摘其间数语，以为幸灾谤国，遂除名，编隶宜州。

① 《正集》卷三《跋子瞻和陶诗》，见〔宋〕黄庭坚著，刘琳、李勇先、王蓉贵点校《黄庭坚全集》，中华书局 2021 年版，第 70 页。

② 《山谷全书》正集卷一八《寄苏子由书》二，见〔宋〕黄庭坚著，刘琳、李勇先、王蓉贵点校《黄庭坚全集》，中华书局 2021 年版，第 410 页。

虽被横逆，未尝一语尤之，浩然自得也。崇宁四年九月三十日，卒于宜州寓居，年六十有一。①

崇宁二年癸未（1103）十一月，有宜州谪命。按《国史》先生本传："庭坚在河北，与赵挺之有小怨。挺之执政，转运判官陈举承风旨上其荆南所作《承天塔记》，指为幸灾，复除名羁宜州。"昔闻荆州族伯父仲贵尝言，为儿童时乃识先生，备闻诸父闻善、益修、谅正话及目击当时之事，笔记甚详。②

在晚年时光里，黄庭坚在西江流域写下了日记体的《宜州家乘》，因崇宁四年（1105）岁次乙酉，又称《乙酉家乘》，"凡宾客往来，新旧书信，晦月寒暑，出入起居，先生皆亲笔以记其事，名之曰《乙酉家乘》，而其字画特妙"③。这部日记很受世人关注，是研究黄庭坚晚年流寓到西江流域生活经历与心迹情感的重要资料。据陆游《老学庵笔记》卷三记载：

黄鲁直有日记，谓之《家乘》，至宜州犹不辍书。其间数言信中者，盖范寥也。高宗得此书真本，大爱之，日置御案。徐师川以鲁直甥召用，至翰林学士。上从容问信中谓谁。师川对曰："岭外荒陋无士人，不知何人。或恐是僧耳。"寥时为福建兵钤，终不能自达而死。④

周必大的《跋吕伯恭日记》亦载：

黄太史晚谪宜州，自崇宁四年起，但凡风雨寒暑，亲旧往复，以至日用饮食之类，皆系日书之，名曰《乙酉家乘》。止八月晦，九月

① 《山谷全书》卷末《豫章先生传》，见〔宋〕黄庭坚著，刘琳、李勇先、王蓉贵点校《黄庭坚全集》，中华书局2021年版，第2166—2167页。

② 《山谷年谱》卷二九，见《四库全书》影印文渊阁本第1113册，上海古籍出版社1987年版，第945页。

③ 〔宋〕范寥：《宜州乙酉家乘序》，见〔宋〕黄庭坚著，刘琳、李勇先、王蓉贵点校《黄庭坚全集》，中华书局2021年版，第2248页。

④ 〔宋〕陆游撰、高克勤校点：《老学庵笔记》卷三，见《宋元笔记小说大观》，上海古籍出版社2001年版，第4册第3474页。

则易篑矣。①

作为两宋时期影响最大的诗人，要理解黄庭坚晚年在西江流域的生活轨迹，不仅可以通过他的日记，更可以通过他的诗歌，黄庭坚晚年的诗歌是他迁岭经历与心路历程的生动写照。此时黄庭坚创作出来的作品可谓是人诗俱老之作，大多数的诗歌都是从肺腑中流出来的，表达了他对人生、历史、社会深刻的哲理思考，他将这些哲理思考进行了诗语表达，让人读了深受感动，这些感人肺腑的作品有许多成了黄庭坚诗歌的代表作。

当黄庭坚即将从楚地的鄂州出发流寓到西江流域的宜州时，他作诗一首，诗云：

接淅报官府，敢违王事程。宵征江夏县，睡起汉阳城。邻里烦追送，杯盘泻浊清。只应瘴乡老，难答故人情。②

此诗与韩愈《左迁至蓝关示侄孙湘》相比，多了一份旷达与从容，虽然“只应瘴乡老”与韩愈诗中“好收吾骨瘴江边”有相似之处，都反映了迁岭文人对蛮荒瘴疠之地的忧虑与恐惧，但韩愈表现得更加绝望，而黄庭坚诗中的“泻浊清”“故人情”等字眼却使全诗透露出一股暖色调，使人读了感受到人情的美好，暂时忘却贬谪流放的悲伤。

亲友能够带给寓居西江流域的黄庭坚些许安慰，而与亲友在西江流域的离别，则更增添了诗人的感伤情绪，如与兄弟黄元明的离别，则让诗人倍感凄凉。他在“绍圣二年黔州作”的《和答元明黔南赠别》诗中写道：“万里相看忘逆旅，三声清泪落离觞。朝云往日攀天梦，夜雨何时对榻凉。急雪鹡鸰相并影，惊风鸿雁不成行。归舟天际常回首，从此频书慰断肠。”关于此诗的写作背景，有注解云：

公书萍乡县厅壁云：“元明送予安置于摩围山之下，淹留数月，不忍别。士大夫共慰勉之，乃肯行。掩泪握手，为万里无相见之期。”诗中有“急雪鹡鸰”“惊风鸿雁”等句，盖冬时所作。然元明却是六

① 〔宋〕周必大撰、周纶编：《文忠集》卷四七，见《四库全书》影印文渊阁本第1147册，上海古籍出版社1987年版，第502页。

② 《十二月十九日夜中发鄂渚，晓泊汉阳，亲旧携酒追送，聊为短句》，见〔宋〕黄庭坚著，刘琳、李勇先、王蓉贵点校《黄庭坚全集》正集卷六，中华书局2021年版，第128页。

月十二离黔州，具公所与天民、知命书，此诗盖追和耳。①

此外，还可以从黄庭坚的《宜阳别元明用觞字韵》中看出他们兄弟两人情深义重："霜须八十期同老，酌我仙人九酝觞。明月湾头松老大，永思堂下草荒凉。千林风雨莺求友，万里云天雁断行。别夜不眠听鼠啮，非关春茗搅枯肠。"据《内集诗注》载黄庭坚自注云："术者言吾兄弟皆寿八十。近得重酝法，甚妙。"② 黄庭坚在寄赠亲友的作品中用高妙的艺术技巧表达了真挚而美好的亲情、友情，正是诗人在贬谪流寓之地透露的这些情感感动了读者。

刘克庄指出：

> 山谷以崇宁甲申谪宜州，道由洞庭、潭、衡、永、桂，皆有诗。是岁五六月间至宜，明年乙酉九月卒，年六十一。以集考之，在宜仅有七诗：《与黄龙清老》三首、《别元明》一首、《和范寥》二首，而绝笔于《乞钟乳》一首，岂年高地恶而然耶？其《别元明》犹云："术者谓吾兄弟俱寿八十。"谷亦不自料大期至此。③

虽然黄庭坚在西江流域的宜州只留下了七首诗，但由于"年高地恶"，这几首诗的影响力就更加深远。"年高"，说明这些作品是黄庭坚的老成之作，其中甚至有一首还是他的绝笔之作，反映了黄庭坚晚年的诗歌成就及艺术追求。"地恶"则反映了黄庭坚贬谪流寓西江流域时生活环境的恶劣，更体现了他漂泊流离的悲惨命运。值得注意的是，黄庭坚在艰苦的生活境遇中没有想不开，更没有觉得苦海无边、生趣全无，而是仍然保持着旷达乐观的心胸，有力地驱除了灰暗烦恼的不良情绪。倔强执着的文化性格自然而然地融入进了这些流寓谪居在西江流域的作品中。这样的作品受到广大文士的追捧，得以广泛传播、流传久远。

黄庭坚寓居西江流域时，他以高超的诗艺、高尚的人格，令人同情的

① 〔宋〕黄庭坚著，刘琳、李勇先、王蓉贵点校：《黄庭坚全集》正集卷七，中华书局2021年版，第147页。

② 《宜阳别元明用觞字韵》，见〔宋〕黄庭坚著，刘琳、李勇先、王蓉贵点校《黄庭坚全集》正集卷七，中华书局2021年版，第157页。

③ 〔宋〕刘克庄：《后村诗话》后集卷一，见辛更儒校注《刘克庄集笺校》卷一七五，第14册，中华书局2011年版，第6771—6772页。

命运影响着随后迁岭的南宋文人。黄庭坚流寓到西江流域是在崇宁三年(1104)，他当时因被贬至宜州，途中经过桂林，他自灵渠沿着西江顺流而下，驾一叶小舟进入到桂林，系舟在桂林南门外护城河边的榕树下。黄庭坚在桂林作了《到桂州》，对桂林风景进行了生动形象的描摹，曲折含蓄地表达了自己流寓此地时的心迹情感。诗云：

桂岭环城如雁荡，平地苍玉忽嶒峨。李成不在郭熙死，奈此百嶂千峰何。①

此诗描写了诗人流寓到西江流域桂林的见闻与感受，如画的风景衬托诗人真挚的感情。"李成""郭熙"都是黄庭坚的好友且是当时杰出的画家，他们不在了，即使有再好的山水也无法再见他们用绘画来描摹了。白发多时故人少，访旧半为鬼，惊乎热中肠。人到了一定的年龄，就会经历或耳闻目睹诸多生死存亡的折磨，正如杜甫诗中所说"坐深乡党敬，日觉死生忙"。桂林美好的山水景物暂时抚慰了黄庭坚受伤的心灵，也让他想起逝去的好友，从而自伤身世，人生迟暮之感油然而生。此时的黄庭坚已经五十九岁了，再过一年他就去世了。此诗被南宋祝穆收录到他所编撰的《方舆胜览》卷三八"广西路·静江府"的"题咏"一栏中②，黄庭坚将自己的诗句留在了西江流域，也将自己饱经世事沧桑的心迹情感印刻在了这片土地上，让后世迁岭文人流寓到此地时自然而然会想起他，想起他那动人的、人诗俱老的诗句及其坎坷不平的人生经历。他虽死犹生，每个思念他的人，都是他的生命继续生长的土壤。

黄庭坚之后，南宋有大量迁岭文人流寓到西江流域，有的也来到了桂林。据雍正《广西通志》卷四四《桂林府》载：

榕溪阁，宋黄山谷南迁过桂，维舟榕下，后人为作榕溪阁。张南轩、刘克庄俱有诗。③

---

① 〔宋〕黄庭坚著，刘琳、李勇先、王蓉贵点校：《黄庭坚全集》正集卷一〇，中华书局2021年版，第214页。

② 〔宋〕祝穆撰、〔宋〕祝洙增订、施和金点校：《方舆胜览》卷三八"题咏"条，中华书局2003年版，第691页。

③ 〔宋〕刘克庄著、辛更儒校注：《刘克庄集笺校》卷六，中华书局2011年版，第358页。

著名学者张栻来到桂林，在静江府任职期间盖了一座榕溪阁，将黄庭坚的《到桂州》刻在阁内，并作了《题榕溪阁》一诗。刘克庄也十分推崇黄庭坚，认为他“为本朝诗家宗祖，在禅学中比得达摩，不易之论也”①，刘克庄宦游岭南时作了《榕溪阁·山谷南迁维舟榕下》怀念迁岭前辈黄庭坚。诗云：

榕声竹影一溪风，迁客曾来击短篷。我与竹君俱晚出，两榕犹及识涪翁。②

南宋名臣周必大在《跋曾无疑所藏黄鲁直晚年贴》中也专门记载了黄庭坚流寓到宜州路过桂林的行迹：

五月初，道由桂林，题名于行勋大师榕水阁。自是月十八日至宜，有赁黎秀才宅子手约，今刻石秀峰贴中。③

“涪翁”流寓到西江流域时的风神意态让随后迁岭的南宋文人心生敬仰，影响到他们文化性格的形成与人生态度的转变。他们中有些人颇能继承黄庭坚倔强超旷的风神意态，甚至不再视岭南为畏途，而是想到岭南走走看看，体验一下迁岭前辈的人生经历，学习迁岭前辈的生活作风，丰富自己的人生阅历，提升自己的人格境界。

值得一提的是，黄庭坚诗歌创作与书法创作的成就都很高，他不仅是江西诗派的宗主之一，还以书法名世。《冷斋夜话》卷一记载了一则逸闻趣谈，颇能反映黄庭坚书法艺术受欢迎的程度：

王荣老尝官于观州，欲渡观江，七日风作，不得济。父老曰：“公箧中必蓄宝物，此江神极灵，当献之得济。”荣老顾无所有，惟玉麈尾，即以献之，风如故。又以端砚献之，风愈作。又以宣包虎帐献之，皆不验。夜卧念曰：“有鲁直草书扇头，题韦应物诗曰：‘独怜幽

---

① 〔宋〕刘克庄：《后村先生大全集》卷九五《江西诗派——黄山谷》，见傅璇琮编《黄庭坚和江西诗派资料汇编》上册，中华书局1978年版，第160页。

② 〔宋〕刘克庄著、辛更儒校注：《刘克庄集笺校》卷六，中华书局2011年版，第358页。

③ 《周益国文忠公集·平园续稿》卷一一，见傅璇琮编《黄庭坚和江西诗派资料汇编》上册，中华书局1978年版，第117页。

草涧边生，上有黄鹂深树鸣。春潮带雨晚来急，野渡无人舟自横。’”即取视，傥恍之际，曰：“我犹不识，鬼宁识之乎？”持以献之，香火未收，天水相照，如两镜展对，南风徐来，帆一饷而济。予谓，观江神必元祐迁客之鬼，不然，何嗜之深也。[1]

这可以说是为黄庭坚“晚节位益黜，名益高，世以配眉山苏公，谓之苏黄”[2] 提供了又一个生动有趣的注脚。

黄庭坚来到西江流域时喜欢题词吟咏，在当地留有题壁作品，颇能反映这位艺术全才迁谪流寓西江流域时的心迹情感与人生态度。据刘克庄《山谷书范滂传》载：

豫章公远窜不悔，囚宜州谯楼上，犹书此传，无愧于孟博矣。[3]

又据庄绰《鸡肋编》卷中记载：

全州兴安县石灰铺有陶弼商公诗云：“马度严关口，生归喜复嗟。天文离卷舌，人影背含沙。江势一两曲，梅梢三四花。登高休问路，云下是吾家。”鲁直题其后云：“修水黄庭坚窜宜州，少休于此。观商公五言，叹赏久之。崇宁三年五月癸酉，南风小雨。”至绍兴中，字墨犹存。[4]

黄庭坚对题刻非常重视，他在流寓蜀地时就曾将杜甫的诗歌刻石流传，据其《大雅堂记》载：

余欲尽书杜子美两川夔峡诸诗刻石，藏蜀中好文喜事之家，素翁粲然，向余请从事焉，又欲作高屋广楹庥此石，因请名焉。余名之曰“大雅堂”，而告之曰：由杜子美以来四百余年，斯文委地，文章之士

---

① 〔宋〕释惠洪：《冷斋夜话》，见张伯伟编校《稀见本宋人诗话四种》，江苏古籍出版社2002年版，第9页。

② 《豫章先生传》，见〔宋〕黄庭坚著，刘琳、李勇先、王蓉贵点校《黄庭坚全集》，中华书局2021年版，第2167页。

③ 〔宋〕刘克庄：《后村先生大全集》卷一一〇，见傅璇琮编《黄庭坚和江西诗派资料汇编》上册，中华书局1978年版，第160页。

④ 〔宋〕庄绰撰、齐鲁阳点校：《鸡肋编》卷中，中华书局1983年版，第66页。

随世所能，杰出时辈，未有升子美之堂者，况室家之好邪！余尝欲随欣然会意处，笺以数语，终日汩没世俗，初不暇给。虽然，子美诗妙处，乃在无意于文。夫无意而意已至，非广之以《国风》《雅》《颂》，深之以《离骚》《九歌》，安能咀嚼其意味、闯然入其门邪！①

题壁作品对文化传承与文化发展的作用也由此可见。

黄庭坚诗中所表现的晚年流寓到西江流域的人际交往也值得我们注意。《赠朱冕兄弟》反映出黄庭坚在西江流域与友人交游唱和的情形，从中可以看到诗人当时的生活环境、生活方式、人情世态与诗人的生活态度：

万里潇湘一故人，白头亲老尚悬鹑。还家但有千竿竹，望日空耕一亩芹。卖剑买牛真可惜，只鸡斗酒得为邻。劝君莫起羁愁思，满腹文章未是贫。②

真所谓：有书真富贵，无事小神仙。在西江流域过着“但有千竿竹”“空耕一亩芹”“卖剑买牛”“只鸡斗酒”的生活，看似贫穷，然而因为有那“满腹文章”，实际上就是十分富有了。此诗明显化用了陶渊明“人生无根蒂，飘如陌上尘。分散逐风转，此已非常身。落地为兄弟，何必骨肉亲。得欢当作乐，斗酒聚比邻”③ 的诗意，具有丰厚的人生意蕴。

诗僧惠洪与黄庭坚关系密切，黄庭坚自潭赴西江流域的宜州时作《赠惠洪·崇宁三年自潭赴宜州作》一诗，颇能反映两人的风神意态。诗云：

吾年六十子方半，槁项顶螺忘岁年。韵胜不减秦少觌，气爽绝类徐师川。不肯低头拾卿相，又能落笔生云烟。脱却衲衫著蓑笠，来佐涪翁刺钓船。④

---

①《山谷全书》正集卷一六《大雅堂记》，见〔宋〕黄庭坚著，刘琳、李勇先、王蓉贵点校《黄庭坚全集》，中华书局2021年版，第384页。

②〔清〕汪森：《粤西诗载》卷一三，见《四库全书》影印文渊阁本第1465册，上海古籍出版社1987年版，第190页。

③《杂诗》，见袁行霈《陶渊明集笺注》，中华书局2003年版，第338页。

④〔宋〕黄庭坚著，刘琳、李勇先、王蓉贵点校：《黄庭坚全集》，中华书局2021年版，第140页。

由于两人关系亲密，且黄庭坚个性突出，惠洪著作中多次提及黄庭坚，其中不乏逸闻趣事，颇能反映黄庭坚的人生态度与人格个性。他在《冷斋夜话》中记载了自己与黄庭坚交往的一件往事，黄庭坚南迁时的旷达风神跃然纸上。故引如下：

> 山谷南迁，与余会于长沙，留碧湘门一月，李子光以官舟借之，为憎疾者腹诽，因携十六口买小舟，余以舟迫窄为言，山谷笑曰："烟波万顷，水宿小舟，与大厦千楹，醉眠一榻何所异？道人缪矣。"即解牵去。闻留衡阳作诗写字，因作长短句寄之，曰："大厦吞风吐月，小舟坐水眠空，雾窗春晓翠如葱，睡起云涛正涌。往事回头笑处，此生弹指声中，玉笺佳句敏惊鸿，闻道衡阳价重。"时余方还江南，山谷和其词，曰："月仄金盘堕水，雁回醉墨书空，君诗秀绝雨园葱，想见衲衣寒拥。蚁穴梦魂人世，杨花踪迹风中，莫将社燕笑秋鸿，处处春山翠重。"①

惠洪对黄庭坚在贬谪流寓生活中表现出来的人格个性与人生态度非常欣赏，屡屡将其形诸笔墨，在《石门文字禅》卷二七《跋山谷字二首》之二中惠洪记下了黄庭坚初贬时的逸闻趣事，并对其进行了高度评价：

> 山谷初谪，人以死吊，笑曰："四海皆昆弟，凡有日月星宿处，无不可寄此一梦者。"此贴盖其喜得黔戎，有过从之词，其喜气可搏掬。山谷得瘴乡，有游从，其情如此；使其坐政事堂，食箸下万钱，以天下之重，则未必有此喜也。②

短短几十个字的记载中就出现了三个"喜"字，黄庭坚遭受贬谪也确实是如此喜气洋洋者乎？贬谪流寓生活使黄庭坚失去了"食箸下万钱"的享受，也剥夺了他"以天下之重"的负累，这反而使他能够欣赏贬谪之地的山林云水、春花秋月，与普通大众交流沟通，深刻地体验到"下下人有上上智"的人世真相。黄庭坚之所以在贬谪流寓之际"有此喜也"，就在于

---

① 《苕溪渔隐丛话》前集卷四八引，见吴文治主编《宋诗话全编》，凤凰出版社 1998 年版，第 4 册，第 3851 页。

② 〔宋〕释惠洪撰、〔宋〕释觉慈编：《石门文字禅》卷二七，见《四库全书》影印文渊阁本第 1116 册，上海古籍出版社 1987 年版，第 515—516 页。

贬谪流寓的生活环境能够让黄庭坚活得悠闲自得、欢喜自在，远离政务琐事与官场上的钩心斗角、尔虞我诈，从而活出了真实的自我。

除了诗之外，黄庭坚流寓西江流域所创作的词也具有独特的审美风貌。从惠洪的《青玉案》一词可以看出黄庭坚流寓到西江流域的生活环境与心迹情感，这是一首送给黄庭坚的唱和词。词曰：

> 绿槐烟柳长亭路。恨取次、分离去。日永如年愁难度。高城回首，暮云遮尽，目断人何处。　解鞍旅舍天将暮。暗忆丁宁千万句。一寸柔肠情几许。薄衾孤枕，梦回人静，彻晓潇潇雨。①

惠洪之所以送给黄庭坚《青玉案》，是因为黄庭坚最喜贺铸《青玉案》中“梅子黄时雨”一词，据吴曾的《能改斋漫录》卷一六记载：

> 贺方回为《青玉案》辞，山谷尤爱之，故作小诗以纪其事。及谪宜州，山谷兄元明和以送之云：“千峰百嶂宜州路，天黯淡，知人去。晓别吾家黄叔度。弟兄华发，暮山修水，异日同归处。长亭饮散樽罍暮，醉听别语不成句。已断离肠能几许？水村山郭，夜阑无寐，听尽空阶雨。”②

宋徽宗崇宁四年（1105）正月，黄庭坚兄长黄大临来到宜州探望他，别后作《青玉案》词并步贺词原韵寄之，黄庭坚也和了一首《青玉案·至宜州次韵上酬七兄》，词曰：

> 烟中一线来时路。极目送、归鸿去。第四阳关云不度。山胡新啭，子规言语。正在人愁处。　忧能损性休朝暮。忆我当年醉时句。渡水穿云心已许。暮年光景，小轩南浦。同卷西山雨。③

---

① 唐圭璋编纂、王仲闻参订、孔凡礼补辑：《全宋词》第2册，中华书局1999年版，第921—922页。

② 〔宋〕吴曾：《能改斋漫录》卷一六，见《四库全书》影印文渊阁本第850册，上海古籍出版社1987年版，第811页。

③ 唐圭璋编纂、王仲闻参订、孔凡礼补辑：《全宋词》，中华书局1999年版，第531—532页。

这首小词颇能反映黄庭坚谪居西江流域时的“晚年光景”，其中所说“忧能损性休朝暮，忆我当年醉时句”，体现了在贬谪流寓的生活环境中黄庭坚努力排遣自我的心灵苦闷。到了晚年，人总爱追忆往昔的欢乐事，而想到欢乐事时总能让人心中充满阳光，从而驱散内心的苦闷灰暗。惠洪对黄庭坚寓居西江流域宜州的生活充满了同情之了解，故也步贺词原韵和了他这首词。这首词用“绿槐”“烟柳”“长亭”“暮云”“潇潇雨”等意象渲染了一种羁旅漂泊的愁苦，“日永如年愁难度”点出了黄庭坚寓居西江流域的生活之艰难，从“暗忆丁宁千万句”中也可以感受到惠洪对黄庭坚谪居宜州命运的担心，而“薄衾孤枕，梦回人静”则写出了黄庭坚在贬所的孤单寂寞，全词最后以“彻晓潇潇雨”来收束，以景结尾，情蕴景中，黄庭坚寓居西江流域宜州的艰难苦况由此可见一斑。

面对西江流域生活环境的困扰，黄庭坚有了一套心灵解脱的方式，这种方式概括地说叫“譬如当初”。与苏轼相似，黄庭坚也继承了庄子、禅宗、白居易的心灵解脱之道，通过这种方式来调节心理以适应新的生活环境，并在特定的生活环境中自然而然产生了显著的效果。试看黄庭坚自述身处西江流域逆境中的解脱之道：

> 虽上雨傍风，无有盖障，市声暄愦，人以为不堪其忧，余以为家本农耕，使不从进士，则田中庐舍如是，又可不堪其忧邪？既设卧榻，焚香而坐，与西邻屠牛之机相直。[1]

要特别注意的是黄庭坚在其中所说“余以为家本农耕，使不从进士，则田中庐舍如是”，这与苏轼贬谪流寓到惠州时所说“譬如惠州秀才不第，亦须吃糙米饭过一生也”[2] 何其相似！苏轼贬谪流寓到岭南时就在心里安慰自己：我譬如原本就是惠州落第秀才，人皆可活，我为什么就不能活呢？一想到这，也就可以安之若命了[3]。在运用“譬如当初”心灵解脱模式方面，黄庭坚与苏轼一脉相承、若合符契，反映了迁岭文人在身处逆境时旷

---

① 见〔宋〕黄庭坚著，刘琳、李勇先、王蓉贵点校：《黄庭坚全集》，中华书局2021年版，第582页。

② 《迁居并引》，见〔清〕王文诰辑注、孔凡礼点校《苏轼诗集》卷四〇，中华书局1982年版，第2195页。

③ 苏轼云：“某睹近事，已绝北归之望。然中心甚安之。未说妙理达观，但譬如元是惠州秀才，累举不第，有何不可。知之免忧。”（孔凡礼点校《苏轼文集》卷五四《与程正辅提刑》七十一之十三，中华书局1986年版，第1593页）

达自适、昂扬乐观、幽默诙谐的文化性格及在人生态度。可以说，“有才无命”正是黄庭坚与柳宗元、苏轼共同的遭际，这些伟大的文人们简直可以形成一组“失意阵线联盟”，他们有着相似的屡遭贬谪的命运，这就使得黄庭坚对柳宗元产生了深刻的情感共鸣，从而对柳宗元、苏轼的学陶具有了同情之了解，超出了一般的泛泛而谈。他在继承陶渊明、柳宗元的人生态度与文化性格的同时，也在新的生活环境中形成了自己面对人生困境的心灵解脱之道。艰难困苦，玉汝于成，黄庭坚旷达乐观、倔强不屈的文化性格与点铁成金、夺胎换骨的诗歌艺术成就，在他晚年寓居西江流域宜州时体现得更加充分，简直达到了登峰造极、炉火纯青的境界。世人评价道：“（黄庭坚）晚节位益黜，名益高，世以配眉山苏公，谓之‘苏黄’。……因自号‘山谷老人’，天下皆称曰‘山谷’，而不名字之，以配‘东坡’云。”[①] 笔者认为：苏、黄并称，并不仅仅指书法、诗歌艺术成就的相当、名声地位的接近，更重要的是，两人面对贬谪流寓生活时心理调节方式的相似及在人生态度与文化性格方面的契合。

热爱生活，尤其是热爱日常生活的美好事物，并将日常生活诗化，从而将充满坎坷苦难的人生变成了诗意人生，也是苏轼、黄庭坚心理调节方式的重要体现。唐代高僧慧能引用俗谚，指出：“下下人有上上智，上上人有没意智。”[②] 晚年流寓到西江流域的黄庭坚是深刻地懂得这个道理的，他不再把自己当作高高在上的社会精英，而是把自己当成是普通大众中的一员，对当地读书人和普通百姓向他要字的需求无不一一满足，他对此也颇感愉悦，在《书自作草后》中自述：

> 余往在江南，绝不为人作草。今来宜州，求者无不可。或问其故，告之曰：“往在黔安，园野人以病来告，皆与万金良药。有刘荐者谏曰：‘良药可惜，以啖庸人。’笑而应曰：‘有不庸者，引一个来。’”闻者莫不绝倒。[③]

把自己当作珍珠就会有被埋没的痛苦，把自己当作泥土，则可以让世人在

① 〔宋〕黄庭坚著，刘琳、李勇先、王蓉贵点校：《黄庭坚全集》，中华书局2021年版，第2167页。

② 〔唐〕慧能著、郭朋校释：《坛经校释》，中华书局1983年版，第16页。

③《别集》卷六，见〔宋〕黄庭坚著，刘琳、李勇先、王蓉贵点校《黄庭坚全集》，中华书局2021年版，第1435—1436页。

上面踩出一条路。黄庭坚把自己当作“庸者”，故能和当地普通读书人及百姓打成一片，常跟他们一起出去郊游、宴饮、下棋、吟咏，当地百姓也衷心爱戴他，他们喜欢与黄庭坚交往，并且十分同情他的命运，常常带当地的土特产给黄庭坚，为黄庭坚贬谪流寓的孤寂生活带来了许多温暖。黄庭坚十分珍惜当时百姓对自己的这份情意，将这些当地百姓馈赠给自己的土特产一一记录在他的日记体著述《宜州家乘》中，从中可以探求当时西江流域的物产、风俗、人情、生活环境及黄庭坚晚年寓居生活的人际交往与心迹情感。

黄庭坚即使到了鬼门关，仍然保持着乐观旷达的风神，试看他绍圣二年（1095）赴黔道中、途经三峡时所作的《竹枝词》二首，此诗前有一小序，颇能反映诗人遭受贬谪时的旷达心胸与乐观情绪：

> 予自荆州上峡，入黔中，备尝山川险阻，因作二叠，传与巴娘，令以《竹枝》歌之。前一叠可和云：“鬼门关外莫言远，五十三驿是皇州。”后一叠可和云：“鬼门关外莫言远，四海一家皆弟兄。”或各用四句，入《阳关》《小秦王》，亦可歌也。

诗云：

> 撑崖拄谷蝮蛇愁，入箐攀天猿掉头。鬼门关外莫言远，五十三驿是皇州。
>
> 浮云一百八盘萦，落日四十八渡明。鬼门关外莫言远，四海一家皆弟兄。[①]

到了鬼门关，黄庭坚仍然能够豁达自如，安之若素。他在《书自书〈楞严经〉后》中自嘲道：

> 绍圣初得罪，窜弃黔中，度巫峡、鬼门关。或题关头曰：“自此以往，更不理为在生月日。”某顾伯氏元明而笑，元明盖愀如也。[②]

---

① 《正集》卷九《竹枝词》二首，见〔宋〕黄庭坚著，刘琳、李勇先、王蓉贵点校《黄庭坚全集》，中华书局 2021 年版，第 196 页。

② 《补遗》卷八，见〔宋〕黄庭坚著，刘琳、李勇先、王蓉贵点校《黄庭坚全集》，中华书局 2021 年版，第 2096 页。

正因为黄庭坚性格旷达、大度，故其能看淡自己的悲惨遭遇，放下沉重的心情，迈开轻快的步伐，维护自我人格的独立与人性的尊严，在险恶的生活环境中笑看风云。在《与太虚书》中，黄庭坚自述解脱之道，云：

> 屏弃不毛之乡以御魑魅，耳目昏塞，旧学废忘，直是黔中一老农耳，足下何所取重，而赐之书？陈义甚高，犹河汉而无极，皆非不肖之所敢承。古之人不得躬行于高明之势，则心亨于寂寞之宅；功名之途不能使万夫举首，则言行之实必能与日月争光。卧云轩中主人，盖以此傲睨一世耶！先达有言“老去自怜心尚在”者，若庭坚则枯木寒灰，心亦不在矣。①

身如槁木，心如死灰，正是黄庭坚排遣苦闷、摆脱困境的主要生活状态。他在诗文中也反复提及，在《任运堂铭》中，黄庭坚写道：

> 或见僦居之小堂名“任运”，恐好事者或以藉口，余曰：腾腾和尚歌云：“今日任运腾腾，明日腾腾任运。”堂盖取诸此。余已身如槁木，心如死灰，但作不除须发一无能老比丘，尚不可邪？②

这种状态与苏轼晚年“心似已灰之木，身如不系之舟”③ 何其相似，都是面对生活困境之后采取的旷达自适、随遇而安的人生态度，这种态度可能是消极的，但无疑是乐观的。这种人生态度与陶渊明在《形影神》的《神释》中表达的思想有着深刻的内在契合，陶渊明说：“甚念伤吾生，正宜委运去。纵浪大化中，不喜亦不惧。应尽便须尽，无复独多虑。”④ 可以看出，从庄子、陶渊明、白居易到苏轼、黄庭坚，其心灵解脱之道一脉相承，前后辉映。太阳底下没有新鲜事，黄庭坚、苏轼遇到的人生问题，他们的先贤庄子、陶渊明都遇到过，两位先贤都用自己天才的大脑、过人的智慧，用自己的语言，结合自己的人生给予了解答，而苏、黄面对

---

① 《外集》卷二一，见〔宋〕黄庭坚著，刘琳、李勇先、王蓉贵点校《黄庭坚全集》，中华书局2021年版，第1250页。

② 《别集》卷三《任运堂铭》，见〔宋〕黄庭坚著，刘琳、李勇先、王蓉贵点校《黄庭坚全集》，中华书局2021年版，第1370页。

③ 《自题金山画像》，见〔清〕王文诰辑注、孔凡礼点校《苏轼诗集》卷四八，中华书局1982年版，第2641页。

④ 《形影神并序》，见袁行霈《陶渊明集笺注》，中华书局2003年版，第67页。

人生问题时总是能够从往圣先贤那里寻找到解决的方式，这也是迁岭文人尚友古人的重要意义所在。

黄庭坚的旷达心胸还体现在他的日常交往中，他在《跋欧阳元老、王观复、杨明叔简后》中高度评价好友杨明叔，认为他安分守己、安贫乐道，从学问艺术之中去寻找人生的乐趣：

> 杨明叔不病陋巷而乐其义，不卑小官而尽其心，强学不已，未易量也。①

这段文字虽然说的是杨明叔，也可以说是黄庭坚的夫子自道之语。他们面对残酷的政治环境，无法改变政局，在无可奈何之下却可以控制好自己的心情。黄庭坚在《次韵杨明叔四首》其一中写道：

> 鱼去游濠上，鸦来止坐隅。吉凶终我在，忧乐与生俱。决定不是物，方名大丈夫。今观由也果，老子欲乘桴。②

君子固穷，在贬谪流寓的生活中，黄庭坚善于调节好自己的心理以适应险恶的政治环境，既把杨明叔比作“一箪食、一瓢饮，居陋巷，人不堪其忧，回也不改其乐”的颜回，又把杨明叔比作在“道不行”，跟随孔子“乘桴浮于海”的子路。而黄庭坚自己也是这样生活的，试看他的自述：

> 某寓舍已渐完，使令者但择三四人差谨廉者耳。既不出谒，所与游者亦不多。山花野草，微风动摇，以此终日。衣食所资，随缘厚薄，更不劳治也。此方米面既胜黔中，饱饭摩腹，婆娑以卒岁耳。③
>
> 脾无令病，慎养气，慎作病之食，少饮酒，以身为本，勿以小事汩其中，安乐法也。馀复何道？④

---

① 《正集》卷二六，见〔宋〕黄庭坚著，刘琳、李勇先、王蓉贵点校《黄庭坚全集》，中华书局2021年版，第630页。

② 《正集》卷六，见〔宋〕黄庭坚著，刘琳、李勇先、王蓉贵点校《黄庭坚全集》，中华书局2021年版，第115页。

③ 《别集》卷一五《与宋子茂书》，见〔宋〕黄庭坚著，刘琳、李勇先、王蓉贵点校《黄庭坚全集》，中华书局2021年版，第1637—1638页。

④ 《别集》卷一五《与宋子茂书》，见〔宋〕黄庭坚著，刘琳、李勇先、王蓉贵点校《黄庭坚全集》，中华书局2021年版，第1639页。

两辱手诲，承病起，及今乃安和矣。能以覆辙克慎如此，即是万全安乐人矣。人生以身为本，其余于我何有？[①]

时涪翁自黔南迁于僰道三年矣，寓舍在城南屠儿村侧，蓬藋柱宇，鼪鼯同径，然颇为诸少年以文章翰墨见强，尚有中州时举子习气未除耳。至于风日晴暖，策杖扶蹇蹶，雍容林丘之下，清江白石之间，老子于诸公亦有一日之长。[②]

这些生活方式的形成与自我陈述，表现了黄庭坚尚友古人，从古代的往圣先贤那里汲取精神养料，寻找精神避难所的心灵调节方式。“不病陋巷而乐其义，不卑小官而尽其心”，对己安贫乐道，对人尽心尽力，不但有利于心理健康，也有利于身体健康，黄庭坚十分注意身心的健康，认为这是人生之本，他反复论述的“以身为本”的观念，是十分深刻合理的。确实，人生在世，是否快乐，身体健康长寿是最重要的。至于富贵，乃身外之物，得之固好，不能得之也难强求，何况大富贵往往要通过大争取，劳心劳力，透支身体，即使得到了，因身体透支过多而复失之。人生百年，譬如朝露，何苦为此身外之物而终日忧心忡忡。黄庭坚对此心领神会，故能道出“吉凶终我在，忧乐与生俱。决定不是物，方名大丈夫”的至理名言，在险恶的生活环境中能够调节自己的心灵，身心健康、游刃有余地生活下去，表达了他笑傲风雨、昂扬乐观的人生态度。

文字因缘逾骨肉。苏轼迁岭给当地人民做出了巨大的贡献，促进了当地文化教育事业的发展。据苏辙《补子瞻赠姜唐佐秀才并引》记载：

予兄子瞻谪居儋耳，琼州进士姜唐佐往从之游，气和而言道，有中州士人之风。子瞻爱之，赠之诗曰：“沧海何曾断地脉，白袍端合破天荒。”且告之曰：“子异日登科，当为子成此篇。”君游广州州学，有名学中。崇宁二年正月，随计过汝南，以此句相示。时子瞻之丧再逾岁矣。览之流涕，念君要能自立，而莫与终此诗者，乃为足之。

生长茅间有异芳，风流稷下古诸姜。适从琼管鱼龙窟，秀出羊城

① 《别集》卷一五《与宋子茂书》，见〔宋〕黄庭坚著，刘琳、李勇先、王蓉贵点校《黄庭坚全集》，中华书局2021年版，第1639页。

② 《别集》卷六《书韩愈送孟郊序赠张大同》，见〔宋〕黄庭坚著，刘琳、李勇先、王蓉贵点校《黄庭坚全集》，中华书局2021年版，第1431—1432页。

> 翰墨场。沧海何曾断地脉，白袍端合破天荒。锦衣他日千人看，始信东坡眼目长。[①]

苏轼、苏辙兄弟对人才的关爱与提携由此可见。

像苏轼、苏辙一样，黄庭坚也十分注重培养后生晚辈，并能以高妙的诗才、书艺为晚生后辈印可延誉。他在《大雅堂记》一文中，提倡学习杜诗的精神，反复提及后生，说明他作此文的目的就是“使后生辈自求之，则得之深矣。使后之登大雅堂者，能以余说而求之，则思过半矣”。又说：“后生可畏，安知无涣然冰释于斯文者乎！”[②] 正是因为黄庭坚的诗歌、书法在当时享有崇高的威望，且他十分乐意向后生晚辈传授为学之道，故向他求学、求字，求印可延誉之士络绎不绝，甚至西江流域的地方官吏也诚心向他求学问道，希望得到他的书法字迹。岳珂《桯史》记载一事，颇能反映当时士人对黄庭坚的仰慕之情：

> 若著倅宜州日，因山谷谪居是邦，慨然为之经理舍馆，遂遣二子滋、浒从之游。时党禁甚严，士大夫例削札扫迹，惟若著敬遇不怠，率以夜遣二子奉几杖，执诸生礼。一日携纸求书，山谷问以所欲，拱而对曰：“先生今日举动，无愧东都党锢诸贤，愿写范孟博一传。”许之，遂默诵大书，尽卷仅有二三字疑误。二子相顾愕服，山谷顾曰：“《汉书》固非能尽记也，如此等传，岂可不熟！”闻者敬叹。[③]

引文中所载的余若著是西江流域宜州的州郡官吏，他得知黄庭坚贬谪流寓到他的治所，不但亲自为黄庭坚经理舍馆，还令自己的两个儿子也向黄庭坚执弟子礼，虚心、虔诚地向黄庭坚学习。

值得一提的是，黄庭坚对后生晚辈的品题印可对士子的成名与作品的流传产生了重要的影响。在当时，黄庭坚品题推挽的影响力甚至可以和苏轼并称，王庭珪在《跋曹子方墓志铭》中写道：

---

① 《栾城后集》卷三，见陈宏天、高秀芳点校《苏辙集》，中华书局 2017 年版，第 909 页。

② 《山谷全书》正集卷一六《大雅堂记》，见〔宋〕黄庭坚著，刘琳、李勇先、王蓉贵点校《黄庭坚全集》，中华书局 2021 年版，第 384 页。

③ 〔宋〕岳珂撰、吴企明点校：《桯史》卷一三“范碑诗跋”条，中华书局 1981 年版，第 146 页。

> 曹子方起孤生，一经苏、黄品题，遂以能文章名于世，一时豪士诗人，咸慕而称之。余崇宁初与公之幼子唐老同舍于东京太学，暇日至其家，尽阅苏、黄诸先生诗文尺牍，皆极力推挽，以故名益贵。唐老后亦登科。①

王庭珪所说“一经苏、黄品题，遂以能文章名于世”是符合实际情况的。以下可补充几例来说明这一点。

王云是黄庭坚的得意门生，颇受黄庭坚人品学问、道德文章的影响，终成一代名臣。王云是黄庭坚贬谪流寓到涪州时认识并提携的。《宋史》卷三五七《王云传》记载：

> 王云字子飞，泽州人。父献可，仕至英州刺史、知沪州。黄庭坚谪于涪，献可遇之甚厚，时人称之。云举进士，从使高丽，撰《鸡林志》以进。擢秘书省校书郎，出知简州，迁陕西转运副使。宣和中，从童贯宣抚幕，入为兵部员外郎、起居中书舍人。……建炎初，赠观文殿学士。②

王云的成长与发展，显然离不开黄庭坚人格境界的引导。

与此类似，江西诗派的诗人高荷的成名③，也离不开黄庭坚的品题印可与延誉提携。王铚《次韵国香诗》序记载了他的表兄高荷受到黄庭坚品题印可的重要意义：

> 表兄高子勉，南平武信王孙，学问文章知名四海。黄太史自黔南召归，过荆南，与为忘年友，赠六言诗曰：“顾我今六十老，付子以二百年。”此语岂易得哉。太史没后数年，当政和癸巳岁，与仆会都城，假日话国香事甚长，又赋长句相示，因次其韵。④

---

① 〔宋〕王庭珪：《卢溪集》卷五〇，见《四库全书》影印文渊阁本第1134册，上海古籍出版社1987年版，第337页。

② 〔南朝梁〕沈约：《宋史》卷三五七《王云传》，第32册，第11229—11230页。

③ 高荷生平，参见〔宋〕刘克庄《江西诗派小序》(《后村先生大全集》卷九五)、《江西诗社宗派图录》、《宋诗纪事》卷三三。

④〔宋〕王铚：《雪溪集》卷一附《次韵国香诗》序，见《四库全书》影印文渊阁本第1136册，上海古籍出版社1987年版，第553页。

黄庭坚在《跋高子勉诗》中对高荷进行了高度评价，谓其作诗“以杜子美为标准，用一事如军中之令，置一字如关门之键，而充之以博学，行之以温恭，天下士也”①。在《与李端叔书》中，黄庭坚又向好友宣称：“比得荆州一诗人高荷，极有笔力，使之凌厉中州，恐不减晁、张。”② 黄庭坚见人一善，则拳拳服膺，对后生晚辈的印可提携可谓不遗余力。正如《山谷全书》卷末《豫章先生传》所载：

> 至黔，寓开元寺摩围阁，以登览文墨自娱，若无迁谪意。俄以外兄作本路常平官，避嫌移戎州，公一不以介意。与后生讲学，孜孜不怠。两川人士争从之游，经公指授，下笔皆有可观。③

黄庭坚贬谪流寓时对当地士子的教育与提携之功由此可见。

即使在贬谪流寓到西江流域的过程中，亦有文士心甘情愿地追随黄庭坚，这不能不说是黄庭坚的个人魅力对当时士子具有强大的吸引力。王明清《挥麈录》后录卷七记载：

> 崇宁三年，黄太史鲁直窜宜州，携家南行，泊于零陵，独赴贬所。是时，外祖曾空青坐钩党，先徙是郡。太史留连逾月，极其欢洽，相予酬唱，如《江樾书事》之类是也。帅游浯溪，观《中兴碑》。太史赋诗，书姓名于诗左。外祖急止之云：“公诗文一出，即日传播。某方为流人，岂可出郊？公又远徙，蔡元长当轴，岂可不过为之防邪？”太史从之，但诗中云“亦有文士相追随”，盖为外祖而设。④

贬谪流寓到西江流域的黄庭坚已经五十九岁了，他在来到宜州途中先寓居永州，溯湘江西行，后经全州、桂州，最后流寓到了他的流放地宜州。

---

① 《正集》卷二五，见〔宋〕黄庭坚著，刘琳、李勇先、王蓉贵点校《黄庭坚全集》，中华书局2021年版，第604页。

② 《别集》卷一四，见〔宋〕黄庭坚著，刘琳、李勇先、王蓉贵点校《黄庭坚全集》，中华书局2021年版，第1604页。

③ 〔宋〕黄庭坚著，刘琳、李勇先、王蓉贵点校：《黄庭坚全集》，中华书局2021年版，第2166页。

④ 〔宋〕王明清撰、穆公校点：《挥麈录》后录卷七，见《宋元笔记小说大观》第4册，上海古籍出版社2001年版，第3709页。

在当时党禁甚严的残酷政治环境下，黄庭坚的道德文章还是受到当时某些有识之士的高度认同，有些士人甚至不辞路途遥远，专门来到西江流域跟随黄庭坚问学，富有传奇色彩的蜀中侠士范寥就是其中最具代表性的人物之一[①]。他在《宜州家乘》序中叙述了自己不畏艰辛、远道而来寻访黄庭坚并跟随他问学的动人事迹：

崇宁甲申秋，余客建，闻山谷先生谪居岭表，恨不识之。遂溯大江，历湓浦，舍舟于洞庭，取道荆湘，以趋八桂。至乙酉三月十四日始达宜州，寓舍崇宁寺。翼日，谒先生于僦舍，望之真谪仙人也。于是忘其道途之劳，亦不知瘴疠之可畏也。自此日奉杖履，至五月七日，同徙居于南楼。围棋诵书，对榻夜语，举酒浩歌，跬步不相舍。[②]

黄庭坚在宜州作《和范信中寓居崇宁遇雨二首》，其中写道：

范侯来寻八桂路，走避俗人如脱兔。衣囊夜雨寄禅家，行潦升阶漂两屦。遣闷闷不离眼前，避愁愁已知人处。庆公忧民苗未立，旻公忧木水推去。两禅有意开寿域，岁晚筑室当百堵。它时无屋可藏身，且作五里公超雾。

当年游侠成都路，黄犬苍鹰伐狐兔。二十始肯为儒生，行寻丈人奉巾屦。千江渺然万山阻，抱衣一囊遍处处。或持剑挂宰上回，亦有酒罂壶中去。昨来禅榻寄曲肱，上雨傍风破环堵。何时鲲化北溟波，好在豹隐南山雾。[③]

他们二人的人格魅力与风神意态由此可见。流寓到西江流域的黄庭坚以自己的才学与品德引导当地某些开明官吏及诚心向学之士子从事文化教育活动，有力地促进了当地的社会变迁与文化进步。

南宋文人对黄庭坚、苏轼的崇敬与效仿体现在周必大所撰写的《太和陈善秀才》一文中：

① 范寥的生平事迹详参《梁溪漫志》卷一〇，《京口耆旧传》卷五。

② 〔宋〕范寥：《宜州乙酉家乘序》，见〔宋〕黄庭坚著，刘琳、李勇先、王蓉贵点校《黄庭坚全集》，中华书局2021年版，第2248页。

③《正集》卷五，见〔宋〕黄庭坚著，刘琳、李勇先、王蓉贵点校《黄庭坚全集》，中华书局2021年版，第112—113页。

> 每见近世学者尝患无师友可以讲学，然圣如孔子，贤如孟、扬，或师弟子问答，或著书立言，传道解惑，无余蕴矣。使吾徒生于其时，亲炙有数，根器有限，未必得如今日读其全书之为深切著明也，亦在乎潜心而已矣。昔黄鲁直尝问文章之法于苏翰林，翰林告以熟读《礼记·檀弓》。鲁直取二篇读数百遍，然后得之。翰林远矣，就使及见，亲闻此言，其能废余事，伏几案，终日如童子琅琅诵习以验其言乎？诵书小事也，犹未易行，况其大者哉！凡某之学所以日益荒废者，正坐不能尊所闻、行所知耳。①

周必大在与晚生后辈讲道论学时，自然而然就联系到黄庭坚与苏轼师徒之间的交往，字里行间流露出对前贤的羡慕与向往，这离不开苏、黄二人迁居岭南时独特的人格魅力对晚学后辈的吸引。“黄庭坚之德动乎宜”，他的品题印可、援引后进，在西江流域文化发展史上产生了深远的影响，以至汪森把他与柳宗元、邹浩、张栻相提并论，认为他们“诗文传于粤西甚夥。引掖后进，为斯文宗主”②。

黄庭坚在西江流域的苦难生活中，时常援佛道思想以救其心，老庄和佛禅思想对他产生了很大影响。钱志熙指出：

> 虽然山谷的思想受到老庄和佛禅的影响，但并不沦于虚无和空寂，其根本在于是以儒家的伦理道德立身，晚年非但没有减退，而且追求更为坚定，其政治立场似乎也较前一时期更为明确。用山谷自己的话来说，就是“皮毛剥落尽，唯余真实在”（《内集》卷一四《次韵杨明叔见饯十首》之八）。③

钱先生的这段话反映了黄庭坚晚年寓居到西江流域的人生思考、文化性格与政治立场。

值得一提的是，“老庄和佛禅”的思想并不沦于虚无和空寂，受到老庄和佛禅思想深刻影响的人并不会沦于虚无和空寂。庄子热爱生活，眼冷

---

① 〔宋〕周必大：《文忠集》卷一八六，见《四库全书》影印文渊阁本第1149册，上海古籍出版社1987年版，第81页。

② 《粤西通载发凡》，见〔清〕汪森编辑，黄盛陆、石恒昌等点校《粤西文载校点》（一），广西人民出版社1990年版，第7页。

③ 钱志熙：《黄庭坚诗学体系研究》，北京大学出版社2003年版，第313页。

情深，用一双冷眼来观察现实，但毕竟热肠挂住，对现实世界还有着很深的眷恋与不舍，否则他就不用告诉我们庖丁解牛的故事以及如何游刃有余地在处处充满风险的世界生活。禅宗思想也是很深刻的哲学思想，是属于人民大众的生命哲学，来自生活并且能够用以解决现实生活的许多问题。读懂了佛禅思想，只会使人更加深刻地理解生活的本来面目，更加热爱生活，而不会“沦于虚无和空寂”。

《坛经》里记载了五祖传授衣钵一事的情形：

> 五祖忽于一日唤门人尽来，门人集讫，五祖曰：“吾向汝说，世人生死事大，汝等门人，终日供养，只求福田，不求出离生死苦海。汝等自性若迷，福门何可救汝。”①

五祖所说显然是要告诉世人如何从“苦海”中解脱出来，目的是寻找“自性”，自己的本性。对于神秀的“身是菩提树，心如明镜台，时时勤拂拭，莫使有尘埃”②，五祖说：“汝作此偈，见即未到，只到门前，尚未得入。凡夫依此偈修行，即不堕落；作此见解，若觅无上菩提，即未可得。”③ 这段记载深刻有力地说明了佛禅思想“并不沦于虚无和空寂”，而是来源于现实生活，扎根于现实生活。五祖为什么说“汝作此偈，见即未到，只到门前，尚未得入”呢？因为神秀的偈子里“时时勤拂拭，莫使有尘埃”一语有问题，问题在哪呢？在于若没有“尘埃”，哪来的“拂拭”呢？若没有“烦恼”，哪来的“菩提”呢？“烦恼”与“菩提”都源于同一样东西，即现实生活中的“尘埃”，烦恼即菩提。佛禅深刻认识到了现实生活中有尘埃与烦恼，因此才需要菩提智慧来排遣化解它。化烦恼为菩提，转病场作道场。

尤其可贵的是，佛禅思想中十分重视下层人的智慧，据《坛经》载：

> 惠能启别驾言：“若学无上菩提，不得轻于初学。俗谚云：下下人有上上智，上上人有没意智。若轻人，即有无量无边罪。”④

---

① 〔唐〕慧能著、郭朋校释：《坛经校释》，中华书局1983年版，第9页。
② 〔唐〕慧能著、郭朋校释：《坛经校释》，中华书局1983年版，第12页。
③ 〔唐〕慧能著、郭朋校释：《坛经校释》，中华书局1983年版，第14页。
④ 〔唐〕慧能著、郭朋校释：《坛经校释》，中华书局1983年版，第16页。

高手在民间，智慧有时也在“下下人”中。老庄和佛禅思想教人在看透生活本性后仍然热爱生活。笔者认为老庄、佛禅思想都是教人热爱生活而不是逃避生活的，这一点它们与儒家思想是相通的。伟大的哲学思想教人不“沦于虚无和空寂”。因此，笔者的结论是：黄庭坚的思想受到老庄和佛禅的影响，所以他并不沦于虚无和空寂，在看透人世真相后，仍然热爱生活。这一观点，是有无数事例可以印证的，如白居易、柳宗元、苏轼、苏辙都因受到了老庄和佛禅思想的影响，所以并不沦于虚无和空寂，而是热爱生活。明人陶元柱编有《山谷禅喜集》二卷，“是集于黄庭坚集中录其阐发禅理者，别为一书，盖欲以配《东坡禅喜集》也”[①]。此书将黄庭坚、苏轼阐发禅理的作品与“喜”字联系在一起，谓之“禅喜”，可谓深得禅宗的要义，禅宗并非要泯灭欢喜心，而是要启发欢喜心，欢喜心即智慧。这与儒家“孔颜乐处”若合符契，反映了伟大的思想家在思考人生时的相融相通。

更明显的一点是，苏、黄都非常崇拜敬仰的陶渊明深受老庄与佛教思想的影响，才能成为“爱好生活者”。陶渊明说“人生似幻化，终当归空无”（《归园田居》其四）、“纵浪大化中，不喜亦不惧。应尽便须尽，无复独多虑”（《形影神·神释》）、“岂无一时好，不久当如何”（《拟古》其七）、“客养千金躯，临化消其宝”（《饮酒》其十一）、“同物既无虑，化去不复悔”（《读山海经》其十），表明陶渊明对现实人生有深刻的哲理思考，而这些哲理思考明显受到了老庄与佛教思想的滋养[②]。关于这一点，叶嘉莹有深入浅出的分析解读，她指出：

> 陶渊明没有正式皈依佛教，但从他的诗里边我们可以看到他是明显受过佛教的影响的。陶渊明的思想里边有儒家的、道家的、佛家的三种思想精华的结合。……他还受到佛家思想的影响，他的《归园田居》之四里有过这样的句子说：“人生似幻化，终当归空无。”他说人生就好像是一个幻影一样，佛经上说的“如梦如幻”，就是说世间万象如同梦幻一样，都是虚无的、空幻的，转眼就消失不见了。“终

① 《四库全书总目》卷一七四《山谷禅喜集提要》，中华书局1965年版，第1538页。

② 参见丁永忠《陶诗佛音辨》弁言《佛教玄风笼罩下的东晋诗人陶渊明》《“达摩未西来，渊明早会禅”——无弦琴故事与陶诗中的“禅趣”试析》，四川大学出版社1997年版，第1—8、124—142页；袁行霈《陶渊明的哲学思考》，见《陶渊明研究》，北京大学出版社2009年版，第1—25页。

当归空无”是说最终结果都是空无，所谓“四大皆空”。以上可以看出他有儒家的思想，有道家的思想，也有佛家的思想。但无论哪种思想影响了陶渊明，他都会立刻与他自己的思想结合起来，他内心之中有一种自然的定力与持守。①

从叶先生对陶渊明思想的解读中，笔者的观点也就呼之欲出：老庄道家思想与佛教思想跟黄庭坚自己的思想结合起来，并不会使他“沦于虚无和空寂”，而使他更加看透生活的本质，从而更加热爱与珍惜这短暂而无常的生命，从容不迫地应对生活的坎坷与磨难，保持内心的宁静与安详。

黄庭坚在西江流域援佛道以救心，以老庄道家与佛禅思想来排遣消解生活中的苦闷忧患，故能坦然面对人生的忧患，达到随遇而安、随遇而乐的境界。南宋名臣楼钥指出："呜呼，建中靖国以至崇宁，元祐诸公多已南归，而先生乃以《承天塔记》更斥宜，人谁能堪之？先生方翛然自适，观所记日用事，岂复有迁谪之叹？所谓青山白云，江湖之水湛然，宁复有不足者？《家乘》止四年八月二十八日，而先生卒于季秋之晦，相去才月余耳。三山陆待制务观尝言，先生临终时，暑中得雨，伸足檐外，沾湿清凉，欣然自以为平日未有此快。死生之际乃如此！"② 由此可见黄庭坚晚年寓居西江流域时对生活的热爱及其旷达乐观的人生态度。深受老庄道家及佛教禅宗思想的深刻影响，黄庭坚才能在生命的最后时刻“出离生死苦海”，达到“欣然自以为平日未有此快。死生之际乃如此”的至高境界。

但是，不能否认黄庭坚还是以儒家伦理道德来立身处世的，其中儒家的民本思想无疑对他产生了深刻的影响，他积极为当地百姓谋福利，做贡献，在西江流域社会变迁与文化史上具有重要的意义。作为以诗歌、书法艺术的高度成就名世的黄庭坚本来就是有真性情的，他的真性情使他不适应官场等级森严、虚伪矫饰的那一套生活模式，反而比较能够与荒蛮偏远的贬谪之所融为一体。黄庭坚对此心领神会，惠洪《冷斋夜话》记载道：

鲁直南迁已六十，亲故忧其祸大，又南方瘴雾，非菜肚老人所

① 叶嘉莹：《叶嘉莹说陶渊明饮酒及拟古诗》，中华书局 2015 年版，第 8—9 页。

② 〔宋〕楼钥：《跋黄子迈所藏山谷乙酉家乘》，见〔宋〕黄庭坚著，刘琳、李勇先、王蓉贵点校《黄庭坚全集》，中华书局 2021 年版，第 2249 页。

宜。鲁直笑曰："宜州者，所以宜人也……"鲁直竟殁于宜州。①

可见，黄庭坚过的是艺术的生活，也是诗意的生活，他能以谐谑幽默的态度来面对人生的困境，则生活中的一切境遇皆可"宜人也"，他也就将风雨人生转化成了诗意人生。当然，黄庭坚旷达乐观、幽默诙谐人生态度的形成，也离不开贬谪之所虽然蛮荒偏僻却又相对自由的生活环境。"竟殁于宜州"，或许是他最好的人生归宿。

黄庭坚去世后，宜州人民建了一座山谷祠来纪念他，祠中的对联写道：

谪粤同时亦有人，缘何定国宾州，淮海横州，不及先生绵俎豆；
作神此地原非偶，恰似龙城柳子、潮阳韩子，能令边徼化诗书。②

此联将贬谪流寓到西江流域宜州的黄庭坚比作唐代贬谪流寓到柳州、潮州的迁岭文人柳宗元、韩愈，从他们的人生思考、文化性格与为当地人民所做出的巨大贡献来看，这个比拟是非常恰当的。柳宗元之于柳州，韩愈之于潮州具有文化始祖的崇高地位，黄庭坚以他深刻的人生思考、丰富的文化性格、民胞物与的淑世情怀，成了西江流域宜州的文化始祖。

第四节　为粤开词家之祖：秦观流寓西江流域的文化贡献

苏轼在贬谪岭南的过程中，不可避免地要来到西江流域地区，在西江流域留下了他珍贵的足迹和令人难以忘怀的言行。他的得意门生、苏门四学士之一的秦观也曾谪居在西江流域地区，后来死在广西的藤州。当时苏轼谪居岭南，闻讯后，悲痛欲绝。南宋张世南记载了苏轼在容州写给海康令欧阳氏的帖子，很能反映当时苏轼寓居西江流域的生活环境、生活方式及闻知秦观去世后苦闷抑郁的心情：

---

① 〔宋〕释惠洪：《冷斋夜话》，见张伯伟编校《稀见本宋人诗话四种》，江苏古籍出版社2002年版，第19页。

② 参见彭会资《黄庭坚在广西——兼论黄庭坚的政治态度》，载《学术论坛》1981年第3期。

> 某顿首，秋暑不审起居，佳否？某与儿子，八月二十九日离廉，九月六日到郁林、七日遂行。初约留书欧阳晦夫处，忽闻秦少游凶问，留书不可不言，欲言又恐不的，故不忍下笔。今行至白州（按即广西博白），见容守之犹子陆斋郎云："少游过容留多日，饮酒赋诗如平常。容守遣般家二卒，送归衡州，至藤，伤暑困卧，至八月十二日，启手足于江亭上。徐守甚照管其丧，仍遣人报范承务范先去，已至梧州，范自梧州赴其丧。"此二卒申知陆守者止于如此，其他莫知其详也。然其死则的矣，哀哉痛乎！何复可言？当今文人第一流，岂可复得。此人在，必大用于世，不用，必有所论著，以晓后人。前此所著，已足不朽，然未尽也。哀哉！哀哉！其子甚奇俊，有父风。惟此一事，差慰吾辈意。某不过旬日到藤，可以知其详，续奉报。次尚热，惟万万自重。无聊中奉启，不谨。某再拜元老长官足下。九月六日。①

苏轼所言"此人在，必大用于世，不用，必有所论著，以晓后人"，揭示出了迁岭文人对西江流域的重要贡献。迁岭文人作为地方官员，大多尽心尽力地为当地服务，发展教育、治理农田、开发水利、移风易俗，并写诗作文，留下了许多吟咏西江流域风物与自己身处其间的心迹情感的佳作，为西江流域提供了一笔厚重的文化遗产。

值得欣慰的是，北宋大词人秦观与西江流域尤其是粤西社会文化的发展有着十分密切的内在联系。况周颐在《粤西词见》"李守仁"条下记载：

> 守仁字若仙，容县人，有《绮云词》二卷……《齐天乐》题云："读王竹一先生《海棠桥词集》有裒竝题先生自序，以秦淮海左迁横浦，为粤开词家之祖。故取其'海棠'句以集名。"②

沈家庄根据徐培均所编著的《秦少游年谱长编》概述了秦观在西江流域生活的行迹，印证了"秦淮海左迁横浦，为粤开词家之祖"的观点，绝非虚言③。

---

① 〔宋〕张世南撰、张茂鹏点校《游宦纪闻》卷一〇，中华书局1981年版，第91—92页。

② 〔清〕况周颐：《粤西词见》，扬州聚文斋刻字店光绪二十三年刻本。

③ 参见沈家庄《粤西词人群体研究导论》，载《中国韵文学刊》2007年第2期，第23页。

秦观于元符三年（1100）遇赦自雷州内迁北还，八月至藤州而卒。据《宋史纪事本末》卷四六《绍述》记载，绍圣四年（1097）二月癸未（二十八日）：

流吕大防、刘挚、苏辙、梁焘、范纯仁于岭南，贬韩维等三十人官。①

在这次政治大清洗中，秦观遭受到从郴州编管横州居住的厄运。要从郴州至横州，当时必须先北上至衡州，然后南循湘水，入广西境，至桂州兴安，由灵渠顺漓水下梧州，复由浔江、郁水西至横州。秦观长期在西江流域漂泊，在当时粤西文坛有着崇高地位。

秦观寓居西江流域的一件大事是：尝醉宿海棠桥畔祝姓家，有《醉乡春》（又作《添春色》）词题其柱。徐培均笺注此词载：

《苕溪渔隐丛话前集》卷五十引《冷斋夜话》云："少游在黄州，饮于海（棠）桥，桥南北多海棠。有老书生家于海棠丛间，少游醉宿于此，明日题其柱云（词略）。东坡爱其句，恨不得其腔，当有知者。"徐案：黄州当为横州之误。又王本《补遗》案曰："国朝闵叙粤述海棠桥在横州西，宋时建。故老传曰：此桥南北，旧皆海棠；书生祝姓者家此。宋秦少游谪横，尝醉宿其家。明日题词而去。"秦《谱》：元符元年（一〇九八），"先生自郴州赴横州。……既至横州，荒落愈甚，寓浮槎馆，居焉。城西有海棠桥……明日题其柱云……此词刻于州志，海棠桥至今有遗迹云。"此说是。②

又据杨慎《词品》卷三载：

少游谪藤州，一日醉野人家。有词云："唤起一声人悄。衾冷梦寒窗晓。瘴雨过，海棠开，春色又添多少。　社瓮酿成微笑。半缺椰瓢共舀。觉倾倒，急投床，醉乡广大人间小。"此词本集不收，见

① 〔明〕陈邦瞻：《宋史纪事本末》卷四六，中华书局2015年版，第454页。

② 〔宋〕秦观著、徐培均笺注：《淮海居士长短句笺注》，上海古籍出版社2008年版，第215—216页。

于地志。而修《一统志》者不识“舀”字，妄改可笑，聊著之。①

《淮海先生年谱》引王济著《日询手镜》云：

横州海棠桥，长百余尺，皆以铁为材，宋时所建者。其地建亭，亦名海棠亭。数年前，建业黄琮守州，改为淮海书院。余尝至访遗迹，有坏碑数通，漫灭不可读，后一小碑，仆于地，拂拭观之，乃刻晁无咎像也。云晁尝不远万里来访淮海，故存其刻云。②

粤西词人的代表王竹一竟然以“海棠桥”给自己的词集题名，这引发了笔者对迁岭文人的题壁（柱）诗词与西江流域社会文化发展的密切联系的关注。

有趣的是，秦观被苏轼赏识，亦与他的“题壁”有关。宋代释惠洪《冷斋夜话》专门有“秦少游题壁”条，讲述了苏轼与秦观结识的缘起：

东坡初未识秦少游，少游知其将复过维扬，作坡笔语题壁于一山中寺。东坡果不能辨，大惊。及见孙莘老，出少游诗词数百篇，读之，乃叹曰：“向书壁者岂此郎也?”③

宋人题壁比较普遍，苏轼非常重视壁间作品，时常吟咏，并深受其影响。据《冷斋夜话》卷一载：

东坡曰：予少官凤翔，行山郎，见壁间有诗曰：“人间无漏仙，兀兀三杯醉。世上没眼禅，昏昏一觉睡。虽然没交涉，其奈略相似。相似尚如此，何况真个是。”故其海上作《浊醪有妙理赋》曰：“常因既醉之适，方识此心之正。”④

---

① 唐圭璋编：《词话丛编》，中华书局1986年版，第1册，第476页。

② 吴熊和主编：《唐宋词汇评：两宋卷》第1册，浙江教育出版社2004年版，第731页。

③〔宋〕释惠洪：《冷斋夜话》卷一，见张伯伟编校《稀见本宋人诗话四种》，江苏古籍出版社2002年版，第9—10页。

④〔宋〕释惠洪：《冷斋夜话》卷一“凤翔壁上诗”，见张伯伟编校《稀见本宋人诗话四种》，江苏古籍出版社2002年版，第15页。

由此可见，文人题壁之作在当时所能起到的重要作用。

何谓“题壁”？王兆鹏指出：

> 题壁，是指将有关文字或图画题写在寺壁、驿壁、屋壁、桥梁等建筑物的壁面上，以传播信息、发表言论、发布文学或书法绘画作品等。题壁，是一种真正的原始意义上的“平面”媒体。[①]

王先生在这里对题壁的概念、范围、作用进行了简明扼要的概述，很有启示性。题壁作品有时展示了迁岭文人与西江流域社会变迁的内在关系。

“苏门四学士”之一的秦观与西江流域的密切联系，主要源于他遭受贬谪的命运。元符三年（1100）八月十二日，秦观卒于藤州[②]参见。对此事，苏轼在《书秦少游挽词后》中有详细的记述，云：

> 庚辰岁六月二十五日，予与少游相别于海康，意色自若，与平日不少异。但自作挽词一篇，人或怪之。予以谓少游齐死生、了物我，戏出此语，无足怪者。已而北归，至藤州，以八月十二日，卒于光化亭上。呜呼，岂亦自知当然者耶，乃录其诗云。[③]

黄庭坚在《千秋岁》的小序中亦有关于秦观卒于西江流域藤州光华亭的记载：

> 少游得谪，尝梦中作词云：“醉卧古藤阴下，了不知南北。”竟以元符庚辰，死于藤州光华亭上。崇宁甲申，庭坚窜宜州，道过衡阳。览其遗墨，始追和其千秋岁词。[④]

从此，在中国文化史上，西江流域的藤州就与苏轼、黄庭坚、秦观等元祐迁岭文人的名字紧密地联系在一起了。

---

① 王兆鹏：《宋代的“互联网”——从题壁诗词看宋代题壁传播的特点》，载《文学遗产》2010 年第 1 期，第 56 页。

② 〔宋〕秦观撰、徐培均笺注：《淮海集笺注》（修订本）附录《秦观年谱》，上海古籍出版社 2023 年版，第 2000 页。

③ 孔凡礼点校：《苏轼文集》卷六八，中华书局 1986 年版，第 2158 页。

④ 唐圭璋编纂、王仲闻参订、孔凡礼补辑：《全宋词》，中华书局 1999 年版，第 532 页。

在西江流域寓居的日子里，秦观留下了许多名篇佳作，这首《江月楼》就写了他在贬谪流寓生活中的观感，诗云：

仙翁看月三百秋，江波日去月不流。肯因炎尘暝空阔，直与江月同清幽。

苍梧云气眉山雨，玉箫三弄无今古。九天雨露蛰蛟龙，琅玕长凭清虚府。①

据《苏诗总案》卷四四载，苏轼元符三年（1100）九月中旬至藤，曾为江月楼题榜，注引《舆地广记》云："江月楼在藤县治，苏子瞻题"。这首诗是秦观逝世前在西江流域的藤州所作，苏轼《与欧阳元老书》对此有详细的说明。他指出：

少游过容，留多日，饮酒赋诗如平常。容守遣般家二卒送归衡州，至藤伤暑困卧，至八月十二日，启手足于江亭上。②

西江流域的藤州留下了苏轼与秦观交往的感人事迹及他们在此地创作的动人诗篇。

人事有代谢，往来成古今。江山留胜迹，我辈复登临。文学家吟咏秦观与藤州的作品不绝如缕，名篇佳作迭起，藤州也因此而成了"胜迹"，供世人凭吊瞻仰。释道潜在《哭少游学士》诗中写道：

江左有豪英，超骧世无伦。妙龄已述作，识造穷天人。儒林老先生，相与为友宾。客来叩治乱，亹亹披霜筠。波澜与枝叶，犹足跨后尘。③

与秦观平生风义兼师友的苏轼在《与欧阳元老》一文中谈及秦观之死，痛惜万分：

① 《淮海集笺注补遗》卷第一，见〔宋〕秦观撰、徐培均笺注《淮海集笺注》（下），上海古籍出版社1994年版，第1571页。

② 孔凡礼点校：《苏轼文集》卷五八，中华书局1986年版，第1756页。

③ 〔宋〕释道潜：《参寥子诗集》卷一〇，见《四库全书》影印文渊阁本第1116册，上海古籍出版社1987年版，第74页。

某与儿子八月二十九日离廉，九月六日到郁林，七日遂行。初约留书欧阳晦夫处，忽闻秦少游凶问，留书不可不言，欲言又恐不的，故不忍下笔。……哀哉痛哉，何复可言。当今文人第一流，岂可复得。此人在，必大用于世，不用，必有所论著以晓后人。前此所著，已足不朽，然未尽也。哀哉！哀哉！其子甚奇俊，有父风，惟此一事，差慰吾辈意。[①]

此文感人肺腑，被宋代的张世南收入《游宦纪闻》，由此可以看出此文的重要性。苏轼反复多次在诗文中哀悼秦观之死，两人感情之深令人动容。值得注意的是，苏轼在痛悼秦观之死的同时又为“其子甚奇俊，有父风”而感到欣慰，生动感人地表现出对故人之子的殷切期望之情。这反映了中国传统观念对后继有人的高度重视，是两宋家族文学之所以繁荣昌盛的一个重要原因。

秦观的好友黄庭坚写得更加感人肺腑：“闭门觅句陈无己，对客挥毫秦少游。正字不知温饱未，西风吹泪古藤州。”[②] 元符三年（1100），久遭灾难的黄庭坚从贬所归来，第二年走到荆南，怀念起好友陈师道与秦观，写下了这首语不深而情深、传诵千古的佳作。崇宁二年（1103）黄庭坚在鄂州时又想到了秦观，在《寄贺方回》一诗中写道：

少游醉卧古藤下，谁与愁眉唱一杯。解作江南断肠句，只今唯有贺方回。[③]

黄庭坚晚年贬谪流寓到西江流域途中经过衡州，偶然在好友僧仲仁处看到了苏轼、秦观的诗稿，睹物思人，想起了平生风义兼师友的亡人，感慨万端，作诗一首，诗云：

梦蝶真人貌黄槁，篱落逢花须醉倒。雅闻花光能画梅，更乞一枝洗烦恼。扶持爱梅说道理，自许牛头参已早。长眠橘州风雨寒，今日

① 孔凡礼点校：《苏轼文集》卷五八，中华书局1986年版，第1756页。

② 《病起荆江亭即事十首》其八，见〔宋〕黄庭坚著，刘琳、李勇先、王蓉贵点校《黄庭坚全集》正集卷九，中华书局2021年版，第244页。

③ 《寄贺方回》，见〔宋〕黄庭坚著，刘琳、李勇先、王蓉贵点校《黄庭坚全集》正集卷一一，中华书局2021年版，第244页。

梅开向谁好。何况东坡成古丘，不复龙蛇看挥扫。我向湖南更岭南，系船来近花光老。叹息斯人不可见，喜我未学霜前草。写尽南枝与北枝，更作千峰倚晴昊。①

曾敏行在《独醒杂志》卷三“黄山谷秦少游死生交友之义”中记载了秦观死后，他的后人与黄庭坚相遇的动人场景：

秦少游之子湛自古藤护丧北归，其婿范温候于零陵，同至长沙，适与山谷相遇。温，淳夫之子也。淳夫既没，山谷亦未吊其子，至是与二子者执手大哭，遂以银二十两为赙。湛曰：“公方为远役，安能有力相及？且某归，计亦粗办，愿复归之。”山谷曰：“尔父，吾同门友也，相与之义，几犹骨肉，今死不得预殓，葬不得往送，负尔父多矣。是姑见吾不忘之意，非以赙也。”湛不敢辞。既别，以诗寄二子，有曰：“昔在秦少游，许我同门友。”又曰：“范公太史僚，山立乃先达。”又曰：“秦郎水江汉，范郎器鼎鼐。逝者不可寻，犹喜二子在。”又曰：“往时高交友，宰木已枞枞。今我二三子，事业在灯窗。”今集中载《晚泊长沙走笔寄秦处度范元实》五诗是也。前辈于死生交友之义如此。②

此段文字中记载了黄庭坚遇见秦观的后人，感慨万端，送了二十两银子给两位后辈，当时的黄庭坚尚处在贬谪流寓之中，秦观之子秦湛非常感动，推辞道：“公方为远役，安能有力相及？且某归，计亦粗办，愿复归之。”黄庭坚坚持道：“尔父，吾同门友也，相与之义，几犹骨肉。今死不得预敛，葬不得往送，负尔父多矣。是姑见吾不忘之意，非以赙也。”最后，秦湛还是接受了黄庭坚的馈赠。患难之际见真情，黄庭坚与秦观的后人相遇时百感交集，对秦观怀念不已，故后来想到秦观就不禁泪流满面，悲痛欲绝，从而让“古藤州”永远地留在了世人伤感而又温馨的记忆中。西江流域的藤州也因“黄山谷秦少游死生交友之义”而名扬天下，增加了西江

---

① 《花光仲仁出秦苏诗卷思两国士不可复见开卷绝叹因花光为我作梅数枝及画烟外远山追少游韵记卷末》，见〔宋〕黄庭坚著，刘琳、李勇先、王蓉贵点校《黄庭坚全集》正集卷五，中华书局2021年版，第108—109页。

② 〔宋〕曾敏行撰、朱杰人校点：《独醒杂志》卷三，见《宋元笔记小说大观》第3册，上海古籍出版社2001年版，第3221—3222页。

流域文化底蕴的厚度，这无疑有利于增强西江流域人们的文化自信与地域认同。

值得注意的是，苏轼以为秦观作《自作挽词》是“戏出此语”，显然是误读了秦观词的写作动机，秦观悲伤痛苦，在沉重的生活重压下难以“戏出”此语，而只有陶渊明、苏轼等胸襟旷达，“齐死生，了物我”的达人智者才能以游戏的笔墨调侃人生，以至于曾敏行指出：“东坡多雅谑。”① 这其实展现出了伟大诗人面对生活苦难时展现出来的诙谐幽默的文化性格与乐观自适的精神气质。

秦观与苏轼不同，他“情钟世味，意恋生理，一经迁谪，不能自释”，悲哀伤感之情确实有过前人。其《自作挽词》诗曰：

> 婴衅徙穷荒，茹哀与世辞。官来录我橐，吏来验我尸。藤束木皮棺，藁葬路傍陂。家乡在万里，妻子天一涯。孤魂不敢归，惴惴犹在兹。昔忝柱下吏，通籍黄金闺。奇祸一朝作，飘零至于斯。弱孤未堪事，返骨定何时？修途缭山海，岂免从阁维？荼毒复荼毒，彼苍那得知！岁晚瘴江急，鸟兽鸣声悲。空蒙寒雨零，惨淡阴风吹。殡宫生苍藓，纸钱挂空枝。无人设薄奠，谁与饭黄缁？亦无挽歌者，空有挽歌辞。②

这首诗于元符三年（1100）作于雷州③。读这样的诗句，就像在读一颗被泪水浸泡的心灵，把人拉向痛苦的深渊、无边的苦海，不得解脱，而秦观也在如环无端的苦闷中不能自拔、生趣全无。诗中的“穷荒”“万里”“天一涯”“山海”“瘴江”渲染出一种悲凉的气氛，而最后对自己死后情况的描述更加触目惊心：“空蒙寒雨零，惨淡阴风吹。殡宫生苍藓，纸钱挂空枝。无人设薄奠，谁与饭黄缁？”体现了秦观在生活困境中苦闷绝望的心理。

这样的心理对人的身体有巨大的戕害，苏轼深刻地感受到这一点，据

① 〔宋〕曾敏行撰、朱杰人校点：《独醒杂志》卷五，见《宋元笔记小说大观》第3册，上海古籍出版社2001年版，第3247页。

② 〔宋〕秦观撰、徐培均笺注：《淮海集笺注》卷四〇，上海古籍出版社1994年版，第1323页。

③ 〔宋〕秦观撰、徐培均笺注：《淮海集笺注》卷四〇，上海古籍出版社1994年版，第1323页。

秦观年谱载：

> 先生于是岁之春作《挽词》。……至六月二十五日，苏公与先生相会于海康。先生因出《自作挽词》呈公，公抚其肩曰："某尝忧逝，未尽此理，今复何言！某亦尝自为《志墓文》，封付从者，不使过子知也。"遂相与啸咏而别。①

虽然秦观与苏轼两人都遭遇了人生的苦难与不幸，不过，苏轼善于调节自己的心理，能够从人生的逆境中解脱出来，他有一整套超越人生苦闷的心灵解脱模式，能够深刻认识到苦闷、忧伤、伤感、悔恨等不良心理因素对身体健康的严重伤害，故他以自己之心度秦观之创作《自作挽词》的动机时云：

> 庚辰岁六月二十五日，余与少游相别于海康，意色自若，与平日不少异。但自作《挽词》一篇，人或怪之。余以谓少游齐生死，了物我，戏出此语，无足怪者。已而北归，至藤州，以八月十二日卒于光化亭上。呜呼，岂亦自知当然者耶？②

可以说"齐生死，了物我"是苏轼的夫子自道之语，后来他才意识到秦观内心浓重的悲哀与沉重的压力。他读了秦观的《踏莎行》（雾失楼台），断言如此心态的秦观将命不长久。果然如此，秦观写完这首苦闷抑郁的《踏莎行》后，不久就病逝于西江流域的藤州。心理因素对迁岭文人身体健康的影响也由此可见一斑。

王兆鹏指出：

> 苏东坡遇到挫折苦难，非常想得开，洒脱、超然。秦观就是想不开，所以五十多岁就去世了。③
>
> 朱敦儒为人、作词，都学苏轼的超脱放旷。苏轼一生坎坷，总是

① 参见〔宋〕秦观撰、徐培均笺注《淮海集笺注》卷四〇，上海古籍出版社1994年版，第1323—1324页。

② 〔宋〕苏轼《书秦少游挽词后》，见秦观撰、徐培均笺注《淮海集笺注》卷四〇，上海古籍出版社1994年版，第1325页。

③ 王兆鹏：《王兆鹏讲宋词课》，凤凰出版社2021年版，第252页。

力求摆脱人生的苦闷，而实际上无法彻底摆脱，所以苏轼词，表层虽然超脱旷达，深层里却潜藏着深沉的忧患与凄凉，飘逸中蕴含着沉重。而朱敦儒在历经人世沧桑后，到了晚年，对人生领悟得更透，他能忘怀抛开人世社会的一切责任、忧患、束缚、烦恼，而保持心灵的宁静、自由、闲适，生活得轻松而洒脱。[①]

笔者认为，朱敦儒既有苏轼的洒脱、超然，也有苏轼的沉重与凄凉，他词中表现出来的旷达、乐观，是一种无奈的旷达，消极的乐观，但无疑是使人快乐的。[②] 可以说，真正的乐观旷达只有一种，就是认清人生的真相以后仍然热爱生活。烦恼即菩提，没有烦恼哪来的智慧，人生智慧只有在烦恼中产生。苏轼、朱敦儒的超脱、旷达是一样的，都在历经人生苦难忧患之后产生。只有历经愁苦无奈之后仍然能保持洒脱超然的心境，才是真正的旷达乐观。所以，朱敦儒与苏轼一样，既有超脱放旷的一面，也有深沉的忧患与凄凉，是超脱放旷与忧患凄凉组合在一起的矛盾的统一体，正像生活本身充满矛盾与复杂多变一样，朱敦儒、苏轼也是充满矛盾与复杂多变的。生活本身是复杂的、多变的、无常的，人生是充满辛酸、忧患的，既让人感到凄凉、惆怅、无奈、伤感、苦涩，也让人感到快乐、平安、幸福、甜蜜，这种复杂多样的情感很自然地体现在苏轼、朱敦儒等一切伟大诗人的作品中。伟大的诗人用他们的生命来进行创作，用他们的生活来实践他们的创作。既然生活中充满了矛盾复杂的一面，生命中有喜悦、有欢欣，也有悲伤与痛苦，他们的诗词作品既有超脱放旷，也有忧患凄凉，既有沉重伤感，也有轻松飘逸，也就是很自然的现象了。

同样的道理，即便是秦观，他的诗词中既有苦闷忧伤的作品，也有轻松愉快、超脱放旷的表达。试看他的《望海潮》其一，词云：

星分牛斗，疆连淮海，扬州万井提封。花发路香，莺啼人起，珠帘十里东风。豪俊气如虹。曳照春金紫，飞盖相从。巷入垂杨，画桥南北翠烟中。　追思故国繁雄：有迷楼挂斗，月观横空。纹锦制帆，明珠溅雨，宁论爵马鱼龙！往事逐孤鸿。但乱云流水，萦带离

① 王兆鹏：《王兆鹏讲宋词课》，凤凰出版社2021年版，第264页。

② 参见丁楹《无奈的旷达——朱敦儒的饮酒与词心》，载《中国韵文学刊》2021年第1期，第80—85页。

宫。最好挥毫万字，一饮拼千钟。①

此词气象开阔雄浑，豪气干云，写都市生活的繁华富贵，人物之俊伟不凡、游赏之欢乐开怀，极尽娱悦得意之态，最后以“挥毫万字，一饮拼千钟”的文章太守作结，让人想见当年欧阳修在《朝中措·送刘仲原甫出守维扬》中“文章太守，挥毫万字，一饮千钟”② 的豪情胜概，雅量高致。这样的词可谓是放旷超脱的佳作，类似风格的作品在秦观诗词集中还有不少，如他所说“最好金龟换酒，相与醉沧洲”③，热情讴歌贺知章与李白痛饮放旷、高逸超脱的生活状态。在高朋满座、胜友如云的场面下一饮千钟、对客挥毫，确实显得气象不凡。从这样的词中，可以感受到秦观也有充沛的活力、创造的愉悦，有洒脱超然的一面。秦观是一个矛盾复杂的统一体，他的生活充满了矛盾复杂的多棱面，他的诗词创作风格也有多重面相。

值得一提的是，人们往往注重的是秦观感伤惆怅、抑郁苦闷的一面。如大多数人所认同的是：同样遭受贬谪，元祐文人的谪居心态有时是不一样的。据曾敏行《独醒杂志》卷五记载：

> 秦少游谪古藤，意忽忽不乐。过衡阳，孔毅甫为守，与之厚，延留待遇有加。一日，饮于郡斋，少游作《千秋岁》词，毅甫览至“镜里朱颜改”之名，遽惊曰：“少游盛年，何为言语悲怆如此！”遂赓其韵以解之。居数日别去，毅甫送之于郊，复相语终日。归谓所亲曰：“秦少游气貌大不类平时，殆不久于世矣。”未几果卒。④

其实，秦观并非一直都是抑郁忧伤的，他也想要放旷超脱，也曾对自己悲观苦闷的心态有所反省，他在《自作挽词》中写道：

---

①《望海潮》其一，见〔宋〕秦观撰、徐培均笺注《淮海居士长短句笺注》，上海古籍出版社2008年版，第1页。

② 唐圭璋编纂、王仲闻参订、孔凡礼补辑：《全宋词》中华书局1999年版，第156页。

③《望海潮》其二，见〔宋〕秦观撰、徐培均笺注《淮海居士长短句笺注》，上海古籍出版社2008年版，第5页。

④〔宋〕曾敏行撰、朱杰人校点：《独醒杂志》卷五，见《宋元笔记小说大观》第3册，上海古籍出版社2001年版，第3242页。

昔鲍照、陶潜自作哀挽，其词哀。读予此章，乃知前作之未哀也。[①]

古人云“智者乐水、仁者乐山”“饭疏食、饮水，曲肱而枕之，乐亦在其中矣”“一箪食、一瓢饮，在陋巷，人不堪其忧，回也不改其乐，贤哉回也”，“孔颜乐处”是古代士人提倡的人生态度，而秦观自觉悲苦，他也知道这不是好的人生态度，可是天性悲观，性格柔弱，无法强求，也就任其悲伤的情感自然而然地流露出来。秦观的作品里面体现了一颗被泪水浸泡的心灵，他不求超脱，而是尽情地宣泄，把自己拉向了痛苦的深渊。对此，他的朋友们都曾有所关注与惋惜，并试图加以劝勉。

文人士大夫对苦难的生命体验也往往通过文学作品表现出来。秦观与孔平仲是好友，秦观自郴州编管移至横州编管时，孔平仲与秦观相会于衡阳，秦观就写了这首著名的《千秋岁》（水边沙外）送给孔平仲，词云：

水边沙外。城郭春寒退。花影乱，莺声碎。飘零疏酒盏，离别宽衣带。人不见，碧云暮合空相对。　忆昔西池会。鹓鹭同飞盖。携手处，今谁在。日边清梦断，镜里朱颜改。春去也，飞红万点愁如海。[②]

这首词表达了秦观对生活的体验与对苦难人生的哲理思考。虽然这种思考充满了悲伤的意绪，但也反映了一个时代人们苦闷的心灵，诗比历史更真实，就在于诗反映了心理的真实，其中不乏深入探究的意义，从中可以看出北宋迁岭文人贬谪流寓之际的生命体验与人生思考，还可以看出迁岭文人相似或不同的文化性格。

秦观的这首词在当时引起了广泛的唱和，在词坛上产生了深远的影响。“一石激起千重浪，此词一出，前后得到七位词人的赓和，形成贬谪词创作的高潮。”[③] 孔平仲首先写作和词一首，表达了对秦观的同情与共

① 〔宋〕秦观：《淮海集笺注》卷四〇《自作挽词》，见周祖譔主编、钱建状著《历代文苑传笺证·宋史文苑传笺证》，凤凰出版社2012年版，第527页。

② 唐圭璋编纂、王仲闻参订、孔凡礼补辑：《全宋词》第1册，中华书局1999年版，第592页。

③ 〔宋〕秦观著、徐培均笺注：《淮海居士长短句笺注》前言，上海古籍出版社2008年版，第5页。

鸣。秦观的这首词不但引起了孔平仲的唱和，也引起了苏轼、黄庭坚、李之仪、惠洪等元祐文人的唱和之作，龙榆生云："即在宋诸贤中，如秦观之《千秋岁》（词略），其声情之悲抑，读者稍加领会，即可得其'弦外之音'。其黄庭坚、李之仪、孔平仲诸家和词（见历代诗余），亦皆哀怨。则《千秋岁》曲之为悲调，可以推知。"① 龙先生主要从声调之学的角度来考察秦观《千秋岁》中表达的悲抑之情，也注意到此词在当时所引起的广泛共鸣与和作，这种现象具有非常特殊的意义。正如王水照指出：

> 这一特殊文学现象，不仅反映了和韵之风从诗坛到词坛的展延，并影响到词的内容和艺术的变化，而且具体地表现出所谓"元祐党人"横遭贬谪后彼此心灵的交融和撞击，他们共同的和不同的心理反应。②

这种说法十分有道理。和韵之作在苏轼之前的词坛较少见，在苏轼的作品中开始大量涌现，其中不乏名篇佳作，如《水龙吟·次韵章质夫咏杨花》《劝金船·和元素韵自撰腔命名》《木兰花令·次马中玉韵》《西江月·坐客见和复次韵》《西江月·再用前韵戏曹子方》《鹊桥仙·七夕和苏坚韵》《点绛唇·己巳重九和苏坚》，和韵之作在苏轼作品中的大量出现，既反映了苏轼交游之广，也体现了苏轼对生活的热情与关注，因为只有关心朋友、热爱生活，才会对他人的词作予以唱和。词在当时是"小道末技"，不受当时政敌的关注。北宋党争激烈，政敌一般不会从文人士大夫的小词中去罗织罪状，打击陷害政治对手，故当时的文人反而能够在词中尽情宣泄自己的感情，表达自己对人生、历史、现实的思考，词坛和韵之风的盛行，也反映了在党争激烈的情况下，文人通过词作宣泄感情、表达思想、传递友谊、抒写愤懑、共度患难的普遍性。

因为有了谪居西江流域的人生经历，除了苏、黄，元祐文人中的秦观对后世迁岭文人也有重要的影响。秦观在笑看人生风云的胸襟与气度方面要稍逊于苏、黄，但是，秦观谪居岭南之人格个性、精神面貌与文学创作也不是一成不变的，他的人格与作品有一个逐渐转变的过程。南宋迁岭文

① 龙榆生：《研究词学之商榷·声调之学》，见〔宋〕秦观著、徐培均笺注《淮海居士长短句笺注》，上海古籍出版社2008年版，第92页。

② 王水照：《元祐党人贬谪心态的缩影——论秦观〈千秋岁〉及苏轼等和韵词》，见《王水照自选集》，上海教育出版社2000年版，第628页。

人吕本中指出：

> 秦少游诗"雨砌堕危芳，风轩纳飞絮"之类，李公择以为谢家兄弟得意不能过也。少游《过岭后诗》严重高古，自成一家，与旧作不同。[①]

在《江月楼》中，秦观叙述了自己在西江流域苍梧的所见所感，生动有力地展现了他对西江流域的好奇之心与自己的漂泊之感[②]，由此可见，秦观的转变得益于迁岭的痛苦经历及岭南独特的地域风光。

对于秦观迁岭尤其是在西江流域的经历，沈家庄有精辟细致的解读，他指出了秦观迁岭在西江流域词学发展过程中所起到的重要作用：

> 王氏自题词集名"海棠桥"，并谓"秦淮海左迁横浦，为粤开词家之祖"，绝非虚言。考秦观绍圣四年（1097）春在郴州，诏移横州编管。不久即经衡州、过永州、桂州、容县、北流，于元符元年（1098）春至横州（今广西横县），寓浮槎馆，尝醉宿海棠桥畔祝姓家，有《醉乡春》（又作《添春色》）词题其柱：唤起一声人悄。衾冷梦寒窗晓。瘴雨过，海棠晴，春色又添多少。　社瓮酿成微笑。半缺椰瓢共舀。觉健倒，急投床，醉乡广大人间小。秦观在横州近半年时间，还有《宁浦书事》诗六首以及《满庭芳》"碧水惊秋"等作。九月，诏移雷州编管。元符二年（1099）初经郁林（广西玉林）、白州（广西博白）、廉州（广东廉江）至雷州（广东海康）。元符三年（1100）二月诏移英州（广东英德），未赴。四月，诏移衡州。七月北归，八月过容州，留多日。容守陆氏遣人送往衡州。至藤州，尚作《月江楼》《流杯桥》《玉井泉》《光华亭》等诗。因伤暑困卧，八月十二日卒于光华亭。秦观南迁和北归，直至客死藤州，迁徙岭南三年多。除一年多居雷州外，大部分时间流寓于粤西南一隅，对这一带文人学士的影响是深远的。特别是在秦观去世没多久，苏轼由儋州循廉州、白州、郁林、容县至藤州北归，对秦观的死沉痛哀

---

① 顾易生、郭德茂、陈引驰编纂：《吕本中诗话》，见吴文治主编《宋诗话全编》第3册，第2897页。

② 参见〔宋〕秦观《江月楼》，见〔清〕汪森编《粤西诗载》卷六，《四库全书》影印文渊阁本第1465册，上海古籍出版社1987年版，第67页。

> 悼，对秦观的文学才华倍加赞赏，粤西人士目见耳闻，更确立了秦观在当时粤西文坛的崇高地位。①

沈先生对秦观词在西江流域的传播与接受进行了新的阐释，不仅丰富了西江文化与迁岭文人的研究领域，而且还对笔者继续深入这个方面的研究提供了新的启示。即元祐文人的文学作品及他们在其中表现出的人格精神与人生态度，逐渐被西江流域的广大读者所充分接受，其适用范围更加扩大，内涵亦得到了新的拓展。后世迁岭文人大多能够结合自己的生活实际联想起前辈寓岭文人的人格风范与生活方式，并将其运用到自己的生活实践中去。

① 沈家庄：《粤西词人群体研究导论》，载《中国韵文学刊》2007 年第 2 期，第 23 页。

第七章 诗歌表现的空间形态与文化传承的见证

桂林是西江流域地区较早被史籍记载的地名，在西江流域占有重要的地位。据《史记·秦始皇本纪》载：

> 及至秦王，续六世之余烈，振长策而御宇内，吞二周而亡诸侯，履至尊而制六合，执棰拊以鞭笞天下，威振四海。南取百越之地，以为桂林、象郡，百越之君俯首系颈，委命下吏。①

自从秦朝设立了桂林、象郡、南海（郡治设于番禺）三郡，西江流域的百越逐步由氏族部落融入秦帝国的郡县编民。

桂林的社会变迁与文化发展颇能反映迁岭文人在其中所起到的重要作用。四库馆臣指出：

> 自桂林、象郡之名著于《史记》，厥后南荒舆志，渐有成编。其存于今者，如唐莫休符之《桂林风土记》、段公路《北户录》、宋范成大之《桂海虞衡志》、明魏濬之《峤南琐记》、张凤鸣之《桂故》《桂胜》，皆叙述典雅，掌故可稽。惟其间郡县沿革前代既损益不一，而本朝版图式廓，建置周详，若泗城、镇安、东兰、归顺、宁明诸府州，皆已改土归流。凡昔所称羁縻州者，无不隶王官而登户籍，与前代半隶蛮獠者，形势迥殊，未可执旧文以谈新制。②

由此可见，桂林的社会变迁与文化发展，离不开一代又一代文人墨客流寓此地，并在此著书立说，传播文化、宣传当地风物。除此之外，迁岭文人

---

① 〔汉〕司马迁撰、〔南朝宋〕裴骃集解、〔唐〕司马贞索隐，〔唐〕张守节正义：《史记》卷六《秦始皇本纪》，中华书局2000年版，第198页。

② 〔清〕永瑢等：《四库全书总目》卷六八史部二十四·地理类一《广西通志》提要，中华书局1965版，第609页。

在桂林推广先进的生产技术，致力于发展文化教育事业，当然还有很重要的一点，他们用自己的如椽妙笔吟咏当地山水，将物质形态的自然山水变成了凝聚迁岭文人精神气质的人文景观，将自然山水变成了名胜古迹，吸引了后世越来越多的人来此宦游为政，登临游览之余，发怀古之幽思，兴自强之雄心，行改进之措施，兴修水利、改造农田、发展教育、改变陋俗，做利国利民之大事，既促进了当地自然风光与人文景观的宣传，更促进了当地生产力与文化教育事业的发展繁荣，使西江流域社会风貌发生了极大改观，以至到了清代时已经“与前代半隶蛮獠者，形势迥殊，未可执旧文以谈新制”。

西江支流自北而南，穿越桂林全境，“桂林自唐以来，山川以奇秀称”①。据《广西通志·桂林府》载：

> 桂林为广西首郡，城内外商贾远集，粤东江右人居多，见闻盛于他郡，士尚经术而礼让兴，虽家贫未尝废学，衣冠人物蔚然可观。地理志曰：楚地火耕水耨，民食常足。虞衡志曰：习俗淳古。桂林志曰：岭南地气卑下，惟静江与湖湘接壤，民风习俗不殊中土。又曰：八桂之俗不事浮靡。杜工部云：宜人独桂林。可以得其概矣。②

西江支流的漓江流经的桂林地区，以其肥沃的土壤、适宜的气候、优美秀丽的风景闻名于世，自古以来就备受文人墨客的赞赏称誉。张孝祥之前已有一些文人对西江流域地区桂林的山水进行了描写与赞叹，并将自己生活、徜徉其中的心情抒写了出来。东汉张衡在《四愁诗》中所云“我所思兮在桂林，欲往从之湘水深，侧身南望涕沾襟。美人赠我金琅玕，何以报之双玉盘。路远莫致倚惆怅，何以怀忧心烦伤”，或许是中国文学史上最早提到“桂林”的诗歌作品，正如梁章钜所指出“他邦人士诗为粤西而作者，莫古于此”③。

---

① 〔宋〕范成大撰、方健整理：《骖鸾录》，大象出版社2012年版，第48页。

② 〔清〕金鉷等监修：《广西通志》卷三二“风俗”，见《四库全书》影印文渊阁本第565册，上海古籍出版社1987年版，第789—790页。

③ 〔清〕梁章钜：《三管诗话》，见莫道才等编著《广西历代诗歌》，广西师范大学出版社2021年版，第7页。

第一节 始于颜光禄而极于杜子美：颜延之的开拓之功

南朝刘宋时期的著名诗人，“元嘉三大家”之一的颜延之，是史籍记载最早在桂林做官的诗人。颜延之在永初三年（422）出为始安太守[①]，在西江流域寓居期间，为当地留下了丰富的文化遗产。《太平寰宇记》卷一六二“桂州·临桂县·独秀山”记载了颜延之在西江流域的桂州独秀山下的生活：

> 独秀山，在城西北一百步。直耸五百余尺，周回一里，平地孤拔秀异，迥出郭中。下有洞穴，凝垂乳窦。路通山北，傍回百余丈，豁然明朗。宋光禄卿颜延之牧此郡，尝于此石洞中读书，赋诗云：“未若独秀者，嵯峨郭邑间。”……颜延之宅，在独秀山下。[②]

颜延之在西江流域为政时颇有闲暇，曾登临揽胜，吟诗作赋，对人生、历史、社会作了深刻的理性思考，文学史上占有重要地位的名篇《庭诰》一文就作于此地。

《方舆胜览》卷三八“广西路·静江府”的“名宦”条所列举的名宦有“颜延之、常衮、陈尧叟、余靖、范成大、汪应辰、张栻”[③]，颜延之位列第一。《粤西文载》卷六二“名宦”载：

> 南宋颜延之，琅琊人，少孤贫，好读书，无所不览。少帝即位，累迁始安太守。领军将军谢晦谓延之曰：“昔荀勖忌阮咸，斥为始平郡，今卿又为始安，可谓二始。”延之之郡，道汨潭，为湘州刺史张邵《祭屈原文》以致其意。在始安建读书台于独秀山，刻《五君咏》于其中。[④]

---

① 参见〔南朝梁〕沈约《宋书》卷七三《颜延之传》，中华书局2000年版，第1249页。

② 〔宋〕乐史撰、王文楚等点校：《太平寰宇记》卷一六二，中华书局2007年版，第3100—3101页。

③ 〔宋〕祝穆撰、〔宋〕祝洙增订、施和金点校：《方舆胜览》卷三八“广西路·静江府”，中华书局2003年版，第690页。

④ 〔清〕汪森：《粤西文载》卷六二“名宦”，见《四库全书》影印文渊阁本第1467册，上海古籍出版社1987年版，第10页。

颜延之在西江流域的作为和贡献，为后世迁岭文人做了表率，是后世迁岭文人的高标典范。颜延之才思敏捷，与谢灵运齐名。钟嵘《诗品》中评价颜延之曰："其源出于陆机。尚巧议，体裁绮密，情喻渊深，动无虚散，一句一字，皆致意焉。又喜用古事，弥见拘束。虽乖秀逸，是经纶文雅才。雅才减若人，则蹈于困踬矣。"① 据《南史·颜延之传》载："延之与陈郡谢灵运俱以辞采齐名，而迟速悬绝。文帝尝各敕拟乐府《北上篇》，延之受诏便成，灵运久之乃就。"②《宋书·谢灵运传》载："爰逮宋氏，颜、谢腾声。灵运之兴会标举，延年之体裁明密，并方轨前秀，垂范后昆。"③ 曹道衡、刘跃进对颜延之在中国文学史上的地位进行了高度评价，指出：

> 颜延之的创作比较典型地反映了元嘉时代"文多经史"的风尚，所以有颜、谢并称之号。而鲍照则与之不同，他能更多地从民间文学中汲取养分，秀逸艳丽，遂开大明、泰始诗风。从这个意义上说，颜延之的死，标志着一个时代文风的结束。④

文学创作成就突出，在中国文学史上具有如此重要地位的文学家颜延之来到西江流域的始安郡做太守，自然会对当地的文化事业产生重要的影响。

作为文学史上较早描写桂林山水的诗人，颜延之是如何来到西江流域的呢?《宋书·颜延之传》记载了颜延之流寓到西江流域的来龙去脉：

> 庐陵王义真颇好辞义，待接甚厚，徐羡之等疑延之为同异，意甚不悦。少帝即位，以为正员郎，兼中书，寻徙员外常侍，出为始安太守。领军将军谢晦谓延之曰："昔荀勖忌阮咸，斥为始平郡；君卿又为始安，可谓二始。"黄门郎殷景仁亦谓之曰："所谓俗恶俊异，世疵文雅。"⑤

---

① 〔南朝梁〕钟嵘著、陈延杰注：《诗品注》卷中，人民文学出版社 1961 年版，第 43 页。

② 〔唐〕李延寿：《南史》卷三四《颜延之传》，中华书局 2000 年版，第 586 页。

③ 〔南朝梁〕沈约：《宋书》卷六七《谢灵运传》，中华书局 2000 年版，第 1177 页。

④ 曹道衡、刘跃进：《曹道衡文集》卷一〇《南北朝文学编年史》，中州古籍出版社 2018 年版，第 182 页。

⑤ 〔南朝梁〕沈约：《宋书》卷七三《颜延之传》，中华书局 2000 年版，第 1249 页。

沈玉成、曹道衡对颜延之被贬进行了深入细致的分析，指出：

> 颜延之早年依附庐陵王义真，看来并无复杂的政治背景。其所以外贬始安，一则是皇室内部的权力之争，覆巢之下，难免波及；二则是出于当权者傅亮的嫉忌："时尚书令傅亮自以文义之美，一时莫及。延之负其才辞，不为之下，亮甚疾焉。"①

这段记载中提到的始安就是今天的广西桂林，当时属湘州。颜延之流寓到西江流域途中经过楚地，留下了千古传诵的佳作。据《宋书·颜延之传》记载：

> 延之之郡，道经汨潭，为湘州刺史张邵祭屈原文以致其意。②

据颜延之《祭屈原文》（《文选》卷六〇）可知，颜延之四十一岁时被贬谪流放到西江流域的桂林，途经楚地的汨潭，写下了名篇《祭屈原文》，同时还写了《为张湘州祭虞帝文》。

颜延之流寓到始安，一方面是由于当时道德沦丧、骨肉相残、"俗恶俊异，世疵文雅"的社会环境；另一方面也是因为颜延之傲岸恬然的性格、风神俊异的气度、斐然出众的文采使他遭受到政敌的迫害，不可避免地卷入到波谲云诡、跌宕起伏的政治斗争中，从而外放到始安，并与西江流域结下了不解之缘。性格决定命运，颜延之贬谪西江流域的命运，显然与他的个性有着十分密切的关系。

值得注意的是，颜延之的性格不是一成不变的，而是有一个逐渐发展演变的过程。早年的颜延之性格比较狂狷隘薄。据《宋书·庐陵王义真传》记载颜延之卷入当时政治斗争漩涡中的一些具体细节：

> 义真聪明爱文义，而轻动无德业。与陈郡谢灵运、琅琊颜延之、慧琳道人并周旋异常，云得志之日，以灵运、延之为宰相，慧琳为西豫州都督。徐羡之等嫌义真与灵运、延之昵狎过甚，故使范晏从容戒之，义真曰："灵运空疏，延之隘薄，魏文帝云鲜能以名节自立者。

---

① 曹道衡、沈玉成：《曹道衡文集》卷六《南北朝文学史》，中州古籍出版社2018年版，第71—72页。

② 〔南朝梁〕沈约：《宋书》卷七三《颜延之传》，中华书局2000年版，第1250页。

但性情所得，未能忘言于悟赏，故与之游耳。”①

在当时波谲云诡的险恶政治形势下，颜延之“隘薄”的性格必然导致他遭受打压贬谪的厄运。

但是，性格是可以改变的，后来颜延之性格变得节俭恭敬，这从他与显贵尊宠、权倾一时的儿子颜竣的交往中可以看出来。据《宋书·颜延之传》记载：

> 子竣既贵重，权倾一朝，凡所资供，延之一无所受，器服不改，宅宇如旧。常乘羸牛笨车，逢竣卤簿，即屏往道侧。又好骑马，遨游里巷，遇知旧辄据鞍索酒，得酒必颓然自得。常语竣曰：“平生不喜见要人，今不幸见汝。”竣起宅，谓曰：“善为之，无令后人笑汝拙也。”②

《南史·颜延之传》记载了颜延之教育自己恃宠而骄的儿子颜竣的一些话语，这些话语包含着深刻的人生哲理，反映出颜延之世事洞明、人情练达的老成性格：

> 尝早候竣，遇宾客盈门，竣方卧不起，延之怒曰：“恭敬撙节，福之基也。骄很傲慢，祸之始也。况出粪土之中，而升云霞之上，傲不可长，其能久乎？”③

颜延之由原来的狭隘轻薄转变成后来的谨慎恭敬，在危机四伏、险象环生的恶劣政治形势下能够以名节自立，官拜金紫光禄大夫，领湘东王师④，得以善终，寿终正寝，享年七十三，这与他和陶渊明交往密切，深受陶渊明文化性格、人生思考的影响显然有着非常密切的内在联系。

陶渊明比颜延之年长将近二十岁，在人生阅历与为人处世方面有许多独到的见解，尤其是陶渊明深受老庄全身避祸、崇尚自然思想的熏陶，深

① 〔南朝梁〕沈约：《宋书》卷六一《庐陵孝献王义真传》，中华书局2000年版，第1081页。

② 〔南朝梁〕沈约：《宋书》卷七三《颜延之传》，中华书局2000年版，第1257页。

③ 〔唐〕李延寿：《南史》卷三四《颜延之传》，中华书局2000年版，第585—586页。

④ 〔南朝梁〕沈约：《宋书》卷七三《颜延之传》，中华书局2000年版，第1257页。

知“四体诚乃疲，庶无异患干”“营己良有极，过足非所钦”知足保和的人生至理。当陶渊明遇到年纪比自己小近二十岁，而家世相近、性格又与年轻时的自己非常相似的颜延之，自然而然对他充满欣赏喜爱之情，在亲切交往的过程中必然也会对任真放达的晚辈进行善意的规劝与教诲。

当颜延之为始安太守时，谢灵运出为永嘉太守，颜延之赴始安途经寻阳与陶渊明流连酣饮，却没有看到谢灵运与陶渊明交往的记载。颜延之对陶渊明的赏识在当时的名流显人中可以说是比较独特的，这与两人任真放达、性情相投关系密切。《宋书》卷九三《隐逸·陶潜传》记载：

> 先是，颜延之为刘柳后军功曹，在寻阳，与潜情款。后为始安郡，经过，日日造潜，每往必酣饮致醉。临去，留二万钱与潜，潜悉送酒家，稍就取酒。①

物以类聚，人以群分。颜延之既欣赏陶渊明的人品，也认可他的才华，自然而然也就容易认同陶渊明的文化性格与人生思考。

据缪钺先生研究考证，颜延之在义熙十一年（415）为后将军、吴国内史刘柳行参军，当时刘柳移任江州刺史，延之随刘柳至寻阳，认识了陶渊明并与陶渊明情款，“延之于本年随刘柳至寻阳，盖至次年六月刘柳卒后始离去，在寻阳一年左右”②。颜延之与陶渊明开始交往时颜延之三十二岁，陶渊明五十一岁③，两人虽然年龄相差十九岁，但性格相投，兴趣爱好相似，很快就结成了好友。据《宋书·颜延之传》记载：

> 延之少孤贫，居负郭，室巷甚陋。好读书，无所不览，文章之美，冠绝当时。饮酒不护细行，年三十，犹未婚。④

① 〔南朝梁〕沈约：《宋书》卷九三《隐逸·陶潜传》，中华书局2000年版，第1523页。

② 颜延之与陶渊明交往的来龙去脉参见缪钺著、缪元朗编《读史存稿》（增订本），北京大学出版社2017年版，第259—260页。

③ 〔南朝梁〕沈约《宋书》卷九三《隐逸·陶潜传》记载陶渊明“元嘉四年卒，时年六十有三”（〔南朝梁〕沈约：《宋书》卷九三《隐逸·陶潜传》，中华书局2000年版，第1525页）。陶渊明（365—427）卒时在宋文帝元嘉四年（427）。历来多采用这种说法，钱志熙先生所作《陶渊明经纬》再一次考辨“《宋书》记载渊明得年无误”（《陶渊明经纬》，北京大学出版社2019年版，第23—25页）。这样看来，陶渊明的年龄要比颜延之（384—456）大十九岁。但是，陶渊明的享年有争议，参见袁行霈《陶渊明享年考辨》，载《文学遗产》1996年第1期，这里采用文学研究界比较普遍的看法。

④ 〔南朝梁〕沈约：《宋书》卷七三《颜延之传》，中华书局2000年版，第1249页。

《宋书·隐逸传》记载陶渊明："亲老家贫，起为州祭酒，不堪吏职，少日，自解归。州召主簿，不就，躬耕自资，遂抱羸疾。复为镇军、建威参军，谓亲朋曰：'聊欲弦歌，以为三径之资，可乎？'"① 对比一下，可以发现，陶、颜两人的出生背景十分相似。《宋书》本传对颜延之的这段记载，让人自然而然想到了陶渊明的《五柳先生传》，两人生活环境、人生态度与性格爱好有许多相似之处。"延之少孤贫，居负郭，室巷甚陋"与陶渊明"环堵萧然，不蔽风日。短褐穿结，箪瓢屡空"的生活环境何其相似；颜延之"好读书，无所不览，文章之美，冠绝当时。饮酒不护细行"与陶渊明的"好读书，不求甚解。每有会意，便欣然忘食。性嗜酒，家贫不能常得。亲旧知其如此，或置酒而招之。造饮辄尽，期在必醉。既醉而退，曾不吝情去留。……常著文章以自娱，颇示己志"的性格爱好如出一辙、若合符契。正是这种共同的人生爱好与性格兴趣，使两个名闻千古的大诗人走到了一起，互相鼓励、互相扶持、互相劝慰，在那个骨肉相残、道德沦丧的乱世中给世人留下一段相互之间充满着温情与敬意的友谊佳话。

沈玉成指出：

> 景平二年（424），颜延之也被徐羡之、傅亮排挤，外放为始安太守（始安即今广西桂林，当时属湘州），由建康溯江西上，道经寻阳，与陶渊明再度聚首畅饮，临行时还给陶渊明留下二万钱。两位诗人之间的友谊是六朝文学史上的一段佳话。元嘉四年陶渊明病卒，颜延之写了《陶征士诔》，歌颂了陶渊明的高行峻节，也是现存最早有关陶渊明的记载。②
>
> 颜和陶前后有两次晤面，交谊甚笃，这篇诔文是史料中第一篇有关陶渊明的文字，诔中"赋诗归来，高蹈独善。亦既超旷，无适非心。汲流旧巘，葺宇家林。晨烟暮霭，春熙秋阴"等语，都可以和陶诗印证。③

---

① 〔南朝梁〕沈约：《宋书》卷九三《隐逸·陶潜传》，中华书局 2000 年版，第 1522 页。

② 曹道衡、沈玉成：《南北朝文学史》，见《曹道衡文集》卷六，中州古籍出版社 2018 年版，第 70 页。

③ 沈玉成：《关于颜延之的生平和作品》，见《沈玉成文存》，中华书局 2006 年版，第 216 页。

由沈先生的分析研究可以知道，颜延之对陶渊明的人品与诗歌也有比较深入的了解，故能在诔文中如此详尽地隐括运用，深契陶诗真意。正是颜延之在思想性格与政治态度方面与陶渊明有相似之处，他才能够接受陶渊明淡泊名利、看破荣华、视富贵如浮云的人格风范的影响，这使他在险恶的政治环境中得以保全性命，并且风云际会[1]，颜延之得享富贵寿考。

值得一提的是，陶渊明的曾祖父陶侃与西江流域关系密切。陶侃本是江西九江人，因遭受到大将军王敦的忌惮排挤，在宦海风波中被投闲置散，流寓到西江流域，他在西江流域的事迹颇具传奇色彩。据载：

> 侃在州无事，辄朝运百甓于斋外，暮运于斋内。人问其故，答曰："吾方致力中原，过尔优逸，恐不堪事。"其励志勤力，皆此类也。[2]

陶侃后来权势显赫、威震八方，建立了巨大的功业，成为陶家的荣耀，跟他一生居安思危、勇于承担大事，身处"优逸"之境仍努力磨砺自己的意志有着非常直接的联系。而陶侃"励志勤力"的性格作风与虽贫寒出生仍成就大业的人生经历也很有励志的作用，颇能激励身处困境却不甘平庸的士子奋发有为，成就人生的辉煌。陶侃还在西江流域社会变迁中做出了重要贡献。据载：

> 晋兴县泉源与宁建、都兴二郡分境，陶侃既开此郡，贡赋由是日盛，有陶侃碑。[3]

陶渊明时常在诗文中缅怀先人，尤其对他的曾祖父陶侃抱有崇高的敬意，故对陶侃曾经的流寓之地自然而然抱着温情与敬意。而他的好友兼知己颜延之即将去他曾祖父曾经寓居为宦的地方，他们此时交流的话题或许也曾涉及西江流域的这片土地。

---

① 太子刘劭弑宋文帝，江州刺史刘骏等带兵入讨，攻破刘劭，刘骏继位，是为宋孝武帝。颜延之的长子颜竣是刘骏的谋主而兼书记，以入讨有功受到朝廷的重用。（参见曹道衡、沈玉成《南北朝文学史》，见《曹道衡文集》卷六，中州古籍出版社2018年版，第71页）颜竣后来死于非命。

② 〔唐〕房玄龄等：《晋书》卷六六《陶侃传》，中华书局2000年版，第1176页。

③ 〔南朝宋〕沈怀远：《南越志》，见《太平寰宇记》卷一六六"邕州·乐昌县"，中华书局2007年版，第3173页。

富贵穷通，莫非命也。性格决定命运，颜延之与谢灵运性格有相似之处，也有很大的不同，这导致两人最后的命运也有很大的区别。关于这一点，沈玉成有一段十分精彩的论述。他指出：

同谢灵运一样，颜延之的性格里有十分傲岸的一面。所不同的是，颜延之门第较低，政治上并不热衷躁进，立身处世则以佯狂掩盖狷介而又有和光同尘的一面。在当权者心目中，他不是一个带有很大危险性的人物，所以虽屡经蹉跌，却仍然得保天年，富贵以终。①

颜延之“少孤贫，居负郭，室巷甚陋”“门第较低”“政治上并不热衷躁进”“而又有和光同尘的一面”，坎坷不平的人生经历使他对世事难料、命运多变有较清醒深刻的认识，知道在骨肉相残、道德沦丧的乱世中“兰薰而摧，玉缜而折。物忌坚芳，人讳明洁”② 的为人处世的道理。他不是沽名钓誉之徒，他是个认命的人。生死有命，富贵在天，人一旦将自己的遭际归结为命运的安排，也就能够在无可奈何之际安之若命、泰然自若了。从颜延之怒斥自己春风得意、骄矜不已的儿子颜竣时说的一段话可以看出这一点。这段话体现了颜延之对自己出身门第低微的谦卑之感，故他能安于贫贱，而对自己得意忘形的儿子则给予了当头棒喝。颜延之是这样说的，也是这样做的，他“居身清约，不营财利，布衣蔬食，独酌郊野，当其为适，傍若无人”③。“元嘉三雄”中的谢灵运、鲍照都死于非命，他们两人在性格上有不甘平淡、狂傲进取、热衷仕途、留恋利禄的特点，最终在政治漩涡中丧失了生命。独有颜延之知足保和，淡泊名利，故能颐养天年。可见，谦卑使人知足，知足常乐，所欲不求高，得欢常有余。颜延之教育儿子的这段话其实也蕴含着深刻的人生哲理。《三国志》卷四九《士燮传》所记载的西江流域地方豪门望族士燮家族的兴衰起伏也很能说明这一点：

士燮作守南越，优游终世，至子不慎，自贻凶咎，盖庸才玩富贵

① 沈玉成：《关于颜延之的生平和作品》，见《沈玉成文存》，中华书局2006年版，第209页。

② 〔南朝宋〕颜延之：《祭屈原文》，见〔南朝梁〕萧统编《昭明文选》卷六〇，华夏出版社2000年版，第2341页。

③ 〔南朝梁〕沈约：《宋书》卷七三《颜延之传》，中华书局2000年版，第1256页。

而恃阻险，使之然也。[①]

正是认识到“傲不可长，其能久乎”，颜延之（384—456）才得以保天年，享富贵。智者乐水，仁者乐山，智者乐，仁者寿，享年七十三岁的颜延之死前官至金紫光禄大夫，世称“颜光禄”，他可以说是凭着人生智慧得享富贵寿考的智者、仁者。

颜延之爱喝酒、读书，并能够与“好读书、不求甚解，每有会意，便欣然忘食”“常著文章以自娱”的好友陶渊明一起喝酒、写文章，故他的文学创作成就颇为突出，风格上绮密多姿、文采斐然，受到世人的广泛推崇。从《宋书》本传、《宋书·谢灵运传》《文心雕龙·时序》《齐书·文学传》中都可以看到对颜延之的评价。由于特殊的政治遭遇，颜延之与西江流域结下了不解之缘，用他的如椽妙笔极力地吟咏了西江流域一带的山川风月，奇章秀句纷至沓来，有力地提升了西江流域在中国文学史上的地位。南朝宋文帝元嘉三年（426）三月，颜延之四十三岁时被征为中书侍郎，寻转太子中庶子，领步兵校尉，受到了宋文帝隆重的礼遇。颜延之从西江流域返回朝廷途中写下了《和谢监灵运》《始安郡还都与张湘州登巴陵城楼作》等作品，这些作品都被收录到了萧统主编的《昭明文选》中[②]，由此可以看出颜延之在中国文学史乃至地方文化发展史上的重要地位。楚地与西江流域地理上相连，文化上也互相影响，颜延之往返西江流域途中用错彩镂金的妙笔对西江流域及楚地风物进行了细致入微的描绘，他的品题印可为当地山水风物增色不少，有利于当时地方文化的宣传与传播。

贬谪流寓到西江流域的始安郡，是颜延之的不幸，却是西江流域的幸运。他在桂林为官的几年时间里奖励开荒种植，贷粮贷种；减免赋税，纾解民困；兴学促教，传播文化，政绩颇丰[③]。颜延之曾在桂林独秀峰的石室中读书，有诗句描写独秀峰“未若独秀者，峨峨郛邑间”。桂林独秀峰

① 〔晋〕陈寿撰、〔南朝宋〕裴松之注：《三国志》卷四九《吴书·士燮传》，中华书局2000年版，第882页。

② 参见〔南朝梁〕萧统编《昭明文选》卷二六、卷二七，华夏出版社2000年版，第961、1012—1013页。

③ 颜延之生平事迹，参见《宋书》本传；沈玉成《关于颜延之的生平和作品》，《沈玉成文存》，中华书局2006年版，第207—217页；曹道衡、沈玉成编著《南北朝文学史》，人民文学出版社1991年版，第61—68页。

因此而得名[1]。后来唐人张固在广西任桂管观察使时也作《独秀峰》诗一首[2]，诗云："孤峰不与众山俦，直入青云势未休。会得乾坤融结意，擎天一柱在南州。"这首诗明显受到颜延之诗歌的影响。颜延之也因此成为在诗中描写吟咏桂林山水的第一位著名诗人。唐代时，颜延之读书岩前建立了西江流域第一座官办学校——桂林府学[3]。

颜延之在西江流域的始安郡为宦，有些作品显然与他贬谪流寓到此地有着密切联系。张戒在《岁寒堂诗话》中指出：

> 诗以用事为博，始于颜光禄而极于杜子美。[4]

有趣的是，不仅好用古事方面是始于颜延之而极于杜甫，对桂林山水的描写也可以说是始于颜延之而极于杜甫。

描写桂林山水最有名的莫过于杜甫所作的《寄杨五桂州谭》：

> 五岭皆炎热，宜人独桂林。梅花万里外，雪片一冬深。闻此宽相忆，为邦复好音。江边送孙楚，远附白头吟。[5]

这是一首流传千古、境生于象而超乎象的好诗。韩愈的《送桂州严大夫》也写得非常好，诗云：

> 苍苍森八桂，兹地在湘南。江作青罗带，山如碧玉簪。户多输翠羽，家自种黄柑。远胜登仙去，飞鸾不假骖。[6]

---

① 参见〔清〕金鉷等监修《广西通志》卷一三《山川·桂林府临桂县》，见《四库全书》影印文渊阁本第565册，上海古籍出版社1987年版，第288页。

② 张固任广西桂管观察使是在大中九年（855）至大中十一年（857）（戴伟华：《唐方镇文职僚佐考》修订本，广西师范大学出版社2007年版，第420页）。《桂林风土记·东观》载："前政张侍郎名固，大中年重阳节宴于此，从事卢顺之赠固诗。"

③ 参见〔清〕金鉷等监修《广西通志》卷一三《山川·桂林府临桂县》，见《四库全书》影印文渊阁本第565册，上海古籍出版社1987年版，第288—289页。

④ 〔宋〕张戒：《岁寒堂诗话》卷上，见丁福保辑《历代诗话续编》（上），中华书局1983年版，第452页。

⑤ 〔唐〕杜甫：《寄杨五桂州谭》，见〔清〕汪森编《粤西诗载》卷一〇，《四库全书》影印文渊阁本第1465册，上海古籍出版社1987年版，第131页。

⑥ 〔清〕汪森编：《粤西诗载》卷一〇，见《四库全书》影印文渊阁本第1465册，上海古籍出版社1987年版，第132页。

杜甫、韩愈的这两首描写桂林山水的佳作是寄赠、送行之作，表达了他们对桂林美好风光的想象与向往，在想象与向往之词中，桂林呈现出了美好动人的一面。尤其是其中“五岭皆炎热，宜人独桂林”“江作青罗带，山如碧玉簪”更是流传千古的佳句，也是介绍桂林风物最佳的广告词，江山也须伟人扶，桂林山水因有了颜延之、杜甫、韩愈的揄扬赞誉而可以永垂不朽了。

第二节 宜人独桂林：文人吟咏与抒情空间的形成

在西江流域桂林的社会变迁与文化发展历程中，唐宋时代是重要的阶段，有许多文人墨客流寓到此，或为官，或为幕僚，或贬谪，或逃难，大都没有虚度此行，为当时社会变迁与文化发展添砖加瓦，做出了自己应有的贡献。

唐代有许多大诗人在送人赴岭南之作中对桂林山水进行了生动感人的描绘。西江流域的桂林、桂州、临林、桂水等名称时常出现在唐代诗人的笔底纸端。如：

欲知儒道贵，逢掖见诸侯。且感千金诺，宁辞万里游。雁飞侵瘴远，桂水出云流。坐惜离居晚，相思绿蕙秋。①

旌旆过湘潭，幽奇得遍探。莎城百粤北，荇路九疑南。有地多生桂，无时不养蚕。听歌难辨曲，风俗自相谙。②

地压坤方重，官兼宪府雄。桂林无瘴气，柏署有清风。山水衙门外，旆旗艛艓中。大夫应绝席，诗酒与谁同。③

桂林真重德，莲幕藉殊才。直气自消瘴，远心无暂灰。剑棱丛石险，箭激乱流回。莫说雁不到，长江鱼尽来。④

---

① 〔唐〕钱起：《送李判官赴桂林幕》，见〔清〕汪森编《粤西诗载》卷一○，《四库全书》影印文渊阁本第1465册，上海古籍出版社1987年版，第131页。

② 〔唐〕张籍：《送人之临桂》，见〔清〕汪森编《粤西诗载》卷一○，《四库全书》影印文渊阁本第1465册，上海古籍出版社1987年版，第132页。

③ 〔唐〕白居易：《送严大夫赴桂州》，见〔清〕汪森编《粤西诗载》卷一○，《四库全书》影印文渊阁本第1465册，上海古籍出版社1987年版，第132页。

④ 〔唐〕张祜：《走笔赠许玖赴桂州命》，见〔清〕汪森编《粤西诗载》卷一○，《四库全书》影印文渊阁本第1465册，上海古籍出版社1987年版，第132页。

以上这些诗歌大多是送行主题类型，主要表达对好友将要寓居地方的想象与向往之情。“桂水出云流”“有地多生桂”“桂林无瘴气”“桂林真重德”“直气自消瘴”等诗句将美丽如画的桂林山水通过想象之辞传达出来了。

桂林山水的真实情况是怎样的呢？还是通过亲自到过桂林的诗人的笔墨去寻找答案。中唐诗人戎昱写了特别多描绘桂林的诗篇，从各个角度写出了桂林风物及自己身处其中时的人生态度与心迹情感：

岁暮天涯客，寒窗欲晓时。君恩空自感，乡思梦先知。重谊人愁别，惊栖鹊恋枝。不堪楼上角，南向海风吹。①

独向东亭坐，三更待月开。萤光入竹去，水影过江来。露滴千家静，年流一叶催。龙钟万里客，正合故人哀。②

高登西山上，高处更堪愁。野菊他乡酒，芦花满眼秋。风烟连象郡，兄弟客荆州。早晚朝天去，亲随定远侯。③

远客惊秋早，江天夜露新。满庭惟有月，空馆更何人。卜命知身贱，伤时舞剑频。猿鸣曾下泪，可是为忧贫。④

值得注意的是，唐宋八大家之一的柳宗元人生价值的实现显然离不开他用如椽妙笔对贬谪流寓之所进行的描绘与讴歌。柳宗元在唐宪宗元和十年（815）六月赴任柳州时经过桂林，优美奇特的桂林山水强烈地震撼了他。到了元和十二年（817），御史中丞裴行立来到西江流域做官，为桂州刺史、桂管观察使，他请在柳州刺史任上的柳宗元来游玩，柳宗元就为裴行立作了一篇著名的描写西江流域风物的《桂州裴中丞作訾家洲亭记》及《上裴行立中丞撰訾家洲亭记启》，这两篇文章对西江流域的风物具有重要的广告宣传作用。在《桂州裴中丞作訾家洲亭记》一文中，柳宗元写道：

① 〔唐〕戎昱：《桂州岁暮》，见〔清〕汪森编《粤西诗载》卷一〇，《四库全书》影印文渊阁本第1465册，上海古籍出版社1987年版，第131页。

② 〔唐〕戎昱：《宿桂州江亭呈康端公》，见〔清〕汪森编《粤西诗载》卷一〇，《四库全书》影印文渊阁本第1465册，上海古籍出版社1987年版，第131页。

③ 〔唐〕戎昱：《桂州西山登高上陆大夫》，见〔清〕汪森编《粤西诗载》卷一〇，《四库全书》影印文渊阁本第1465册，上海古籍出版社1987年版，第131页。

④ 〔唐〕戎昱：《桂城早秋》，见〔清〕汪森编《粤西诗载》卷一〇，《四库全书》影印文渊阁本第1465册，上海古籍出版社1987年版，第131页。

桂州多灵山，发地峭坚，林立四野。署之左曰漓水，水之中曰訾氏之洲。凡峤南之山川，达于海上，于是毕出，而古今莫能知。[①]

在《上裴行立中丞撰訾家洲亭记启》一文中，柳宗元云："伏以境之殊尤者，必待才之绝妙以极其词。今是亭之胜，甲于天下，而猥顾鄙陋，使为之记"[②]，这两句对桂林山水进行了热情的歌颂，尤其是其中"是亭之胜，甲于天下"之语，与南宋王正功所说"桂林山水甲天下"何其相似，遂使得本是自然山水的"訾洲烟雨"变成了千古传诵的名胜之地。西江流域风物进入柳宗元的笔底纸端也引起了后世文人的关注。陈师道指出：

蔡州壶公观有大木，世亦莫能名也。高数十尺，其枝垂入地，有根，复出为木，枝复下垂。如是三四重围，环列如子孙然。世传汉费长房遇仙者处，木即悬壶者。沈邱令张戣，闽人，尝至蔡为余言，乃榕木也，岭外多有之，其四垂旁出，无足怪者。柳子厚柳州诗云："榕叶满庭鹦乱飞"者是也。[③]

因有了柳宗元的诗句，岭外的榕树也具有了文化的意蕴。南宋迁岭文人刘克庄流寓到西江流域的桂林后看到当地风物，联想起柳宗元的《桂州裴中丞作訾家洲亭记》，不禁感慨万端，顿兴历史苍凉之感，作《訾家洲二首》，诗云：

来访唐时事，荒洲暮霭青。遍生新草棘，难认旧池亭。毁记欺无主，存祠怕有灵。今人轻古迹，此地少曾经。

裴柳英灵渺莽中，鹤归应不记辽东。遗基只有蛩鸣雨，往事全如鸟印空。溪水无情流虢虢，海山依旧碧丛丛。断碑莫怪千回读，今代何人笔力同？[④]

---

① 〔唐〕柳宗元：《桂州裴中丞作訾家洲亭记》，见《柳宗元集》卷二七，中华书局1979年版，第726页。

② 〔唐〕柳宗元：《上裴行立中丞撰訾家洲亭记启》，见《柳宗元集》卷三六，中华书局1979年版，第927页。

③ 〔宋〕陈师道：《后山谈丛》卷三，见吴文治编《柳宗元资料汇编》，中华书局1964年版，第52页。

④ 《訾家洲二首》，见〔宋〕刘克庄著、辛更儒校注《刘克庄集笺校》卷五，中华书局2011年版，第320页。

一个国家民族文化性格的形成跟它的历史、地理密切相关。中国历史悠久，地理广袤，当后人来到西江流域，看到当地的榕树、优美的桂林风光，自然而然就会联想起柳宗元，联想起他那动人的诗句及其坎坷的命运，从而对这位诗人的温情与敬意油然而生。

柳宗元死后，与刘禹锡同时代的诗人李渤因上书直言皇上倚重宦官、执法不严，触怒唐敬宗，在唐敬宗宝历元年（825）二月被贬，出任桂州刺史兼御史中丞，充桂管都防御观察使。唐文宗大和二年（828）李渤因病返回洛阳，他在桂林一共寓居了四年之久。《八琼室金石补正》卷七一《隐山李渤等题名》记载了李渤流寓到桂州的缘由及其在此地与众人优游的山水之乐：

> 宝历元年，给事陇西公以直出，廉察于此。……乃以泉石为娱……访异，独得兹山。山有四洞，斯为最，水石清拔，幽然有真趣，可以游目，可以永日。愚以为天作以遗公也，不然，何前人之尽遗耶。明日，与诸生游，因纪名氏。武陵奉命操笔，倚石叙题之。

其中从游“奉命操笔”者吴武陵为李渤幕府中从事，《桂林风土记·米兰美绩》对其在西江流域的事迹亦有记录①。

在桂林为地方长官时，李渤为西江流域经济文化的发展做出了重要贡献，如修复灵渠、开发南溪山。据《新唐书·李渤传》载，灵渠“后为江水溃毁……每转饷，役数十户济一艘”，李渤设计铧堤，对灵渠河道“釃浚旧道，鄣泄有宜，舟辑利焉”②，为当地百姓很好地解决了旱年行船与农田灌溉的问题。李渤深入调查当地情况后，设常平仓、调节粮价，备荒赈恤，试看他在《奏桂管常平义仓状》中所云：

> 臣伏详敕文，本救荒歉，忽有危切，贵及其时。当州去京，往来万里，奏回方给，岂及饥人？臣请所管，忽遇灾荒，量事赈贷，讫续分析闻奏。庶使远人速活，圣泽遐流。臣之所管，僻在岭外，迫以山贼，人尤难理，若令数改，必困蠹食。常平义仓，本救灾害，向为歉

① 参见戴伟华《唐方镇文职僚佐考》（修订本），广西师范大学出版社2007年版，第418页。

② 〔宋〕欧阳修、〔宋〕宋祁：《新唐书》卷一一八《李渤传》，中华书局2000年版，第3396页。

沴。擢臣处之方镇，臣宜竭力，上答皇明。伏乞圣恩，允臣所奏。庶使皇灵远被，犷俗知恩。[①]

这段记载印证了戴伟华所说“由于官员的流动和官员的贬谪，特别是至德以后方镇在全国全方位的设立，引起的幕府文人大规模的流动，使他们对过去一些不熟悉的区域文化有了比较具体的了解”[②]，正是在深入了解区域文化的基础上，李渤作为桂管观察使为百姓干实事，为解决当地百姓衣食住行的日常实际问题而殚精竭虑，并将当地情形上奏皇帝，寻求解决当地问题的具体方法。他的这些言行在西江流域社会变迁与文化发展中取得了很大成效，迁岭文人李渤也因此受到了当时百姓的衷心爱戴与热情拥护。

李渤热爱生活，热爱西江流域的自然山水，故能用他的如椽妙笔吟咏大自然的美好。李渤作为唐敬宗宝历年间的桂管观察使，在公务之余也喜欢游览桂林山水，他最早发现且开发了桂林的南溪山及隐山，他在《南溪诗并序》中介绍了自己如何热爱桂林山水及在登山临水的过程中发现了大自然的美景，并用诗人的眼光来欣赏大自然、欣赏生活，从而对桂林山水进行了诗语表达。他在离开桂林时留下了描写桂林南溪山的佳作《留别南溪》，表达了他对西江流域美好风物的热爱与留恋。其一云：

常叹春泉去不回，我今此去更难来。欲知别后留情处，手种岩花次第开。

其二云：

如云不厌苍梧远，似雁逢春又北归。惟有隐山溪上月，年年相望两依依。[③]

这些诗句留在了桂林南溪山白龙洞口石壁上的摩崖石刻上，也留在了世人的心中，李渤敢于直谏的伟大人格、他在西江流域为政时的政绩，以及他

① 〔唐〕李渤：《奏桂管常平义仓状》，见〔清〕汪森编辑，黄盛陆、石恒昌等校点《粤西文载校点》（一），广西人民出版社1990年版，第83页。

② 戴伟华：《唐代使府与文学研究》，广西师范大学出版社1998年版，第143—144页。

③ 〔清〕彭定求等编：《全唐诗》卷四七三，中华书局1960年版，第14册，第5368页。

那优美动人的诗句永远印刻在了后世人民的心里。

到南宋时期，迁岭文人范成大、刘克庄分别在《铧嘴》一诗中，对灵渠在西江流域文化发展史上的重要性进行了吟咏：

导江自海阳，至县乃弥迤。狂澜既奔倾，中流遇铧嘴。分为两道开，南漓北湘水。至今舟辑利，楚粤径万里。人谋夺天造，史禄所经始。无谓秦无人，虎鼠用否耳。紫藤缠老苍，白石溜清泚。是闻可作社，牲酒百世祀。修废者谁与？配以临川李。①

州传灵渠自秦始，南引漓江会湘水。楚山忧赭石畏鞭，凿崖通堑三百里。篙师安知有史禄，割牲沈币祀渎鬼。我兹阁舟怀若人，要是天下奇男子。只今渠废多人修，嗟乎秦吏岂易訾。②

范成大特别在诗前小序中介绍道："铧嘴，在兴安县五里所，秦史禄所作也。迎海阳水，叠石为坛，前锐如铧，冲水分南北，下为湘、漓二江，功用奇伟，余交代李德远尝修之。"③ 由范成大、刘克庄的这些诗句，更加能够体会到灵渠在西江流域经济文化发展中的重要性，唐人李渤设计铧堤、修复灵渠的巨大贡献不言而喻。

李渤写的吟咏桂林风物的诗歌，为宣传和弘扬地方文化起到了积极的作用。试看他在《南溪诗序》中所说：

桂水漓山。右汇阳江，数里余得南溪口。溪左屏外崖巘，斗丽争高，其孕翠曳烟，逦迤如画。左连幽墅。园田鸡犬。疑非人间。溯流数百步至岩，岩下有污壤沮洳，因导为新泉。山有二洞九室，西南曰白龙洞。……余获之，若获荆璆与蛇珠焉。亦疑夫大舜游此而忘归矣。遂命发潜敞深，登危宅。既翼之以亭榭，又韵之以松竹。似宴方丈，似升瑶台。丽如也。畅如也。以溪在郡之南，因目为南溪。兼赋诗以纪之。④

---

① 〔宋〕范成大：《铧嘴》，见〔宋〕范成大著、富寿荪标校《范石湖集》卷一五，上海古籍出版社 2006 年版，第 190 页。

② 〔宋〕刘克庄：《粤西诗载》卷六《铧嘴》，见《四库全书》影印文渊阁本第 1465 册，上海古籍出版社 1987 年版，第 73 页。

③ 〔宋〕范成大：《范石湖集》卷一五《铧嘴》序，上海古籍出版社 2006 年版，第 190 页。

④〔清〕彭定求等编：《全唐诗》卷四七三，中华书局 1960 年版，第 14 册，第 5367 页。

《全唐诗》收录李渤的诗共五首。李渤在《南溪诗并序》《留别南溪二首》《桂林叹雁》等诗中对桂林的地形地貌进行了生动细致的描绘，自己流寓于此的心迹情感也在其中得以流露。

李渤的二哥李涉也被贬谪到西江流域的康州（今广东德庆），途经桂林时，李渤与李涉来到南溪山，两人优游山水，吟诗作赋，用他们的如椽妙笔对西江流域的风物进行了尽情的讴歌。李涉在《南溪玄岩铭并序》中写道：

> 桂之有山，潜灵亿年，拔地腾霄，戟列刀攒。岩之有洞，窈窕郁盘，虎挂龙悬，形状万端。旁驰杳冥，仰沓巑岏，玉落磬坠，幽声昼寒。巴陵地道，小有洞天，文籍之闻，吾何有焉。酒一卮兮琴一曲，巉岩之下，可以穷年。……居是邦者，匪哲则豪。何四三里之内而岩不载于前籍？为岩将屈于古而合伸今哉？为人未知其岩，岩俟人以时哉？青溪子昧而未详也。

此序与李渤的《南溪诗》可以相互印证阐发。其诗云：

> 玄岩丽南溪，新泉发幽色。岩泉孕灵秀，云烟纷崖壁。斜峰信天插，奇洞固神辟。窈窕去未穷，环回势难极。玉池似无水，玄井昏不测。仙户掩复开，乳膏凝更滴。丹砂有遗址，石径无留迹。南眺苍梧云，北望洞庭客。萧条风烟外，爽朗形神寂。若值浮丘翁，从此谢尘役。①

这些诗句生动具体地展现了西江流域的地域风貌，反映了中唐诗人对西江流域的认识与感受。

晚唐诗人王建也曾对西江流域有深入细致的描述：

> 天南多鸟声，州县半芜城。野市依蛮姓，山村逐水名。瘴烟沙上起，燐火雨中生。独有求珠客，年年入海行。②

---

① 〔清〕彭定求等编：《全唐诗》卷四七三，中华书局1960年版，第14册，第5367—5368页。

② 〔唐〕王建：《南中》，见〔清〕汪森编《粤西诗载》卷一〇，《四库全书》影印文渊阁本第1465册，上海古籍出版社1987年版，第133页。

> 岭头分界堠，一半属湘潭。水驿门旗出，山蛮洞主参。辟邪犀角重，解酒荔枝甘。莫道中华远，安南更有南。①

在晚唐诗人笔下，西江流域给人的印象不仅是“芜城”“蛮姓”“瘴烟”“燐火”“山蛮”等充满荒芜蛮瘴的悲凉的色调，而且还有“多鸟声”“犀角重”“荔枝甘”等暖色调的风物。可见，即使是在晚唐时期，西江流域仍然是一个僻远而又充满神奇色彩的地方，来到此地的诗人对此地充满了好奇与惊叹，他们通过诗歌吟咏此地风物，使此地风物得以诗化呈现，也因此被赋予了诗情画意，吸引了后世越来越多的文人来到此地。他们或在此地登临揽胜，吟诗作赋；或在此为政一方，兴修水利，开发农田，兴办学校，发展教育；或在此地修身养性，著书立说，研究学问，为西江流域的进一步深入发展贡献了自己的力量。

唐人之后，宋代也有大量文人迁居到西江流域的桂林，并对桂林山川风物进行了热情洋溢而又细致入微的描述与刻画。嘉祐四年（1059）途经桂林的张师正在其所著的《倦游杂录》“阳朔石峰”一条里记载道：

> 桂州左右，山皆平地拔起数百丈，竹木蓊郁，石如黛染。阳朔县尤佳，四面峰峦骈立，故沈水部彬尝题诗曰：“陶潜彭泽五株柳，潘岳河阳一县花。两处争如阳朔好，碧莲峰里住人家。”②

李彦弼于建中靖国元年（1101）左右任桂管幕僚，他才华横溢，文字优美，写出了吟咏西江流域风物的著名篇章《湘南楼记》《八桂堂记》《筑兑州城记》③。综上所述，南宋文人迁岭之前，已有一些著名文人寓居岭南，并对当地的山川形胜进行了热情讴歌与细致描述，这无疑是宝贵文献，为后世迁岭文人的创作提供了经验借鉴，对西江流域社会变迁与文化发展具有开创性的意义。

宋南渡之际的李纲谪居到桂林，并漂泊沦落到西江流域的各个地区，

---

① 〔唐〕王建：《桂岭》，见〔清〕汪森编《粤西诗载》卷一〇，《四库全书》影印文渊阁本第1465册，上海古籍出版社1987年版，第133页。

② 〔宋〕张师正撰、李裕民辑校：《倦游杂录》，见上海古籍出版社编《宋元笔记小说大观》（一），上海古籍出版社2001年版，第749页。

③ 参见〔明〕张鸣凤《桂故》卷四，见《四库全书》影印文渊阁本第585册，上海古籍出版社1987年版，第753—761页。

他用苍凉悲壮、沉郁顿挫、感慨万端的诗歌表现了一代爱国名臣在西江流域的所见所闻所感：

桂林山水久闻风，身世茫然堕此中。日暮碧云浓作朵，春深稚笋翠成丛。仙家多住朱明洞，客梦来游群玉峰。雁荡武夷何足道，千岩元是小玲珑。①

路入春山春日长，穿林渡水意徜徉。溪环石笋横舟小，风落林花扑马香。山鸟不知兴废恨，岭云自觉去来忙。炎荒景物随时好，何必深悲瘴疠乡。

竹屋茅檐三四家，土风渐觉异中华。碧榕枝弱还生柱，红荔春深已著花。社燕不巢南候别，塞鸿无信北音赊。海山此去犹千里，会见安期枣似瓜。②

山围古郡碧周遭，陆绩衣冠雅自褒。海上来归怀麈尾，鬓间空叹长霜毛。易书顾我耽成癖，诗笔怜君老更豪。此去龙城犹不远，宁须巨石压云涛。③

常诵苍梧云起愁，那知理棹此间游。火山水井旧传有，桂水藤江相合流。念远心如嘶北马，逾年行遍峤南州。重华一去不复返，怅望九疑空白头。④

青枫夹道鹧鸪啼，古郡荒凉接岛夷。陆绩故城依石巘，葛洪遗灶俯江湄。光风冉冉吹香草，烟雨蒙蒙湿荔枝。欲作终焉卜居计，自应句偻不吾欺。⑤

李纲这些描述西江流域的动人诗篇不仅是西江流域文化发展史上的瑰宝，也是中国诗歌史上一笔宝贵的文化遗产，反映出一个苦难时代的士大夫流

① 〔宋〕李纲：《梁溪集》卷二三《桂林道中二首》其一，见《四库全书》影印文渊阁本第1125册，上海古籍出版社1987年版，第711页。

② 〔宋〕李纲：《象州道中二首》，见〔清〕汪森《粤西诗载》卷一三，《四库全书》影印文渊阁本第1465册，上海古籍出版社1987年版，第193页。

③ 〔宋〕李纲：《南迁道郁林郡守王君示古律诗一编北归辄成以答其意》，见〔清〕汪森《粤西诗载》卷十三，《四库全书》影印文渊阁本第1465册，上海古籍出版社1987年版，第193页。

④ 〔宋〕李纲：《晚泊苍梧有感》，见〔清〕汪森《粤西诗载》卷十三，《四库全书》影印文渊阁本第1465册，上海古籍出版社1987年版，第193页。

⑤ 〔宋〕李纲：《次贵州》，见〔清〕汪森《粤西诗载》卷一三，《四库全书》影印文渊阁本第1465册，上海古籍出版社1987年版，第193—194页。

落到西江流域时的苦闷心灵、人生感慨、胸襟气度、文化性格与人生思考。

林勋也在桂林留下过足迹，他是政和五年（1115）进士，任广州教授。建炎三年（1129），进献《本政书》十三篇，论三代井田之法，擢为桂州节度掌书记。后来又呈献《比较书》二篇，是文理兼胜的佳作，得到世人的高度评价①。

南宋迁岭文人、著名诗评家胡仔在张孝祥之前来到过桂林，他在《苕溪渔隐丛话》中自述迁岭缘由并结合自己的见闻、体验对前人描写桂林山水的诗句进行了切实的评述：

> 余初未之信也。比岁（绍兴六年1136），两次侍亲赴官桂林，目睹峰峦奇怪，方知《倦游杂录》所言不诬，因诵韩、柳诗云："水作青罗带，山为碧玉篸。"又云："海上群峰似剑铓，春来处处割愁肠"之句，真能纪其实也。山谷老人谪宜山，道过桂林，亦尝有诗云："桂岭环城如雁荡，平地苍玉忽嵯峨。李成不生郭熙死，奈此百嶂千峰何。"②

由此可见，迁岭文人对前人描写西江流域风物的重视。韩愈、柳宗元、张师正、黄庭坚等人吟咏西江流域的作品引起了后代迁岭文人的深切共鸣，产生前人"所言不诬"的感叹，从而在前人基础上继续叙写自己在西江流域的见闻与感受。迁岭文人描写西江流域的作品接连不断，代有新声，前后一脉相承，在继承中有发展，这些作品是西江流域社会发展中的宝贵文化遗产，值得世人反复吟诵涵泳。

地理与人文有着密切的联系。"山川盖灵秀所蓄也"③，山不在高，有仙则名，水不在深，有龙则灵，西江流域的发展及其在历史上的地位，与历代迁岭文人在此地的努力耕耘紧密联系在一起。李昂英对历代居岭文人在西江流域社会变迁史上的地位有非常清醒的认识，指出：

---

① 林勋事迹参见《鹤林玉露》乙编卷一、《宋史》卷四二二本传。

②〔宋〕胡仔：《渔隐丛话前集》卷五五，见《四库全书》影印文渊阁本第1480册，上海古籍出版社1987年版，第349页。

③〔宋〕褚中：《琴川志总叙》，参见〔宋〕孙应时等纂修、〔宋〕鲍廉增补、〔元〕卢镇续修《琴川志》卷首，宋元方志丛刊本，第1149页。

> 志州之土地风气，莫先于表其产之良，以矜式生乎后之士，此一书大纲领也。唐贤相起炎方者三，曰韶之张，曰日南之姜，最后得刘瞻于湟。是时闽聚犹未有此……又迟三四百载，菊坡翁始名，在白麻卧龙蒲涧之阿……帅方公大琮檄张君雷震曰：“丘聚不修且四十年矣，郡文学尔职，盍讨论润色之。”乃视故府，延问老成人，分授以凡例，使各以其见闻述，然后合而参订是正焉。……虽然中天地而立，为世所珍，必有卓然殊于流俗者，穷达不论也。匹夫匹妇以一行称于乡，皆可书。或高显通贵而泯沦无闻，幢节来南，前后凡几清名孅，政照图牒，有几人使仕此，而州志之观，其孰无强为善之心哉！亦扶持世教一助也。若曰山川之扁，兵赋之额，鸟兽草木之名而已耳，焉用志。①

李昂英对唐贤以及自己的恩师菊坡翁崔与之等本地乡贤在西江流域地区的重要地位进行了阐述，认为“人”对于一个地域社会文化的发展是比山川、兵赋、鸟兽草木更加重要的因素。这样的说法是成立的。西江流域社会变迁在很大程度上离不开历代迁岭文人的努力创造与无私奉献。

西江流域风物侵入迁岭文人的诗词文章中，有力地改变了文学的面貌，进一步活跃了迁岭文人在西江流域的文化活动，促进了西江流域社会文化的发展变迁，以至于许多西江流域的风景区成了世界性的名胜地。诗人得“江山之助”，创作出了优美动人的文学作品。另外，“地以人重”②，江山留胜迹，“山川显晦，人也。人隐显，天也”③，自然山水也需要名流显人的品评印可，方可名声大振。西江流域自然美景的发现、挖掘，品题延誉，深入影响到当地文化的发展、传播，进一步引起世人的深情追忆与文化认同，“对自己的过去和对自己所属的大我群体的过去的感知和诠释，乃是个人和集体赖以设计自我认同的出发点，而且也是人们当前——着眼于未来——决定采取何种行动的出发点”④。这段话道出了文学空间的形成、演变及其在地域文化传承与发展中的重要意义。

---

① 〔宋〕李昂英：《李忠简公文溪存稿》卷三《淳祐重修南海志序》，宋集珍本丛刊本，第85册，第451页。

② 〔宋〕刘克庄著、辛更儒校注：《刘克庄集笺校》卷九七，中华书局2011年版，第4075页。

③ 〔宋〕高似孙著、王群栗点校《高似孙集》上册，浙江古籍出版社2015年版，第19页。

④ 〔德〕哈拉尔德·韦尔策编：《社会记忆：历史、回忆、传承》，季斌等译，北京大学出版社2007年版，第3页。

第三节　矛盾心理的集中表现：以李商隐为个案的考察

中唐以后，文人入幕风气盛行。晚唐著名大诗人李商隐进入桂管观察使郑亚的幕府担任僚佐，也因此流寓到西江流域。刘学锴是研究李商隐的专家，他指出：

> 唐宣宗大中元年（847）三月，李商隐应新任桂管观察使郑亚的辟聘，与郑亚同赴数千里之外的桂林，开始了又一次幕府生涯。这次在桂幕的时间虽短——加上赴幕及罢幕归京的时间也不过一年半，却成为他生活与创作历程中的一个重要的转折点。①

李商隐来到西江流域的桂林是文学史乃至地方文化发展史上的大事。虽然只有一年半的时间，可在李商隐（812—858）四十六年短暂的生命历程中已不算短了，尤其是他将自己在三十五岁前后的黄金岁月贡献给了西江流域这片土地，并在以后的人生旅途中不断地回望，让人读了他这类作品而感到莫名的忧伤与惆怅，并因他的诗歌而对西江流域的这片土地产生一种温情与暖意。

李商隐罢秘书省正字之职而应郑亚之辟，跟随郑亚来到了岭南边远地区的桂林，这是他人生中的一个重要的选择。为什么说这次选择来西江流域的桂林，是李商隐“生活与创作历程中的一个重要的转折点”呢？笔者认为，这跟幕主、桂管观察使郑亚的身份地位有着十分密切的联系。

郑亚是李德裕党的重要成员，在李德裕被逐出朝廷、屡遭贬谪的情况下，郑亚来到了西江流域任地方行政长官。《新唐书·郑畋传》附载郑亚的生平如下：

> 父亚，字子佐。爽迈有文，举进士、贤良方正，书判拔萃，三中其科。李德裕为翰林学士，高其才，及守浙西，辟署幕府。擢监察御史，李回任中丞，荐为刑部郎中知杂事，拜给事中。德裕罢宰相，出

① 刘学锴：《李商隐传论》（一），安徽师范大学出版社2020年版，第171页。

为桂管观察使，坐吴湘狱不能直冤，贬循州刺史，死于官。①

傅璇琮也指出郑亚来到西江流域的遭遇与牛李党争的密切关系，他说：

也在同年二月，郑亚由给事中出为桂管观察使。郑亚早年曾入李德裕的浙西观察使幕府，会昌时受到重用，对会昌政事多有裨益，这次也因牵连李德裕事外出。②

李商隐跟随郑亚来到西江流域，就表明了他的政治态度是支持李德裕党的，对李德裕功业的认可与对李德裕命运的同情，促使李商隐跟随李党的重要成员郑亚来到了西江流域。据刘学锴分析，可知：

在牛党势力复炽、李德裕政治集团遭到有计划的打击时，商隐罢秘省正字而入李德裕主要助手之一郑亚的幕府，其行动的政治含义和所表示的政治倾向是相当清楚的。这既不能用“为贫而仕”来解释，也不是单纯酬答恩知，而是在较长时期的观察与思考的基础上作出的一种政治抉择。这一抉择显然触怒了当权的牛党，此后商隐仕途上的坎坷也显然与这一抉择有密切关系。③

李商隐在抉择时心中充满了矛盾，他深知桂林僻远蛮荒、环境恶劣、前途茫茫、凶险重重。在《酬令狐郎中见寄》中，李商隐写道：“土宜悲坎井，天怒识雷霆。象卉分疆近，蛟涎浸岸腥。补羸贪紫桂，负气托青萍。万里悬离抱，危于讼阁铃。”刘学锴对李商隐的迁岭心态洞若观火，指出：“将此诗与《海客》并读，不仅可以看出商隐当时处境之艰困，而且可以透视其内心及言行的矛盾。这也正是商隐悲剧性格的一个重要方面。”④

人的问题，主要是生命情感的问题。迁岭经历集中体现了李商隐悲剧性格的成因，透露了他内心与言行的矛盾。刘学锴、余恕诚指出：

---

① 〔宋〕欧阳修、〔宋〕宋祁：《新唐书》卷一八五《郑畋传》，中华书局2000年版，第4165页。

② 《李商隐研究的一些问题》，见傅璇琮《唐诗论学丛稿》，京华出版社1999年版，第18页。

③ 刘学锴：《李商隐传论》（一），安徽师范大学出版社2020年版，第173页。

④ 刘学锴：《李商隐传论》（一），安徽师范大学出版社2020年版，第174页。

> 在牛、李两党迭相进退，个人求仕乃至谋生都非常困难的情况下，李商隐也暴露出庸俗卑微的弱点。就婚王氏，特别是受郑亚辟以后，他为了求得令狐绹的谅解，多次陈情表白。大中年间，他对令狐绹的庸才贵仕心存鄙薄，却又一再请求加以援引。他对李德裕在会昌朝所建功业由衷钦佩，对李的被贬深致不平，但在献牛党官僚杜悰的长诗中却违心地将李德裕当政比为“恶草当路”。这些都是他庸俗软弱一面的明显表现。①

傅璇琮对此有不同看法，他认为：

> 由于中晚唐社会极端腐败，李党终于失势，而李商隐正是在李党面临失败的无可挽回的情况下表同情于李党，并用自己的一枝笔为李党辨诬申冤，因而受到牛党的打击。李商隐这样做，表现了明确的是非观念，坚持了倾向进步、追求理想的气概和品质。②
>
> 李商隐以自己的诗文表同情于李德裕，在当时的政治斗争中，就是表明他是将自己置身于从永贞、元和以来政治革新的行列的。而腐朽势力的强大，革新派的最终被扼杀，唐朝廷从此一蹶不振，腐败的风气重又弥漫朝野，这，就是李商隐悲剧的真正根源。③
>
> 恰恰就在这时，李商隐入郑亚幕府，为其掌书记，远赴桂林。这难道是偶然的、毫无政治含义的举动吗？这个时候，摆在李商隐面前的，可以有几种选择：他仍然可以在长安继续担任秘书省正字的职务，慢慢得到升迁；他也可以挑选与李党没有关系的节度使做一些文字工作；他甚至可以表白心迹，直接投靠牛党。这些路子他都不走，却在李党明白无误地走下坡路的时刻，进一步把自己的仕途放在李党一边，用世俗的眼光看，这不是太傻了吗？如果没有一种坚定的是非观念，没有一种政治上的正义感，确是不可能这样做的。李商隐，作为一个杰出的诗人，可贵就在这里。这难道是诡薄无行的文人所能望

① 刘学锴、余恕诚选注：《李商隐诗选》，安徽师范大学出版社 2020 年版，第 5 页。

② 《李商隐研究的一些问题》，见傅璇琮《唐诗论学丛稿》，京华出版社 1999 年版，第 2 页。

③ 《李商隐研究的一些问题》，见傅璇琮《唐诗论学丛稿》，京华出版社 1999 年版，第 17 页。

其项背的吗？[1]

所谓李商隐卷入党争，是会昌末、大中初代表进步倾向的李党走向失败的时候开始的，它显示了李商隐极为可贵的政治品质，表示了李商隐绝不是历史上所说的汲汲于功名仕途、依违于两党之间的软弱文人。[2]

李商隐在西江流域，“特别是受郑亚辟以后”，他内心所想与外在言辞行为往往不一致，这就不但招到当时人的谴责，也被后世学者认为“这种表里不一的矛盾现象显示出商隐性格中庸俗卑微的一面”[3]，另一方面也有学者认为“李商隐绝不是历史上所说的汲汲于功名仕途、依违于两党之间的软弱文人”[4]。

这就引起了笔者研究的兴趣：如此表里不一、矛盾重重、人格分裂、“庸俗卑微”、众说纷纭的李商隐来到西江流域后，他会以何种面目对待此地的生活？展示出怎样的文化性格与人生思考？对西江流域的社会变迁与文化发展起到怎样的作用呢？李商隐来到西江流域，正是李党失势，面对无法挽回的失败之时，而李商隐一向被认为是支持李党的，他被卷入牛李党争的漩涡，也正是他来到西江流域前后的这段时期，这一时期的创作也最能表现李商隐内心隐情及其人格个性、人生态度。因此，笔者试图跳出善恶忠奸、君子小人对立的政治阐释框架，贴近当时的历史情境及西江流域的社会现实，来理解李商隐流寓到西江流域的心迹情感及其迁岭的来龙去脉。

值得注意的是，李商隐的诗歌难懂，就在于他不能或不敢完全明白直接地坦露他的感情，这是他的性格使然。李商隐悲剧的真正根源，不仅仅是当时唐朝黑暗腐朽势力过于强大，也与他本人优柔寡断、复杂多变、患得患失、抑郁寡欢的性格有着十分密切的联系。每个人都有性格上的弱点，不独李商隐为然。重要的是要看李商隐的弱点是如何形成、如何表现的，对他的生活与创作产生了怎样的影响。显然，表里不一、人格分裂，内心所想与实际言行不一致是导致李商隐悲剧性生命体验的重要原因。只

① 《李商隐研究的一些问题》，见傅璇琮《唐诗论学丛稿》，京华出版社 1999 年版，第 18—19 页。

② 《李商隐研究的一些问题》，见傅璇琮《唐诗论学丛稿》，京华出版社 1999 年版，第 21 页。

③ 刘学锴：《李商隐传论》（二），安徽师范大学出版社 2020 年版，第 440 页。

④ 傅璇琮：《李商隐研究的一些问题》，载《文学评论》1982 年第 3 期，第 76—85 页。

有表里如一、内心坦荡的人才能活得阳光快乐，所谓“君子坦荡荡，小人长戚戚”，君子心底无私天地宽，胸怀坦荡，自然就快乐了。孔子胸怀坦荡，他的语言也明白如话，直接透露他对人生、社会的思考与看法。而李商隐却不能直接抒发自我的感情。当时有人认为李商隐忘恩负义、“放利偷合”，这不能不说跟他患得患失、“长戚戚”的文化性格有一定的关系。李商隐的悲苦身世、悲剧人生跟他复杂矛盾的文化性格有深刻的内在联系。

郑亚在大中元年（847）至大中二年（848）任桂管观察使[①]，李商隐在他幕府任支使一职，据《旧唐书》卷一九〇《李商隐传》载：“会给事中郑亚廉察桂州，请为观察判官，检校水部员外郎。”[②]《樊南文集》卷七《樊南甲集序》载：“大中元年，被奏入岭，当表记。”李商隐在《为荥阳公上荆南郑相公状》自述：“李支使商隐，虽非上介，曾受殊恩。”据戴伟华考证，“《唐才子传校笺》卷三云其‘支使兼掌书记’，误”“李为观察支使，执掌奏记”[③]，可见，李商隐在桂管郑亚幕府中任观察支使，主要从事公私文翰的撰写工作，并无多少实际的政治权力。这也就决定了李商隐在西江流域中并无多少实际的政事活动，他的贡献主要体现在文学创作上，用自己的一支如椽妙笔尽情地吟咏桂林风光及自己身处其间的心迹情感。李商隐对幕主郑亚是充满崇敬与感激之情的，并与幕主在西江流域结下了深厚的情谊，这一点可以从他离开郑亚幕府已有三年之久而作的《献寄旧府开封公》一诗中看出来，诗云：

> 幕府三年远，春秋一字褒。书论秦逐客，赋续楚离骚。地里南溟阔，天文北极高。酬恩抚身世，未觉胜鸿毛。[④]

诗中高度赞扬郑亚的文采堪比秦时李斯与战国屈原，然其命运不济，遭受贬谪流寓岭南的命运，从而为自己曾经身在幕府、深受幕主之恩而无法回

---

① 桂管是唐代岭南地区五管（广州、邕管、容管、桂管、安南）之一，领桂、梧、贺、连、柳、富、昭、蒙、严、环、融、古、思唐、龚十四州，治所在桂州。参见《新唐书·方镇表六》。

② 〔后晋〕刘昫等：《旧唐书》卷一九〇下，中华书局2000年版，第3455页。

③ 戴伟华：《唐方镇文职僚佐考》（修订本），广西师范大学出版社2007年版，第419页。

④ 《献寄旧府开封公》，见刘学锴、余恕诚《李商隐诗歌集解》，安徽师范大学出版社2020年版，第1022页。

报深感无奈感伤。李商隐身陷于当时激烈的党争之中，无法把握自己的命运，也无多少实际从事政治的机会，他在郑亚幕府的主要贡献就是创作了大量的诗歌文赋，反映了当时的政治生态与文人心理，为治史者提供了宝贵的以诗证史的资料。李商隐的诗歌文赋装点了西江流域的江山，使其富有更加深厚的文化底蕴，吸引了后世文人墨客来此优游，产生怀古之幽思。

李商隐在来西江流域的路途中对未来生活充满着忧伤恐惧之感，这有点类似韩愈贬谪潮州时的心态。试看李商隐的《荆门西下》，此诗写他自荆州来西江流域的途中见闻及心中所感，诗云：

> 一夕南风一叶危，荆门回望夏云时。人生岂得轻离别，天意何尝忌崄巇。骨肉书题安绝徼，蕙兰蹊径失佳期。洞庭湖阔蛟龙恶，却羡杨朱泣路歧。①

李商隐来“绝徼”之前的情感意绪与韩愈来“瘴江”之前的心态何其相似，此诗在写作手法方面也与韩愈的《左迁至蓝关示侄孙湘》有相似之处，未到陌路而先说风波险恶，忧心忡忡、其情可悯。韩诗云：

> 一封朝奏九重天，夕贬潮州路八千。欲为圣明除弊事，肯将衰朽惜残年。云横秦岭家何在？雪拥蓝关马不前。知汝远来应有意，好收吾骨瘴江边。②

唐代诗人来到岭南之前，大多对岭南生活充满了畏惧恐慌的心理。他们来到岭南之后却能兢兢业业地为当地百姓服务，把先进的中原文化带到此地，兴修水利、灌溉农田、聚众授徒、交游唱和、著书立说，有力地促进了当地的社会变迁与文化发展，甚至起到了文化始祖的作用。潮州的山后来叫韩山，潮州的“瘴江”后来叫“韩江”，潮州人取名字喜欢带个“韩”字，如张韩、李韩等，韩愈在潮州寓居了八个月，却被潮州人民纪念了一千多年。柳宗元之贬柳州与此类似，他们在西江流域文化发展史与

① 〔唐〕李商隐：《荆门西下》，见刘学锴、余恕诚《李商隐诗歌集解》，安徽师范大学出版社2020年版，第598页。

② 〔清〕方世举撰、郝润华、丁俊丽整理：《韩昌黎诗集编年笺注》卷一〇，中华书局2012年版，第573页。

社会变迁史上所起到的作用是惊人的。

李商隐流寓到桂林的作用不能与韩、柳二人相比，毕竟他不是地方行政长官。但也不能忽视他在西江流域文化发展中做出的重要贡献。李商隐跟着郑亚来到桂林，他实际在郑亚桂管幕府的时间不到一年，时间虽短，却为当地文化发展做出了重大贡献。韩愈是以地方长官的身份来到潮州的，他的贡献体现在政治、经济、文化、风俗习惯、社会风气等各个方面。而李商隐作为地方长官郑亚幕府中的一位支使，"当表记"，主要在郑亚的桂管幕府中从事书表文字工作，负责撰写表、状、启、牒等公私文翰①。除此之外，作为才华横溢的一代诗人，李商隐在工作之余也与幕府中的其他文人一起创作诗文，用他们的如椽妙笔对西江流域美好的风物进行品题印可，山水优美之地因此富有了人文气息，吸引着后世越来越多的文人墨客来此流连。江山也要伟人扶，"桂林山水甲天下"的声誉离不开一代又一代文人的品题扬誉。值得注意的是，在西江流域桂管郑亚幕府的时间虽短，却是李商隐创作道路上的丰收期。刘学锴指出：

> 现存商隐诗文中，桂幕时期（包括从大中元年二月受辟入幕到大中二年罢幕归途）的作品数量最多。据笔者粗略的统计（据《李商隐诗歌集解》《李商隐文编年校注》），这一时期的编年诗共七十六首（从《海客》到《肠》）编年文一百一十二篇（从《为荥阳公上李太尉状》到《谢邓州周舍入启》），分别占了其编年诗总数三百八十一首的五分之一，其编年文总数三百三十五篇的三分之一。这个数字和比例，充分说明桂幕时期是李商隐诗文创作的丰收期和又一个高潮期，从诗文创作的质量来说，也是他创作历程中的黄金时期。而在六月九日到九月末，所作的表状启牒就有六十七篇，其中还包括了像《太尉卫公会昌一品集序》这样的皇皇大文（诗的数量相对较少，约二十首，这是因为幕府文字工作太繁忙的缘故）。②

大凡西江流域的风俗习惯、山川形胜、物产气候、学馆堂院、楼阁亭榭、井泉馆驿、桥梁佛寺、道观古迹及自己寓居此地的心迹情感都被李商隐一一形诸笔底纸端。中国文学史上如此重要的一位诗人有如此众多的诗文作

① 参见戴伟华《唐方镇文职幕僚考》，广西师范大学出版社2007年版，第419页。

② 刘学锴：《李商隐传论》（一），安徽师范大学出版社2020年版，第186页。

品创作于西江流域，这对西江流域社会变迁与文化发展无疑能起到十分重要的作用。以下试图通过李商隐在桂林创作的诗文作品来分析探究李商隐在西江流域的心路历程及其与西江流域的密切关系。

首先，李商隐作为郑亚桂管幕府中的支使，负责撰写公私文翰，从李商隐撰写的公私文翰中既可以感受到其文辞的优美动人，也可以从中看出当时西江流域的政治、经济、军事、文化、风俗习惯、山水形胜等独特风貌，从而感受到李商隐在西江流域社会变迁与文化发展上所做出的贡献，毕竟很多政治措施的制定、经济活动的推行、文化事业的发展都是通过李商隐的如椽妙笔才得以记录下来并进而推广施行。下列文章所言之事及撰写风格在李商隐桂管幕府创作的优秀篇章中较有典型性：

> 伏以裴元裕既开边隙，又乏武经，抽三道之见兵，备一方之致寇，曾无戎捷，徒曜军容。昔者淮阴驱市井之人，尚能破敌；晋伯假纪纲之仆，亦不常留。苟元裕能均食散金，绝甘分少，便可收功于故校，岂资别立于新家？侧闻容、广守臣，亦欲飞章上请，臣缘乍到，未敢抗论。……伏乞特诏元裕，使广布仁声，远扬朝旨，无邀功以生事，勿耗国以进兵。庶令此境之人，无拥思乡之念。①

李商隐这篇《为荥阳公论安南行营将士月粮状》关心西江流域百姓疾苦，是一篇言辞恳切、叙述精到的幕府公文，从中可以看出西江流域当时的某些社会状况及李商隐为了改变当地这种状况的急迫心情。

其次，李商隐用许多优美动人的诗篇来描写、题咏西江流域的桂林，这有利于西江流域美好风物的宣传。下列诗句就是李商隐流寓桂林时所作，诗云：

> 地暖无秋色，江晴有暮晖。空余蝉嘒嘒，犹向客依依。村小犬相护，沙平僧独归。欲成西北望，又见鹧鸪飞。②
>
> 城窄山将压，江宽地共浮。西南通绝域，东北有高楼。神护青枫

① 〔唐〕李商隐：《为荥阳公论安南行营将士月粮状》，见刘学锴、余恕诚《李商隐文编年校注》（三），安徽师范大学 2020 年版，第 1065—1066 页。

② 〔唐〕李商隐：《桂林路中作》，见〔清〕汪森编《粤西诗载》卷一〇，《四库全书》影印文渊阁本第 1465 册，上海古籍出版社 1987 年版，第 133 页。

> 岸，龙移白石湫。殊乡近河祷，箫鼓不曾休。①
>
> 桂水春犹早，昭川日正西。虎当官路斗，猿上驿楼啼。绳烂金沙井，松干乳洞梯。乡音吁可骇，仍有醉如泥。②

以上诸作都被收录到清人汪森编著的《粤西诗载》中了，他选录李商隐的这些诗作是很有眼力的，这些诗歌作品的思想意蕴与艺术技巧方面都有很高的成就。范晞文在《对床夜雨》中高度评价《桂林即事》一诗的首联“不用事而工妙”，纪昀评价此诗“字字精炼，气脉完足，直逼老杜”“落句愁在言外”。李商隐的名作《晚晴》也是他寓居在西江流域的桂林时所作，诗云：

> 深居俯夹城，春去夏犹清。天意怜幽草，人间重晚晴。并添高阁迥，微注小窗明。越鸟巢干后，归飞体更轻。

其中的“天意怜幽草，人间重晚晴”是这首诗的警句，历来受到人们的赞赏，冯浩说这两句“深寓身世之感”，田兰芳说“偏于闲处用大笔”。刘学锴、余恕诚说得更加深刻细致，他们指出：

> 两句即景抒慨，赋予晚晴中的幽草以人生命运的象征意味，且由对目前境遇的欣慰中引出珍重人生“晚晴”的态度。“重”字是在意识到“晚晴”短暂的前提下对它的价值更深刻的认识。③

这两句表现了诗人李商隐敏感、善感、多感的细腻心理，表现了他在西江流域寓居时看到美好的事物，油然产生一种珍惜怜爱之情。白居易诗“物以稀为贵，情因老更慈。怀中有可抱，何必是男儿”与此诗有异曲同工之处，表达了一种普遍的人类共有的情感，即对世间一切美好事物的珍惜及美好事物短暂无常的惆怅叹惋之情。佛教偈语云：“一切恩爱会，无常难得久。生世多畏惧，命危于晨露。因爱故生忧，因爱故生怖。若离于爱

① 〔唐〕李商隐：《桂林即事》，见〔清〕汪森编《粤西诗载》卷一〇，《四库全书》影印文渊阁本第1465册，上海古籍出版社1987年版，第133页。

② 〔唐〕李商隐：《昭州》，见刘学锴、余恕诚《李商隐诗歌集解》，安徽师范大学出版社2020年版，第724页。

③ 刘学锴、余恕诚选注：《李商隐诗选》，安徽师范大学出版社2020年版，第86页。

者，无忧亦无怖。”人生之所以值得珍惜，是因为人生中有美好的事物，它能给人带来欢乐与欣喜；人生之所以充满悲伤与惆怅，是因为人世间一切美好的事物都不长久，好物大多不坚牢，彩云易散琉璃脆。李商隐的这首《晚晴》就反映了李商隐寓居在桂林时看到美好事物时生发了一种普遍化的人类共有的感慨，故能够引起广大读者的深刻共鸣，成了流传千古的名作。人们每当读到“天意怜幽草，人间重晚晴”时自然而然就会联想到此作的写作地点是作者当时寓居的桂林，从而对桂林山水也充满向往与热爱之情，这无疑是诗歌兴发感动功能的自然呈现。李商隐在桂林所作之诗引起后人众多的关注与赞美，十分有利于西江流域风物的宣传。

李商隐诗中对桂林山水的描写，大多是他眼前所见到的真山、真水。正如任真汉在《桂林山水写生记》中引述李商隐《海上谣》一诗“桂水寒于江，玉兔秋冷咽。海底觅仙人，香桃如瘦骨。紫鸾不肯舞，满翅蓬山雪。借得龙堂宽，晓出揲云发。刘郎旧香炷，立见茂陵树。云孙帖帖卧秋烟，上元细字如蚕眠”[①] 时指出：

> 诗中的玉兔、仙桃、紫鸾、蓬莱仙境、龙堂、香炉、古树等等，皆七星岩内可见到景物，都是钟乳凝成的。[②]

笔者认为，此说大体上是成立的。

与此类似，可以从李商隐的某些诗歌中感受到当时西江流域的地域风貌及诗人身处其中的心迹情感。这首写于桂林城北楼的作品就比较典型地反映了李商隐寓岭时西江流域的地域特征与其生命体验，诗云：

> 春物岂相干？人生只强欢。花犹曾敛夕，酒竟不知寒。异域东风湿，中华上象宽。北楼堪北望，轻命倚危栏。[③]

当时的桂林确实有北楼，据范成大《桂海虞衡志》载：

> 朔雪至（严）关辄止，大盛则度至桂林城下，不复南矣。北城旧

① 张采田：《玉谿生年谱会笺》，中华书局1963年版，第126页。

② 任真汉：《桂林山水写生记》，载《抖擞》第3期，第25页。

③ 〔唐〕李商隐：《北楼》，见刘学锴、余恕诚《李商隐诗歌集解》，安徽师范大学出版社2020年版，第714页。

有楼，曰雪观，所以夸南州也。

刘学锴、余恕诚也从“春物岂相干，人生只强欢”中读出了“异域”特征，指出：

> 二句意谓桂林地处炎方，无鲜明之季节变化，故虽到春天，却无春物和自己相干，处在这种寂寞苦闷中，人生只有强求欢乐以遣愁而已。①

叶嘉莹从“花犹曾敛夕，酒竟不知寒”中感受到了诗人身处异域的心迹情感与生命体验，她说：

> 花……应是专指南方所盛产的木槿花而言。……炎方的春日既无万紫千红轮番开放的盛事，所见的唯一属于花的变化的仅有槿花之朝开暮萎而已。……北国中原，每当春来之际，往往余寒犹厉，所以诗人们向来赏花时也要饮酒。……远在炎方，虽欲勉强借饮酒以求强欢，然而却可惜竟全无身外春寒之感，如是则情味全非矣。……不仅写出了炎方的气候，也写出了自己在异域勉强寻欢的一种惆怅无聊的心情。②

此处分析非常细致深刻。李商隐自己直接说出了“异域东风湿，中华上象宽”的地域特征，把岭南空气潮湿的特点与中原进行了比较，顿时觉得中原的天空无限宽广，这就更令诗人思念故乡亲人了，最后诗人不惜冒着生命危险也要登楼北眺，也就水到渠成地宣泄了心中的情感。读了这样的诗歌，令人想到桂林去走走看看，感受一下李商隐当年登上桂林城北楼的情境。“人事有代谢，往来成古今。江山留胜迹，我辈复登临。”由于桂林城北楼有了大诗人李商隐的登临，此处就成了人文胜迹，有了文化内涵，吸引着越来越多的文人墨客来此登临揽胜，抒发吊古怀人之幽思，这无疑有益于促进当地社会文化的发展。

戴伟华从幕府文学“对特定区域民情民俗的记载”的角度高度评价了

---

① 刘学锴、余恕诚选注：《李商隐诗选》，安徽师范大学出版社2020年版，第97页。

② 刘学锴、余恕诚选注《李商隐诗选》，安徽师范大学出版社2020年版，第97页。

李商隐诗歌对桂林风物进行描写的重要意义，指出：

> 更为可喜的现象是，由于文人入幕的关系，过去很少表现的区域山水在使府文士笔下得到充分的展现，举桂林为例以为说明。《玉溪生诗集笺注》卷二《桂林》："城窄山将压，江宽地共浮。东南通绝域，西北有高楼。神护青枫岸，龙移白石湫。殊乡竟何祷？箫鼓不曾休。"诗无一不是写偏居南荒的桂林山水风情。城市小而四周山势拔地峭立，故有山将压城之感；江水澄澈，岸上景观都倒映在水中，江水似和地面一起浮动，东南、西北，写地势一远一近，前指严关，此关两山蹲居，中容一马；后指雪观楼。神护青枫和龙移白石是说桂林神异之事，据说，枫木生瘤长成枫人，巫人取之作法有通神之验；白石湫，俗名白石潭，旧有蛟龙，伤堤害物，后平。这样写桂林风物有相当的区域文化的积淀。比起唐代文人的漫游，使府僚佐对地方山川风物的体察更为深入，深入生活和接触生活的内涵并不一样，如果一个文士不是入幕，或许一辈子也不可能游历到像桂林这样的僻远之地。……透过文字已经让人体察到使府僚佐表现所在地域山水的自觉意识。①

这段文字深刻细致地分析了李商隐《桂林》一诗对特定区域民情民俗的记载，从中也可以感受到迁岭文人在寓居岭南的生活中对西江流域社会变迁与文化发展所起到的巨大作用。可以说"表现所在地域山水的自觉意识"应是唐代迁岭文人共有的特点，他们对西江流域民情民俗的记载、对西江流域自然山水的描绘、对自己身处其间心迹情感的抒写，有力地促进了当地自然风光与民情风俗的传播，引起了后世文人的广泛关注。由于有李商隐对西江流域桂林风物的描写，当地的自然山水变得有了文化的意蕴，自然风景因此而成了人文胜迹，江山留胜迹，我辈复登临，吸引了越来越多的文人来到此地为这片土地贡献自己的力量，从而促进了当地的社会变迁与文化发展。

李商隐诗篇中对桂林奇山异水、民风民俗、风景物产的描写可与当地的历史地理文献相互印证。笔者试以李商隐的《桂林》一诗为例来说明这一点。前人评价此诗"字字精炼，气脉完足，直逼老杜""山重水阔，南

---

① 戴伟华：《唐代使府与文学研究》（修订本），广西师范大学出版社 2007 年版，第107 页。

则杳然绝域，北则但有高楼，孤身作客，真无可告诉之地也。彼丛祠箫鼓，聒耳不休，不知有何心事耶”“首句状难状之景。三四高亮雄壮。五六殊乡灵怪，即下箫鼓所祷者。结句怪异之词，自伤留滞于此，浑涵不露”[①]，诗中的“江宽地共浮”的“江宽”即指桂江，是西江流域的一个支流，青枫岸、白石湫也是西江流域桂林的地名，这些地方的特点及诗中的典故在《方舆胜览》《桂海虞衡志》《南方草木状》《述异记》《一统志》《名胜志》《寰宇记》《灵川县志》中有比较详细的记载[②]，其中包含了生动的历史故事，丰富的地形地貌、形象的山川草木，寄寓了当地丰富多彩的民风民俗。《李商隐诗歌集解》中道：

> 此初至桂林描绘殊乡形胜、风俗之作。地则遥隔京华，邻接绝域，俗则神异灵怪，祀祷不休，描绘叙述中均暗透作客异乡之愁绪。屈谓“自伤留滞”，纪谓“愁在言外”，均得作者之意。首联范晞文《对床夜语》曾称之，谓其不用事而工妙。[③]

可见，李商隐此诗中的语象、物象、意象、意境与西江流域桂林的自然山水、民情民俗、历史典故、生活环境及自己身处其间的心迹情感紧密结合在一起，李商隐通过精心安排、巧妙布局，将其融入描写自己流寓到西江流域的《桂林》一诗中。

这种精于布局、巧妙地将西江流域自然风物、历史典故、民情民俗、地域文化融入诗歌的写作手法，在李商隐描写西江流域的诗歌中体现得比较普遍，从中可以深刻地领会到迁岭文人对西江流域地方风物、民情民俗、文化环境的关注与热爱。在《自桂林奉使江陵途中感怀寄献尚书》一诗中，李商隐写道：

> 泷通伏波柱，帘对有虞琴。宅与严城接，门藏别岫深。阁凉松冉冉，堂静桂森森。[④]

对此诗中所描写的西江流域的具体景物，叶嘉莹有详细分析。她指出：

---

① 参见刘学锴、余恕诚《李商隐诗歌集解》，安徽师范大学出版社2020年版，第617页。
② 参见刘学锴、余恕诚《李商隐诗歌集解》，安徽师范大学出版社2020年版，第616页。
③ 参见刘学锴、余恕诚《李商隐诗歌集解》，安徽师范大学出版社2020年版，第617页。
④ 参见刘学锴、余恕诚《李商隐诗歌集解》，安徽师范大学出版社2020年版，第673页。

“伏波柱”就是桂林一处有名的胜景，冯浩注即曾引《桂海虞衡志》云：“伏波岩突然而起且千丈，下有洞，可容二十榻，穿凿通透，户牖旁出，有悬石如柱，去地一线不合，俗名马伏波试剑石，前浸江滨，波浪日夜漱啮之。”次句的“有虞琴”也是当地一处古迹，冯浩曾引《寰宇记》为注云：“桂州舜庙，在虞山下。”其后“宅与严城接”四句，则义山写的正是他处身的府署前所见的景物。冯浩也曾引《桂故》云：“此数句状府廨与独秀山相接，如在目前。”可见义山在桂林时，必曾对当地之山川留有极深刻之印象。如其诗集中之《桂林路中作》《桂林》《海客》《谢往桂林》《即日》《北楼》《思归》《异俗》等篇，便也都有着记叙当地山川风物的诗句。此外如其《樊南文集》及补编中，还曾收有他在桂管幕府中所作的一些祭赛当地山神及城隍的祝文。这些记载，都可证明义山对于桂林之山川景物原是相当熟悉的。①

叶先生所做的分析很深刻细致。在这里还可以补充说明一点，即后世文人的诗句中有很多描写也与李商隐有相似之处，他们都对桂林的奇山异水有深入的体验，故表现出对西江流域风物相似的赞叹之情。亲自观赏过桂林山水的南宋江湖文人戴复古在诗中写道：

桂林佳绝处，人道胜匡庐。山好石骨露，洞多岩腹虚。峥嵘势相敌。温厚气无余。可惜登临地，春风草木疏。

昨者登梅岭，兹来入桂林。相从万里外，不负一生心。湖上千峰立，樽前十客吟。讥评到泉石，吾敢望知音。②

可见，真实情况里的桂林也确实是风景优美、气候宜人，适合游人玩赏、居住的。当然西江流域一带奇异的民风民俗也引起了诗人的兴趣与好奇，李商隐在《异俗二首》诗的小序自注“时从事岭南”，诗云：

鬼疟朝朝避，春寒夜夜添。未惊雷破柱，不报水齐檐。虎箭侵肤

① 叶嘉莹：《李义山〈海上谣〉与桂林山水及当日政局》，见《迦陵论诗丛稿》，河北教育出版社 1997 年版，第 286 页。

② 〔宋〕戴复古：《观静江山水呈陈鲁叟漕使》，见〔清〕汪森编《粤西诗载》卷一〇，《四库全书》影印文渊阁本第 1465 册，上海古籍出版社 1987 年版，第 141 页。

毒，鱼钩刺骨铦。鸟言成谍诈，多是恨彤襜。

户尽悬秦网，家多事越巫。未曾容獭祭，只是纵猪都。点对连鳌饵，搜求缚虎符。贾生兼事鬼，不信有洪炉。①

此诗载于《平乐县志》，原注下又有“偶客昭州”四字②，大致写于李商隐代理昭州（治所在今广西平乐县）后，当时的昭州尚属蛮荒之地，诗中的“鬼疟”“虎箭”“鱼钩”“鸟言”“秦网”“越巫”“猪都”“鳌饵”“事鬼”“洪炉”等词汇暗示了当地愚昧落后的民风民俗，而贾生这样的大才子尚且在南荒之地事鬼，自己从事岭南之际也常常为各地的种种民间祭祀写诗作文，虽然想为改变陋风陋俗做出自己应有的贡献，然而有时也要适应当地的民风民俗，因为以当时西江流域某些落后地区人民的认识水平，还无法认识到“有洪炉”这一客观自然造化的事实。这样的诗歌颇具地方色彩，具有纪实的性质，将“岭南地气恒暖，连雨即复凄然”“三春连暝而多寒”③ 等异域气候风光真实地融入这两首小诗之中。与此类似的还有李商隐的《昭州》。诗云：

桂水春犹早，昭川日正西。虎当官路斗，猿上驿楼啼。绳烂金沙井，松干乳洞梯。乡音吁可骇，仍有醉如泥。④

刘学锴、余恕诚评价此诗时指出：“此诗颇类画中之素描，盖不经意为之。虽写荒僻之状，而感情未必憎厌。末句当属之乡人，视‘仍有’字可见。”⑤ 这首诗把岭南的风物习俗、生活环境曲尽人情地表现出来了，另一方面又带有诗人主观的感情色彩，是了解当时西江流域社会风俗、地域特征、人们生活习惯及迁岭文人流寓到西江流域时心迹情感的宝贵材料。

李商隐的诗歌中较少有写景之作，但他在郑亚桂管幕府中任幕僚时却对西江流域的山水景物、奇风异俗进行了生动细致、曲尽人情的描写：

① 〔唐〕李商隐：《异俗二首》，见〔清〕汪森编《粤西诗载》卷一〇，《四库全书》影印文渊阁本第1465册，上海古籍出版社1987年版，第133页。

② 刘学锴、余恕诚：《李商隐诗歌集解》（二），安徽师范大学出版社2020年版，第719页。

③ 刘学锴、余恕诚：《李商隐诗歌集解》（二），安徽师范大学出版社2020年版，第719页。

④ 刘学锴、余恕诚：《李商隐诗歌集解》（二），安徽师范大学出版社2020年版，第724页。

⑤ 刘学锴、余恕诚：《李商隐诗歌集解》（二），安徽师范大学出版社2020年版，第726页。

桂林闻旧说，曾不异炎方。山响匡床语，花飘度腊香。几时逢雁足？著处断猿肠。独抚青青桂，临城忆雪霜。①

固有楼堪倚，能无酒可倾？岭云春沮洳，江月夜晴明。鱼乱书何托？猿哀梦易惊。旧居连上苑，时节正迁莺。②

这既反映出李商隐在西江流域寓居时对当地秀丽优美自然风光的好奇心与新鲜感，也体现了他时常关注当地风土民情的兴致与他民胞物与的情怀，最重要的是，还体现了他在西江流域桂林的优美自然山水中仍然流露出对故乡的深切思念之情。

人的感觉对了解一个地方的历史文化是非常重要的，优秀的文学作品往往是作家感觉的具体生动的体现，尤其是诗歌。好的诗歌常常是一个时代的心电图，最直接、最敏锐、最真实（艺术的真实）、最生动、最优美、最鲜活地和盘托出一个时代的民族文化心理。西江流域的自然风物如此优美，但在李商隐心中引起的不仅仅是欣喜欢乐，还有忧伤与惆怅，这种种矛盾复杂的心理在他的诗歌中体现得十分突出。李商隐流寓到西江流域的心路历程，引起了世人的广泛关注与同情。他的许多名作既描写了西江流域的风物，也体现了自己身处其间的心迹情感。有些作品虽然没有直接描写西江流域风物，但因作于此地且有丰厚深刻的情感而引起世人的广泛关注与高度评价。下列作品就是写于西江流域桂管幕府中的传世佳作：

深居俯夹城，春去夏犹清。天意怜幽草，人间重晚晴。并添高阁迥，微注小窗明。越鸟巢干后，归飞体更轻。③

高松出众木，伴我向天涯。客散初晴后，僧来不语时。有风传雅韵，无雪试幽姿。上药终相待，他年访伏龟。④

有客虚投笔，无憀独上城。沙禽失侣远，江树著阴轻。边遽稽天

① 〔唐〕李商隐：《即日》，见《李商隐诗歌集解》（二），安徽师范大学出版社 2020 年版，第712 页。

② 〔唐〕李商隐：《思归》，见《李商隐诗歌集解》（二），安徽师范大学出版社 2020 年版，第716—717 页。

③ 〔唐〕李商隐：《晚晴》，见《李商隐诗歌集解》（二），安徽师范大学出版社 2020 年版，第 620 页。

④ 〔唐〕李商隐：《高松》，见《李商隐诗歌集解》（二），安徽师范大学出版社 2020 年版，第 637 页。

讨，军须竭地征。贾生游刃极，作赋又论兵。①

远书归梦两悠悠，只有空床敌素秋。阶下青苔与红树，雨中寥落月中愁。②

帘垂幕半卷，枕冷被仍香。如何为相忆，魂梦过潇湘。③

园桂悬心碧，池莲饫眼红。此生真远客，几别即衰翁。小幌风烟入，高窗雾雨通。新知他日好，锦瑟傍朱栊。④

日月淹秦甸，江湖动越吟。苍梧应露下，白阁自云深。皎皎非鸾扇，翘翘失凤簪。床空鄂君被，杵冷女须砧。北思惊沙雁，南情属海禽。⑤

酒薄吹还醒，楼危望已穷。江皋当落日，帆席见归风。烟带龙潭白，霞分鸟道红。殷勤报秋意，只是有丹枫。⑥

淡云微雨拂高唐，玉殿秋来夜正长。料得也应怜宋玉，一生唯事楚襄王。⑦

红莲幕下紫梨新，命断湘南病渴人。今日问君能寄否？二江风水接天津。⑧

沙岸竹森森，维艄听越禽。数家同老寿，一径自阴深。喜客尝留橘，应官说采金。倾壶真得地，爱日静霜砧。⑨

这些作品或写自己进入郑亚幕府的欣慰鼓舞，或写自己客居异乡的苦闷，

---

① 〔唐〕李商隐：《城上》，见《李商隐诗歌集解》（二），安徽师范大学出版社 2020 年版，第 634 页。

② 〔唐〕李商隐：《端居》，见《李商隐诗歌集解》（二），安徽师范大学出版社 2020 年版，第 641 页。

③ 〔唐〕李商隐：《夜意》，见《李商隐诗歌集解》（二），安徽师范大学出版社 2020 年版，第 645 页。

④ 〔唐〕李商隐：《寓目》，见《李商隐诗歌集解》（二），安徽师范大学出版社 2020 年版，第 623 页。

⑤ 〔唐〕李商隐：《念远》，见《李商隐诗歌集解》（二），安徽师范大学出版社 2020 年版，第 653 页。

⑥ 〔唐〕李商隐：《访秋》，见《李商隐诗歌集解》（二），安徽师范大学出版社 2020 年版，第 646 页。

⑦ 〔唐〕李商隐：《席上作 · 予为桂州从事，故府郑公出家妓，令赋“高唐”诗》，见《李商隐诗歌集解》（二），安徽师范大学出版社 2020 年版，第 639 页。

⑧ 〔唐〕李商隐：《寄成都高苗二从事》，见《李商隐诗歌集解》（二），安徽师范大学出版社 2020 年版，第 660 页。

⑨ 〔唐〕李商隐：《江村题壁》，见《李商隐诗歌集解》（二），安徽师范大学出版社 2020 年版，第 670 页。

或写在寓桂生活中对妻子的思念，或写寓居西江流域的新鲜好奇，或写自己流寓独处的寂寞无聊，或写自己的乐观自信，或写自己的理想抱负及其不能实现的惆怅感伤情绪，或写在桂管幕府中与府主、幕僚的交流酬唱之情，这些作品记录了诗人流寓到西江流域的生活历程和生命轨迹，具有深刻丰富的情感意绪与高度的艺术表现技巧，故而能够引起世人的广泛关注与深入探讨。

李商隐的诗歌创作不仅影响到宋初的西昆体诗人的创作，也影响到迁谪流寓到西江流域的黄庭坚的创作。据《风月堂诗话》载：

> 李义山拟老杜诗云："岁月行如此，江湖坐渺然。"直是老杜语也。其他句"苍梧应露下，白阁自云深""天意怜幽草，人间重晚晴"之类，置杜集中亦无愧矣。然未似老杜沉涵汪洋、笔力有余也。义山亦自觉，故别立门户成一家。后人挹其余波，号"西昆体"，句律太严，无自然态度。黄鲁直深悟此理，乃独用昆体工夫而造老杜浑成之地。今之诗人少有及此者，禅家所谓更高一著也。①

这段引文中所引李商隐的诗句大多作于西江流域，用于描写西江流域的苍梧、桂林风光。宋人生唐后，开辟真难为，宋人想要突破前人的创作，就要求新求变，而黄庭坚对西昆体所下的功夫，也反映了他对李商隐的继承与发展。尤其是黄庭坚晚年寓居到西江流域的宜州时用他的生花妙笔描写了西江流域的风俗物产、生活环境及自己身处其间的心迹情感。他的这些生命体验、思想情感和人格魅力，使世人深受感染，引发了读者的情感共鸣与学习效仿，故他的这些作品流传久远，影响很大，凝聚成了民族的宝贵精神财富，为西江流域文化的推广与传播添上了深刻厚重的一笔。

值得一提的是，李商隐为刘蕡鸣不平的几首名作，即写于与西江流域密切相连的荆楚一带。大中二年（848），李商隐自江陵归桂林，途经湘阴黄陵时，与已从西江流域柳州内徙的刘蕡晤别，作了《赠刘司户蕡》，诗云：

> 江风扬浪动云根，重碇危樯白日昏。已断燕鸿初起势，更惊骚客

① 〔宋〕朱弁：《风月堂诗话》卷下，见吴文治主编《宋诗话全编》第3册，凤凰出版社1998年版，第2956页。

后归魂。汉廷急诏谁先入？楚路高歌自欲翻。万里相逢欢复泣，凤巢西隔九重门。①

因此诗作于李商隐与自西江流域柳州放还的刘蕡晤别之时，西江流域与楚地相连，深受楚地文化的影响，故这首诗中多用楚地风物，以屈原比刘蕡，十分切合刘蕡的身世、情感。

刘蕡以自己的特立独行、正直敢谏成了唐代政治史及科举史上的著名人物。在《旧唐书·文苑传序》中，刘蕡的名字与元稹、王维、杜甫等人的名字放在一起，刘蕡成了唐代重要文人的代表，代表了某一方面取得重要成就的典型。书中是这样说的：

> 如燕、许之润色王言，吴、陆之铺扬鸿业，元稹、刘蕡之对策，王维、杜甫之雕虫，并非肄业使然，自是天机秀绝。若隋珠色泽，无假淬磨；孔玑翠羽，自成华彩，置之文苑，实焕缃图。②

刘蕡作为唐代著名文士中在“对策”方面敢于直谏的代表人物被载入史册，这与他独立不迁、上下求索的精神有着十分密切的联系，而这一切后来成为他与西江流域结缘的重要因素。他在唐文宗大和二年（828），应贤良方正直言极谏科考试时为了国家的中兴，在对策中猛烈抨击宦官乱政，后屡遭贬谪，最终被贬谪流寓到西江流域的柳州任司户参军，卒于贬所。据《新唐书·刘蕡传》载：

> 蕡对后七年，有甘露之难。令狐楚、牛僧孺节度山南东西道，皆表蕡幕府，授秘书郎，以师礼礼之。而宦人深嫉蕡，诬以罪，贬柳州司户参军，卒。③

刘蕡成了西江流域文化发展史上的重要人物，他不仅被载入史册，也被记

① 〔唐〕李商隐：《赠刘司户蕡》，见《李商隐诗歌集解》（二），安徽师范大学出版社2020年版，第698页。

② 〔后晋〕刘昫等：《旧唐书》卷一九〇上《文苑传序》，中华书局2000年版，第3390页。

③ 〔宋〕欧阳修、〔宋〕宋祁：《新唐书》卷一七八《刘蕡传》，中华书局2000年版，第4102页。

录到了中国古代地理名著《方舆胜览》“柳州”条的“名宦”中①。

李商隐写给刘蕡的这几首诗感情沉痛、愁人肺腑。诗云：

> 路有论冤谪，言皆在中兴。空闻迁贾谊，不待相孙弘。江阔惟回首，天高但抚膺。去年相送地，春雪满黄陵。②
>
> 离居星岁易，失望死生分。酒甕凝馀桂，书籤冷旧芸。江风吹雁急，山木带蝉曛。一叫千回首，天高不为闻。
>
> 有美扶皇运，无谁荐直言。已为秦逐客，复作楚冤魂。湓浦应分派，荆江有会源。并将添恨泪，一洒问乾坤。③

刘蕡失意遭贬是晚唐历史上的一件大事，反映了朝廷政治黑暗、奸臣当道、正直之士多遭排斥。当时道路上的行人都在议论刘蕡含冤被贬之事。李商隐与刘蕡之间的深厚友谊及他们在西江流域的交往过从，都被写进了这几首《哭刘司户蕡》中，感人肺腑，流传深远，引起了世人的广泛关注，也从而在某种程度上提高了李商隐诗歌思想与艺术的境界。傅璇琮指出：

> 李商隐的后期，正是进步的、革新的政治遭到打击、理想变成幻灭，社会的前途看不到什么希望的时代，政治的高压使得他只能用象征手法来吐露他对美好事物的向往与追求，以及对理想破灭所表达的哀伤。时代的病态造成李商隐诗作中的某些感伤情调，但我们仍可从他的婉丽的诗句中体察到对美好事物、对理想的执着追求，因而并不使人颓伤。他的诗歌的力量就在于此。这之中，如果没有进步的政治信念的支持，而仅仅是个人的身世不遇的感伤，能够达到这样的思想

---

① 〔宋〕祝穆撰、〔宋〕祝洙增订、施和金点校《方舆胜览》卷三八“柳州”条的“名宦”一栏只记载了柳宗元与刘蕡两人，可见刘蕡在西江流域柳州的地位。刘蕡的事迹之所以重要，就在于他直道而行、不畏权贵的精神及遭到宦官迫害而流寓到西江流域的悲惨命运，即《方舆胜览》一书中所记载的：“蕡以对策直言下第，令狐楚、牛僧儒表之入幕，竟为宦者所嫉诬，贬柳州司户”（中华书局2003年版，第697页）。

② 〔唐〕李商隐：《哭刘司户蕡》，见〔清〕汪森编《粤西诗载》卷一〇，《四库全书》影印文渊阁本第1465册，上海古籍出版社1987年版，第133页

③ 〔唐〕李商隐：《哭刘司户蕡》又二首，见〔清〕汪森编《粤西诗载》卷一〇，《四库全书》影印文渊阁本第1465册，上海古籍出版社1987年版，第133页

和艺术境界吗?①

李商隐所作的与西江流域有着千丝万缕关系的《哭刘司户蕡》，正可为傅先生的论述提供一个生动有力的注脚。据以史实，考诸情理，李商隐与刘蕡的交往及他们在西江流域留下的动人诗篇，可以作为晚唐宦官专权、朋党之争、藩镇割据造成时局动荡的重要见证，也可以作为西江流域社会变迁与文化发展的重要组成部分被载入史册，流传后世，为后世文人凭吊与敬仰。

左思《咏史》诗写道："何世无奇才，遗之在草泽。"刘蕡、李商隐就是流落到草泽之中的奇才，这让人在为他们的命运之惨而感叹唏嘘之际，对他们充满了同情与理解，也对西江流域的风物产生了感情与好奇之心，从而也想到李商隐、刘蕡曾经的谪居之地去走走看看，因此李商隐的这些诗歌也起到了推广和宣传西江流域的自然风光与精神文明的作用。

第四节　文化记忆与地域认同：以范成大为个案的考察

范成大不仅是南宋中兴四大诗人之一，也是著名的游记高手，他的游记名篇《揽辔录》《骖鸾录》《吴船录》《桂海虞衡志》在我国文化地理学研究中具有十分重要的地位。

追记西江流域的生活环境和生命体验成了范成大创作的重要内容，并且其有历史地理学的名著《桂海虞衡志》传世。范成大此书是在淳熙二年（1175）春从广西入蜀赴任途中所作，道中无事，时念昔游，因追记其登临之处与风物土宜，此时在书中追忆往昔在西江流域的欢乐事就是题中应有之义了。通过范成大自己的追忆、描述，可以感受到当时迁岭文人对西江流域普遍存在的情感倾向与文化认同。

范成大在乾道七年（1171）论罢近习张说，随后以集英殿修撰知静江府，兼广西经略安抚使，期间一度归于家乡吴中，筑石湖别业。乾道八年

① 《李商隐研究的一些问题》，见傅璇琮《唐诗论学丛稿》，京华出版社 1999 年版，第22页。

(1172) 冬，范成大赴广西帅任，乾道九年（1173）春抵达桂林，为桂帅，三月十日接任。[①] 在此途中，范成大详记沿途见闻，撰写了《骖鸾录》一卷，此书记载了范成大在乾道八年（1172）十二月，从苏州出发，经浙江、江西、湖南来到西江流域桂林的沿途见闻，其中有许多文字记述了西江流域风物。四库馆臣评价道：

> 此编乃乾道壬辰成大自中书舍人出知静江府时，纪途中所见。……考《虞衡志》作于自桂林移帅成都时，其初至粤时未有也。则此书殆亦追加删润而成者欤?[②]

范成大是一位关心民瘼、重视记录地方风物的政治家、文学家。他在西江流域任职期间，重视民生，改革盐税、使苛捐杂税得以减轻，减轻了人民负担，而且他对西江流域蛮荒之地不加歧视，故为民所重[③]。不仅如此，范成大还以自己的如椽妙笔，生动有力、妙趣横生地记录了自己在西江流域的所见所闻所感，这些见闻感受为世人了解西江流域提供了重要文献资料。值得注意的是，范成大的这些游记作品大多是“追加删润而成者”，表现了他对往昔居岭生活的留恋与珍惜。

西江流域的宦游生涯给范成大留下了美好而深刻的印象，他在离开西江流域之后仍拳拳不舍，心驰神往于往日在桂林时的欢乐生活。在《怀桂林所思亭》中，范成大写道：

> 簪山奇绝送归时，曾榜新亭号所思。桂水祗今湘水外，他年空有四愁诗。[④]

后来，范成大无论身在何方都会自然而然地联想起自己在西江流域生活时

---

① 于北山：《范成大年谱》，上海古籍出版社 2006 年版，第 148—169 页。

② 〔清〕永瑢等：《四库全书总目》卷五八史部传记类《骖鸾录提要》，中华书局 1965 年版，第 529 页。

③ 参见《宋史》卷三八六《范成大传》、〔宋〕周必大《周益国文忠公集·平园续稿》卷二二《资政殿大学士赠银青光禄大夫范公成大神道碑》、《皇宋中兴两朝圣政》卷五二、《续资治通鉴》卷一四三。

④ 〔宋〕范成大著、富寿荪标校：《范石湖集·石湖居士诗集》卷一五，上海古籍出版社 2006 年版，第 191 页。

的春树暮云，想起那独特民俗及自然风物，追忆往昔之情沛然莫之能御。《罗江》诗云：

> 岭北初程分外贪，惊心犹自怯晴岚。如何花木湘江上，也有黄茅似岭南。[①]

在湘江之上看到花木，就让范成大想到了岭南的黄茅，范成大对岭南的感情之深由此可见。在《初入湖湘怀南州诸官》中，范成大也用了相似的抚今追昔的抒情手法，表达出自己对西江流域风物的追忆与留恋。在他宦游四方之际，范成大常常追忆起往昔在西江流域生活的情境，这既容易让他感叹浮生若梦、人生如寄，往事只能回忆，又让他感到饱览过奇绝之景、不虚此生，同时又伤长年羁旅、不如归乡，急急流年，滔滔逝水，受用一朝、一朝便宜。种种复杂矛盾的心情也体现在他的《湘口夜泊，南去零陵十里矣。营水来自营道，过零陵下，湘水自桂林之海阳至此，与营会合为一江》中了。范成大此诗既表达了自己对宦游之处的欣喜赞叹之情，又流露出思念故乡故人的惆怅感伤。“永恒只存在于令人永志不忘的往事中。回忆往事能使人得到相等的或更多于身历其境时的欢乐。”[②] 范成大在日后的诗歌作品中念念不忘“我从蛮岭瘴烟来，不怕雨云埋岳趾”[③]、“万里三年醉岭梅，东风刮地马头回”[④]、“三年瘴雾亦奇绝，浮世登临如此几?”[⑤]。“此时此刻，记忆力使他们意识到自己失去了某种东西，由于这种失落，过去被视为理所当然的东西，现在有了新的价值。”[⑥] 西江流域的“蛮岭瘴烟”“岭梅”“瘴雾”等“奇绝”之景，因为有了范成大日后

---

① 〔宋〕范成大著、富涛荪标校：《范石湖集·石湖居士诗集》卷一五，上海古籍出版社2006年版，第191页。

② 何冠骥：《中英诗中的时间观念》，载《中外文学》第10卷第7期（1981年12月），第75页。

③ 《重游南岳》，见《范石湖集·石湖居士诗集》卷一五，上海古籍出版社2006年版，第199页。

④ 《甘棠驿》，见《范石湖集·石湖居士诗集》卷一五，上海古籍出版社2006年版，第188页。

⑤ 《湘口夜泊，南去零陵十里矣。营水来自营道，过零陵下，湘水自桂林之海阳至此，与营会合为一江》，见《范石湖集·石湖居士诗集》卷一五，上海古籍出版社2006年版，第195页。

⑥ 〔美〕宇文所安：《追忆——中国古典文学中的往事再现》“导论”，郑学勤译，上海古籍出版社1990年版，第6页。

漫长岁月中的反复追忆而具有了新的价值，他的人生中这段美好的记忆，也引起了随后迁岭文人的共鸣，成了西江流域社会文化发展史上宝贵的精神财富。

文人迁岭，使得西江流域文化受到中原文化的浸润滋养，并与中原文化交融、贯通，从而成了中华文化的重要组成部分。范成大著述中包含了丰富多彩的自然地理资料，也蕴含着深厚广博的人文地理资料。这一切都离不开范成大对西江流域的由衷热爱与深情追忆。据范成大所撰《桂海虞衡志》自序载：

> 道中无事，因追记其登临之处，与风物土宜，凡方志所未载者，萃为一书，蛮陬绝徼见闻可纪者，亦附著之，以备土训之图。噫！锦城以名都乐国闻天下，余幸得至焉。然且拳拳于桂林，至为缀缉琐碎如此。盖以信余之不鄙夷其民，虽去之远且在名都乐国而犹弗忘之也。[1]

南宋人陈振孙指出：

> 《桂海虞衡志》二卷，府帅吴郡范成大至能撰。范自桂移蜀，道中追记昔游。[2]

明代地理学家王士性（1547—1598）也指出此书乃追忆而成：

> 昔宋范成大帅粤，爱其土之山川，及移蜀犹不忘，忆而作《桂海虞衡志》，称“其胜甲于天下”。[3]

---

① 〔宋〕范成大：《桂海虞衡志》自序，见《四库全书》影印文渊阁本第589册，上海古籍出版社1987年版，第367页。

② 〔宋〕陈振孙撰，徐小蛮、顾美华点校：《直斋书录解题》，上海古籍出版社1987年版，第259页。

③ 〔明〕王士性：《桂海志续》序，见周振鹤编校《王士性地理书三种》所收《五岳游草》卷七《滇粤游上》，上海古籍出版社1993年版。〔明〕王士性《桂海志续》是《桂海虞衡志》的续编，可见范成大描写西江流域的著作对后世的影响。此外，明代张鸣凤的《桂胜》《桂故》对西江流域的历史、文化、山水、文学也有具体而生动的描述与介绍，在继承晚唐莫休符《桂林风土记》、南宋范成大《桂林虞衡志》的基础上有了进一步的开拓与发展。

无论是范成大自述时念昔游，“追记其登临之处”的风土人情、西江流域见闻，还是陈振孙指出“道中追忆昔游”，王士性所说“范成大帅粤，爱其土之山川，及移蜀犹不忘”，以及四库馆臣特别强调“是编乃由广右入蜀之时，道中追忆而作”①，都可以看出，范成大十分欣赏自己曾经寓居蛮陬绝徼时的见闻，衷心热爱西江流域的地方文化，对自己在“名都乐国”仍然怀念西江流域蛮陬绝徼的情感颇为自豪。“当我们回过头来考察复现自身的时候，我们发现，只有通过回忆，复现才有可能。”②范成大对西江流域的这种热情，及他对西江流域的深情追忆之作，为西江流域社会文化的发展留下了一笔厚重的精神文化遗产。

---

① 《四库全书总目》卷七〇史部地理类《桂海虞衡志提要》，中华书局1965年版，第625页。

② ［美］宇文所安：《追忆——中国古典文学中的往事再现》，郑学勤译，上海古籍出版社1990年版，第117页。

第八章 文化性格的形成与西江流域社会变迁的体现

荆楚与西江流域地理上相邻相依，文化上，荆楚文化与西江流域文化有着千丝万缕的内在联系。据学者研究指出："楚文化南传，首受之区桂北、西江地区和珠江三角洲"①、"岭南出土春秋青铜器，除了具有中原风格以外，再有则与江淮楚地风格相同。例如肇庆、罗定出土编钟，与湖北随州出上的基本一致，肇庆松山战国墓出土铜磬、壶、足、盘，以及全省春秋战国墓所出土的青铜剑，部分戈、矛、镞等兵器来自楚地或受其影响。这类器物大部分发现在西江流域，少数在北江流域……实际上楚越青铜文化属于同一文化类型"②。荆楚文化在先秦时期比较发达，作为南方之强，荆楚经济繁荣，吸引南方各地民族的融合与发展。值得注意的是，"吾民族所承受文化之内容，为一种人文主义之教育，虽有贤者，势不能不以创造文学为旨归"③。

流寓到西江流域的迁岭文人的性格是丰富复杂的，为了超越苦难的现实，他们身上体现出了豪杰之气、浩然之气、乐易之气、旷达之思、尘外之想等精神气质。有时，复杂多样的性格融合在一个人身上，就形成了中华民族的文化性格。屈原、苏轼皆被放逐，然而两人面对谪居生活所采取的人生态度与生活方式却是不一样的。王文诰指出：

> 灵均之贬，全以怨立，公之贬，全以乐易为言。④

可以说，以屈原为代表的"骚怨"精神和以苏轼为代表的"乐易"性格，

---

① 司徒尚纪：《岭南历史人文地理——广府、客家、福佬民系比较研究》，中山大学出版社2001年版，第84页。

② 司徒尚纪：《岭南文化地理》，广东人民出版社2020年版，第25—26页。

③ 陈寅恪：《吾国学术之现状及清华之职责》，见《金明馆丛稿二编》，上海古籍出版社2020年版，第318页。

④ 《苏海识余》卷一，见〔清〕王文诰《苏文忠公诗编注集成总案》附，清嘉庆二十四年刻本。

是中国文学史乃至文化史上体现出来的两大创作主题或价值取向。

苏辙在《亡兄子瞻端明墓志铭》中对苏轼“乐易”的文化性格及这种性格产生的积极效果进行了一番记述：

时方例废旧人，公坐为中书舍人日，草责降官制，直书其罪，诬以谤讪。绍圣元年，遂以本官知英州，寻复降一官。未至，复以宁远军节度副使安置惠州。公以侍从齿岭南编户，独以少子过自随，瘴疠所侵，蛮蜒所侮，胸中泊然，无所蒂芥。人无贤愚，皆得其欢心，疾苦者畀之药，殒毙者纳之竁。又率众为二桥，以济病涉者。惠人爱敬之。居三年，大臣以流窜者为未足也。四年，复以琼州别驾安置昌化。昌化，非人所居，食饮不具，药石无有。初僦官屋以庇风雨，有司犹谓不可，则买地筑室。昌化士人，畚土运甓以助之，为屋三间。人不堪其忧，公食芋饮水，著书以为乐，时从其父老游，亦无间也。①

屈原、苏轼都是中国文学史乃至中国文化史上的伟大人物。然而，大多数的宋人都认同并赞许苏轼的人格范式，对他心慕手追。

屈原的“骚怨”精神，受到了某些宋代文人的批评与指责，欧阳修指出：“古人久困不得其志，则多躁愤佯狂，失其常节，接舆、屈原之辈是也。”② 对于屈原“骚怨”精神的继承者韩愈，欧阳修也有所批评，说他“当论事时，感激不避诛死，真若知义者，及到贬所，则戚戚怨嗟，有不堪之穷愁形于文字，其心欢戚无异庸人，虽韩文公不免此累”③。宋代名臣余靖对屈原的批评，也有代表性，他指出屈原的缺陷与不足时说：

古今言诗者，二雅而降，骚人之作号为雄杰。仆常患灵均负才矜己，一不得用于时，则忧愁恚怼，不能自裕其意，取讥通人，才虽美而趣不足。④

---

① 〔宋〕苏辙：《栾城后集》卷二二《亡兄子瞻端明墓志铭》，见陈宏天、高秀芳点校《苏辙集》，中华书局 2017 年版，第 1126 页。

② 《与谢景山书》，见李逸安点校《欧阳修全集》卷六九，中华书局 2001 年版，第 1003 页。

③ 《与尹师鲁第一书》，见李逸安点校《欧阳修全集》卷六九，中华书局 2001 年版，第 999 页。

④ 〔宋〕余靖撰、〔宋〕余仲荀编：《武溪集》卷三《曾太傅临川十二诗序》，见《四库全书》影印文渊阁本第 1089 册，上海古籍出版社 1987 年版，第 26 页。

在某些著名的宋代文人观念里，屈原仿佛成了贬谪士大夫的反面教材。

苏轼“乐易”知足的人格个性与人生态度，受到了宋代尤其是南宋文人士大夫的无限敬仰和热爱。南宋文人在将韩愈与苏轼对比时，也大多扬苏抑韩。员兴宗在《跋袁公雅集图》中指出：

> 韩退之，世俗所谓闻道著书者，最后言事斥潮阳，便欲碎脑刳心，以谢时主。嗟乎，书言至此，乌睹所谓闻道者乎？吾蜀东坡子晚日寓海南，词旨妙放，盖尝曰：“吾生有命，我初无行亦无留也。”此段独绝，足友渊明千载矣。藉令退之同时，闻且羞死。[①]

从中可以感受到南宋文人深层次的民族文化心理。张元干认为韩愈的追随者，有的是为了托其名以求不朽，在《跋了堂先生文集》中，张元干指出：

> 昔韩文公为唐室一代儒宗，而门人李汉、赵德实为之编次，且序冠其首，遂托名以垂不朽。某晚生，固不敢序先生之文，幸从事于编次，似无愧于李、赵。[②]

由此可以透视某些深层次的民族文化心理。可以说，西江流域社会变迁及迁岭文人的研究价值与学术魅力来源于当时政治格局的变幻莫测与士人价值选择的复杂多样。士大夫凭着自己的个性，凭着各人对人性和这个世界的看法，选择不同的生活方式和人生态度是很自然的。然而令人深思的是，在中国历史的长河中，在西江流域社会风气影响下，既产生了英雄豪杰之士，也有怀抱乐易高蹈志趣之人。柳宗元、李光、刘克庄等迁岭文人命运的跌宕起伏，则更值得深思。他们的人生具有张力和戏剧性，凸显了在西江流域特殊社会环境下的一个重要命题：地域文化的发展与士人人格个性的张扬、扭曲和变异，更能给后人以警觉与启示。

性格即人，笔者接下来将柳宗元、李光、刘克庄等几位在西江流域社会发展中做出重要贡献的士人纳入研究的视野，除去遮蔽，从当时复杂诡

---

① 〔宋〕员兴宗：《九华集》卷二〇《跋袁公雅集图》，见《四库全书》影印文渊阁本第1158册，上海古籍出版社1987年版，第171页。

② 〔宋〕张元干：《芦川归来集》卷九《跋了堂先生文集》，上海古籍出版社1978年版，第160—161页。

异的权力表象中洞察背后的深层逻辑，将面目各异、命运多舛的士人文化性格的形成及其在西江流域社会变迁中的意义呈现于读者眼前。

第一节 “豪杰可畏者”——柳宗元的豪杰之气

人是文化的载体，流寓到西江流域的文人士大夫大多具有豪杰之气，他们因敢于抗言直谏而被贬谪流放，在流寓到西江流域时，他们将豪杰之气带到了西江流域，同时也将豪杰之气的美名留在了西江流域。

屈原与《离骚》是荆楚文化的代表，也是贬谪文人与文学的典范，正如方回所说：“迁客流人之作，唐诗中多有之。伯奇摈，屈原放，处人伦之不幸也。或实有咎责而献靖省循，或非其罪而安之若命。”[①] 柳宗元向屈原学习，既学习效仿了楚骚的创作手法，更重要的是学习了屈原的骚怨精神，自云“投迹山水地，放情咏《离骚》”[②]，遭受放逐贬谪的人生际遇，使柳宗元与屈原产生了深刻的情感共鸣，时常在山水清幽之地吟咏屈原诗句，以排遣自我内心的抑郁与苦闷。前人时贤指出：“宗元为邵州刺史，在道，再贬永州司马。既罹窜逐，涉履蛮瘴，崎岖堙厄，蕴骚人之郁悼，写情叙事，动必以文。为骚文十数篇，览之者为之凄恻。”[③] 柳宗元“仿《离骚》数十篇，读者咸悲恻”[④]，“柳子厚哀怨有节，律中骚体”[⑤]，“唐人惟柳子厚深得骚学”[⑥]，“柳宗元可谓屈原在后代历史上的真正知音，也是屈原模式的最好继承者”[⑦]，这道出了柳宗元在道德文章两个方面对屈原精神的深入领悟。

正如林纾所指出的那样：

---

① 〔元〕方回选评、李庆甲集评校点：《瀛奎律髓汇评》卷四三，上海古籍出版社 2005 年版，第 1537 页。

② 〔唐〕柳宗元：《游南亭夜还叙志七十韵》，见《柳宗元集》卷四三，中华书局 1979 年版，第 1199 页。

③ 〔后晋〕刘昫等：《旧唐书》卷一六〇，中华书局 2000 年版，第 2869 页。

④ 〔宋〕欧阳修、〔宋〕宋祁《新唐书》卷一六八，中华书局 2000 年版，第 3983 页。

⑤ 〔清〕沈德潜：《说诗晬语》卷上，见《清诗话》，上海古籍出版社 1999 年版，第 541 页。

⑥ 〔宋〕严羽著、郭绍虞校释：《沧浪诗话校释·诗评》，人民文学出版社 1983 年版，第 186 页。

⑦ 尚永亮：《贬谪文化与贬谪文学》，兰州大学出版社 2004 年版，第 246 页。

屈原之为《骚》及《九章》，盖伤南夷之不吾知，于是朝廷为不知人，于己为无罪，理直气壮，傅以奇笔壮采，遂为天地间不可漫灭之至文。重言之，不见其沓；昌言之，莫病其狂。后来学者，文既不逮，遇复不同，虽仿楚声，读之不可动人。惟贾长沙身世，庶几近之，故悲亢之声，引之弥长，亦正为忠气所激耳。柳州诸赋，摹楚声，亲骚体，为唐文巨擘。[①]

北宋文学家、思想家、政治家王安石是江西人，江西在古代属于“吴头楚尾”，王安石作为具有“天变不足畏”“祖宗不足法”“流俗之言不足恤”的“三不足”精神的“拗相公”[②]，颇有楚人的霸蛮之气，他不仅将柳宗元看作是孔子之后的可以在文章方面与韩愈并驾齐驱之士，而且还用“豪杰可畏者”来称许柳宗元，指出：

自孔子之死久，韩子作，望圣人于百千年中，卓然也，独子厚名与韩并。子厚非韩比也，然其文卒配韩以传，亦豪杰可畏者也。[③]

从此，将柳宗元称为“豪杰”的声音便接连不断，引起广泛共鸣。林纾继承与发挥了王安石的观点，对柳宗元成为“豪杰”之士的原因进行了深入浅出的阐述。他说：

自“凌洞庭”句起，楚乡风物，一一如画。屈原《涉江》，亦同此戚，然屈原不以罪行，而柳州实陷身奸党，故屈原抵死不甘认过，而柳州则自承有通天之罪。等是迁客，正直与回曲自殊。而所以仍吐正声者，则自信其能惩咎也。以下灭身无后，进路划绝，伏匿不果，拘挛坎坷，一片哀音，闻者酸鼻。最后结以一语曰：“苟余齿之有惩兮，蹈前烈而不颓。”此万死中挣出生命之言，故晁太史取此赋于续楚词，且为之序曰：宗元窜斥崎岖蛮瘴间，堙厄感郁，一寓于文，为

① 〔清〕林纾：《韩柳文研究法·柳文研究法》，见《柳宗元资料汇编》，中华书局1964年版，第578页。

② 王安石的人格精神与人生态度，参见邓广铭《北宋政治改革家王安石》第二章第三节《王安石变法革新的精神支柱——“三不足”精神》，生活·读书·新知三联书店2007年版，第92—111页。

③ 《上人书》，见〔宋〕王安石撰、刘成国点校《王安石文集》卷七七，中华书局2021年版，第1339页。

《离骚》数十篇。惩咎者，悔志也。其言曰："苟余齿之有惩兮，蹈前烈而不颇。"后之君子，欲成人之美者，必读而悲之。正以一息尚存，仍能自拔，归于君子之林，此柳州之所以成豪杰也。①

林纾说："柳州之所以成豪杰也。"这个评价是符合实际的，令人信服，印证了王安石的观点。

前人多用"豪杰""豪"等词来称许柳宗元。刘克庄指出：

当举世为元和体，韩犹未免谐俗，而子厚独能为一家之言，岂非豪杰之士乎?②

管世铭也指出：

十子而降，多成一副面目，未免数见不鲜。至刘、柳出，乃复见诗人本色，观听为之一变。子厚骨耸，梦得气雄，元和之二豪也。③

邓绎甚至把柳宗元当作唐人"豪侠有气之士"的杰出代表，云：

唐人之学博而杂，豪侠有气之士，多出于其间。磊落奇伟，犹有西汉之遗风。而见诸文辞者，有陈子昂、李白、杜甫、韩愈、柳宗元之属，堪与谊、迁、相如、扬雄辈相驰骋以下上，抑侠儒不相并而盛者也。④

陈善在谈到一代文宗韩愈的英豪之气时，也不忘提及柳宗元，以突出韩愈"抗颜为师"的可贵：

---

① 〔清〕林纾：《韩柳文研究法·柳文研究法》，见《柳宗元资料汇编》，中华书局 1964 年版，第 579—580 页。

② 〔宋〕刘克庄：《后村诗话·前集》卷一，见《宋诗话全编》（八），凤凰出版社 1998 年版，第 8360 页。

③ 〔清〕管世铭：《读雪山房唐诗序例·七律凡例》，见《清诗话续编》（下），上海古籍出版社 1983 年版，第 1554—1555 页。

④ 〔清〕邓绎：《藻川堂谭艺·三代篇》，见《柳宗元资料汇编》，中华书局 1964 年版，第 718 页。

> 一代文章必有一代宗主，然非一代英豪不足当此责也。韩退之抗颜为师，虽子厚尤有所忌，况他人乎？①

从中能感受到子厚“有所忌”的可贵与不易，无知者无畏不足奇，有所忌惮而仍然坚持真理，一往无前的英豪之气尤其使人钦佩与向往。柳宗元的“豪杰”之气、“豪”气、“豪侠有气”“英豪”深受以屈原为代表的楚文化影响。

流寓楚地的生活经历在柳宗元一生的创作中占有十分重要的地位，正如莫砺锋指出：

> 刘禹锡与柳宗元诗才相当，贬谪到潇湘流域的人生经历也高度重合，但两人潇湘诗的成就并不相侔。奠定刘禹锡诗史地位的名篇多数作于他离开潇湘之后，柳宗元则凭着其潇湘诗的成就垂名诗史。……柳宗元的潇湘诗比刘禹锡渗透了更加饱满的感情，其哀婉凄恻的诗风也更加符合潇湘的地理文化背景，从而取得了更大的成就。②

莫先生的研究从潇湘地理文化背景的角度来探讨柳诗风貌，对本研究具有深刻的启发。值得一提的是，屈原信而见疑，忠而被谤，遭受放逐，忧愁忧思乃作《离骚》，最后宁愿赴江流而死也不愿苟活于世，这是豪杰之气的生动展示。柳宗元少年时期就曾随父游览过楚地，三十年后他在被贬谪到西江流域的柳州的途中再次经过楚地，作诗云：“海鹤一为别，存亡三十秋。今来数行泪，独上驿南楼。”③ 表达出对楚地的深厚情感。笔者认为流寓楚地的生活经历对柳宗元最大的影响还在于屈原的豪杰之气深入到了他在潇湘流域的生命体验中，这种生命体验使他能够以“更加饱满的感情”来进行诗歌创作，不仅仅呈现出“哀婉凄恻的诗风”，有时也外化为一种放达激越、“豪侠有气”的诗歌风格。

豪杰之气是楚文化中的“霸蛮”精神的集中体现。远离中央朝廷的蛮荒之地培养了楚人霸蛮的精神。柳宗元文化性格与人生遭遇与屈原有相近

---

① 〔宋〕陈善：《扪虱新话》卷五，见吴文治编《柳宗元资料汇编》，中华书局 1964 年版，第81 页。

② 莫砺锋：《“刘柳”与“潇湘”》，载《复旦学报》2018 年第 5 期，第 95 页。

③ 〔唐〕柳宗元：《长沙驿前南楼感旧》，见《柳宗元集》卷四二，中华书局 1979 年版，第 1164 页。

之处，故而能对屈原产生理解和同情，在《吊屈原文》中，柳宗元饱含深情地赞美了屈原。此文对屈原可谓是心慕手追，心既仰之，手必追之。正如邓绎指出：

> 司马迁之称《离骚》曰："其志洁，故其称物芳。"柳宗元又曰："参之《离骚》以致其幽，参之太史以著其洁。"以洁言文，规摹似稍狭矣。然史迁之所言者志也，本《尚书》"诗言志"，与子夏序诗"在心为志"之旨，深探骚人之隐，而显发其秀。一言以蔽之而有余，惟深于诗故深于史也。《离骚》之志与日月争光者在乎洁，史迁言为丹青而不朽于千载者亦在乎洁。……《诗》云："他人有心，予忖度之。"宗元以洁论迁，盖亦忖度其心而得之者，非偶然也。①

此处的"志洁"即是一种一往无前、一意孤行、百折不挠、知其不可为而为之、虽万千人吾往矣的霸蛮豪杰之气。

相似的境遇与人生体验使柳宗元能够"忖度"屈原之心，在永州凭吊屈原时，柳宗元云："后先生盖千祀兮，余再逐而浮湘。求先生之汨罗兮，揽蘅若以荐芳。愿荒忽之顾怀兮，冀陈辞而有光。先生之不从世兮，惟道是就。……穷与达固不渝兮，夫唯服道以守义。"② 有此心慕手追之经历，故能"参之《离骚》以致其幽"，对屈原的"志洁"有着深切的认同感。柳宗元在楚地永州完成了他的杰作《贞符》，在此作的序言中柳宗元写道：

> 念终泯没蛮夷，不闻于时，独不为也；苟一明大道，施于人世，死无所憾，用是自决。③

在西江流域柳州所作的《上襄阳李愬仆射献〈唐雅〉诗启》中，柳宗元自述心声："宗元身虽陷败，而其论著往往不为世屈，意者殆不可自薄自匿以坠斯时，苟有补万分之一，虽死不憾。"④ 这与屈原在《离骚》中表

① 邓绎：《藻川堂谭艺·三代篇》，见《柳宗元资料汇编》，中华书局1964年版，第717—718页。

② 〔唐〕柳宗元：《吊屈原文》，见《柳宗元集》卷一九，中华书局1979年版，第516—517页。

③ 〔唐〕柳宗元：《贞符·序》，见《柳宗元集》卷一，中华书局1979年版，第30页。

④ 〔唐〕柳宗元：《上襄阳李愬仆射献〈唐雅〉诗启》，见《柳宗元集》卷三六，中华书局1979年版，第917页。

达的“苟余心之所善兮，虽九死其犹未悔”的精神何其相似，若合符契。在豪杰霸蛮之气方面，屈原、柳宗元有一脉相承之处，这也使得柳宗元终于能如贾谊一样，成为后世学习屈原人格精神的高标典范。

第二节 “人生随遇乐，已过犹脱屣”——李光的旷达之思

迁岭后的李光身份、角色较之以往发生了巨变，由权臣、政要转变为逐臣迁客。外族的入侵、时代的巨变、社会的动乱、政敌的打压、贬谪的失意促使他对人生无常、世事如梦的现实进行了深邃精微的哲理思考。这种思考不仅源自自我生存环境的跌宕变化，也因其受到了迁岭前辈苏轼文化性格、人生思考的深刻影响，从而对人生、世事有了更加深刻细腻的体悟，并将其形诸文字、表达出来，反映在作品中、记录在历史上的便是一种独特的审美风貌。

李光于绍兴十年（1140）因反对秦桧被贬谪到岭南，绍兴十一年（1141）冬，李光贬职为建宁军节度副使，安置在西江流域的藤州[1]，赴贬所之际，途经清江（今江西清江县），想到好友向子諲，不禁感慨万端，作诗抒情曰：

> 清江已在烟城外，碧瓦珠帘隔断桥。不见芗林真面目，霜花风叶暮萧萧。[2]
>
> 南行万里敢辞遥，过尽江西独木桥。已见芗林真面目，依然花发雨萧萧。[3]

李光在藤州所作诗歌有《越州双雁道中》《晚晴》《予得罪南迁，朝廷枢密院准备差遣张君伴送，凡八十日。予嘉其勤，于其行也，作诗送之》《秋夜有怀》等，除此之外，李光还常常在诗中提及西江流域的藤江，体现出他对此地的独特情感。其在《陆川访别临行作两小诗》云：

---

① 〔元〕脱脱：《宋史》卷二九《高宗本纪》（六），中华书局2011年版，第551页。

② 〔宋〕李光：《庄简集》卷六《过清江寄向伯恭》，见《四库全书》影印文渊阁本第1128册，上海古籍出版社1987年版，第491页。

③ 〔宋〕李光：《庄简集》卷六《再寄向伯恭》，见《四库全书》影印文渊阁本第1128册，上海古籍出版社1987年版，第491页。

墟落相逢一笑迎，旋沽浊酒得深倾。明朝转首俱千里，君到藤江我到琼。

淹留客馆雨冥冥，烽火仍连近贼营。已悟去来生死梦，年来愈觉一身轻。①

这些诗歌反映了李光“虽处厄穷患难，而浩然自得，无一怨尤不平之语，则非东坡所及焉”②，他的诗歌充满了昂扬向上、乐观进取之精神，即使贬谪到西江流域的藤州，后来又到了更加荒远的琼州，也毫无悲哀幽怨之态，颇引得世人称赞。张淏在《云谷杂记》卷四有专门的记载：

李庄简公光，作诗极清绝可爱，予尝见其《越州双雁道中》一绝云：“晚潮落尽水涓涓，柳老秧齐过禁烟。十里人家鸡犬静，竹扉斜掩护蚕眠。”后在政府，与秦桧议不合，为中司所击。命下，送藤州安置，差枢密院使臣伴送，公戏赠之云：“日日孤村对落晖，瘴烟深处忍分离。追攀重见蔡明远，赎罪难逢郭子仪。南渡每忧鸢共堕，北辕应许雁相随。马蹄惯踏关山路，他日重来又送谁。”亦婉而有深意。③

李光“以争论和议为权相所排，垂老投荒，其节概凛然宜不可犯，而其诗乃志谐音雅，婉丽多姿，大抵皆托兴深长，不独张淏《云谷杂记》、赵与虤《娱书堂诗话》所举《双雁》一诗、《道中》一诗、《藤州安置赠枢密使臣》一诗为清绝可爱”④，过了四年，移置琼州。此后厄运接踵而来，如环无端，甚至“专立异论，与李光交通”的朱敦儒也遭到右谏议大夫汪勃的弹劾而被罢职守祠⑤。在琼州居住八年后，李光的次子李孟坚又遭受亲家陆升之的告密迫害之灾，他因被对方诬告私撰国史而被定案，吕愿中

① 〔宋〕李光：《庄简集》卷六，见《四库全书》影印文渊阁本第1128册，上海古籍出版社1987年版，第493页。

② 〔清〕李慈铭：《南宋四名臣词序》，见施蛰存主编《词籍序跋萃编》，中国社会科学出版社1994年版，第176页。

③ 〔宋〕张淏：《云谷杂记》卷四，见《四库全书》影印文渊阁本第850册，上海古籍出版社1987年版，第905页。

④ 《四库全书总目》卷一五六《庄简集》评李光之诗，第1347页。

⑤ 〔元〕脱脱：《宋史》卷四四五《朱敦儒传》，中华书局2011年版，第37册，第13141页。

此时又趁机告发李光与胡铨时常诗赋唱和、讥讽朝政，李光因此而被调至昌化军，备尝人生的苦难，甚至被皇上认为是反复无常的小人，对于一位把名声、气节看得比生命还重要的古代士人来说，这样的打击无疑是十分沉重的。据《中兴小纪》卷三四，绍兴二十年（1150）正月的详细记载：

> 初，言者论前参知政事李光在贬所尝撰私史，其子右承务郎孟坚居绍兴府，同郡人陆升之传闻所记皆非事实，诏两浙漕臣曹泳差官究治，申省取旨。至是，送大理寺勘实。孟坚招父光所作小史，语涉讪谤。丙午，上谓宰执曰："光初用时，以和议为是。朕意其气直，甚喜之。及得执政，遂以为非。朕面质其反覆，固知光小人，平生踪迹，于此扫地矣。"①

因此，李光被朝廷罢黜，贬谪时间之长、经历之惨，令人扼腕。可以从他的《移昌化军安置谢表》来进一步认识他的不幸经历与痛苦心情：

> 十年远徙，犹冀生还；三黜愈严，未知死所。惊魂失据，危涕自零。中谢。伏念臣性实戆愚，老益顽鄙，遭时遇主，妄有意于功名。抱椠怀铅，本无称于翰墨。年齿衰晚，志气凋零。久杂处于黎蛮，唯归依于佛祖。每师蘧瑗，深悟己非。敢效郑人，妄议朝政。而臣子孟坚平居里巷，不择交游，怨咎横生，语言妄发。纳官赎罪，罕逢国士之知；下石反挤，近出乡人之手。仰恃神圣之眷，未加斧钺之诛。恩重命轻，咎深责重。此盖伏遇皇帝陛下体天地之大德、扩日月之盛明，怜臣尝冒近班、念臣频更繁使、年同绛老，宜久辱于泥涂，罪比虞翻，盍永拘于海岛。捐躯无路，没齿何言臣无任。②

虽是"谢表"，但情真意切，感人肺腑，真诚地道出了自己内心的无奈与痛苦。在谢表里，李光一再说自己生活艰难："十年远徙"，"三黜愈严，未知死所"，"年齿衰晚，志气凋零"，"久杂处于黎蛮，唯归依于佛祖"，等等，相同的意思先后表达了四次；其次，就是不厌其烦地承认自己的错误："性实戆愚，老益顽鄙"，"每师蘧瑗，深悟己非"，"敢效郑人，妄议

---

① 〔宋〕熊克：《中兴小纪》卷三四，中华书局1985年版，第412页。

② 〔宋〕李光：《庄简集》卷一三《移昌化军安置谢表》，见《四库全书》影印文渊阁本第1128册，第572页。

朝政”。诉说艰难，期望得到皇上同情，承认错误，希望得到皇上谅解，他想通过这两个表现来迎合上意，平息皇上的怨怒，这显然属于谢表惯常的格式，唐代韩愈的谢上表就用了这种写法。但李光的谢表又自有特点，他将自己被贬的真实原因揭示出来：“臣子孟坚平居里巷，不择交游，怨咎横生，语言妄发。纳官赎罪，罕逢国士之知；下石反挤，近出乡人之手”。这样的揭示，李光大概是完全自觉的。他最感痛心的或许就是亲家兼乡人陆升之的陷害，还有就是自己的儿子李孟坚遭人告讦，说他读过父亲所作的私史，却不自首坦白，李孟坚于是被充军，还连累到朝中官员八人①。他对此一定耿耿于怀，不吐不快，直到说出事情真相后，才最后总结道“仰恃神圣之眷，未加斧钺之诛。恩重命轻，咎深责重”。看似感恩与庆幸，实则憾恨与不平。这当然不是无的放矢。宋室南渡以来波谲云诡的政治斗争，无论有着怎样的宏大目标，落实到具体的个人，就往往和各家族内部的种种矛盾、复杂的人事关系纠缠在一起，成了意气之争、利益之争，从而导致士人悲剧的命运。李光认识到了这点，故特别在谢表中揭示出来。这表明谢表在某种程度上确实是他从内心发出的呐喊。李光在谢表中如此突出自己的“妄有意功名”“妄议朝政”，也是真实情感的流露，他完全明白，这两大“妄”，是造成自己悲剧命运的根源。自古以来，儒家都倡导“修身、齐家、治国、平天下”“学而优则仕”，作为“士”，怎么能“不妄有意功名”呢？何况，武死战，文死谏，作为古代有政治理想的士人又怎么能不“妄议朝政”呢？李光原来真的是有政治理想的，想为国家做点贡献，为民做点实事，却遭遇到了这样的不幸，被贬到蛮荒之地尚且不说，还被自己的亲家陷害、政敌告讦弹劾，甚至连累亲人友朋。这就构成了当时高压政治下南宋士大夫进退出处的内在矛盾。

李光谪居岭海近二十年，迫害接踵而来、苦难如影随形，却大节不亏，乐观自适、旷达自处，他敢于面对现实，虽然有时感到悲哀，却有力量、有勇气把自我的悲欢都担荷起来。李光虽然深陷在苦难的生活中，却没有沉溺于怅惘哀伤之中，年近八十时，李光还笔力劲健，才思敏捷，议论文章，考证历史，著书立说，聚众授徒，怡然自乐。绍兴二十五年（1155）秦桧去世，李光的命运也发生了转机，因郊祭之恩，李光复官任左朝奉大夫，任其自便居住。李光后来在江州去世，享年八十二岁。宋孝

① 《宋史》卷三〇《高宗本纪》载：三月十九日丙申，“李孟坚狱具。诏李光遇赦永不检举；孟坚除名，峡州编管；胡寅、程瑀、潘良贵、张焘等八人缘坐，黜降有差。……壬寅，胡寅责果州团练副使，新州安置”。（《宋史》第2册，第571页）

宗即位后，追任李光为资政殿学士，赐谥号为“庄简”。以下将以李光这一“洞然大人”为中心探讨迁岭文人如何在无尽无休的苦难生活中坚持自我、直道而行，探讨他们乐观旷达的文化性格与他们应对人生苦难时的哲理思考、处世方式。

（一）安之若命

宋室南渡，大量文人涌入南方，有些已经深入到岭南。洪皓、胡铨、胡寅、张孝祥、陈与义、康与之、范成大、叶梦得、朱敦儒、吕本中、向子諲、黄公度、李光、赵鼎、黄应武、李曾伯、刘褒、邹应龙等由北方迁入岭南，这些充满活力的迁岭文人的文学创作深刻影响到当时岭南的文化生态，在岭南文化发展史上具有十分重要的地位。屈大均曾对历代迁岭文人的生活环境有过描述，指出：

> 当唐、宋时，以新、春、儋、崖诸州为瘴乡，谪居者往往至死。仁人君子，至不欲开此道路。在今日岭南大为仕国，险隘尽平，山川疏豁，中州清淑之气，数道相通。①

屈大均的说法，既揭示出“仁人君子，至不欲开此道路”的自然环境因素，更提示我们要注意其中的文化心理方面的因素。唐宋时期文人士大夫“不欲”迁居岭南的心理源于恐惧，他们视瘴乡为畏途。然而，唐宋以来迁岭文人的文化心理有一个发展演变的过程，从韩愈“知汝远来应有意，好收吾骨瘴江边”，至苏轼“日啖荔支三百颗，不辞长做岭南人”，再到宋南渡文人李光《阳朔道中两绝》、胡铨在新州写作《如梦令》自述心迹“休恼，休恼，今岁荔枝能好”，已开始呈现出迁岭文人文化性格与人生思考的变迁。

李光谪居海南时，其住处与被贬至此地的胡铨的居所离得很近，两人交游甚密，据李光所说：“予再迁儋耳，距邦衡不数舍。”② 他们时相过从，相濡以沫，相互理解、相互影响、相互激励，诗词酬唱与书信往来频

---

① 〔清〕屈大均撰、李默校点：《广东新语》卷一“瘴”条，见欧初、王贵忱主编《屈大均全集》第4册，人民文学出版社1996年版，第21页。

② 〔宋〕李光：《庄简集》卷一八《靖州通判胡公墓志铭》，见《四库全书》影印文渊阁本第1128册，上海古籍出版社1987年版，第629页。

繁①，李光甚至表达过要和胡铨结成亲家的美好愿望，他们称得上是一对相互依存的知交好友。李光长期以来心中的委屈、不平及对人生困境的反思，如鲠在喉，不吐不快，良知在心，犹如神之召唤，都在与胡铨的书信中倾诉出来，他对好友分析了自己遭贬之因，整理出一条清晰的受难脉络及连累到一个巨大而复杂的朋友圈后内心世界的困扰与不安，他将支离破碎的个别事件，编织成一个个令人感伤惆怅而又无可奈何的生活图景，从惨绝人寰的贬谪之途中，洞察出背后深层的政治逻辑与人性的幽暗莫测，信笔写来，皆成痛史。试看其《与胡邦衡书》所载：

> 某顿首，顾戎来辱问讯，意爱甚笃，三复感叹。三月二十一日，忽有昌化之命，乃因次子孟坚为乡人所中，云仆尝作私史诋谤事，儿子亦就逮诏狱，至今得家书。十年岭海，未快仇人之意，时时撰造，此身已在生死之外，但付之一笑耳。只今惟一仆自随，只影万里，秖自怜悼。近方入公馆洒扫苟完，明窗净几，复理琴书，聊以度日。②
>
> 某旋得省札，大理具狱，儿子窜峡州永不检举，父子蹈此大祸固无可言，而累及平生知友如张焘、程瑀二尚书，潘良贵舍人各降三官，胡寅侍郎镌职，余人贺、许二郎官，凡五六人各降两官，使人不能不怅然也。诸友自知无益，各已相忘久矣。……令郎气象未易量，仆孙女多，俟公还朝未免，当择一端谨以配君子。长儿女子乙卯生，已非偶矣。亭午汗方浃背，勉作此纸。阅毕则付丙丁，不宣。③

看到这两封书信，可以知道，李光并不是一个无所畏惧的士大夫，他也有自己的畏惧，有对当时无所不在、无远弗届的高压政治的顾虑。在“近缘虚惊，取平生朋友书问悉付丙丁”④的情形下，李光却能够向好友一诉衷肠，毫无顾虑地向他讲述自己被贬儋耳的来龙去脉及在当地的生活方式、生活环境与生活态度。经过屡次贬谪，他的警惕性已经很高了，从他叮嘱朋友“阅毕则付丙丁”及自己“取平生朋友书问悉付丙丁”的情况来

① 〔宋〕李光《庄简集》中现存二十六封与胡铨的书信，由此可见两人关系非常密切。

② 〔宋〕李光：《庄简集》卷一五《与胡邦衡书》，见《四库全书》影印文渊阁本第1128册，上海古籍出版社1987年版，第594页。

③ 〔宋〕李光：《庄简集》卷一五《与胡邦衡书》，见《四库全书》影印文渊阁本第1128册，上海古籍出版社1987年版，第594—595页。

④ 〔宋〕李光《与胡邦衡书》，见《全宋文》第154册，第210页。

看[1]，他是懂得保护自己的。然而知者有畏，依然直行，在与好友的信中李光摆脱了内心的恐惧与禁忌，秉笔直书，为后人留下了一段历史的真相，在某种意义上说，这才是真正的勇者。正因李光内心充满了各种畏惧与顾虑，这反而使他与胡铨的友谊显得格外沉重与可贵。所谓：人生得一知己足矣。从李光的书信中，可以看出，胡铨是他真正的知己，他能够把自己内心深处最隐秘的情感、最真实的想法、最痛苦的遭遇都告诉朋友，充满了对朋友的信任与依托。明知说出这些话的后果严重，依然向朋友道出真相，显出了宋代士大夫可贵的责任感。笔者非常庆幸能够有机会读到两大名臣在儋耳的往来书信，从中感悟到他们在人生困境中体现出来的高洁人品与伟大灵魂。对于南宋迁岭文人而言，他们在衣、食、住、行、医等基本生活需要尚未完全解决的情况下，仍然试图寻找精神上的归宿，他们精神家园的建构主要源于对理想的追求，朋友间的互相激励，以及他们在逆境中尚友古人，从古人的人生智慧中寻找到面对人生苦难、化解人生苦闷的心灵解脱模式。

当时贬谪之所的生活环境、生活方式形成了迁岭文人独特的生命意识、人生态度、文化个性和人生思考，他们从容待人、优游处世、伴同着玩世式的天真与豁达。李光自号转物老人、无碍居士[2]，对禅宗哲思、浮生悟语颇感兴趣，故能够在《渡海》诗中吟咏道：

> 三载藤江守药炉，身轻那复羡飞凫。琼山万里乘风便，始觉惊涛异坦途。
>
> 出处从今莫问天，南来跨海岂徒然。须知鲁叟乘桴兴，未似商岩济巨川。
>
> 潮回齐唱发船歌，杳渺风帆去若梭。可是胸中未豪壮，更来沧海看鲸波。[3]

他又在《次韵赵丞相海鸣》中化用苏轼夜晚渡海时的名句“天容海色本澄清”吟咏道：

---

① 古代以十干配五行，丙丁属火，因称火为丙丁。

② 〔宋〕李光：《庄简集》卷十七《跋维摩经赠羊荆华》，见《四库全书》影印文渊阁本第1128册，上海古籍出版社1987年版，第619页。

③ 〔宋〕李光：《庄简集》卷七《渡海》，见《四库全书》影印文渊阁本第1128册，上海古籍出版社1987年版，第494页。

幽人一枕梦魂清，风鼓寒潮夜有声。海色天容本澄静，年来应为不平鸣。

身如一叶任风飘，闭眼观心路匪遥。惯听海鸣还熟寝，未妨归梦趁回潮。①

李光甚至还能转祸为福、转败为功，将自己的贬谪生涯看成是一段难得的历练、宝贵的闲暇，并从中悟出生死大道：

道人今年七十六，问我修行惟绝欲。密栽涩勒当疎篱，旋辟荒榛结茅屋。不抄书，不看读。宴坐凝然常瞑目，夜深频嚥玉池泉，晨起随缘饱薯粥。（海外惟昌化地瘠狭，米资之泉广，土人以薯为粮，其大径尺，每斤不过一二钱。故少饥民。天以活此一方之人也。）甘脆肥浓腐我肠，巧笑蛾眉真鸩毒。蛮烟瘴雾隘空虚。谨守药炉谁敢触。我爱裴君道机熟，过我玄谈已超俗。三峰顶上少人行，百尺竿头防失足。世人那识天地根，往来绵绵无断续。嗟予流转海南村，智者方明祸中福。君不见庞道蕴，尽将活计沉湘江，自织瓜篱供口腹。又不见成都市上严君平，终日垂帘唯卖卜。王侯蝼蚁同丘墟，学道从来贵幽独。蚌生珠，石含玉，看我丹成跨鸿鹄。马蹄去去稳着鞭，关山路永多坑谷。②

谪居了无营，赢得一味闲。……人生七十稀，况复加九年。平生学养生，吐纳留真诠。忘家何足道，绝欲亦偶然。归欤谢世荣，收功在丹田。宴坐息息匀，频嚥舌底泉。日用形欲劳，何必驱小蛮。看我鳏气成，空行蹑飞仙。③

予十年间重履忧患，自藤而琼，自琼而儋，一日忽悟，笑曰："此造物者知其顽矿难化，故以此苦之尔。"偶读《庄周书》言黄帝遗玄珠而罔象得之，又读《维摩经》云高原陆地不生莲华，因成玄珠吟。适妙喜书来乃赠之。黄帝曾游赤水北，遗了玄珠无处觅。我今偶

---

① 〔宋〕李光：《庄简集》卷七，见《四库全书》影印文渊阁本第1128册，上海古籍出版社1987年版，第496页。

② 〔宋〕李光：《庄简集》卷二《赠裴道人·癸酉昌化军作》，见《四库全书》影印文渊阁本第1128册，上海古籍出版社1987年版，第447—448页。

③ 〔宋〕李光：《庄简集》卷二《五月十三日北归雷化道中》，见《四库全书》影印文渊阁本第1128册，上海古籍出版社1987年版，第446页。

到海南村，烦恼泥中亲拾得。珠体圆明光滴沥，流转根尘人不识。只在寻常动用中，未见争知吾不失。吁嗟世人空费力，欲见此珠须目击。要令心息每相依，密密护持防六贼。①

百谪之余，颇欲归依佛乘，究生死之说。②

李光确实化病场作道场，将苦难当作领悟人生真意的垫脚石，故能道出“嗟予流转海南村，智者方明祸中福”“人生随遇乐，已过犹脱屣”③ 的至理警句，并将迁居岭海的日常生活诗化，从而将自己的人生活成了一首诗：

转物庵中一老人，十年岭峤且藏身。黎山万叠波千顷，心镜孤圆月一轮。④

海邦人日似深春，篱外桃花半不存。自要杖藜闲信步，蹇驴牵去系榕根。

去国频经旷荡恩，新年犹寄海南村。掇移妙境非难事，直使心超不二门。⑤

汝到家中暂喜欢，倚门慈母问平安。举头便见天边月，莫作千山万水看。⑥

抄罢唐诗笔暂停，不将奇字问添丁。郊垧秋半无炎暑，净拂明窗读道经。⑦

芒鞋筇杖强跻攀，示病维摩昼掩关。棋罢不知风破雨，却携炉铫

① 〔宋〕李光：《庄简集》卷二《玄珠吟》，见《四库全书》影印文渊阁本第1128册，上海古籍出版社1987年版，第448页。

② 〔宋〕李光：《律师通公塔铭》，见《全宋文》第154册，第259页。

③ 〔宋〕李光：《庄简集》卷二《庚午春予得罪再贬昌化琼士饯送者皆怅然有不忍别之意严君锡魏介然追路至儋耳兹事当求之古人感叹成古风二首送行》，见《四库全书》影印文渊阁本第1128册，上海古籍出版社1987年版，第443页。

④ 〔宋〕李光：《庄简集》卷七《书尾寄六十五侄孟容》，见《四库全书》影印文渊阁本第1128册，上海古籍出版社1987年版，第500页。

⑤ 〔宋〕李光：《庄简集》卷七《新年杂兴》其二、《新年杂兴》其十，见《四库全书》影印文渊阁本第1128册，上海古籍出版社1987年版，第498页。

⑥ 〔宋〕李光：《庄简集》卷七《小诗送孟坚北归》，见《四库全书》影印文渊阁本第1128册，上海古籍出版社1987年版，第499页。

⑦ 〔宋〕李光：《庄简集》卷七《秋日杂咏》之二，见《四库全书》影印文渊阁本第1128册，上海古籍出版社1987年版，第499页。

过前山。①

茅舍荆扉尚宛然，重来白首记当年。几回倚杖沙头路，独立苍茫唤渡船。②

桄榔涩勒易成林，午枕萧然一榻深。春半已无桃杏在，夜深惟有月华侵。

摇摇北望动心旌，老病聊依洞酌亭。时有小兵来涤砚，清泉一掬冷涵星。

流转南来未放还，此身忽到海中山。临池顾影聊娱戏，懒把青铜照鬓斑。③

已过梅岭更南征，渺渺琼山四百程（自雷渡海南四百里）。日暖风和寒食路，行人休听鹧鸪声（俗讹其声曰行不得）。④

李光迁居岭海时独特的文化性格与人生思考由此可见，反映在文学作品中就展示出其独特的情中有思的审美意境，在抒写自我感情时表达了自己对人生、宇宙、社会的理性思考，用遣玩的意兴对苦难的人生进行了圆融旷达的理性观照。

从佛教义理看来，世间事大至历史兴亡，小到个人荣辱得失，正如《金刚经》所云："一切有为法，如梦幻泡影，如露亦如电，应作如是观。"⑤ 又如《维摩经》所说："诸法皆妄见，如梦，如炎，如水中月，如镜中像，以妄想生。"⑥ 佛教思想强调人间事皆虚幻不实，转瞬即逝。迁岭文人作为政治失意者、战乱避难者来到岭海，"身如一叶任风飘"的身世命运，使他们更愿意"闭眼观心"，从佛、老、庄中获得面对人生苦难的精神武器，援佛道以救心。

---

① 〔宋〕李光：《庄简集》卷六《过上方一绝》，见《四库全书》影印文渊阁本第1128册，上海古籍出版社1987年版，第489页。

② 〔宋〕李光：《庄简集》卷六《再题百官步》，见《四库全书》影印文渊阁本第1128册，上海古籍出版社1987年版，第489页。

③ 〔宋〕李光：《庄简集》卷七《端居无以遣兴，偶成三小诗仍用前韵呈元寿会元二公》，见《四库全书》影印文渊阁本第1128册，上海古籍出版社1987年版，第497页。

④ 〔宋〕李光：《庄简集》卷七《雷化多旷野道傍常闻鹧鸪声》，《四库全书》影印文渊阁本第1128册，上海古籍出版社1987年版，第494页。

⑤ 《金刚般若波罗蜜经》，见中国佛学院《释氏十三经》，书目文献出版社1989年版，第11页。

⑥ 《维摩诘所说经》，见中国佛学院《释氏十三经》，书目文献出版社1989年版，第137页。

李光在海南时研习佛经，并与朋友交流探讨，勉励朋友精研佛理。据他七十四岁时在海南所作的《跋维摩经赠羊荆华》载：

> 昨所言维摩经字画精妙，仆所宝藏，今以遗荆华。海外不知佛法，公能留意于此，日诵一卷，以岁计之，当得百余卷。异时此邦之人薰染成熟，悟真如之性，造无生之理，当自荆华始，可不勉哉。绍兴辛未五月十一日无碍居士。①

到他八十岁时，李光对佛经义理的理解又有了新的领悟，他有一段记述，谈及与幼子孟傅议论佛教经典《华严经》时的情境，颇真切动人：

> 绍兴辛酉冬，予得罪南迁，幼子孟傅生才六年，未能从行。今二十一岁矣。蒙恩近改郴江，一日书来，寄《华严经》一卷，曰："乡僧法久募士大夫如经之数各抄一卷。"自念八十之年，目昏手颤，字画攲斜，贻笑同社，复怜其勤恳之意，不忍违之。晨起盥手焚香，日课才三百字，凡十八日，而毕重惟此经所说：华严重重世界不可思议，而吾家长者所著合论发明至理尤为简妙。嗟乎！世人流转无量生死，昧其本心，如吾父子隔阔既久，忘其面目，一旦相见，即日豁然。既知是父欢喜悲涕更无可疑，亦如善财童子一念发心，顿无能所自觉自悟，本来是佛，岂不了然哉。②

这样的思想观念在他的文学作品中也得到了诗意的呈现。李光在《居岭外遇寒食》诗中道：

> 春日自明霁，我心何郁伤。草木竞芳菲，飞鸣自颉颃。悄悄坐书幌，幽幽宴空床。既无功名念，反思白昼长。愁来不自持，零落鸿雁行。三过解泽流，六见槐柳黄。最怜小儿女，路远不得将。生还一笑喜，死去埋他乡。生死如循环，我师佛老庄。感此寒食节，新烟过邻墙。松楸渺云海，目极摧肝肠。书成附鳞翼，不如永相忘。何以慰目

① 〔宋〕李光：《庄简集》卷一七，见《四库全书》影印文渊阁本第1128册，上海古籍出版社1987年版，第619页。

② 〔宋〕李光：《庄简集》卷一七《跋所书华严经第一卷》，见《四库全书》影印文渊阁本第1128册，上海古籍出版社1987年版，第620页。

前，作诗示阿张。①

此诗流露渗透的情思与苏轼的《黄州寒食诗》比较相似，所不同的是，苏轼的《黄州寒食诗》感情基调是感伤的、低沉的，而李光除此之外，还有豁达、超脱之处，如其曰："生还一笑喜，死去埋他乡。生死如循环，我师佛老庄"，明显有在蛮山瘴水中寻找精神避难所的意蕴。

李光在谪居海南时与寺院僧人有密切交往，他常深入佛寺，游山玩水之际也与佛门僧人交往，创作了有关送别、赠答之作给他们，表达了他与方外之士交往的热情及对认识佛教深刻义理的渴望向往，以至于形诸梦寐。据其《记梦一首》诗序载：

姜山静凝寺在姚、虞二邑之间，去予所居才十里。顷岁闲居，每携子弟或与宾客同游，辄留宿山间。今嗣阇黎继通律师讲席，学徒常满，夜坐秉烛，翻贝叶，率至三鼓。予因遣家仆回致嗣书。八月二十三夜，梦至其处，往年气象了然在目。枕上成潺字韵一联，兴所见也。觉而足成之，书以寄嗣知。予宿缘或在此山也。

其诗云：

梦魂忽到姜山寺，竹径松门夜不关。堂上千灯还闪闪，池中一水自潺潺。十年迥悟空心法，万里归寻葬骨山。欹枕觉来城角动，床头残月尚弯环。②

七十五岁高龄时，谪居海南的李光还作了《与姜山嗣老书》，与方外友人姜山寺院僧人探究佛教义理及自己的学习心得：

某启。王胜至辱示书，三复叹咏。伏承日来法体安胜，慰喜无量。姜山风景清幽，而吾师行业孤峻，铁磬家风，千古不泯矣。仆违离乡土十有三年，过去事不复追念，未来事岂敢希求，芙蓉有云：

---

①〔宋〕李光：《庄简集》卷二，见《四库全书》影印文渊阁本第1128册，上海古籍出版社1987年版，第442页。

②〔宋〕李光：《庄简集》卷五，见《四库全书》影印文渊阁本第1128册，上海古籍出版社1987年版，第474页。

> “从来不了只为今时，若了今时更有何时。”平生学道，今粗得力，故能于烦恼泥中一尘不染。瘴乡炎海，本自清凉。固难与俗子道也。然生死去来，本是常事。……无常来到，撒手便行。①

在此书中，李光或述友情，或论佛法，或表明自己超尘出世之体悟，内容不离方外之情。不难看出李光以佛养性，借此来泯灭荣辱、淡泊功名，从佛教义理中寻找解脱人生苦闷烦恼的精神食粮，是一位既有佛学修养又能知、行双修的典型。在他八十高龄所写的多篇自赞中，就很能体现出他因受佛教思想的影响而对生死有了通透达观的看法：

> 今年八十，百病相攻。今夕明月，炯然当空。似我方寸，不欺为忠。得死牖下，是惟善终。虽四山相逼，五蕴皆空，唯灵光一点，穿透地狱天宫。咄甚，唤作地狱天宫。②
>
> 此予八十岁，郴江所传。众曰似之然乎不然，若其气貌之轩然，议论之凛然，虽老而不衰者，顾丹青之笔，岂能得其全。③
>
> 平生疾恶不量力，指佞去奸期屏迹。流落南荒二十年，更无一点烟尘色。④

生死问题，是迁岭文人所要面临的一个重大的人生课题，表现了他们人生思考的价值取向。从李光的自赞诗文中，可以看到：李光学佛能够将其中的哲理思考落实到对人生命运的领悟、独立人格价值的不倦追求中，直到人生旅途的终点，能够没有遗憾、没有牵挂，光明磊落地离开人世。

南宋迁岭文人中像李光这样研习佛学的人有许多，如叶梦得“老而归田，耽心二氏，书中所述，多提唱释老之旨”⑤，又如张九成，号无诟居

---

① 〔宋〕李光：《庄简集》卷一五，见《四库全书》影印文渊阁本第1128册，上海古籍出版社1987年版，第596—597页。

② 〔宋〕李光：《庄简集》卷一六《病中自赞》，见《四库全书》影印文渊阁本第1128册，上海古籍出版社1987年版，第616页。

③ 〔宋〕李光：《庄简集》卷一六《郴州写真赞》，见《四库全书》影印文渊阁本第1128册，上海古籍出版社1987年版，第616页。

④ 〔宋〕李光：《庄简集》卷七《题义郴传神赞》，见《四库全书》影印文渊阁本第1128册，上海古籍出版社1987年版，第504页。

⑤ 〔清〕永瑢等：《四库全书总目》卷一二一《岩下放言提要》，中华书局1965年版，第1041页。

士，“未第时，因客谈杨文公、吕微仲诸名儒，所造精妙，皆由禅学而至也，于是心慕之”[①]。据释宗杲的《大慧普觉禅师语录》所载，李光、富季申、魏邦达、向伯恭、汪圣锡、喻子才、张九成、韩子苍等宋室南渡而来的文人都与他有过交往。绍兴十一年（1141），宗杲因无垢居士张九成等“从之游，洒然契悟”，“因议及朝政”而“毁衣牒，屏居衡阳”。到秦桧死后，“高宗皇帝特恩放还”[②]。南宋迁岭文人与佛教的因缘，由此可见一斑。

当然，佛、老、庄、禅思想只是李光寻找解脱苦难的起点，而不是终点，他时常结合自己的人生经历、生活环境、生活实践尤其是自己的阅读体会来理解儒、佛、老庄思想，从而形成了他自己独特的文化性格与人生思考。在《跋碧虚子纂经》中，李光云：

> 庚午冬至后四日，再阅一过，碧虚子何人，出入儒释道三教，可谓博达之士矣。自念平生交友，未见其人，其方外之士、道家者流乎？异时见潘子当质之。[③]

他从碧虚子“出入儒释道三教”中判断出他是位“博达之士”，从而想见其人，愿和他结为知交好友，正是他知人论世的典型体现。在郴州期间，李光历览遗集，见得道者多以孝行而致，由此而有所悟，写了两首题壁诗，诗名曰：

> 予谪海外久矣，蒙恩徙郴，所寓适与苏仙邻，暇日携儿徜徉，历览遗集，因阅本传不载致仙之因，特以事母尽孝行耳。自古仙真得道如吴真人之流，未有不由此而致者。世人不知出此，多弃遗父母，入深山穷谷中，父母冻饿不恤也。以此求道，去仙远矣。因成二小诗题之壁间，庶亦少警欲学道而忘其亲者。

① 〔宋〕释普济：《五灯会元》卷二〇，见《四库全书》影印文渊阁本第1053册，上海古籍出版社1987年版，第880页。

② 〔宋〕释普济：《五灯会元》卷一九《径山宗杲禅师》，见《四库全书》影印文渊阁本第1053册，上海古籍出版社1987年版，第826页。

③ 〔宋〕李光：《庄简集》卷一七，见《四库全书》影印文渊阁本第1128册，上海古籍出版社1987年版，第619页。

这两首题壁诗很能表达他对得道成仙的看法，亦透露出谪居岭海时李光的生活环境、生活方式及其文化性格与人生智慧：

打包行脚为寻真，偶与苏仙作近邻。万里移来今有伴，叩门时许访幽人。

不须辛苦学神仙，九转功成亦偶然。但向闺门躬孝行，会须白日上青天。①

李光现存十四首词中，大多表现出他那“穷通皆乐”“困而不失其所亨”的精神情态和审美风貌，聊拈数例，以证鄙说。如下词所云：

元亮赋归去，富贵比浮云。常于闹里，端的认得主和宾。肯羡当年轩冕，时引壶觞独酌，一笑落冠巾。园圃日成趣，桃李几番春。

挹清风，追往躅，事如新。遗编讽咏，敛衽千载友斯人。君爱谪仙风调，我恨楼船迫胁，终污永王璘。何似北窗下，寂寞可栖神。（《水调歌头·丞相李公伯寄示水调一阕，咏叹李太白，词采秀发。然予于太白窃有恨焉，因以陶渊明为答，盖有激云耳》）②

从李光尚友古人，对李白、陶渊明的态度中，也可感受到李光的价值取向、文化性格与人生思考。其现存词作中一半以上是侧重于描写岭南风物与他在其中生活情况的，虽处岭海，李光仍然不改其乐天知命、倔强不屈的人格个性和人生态度。下面这首词就很能够说明问题：

独步长桥上，今夕是中秋。群黎怪我何事，流转古儋州。风定潮平如练，云散月明如昼，孤兴在扁舟。笑尽一杯酒，水调杂蛮讴。

少年场，金兰契，尽白头。相望万里，悲我已是十年流。晚遇玉霄仙子，授我王屋奇书，归路指蓬丘。不用乘风御，八极可神游。（《水调歌头·昌化郡长桥词》）

这首词深刻地表达出李光虽然历经人生磨难却笑看风云、怡然自得、逍遥

① 〔宋〕李光：《庄简集》卷七，见《四库全书》影印文渊阁本第 1128 册，上海古籍出版社 1987 年版，第 504 页。

② 唐圭璋编纂、王仲闻参订、孔凡礼补辑：《全宋词》，中华书局 1999 年版，第 1016 页。

外物、神游天地之间、“随心所欲而不逾矩”的人生境界。其中也包含了深刻的人生哲理，但这样的人生哲理却不是直接言说出来的，而是李光用美好的诗歌形式传达出来的，尤其是通过意象的组合、意境的熔铸、性情与声色的描写，加上岭海自然风物的侵入和寓居海南的日常生活实践而展现出来的一种奇妙的审美境界。

这种审美境界的形成，需要过人的“才、识、胆、力”，正如叶燮所说：

> 可言之理，人人能言之，又安在诗人之言之！可征之事，人人能述之，又安在诗人之述之！必有不可言之理，不可述之事，遇之于默会意象之表，而理与事无不灿然于前者也。①

李光在岭海所作的小词正可为叶燮的理论提供一个生动有力的注脚。李光的小词能够令人读过之后感受到“遇之于默会意象之表，而理与事无不灿然于前者”的奇妙境界。此词前有一小序，亦是一段奇妙文字：

> 昌化郡城之北，长桥跨江，风月之夕，气象甚胜。庚午八月望夜，士友悉赴郡会。仗策独游，颇怀平生故人，作水调歌以自释。予自长年，粗闻养生之术。放逐以来，又得司马子微叙王屋山清虚洞所刻坐忘论一编，因得专意宴坐，心息相依。虽不敢仰希乔松之寿，度未即死，庶有会合之期。②

如果了解这段文字是在何种境况下写成的，就更能确切地领悟其中的雅量高致、旷达风神。李光曾在绍兴八年（1138）十二月拜参知政事③，绍兴九年（1139）十一月，因不与秦桧合作而被迫引疾而去④，绍兴十一年（1141），又以“阴怀怨望”的罪名而被责授建宁军节度副使，藤州安

① 〔清〕叶燮：《原诗·内篇下》，人民文学出版社1979年版，第30页。

② 唐圭璋编纂、王仲闻参订、孔凡礼补辑：《全宋词》，中华书局1999年版，第1016—1017页。

③ 〔宋〕李心传：《建炎以来系年要录》卷一二四，中华书局1988年版，第2011页。

④ 〔宋〕李心传：《建炎以来系年要录》卷一三三，中华书局1988年版，第2141页。

置[①]，绍兴十四年（1144）移琼州，十五年（1145）三月望到达琼州[②]。徐梦莘《三朝北盟会编》卷二一三炎兴下帙一一三亦载：绍兴十三年（1143）“十二月李光移琼州安置。李光初安置藤州，知州周某者诱光唱，说秦桧和议，有讽刺者，积得数篇，密献于桧。桧怒，令臣僚言其罪，故移琼州安置”[③]。《建炎以来系年要录》卷一五二“绍兴十四年十一月二十六日癸酉”亦详细记载了此事：

> 御史中丞杨愿言：“建宁军节度副使藤州安置李光负倾险之资，挟纵横之辨，谄附蔡京，窃位省郎，人伦堕坏，廉耻不闻。方时用兵，迎合干进，及修邻好，阳为应和，以得执政。闻蓝公佐之归，则又狂悖为必去之计。去国之日，出险语以激将臣之怒，闻军之兴，鼓愚俗以幸非常之变，人臣如此，国何赖焉。比年以来，犹令子弟亲戚往来吴、越，教人上书，必欲动摇国论而后已。若非明正其罪，恐海内之患，有不胜言。”先是，知藤州周某者，诱光倡和，其间言及秦桧和议，有讽刺者，积得数篇，密献于桧，桧怒，令言者论之。乃移光琼州安置。[④]

由此可见，李光由藤州贬至更偏远的琼州安置，实出于小人周某处心积虑的陷害，遭受了常人难以忍受的诋毁，但李光却安之若命，他知道：遇到小人也是自己的命运，若是因此而生气不止、抑郁寡欢，就等于和自己的命运作对，与自己的命运生气，君子是不会这样做的，他们安之若命且乐天知命故不忧。这首词作于庚午，即宋高宗绍兴二十年（1150），词为中秋作。李光此时七十三岁，编管琼州（今海南琼山区）已五年多了。

昌化，即今海南昌江黎族自治县，环境险恶，“东坡言昌化不类人境”[⑤]。在受到如此诋毁陷害后被贬至天涯海角、“不类人境”的昌化，李

---

① 参见〔宋〕李心传《建炎以来系年要录》卷一四二，中华书局1988年版，第2287页。

② 参见〔宋〕李光《琼州双泉记》，见《庄简集》卷一六，《四库全书》影印文渊阁本第1128册，上海古籍出版社1987年版，第608—609页。

③ 〔宋〕徐梦莘：《三朝北盟会编》卷二一三炎兴下帙一一三，见《四库全书》影印文渊阁本第352册，上海古籍出版社1987年版，第212页。

④ 〔宋〕李心传：《建炎以来系年要录》卷一五二，中华书局1988年版，第2456—2457页。

⑤ 〔宋〕周煇撰、秦克校点：《清波杂志》卷七“吉阳风土恶弱”，见《宋元笔记小说大观》第5册，上海古籍出版社2001年版，第5089页。

光不但没有失去生活的信念、做人的乐趣，反而能如此乐观自释，不戚戚于贫贱之苦，不汲汲于放逐之事，留心、学习养生之术，坐忘心安。心安则住茅屋也感到安稳，性定就是吃菜羹也觉得香甜。世味薄方好，人情淡久长，正是这种淡泊旷达、昂扬乐观的胸襟气度及从容待人、优游处世、伴随着玩世式的天真，让李光在世间活到了八十二岁，得享高寿。他所作之词，也以独特的风神意态在中国词学史上占有一席，取得了很高的成就，这正印证了清人蒋敦复的一句名言：

昔人论作诗必有江山书卷友朋之助，即词何独不然。不读万卷书，不行万里路，不交万人杰，无胸襟，无眼界，嗫嚅龌龊，絮絮效儿女子语，词安得佳。[①]

迁岭文人寓居地域的变动，带动了他们生活方式、生活环境、生活习惯的变化，这些变化促进了他们人生态度与人生思考的形成，从而影响到他们文学创作风格的嬗变，李光词作风格特征的嬗变说明了这一点。

（二）穷而乐

子贡曰："贫而无谄，富而无骄，何如？"子曰："可也。未若贫而乐，富而好礼者也。"[②] 君子固穷，安贫乐道。儒家思想观念中的君子即使穷困却不潦倒，他们昂扬乐观、积极进取、旷达快乐，能够克服自己的消极情绪，不因环境恶劣、生活困顿而怀忧丧志。

古希腊哲学家伊壁鸠鲁指出，追求快乐，是生活的本质，也是人生的目的：

智慧的人在采摘时间的时候，追求的也不是最长，而是最快乐。……正因为如此，我们才说快乐是幸福生活的开端和终点，因为我们认为它是首要的和天生的善，我们对一切事物的选择和规避，都从它出发，又回到它，仿佛我们乃是以感受为准绳去判断所有的善

① 〔清〕蒋敦复：《芬陀利室词话》卷一，见唐圭璋《词话丛编》第4册，中华书局1986年版，第3645页。

② 杨伯峻译注：《论语·学而第一》，中华书局1980年版，第9页。

似的。[①]

孔子将快乐与君子联系在一起，伊壁鸠鲁也将快乐与“善”结合在一起。美国心理学之父威廉·詹姆士特别指出快乐在人生中的重要性：

假如我们问：“人生的主要事情是什么？”我们会得到的回答之一，就是：人生的主要事情是快乐。其实在一切时代的大多数的人，如何取得快乐，如何保有快乐，如何恢复快乐，是他们所做的，并为他们所情愿忍受的一切事情的秘密动机。[②]

与此相似，二十世纪的英国哲学家将快乐与美好联系到一起，得出一个令人信服的结论：

快乐的人生在极大的程度上恰如美好的人生。[③]

中外圣哲十分重视快乐在生命中的重要性。快乐的人是君子，快乐的生活是“善”的、美好的，反映出人们共同认可的人生观、价值观与生命观。

宋代大儒周敦颐曾叫程颢思考“颜子、仲尼乐处，所乐何事”[④] 这一重大的人生哲学问题。我们也可以接着周敦颐的这一话题，继续思考李光“乐处，所乐何事”，从中探究迁岭文人独特的人生思考与文化性格，把握住他们可供后世读者思考、学习与效仿的真实人生体验与精微深邃的生活智慧。总体说来，笔者认为李光谪居岭南的快乐生活之处主要体现在三个方面：一是游山玩水、寻幽访胜之乐，从中寻找身心的栖居之所；二是结交朋友之乐，在与朋友的交往酬酢中获得人生的启发、交流的乐趣，以化解生活中的寂寞苦闷；三是读书写作之乐，通过读书，尚友古人，北窗之下，澄心静虑，思接千载，视通万里，当其得意处，直与古圣先贤相交通，书卷多情似故人，晨昏忧乐每相亲，此诚人生一大乐事也。至于在荒

---

① ［古罗马］第欧根尼·拉尔修：《明哲言行录》下，徐开来、溥林译，广西师范大学出版社 2010 年版，第 534—535 页。

② ［美］威廉·詹姆士：《宗教经验之种种》，唐钺译，商务印书馆 2002 年版，第 75 页。

③ ［英］罗素：《幸福人生》，吴默朗、金剑译，中央编译出版社 2011 年版，第 186 页。

④ 《二程遗书》卷二上，见〔宋〕程颢、〔宋〕程颐著，王孝鱼点校《二程集》，中华书局 2004 年版，第 16 页。

凉之地、寂寞之所、瘴疠之处进行学术思考与精神创造，没有竞争，不求功名，凭着乐趣，凭着热爱，写出锦绣文章以自娱的快乐更是难以言喻的。

1. 山水之乐

罗大经在《鹤林玉露》丙编卷三“观山水”条记载：

> 赵季仁谓余曰：“某生平有三愿：一愿识尽世间好人，二愿读尽世间好书，三愿看尽世间好山水。”①

交友、读书、游览自然山水，是古代文人的重要生活内容。可以从此入手，看看迁岭文人李光在谪居生活中的“交友”“读书”与“游山玩水”的快乐。毕竟，“夫子亦嗜山水”“观山水亦如读书，随其见趣之高下”②，“诗须要有为而作，用事当以故为新，以俗为雅”③，既是李光学习继承苏轼文学创作后展示出来的显著特点，是他学习苏轼文化性格与人生思考的生动反映，也是南宋迁岭文人文学创作的共同趋向——文学创作与日常生活日益贴近，南宋迁岭文人的诗之创作不避俚俗，词之创作题材也日趋生活化。李光之词表达了与其诗类似的感情，是“以诗为词”的典范，如这首小词道：

> 海外无寒花发早。一枝不忍簪风帽。归插净瓶花转好。维摩老。年来却被花枝恼。　忽忆故乡花满道。狂歌痛饮俱年少。桃坞花开如野烧，都醉倒。花深往往眠芳草。（《渔家傲》）④

岭南百花盛开的时节，自然风光是非常美好的，唐代韩愈面对岭南美好的自然风光也不禁惊叹：“桃蹊惆怅不能过，红艳纷纷落地多。闻道郭西千树雪，欲将君去醉如何？”⑤，“洛阳城外清明节，百花寥落梨花发。

① 〔宋〕罗大经撰、王瑞来点校：《鹤林玉露》，中华书局1983年版，第281—282页。
② 〔宋〕罗大经撰、王瑞来点校：《鹤林玉露》，中华书局1983年版，第282页。
③ 〔宋〕苏轼：《题柳子厚诗》，见《苏轼文集》卷六七，中华书局1986年版，第2109页。
④ 唐圭璋编纂、王仲闻参订、孔凡礼补辑：《全宋词》，中华书局1999年版，第1019页。
⑤ 《闻梨花发赠刘师命》，见〔清〕方世举撰，郝润华、丁俊丽整理《韩昌黎诗集编年笺注》，中华书局2012年版，第110页。

今日相逢瘴海头，共惊烂漫开正月”①。韩愈只是惊叹岭南风光的美好，却没有沉浸其中的喜悦之情。李光在岭南的生活困境中尚能作如此优游之语，他的洒脱，由此可见。据词序所说“今岁寓昌江”，可知这首词写于绍兴二十年（1150），时李光自琼州移昌化军，这时的李光已经七十三岁了，却没有丝毫疲软之态，反而显示出狂歌痛饮、飞扬跳脱、逍遥快乐的少年情态，与还没有到岭南就设想“知汝远来应有意，好收吾骨瘴江边”的韩愈相比，两者在精神境界、人生态度、胸襟气度上有云泥之别。这不仅仅是唐宋文人个体的差异，实际上体现出唐宋两个时代的迁岭文人随着岭南文化环境、生态环境的变迁而导致的文化性格、人生思考方面的差异。

李光不仅仅在词中抒发生活的矛盾痛苦，他的过人之处在于他能够在贬谪放逐生涯中消解人生的失落感、苦闷感、无奈感。他的乐观自信使他在“南荒”的岭南地区，在那穷乡僻壤、蛮山瘴水的生活中对人生的思考、对生活的体验、对苦难的认识获得了新的视角和高度。试看他自述：

> 予顷在琼山，见桃李甚盛，但腊月已开尽，三春未尝见桃花，每以为恨。今岁寓昌江，二月三日与客游黎氏园，偶见桃花一枝。羊君荆华折以见赠，恍然如逢故人。归插净瓶中，累日不凋。予既作二小诗，同行皆属和。忽忆吾乡桃花坞之盛，每至花发，乡中人多醵会往游。醉后歌呼，今岂复得，缅怀畴昔，不无感叹，因成长短句，寄商叟、德矩二友。若悟此空花，即不复以存没介怀也。（《渔家傲·序》）②

序中所云“予既作二小诗”，其诗如下：

> 桄榔林里见桃花，正似罗帏翠幕遮。老去已无簪髻梦，净瓶归插一枝斜。
>
> 竹外篱边映柳条，一枝纤软更妖娆。似知摩诘愁无伴，留向书窗

① 《梨花下赠刘师命》，见〔清〕方世举撰，郝润华、丁俊丽整理《韩昌黎诗集编年笺注》，中华书局2012年版，第111页。

② 唐圭璋编纂、王仲闻参订、孔凡礼补辑：《全宋词》，中华书局1999年版，第1019页。

不忍凋。①

类似描写海南风物的诗作在他的集子里还有很多。《辛未人日，同郡僚游陈氏园》诗中记载：

海南人日春已浓，柳条远映桃花红。携觞寻伴逐春色，杖藜纵步游城东。陈园新筑芳亭小，绿竹猗猗自围绕。杯行不用管弦催，枝上绵蛮啭春鸟。旧传人日天多阴，今年人日春光好。田家但喜薯芋收，我辈惟忧酒樽少。明朝有兴还复来，剩买鹿蹄拼醉倒。②

在昌化谪居期间，李光经常游山玩水，在山林云水中享受携友游玩之乐，如诗中的“陈氏园”就留下了他们生活的足迹，他们在此吟风弄月、吟诗作赋，李光在文学创作中将他们徜徉其中的欢乐往事都表现出来了：

亭今属霁，明年来稍加葺治，面山临水，松竹萧然。暇时常从诸乡友杖策来游。徘徊竟日，因以宴，喜名其堂。杜得之赋诗，因次其韵，并呈常往来诸友。③

陈氏面北小亭，远依林壑，下瞰长江，主人每醉卧其下。叹羡不足，戏留小诗云。④

李光在谪居岭南的生活里以平常心、欢喜心去看待外物，外物皆有可观可乐之处！有了这样的平常心、欢喜心，他才能在贬所写出这样优美动人、沁人心脾的诗句：

杖藜欲往叹涂穷，赖有林庐寓此翁。日暮凭栏看涌月，夜凉开牖

---

①〔宋〕李光：《庄简集》卷七《中春之初与诸友游黎氏园，荆华赠予桃花一枝，归置瓶中，连日不凋，因成两绝示同行且令同赋》，见《四库全书》影印文渊阁本第1128册，上海古籍出版社1987年版，第501页。

②〔宋〕李光：《庄简集》卷二，见《四库全书》影印文渊阁本第1128册，上海古籍出版社1987年版，第446—447页。

③〔宋〕李光：《庄简集》卷四《陈氏园亭》序，见《四库全书》影印文渊阁本第1128册，上海古籍出版社1987年版，第465页。

④〔宋〕李光：《庄简集》卷七，见《四库全书》影印文渊阁本第1128册，上海古籍出版社1987年版，第500页。

> 濯清风。浮沉直拟群鸥鹭，冷暖安能效燕鸿。独酌城南二三子，携棋挈榼笑言同。①

正可谓：当中和天、携乐易友、饮欢喜酒、吟自在诗，人生之乐莫过于此。这种生活方式在李光谪居岭海的作品中洵为常态。

值得注意的是，李光词中的“海外无寒花发早”“桃坞花开如野烧”，具有重要的认识价值，可以进一步补充说明方志中有关气候的记载。陈正祥在其所著的《中国文化地理》一书中专门举例印证道：

> 在领土如此广大的中国，南北物候的差异实更富于比较的价值。譬如桃花，在广东各县的县志中，多数说阴历十一月便开了，这要比北方的记录早好几个月。②

陈先生在此从文化地理学的角度来说明桃花早开的意义，而迁岭文人则通过自己优美的诗歌表现了这一文化地理现象，并且抒写了自己身处这样的地理环境中的心情感受，对中国的文化地理进行了诗语表述。岭南风物在李光的笔下是如此优美、雅致、深情，表现出词人身处逆境却不悲观失望而是恬淡乐观地面对现实，这种旷达的生活态度，一方面体现出其词“深微浑雄而情独多”③ 的特点，另一方面也暗示出岭南文化环境、生态环境的改善与迁岭文人人生思考的深邃精微。迁岭文人在面对蛮山瘴水时寻找到了摆脱情累、超越苦闷的心理模式。

即使在蛮山瘴水的艰苦生活环境中，迁岭文人仍然能够诗意地栖居在这片土地上。他们用诗歌来吟咏苦难的谪居生活，而苦难的生活在他们笔端、心底被诗化了，他们把迁岭生活写成了一首首优美动人的诗，也把自己的生活活成了一首诗。在《八月一日诣新学瞻礼庙像，退与客徜徉访寻幽胜，所至清谈瀹茗，晚至陈氏园亭，酌乳泉而归。一时清集，无愧前人，主簿赵元弼乃有厄陈之叹，形于篇咏，因次其韵兼呈诸友》中，李光

---

① 〔宋〕李光：《庄简集》卷五《四月望夜，郡僚悉赴盛集，羊荆华、林伯寿、伯安相继见过，同登涌月阁，待月成拙诗，并呈常往来诸友》，见《四库全书》影印文渊阁本第 1128 册，上海古籍出版社 1987 年版，第477 页。

② 陈正祥：《中国文化地理》第二篇《方志的地理学价值》，生活·读书·新知三联书店 1983 年版，第 36 页。

③ 〔清〕王鹏运：《南宋四名臣词跋》，见施蛰存主编《词籍序跋萃编》，中国社会科学出版社 1994 年版，第 175 页。

写道：

> 郊居多与泮宫邻，回首清游迹已陈。曳杖入门瞻庙像，穿林度壑访幽人。远稽邹鲁衣冠古，近揖江山气象新。饮水饭蔬真乐趣，始知席上有儒珍。①

与此类似的还有《四月十四日晚陈列之见，顾追凉玩月于东桥之上，辄成长句以写一时风景之胜》，诗云：

> 小桥浮动似乘槎，坐看归牛带晚鸦。风卷断云飞玉马，水摇明月走金蛇。影翻凤尾槟榔叶，香散龙涎茉莉花。绝景胜游仍有伴，不妨流落在天涯。②

李光在《己巳重九小集拙诗记海外风景之异呈亨叔》中生动感人地描绘了海外风景之异及诗人生活其中的人生态度与人格个性：

> 十年重九老天涯，异域空惊节物佳。杨柳枝头无落叶，芙蓉池面有残花。篱边菊好延陶令，坐上诗成戏孟嘉。随分清欢须酩酊，归时风帽任欹斜。③

迁岭文人在岭南寻幽访胜之际，既能随时随地描述出天涯、异域的风光，又能通过写诗来吟咏当时当地的生活，居岭生活成了他们诗歌创作的重要素材与源泉。迁岭文人怀抱理想、活在当下，他们脚踏大地，仰望星空，与岭南这片土地上的人民、土地上的文化、土地上的民俗融为一体，并用优美动人的诗歌来吟咏之，他们成了岭南文化史上一道靓丽的风景，令后人无限崇敬与叹服。

随着文人的迁岭，越来越多的岭南风物如桄榔、荔枝、杨桃、木瓜、

① 〔宋〕李光：《庄简集》卷五，见《四库全书》影印文渊阁本第1128册，上海古籍出版社1987年版，第478页。

② 〔宋〕李光：《庄简集》卷五，见《四库全书》影印文渊阁本第1128册，上海古籍出版社1987年版，第473页。

③ 〔宋〕李光：《庄简集》卷五，见《四库全书》影印文渊阁本第1128册，上海古籍出版社1987年版，第474页。

槟榔，还有经过他们心灵观照的自然资源和山川风俗如桃花、竹子、柳条和蛮山瘴水、百越文身等都进入他们文学创作的视野，形诸笔墨，形成了一系列异彩纷呈的文化意象。这些意象，具有十分重要的意义，如“梅”这一意象，在迁岭文人笔下就时常出现。《冷斋夜话》专门对迁移至西江流域的苏轼、黄庭坚诗歌中的梅花进行了解读：

岭外梅花与中国异，其花几类桃花之色，而唇红香著。东坡词曰：“玉质那愁瘴雾，冰姿自有仙风。海仙时遣探芳丛，倒挂绿毛幺凰。素面常嫌粉涴，洗妆不退唇红。高情已逐晓云空，不与梨花同梦。”鲁直词曰：“天涯也得江南信，梅破知春近。夜阑风细得香迟，不道晓来开遍向南枝。玉箫弄粉人应妒，飘至眉心住。平生个里倾杯深，去国十年老尽少年心。”①

引文中苏轼的《西江月》撰写于广东惠州，黄庭坚的词写于广西宜州，均反映了迁岭文人居岭时的人生态度与人生思考，北宋文人借梅花来展示自己迁岭时高洁的人格与孤高的精神气质的抒情模式，也深刻影响到随后迁岭南来的文人士大夫。

南宋迁岭文人在文化性格与人生思考方面与北宋迁岭文人有一脉相承的内在联系，他们崇敬与效仿北宋苏、黄的精神意态，也对岭外梅花有很深厚的情感。范成大在《范村梅谱》中对梅之特性及人们对它的喜爱之情进行了概述：

梅，天下尤物，无问智贤、愚不肖，莫敢有异议。学圃之士，必先种梅，且不厌多。他花有无多少，皆不系重轻。②

梅以韵胜，以格高，故以横斜疏瘦与老枝怪奇者为贵。③

“韵胜”“格高”“横斜疏瘦”“老枝怪奇”为梅之特点，象征着士大夫高

① 〔宋〕释惠洪：《日本五山版冷斋夜话》卷一〇《岭外梅花》，见张伯伟编校《稀见本宋人诗话四种》，江苏古籍出版社2002年版。第96—97页。

② 〔宋〕范成大：《范村梅谱·序》，见〔宋〕范成大撰、孔凡礼点校《范成大笔记六种》，中华书局2002年版，第253页。

③ 〔宋〕范成大：《范村梅谱·后序》，见〔宋〕范成大撰、孔凡礼点校《范成大笔记六种》，中华书局2002年版，第258页。

洁孤傲的文化性格，因而“梅”受到高傲不屈、百折不挠、勇者不惧的迁岭文人的热爱。

“梅”的意象，在李光诗词中频频出现，他在《和杜得之探梅之什》中集中描写了“梅”之清高脱俗、幽香清绝，不与世俗同流合污，可谓把“梅”作为人的高洁品格的象征道尽无遗。诗云：

家山富梅林，开落纷无数。二年屏荒村，踏遍溪头路。孤标凛冰雪，幽香袭巾屦。阳坡照晨曦，永夜泣月露。端如玉妃谪，清绝欲谁顾。岁寒偶相逢，政复慰迟暮。君看桃杏面，争妍竞深注。何如丛棘中，获此秀杰句。①

“梅”是南宋迁岭文人在托物言志、托物抒情时所常用的意象。在海南谪居的诗人笔端“梅”被赋予了特殊的意义，它是迁谪文人自身命运与高洁人品的象征，是诗人心中念念不忘的文化符号。他们在谪居生活的诗词酬唱中常咏此花。李光在《十一月二十八日陈令分寄梅花数枝为赋两绝句》中云：

幽香偏许夜深闻，冷蕊从来水外村。南地恨无霜雪伴，独将孤影照黄昏。

一枝淡静玉无痕，便觉萧娘气味村。旋汲清泉滋蓓蕾，小窗留待月微昏。②

《戊辰冬，与邻士纵步至吴由道书会所课诸生，作梅花诗，以先字为韵，戏成一绝句。后三年，由道来昌化索前作，复次韵三首，并前诗赠之》诗云：

水容幽胜肯争妍，独树亭亭近水边。不但色香俱第一，品流宜占百花先。

清影扶疏晚更妍，每教移植小池边。一枝独守凌寒操，肯与群花

---

①〔宋〕李光：《庄简集》卷一，见《四库全书》影印文渊阁本第1128册，上海古籍出版社1987年版，第434页。

②〔宋〕李光：《庄简集》卷七，见《四库全书》影印文渊阁本第1128册，上海古籍出版社1987年版，第500页。

较后先。

月娥姑射妒清妍，白发羞将插鬓边。冷艳独排残腊破，孤芳长占小桃先。①

哪怕是没有见到梅花，也能凭借想象感受到它的美好与芳香。李光在《海外实未尝见梅为赋一绝》中道：

春日追游载酒堂，名园疑有野梅芳。篱边水畔无寻处，只向风前认暗香。②

迁岭文人在谪居之地没有怀忧丧志，他们对谪居生活的描绘，往往不是他们眼睛所看到的事物，而是他们心中所感受到的事物，他们的心胸、情怀决定了他们笔下岭南风物的色泽光景。迁岭文人作品中的岭南风物，也因此而长久地成了中华民族生命信息传递与接受的感性符号，它们因迁岭文人的关注而越来越频繁地进入后世人们的审美文化视野，展现出岭南独特地域风貌的同时也凸显了迁岭文人自身的人生思考与文化性格，彰显了他们独特的人格精神与人生态度。

2. 交友之乐

除了“喜柔条于芳春”，自然的美景能够给李光带来快乐外，还有“嘉会寄诗以亲”，朋友、人伦亲情也能带给他快乐。李光不像一些迂腐的士大夫，念念不忘自己士人的身份，生怕自己的衣襟会沾上一点世俗的尘埃。他经常与当地民众打成一片，热情地拥抱生活，直言不讳地言说尘世生活的快乐与丰富。试看他在海南与朋友聚会，并赋诗言志：

郊外初闻黄栗留，仲春风物渐和柔。杀鸡炊黍成真率，挈榼携棋得胜游。聊欲劝君终日醉，未须悲我十年流。朝来已换轻衫窄，酒尽何妨典破裘。

路接蓬瀛日景迟，尘心消尽忘归期。雨余荒草侵三径，风起微澜

① 〔宋〕李光：《庄简集》卷七，见《四库全书》影印文渊阁本第1128册，上海古籍出版社1987年版，第502—503页。

② 〔宋〕李光：《庄简集》卷七，见《四库全书》影印文渊阁本第1128册，上海古籍出版社1987年版，第501页。

皱一池。晚色远涵残照外，春光欲近禁烟时。黄鹂不肯檐间语，隔叶相呼过别枝。[1]

他在与坐客“杀鸡炊黍成真率”的快乐生活中暂时忘记了生活的烦恼，这种真率快乐的生活方式明显是受到了陶渊明的影响。据《宋书·陶潜传》载：

贵贱造之者，有酒辄设。潜若先醉，便语客：“我醉欲眠，卿可去。”其真率如此。[2]

可以说李光正是在尚友陶渊明时，领会到了苏轼所说陶渊明“饥则扣门而乞食，饱则鸡黍以迎客，古之贤之，贵其真也”及陶诗“得欢当作乐，斗酒聚比邻。盛年不重来，一日难再晨。及时当勉励，岁月不待人”（《杂诗》）中的人生真谛，才能够把握当下，活在现在，珍惜眼前的快乐时光。既有前贤精神养分的滋养，又有丰富多彩的生活实践，李光的人生因此而更加丰厚与博大。他能跨出个人的恩怨，展现时局大动荡中西江流域社会变迁与迁岭文人复杂交融的关系，而李光在谪居西江流域及海南的生活中对人生、社会、自然、历史的思考与描写，更是弥足珍贵，具有特别重要的意义，反映了当时文人独特的文化性格与人生思考，既具有历史价值，也有很高的思想价值。

李光在贬所西江流域的藤州时没有自暴自弃，而是“益加保护”，与当地百姓打成一片，充分享受着“下等福”，其《玻璃碗》一诗的小序对此就有非常生动活泼的记载：

仆之谪居澄江也，吴元预适寓水东，时时往来。忽一日告别，仍以玻璃碗见赠，意则厚矣。然仆方宴坐一室，空诸所有，日食不过饭一盂尔，间或散策郊外，遇田夫野叟，饮辄醉倒，何用是宝器哉。因戏成小诗复还其碗。

诗云：

---

① 〔宋〕李光：《庄简集》卷五《二月三日作真率会游载酒堂呈坐客》二首，见《四库全书》影印文渊阁本第1128册，上海古籍出版社1987年版，第475页。

② 〔南朝梁〕沈约：《宋书》卷九三《陶潜传》，中华书局2000年版，第1523页。

> 独醒难招楚些魂，时从釜叟醉蛮村。兴来不假玻璃碗，自有随身老瓦盆。①

确实，好物大多不坚牢，彩云易散琉璃脆。玻璃碗“是宝器哉”，但其易碎故不易保存，不如与贬谪之所的田夫野叟打成一片，饮辄醉倒，倒是人生难得的一大乐事。有时贵为至尊，倒不如田夫野叟福泽深厚、逍遥快乐。无论贵极王侯，还是功业盖世，寿数一到，终归尘土。不如把握当下，活在现在，难得糊涂，享“下等福”。只有懂得享受“下等福”的人才能不行其险，“居易以俟命”，活得自由自在、平安快活。“情深不寿，强极则辱，谦谦君子，温润如玉”，洁身自好、不愿入乡随俗、温润如玉者易碎，而迁岭文人如李光、胡铨等人在贬谪之所往往与田夫野叟、伧夫俗子杂处融合，故能刚而不折，游刃有余地度过人生逆境，得享高寿。尤其要注意到的是，迁岭文人们在岭南欣赏山川形胜之际免不了与当地的田夫野叟交往，逐渐从他们身上学习到为人处世哲学。迁岭文人与西江流域地区的百姓是相互影响的，他们的互动，促进了传统士大夫文化性格的形成与人生思考的转变。患难之中见交情。李光在谪居海南时，仍然遇到一些好友，这也是帮助他度过逆境的重要因素。李光自己也意识到了这一点，他在与友人的书信中说：“自辛酉度岭今十四年矣，前此郡县皆遇善友，不复有流落之叹。”②

因此，那些不离不弃、始终不渝与他保持深厚感情之士，就更显得难能可贵且值得珍惜。魏介然就是这样一位素心人，他时常来儋州拜访李光，李光深感其诚、嘉其志、爱其人，故作诗记其事，抒己情，发其愿，诗名曰：

> 魏子介然甲戌中春不远数百里访予。寂寞之滨，予方厄穷，适此久旱，市无鱼肉，园乏佳蔬，介然处之宴然，眷眷不忍舍去。予与介然别久，介然气貌议论益超然。孟夏既望，慨然请辞，欲归筑室，读未见之书，科举之文不足学。走笔作长句送行，且勉使力学志其远且大者，仍用喜雨诗韵。

---

① 〔宋〕李光：《庄简集》卷六《玻璃碗》，见《四库全书》影印文渊阁本第1128册，上海古籍出版社1987年版，第492页。

② 〔宋〕李光：《庄简集》卷一五《与陈伯厚书》，见《四库全书》影印文渊阁本第1128册，上海古籍出版社1987年版，第602页。

从诗题即可知魏介然是一位热情挚感之士。李光与魏介然交往甚欢，所谓“货因缕积成良贾，学务深耕鄙惰农。已约三冬重过我，尽携书史日相从”①，从李光的交游情况来看，他特别喜欢结交心境淡泊、随遇而安，素情自处的人。他诗中经常提及“孚先兄”，此兄的文化性格与人生态度在李光的诗歌中十分鲜明生动，几乎呼之欲出，可谓情真、事真、景真、意真。

李光是一个有真感情的人，他诗中的人物也是真性情的人。在《和孚先兄安贫乐道以书史自娱嘉叹成咏》中，李光写道：

> 青山绕屋水侵篱，拙计何妨与世违。窗有残灯供夜读，瓶无储粟补朝饥。日长门巷荆枝合，岁暮风霜塞雁归。白首重来耆旧尽，余年从此永相依。②

像孚先兄这样的安贫乐道之士往往是有真性情的，李光与他交往甚欢。在《次韵孚先兄宠示汲古佳章》中，李光写道：

> 瓮牖蓬窗守素风，弟兄来往一生中。只凭六籍为修绠，岂有双梁架彩虹。朝市山林非有异，众生心佛本来同。谁知白首维摩老，万事都将衲被蒙。③

诗人将儒家安贫乐道之思想与佛教维摩之智慧联系起来评价好友，更加可以看出两人的性情相投、相交之密、了解之深。与此类似表现两人深厚情感的诗篇还有《今岁遇元夕于五松连日大雪巷陌萧然孚先兄有诗诧灯火之盛因成四韵》，诗曰：

> 里巷萧条户半扃，更无冷月挂山城。荧荧小市唯渔火，耿耿幽窗但雪声。海国此时瞻气象，端门何日睹升平。会须一扫阴霾尽，尽放

---

① 〔宋〕李光：《庄简集》卷五，见《四库全书》影印文渊阁本第1128册，上海古籍出版社1987年版，第475页。

② 〔宋〕李光：《庄简集》卷四，见《四库全书》影印文渊阁本第1128册，上海古籍出版社1987年版，第462页。

③ 〔宋〕李光：《庄简集》卷四，见《四库全书》影印文渊阁本第1128册，上海古籍出版社1987年版，第462页。

冰轮彻夜明。①

又如《和孚先兄久雨》：

未容春色到园林，寂寞莺花困久阴。积潦坏墙低易补，晓寒侵被破难禁。门闲胜欲偿诗债，裘敝犹堪当酒金。昨夜东风扫群翳，放回天地发生心。②

更为难能可贵的是，孚先兄虽然安贫乐道、随遇而安，但他并非不关心人生世事，李光也乐于与他交谈时事，在《孚先兄以连雨形于咏歌是时适闻韩侯淮北之捷因次韵》中云：

颓垣败屋未须悲，淮北于今暗铁衣。背水汉营朝气锐，青冈敌骑夜声微。萧条里巷徵符急，浩渺江湖羽檄稀。不及戎行亲矢石，独将诗礼继庭闱。③

张岱云："人无癖不可与交，以其无深情也；人无疵不可与交，以其无真气也。"世态炎凉，像魏介然、孚先兄这样具有深情、真气之人不多，而往往在患难之中才可以看出来。人生得一知己足矣，李光很幸运能在人生失意落寞之时遇到这样具有深情与真气之士。

美食、美景、佳人，可以消忧。李光虽谪居海南却因有了美食、好友、好书而心情愉悦。其中，好友也是李光在逆境中生存下来的一种重要精神力量。李光与忘年之交胡铨之间的深厚友谊是如何形成的呢？这是值得深入研究探讨的问题。毕竟两个人年纪相差悬殊，李光生于1078年，死于1159年，胡铨生于1102年，卒于1180年，他们两人是忘年交，李光可以说是胡铨的长辈，比胡铨大24岁，可是他并没有将胡铨当作晚辈来对待，而是屡屡写书信给他，倾吐衷肠，完全把他当作自己最可信任的

① 〔宋〕李光：《庄简集》卷四，见《四库全书》影印文渊阁本第1128册，上海古籍出版社1987年版，第462页。

② 〔宋〕李光：《庄简集》卷四，见《四库全书》影印文渊阁本第1128册，上海古籍出版社1987年版，第462—463页。

③ 〔宋〕李光：《庄简集》卷四，见《四库全书》影印文渊阁本第1128册，上海古籍出版社1987年版，第462页。

良朋益友。秦桧死于1155年，当时的胡铨53岁，李光已经77岁了。李光在这段时间前后，屡屡写书信与他交流思想、探讨人生，倾吐快意恩仇之感。在《庄简集》卷一五中收录了李光写给胡铨的书信二十六封，由此可见两人交往之密切，情谊之深厚。值得注意的是，李光曾任宰相，宦海浮沉几十年，阅人无数、饱经沧桑，胡铨能够以枢密院编修官的低级官职而得到李光的厚爱器重、青眼有加，并与李光、赵鼎、李纲并称为南宋四名臣，这说明了胡铨本人也有过人之处，并非凡俗之辈。

胡铨是李光在贬所倾诉衷肠的最佳对象，两人无事不可言，李光将自己遭遇到的尴尬烦恼之事都形诸笔端，通过书信的形式告诉了他。其书信载：

> 览机宜公书，超然如见其人；亨仲亦蹈奇祸，盖非偶然。深于术数者能言之。一切顺受，更有何事。仆年垂八十，喜进者尚下石不已，所论无根，却非庙堂之意。既言仆擅离贬所，见在清湘。言者亦得之传闻，使有意见害欲加之罪岂无名乎？然一犬吠雪，百犬皆应。连月人情大有可笑，置之勿复道也。[①]

在高压政策下，在“诸司络绎，郡遣使臣微服察探，人情恼恼，观望百端，至今远近知友无一人敢通问者”[②]的世态炎凉中，这样肝胆相照之语只可为知己道，难为俗人言也。由这段记载也可见李光、胡铨两人是无话不谈、莫逆于心的知交好友。绍兴二十六年（1156），也就是秦桧死后第二年，在胡铨、李光的命运开始出现转机的时候，胡铨为李光的诗集作跋，其中充满了欢喜与了解之情：

> 此林氏所集参相李公诗文也，编次甚精。予蒙恩北归，行琼山道中，日读不废手。或疑其间用字有未妥，及用事有可疑者，盖人不曾观书，不知来历耳。如《宾燕堂》云“风飐圆荷翻翠盖”，用“飐”字，盖出柳子厚诗“惊风乱飐荷渠水”。《夜饮》云：“酒薄犹堪缓客愁”，用“缓”字，盖出杜诗“急觞为缓忧心捣”。《感春》云“一

① 〔宋〕李光：《庄简集》卷一五《与胡邦衡书》，见《四库全书》影印文渊阁本第1128册，上海古籍出版社1987年版，第602页。

② 〔宋〕李光：《庄简集》卷一五《与王彦恭书》，见《四库全书》影印文渊阁本第1128册，上海古籍出版社1987年版，第603页。

> 罋风烟如可擅”，用“擅”字，出庄生云“擅一罋之水”。《符氏庄》云：“野花随处供幽香”，“供”多读平，不知《二疏传》“供张”读为去声。《野趣亭》云：“幽居渺云庄”，盖用老杜“巨罋渺云庄”之句。《玻璃碗》云“自有随身老瓦盆”，盖用老杜“田家老瓦盆”事。《江桥》云：“风卷断云飞玉马”，盖唐太宗有玉花马，杜云“先帝天马玉花骢”，故云“玉马”，又云“水援明月走金蛇”，多疑“金蛇”似俗，盖不见坡老有“电光一掣紫金蛇”之语。此类甚多。方行役疲劳，不能一一指摘，聊拈出一二，庶后生不妄下雌黄耳。其送予迁吉阳诗云“梦里分明见黎姆，生前定合到朱崖”。予初贬新兴，一日忽梦黎姆，后十年乃迁朱崖，故云然，盖海南有黎姆山也。唐末有“朱耶赤子”之语，朱耶即朱崖也。[1]

从胡铨的跋语中，也能够深刻地理解两人的感情之深、相互理解之透。二人同心，其利断金；同心之言，其臭如兰，此之谓也。

何况，李光还不止遇到一位这样素情自处的好友，史才、汪应辰也都是他的患难之交。他们在李光谪居之时坚定不移地站在他的一边，屡遭弹劾也在所不惜，据史籍记载：

> 端明殿学士签书枢密院事史才罢。御史中丞魏师逊劾才天资阴贼，顷受李光荐改秩，迨今阴相交通，谋为国害，屡贻书问，不惮数千里之远。凡光所厚者，悉与结托，包藏祸心，自为不靖。[2]
>
> 左朝奉郎汪应辰通判潭州。应辰之在静江也，帅臣吕愿中尝以微罪欲杀走卒王超，应辰谏而止。有录事参军周某者，与秦桧有旧，恃此自姿，尝以国忌日命妓佐酒，应辰欲纠之，既而中止。周憾之，使人持书告桧，以应辰尝遣信渡海饷赵鼎，又与李光交通。超以计得其书而易之，应辰乃得免。[3]

---

① 〔宋〕胡铨：《跋李泰发参政诗集》，见祝尚书编《宋集序跋汇编》，中华书局2010年版，第1047—1048页。

② 〔宋〕李心传：《建炎以来系年要录》卷一六六“绍兴二十四年六月十一日癸巳”，中华书局1988年版，第2718页。

③ 〔宋〕李心传：《建炎以来系年要录》卷一六七“绍兴二十四年十二月八日丙戌”，中华书局1988年版，第2737页。

这些遭受政敌反复弹劾之士从另一个角度来看正是李光的知己，他们一同遭贬谪，也一同在风雨如磐的日子里始终不渝地与李光保持密切联系。李光在诗歌中对这种真挚而深厚的友谊进行了叙说，在即将贬到海南之前他在与好友告别的诗中写道：

墟落相逢一笑迎，旋沽浊酒得深倾。明朝转首俱千里，君到藤江我到琼。

淹留客馆雨冥冥，烽火仍连近贼营。已悟去来生死梦，年来愈觉一身轻。①

好友的支持是帮助李光度过人生逆境的重要精神支柱。

李光在谪居期间，有许多诗歌反映了他在当地结交朋友的情况，笔者试举数例，以见李光交游之广，人缘之好。他在《拙诗奉送厚之权郡还阙》中道：

天衢未拟纵骅骝，南顾聊宽圣主忧。民颂永传儋耳国，家声夙著虎头州。簿书脱屣归华贯，翰墨收功入胜流。去去愿将民疾苦，尽摅胸臆副旁求。②

与此类似的还有《予得罪南迁，朝廷枢密院准备差遣张君送伴凡八十日予嘉其勤于其行也作诗送之》，此诗作于绍兴十二年（1142），李光已经六十五岁了，因得罪权臣秦桧被贬至西江流域的藤州。初到贬所，他作诗送枢密使臣时说道：

日日孤村对落晖，瘴烟深处忍分离。追攀重见蔡明远，赎罪难逢郭子仪。南渡可忧鸢共堕，北辕应喜雁相随。马蹄惯踏关山路，他日重来更送谁。

瘦筇羸马一貂裘，江浙湖湘得纵游。万里远劳君伴送，隔年应笑我淹留。默祈衡岳云开岭，夜入浯溪月满舟。北阙旧交如问讯，为言

① 〔宋〕李光：《庄简集》卷六《陆川访别临行作两小诗》，见《四库全书》影印文渊阁本第1128册，上海古籍出版社1987年版，第493页。

② 〔宋〕李光：《庄简集》卷五，见《四库全书》影印文渊阁本，第1128册，上海古籍出版社1987年版，第479页。

白尽老人头。[1]

在这短暂的八十日的相处中，李光与张君结下了深厚的情谊，在作诗送别时表达了自己的沧桑之感、兴亡之慨以及老却英雄似等闲的惆怅伤感，确实是情见乎辞的佳作。从中可以看出李光与其交往时深情款款，他十分看重人间情谊，哪怕是朝廷枢密院差遣的公务人员，李光也与他倾心交谈，在送行诗中一吐衷肠。这首诗很能体现李光诗作的典型风格。尤其值得注意的是其诗表达出来的旷达胸襟，而且这也是互相联系的，一个人只有胸襟旷达、乐天知足，方能在作品中表现出“志谐音雅，婉丽多姿”“清绝可爱”[2] 的特征。其中“瘦筇羸马一貂裘，江浙湖湘得纵游”与苏轼“九死南荒吾不恨，兹游奇绝冠平生”何其相似，如出一辙，而且两人写此诗时年龄相仿，都是六十五岁左右的高龄了。境遇相似，都是信而见疑、忠而被谤，被贬至偏远地区。然而他们乐观开朗，豪迈不羁，把被贬一事当作是“纵游”“兹游”。贬谪之所确实有美丽的山水景物为京城重地、繁华都市所不及。这些迁岭南来的文人士大夫没有在当地虚度年华，而是积极参与当地的文化教育事业，为当地文化的发展做出了应有的贡献，李光在岭南生活就“时得与其士子相从文字间”[3]。

李光在海南与左邻右舍的关系也相处得很融洽。《十二月寒甚，小雨打窗，有霰雪声，成小诗招邻士饮》将李光与邻居相处时的款款深情传达出来了：

行穷海北到琼山，二月犹惊塞外寒。小雨洒窗风淅沥，拥炉来听雪声乾。[4]

又如《十月三十天气重阴门巷萧然乏酒不能招客邻人酿酒适熟而梁军判周主簿芋学录不约而至洗盏更酌喜而成诗以示坐客》诗云：

---

① 〔宋〕李光：《庄简集》卷五，见《四库全书》影印文渊阁本第 1128 册，上海古籍出版社 1987 年版，第 468—469 页。

② 《四库全书总目》卷一五六《庄简集》提要，中华书局 1965 年版，第 1347 页。

③ 〔宋〕李光：《庄简集》卷一六《昌化军学记》，见《四库全书》影印文渊阁本第 1128 册，上海古籍出版社 1987 年版，第 610 页。

④ 〔宋〕李光：《庄简集》卷七，见《四库全书》影印文渊阁本第 1128 册，上海古籍出版社 1987 年版，第 495—496 页。

火冷灯青正寂寥，夜寒风劲酒香飘。隔墙知是邻醅熟，踏雨沾泥不待招。①

这样的诗句令人想到了白居易的小诗“绿蚁新醅酒，红泥小火炉。晚来天欲雪，能饮一杯无”，反映了李光在海南时良好的人际关系。

与此类似，李光在《十月二十二日纵步至教谕谢君所居爱其幽胜而庭植道源诸友见寻烹茗奕棋小酌而归因成二绝句》中云：

城隅诘曲趁溪斜，遥望青帘认酒家。行过小桥沙路尽，忽逢菡萏一池花。

归来庭院欲栖鸦，冷落谁怜副使家。独向小园行欲遍，篱边黄菊有残花。②

在《朱致祥教谕饮酒奕棋与仆略上下不见旬日作二诗招之》中，李光写道：

终日沉机喜欲迷，一枰胜负未全低。清秋九月江头路，不见门前瘦马嘶。

老罢无人断送秋，惟凭一酌散千忧。莫嫌白酒难成醉，尚有黄花插满头。③

在《雨中承厉吉老送芍药色微黄者尤奇戏成二小诗为谢》中，对老友所送之物的描写，体现了他那民胞物与、与天地并生、与万物为一的人格精神与人生态度：

残红剩紫辗车尘，雨浥丰肌浴太真。老眼年来超色界，定应辜负一枝春。

① 〔宋〕李光：《庄简集》卷七，见《四库全书》影印文渊阁本第1128册，上海古籍出版社1987年版，第497页。

② 〔宋〕李光：《庄简集》卷七，见《四库全书》影印文渊阁本第1128册，上海古籍出版社1987年版，第497页。

③ 〔宋〕李光：《庄简集》卷六，见《四库全书》影印文渊阁本第1128册，上海古籍出版社1987年版，第493页。

胜韵幽香敢自珍，静中风味见天真。乱红千点飘零尽，留得奇葩殿晚春。①

在《次韵徐念道琼台洞酌亭两绝》中，李光诗云：

笙箫杳渺鹤徘徊，嬴女时应下玉台。莫问三山在何许，更寻方丈与蓬莱。

苏公陈迹半成空，杖策经行绍圣中。便与佳名还洞酌，晔然光景照无穷。②

在与朋友一起品茗、小酌、弈棋，交流唱和、礼尚往来、优游山水之际，李光消解了谪居岭海生活中的寂寞、无聊，丰富了自己的阅历与见闻。人际关系对一个人的心理调节起到了十分重要的作用。人际关系好的人大多比较容易得到快乐，相反，人际关系差的人也很难有真正的快乐。一个人心情的好坏，在很大程度上取决于人际关系的好坏。人的一生可以是一首诗或一部传奇。李光在海南善于处理人际关系，并时时通过优美动人的诗句来吟咏人际关系的美好，将日常的人际交往诗化，李光也就将自己的迁岭岁月活成了一首优美动人的抒情诗。

李光在海南之地的人际交往具有特别重要的意义，丰富了当时偏僻荒远之地的文化生活，促进了当地的精神文明建设。在《吏隐堂》诗中，李光用其诗人之笔塑造了一名“吏隐”之士，诗序曰：

赣川陈自厚再领昌化郡，符所居堂湫隘不蠲，一洗而新之，栽花莳竹，累石为山，凛然有岩壑之趣。予为名曰吏隐，意欲不妨为吏而有隐遁之风也，并赋长句云。

诗云：

海邦地僻少迎将，心逸身闲白昼长。胜欲哦诗追沈谢，不求名迹

① 〔宋〕李光：《庄简集》卷六，见《四库全书》影印文渊阁本第1128册，上海古籍出版社1987年版，第490页。

② 〔宋〕李光：《庄简集》卷七，见《四库全书》影印文渊阁本第1128册，上海古籍出版社1987年版，第494页。

> 拟龚黄。旋移松石成云壑，时引笙箫入醉乡。吏散帘垂公事毕，清风一榻傲羲皇。①

吏隐堂因此而成了名胜古迹，据祝穆《方舆胜览》卷四十三“吏隐堂”条载：

> 在军治。栽花莳竹，叠石为山，李参政光命名。因赋诗云：“旋移松石成岩壑，时引笙歌入醉乡。吏散帘垂公事毕，清风一榻傲羲皇。”②

李光得海南“江山之助”而创作出优美动人的诗篇，海南风物因得到了这些文人学士的品题吟咏而名扬天下、流传后世。迁岭文人与岭海地方文化发展的互动关系由此可见。

3. 读书、写作之乐

当然，最重要的解脱方法不能完全向外要求，而要反求诸己，只有自己的内心能够解脱，那才是真的解脱。政局的变化无常，谪居海南的生活，促成了李光思想的成熟。巨大的政治打压，使他深切地意识到外部世界的残酷无情与变幻莫测，转而更加注意保持自我本性的高洁与内心的宁静，他从古人的著述中汲取到了无穷的面对人生苦难的精神食粮。

李光在贬谪之所已经有了一整套解脱逆境的方式，其中之一就是调整自己的心理。在不能改变外在环境的情况下，调整好自己的心态，无疑是超越逆境的不二法门。对于迁岭文人来说，读书，尤其是读有利于调整心态的好书，是他们寻找到的重要方法。对此，李光有明确的述说，试看其《读书》诗：

> 低头对千载，把卷竟长日。兴亡见俯仰，忠佞更得失。意合心自知，感慨屡沾臆。朱黄纷几砚，缃素互编帙。比邻亦好事，挟策到蓬

① 〔宋〕李光：《庄简集》卷五，见《四库全书》影印文渊阁本第1128册，上海古籍出版社1987年版，第479页。

② 〔宋〕祝穆：《方舆胜览》卷四三“吏隐堂”条，中华书局2003年版，第781页。

> 革。纵谈及羲皇，坐待寒月出。[①]

此诗结尾四句与陶渊明的《移居》其二中所描写的读书场景“邻曲时时来，抗言谈在昔。奇文共欣赏，疑义相与析”有非常相似之处，都表现了与邻人一起读书的温馨氛围。再看其《儋耳病起偶题》载：

> 病骨支离睡半醒，雨余芳草入帘青。焚香隐几无人到，读尽黄庭一卷经。[②]

在《迁城南新居》里，李光描述了他在岭海读《易经》时的具体生活环境、生活方式及其身处其中的人生态度与人格个性：

> 背郭通幽面翠微，病躯野性最相宜。旋栽花竹频开迳，恐碍云山短著篱。晓日临窗时读易，晚凉隔屋听评棋。三年瘴岭无归日，聊向深林占一枝。[③]

李光热爱读书，并从古圣先贤的教导中获得人生乐趣的情形也与陶渊明有相似之处。在这首《扫求古圣贤于残编断简中渐觉有味喜而成诗》中，李光生动感人地描述了读书的乐趣及从书中获得人生启示的喜悦之情。诗云：

> 小窗秋半日晖晖，蠹简陈编渐可窥。晨起已空摩诘室，晚凉深下董生帷。参差经影蕉临水，散漫寒香菊绕篱。从此杖藜休引步，习池花草任离披。[④]

此诗将读书的乐趣写得生机盎然，令人心驰神往，颇有陶渊明“既耕亦已

---

① 〔宋〕李光：《庄简集》卷一，见《四库全书》影印文渊阁本第1128册，上海古籍出版社1987年版，第431页。

② 〔宋〕李光：《庄简集》卷七《儋耳病起偶题》，见《四库全书》影印文渊阁本第1128册，上海古籍出版社1987年版，第500—501页。

③ 〔宋〕李光：《庄简集》卷五，见《四库全书》影印文渊阁本第1128册，上海古籍出版社1987年版，第469页。

④ 〔宋〕李光：《庄简集》卷四，见《四库全书》影印文渊阁本第1128册，上海古籍出版社1987年版，第465页。

种，时还读我书。穷巷隔深辙，颇回故人车。欢言酌春酒，摘我园中蔬。微雨从东来，好风与之俱”① 的读书意趣。哀莫大于心死，阅读经典著作的一个重要功能就是使人心不死。南宋迁岭文人对生命之苦有痛切的感受，为了解脱，他们要把眼光从外部纷纷扰扰的世界返回到自我的内心世界，读往圣先贤的经典之作正是调节自我心理机制的良好处方。这正印证了一句名言“古之学者为己”。

读尽《黄庭经》、“晓日临窗时读易”的结果，是李光对人生有了更透彻的领悟。读书点醒了李光，让他从中得到了解脱。从解决人的生命之迷茫的角度来说，儒道佛三家思想都有极其睿智的看法。传统文化思想让李光懂得：世人所追逐的富贵、名利、权力、奢侈的生活都不是真实、有价值的生活，那些名利、权位像天上的浮云一样，很快消散，唯有了解生命的真谛，知道人生真正价值的人才能过一个有意义的人生。阅读往圣先贤的著作，能让生活在困顿中的李光了解真实的人生，让他在虚妄不实的世界中回头，找到自己修养身心之道。

纵观李光的全部诗歌，表现其看破、放下，知足乐易思想的作品数量非常多。《新年杂兴十首》就反映了他在岭海时的具体生活环境、生活条件、生活方式，表达了他寻找到不二法门的欢喜之情：

春潮和雨没平沙，沙岸疏篱尽酒家。北客惯寻寒食路，不知人日已无花。

海邦人日似深春，篱外桃花半不存。自要杖藜闲信步，蹇驴牵去系榕根。

红蕉栏畔小池塘，山雨添花映短墙。自是冰霜元不到，浮花那解傲冰霜。

独酌怡然万虑平，夕阳窗牖喜新晴。矮床睡稳谁呼觉，只有幽禽一两声。

世事悠悠委逝波，六年归梦寄南柯。北来莫怪音书断，衡岳元无雁字过。

信是闲中日月迟，颓然那惜寸阴移。消磨永昼非无术，袖手旁观数局棋。

萧然一榻本无尘，转物庵中老病身。江上桃花空记面，不如啼鸟

① 袁行霈：《陶渊明集笺注》，中华书局2003年版，第393页。

解留春。

负郭幽居一味清，残花寂寂水泠泠。夜深宴坐无灯火，卷起疏帘月满庭。

佳节无人共一尊，荧荧灯火雨昏昏。凭谁与唤烟霞伴，直上罗浮看上元。

去国频经旷荡恩，新年犹寄海南村。掇移妙境非难事，直使心超不二门。①

诗可以兴、观、群、怨。通过李光的诗歌，不仅可以了解到他谪居海南时的生活环境、生活方式、生活条件与人生态度，也可以了解他的思想感情与人际交往。李光因多读释老典籍，与朋友尤其是方外之友交往时有共同语言，他们常通过诗歌酬唱来表达对佛教、老庄义理的认识与看法，既交流了思想，又加深了感情。试看《蘧庵道人寄和重九感怀诗五章语皆超胜意兼释老辄次其韵》，诗云：

百岁光阴日半斜，因缘已透更何嗟。饱参禅窟传心印，一见桃溪悟落花。了得顿门方自在，修持径路断无差。世人学道徒勤苦，终日蒸炊只是沙。②

人的心灵，可以把天堂变成地狱，也能够把地狱变成天堂，一念即为天堂，一念即为地狱。心之所思，人即成之。面对人生的困境，关键在于人如何用心灵去感受、认识自己的处境，从而掇移妙境，化贬所为妙境，化病场作道场，尽心体验生活、尽力避免灾难，怀着平常心、自在心、欢喜心去享受充实而有意义的人生。

刘纲纪指出，中国的民族精神可以概括为理性精神、自由精神、求实精神和应变精神四个方面，并重点突出其中的“理性精神”，他说：

其中最为重要的是理性精神。脱离了理性精神，不可能有真正的

---

① 〔宋〕李光：《庄简集》卷七，见《四库全书》影印文渊阁本第1128册，上海古籍出版社1987年版，第498页。

② 〔宋〕李光：《庄简集》卷四，见《四库全书》影印文渊阁本第1128册，上海古籍出版社1987年版，第464页。

自由精神，也不可能有真正的求实精神和具有积极意义的应变精神。[①]

迁岭文人在逆境中对人生、宇宙、社会、历史进行了深刻的理性思考，从人生的困境中走了出来，化病场为道场，化烦恼为菩提，求得了精神上的自由与安适。

即使是在八十高龄，李光依然热爱阅读，尤其喜欢阅读佛教老庄之类典籍，试看其《跋所书华严经第一卷》自述读书时的动人情景：

> 绍兴辛酉冬，予得罪南迁。幼子孟传生才六年，未能从行，今二十一岁矣。蒙恩近改郴江，一日书来，寄《华严经》一卷，曰："乡僧法久募士大夫如经之数，各抄一卷。"自念八十之年，目昏手颤，字画欹斜，贻笑同社，复怜其勤恳之意，不忍违之。晨起盥手焚香，日课才三百字，凡十八日而毕。[②]

白发无情侵老境，青灯有味似儿时。一个人年轻时养成的阅读习惯、阅读兴趣，往往会影响到他一生对某种类型书籍的热爱，从而影响到其文化性格的形成与人生思考的深度。

可以说，李光读书时就在交友，在与那些优秀的前人时贤交朋友，尤其是与"方外之士、道家者流"、世外高人交朋友。李光必须从贬谪岭海的压抑与苦闷、怨怼与不平中解脱出来，从普通人的日常生活中去感受自然、人生、宇宙的美好，从古往今来的著述中去寻找心灵的知音。读书，为李光提供了一条方便快捷的快乐之道，他通过读书获得了精神支柱、获得了摆脱生活困境的精神武器与解决贬所寂寞无聊生活的最佳方式。好书不厌百回读，熟读深思子自知，读书能够使李光在无形之中，对人间万象、世上苦乐多有了一番体会、领悟，使他得以从人生的失意苦闷中超脱出来，升华自己，摆脱难以避免的羁绊，征服无法想象的困难，从而转向内在心灵的安适与宁静。这是中国传统文化发生转向时的一个重要表现。

就像苏轼年轻时喜欢阅读老庄之类的子书，从而养成了他旷达开阔的心胸眼界一样，喜欢老庄佛教之类的书，也使李光一扫平生习气，养成了他开朗乐观、随遇而安、随遇而乐、随缘自适的人生态度与人格个性。在

① 刘纲纪：《略论中国民族精神》，载《武汉大学学报》1985年第1期，第41页。

②〔宋〕李光：《庄简集》卷一七，见《四库全书》影印文渊阁本第1128册，上海古籍出版社1987年版，第620页。

《山中读书作诗送行》中，李光写了读书时的环境、方式及其从书中体验到的人生感悟，虽以“山中读书作诗送行”为题，却将读书与离别，乃至与整个人生、整个宇宙、整个社会、整个历史、整个大自然联系起来，表现了诗人李光对生活的热爱，对生命的感慨，对人生的思考，对宇宙的认识，对历史的反省，所以李光写读书生活的诗中充满了丰厚的人生意蕴与优美的文学意味。请看此诗：

吾乡顾虎头，千里飞食肉。名参庆历贤，罪入元祐录。堂堂想仪刑，凛凛见眉目。百年议论定，奇祸反为福。森然见诸孙，刻励如白屋。我观宣和间，权倖互当轴。一时名家子，半为阉宦辱。暂时得富贵，卑贱等厮仆。君家贤伯仲，抗志守先躅。幽情寄铅椠，雅尚在松竹。僧房忍朝饥，雪牖耽夜读。访我五松山，怀袖粲珠玉。嗟予久放浪，岁晚守穷独。闭门雀可罗，三径草常绿。依山结衡茅，一饭共脱粟。呼儿具（原本缺），山肴杂野蔌。对桉笑复颦，负我十围腹。去去乐琴书，山中芋魁熟。①

这样的“读书”诗继承了陶渊明“乐琴书以消忧”的审美境界，通过读书来写深沉的人生感慨、世事沧桑，表现出诗人的文化性格与人生思考，也开启了后来陆游通过“读书”诗来表现人生、表现自我灵心慧性的抒情范式。

李光的有些诗虽不以读书为题，实际上也反映了他读书之广，理解之深，研究之细，《双泉诗》就是一首以读苏轼诗为主题的绝妙好诗，诗序云：“自然使君屡督双泉诗，顾东坡绝唱在前，何敢轻作，今晨又辱佳章，因次韵为谢”，从中可见李光读过苏轼的双泉诗，他写的这首诗相当于读苏轼诗的读后感，诗云：

作诗愧才悭，徒勤再三请。一聆咸池奏，顿觉哇瑶静。恶句如恶人，浪出必遭屏。君诗似澄江，万里无滓泞。我诗昧格律，聒耳类鼍黾。苏公经行地，亭宇稍葺整。方池湛寒碧，曾照东坡影。新诗与妙画，千载未为永。不闻宗庙器，傍欲间瓦皿。吾徒且加餐，今古屈伸

① 〔宋〕李光：《庄简集》卷一，见《四库全书》影印文渊阁本第1128册，上海古籍出版社1987年版，第433页。

倾。何如弃寸绳，要出千尺井。蓬莱隔弱水，未易凌倒景。时能访幽独，论文具醪茗。①

在苏轼生前生活过的地方写诗，李光心中自然而然地联想起自己曾经读过的书，把这些书里的内容与自己的日常生活联系起来进行对比，将其中的人生感悟、世事沧桑、历史兴亡融入自己的读书诗中，将日常的读书生活诗化，李光的读书诗也因此而具有了丰富多彩的人生意蕴与活色生香、艳溢锱毫的文学意味。

李光热爱读佛教方面的书籍，塑造了他开朗乐观、万事随缘的文化性格与人生思考。其有诗名曰："予生世几八十年，交游士友有昧平生而一见气合者，有同乡并舍而终身情乖者。因悟笑曰此释氏所谓宿缘也。知此则可以忘忧恼，泯是非，免轮回而脱生死也。因作拙句以道其意云。"此诗题很典型地反映了因缘前定、万事随缘的人生哲理。接着李光用诗歌的语言来阐释这一人生哲理，将其人生思考诗化，也将自己的生活涵泳成了一首诗，诗云：

路隔仙凡只一尘，浮生出没转风轮。宿缘未断形虽换，异世相逢意自亲。圆泽再来寻旧伴，房公一笑悟前身。若将爱见迷真性，万劫难超未了因。②

与此类似，李光在《某到郴几两月适当重阳，而菊犹未开，然江山清远，又仙佛所居，有足乐者，因成鄙句以写离忧》中所表达的思想感情，也能说明佛教思想对他人生态度与人格个性形成的影响：

重阳从古多伤感，逐客南来重叹嗟。镜里但惊添白发，樽前犹未见黄花。求仙顿觉三山近，成佛无令一念差。习气平生都扫尽，更凭橘水洗尘沙。③

---

①〔宋〕李光：《庄简集》卷一，见《四库全书》影印文渊阁本第1128册，上海古籍出版社1987年版，第439页。

②〔宋〕李光：《庄简集》卷五，见《四库全书》影印文渊阁本第1128册，上海古籍出版社1987年版，第481页。

③〔宋〕李光：《庄简集》卷五，见《四库全书》影印文渊阁本第1128册，上海古籍出版社1987年版，第481—482页。

老庄、佛教思想里面包含着非常深刻的人生哲理，对于调节人的心理具有特别重要的作用。

李光通过研读这类书籍，从而运用书中的智慧来应对自己在生活实践中遇到的困难，这时他就非常懂得运用“转败为功”“转祸为福”这种转换角度的方式来思考人生。所谓换位思考，就是善于调整自己的心灵，学会换一个角度看问题，如李光自称“转物居士”，名所居为“转物庵”，其诗云：

萧然一榻本无尘，转物庵中老病身。①

转物庵中一老人，十年岭峤且藏身。黎山万叠波千顷，心镜孤圆月一轮。②

这些诗句表现了他旷达的人生态度与高洁的人格个性。他作《转物庵铭》，深刻阐释了人生天地之间的这一“转”字的真谛：

世尊语阿难曰：一切众生，从无始来迷，已为物失其本心，为物所转，故于是中观大观小，若能转物则同如来。嗟夫！学道之士以成佛为难，则一切众生无复有得者。以为知易则世尊大慈大悲经历尘劫受诸苦恼。至于歌利王割截支体不生嗔恚，犹不了悟。其余大弟子及诸菩萨方修行之初，或投崖饲虎，断臂燃眉，立雪齐腰，如是勤劳，然后乃得，未有自凡夫径超佛果者。譬如瓦砾，欲成黄金，虽经百炼，终不能成。若销金矿，则矿尽金现，是金在矿中，必资锻炼，当知一切众生，各有佛性，无欠无赊，非专苦行，非离苦行，若契本心，则苦行如握土成金；若不明本心，则如黑月履于险道。当观人与非人，性相平等，妄情不起，真心偏知，特在一转之顷耳。昧者不知，乃欲除烦恼而求菩提，舍无明而求佛性，不知烦恼即是菩提，无明即是佛性，失其本心，去道愈远，我今自念此身流浪浊秽，涉世不止，卒蹈大难。昧其根尘为物所转，无有了期。于是宴坐一室，反观

① 〔宋〕李光：《庄简集》卷七《新年杂兴十首》之七，见《四库全书》影印文渊阁本第1128册，上海古籍出版社1987年版，第498页。

② 〔宋〕李光：《庄简集》卷七《书尾寄六十五侄孟容》，见《四库全书》影印文渊阁本第1128册，上海古籍出版社1987年版，第500页。

自性，六用不行，虽有去来随有不昧，因牓所居室曰转物。①

确实如此，李光不为物迷、转向内心寻求平和喜乐，自然能够“转”化角度看问题，随遇而安、游刃有余地逍遥于天地之间。可以说，南宋迁岭文人在逆境中读书，从而尚友古人，从读书中寻找到解脱人生苦闷的方法，建构了自己的精神家园，并从中得到了乐趣、丰富了自己的内心世界、提升了自己的人格境界。

读书，可以给迁岭文人带来快乐。同样，他们也能够常著文章以自娱，通过著书立说来给自己带来快乐，并且产生了深远的影响。古人曾指出著书立说的价值与意义：

盖文章，经国之大业，不朽之盛事。年寿有时而尽，荣乐止乎其身，二者必至之常期，未若文章之无穷。是以古之作者，寄身于翰墨，见意于篇籍，不假良史之辞，不托飞驰之势，而声名自传于后。②

文人正是通过诗词、文章创作来使自己声名不朽，永远活在世人的心里。因此，对于贬谪海南的迁岭文人来说，死亡原本不足畏惧。甚至，由于他们多年来受尽苦难、受尽屈辱、受尽折磨，死亡于他们，或许还是一种解脱。李光的好友、同样被谪居海南的南宋四名臣之一赵鼎就是绝食而死的。李光在被贬谪岭海时也感受到了人生的沉重与不幸，在《庚午春予得罪再贬昌化琼士饯送者皆怅然有不忍别之意严君锡魏介然追路至儋耳兹事当求之古人感叹成古风二首送行》诗中，他道出了贬途之艰难险阻及其与患难之交离别时由黯然神伤转而随缘自适的心理调节过程，颇有豪迈乐观之气概：

绍兴庚午春，李子复南徙。仓皇就长途，夜担不敢弛。饯我无杂宾，亦有方外士。裴杜二者哲，矍铄浑童稚。老禅不忍别，握手挥涕泪。行行至澄迈，名姓难尽纪。酒酣通湖阁，颇获一笑喜。缅怀双泉居，风土信清美。床头挂海月，枕上听流水。夜棋招隐沦，浊酒会邻

---

① 〔宋〕李光：《庄简集》卷一六，见《四库全书》影印文渊阁本第1128册，上海古籍出版社1987年版，第613页。

② 〔三国魏〕曹丕：《典论·论文》，见〔南朝梁〕萧统编、〔唐〕李善注《文选》卷五二，中华书局1977年版，第720页。

里。桑下不三宿，怅恋吾过矣。人生随遇乐，已过犹脱屣。最怜严与魏，触热到儋耳。世情逐炎凉，万古同一轨。对境心数役，何以敌生死。南窗可寄傲，散帙忽盈几。松林十里间，移植颇易致。赫日资繁阴，且复宥老褚。夜凉得深禅，日永常晚起。恨君不少留，伴我读书史。①

然而李光却不愿就死，此诗有注云："寓多老树，方暑藉其繁阴，不忍伐去。"他尚友陶渊明，"南窗可寄傲""卜居牛斗墟，筑室瓦砾中。依然值五柳，仿佛余四松。南窗有幽意，寄傲膝可容"②，用自己善于发现美的眼睛感受到现实生活中还有如此众多美妙、有趣的事物，并且他还能够通过自己的如椽妙笔将这些人生感受书之以诗词、文章，藏之名山，流传久远，此可谓是人生一大乐事。

李光用幽默诙谐的人生态度来面对现实、揭露丑恶、超越自我人生的苦难，这是他热爱生活、从容应对人生苦难而采用的思想武器。在《老野狐》一诗中，李光用传神之笔生动活泼地记录了一则有趣的事、一个有趣的人，从中可以看出李光诙谐幽默、自娱自乐的一面。其序曰：

琼士吴志宁居城之东北隅，深居简出，若素隐者，已而来儋耳，托言学易，且云愿见异人。予始甚嘉之，已而，乃闻与一老妇游。一日，坐间为陈守所诘，惭沮不自安，夜半挈之而遁。戏作此诗欲追寄之不及。

李光在谪居海南时优游吟咏，怡然自得，故能对离奇之事、古怪之人一笑置之，并用游戏诙谐之笔墨将其描绘出来。其诗云：

变化形容似老儒，南来权作白髭须。只应坐上无鹰犬，走作人间老野狐。③

① 〔宋〕李光：《庄简集》卷二，见《四库全书》影印文渊阁本第1128册，上海古籍出版社1987年版，第443页。

② 〔宋〕李光：《杜子固参议累觅南窗诗，勉成鄙句。子固谓杜氏古无二族，祈公其近属也》，见《全宋诗》卷一四二一，北京大学出版社1998年版，第16378页。

③ 〔宋〕李光：《庄简集》卷七《老野狐》，见《四库全书》影印文渊阁本第1128册，上海古籍出版社1987年版，第501页。

李光的幽默感，使他能够用冷嘲热讽的方式来阅世知人，淡化人生的苦难，用解嘲的方式来摆脱困境，以轻松来化解愤懑，从而快乐地在海南生活下来，赢得了当地人民的热爱。这正印证了英国哲学家罗素的一句名言：

快乐的人总是生活在客观之中，他有着自然的情感和广泛的兴趣，他由于这些情感和兴趣而快乐，也由于它们使他成为许多人的情感和兴趣的对象而快乐。①

李光的内心自我调节机制来自他的诙谐，这种诙谐在他的苦难人生中发挥了润滑油、平衡剂的作用，在对抗挫折、批判时事、反映世道人心方面具有特别重要的意义。

李光的这种幽默感、诙谐性，还体现在他那民胞物与的精神上，他对万事万物都充满了感情，尤其是对弱小生命也充满了温情与怜悯。在《友人惠鹅仆方戒杀赠二小诗还之》中，李光写道：

晓随芦雁聚寒汀，只有崇师画得成。欲付庖人应未忍，怜渠岂是不能鸣。

右军池上动成群，何事羁栖傍主人。放汝江湖须远去，莫随鸡鹜恼比邻。②

在日常生活中能够自我调侃，表达自己的生活意趣与人生感慨，并出之于幽默诙谐的语气或笔调，这与“大成至圣先师”的孔子，还有他的迁岭前辈苏轼有一脉相承之处。

除此之外，李光有一种通古今之变、究天人之际的能力。他知道，盛衰兴亡是古之常事，不幸也是生活中的一部分，天下人皆有之，并非我李光一人而已。还有更重要的，李光并非只顾个人的超脱，他还关心天下百姓的疾苦，晚年贬官到海南，他还为当地人民做了很多有益的事，他重视当地的文化教育事业，也会寻找和把握脱离岭海的机遇，更加看透人际关系的真意，以至于清代李慈铭在读《庄简公集》时不禁感叹道：

---

① ［英］罗素：《幸福人生》，吴默朗、金剑译，中央编译出版社 2011 年版，第 184 页。

② ［宋］李光：《庄简集》卷六，见《四库全书》影印文渊阁本第 1128 册，上海古籍出版社 1987 年版，第 485 页。

其中奏议书牍，言言剀切，肝胆照人。在昌化时与胡忠简往复诸书，意气安舒，皆见道之言；而偶及于权奸当轴，劲直无所避。其家书及与故乡戚友书，皆处置如平时，诗尤闲适和平，若未尝在忧患。琼州昌化两谢表绝无怨怼乞怜语，而贬斥贼桧，不少屈节，较东坡儋州上表尤为警绝。放翁尝记公青鞋布袜，闻命即行，及讥赵忠简效儿女子之语，盖学问冲邃，自信有素也。①

由此可见，李光诗词文章在以理遣情之中，处处渗透着意气安舒、见道有得、学问冲邃、自信有素之态，此亦李光之所以为李光、名臣之所以为名臣欤？

据此，以下再顺藤摸瓜、按图索骥地补充两则体现李光文化性格与人生思考的动人案例。陆放翁曾回忆道：

李庄简公泰发奉祠还里，居于新河。先君筑小亭曰千岩亭，尽见南山。公来必终日，尝赋诗曰："家山好处寻难遍，日日当门只卧龙。欲尽南山岩壑胜，须来亭上少从容。"每言及时事，往往愤切兴叹，谓秦相曰咸阳。一日来坐亭上，举酒属先君曰："某行且远谪矣，咸阳尤忌者，某与赵元镇耳。赵既过峤，其何可免？然闻赵之闻命也，涕泣别子弟。某则不然，青鞋布袜，即日行矣。"后十余日，果有藤州之命。先君送至诸暨，归而言曰："泰发谈笑慷慨，一如平日。问其得罪之由，曰不足问，但咸阳终误国耳。"②

陆游对此印象深刻，尤其是李光的风神意态对他影响很大，故屡在文中提及，如在跋《李庄简公家书》时亦道：

李文参政罢归乡里时，某年二十矣。时时来访先君，剧谈终日，每言秦氏，必曰咸阳，愤切慨慷，形于色辞。一日平旦来，共饭，谓先君曰："闻赵相过岭，悲忧出涕。仆不然，谪命下，青鞋布袜行矣，岂能作儿女态邪？"方言此时，目如炬，声如钟，其英伟刚毅之气，使人兴起。后四十年，偶读公家书，虽徙海表，气不少衰。丁宁训戒

① 〔清〕李慈铭著、由云龙辑：《越缦堂读书记》，中华书局 1963 年版，第 648 页。

② 《老学庵笔记》卷一，见钱仲联、马亚中主编《陆游全集校注》第十一册，浙江教育出版社 2011 年版，第191 页。

之语，皆足垂范百世，犹想见其道“青鞋布袜”时也。[①]

由此可见李、赵二人在人格个性、人生态度方面的区别以及陆游对李光的推崇赞叹。陆游对李光的赞叹应当说是正确的，因为观之后来的发展，李光一直保持优游从容、乐观通达的人生态度而得享高寿。当然，赵鼎以抗金报国为第一要义，偏多热血偏多骨，光明磊落直至忧愤而死，宁可玉碎，不为瓦全，燃烧自己，照亮别人，成就了千秋万岁名，其人格精神、人生境界同样可入不朽之林。

李光对人生、世事深刻细腻的哲理思考，也可从陆游的另一则记载中体现出来，据《老学庵笔记》卷八载：

绍兴十六七年，李庄简公在藤州，以书寄先君，有曰：“某人汲汲求少艾，求而得之，自谓得计。今成一聚枯骨，世尊出来，也救他不得。”“一聚枯骨”，出《神仙传·老子篇》。“某人”者，前执政，留守金陵，暴得疾卒，故云。[②]

李光在西江流域藤州所表达的人生思考与老子是一脉相承的，所举之事例，正可作为老子所云“名与身孰亲？身与货孰多？得与亡孰病？是故甚爱必大费，多藏必厚亡”[③]、“金玉满堂，莫之能守；富贵而骄，自遗其咎”[④]的绝佳注脚。

李光能够“不复以存没介怀”的内在深层动因，在于他也像古之李耳一样对人生无常、世事如梦的现实进行了深邃精微的哲理思考。李光在荒凉之地、寂寞之滨、瘴疠之所进行学术思考与精神创造，没有自暴自弃，而是自得其乐，凭着乐趣，凭着热爱，写出锦绣文章，这样的快乐是难以言喻的。毕竟，孤独之时，最适宜进行哲理思考与精神创造，精神财富或许不会显赫一时，但令人欣慰的是，它可以藏之名山、传诸久远。名山事

① 《渭南文集》卷二七，见钱仲联、马亚中主编《陆游全集校注》第十册，浙江教育出版社2011年版，第175页。

② 钱仲联、马亚中主编《陆游全集校注》第十一册，浙江教育出版社2011年12月版，第435页。

③ 〔晋〕王弼注《老子道德经》第四十四章，见《诸子集成》第3册，岳麓书社1996年版，第20页。

④〔晋〕王弼注《老子道德经》第九章，见《诸子集成》第3册，岳麓书社1996年版，第4页。

业，乃经国之大业，不朽之盛事，年寿有时而尽，未若文章之无穷。李光在贬居之所的文学创作，造福后世、功德无量，与天壤同久，共三光永光。

第三节 “不以入岭为难”——迁岭文人苦难意识的消解

宋室南渡以来，文人迁岭是深刻影响到西江流域社会发展的重大事件，这是由迁岭文人亲自参与的西江流域的一次大规模的文化活动，也是历代迁岭文人创造与传播文化的一个重要组成部分。西江流域在很长的时期内是迁岭文人进行文学创作的特定地理环境与文化土壤。南宋迁岭文人在西江流域社会变迁中运用他们的聪明才智广泛交游、体察民情，了解当地风俗，聚众授徒，传播文化，全面发展了西江流域的文化教育事业，并以他们的文化性格与人生思考拓展了西江流域广大士子的文化视野，改变了他们的生活习惯，将先进的文化带到了当地，重建了以迁岭文人为引导的士大夫文化，奠定了西江流域社会文化发展的基础，其中所产生的一系列方法、范式深刻影响了以后西江流域社会的发展。

南宋迁岭文人以迁岭前辈韩愈、苏轼为楷模，尚友古人，因有新的生活环境与人生阅历的启示，他们展现出新的创作风格与审美风貌。林希逸记载刘克庄的迁岭行为与生活作风时道：

> 文清李相当国，擢公江西提举，改广东提举。公不以入岭为难，道出潮、惠，谒昌黎祠，访坡公旧迹。庚子元日始至，以婴孺视岭民，以冰玉帅寮属，岁计羡而商征宽，民夷安之。[1]

南宋迁岭文人大多“不以入岭为难”，他们并不纠缠于自我一时的荣辱得失，能够把看待人生的镜头放在更加远处，从而消解苦闷、抑郁，达到胸襟豁达、乐观自适的人生境界。南宋文人之所以在迁岭时能有这样的人生态度与胸襟气度，主要有两方面的原因：一方面是他们尚友古人，以迁岭前辈韩愈、苏轼为榜样，从他们身上寻找到面对人生苦难、消解抑郁苦闷

① 〔宋〕林希逸：《后村先生刘公行状》，见〔宋〕刘克庄著、辛更儒校注《刘克庄集笺校》卷一九四，中华书局2011年版，第7551—7552页。

的心灵解脱方式，尤其是苏轼居岭时间长、磨难多，但他仍然能够笑看风云，形成了一套化解人生苦闷的心理模式，为后世迁岭文人提供了取之不尽、用之不竭的精神养料；另一方面，经过虞翻、颜延之、宋之问、沈佺期、杜审言、韩愈、柳宗元、刘禹锡、苏轼、黄庭坚、秦观、李纲、赵鼎、李光、胡铨、黄公度、朱敦儒、洪迈等迁谪前辈的努力，西江流域的经济、文化环境有了许多改善，此时的西江流域虽然还是令人生畏的蛮瘴之地，然而因有迁岭前辈精神支柱的激励，再加上西江流域文明的逐渐开化、进步，大多数随后迁岭南来的文人逐渐摆脱了内心的恐惧，他们不再“以入岭为难”，甚至带着一丝好奇与冒险的心态来到西江流域，以亲身体验一下前辈文人“九死南荒吾不恨，兹游奇绝冠平生”的人生经历和豪迈之情。

刘克庄的迁岭，丰富了他的生活阅历，增强了他面对苦难的信心与勇气，从而使他的情感更加坚实饱满，极大地丰富了他的文化性格与人生思考。《后村诗话》前集卷二载，“李伯纪丞相《过海》绝句云：‘假使黑风漂荡去，不妨乘兴访蓬莱。’与坡公‘九死南荒吾不恨，兹游奇绝冠平生’之句殆相伯仲，异乎李文饶、卢多逊穷愁无憀之作矣”。① 这虽然是针对南宋名臣李纲被贬单州团练副使，移万安军安置时所作，然而其中李纲、苏轼的风神意态与精神气质，与入岭南来的刘克庄亦有相通之处。

刘克庄来到西江流域是在嘉定十四年（1221）冬，当时他已经三十五岁了，应广西经略安抚使胡槻之辟，从福建出发，经过江西、湖南，来到广西，嘉定十五年（1222）春天来到了桂林，到这年的冬天，刘克庄考试及格，就辞官告别美丽的西江流域回到故乡莆田。刘克庄“不以入岭为难”，在他的《后村先生大全集》中有大量描写西江流域风物的诗篇。他与南宋名臣胡铨之孙胡槻时常诗词酬唱，受到胡槻隆重的礼遇。到他离开西江流域时，广西帅臣、位高权重的胡槻亲自为他饯行，盛况空前。据《行状》记载：

> 八桂胡公槻以经司准遣辟公，辞不就，魏国力勉之。八桂佳山水，胡与公倡酬几成集。外帅权重，不轻饯客。公入京进卷，胡公饮

①〔宋〕刘克庄：《后村诗话》前集卷二，见吴文治主编《宋诗话全编》第8册，凤凰出版社1998年版，第8377—8378页。

别榕台，人以为前此未有也。[①]

这段迁岭经历使刘克庄对西江流域产生了非常美好深刻的印象，他有许多诗词描写西江流域的自然美景及自己生活其中的悠闲心境。这些诗篇及他在胡榘幕府中所作之文章，受到名流显宦的赞叹赏识、印可延誉，从此刘克庄声名日盛，“时《南岳稿》《油幕笺奏》初出，家有其书。叶公正则评公诗，许以大将旗鼓。赵公履常称公散语与水心不相上下。……诸老多折辈行”[②]，“南塘为西宗，得公诸作于北山，甚奇之。或问北山：‘潜夫诸作如何?’北山曰：‘不患不好，只患忒好。’公归自桂林，迂道见南塘于三山，读公《南岳稿》，称赏不已，自此遂为文字交。水心评公诗曰：‘是当建大将旗鼓者’”[③]。在西江流域幕府的这段生活成了刘克庄人生中宝贵而难忘的经历。

迁岭生活在刘克庄一生中具有特别重要的意义。他深深地认识到这一点，时常对这一难忘的经历津津乐道：“余少未为人所知，水心叶公称其诗可建大将旗鼓，西山真公自为正录时称其文，延誉于诸公。”[④] 在日常的生活中，刘克庄也时常追忆当年居岭、出岭时的情景。《送陈东》记载往昔生活时道：“后十年，予从事广西经略使府，潜仲适漕幕。岭外少公事，多暇日，予二人游钓吟奕必俱，神崖鬼洞，束缊冒进。唐镵宋刻，剜苔疾读。登巘放鹤，俯湫呼龙，平生乐事，莫如桂州时也。既而余二人考举及格，同日出岭。”[⑤]《发湘源驿寄府公》是嘉定十六年（1223）刘克庄里居时所作，他在诗中追忆：“岁晚谋北辕，凄其难为怀。……未闻从事去，亲致元戎来。缱绻谈至夜，霜月照露苔。长跪抱马足，离绪焉能裁？丽谯落天杪，怅望空倚桅。昔人死知己，骨朽名不埋。公有管乐姿，愚非温石才。他时傥后凋，安敢忘栽培?”[⑥] 从中可以感受到，刘克庄对“平

① 〔宋〕林希逸：《后村先生大全集》卷一九四《行状》，见〔宋〕刘克庄著、辛更儒校注《刘克庄集笺校》卷一九四，中华书局2011年版，第7549页。

② 〔宋〕洪天锡：《后村先生大全集》卷一九五《墓志铭》，见〔宋〕刘克庄著、辛更儒校注《刘克庄集笺校》，中华书局2011年版，第7567—7568页。

③ 〔宋〕林希逸：《后村先生大全集》卷一九四《行状》，见〔宋〕刘克庄著、辛更儒校注《刘克庄集笺校》，中华书局2011年版，第7562页。

④ 《后村先生大全集》卷一一二《杂记》，见〔宋〕刘克庄著、辛更儒校注《刘克庄集笺校》，中华书局2011年版，第4672页。

⑤ 〔宋〕刘克庄著、辛更儒校注：《刘克庄集笺校》卷九四，中华书局2011年版，第3968页。

⑥ 〔宋〕刘克庄著、辛更儒校注：《刘克庄集笺校》卷六，中华书局2011年版，第375页。

生乐事，莫如桂州时”的留恋及追忆往昔生活时“凄其难为怀”的惆怅与感伤。

嘉熙三年（1239）十月，五十三岁的刘克庄除广东提举，时隔十八年后，刘克庄再次来到西江流域，并于嘉熙四年（1240）八月升任广东转运使，重阳，以漕摄帅。刘克庄曾入西江流域广西帅臣胡槻幕府中任幕僚，后又来到岭南任广东提举，以漕摄帅，从西江流域的一个幕僚升任为地方帅臣，他以幕主之位时常与同僚们诗词唱和，丰富了西江流域的文化事业。刘克庄再次来到岭南后，仍然喜欢寻幽探胜，寻访迁岭前贤生活过的遗迹。试看他所作的《东坡故居》：

> 嘉祐寺荒谁与葺？合江楼是复疑非。已为韩子骑麟去，不见苏仙化鹤归。
>
> 惠州副使是新差，定武端明落旧阶。尽遣秦郎晁子去，只携《周易》《鲁论》来。①

苏轼在谪居惠州时写下了吟咏惠州西湖的名作《江月五首并引》，其诗小序写得很好，颇能反映苏轼迁岭时的旷达胸襟：

> 岭南气候不常。吾尝曰：菊花开时乃重阳，凉天佳月即中秋，不须以日月为断也。今岁九月，残暑方退，既望之后，月出愈迟。予尝夜起登合江楼，或与客游丰湖，入栖禅寺，叩罗浮道院，登逍遥堂，逮晓乃归。杜子美云：四更山吐月，残夜水明楼。此殆古今绝唱也。因其句作五首，仍以“残夜水明楼”为韵。

序中所言“丰湖”即惠州西湖也。此诗写出了苏轼自己在游览西湖美景时深刻的人生感受。这些诗句如此优美动人，自然引得后来文人墨客追随效仿。刘克庄来到惠州后，跟随着苏轼的足迹，写下了《丰湖》诗。辛更儒引用光绪《惠州府志》卷三一《流寓》来注解“帝恐先生晚牢落，南迁犹得管丰湖”两句：“谓苏轼。轼于绍圣初安置惠州，初至，寓合江楼，继迁嘉祐寺，后乃卜筑白鹤峰，居惠凡四年，泊然无所芥蒂，人无贤愚皆

---

① 〔宋〕刘克庄著、辛更儒校注：《刘克庄集笺校》卷一二，中华书局 2011 年版，第 705 页。

得其欢心。”[①] 从这段注解苏轼、刘克庄的异代之间的同题共作中，可以感受到苏轼在文化性格与创作风貌方面对后世迁岭文人所产生的广泛而深刻的影响。惠州西湖原名丰湖，经过迁岭文人苏轼、刘克庄的题咏赞赏，成了如今惠州最著名的风景名胜，“江山留胜迹”，乃是有苏、刘这样的名流显人在此登临赋诗的缘故。

对西江流域风物有深入了解的南宋迁岭文人不再视岭南为畏途，一方面是因为受到了迁岭前辈苏轼人生思考与文化性格的指引，另一方面是文人来到西江流域的生活实践使然。前辈迁岭文人的模范指引与自己在当地的生活实践对后世迁岭文人心灵启迪的作用是非常巨大且重要的。他们以迁岭前贤为榜样，尚友、效法古人，在西江流域生活时以积极的态度为当地人民谋福利，造福当地百姓。

迁岭文人在西江流域的创作，时常表露的是个人遭到放逐，在寄居他乡、流离播迁之际的情感和思考，这样的创作既是个人的，也是时代、地域的，反映了迁岭文人在面临迁徙流播命运时的犹豫、彷徨、恐惧不安及坚韧、顽强、执着不屈，众多个体的创作组合在一起就形成了迁岭文人的集体情感和价值取向。从这个意义上说，迁岭文人的作品可以理解为认识、总结和展示中华民族精神及其形成演进的重要形式。正如郑振铎指出：

> 我们要了解一个时代，一个民族，或一个国家，不能不先了解其文学。……文学史的主要目的，便在于将这个人类最崇高的创造物文学在某一个环境、时代、人种之下的一切变异与进展表示出来……“中国文学史”在这样的情形之下，便是一部使一般人能够了解我们往哲的伟大的精神与崇高的创作成就的重要书册了。一方面，给我们自己以策励与对于先民的生活的充分的明了，一方面也给我们的许多友邦以对于我们的往昔与今日的充分的了解。[②]

这段话对于从中华民族精神和心灵史的角度来理解迁岭文人在西江流域的创作活动是重要的理论指导。地方文化的发展与社会变迁不是一蹴而就的，而是经过了历代无数仁人志士的努力共同完成的。

---

① 〔宋〕刘克庄著、辛更儒校注：《刘克庄集笺校》卷一二，中华书局2011年版，第706—707页。

② 郑振铎：《插图本中国文学史·绪论》，北京出版社1999年版，第4—5页。

从汉末建安文人前往荆州依靠刘表，乃至到了唐代杜甫流寓蜀地依靠严武生活的时期，岭南地区仍然是落后、蛮荒的，不但经济落后，文化也相对落后，被大多数士大夫视作畏途。然而，到了南宋，西江流域在文人的印象中已经有了很大的改观，他们甚至“不以入岭为难”，从流寓岭南的生活经历中悟出了独特的人生智慧①。正因有了虞翻、颜延之、宋之问、沈佺期、杜审言、柳宗元、苏轼、黄庭坚、唐庚、胡铨、李光、朱敦儒等先后谪居岭南的文人人生思考与文化性格的指引，随后迁岭而来的文人才能化病场为道场，化烦恼为菩提，意识到岭南的偏远、荒凉之后，不畏艰难，怀抱着好奇之心与豪壮之情，想要效仿迁岭前贤，也要来此走走看看，经历一次“它日宾主来归，余固衰惫，尚能携斗酒彘肩，出里门一笑相劳苦也”② 的人生体验。

到了元代，已经有人认识到了岭南虽然辟远荒芜，如果有好官为政于此，未尝不能有所作为，而且正是由于一代又一代的文人迁岭而来，西江流域才逐渐得到开发利用，社会文明也日益发展，由原来人们心目中的“偏且远，风气异中州”，转变到“风气与中州亦不甚异，食有海之百物，果有丹荔黄蕉，花有素馨山丹，其人少争讼，喜游乐，使者无以南粤视之，则嘉政美俗与江东西闽浙不异”③，这种情况的出现有一个漫长的演变过程，此前迁岭文人付出了巨大的努力，做出了重要的贡献。

① 《后村集》卷九六《送卓渔之罗浮》载：“惠在广左，未为深入，苏、唐二公遗迹在焉，罗浮山、丰湖之胜甲东南，余曩使粤，更再寒暑，幸免黄茆之沴，亦无薏苡之谤，是在人而已。元城公有止酒之戒，田承君有在京师病伤寒之喻，苟伐天和，虽在中州而病，不必南州能病人也。前人有夷齐不易心之论，苟萌得心，虽饮廉泉而浊，不必贪泉能污人也。”见〔宋〕刘克庄著、辛更儒校注《刘克庄集笺校》第9册，中华书局2011年版，第4053页。

② 《后村集》卷九六《送卓渔之罗浮》，见〔宋〕刘克庄著、辛更儒校注《刘克庄集笺校》，第9册，中华书局2011年版，第4053页。

③ 〔元〕徐明善：《芳谷集》卷上《送郑大使之广东序》，见《四库全书》影印文渊阁本第1202册，上海古籍出版社1987年版，第574页。

结　语

西江流域文化发展，源远流长，影响深远。文人迁岭，是促使西江流域地区得到广泛而深入开发的一个重要因素。本书研究的内容是：西江流域地区是如何由原来的蛮荒之地变得越来越文明的？本书想要选取一个视角，着重探索迁岭文人在其中所起到的作用。

西江流域社会的进步与文明的发展，离不开语言和文字，而文人迁岭无疑能促进当地语言与文字得到更加普遍的运用，这在一定程度上促进了当地文化的发展。据《后汉书·南蛮西南夷列传》载：

> 及楚子称霸，朝贡百越。秦并天下，威服蛮夷，始开领外，置南海、桂林、象郡。汉兴，尉佗自立为南越王，传国五世。至武帝元鼎五年，遂灭之，分置九郡，交阯刺史领焉。……凡交阯所统，虽置郡县，而言语各异，重译乃通。人如禽兽，长幼无别。项髻徒跣，以布贯头而著之。后颇徙中国罪人，使杂居其间，乃稍知言语，渐见礼化。①

东汉时期，西江流域交趾地区还比较偏远蛮荒，当时中原因罪而遭受贬谪之人来到西江流域，不但带来了“中国言语”，还促进了当地的“礼化”。语言是文明的载体，尤其是具有高度形象与美感的文学作品，更是促进文化发展，体现文明程度的重要标志。

从事西江文化与迁岭文人研究，既要重视史实考辨与理论抽绎，更不能忘记文学最重要的功能——“感动人，激发对他人的同情和共鸣”②，王水照对此有独到的分析，指出：

---

① 〔南朝宋〕范晔撰、〔唐〕李贤注：《后汉书》卷八十六《南蛮西南夷列传》，中华书局2000年版，第1915—1916页。

② ［日］川本皓嗣语，参见张伯伟《中国文学批评的抒情性传统》，见莫砺锋编《谁是诗中疏凿手——中国诗学研讨会论文集》，凤凰出版社2007年版，第30页。

> 不少学者指出，不能仅止于作家的籍贯分布，而应关注籍贯地理以外作家的活动地理、作品描写地理、传播地理等方面，要特别注意“地理”之于“文学”的“价值内化”作用。也就是说，有两种地理，一是作为空间形态的实体地理，一是由文学家主体的审美观照后所积淀、升华的精神性“地理”。这一见解深化了“文”与“地”关系的认识。……对于具体作家的文学创作而言，上述有关籍贯的四个层次，其作用是不等量的，对于我们文学研究者而言，宜把注意力放在这类文学与地理的实质性的关捩点上。①

这段话为本研究提供了深入细致的理论指导，王先生博大精深、深美闳约的研究实践，也提供了一个如何进行学术探索的成功范例，为本研究指明了具体的方向。迁岭文人之于西江流域社会变迁，就像从外吹来新观念、新生命、新形式、新事物的暖流，至今这些迁岭文人的优秀作品仍然向西江流域文化发展辐射出精神的热能。我们一遍遍阅读迁岭文人作品的过程也就是一次次地从他们的作品中倾听迁岭文人内在深沉的心声的过程，从中能够感受到一种向上的力量，一种异样的热情，深刻地感受到古今历史文化生命的息息相通。在仕宦寓居、流离播迁、贬谪流放、羁旅漂泊频繁的日子里，迁岭文人不畏岭南之地的险境，在西江流域地区开辟出了一片广阔的新天地。更有甚者，有些迁岭文人历尽人生的艰难险阻、费却无数心血之后，仍然无法回到朝廷，将自己生命中最后的光辉献给了西江流域这片土地，为自己的信念付诸了伟大的实践，最终托体同山阿，与西江流域的自然大化融为一体，令后人无限嘘唏感叹。从现存的文献资料及迁岭文人留存下来的零金碎玉般的美妙文字中，仍然可以感受到他们历经苦难的灵魂及他们在苦难中超越自我、解脱苦闷的心理模式，不至于令那些在西江流域社会变迁及文化发展史上做出重要贡献的生命和伟大情怀消逝在历史的尘埃之中。

迁岭文人在晋室南渡、安史之乱、靖康之难以来的特殊社会环境下的人际交往、迁岭方式、居岭态度，体现了一种生活的规则，其中蕴藏了极其深刻的传统文化智慧，体现了中国文人思维方式的奥妙。我们可以从历史中读懂现实，也可以通过现实生活来理解、反观历史。文人的迁岭，是

① 王水照：《宋代文学研究的前沿问题——以文学与科举、党争、地域、家族、传播等学科交叉型专题为中心》，见《第八届宋代文学国际研讨会论文集》，中山大学出版社2015年版，第2—3页。

整个中国文学史乃至中国文化史上的一个重要议题。本书力图突破学界主要着眼于对韩愈、苏轼等少数著名迁岭、居岭文人进行个案研究的格局，从群体演进与文化认同的角度，对迁岭文人进行全面系统的研究。在具体思路上，本书力图以充分的文献发掘为基础，文史结合，既注重西江流域社会变迁与迁岭文人相结合的关系与进程，也特别注意突出西江流域的地域特征与文人迁岭居岭时的人格个性与人生态度，通过对秦汉以来的基本史实与迁岭文人的文学创作的综合分析与文本细读，系统考察西江流域社会变迁与迁岭文人群体的动态发展，着力探讨西江流域社会文化演进代变的历程及其内在深层的历史文化动因，深入揭示出迁岭文人丰富多彩的生活实践与文学创作风貌，全景式地描述西江流域社会变迁与迁岭文人文化性格与人生思考发展演变的过程，以期从广度与深度上拓展加深西江流域社会变迁与迁岭文人研究的领域和空间，为这一方面的研究提供一个可以继续深入探讨的新的学术增长点，以期引起时贤及方家对这个方面研究的兴趣，从而推动这一研究领域的发展，为西江流域社会变迁与迁岭文人的研究开拓出一个新局面。

迁岭文人的创作，有着重要的审美价值与认识价值，对于认识、了解西江流域这一特殊的社会环境及文人迁居的地域文化特征有着重要的意义。文学的功能是一个人言人殊、莫衷一是的问题。程千帆指出："文学本身是一种情感作用"①、"对古代文学的作品理解要用心灵的火花去撞击古人，而不是纯粹地运用逻辑思维"②。对于与西江流域社会变迁关系密切的迁岭文人，本书将他们的文化性格与人生思考当作中国传统文化在特定历史时空的独特表现来加以考察，在西江流域社会变迁的背景下寻求一个合适的切入点，力求切实、准确地阐述迁岭文人的文学创作。

从大量事实中可以看出，西江流域的地理环境对于迁岭文人来说是一个崭新的世界。中原地区是文化的中心，而南方长期以来一直被视为边缘，尤其是西江流域的某些地区显然是湿热、充满瘴疠的蛮夷之地，是流人放逐之乡。东汉末年王粲《七哀诗》中"复弃中国去，委身适荆蛮"表现出来的思想感情，流露出了中国传统士大夫长期以来存在着的正统观念。"山水以形媚道"，迁岭文人的创作之路与他们的心灵解脱之道是相伴

① 程千帆：《两点论——古代文学研究方法漫谈》，见巩本栋编《程千帆沈祖棻学记》，贵州人民出版社 1997 年版，第 81 页。

② 程千帆：《两点论——古代文学研究方法漫谈》，见巩本栋编《程千帆沈祖棻学记》，贵州人民出版社 1997 年版，第 82 页。

而行的，反映出迁岭文人们在苦难困顿的生存环境下通过山林云水寻求觉悟、走向超脱的心路历程。神龙元年（705），武则天退位，宋之问依附的武后宠臣张易之、张昌宗被诛，宋之问的仕途发生很大改变，两次贬谪流寓到西江流域。第一次被贬谪到西江流域的泷州（今广东罗定），第二次被贬谪流寓到西江流域的钦州（今广西钦州），后改迁到西江流域的桂州（今广西桂林），最后便死在桂林。西江流域既是宋之问一生政治生涯最后落幕之处，是他人生的终点站，也是最能体现他文学创作的高潮与结束的地方，是最能代表他文学创作风格因迁岭而发生的转变与最后的成熟的场所。这就构成了本课题叙述视角的两个要素。特殊社会背景与政治环境迫使大量知识精英迁至岭南，在某种意义上改变了士大夫的生存状态、生存方式、生存环境，他们的思想、情感、观念、心理也随之发生了改变，形成了一种独特的文化性格与人生思考。本书从体制、文化、人性、思维、情感、心理诸方面对迁岭文人进行了初步探讨，探讨迁岭文人在历劫多难的流寓生活中对命运的反抗与超越，以及特殊社会背景下迁岭文人性格的复杂、无常、矛盾之处，目的是想突出人性的幽暗与光明、压抑与舒张、沉沦与抗争，通过研究特殊社会背景下迁岭文人的表现来揭示中国政治生活中若干普遍现象，重点揭示出迁岭文人超越苦难的心理模式及其在西江流域社会变迁与中国文学发展史上的重要意义。

论者常言，文化重心的南移，在历史上有三次重要的时期，一曰五胡乱华，晋室南渡；二是唐代动乱，文人南迁；三称靖康之难，北宋灭亡，宋室南渡。这三次南迁都对西江流域社会变迁与文化发展产生了深刻的影响。

五胡乱华，西晋灭亡，晋室南渡。这次南渡对岭南社会变迁与文化发展产生了深远的影响。胡守为指出："自东晋偏安江南，岭南与朝廷的距离缩短，社会状况也进一步与中心靠近，涉足岭南不至于视为畏途，出仕岭南者，不乏上层有学识之士。"① 著名诗人、陶渊明的挚友、"元嘉三雄"之一的颜延之曾在西江流域的始安郡（桂林）为宦，在独秀峰下读书，在文学创作与文化发展方面多有建树，极大地丰富与提升了西江流域的社会地位。

历史学家田余庆指出："从宏观来看东晋南朝和十六国北朝全部历史运动的总体，其主流毕竟在北而不在南。只是北方民族纷争，一浪高过一

① 胡守为：《岭南古史》（修订本），广东人民出版社 2014 年版，第 221 页。

浪，平息有待时日，江左才得以其上国衣冠、风流人物而获得历史地位，才有门阀政治及其演化的历史发生。但是不论在北方或在南方出现的这些事情，都不过是历史的表面现象。历史运动中的胜利者，不是这一胡族或那一胡族，也不是江左的门阀士族或次等士族。历史运动过程完结，它们也统统从历史上消失了。留下来的真正有价值的历史遗产，是江南广阔的土地开发和精致的文化创造。是北方普遍的民族进步和宏伟的民族融合。这些才是人民的业绩和历史的核心，而人民的业绩和历史的核心，又要通过历史现象的纷纭变化才能完成，才能显现。”① 第一次文化重心的南移给南方带来的广阔的土地开发与精致的文化创造，不仅江南如此，西江流域的广大地区也因此而得到了开发。岭南的“所谓古史，上限是指有文字记载以来的历史，下限至南朝。这个时期的岭南从原始社会阶段，经过数百年的开发，已逐渐与中原融合成一体，此后岭南地区在我国历史上逐渐发挥着重要的作用”②，岭南与中原的融合，是促进西江流域社会变迁与文化发展的大事，其中迁岭文人起到了重要的作用。文人的南迁，促使中原文化与岭南文化融合，同时也带来了西江流域的社会变迁与文化发展。

二是唐代动乱之际，文人南移。流寓到蛮荒之地的迁岭文人从地方风土人情中汲取养料，并经过自己的加工创造，提升了地方的文化品位与境界，从而促进了地方文化的深入发展。虽然宋之问、沈佺期、杜审言、李邕、李绅、柳宗元、刘禹锡、韩愈、李涉、吴武陵、李德裕等迁岭文人因贬谪被迫来到文化相对落后的岭南地区，他们遭受贬谪之时，心中有万般的悔恨、千般的痛苦，可是他们的到来，客观上却极大地促进了这些落后地区的文化发展与社会变迁，尤其是李绅寓居端州、李涉流寓康州，更是直接对西江流域社会产生了重要的影响。南汉刘氏政权（917—971）在岭南建立，这是五代十国时期建立在岭南的一个封建政权。南汉政权历三世五主，据史籍记载：“唐乾符五年，黄巢攻破广州，去略湖、湘间，广州表谦封州刺史、贺江镇遏使，以御梧、桂以西。岁余，有兵万人，战舰百余艘。谦三子，曰隐、台、岩。谦卒，广州表隐代谦封州刺史。”③ 刘氏政权从西江流域的封州（今广东封开）起家，刘谦任职封州刺史时拥有精兵过万，战舰百余，势力雄厚，其子刘隐亦雄才大略，颇具政治智慧与战

① 田余庆：《东晋门阀政治》，北京大学出版社2012年版，第345—346页。

② 胡守为：《岭南古史》（修订本），广东人民出版社2014年版，第1页。

③ 〔宋〕欧阳修撰、〔宋〕徐无党注：《新五代史》卷六五《南汉世家》，中华书局2000年版，第531页。

略眼光。刘隐父子主政封州时，扩展武力，发展经济，充实财政，极力揽入各地人才。据载："隐父子起封州，遭世多故，数有功于岭南，遂有南海。隐复好贤士。是时，天下已乱，中朝士人以岭外最远，可以避地，多游焉。唐世名臣谪死南方者往往有子孙，或当时仕宦遭乱不得还者，皆客岭表。王定保、倪曙、刘濬、李衡、周杰、杨洞潜、赵光裔之徒，隐皆招礼之……皆辟置幕府，待以宾客。"① 因此，南汉一朝"名流毕集，分任得宜，岭表获安"②。《方舆胜览》卷三四在"广东路"中专门提及"可以避地"，并引用《五代史·刘隐传》来说明这一点：

> 唐末，天下已乱，中朝士人以岭外最远，可以避地，故多游焉。③

从《新五代史·刘隐传》中，可以知道"唐世名臣谪死南方者，往往有子孙皆客岭表"④。南汉政权建立在中国古代第二次移民高潮唐末五代之际，它对西江流域社会变迁与文化发展影响深远。

最重要的一次南迁是靖康之难。宋室南渡以来，人口的流动远远大于以往任何时候，中原士大夫大量涌入岭南，所谓："时中原士大夫避难者，多在岭南"，广西与少数民族地区接壤的沿边十三州也有士大夫迁入⑤，值得注意的是，两宋以来，岭南文化深受江南文化的影响。司徒尚纪指出：

> 两宋移民特点：一是多来自江南，比较了解和容易适应岭南的自然和文化环境。二是有意识、集体迁移，聚集而居，形成一股股强大地方势力。……三是具有文化优势，中国经济到两宋已完全转移到江南，江南也同时成为人文渊薮。江南文化比中原文化更接近岭南文

---

① 〔宋〕欧阳修撰、徐无党注《新五代史》卷六五《南汉世家》，中华书局2000年版，第531页。

② 〔清〕梁廷楠著、林梓宗校点：《南汉书》卷九，广东人民出版社1981年版，第46页。

③ 〔宋〕祝穆撰、〔宋〕祝洙增订、施和金点校：《方舆胜览》卷三四"广东路"，中华书局2003年版，第604页。

④ 这段记载又见于〔宋〕祝穆撰、〔宋〕祝洙增订、施和金点校《方舆胜览》卷三四"广东路"，中华书局2003年版，第604页。

⑤ 〔宋〕李心传：《建炎以来系年要录》卷六三"绍兴三年二月癸未"，中华书局1988年版，第1084页。

化，其对岭南意义也更大。[1]

这是先得笔者之心的中肯之论，江南与岭南都属南方，在地理文化上比较接近，气候物产比较相似，岭南文化发展较易受到江南文化的影响。可以说，两宋以前迁岭文人主要在西江流域传播中原、荆楚等地的优势文化，两宋文人寓居岭南后，则主要在西江流域播种江南先进的文化。

宋南渡后贬谪、游宦、流寓到岭南的“衣冠家”人数之众、时间之长及影响之大，展示出迁岭文人的各个方面。据郝玉麟《广东通志》载：“仕宦谪籍岭南尤众，岂非以古荒服地而蛮烟瘴雨之乡欤?”[2] 这些名宦、谪宦、流寓文人迁居岭南的时间或长或短，据不完全统计，张九成谪居14年[3]，李光谪居17年[4]，胡铨谪居18年[5]，有时还牵连到子孙。如洪皓，据《宋史·洪迈传》所载，就影响到其后人的仕途进退[6]，有的甚至死于贬所[7]。朱刚指出：

> 被贬谪者本身具有的才能和影响力，也被强制送到那样偏远的、很少得到大人物光顾的地方，对当地的开发多少也起到有益的作用。比如潮州、柳州、黄州，就因为曾经是韩愈、柳宗元、苏轼的贬地，而在文化史上闪耀出一片异彩。很难断定贬谪这种惩罚方式是否本来就带有一举两得的目的，但它确实为许多穷乡僻壤带去了机会。同时，被贬谪者也经受了严重的身心考验，拥有了一段非同寻常的人生经历，这对其心理成长和事业发展必然影响甚巨。[8]

西江流域与迁岭文人的影响是相互的：一方面，迁岭文人给西江流域带来

---

① 司徒尚纪：《岭南文化地理》，广东人民出版社2020年版，第40页。

② 〔清〕郝玉麟等监修、〔清〕鲁曾煜等编纂：《广东通志》卷四三《谪宦志》，见《四库全书》影印文渊阁本第563册，上海古籍出版社1987年版，第896页。

③ 参见尹波《张九成年谱》，见吴洪泽、尹波主编《宋人年谱丛刊》第八册，四川大学出版社2003年版，第4887—4932页。

④ 参见方星移《宋四家词人年谱·李光年谱》，黑龙江人民出版社2008年版，第85—214页。

⑤ 〔元〕脱脱：《宋史》卷三七四《胡铨传》，中华书局2011年版，第33册，第11582—11583页。

⑥ 〔元〕脱脱：《宋史》卷三七三《洪迈传》，中华书局2011年版，第33册，第11570页。

⑦ 〔明〕叶盛《水东日记》卷一四，见《四库全书》影印文渊阁本第1041册，上海古籍出版社1987年版，第83页。

⑧ 朱刚：《苏轼十讲》，上海三联书店2019年版，第118页。

了先进的文化思想，另一方面，西江流域的特殊地理环境、风土人情对迁岭文人的处境、心境与命运都产生了重要影响。相同的道理，江山也要伟人扶，西江流域的柳州、梧州、藤县、桂林、玉林、贺州、广州、江门、肇庆、德庆、佛山、云浮、新兴、容县、英州等地也因颜延之、宋之问、杜审言、柳宗元、李商隐、包拯、苏轼、苏辙、蔡确、张孝祥、范成大、吕本中、陈与义、曾几、胡铨、胡寅、李纲、朱敦儒、黄公度、李光、洪皓、洪迈、洪适、高登、李曾伯、刘克庄、方信孺等文人的到来而大放异彩。这些在逆境中生活下来的文人为西江流域社会变迁与文化发展奠定了坚实的基础。西江流域的某些地方原来是蛮山瘴水的偏僻之所，迁岭文人使其变成了人文荟萃之地。大量的迁岭文人在西江流域的山水风物中暂时远离了朝廷的政治纷争，获得了宁静闲暇的时光，从而把自己充沛的活力、创作的愉悦、崭新的体验融入当地的文化活动，为中华民族留下了宝贵的集体记忆与文化遗产，广泛地影响到当地民众的文化心理，促使他们产生了比较一致的文化认同与文化行为，这无疑有利于当地文化事业的发展与社会风气的变迁。

因此，本书围绕着特殊社会背景下迁岭文人在岭南地区的生活方式及其相关的一些问题，进行较集中地讨论，把迁岭文人定位在西江流域文化发展的大环境中进行研究，综合当时的政治、经济、宗教、民风民俗等社会文化因素，真实地还原西江流域社会变迁与文学的文体特征，这在文学价值论和文学本体论的学科意义和方法论意义上，是一种新的尝试。具体而言，笔者希望在如下方面取得一定的突破：

（1）晋室南渡、安史之乱、靖康之难以来，大量人口涌入西江流域地区，中央朝廷混乱，胡人入侵，导致文人迁岭成了一种社会风气，一种普遍存在的人生选择。这三个时期之所以占有如此重要的地位，跟中国历史上文化中心的南移有着十分密切的联系。文化中心的南移又与大规模的移民息息相关。移民大都由北到南，由黄河流域到江淮之地、长江流域，再到西江流域。西晋“永嘉之乱”，北方战乱频仍，大量人口为了躲避战乱而南迁，有些来到了西江流域；更大规模的人口迁移是“安史之乱”之后，直到晚唐五代，人口大量由黄河流域迁徙到长江流域，并进一步深入到了西江流域；第三次人口的南迁，规模最大而且影响最为深远。“靖康之乱”以后，北宋灭亡，南宋在临安建都，大量北方移民寓居南方，“时江北士大夫，多避地岭南者”①，有些文人甚至就流寓并定居在西江流域。几次大规模的人口南迁，带来了文化中心的南移，造成了西江流域社会文化的发展变迁。截至目前，较少有人留意过迁岭文人在西江流域的生活方式，历代正史对他们在西江流域的生活环境也少有记载，学术界对迁岭文人迁居西江流域的文献资料还较陌生，而这些资料的历史价值却在与文人诗词、野史笔记、地方志的互证中清晰地呈现出来了。本书将古代文学领域与西江流域地方文化结合起来进行研究，为学术界提供了一个文学地理学研究的具体案例。

（2）文学的方式最能表达具体的生活内容与心态情感。实际上，许多迁岭文人的作品内涵复杂，不仅仅具有抒情言志的功能，还有重要的史料价值。相对于大多数迁岭文人一生的创作而言，迁岭时期所赋诗篇占的比例或大或小。但他们的文学作品在迁岭寓岭过程中，有时却发挥出其独特的作用。迁岭文人借助文学作品完整地展现他们迁居岭南的过程，表现了他们对于迁岭的恐惧、焦虑、紧张、彷徨及他们如何在迁居岭南之后克服这些不良情绪、从负面情感中解脱出来的心路历程。在众多迁岭文人中，虞翻、颜延之、韩愈、刘禹锡、柳宗元、李商隐、苏轼、黄庭坚、秦观、李纲、李光、黄公度、刘克庄等历史文化名人之迁居岭南尤其广为人知，在当地产生了深远的影响。在他们迁岭过程中，文学创作扮演着重要的角色，起到了非常重要的作用。本书试图将这些文人迁岭的文化意义揭示出来。

（3）迁岭文人的文化性格与人生思考，无疑会对当地人尤其是读书人产生深刻的影响，被当地人效仿学习，他们在西江流域为天地“立心”。他们先进的治理方法、管理水平，让当地百姓能够安身，过上更加文明的生活，就是在为西江流域的生民“立命”。他们在西江流域的著书立说就是在西江流域“为往圣继绝学”。正是这些社会精英、文化巨人来到西江流域，把先进的技术、开明的思想、文明的理念与伟大的人格带到了此地，使某些原本落后的地区得到了改变与发展，这些地区的文化才得以生生不息、源远流长，这就是“为万世开太平”。历代迁岭文人在西江流域社会变迁与文化发展进程中所产生的深远影响由此可见其大端。可是，对迁岭文人群体人格精神的整体把握，还很少有人从特殊的社会环境及西江流域文化的具体特征的角度去观察其发展与演进，缺少新的视野和更深层

① 〔宋〕李心传：《建炎以来系年要录》卷五六，中华书局1988年版，第986—987页。

次的开掘。学术界往往局限于对某一重要文人的考察，而能综合当时政治、文坛创作、文人群体、时代风尚、岭南文化来作宏观研究者则较少。这使迁岭文人的生存环境、生存方式、心态变化与文风流转衍变的内在联系，也无法得到更为专门的关注。本书的研究，可以使学术界在时代特征、地域文化这个宏大视野中，重新认识中国古代文学的演进历程。

（4）着重探讨了元祐文人尤其是苏轼、黄庭坚的人生思考与文化性格及其对后世迁岭文人心理和创作的深刻影响。两宋时期活跃的诗歌流派、频繁的社交活动、繁盛的文学批评，还有那些价值极高的地域文学作品，与苏轼、黄庭坚寓居岭南及当时崇苏、学黄的时代特征和文人的迁岭行为有着一定的内在联系。如不认真梳理阐述，给予允当评价，对于古代文学风貌的研究，或许有遗珠之叹。

（5）近年来贬谪文学研究颇受学界关注，但流寓岭南文人的研究相对薄弱。本书一定程度上补充了这一不足，主要基于西江流域社会变迁，对迁岭文人及其作品进行研究。本书力求拓宽视野，不限于就文学史而研究文学史，而是将当地人事的变迁、社会环境的变化、民俗文化的变迁纳于一编，希望比较深刻地展现和诠释流寓岭南的文人在西江流域这样一个特殊地域所做出的贡献，以体现文人迁岭寓岭的生活史。

（6）在历代正史、野史笔记、文人年谱、资料汇编等相关文献的基础上，本书结合迁岭文人的文集考证钩沉了他们的生平事迹、探究他们迁岭的深层历史动因，以辨析迁岭行为背后的儒家义理、价值观念为重要视角，借助历史学、社会学、政治学及思想史等学科的研究方法，在交叉学科中，研究时代特征、岭南文化与古代文学的生成与发展，揭示士大夫在特定生活情境中所表现出来的人性特征及其对于认识西江流域社会文化发展的历史意义。笔者对正史、野史、笔记以及诗歌、各类文章中具有史实性质的材料进行了系统的分析研究。当时与文人迁岭关系密切的各种文献资料，是笔者尤其注意的重点。对于迁岭文人如何在文学创作中铺陈、展现他们的情感与思绪，如何在一字一句、声韵格律、文笔精华之间表现出历史经验、地域见闻、心灵感受等也是笔者进行研究的内容。至于大量迁岭文人作品中蕴藏的时代情绪、伦理观念和文化记忆，更是笔者的研究兴趣与兴奋点所在。

（7）流寓之地的山林云水、自然风物是迁岭文人们心灵最好的避难所。他们非常喜欢描写流寓之地的山水风物，并在其中表现自己怡然自乐的优游生活，借以排遣心中的苦闷抑郁。西江流域优美的自然山水与生态资源，不仅为迁岭文人提供了安身立命的物质基础，也为他们提供了文学创作与文化活动的重要源泉。流寓岭南文人“每登山临水，惹起平生心事”，创作出大量动人的文学作品。西江流域社会文化的发生、发展、演变与传承，离不开迁岭文人在此进行的文化活动。历代迁岭文人在西江流域的文化活动，为当地留下了丰富多彩的文化遗迹。人事有代谢，往来成古今。这些丰富的人文遗迹与优美的自然山水融合在一起，更加丰富完善了西江流域的文化环境，促进了当地的社会变迁。

笔者希望以迁岭文人及其作品为研究对象，围绕西江流域文化发展这一主题，深入分析当地人事的变迁、社会文化环境的变化、民风民情在迁岭文人作品中的体现，诠释迁岭文人这一文人群体在西江流域这样一个特殊地域所做出的巨大贡献。笔者尽量避免传统的作家作品论的文学史的写法，在考辨文献、辨析史料、解读作品的基础上直达每一位重要的迁岭文人的心灵深处，探究他们的生命史与生活史，探求他们为何迁岭，如何迁岭以及在迁岭、居岭过程中的心迹情感、生活环境、生活习惯、生活待遇、生活条件、生活作风、生活方式所发生的种种变化，以及他们在作品中如何反映这些变化。通过这样的研究，希望能够设身处地体会他们在生活困境中的心迹情感及他们化解生活苦难的心理解脱模式。毕竟，历史只是叙述过去，并不等于过去。社会学家弗雷泽指出：“一切理论都是暂时的，唯有事实的总汇才具有永久的价值。”① 此言甚确，我们对过去历史的研究也只是反映“愚者千虑”时阅读、思考、体验、探索、感受的成果，非敢自是，聊备一说。管窥蠡测，或有“一得”，自是一家之言，或可补充“智者”之“一失”。自忖驽钝之质、识小之材，历年碌碌，无所长进，故常自励当兀兀以穷年，何敢以愚者点滴之得，故步自封。

总的来说，西江文化与迁岭文人是一个前人研究较少的学术课题。系统研究晋室南渡、安史之乱、靖康之难以来特殊社会环境下的迁岭文人的人际关系及其生活方式，研究迁岭文人在特定历史与地域生活情境中所表现出来的人生经历、人生思考、情感体验、文化性格与审美观照，研究历代迁岭文人流寓到西江流域的因果纠结、生死流转，对于认识和考察古代政治生活和文化生活的历史面貌，是一个重要的补充，对于拓展文学的研究领域和推动古典文学研究的现代化进程，有一定的启示，对文化传播和

---

① 孙珉：《人迹罕至的地方》，光明日报出版社1995年版，第9页。

西江流域广大地区人类生存方式的研究，或多或少有一定益处。对西江流域地区特色文化的研究，是一项有意义的基础性工作，也是一项专业性、技术性比较强的工作。唯笔者学识浅薄、率尔操觚，研究时常感力不从心、词不达意，在写作过程中常有绠短汲深之感，因陋见寡闻挂漏定多、讹论不免，文中的有些观点或论述有待于进一步修正或改进，诚望前辈时贤、硕学方家有以教焉。

参考文献

［1］艾略特．艾略特文学论文集［M］．李赋宁，译．北京：人民文学出版社，2019.
［2］班固．汉书［M］．颜师古，注．北京：中华书局，2000.
［3］曹道衡．曹道衡文集［M］．郑州：中州古籍出版社，2018.
［4］曹道衡．南朝文学与北朝文学研究［M］．北京：商务印书馆，2015.
［5］陈邦瞻．宋史纪事本末［M］．北京：中华书局，2015.
［6］陈大同．史绎集［M］．广州：暨南大学出版社，2017.
［7］陈鼓应．庄子今注今译［M］．北京：中华书局，1983.
［8］陈尚君．唐代文学丛考［M］．北京：中国社会科学出版社，1997.
［9］陈寿．三国志［M］．裴松之，注．北京：中华书局，2000.
［10］陈寅恪．陈寅恪集［M］．北京：生活·读书·新知三联书店，2002.
［11］陈泽泓．岭南建筑文化［M］．广州：广东人民出版社，2019.
［12］陈正祥．中国文化地理［M］．北京：生活·读书·新知三联书店，1983.
［13］程千帆．程千帆全集［M］．石家庄：河北教育出版社，2000.
［14］程千帆．闲堂书简（增订本）［M］．陶芸，编．上海：上海古籍出版社，2013.
［15］戴建业．澄明之境：陶渊明新论［M］．上海：上海文艺出版社，2019.
［16］戴伟华．唐代使府与文学研究（修订本）［M］．桂林：广西师范大学出版社，2007.
［17］戴伟华．唐方镇文职僚佐考（修订本）［M］．桂林：广西师范大学出版社，2007.
［18］丹纳．艺术哲学［M］．傅雷，译．北京：人民文学出版社，1963.
［19］杜甫．杜甫戏为六绝句集解［M］．郭绍虞，集解．北京：人民文学出版社，1978.
［20］杜甫．杜诗详注［M］．仇兆鳌，注．北京：中华书局，2015.

[21] 杜甫诗选［M］. 山东大学中文系古典文学教研室，选注. 北京：人民文学出版社，1980.
[22] 杜审言集［M］. 徐定祥，校注. 武汉：长江文艺出版社，2018.
[23] 范成大. 骖鸾录［M］. 方健，整理. 郑州：大象出版社，2012.
[24] 范成大. 范成大笔记六种［M］. 孔凡礼，点校. 北京：中华书局，2002.
[25] 范成大. 范石湖集［M］. 富寿荪，标校. 上海：上海古籍出版社，2006.
[26] 范文澜. 文心雕龙注［M］. 北京：人民文学出版社，1958.
[27] 范晔. 后汉书［M］. 李贤，等注. 北京：中华书局，2000.
[28] 方世举. 韩昌黎诗集编年笺注［M］. 郝润华，丁俊丽，整理. 北京：中华书局，2012.
[29] 房玄龄，等. 晋书［M］. 北京：中华书局，2000.
[30] 傅璇琮. 黄庭坚和江西诗派资料汇编［M］. 北京：中华书局，1987.
[31] 傅璇琮. 唐才子传校笺［M］. 北京：中华书局，1987.
[32] 傅璇琮. 唐诗论学丛稿［M］. 北京：京华出版社，1999.
[33] 葛剑雄. 中国移民史［M］. 福州：福建人民出版社，1997.
[34] 葛晓音. 山水田园诗派研究［M］. 沈阳：辽宁大学出版社，1993.
[35] 葛晓音. 诗国高潮与盛唐文化［M］. 北京：北京大学出版社，1998.
[36] 顾祖禹. 读史方舆纪要［M］. 贺次君，施和金，点校. 北京：中华书局，2005.
[37] 郭绍虞. 中国历代文论选［M］. 上海：上海古籍出版社，1979.
[38] 韩茂莉. 中国历史地理十五讲［M］. 北京：北京大学出版社，2015.
[39] 韩愈. 韩昌黎文集校注［M］. 马其昶，校注；马茂元，整理. 上海：上海古籍出版社，2014.
[40] 何文焕. 历代诗话［M］. 北京：中华书局，1981.
[41] 何忠礼. 南宋史及南宋都城临安研究［M］. 北京：人民出版社，2009.
[42] 洪迈. 容斋随笔［M］. 孔凡礼，点校. 北京：中华书局，2005.
[43] 洪业. 杜甫：中国最伟大的诗人［M］. 曾祥波，译. 上海：上海古籍出版社，2014.
[44] 胡可先. 唐代重大历史事件与文学研究［M］. 杭州：浙江大学出版社，2007.

[45] 胡可先. 中唐政治与文学：以永贞革新为研究中心［M］. 合肥：安徽大学出版社，2000.
[46] 胡适. 胡适文集［M］. 北京：北京大学出版社，2013.
[47] 胡守为. 岭南古史（修订本）［M］. 广州：广东人民出版社，2014.
[48] 户崎哲彦. 唐代岭南文学与石刻考［M］. 北京：中华书局，2014.
[49] 黄庭坚. 黄庭坚全集［M］. 刘琳，李勇先，王蓉贵，点校. 北京：中华书局，2021.
[50] 黄庭坚. 山谷诗集注［M］. 任渊，史容，史季温，注；黄宝华，点校. 上海：上海古籍出版社，2003.
[51] 慧能. 坛经校释［M］. 郭朋，校释. 北京：中华书局，1983.
[52] 蒋寅. 视角与方法：中国文学史探索［M］. 北京：北京大学出版社，2018.
[53] 孔凡礼. 苏轼年谱［M］. 北京：中华书局，1998.
[54] 况周颐，王国维. 蕙风词话·人间词话［M］. 徐调孚，周振甫，注；王幼安，校订. 北京：人民文学出版社，1960.
[55] 乐史. 太平寰宇记［M］. 王文楚，等点校. 北京：中华书局，2007.
[56] 李白. 李太白全集［M］. 王琦，注. 北京：中华书局，2015.
[57] 李慈铭. 越缦堂读书记［M］. 由云龙，辑. 北京：中华书局，1963.
[58] 李吉甫. 元和郡县图志［M］. 贺次君，点校. 北京：中华书局，1983.
[59] 李庆甲. 瀛奎律髓汇评［M］. 上海：上海古籍出版社，2005.
[60] 李心传. 建炎以来系年要录［M］. 北京：中华书局，1988.
[61] 李延寿. 南史［M］. 北京：中华书局，2000.
[62] 李亦园，杨国枢. 中国人的性格［M］. 北京：中国人民大学出版社，2012.
[63] 梁廷楠. 南汉书［M］. 林梓宗，校点. 广州：广东人民出版社，1981.
[64] 林语堂. 生活的艺术［M］. 越裔汉，译. 长沙：湖南文艺出版社，2012.
[65] 刘克庄. 刘克庄集笺校［M］. 辛更儒，校注. 北京：中华书局，2011.
[66] 刘勰. 文心雕龙注释［M］. 周振甫，注. 北京：人民文学出版社，1981.

[67] 刘昫，等. 旧唐书 [M]. 北京：中华书局，2000.
[68] 刘学锴. 李商隐传论 [M]. 芜湖：安徽师范大学出版社，2020.
[69] 刘学锴，余恕诚. 李商隐诗歌集解 [M]. 芜湖：安徽师范大学出版社，2020.
[70] 刘禹锡. 刘禹锡全集编年校注 [M]. 陶敏，陶红雨，校注. 北京：中华书局，2019.
[71] 柳宗元. 柳宗元集 [M]. 北京：中华书局，1979.
[72] 逯钦立. 逯钦立文存 [M]. 北京：中华书局，2010.
[73] 吕思勉. 吕思勉全集 [M]. 上海：上海古籍出版社，2016.
[74] 吕思勉. 三国史话 [M]. 北京：中华书局，2014.
[75] 论语译注 [M]. 杨伯峻，译注. 北京：中华书局，1980.
[76] 罗大经. 鹤林玉露 [M]. 王瑞来，点校. 北京：中华书局，1983.
[77] 罗宗强. 隋唐五代文学思想史 [M]. 北京：中华书局，2019.
[78] 孟二冬. 孟二冬学术文集 [M]. 北京：中华书局，2018.
[79] 孟浩然. 孟浩然诗集校注 [M]. 李景白，校. 北京：中华书局，2018.
[80] 孟子，等. 四书五经 [M]. 北京：中华书局，2009.
[81] 孟子译注 [M]. 杨伯峻，译注. 北京：中华书局，1960.
[82] 缪钺. 读史存稿（增订本）[M]. 缪元朗，编. 北京：北京大学出版社，2017.
[83] 莫道才，等. 广西历代诗歌 [M]. 桂林：广西师范大学出版社，2021.
[84] 莫砺锋. 莫砺锋文集 [M]. 南京：凤凰出版社，2019.
[65] 牟子理惑论 [M]. 梁庆寅，释译. 上海：东方出版社，2020.
[86] 欧丽娟. 唐诗的乐园意识 [M]. 北京：北京大学出版社，2020.
[87] 欧阳修. 欧阳修全集 [M]. 李逸安，点校. 北京：中华书局，2001.
[88] 欧阳修，宋祁. 新唐书 [M]. 北京：中华书局，2000.
[89] 潘晟. 宋代地理学的观念、体系与知识兴趣 [M]. 北京：商务印书馆，2014.
[90] 彭定求，等. 全唐诗 [M]. 北京：中华书局，1960.
[91] 钱建状. 南宋初期的文化重组与文学新变 [M]. 厦门：厦门大学出版社，2006.
[92] 钱穆. 古史地理论丛 [M]. 北京：生活·读书·新知三联书

店，2004.
［93］钱穆. 中国近三百年学术史［M］. 北京：九州出版社，2011.
［94］钱穆. 中国文学论丛［M］. 武汉：长江文艺出版社，2020.
［95］钱志熙. 黄庭坚诗学体系研究［M］. 北京：北京大学出版社，2003.
［96］钱志熙. 陶渊明经纬［M］. 北京：北京大学出版社，2019.
［97］钱钟书. 管锥编［M］. 北京：生活·读书·新知三联书店，2001.
［98］钱钟书. 谈艺录［M］. 北京：中华书局，1984.
［99］钱仲联. 韩昌黎诗系年集释［M］. 上海：上海古籍出版社，1994.
［100］钱仲联，马亚中. 陆游全集校注［M］. 杭州：浙江教育出版社，2011.
［101］秦观. 淮海集笺注［M］. 徐培均，笺注. 上海：上海古籍出版社，1994.
［102］屈大均. 屈大均全集［M］. 欧初，王贵忱，主编. 北京：人民文学出版社，1996.
［103］饶宗颐. 文辙［M］. 台北：台湾学生书局，1991.
［104］任半塘. 唐声诗［M］. 上海：上海古籍出版社，2006.
［105］上海古籍出版社. 宋元笔记小说大观［M］. 上海：上海古籍出版社，2001.
［106］尚永亮. 贬谪文化与贬谪文学：以中唐元和五大诗人之贬及其创作为中心［M］. 兰州：兰州大学出版社，2004.
［107］尚永亮. 唐五代逐臣与贬谪文学研究［M］. 武汉：武汉大学出版社，2007.
［108］申扶民，滕志朋，刘长荣. 广西西江流域生态文化研究［M］. 北京：中国社会科学出版社，2015.
［109］沈佺期，宋之问. 沈佺期宋之问集校注［M］. 陶敏，易淑琼，校注. 北京：中华书局，2001.
［110］沈松勤，马强才. 第九届宋代文学国际研讨会论文集［M］. 杭州：浙江大学出版社，2017.
［111］沈玉成. 沈玉成文存［M］. 北京：中华书局，2006.
［112］沈约. 宋书［M］. 北京：中华书局，2000.
［113］施议对. 文学与神明：饶宗颐访谈录［M］. 北京：生活·读书·新知三联书店，2011.
［114］施蛰存. 词籍序跋萃编［M］. 北京：中国社会科学出版社，1994.

[115] 束景南. 朱熹研究 [M]. 北京：人民出版社，2008.
[116] 司马光. 资治通鉴 [M]. 北京：中华书局，1956.
[117] 司马迁. 史记 [M]. 裴骃，集解；司马贞，索隐；张守节，正义. 北京：中华书局，2000.
[118] 司徒尚纪. 岭南历史人文地理：广府、客家、福佬民系比较研究 [M]. 广州：中山大学出版社，2001.
[119] 司徒尚纪. 岭南文化地理 [M]. 广州：广东人民出版社，2020.
[120] 司徒尚纪. 珠江文化与史地研究 [M]. 香港：中国评论文化有限公司，2003.
[121] 司雁人. 文天祥在河源 [M]. 上海：上海三联书店，2014.
[122] 苏轼诗集 [M]. 王文诰，辑注；孔凡礼，点校. 北京：中华书局，1982.
[123] 苏轼文集 [M]. 孔凡礼，点校. 北京：中华书局，1986.
[124] 苏轼选集 [M]. 王水照，选注. 上海：上海古籍出版社，2014.
[125] 苏辙集 [M]. 陈宏天，高秀芳，点校. 北京：中华书局，1990.
[126] 孙昌武. 佛教论集 [M]. 北京：中华书局，2020.
[127] 孙昌武. 柳宗元评传 [M]. 北京：中华书局，2020.
[128] 梭罗. 瓦尔登湖 [M]. 仲泽，译. 南京：译林出版社，2020.
[129] 唐德刚. 历史的“三峡” [M]. 北京：中国文史出版社，2020.
[130] 唐圭璋. 词话丛编 [M]. 北京：中华书局，1986.
[131] 唐圭璋. 全宋词 [M]. 王仲闻，参订；孔凡礼，补辑. 北京：中华书局，1999.
[132] 田余庆. 东晋门阀政治 [M]. 北京：北京大学出版社，2012.
[133] 汪荣祖. 读史三编 [M]. 上海：上海人民出版社，2019.
[134] 汪森. 粤西文载校点 [M]. 黄盛陆，石恒昌，李瓒诸，等校点；黄振中，审订. 南宁：广西人民出版社，1990.
[135] 王安石. 王安石文集 [M]. 刘成国，点校. 北京：中华书局，2021.
[136] 王德峰. 哲学导论 [M]. 上海：复旦大学出版社，2021.
[137] 王夫之，等. 清诗话 [M]. 丁福保，辑. 北京：中华书局，1963.
[138] 王钦若，等. 册府元龟 [M]. 周勋初，等校订. 南京：凤凰出版社，2006.
[139] 王瑞来. 近世中国：从唐宋变革到宋元变革 [M]. 太原：山西教育

出版社，2015.
［140］王水照. 宋人所撰三苏年谱汇刊［M］. 北京：中华书局，2015.
［141］王水照. 苏轼研究［M］. 石家庄：河北教育出版社，1999.
［142］王水照. 王水照自选集［M］. 上海：上海教育出版社，2000.
［143］王水照，熊海英. 南宋文学史［M］. 北京：人民出版社，2009.
［144］王维. 集校注［M］. 陈铁民，校注. 北京：中华书局，2018.
［145］王象之. 舆地纪胜［M］. 北京：中华书局，1992.
［146］王曾瑜. 丝毫编［M］. 保定：河北大学出版社，2009.
［147］王兆鹏. 两宋词人年谱［M］. 台北：文津出版社，1994.
［148］王兆鹏. 唐宋词名篇讲演录［M］. 桂林：广西师范大学出版社，2006.
［149］王兆鹏. 王兆鹏讲宋词课［M］. 南京：凤凰出版社，2021.
［150］魏庆之. 诗人玉屑［M］. 上海：上海古籍出版社，1978.
［151］文天祥. 文天祥全集［M］. 北京：中国书店，1985.
［152］闻一多. 闻一多全集［M］. 武汉：湖北人民出版社，1993.
［153］吴蓓，吴敢. 吴战垒先生纪念集［M］. 北京：中华书局，2015.
［154］吴洪泽，尹波. 宋人年谱丛刊［M］. 成都：四川大学出版社，2003.
［155］吴松弟. 北方移民与南宋社会变迁［M］. 台北：文津出版社，1993.
［156］吴文治. 柳宗元资料汇编［M］. 北京：中华书局，1964.
［157］吴文治. 宋诗话全编［M］. 南京：凤凰出版社，1998.
［158］吴无闻，等. 夏承焘教授纪念集［M］. 北京：中国文联出版公司，1988.
［159］吴熊和. 唐宋词汇评：两宋卷［M］. 杭州：浙江教育出版社，2004.
［160］稀见本宋人诗话四种［M］. 张伯伟，编校. 南京：江苏古籍出版社，2002.
［161］夏承焘. 夏承焘日记全编［M］. 杭州：浙江古籍出版社，2021.
［162］萧子显. 南齐书［M］. 北京：中华书局，2000.
［163］谢思炜. 白居易诗集校注［M］. 北京：中华书局，2006.
［164］许学夷. 诗源辩体［M］. 北京：人民文学出版社，1987.
［165］叶嘉莹. 王国维及其文学批评［M］. 北京：北京大学出版

社，2014.
[166] 叶嘉莹. 叶嘉莹说初盛唐诗［M］. 北京：中华书局，2015.
[167] 叶嘉莹. 叶嘉莹说杜甫诗［M］. 北京：中华书局，2015.
[168] 叶嘉莹. 叶嘉莹说汉魏六朝诗［M］. 北京：中华书局，2015.
[169] 叶嘉莹. 叶嘉莹说陶渊明饮酒及拟古诗［M］. 北京：中华书局，2015.
[170] 叶嘉莹. 叶嘉莹说中晚唐诗［M］. 北京：中华书局，2015.
[171] 永瑢，等. 四库全书［M］. 上海：上海古籍出版社，1987.
[172] 永瑢，等. 四库全书总目［M］. 北京：中华书局，1965.
[173] 于北山. 范成大年谱［M］. 上海：上海古籍出版社，2006.
[174] 俞陛云. 诗境浅说［M］. 北京：北京出版社，2016.
[175] 元稹. 元稹集［M］. 北京：中华书局，1982.
[176] 袁行霈. 蠡测集：中国文学与文化的大时段研究［M］. 北京：中华书局，2017.
[177] 袁行霈. 唐诗风神及其他［M］. 合肥：黄山书社，2017.
[178] 袁行霈. 陶渊明集笺注［M］. 北京：中华书局，2003.
[179] 袁行霈. 陶渊明研究（增订本）［M］. 北京：北京大学出版社，2009.
[180] 袁行霈. 学问的气象［M］. 北京：新世界出版社，2009.
[181] 袁行霈. 中国诗歌艺术研究（第3版）［M］. 北京：北京大学出版社，2009.
[182] 袁行霈. 中国文学概论（增订本）［M］. 北京：北京大学出版社，2010.
[183] 袁行霈. 中国文学史［M］. 北京：高等教育出版社，1999.
[184] 岳珂. 桯史［M］. 吴企明，点校. 北京：中华书局，1981.
[185] 曾大兴. 气候、物候与文学：以文学家生命意识为路径［M］. 北京：商务印书馆，2016.
[186] 曾大兴. 文学地理学研究［M］. 北京：商务印书馆，2012.
[187] 曾巩. 曾巩集［M］. 陈杏珍，晁继周，点校. 北京：中华书局，1984.
[188] 詹锳. 文心雕龙义证［M］. 上海：上海古籍出版社，1989.
[189] 张世南. 游宦纪闻［M］. 张茂鹏，点校. 北京：中华书局，1981.
[190] 张元干. 芦川归来集［M］. 上海：上海古籍出版社，1978.

［191］肇庆市人民政府地方志办公室．肇庆人物志［M］．北京：中华书局，2017.
［192］郑振铎．插图本中国文学史［M］．北京：北京出版社，1999.
［193］钟嵘．诗品注［M］．陈延杰，注．北京：人民文学出版社，1961.
［194］周密．癸辛杂识［M］．吴企明，点校．北京：中华书局，1988.
［195］周松芳．岭南饮食文化［M］．广州：广东人民出版社，2019.
［196］周一良．魏晋南北朝史论集［M］．北京：商务印书馆，2020.
［197］周祖譔．历代文苑传笺证［M］．南京：凤凰出版社，2012.
［198］朱刚．苏轼十讲［M］．上海：上海三联书店，2019.
［199］朱光潜．悲剧心理学［M］．北京：中华书局，2012.
［200］祝穆．方舆胜览［M］．祝洙，增订；施和金，点校．北京：中华书局，2003.
［201］祝尚书．宋集序跋汇编［M］．北京：中华书局 2010.
［202］庄绰．鸡肋编［M］．萧鲁阳，点校．北京：中华书局，1983.